정 신 지 체

지역사회 통합을 위한 접근

Mental Retardation: A Community Integration Approach, 1st Edition

Lynda Crane 지음

정동영·김주영·김형일·김희규
유장순·정동일·최혜승 옮김

CENGAGE Learning™ 박학사

Australia • Brazil • Japan • Korea • Mexico • Singapore • Spain • United Kingdom • United States

CENGAGE Learning™

Mental Retardation: A Community Integration Approach, 1st Edition
Lynda Crane

This edition first published in 2008 jointly by
Cengage Learning Korea Limited and Pak Hak Sa.

Cengage Learning is a leading provider of customized learning solutions with office locations around the globe, including Singapore, the United Kingdom, Australia, Mexico, Brazil, and Japan. Locate your local office at: www.cengage.com/global

Cengage Learning Korea Ltd.
Suite 1801 Seokyo Tower Building
353-1 Seokyo-Dong Mapo-Ku
Seoul 121-837 Korea
Tel: (82) 2 322 4926
Fax: (82) 2 322 4927

ISBN-13: 978-89-91633-49-0

Cengage Learning products are represented in Canada by Nelson Education, Ltd.

For product information, visit www.cengageasia.com

Printed in Korea
1 2 3 4 11 10 09 08

역자 서문

교육자들이 교육을 통하여 의도한 목적을 달성하지 못할 때 느끼는 당혹감은 형언하기 어렵다. 특수교육, 그 가운데서도 정신지체 학생을 교육하는 교육자들 중에 이런 당혹감을 경험해 보지 않은 사람은 거의 없을 것이다. 아니 어쩌면 이들이 느끼는 당혹감은 실망감을 넘어 좌절감에까지 이르기도 할 것이다. 이런 당혹감, 실망감, 좌절감은 무엇에 기인하는 것일까? 잘못 설정한 교육목표, 적절하지 못한 교육내용, 타당하지 않은 교육방법 등이 모두 그 원인이 되기도 하겠지만, 그 모든 것의 가장 근본적인 원인은 교육의 대상인 학생, 곧 정신지체 학생을 제대로 이해하지 못한 데 있을 것이다.

학생에 대한 이해의 부족은 교육목표의 설정을 어렵게 하며, 목표 설정의 오류는 부적절한 교육내용과 교육방법의 선정을 초래한다. 교육자들이 정신지체 학생을 제대로 이해하지 못하는 이유는 자신의 노력 부족보다 대상 학생들의 욕구와 특성이 매우 다양하기 때문이라 할 수 있다. 경도 정신지체 학생은 중도 정신지체 학생과 다른 특성을 지니고 있으며, 유사한 정도의 정신지체를 지닌 학생이라도 교육적, 문화적 배경에 따라 다른 욕구를 나타내고, 원인에 따라서도 다른 특성과 욕구를 드러낸다. 이런 정신지체 학생을 제대로 이해하는 방법으로는 이들과 함께 생활하는 것을 들 수 있다. 그것도 한 명이 아니라 여러 명의 정신지체 학생과 함께하는 경험이며, 단기간이 아니라 장기간 함께하는 경험이어야 한다. 하지만 이런 경험을 하기란 쉽지 않다. 특히 정신지체 학생을 만난 지 얼마 되지 않은 교사나 대학에서 정신지체 학생의 교육을 공부하는 학생의 경우에는 더욱 그렇다. 이들에게 더욱 쉽게 정신지체 학생에 대한 이해를 도울 수 있는 방법을 찾던 중에 Lynda Crane의 『Mental Retardation: A Community Integration Approach』이란 책을 발견하였다.

책을 읽어 나가는 중에 '그래, 그렇지'를 여러 번 되뇌었다. 저자가 선택한 단어나 기술내용만이 아니라, 기술한 사례나 그 기술방식 등이 모두 정신지체 학생의 교육에 필요한 내용이며, 정신지체 학생에 대한 경험을 전하기에 부족하지 않은 내용이라고 판단되었다. 물론 저자와 역자들이 처한 사회적, 문화적 맥락이 다르나, 그 내용이 정신지체 학생의 이해와 이들의 교육에 필요한 내용을 전달하기에는 매우 적합하다고 생각되었다. 그래서 이 책을 번역하기로 결정하였다.

이 책은 정신지체 학생을 이해하는 데 필요한 체계적인 관점과 더불어 그 내용을 구체적으로 기술하고 있다. 정신지체 학생을 이해하는 데 필요한 이론은 물론, 정신지체 그 자체의 함의와 영향을 기술하고 있으며, 정신지체 학생의 교육에 대한 역사와 문화도 기술하고 있다. 뿐만 아니라 이 책은 정신지체 학생의 권리와 이들을 위한 교육이 추구해야 할 목표도 제시하고 있다. 정신지체 학생에 대한 올바른 이해는 앞에서 언급한 특성과 욕구에 대한 이해만으로는 부족하다. 정신지체 학생이 현재는 물론 학교를 졸업한 이후에 어떻게 살아야 할 것이며, 이를 위하여 학교교육의 과정에서 고려해야 할 것이 무엇인지도 알아야 한다. 이 책은 이런 부분들에 대해서도 충분히 언급하고 있다.

이 책을 번역하기로 결정한 또 다른 이유는 독특한 구성방식을 들 수 있다. 무엇을 이해한다고 하는 것은 단순히 그에 관한 지식과 정보를 획득하는 것이나 간접적인 경험을 하는 것만이 아니라, 이런 지식과 정보 및 경험을 자신의 것으로 만드는 데 있다. 이를 위하여 이 책은 쟁점이나 과제별로 자신의 생각을 정리할 수 있는 토론 과제를 제시하고 있다. 이런 토론 과제를 통하여 이 책을 읽는 독자는 책의 내용을 분명히 이해할 수 있을 것이며, 정신지체 학생과 이들의 교육에 대한 자신의 관점을 분명히 정립할 수 있을 것이다. 정신지체 학생의 교육은 문제해결을 끊임없이 요구하는 과정이다. 정신지체 학생과 이들의 교육을 제대로 이해하였다고 하더라도 문제에 직면하지 않는 것은 아니며, 심지어 제대로 이해하지 못했을 때보다 더욱 심각하고 중대한 문제에 직면할 수 있다. 이때 필요한 것이 정신지체 학생과 이들의 교육에 대하여 제대로 정립된 자신의 관점이다. 따라서 이 책은 이런 관점을 정립하는 데도 도움을 줄 수 있을 것이다.

역자들은 이 책을 통하여 독자들이 정신지체 학생과 이들의 교육을 바르게 이해하고, 그에 대한 관점을 더욱 분명히 확립하기를 희망한다. 이를 위하여 모든 역자들이 번역의 과정에서 되도록 원문을 충실히 번역하고자 노력하였다. 그러나 문화의 차이, 내용의 복잡성, 용어의 고유성 등으로 인하여 번역에 오류나 미흡한 점이 있을 것이라고 생각한다. 이 점은 앞으로 계속 수정·보완되어야 할 것이다. 이를 위하여 여러분의 따가운 지적과 정성어린 충고를 바라면서, 어려운 여건하에서도 이 책의 출판을 맡아 주신 박학사의 구본하 사장님께 사의를 표하며, 편집진 여러분의 노고에도 깊은 감사를 드린다.

2008년 8월
역자 대표 정동영

저자 서문

『정신지체: 지역사회 통합을 위한 접근』은 학교를 졸업한 학생이나 이제 막 졸업을 앞둔 학생들을 중심으로 정신지체 분야를 소개하고자 한다. 여기에서는 주로 정신지체인들의 지역사회 통합에 관한 목표를 확실히 하고, 통일된 개념에 초점을 맞추어 제시하고자 하였다. 정신지체 수업을 받는 대부분의 학생들은 지적 장애인들을 대상으로 하는 직업을 갖기를 기대하며, 이미 그러한 자격으로 많은 학생들이 취업을 하기도 했다. 최근 교육 및 서비스 프로그램에서는 정신지체인들이 그들의 가족과 그리고 지역사회 내에서의 기능적인 역할을 돕는 것을 가장 중요한 목표로 삼고 있다. 그렇기 때문에 지역사회 통합에 초점을 맞추는 것은 학생들에게 앞으로의 학습에 있어서 의미 있는 비전을 제공하는 것이라고 할 수 있다. 이것은 향후 학생들의 학습과정에서 그들이 목표로 삼고 있는 학문의 궁극적인 목표와 결과를 안내해 줌으로써 학생들이 그들이 학습하는 정보와 기술의 중요성과 유용성에 대해 더욱 쉽게 이해할 수 있도록 한다. 그러므로 학생들은 학습의 지속적인 과정의 일부로 자료를 이해하는 수단, 즉 궁극적인 이상과 목적을 향한 수단을 가질 것이다.

지역사회 통합에 초점을 맞추어 이 책에서 기본적으로 제시하는 세 가지 중요한 원리는 다음과 같다.

1. 장애인들은 그들의 지역사회 내에서 일정한 권리를 가진다.
2. 교육 혹은 의료, 심리학, 지원고용 및 생활과 관련된 효과적인 서비스 전달 체계는 간학문적 협력을 바탕으로 한다.
3. 정신지체에 대한 분명한 이해와 그와 관련된 의미는 체계적인 관점을 기초로 한다.

이 세 가지 주제가 이 책의 중심을 이루고 있으며, 이러한 원리와 관련된 이론적인 관점과 연구 결과를 제시하고 있다.

이 책에서 제시하고 있는 간학문적 협력의 본질은 특수교육이나 일반교육, 물리치료, 심리학, 오락치료(recreational therapy), 의료 등을 포함한 장애 관련 영역에서 활동하려는 학생들에게 적절한 도움을 줄 수 있을 것이다. 학생들의 전공 영역이든 선택 영역이든 상관없이, 그 영역에 대한 이론과 실제 모두의 간학문적 협력의 본질적인 면은 학생들에게 이 책에서 제시하고 있는 정보, 즉 다른 관련 영역들의 기능적인 면을 기본적으로 숙지해야 함을 요구하는 것이다.

그리고 이 책은 정신지체의 개념과 연구 결과를 실용적인 측면에서 접근하고자 하였다. 이 책에서 독자들은 정신지체에 관한 문헌 분석보다 접근 가능하고 기능적이며 실용적인 형식으로 제시된 정선된 이론과 실제를 접하게 될 것이다. 이와 같은 접근은 향후 전문가로서의 역할을 담당할 때 실제 사용할 수 있는 자료를 얻고자 하는 학생들의 실제적인 요구를 반영하고자 하는 것이다. 실제로 정신지체의 개념은 실제와 매우 밀접한 관련이 있기 때문에, 응용과학적 접근은 이와 같은 의미 있는 과정의 필수적인 요소라 할 수 있다.

저자는 교육학적인 측면에서 학습이란 단순한 암기 위주의 과정이 아니라 의미 있는 과정이 되어야 한다는 점에 전적으로 동의한다. 학생들은 개인적으로 자신과 관련이 있거나 혹은 알 수 있거나 의도적으로 자신과 관련시킬 수 있는 주제에 더 흥미를 갖게 될 것이다. 이와 같이 학생들의 학습내용에 대해 실질적으로 접근하면 학생들이 학습한 내용을 더 많이 기억할 수 있고 더 쉽게 일반화할 수 있다고 생각한다. 이처럼 학생들에게 의미 있는 맥락에서 정보를 제공한다면 심도 있는 학습과정이 진행될 수 있으며, 더 정확한 분석과 적용이 용이하게 될 것이다.

위와 같은 목적 이외에, 저자는 이 책을 학생들에게 좀 더 쉽게 이해하고 접근할 수 있도록 쓰려고 노력했다. 저자의 목적은 학생들에게 일방적으로 전달하는 것이 아니라 저자가 강의실에서 하는 것 이상으로 서로 토의하고 논의하는 과정을 원하는 것이며, 여러 가지 사례를 이용하여 그들이 직접 참여하게 하고자 한다. 나는 학생들이 학습자료에 대해 좀 더 비판적인 시각을 갖고 사고하는 과정이 필요하다고 생각한다. 그리고 학생들이 정신지체에 대한 개념과 이상에 대해 개인적으로 혹은 전문가적인 자세를 가지고 적극적으로 관여할 필요가 있다고 생각한다.

이 책은 학생들이 의미 있고 중요한 학습목표를 달성하도록 하기 위해서 다음과 같은 내용을 중심으로 전개해 나간다.

- 각 장에서는 학생들이 현장 관계자, 학자, 가족 구성원, 친구, 혹은 정신지체 당사자의 입장이 되어 해결책을 논의하는 토론 과제를 제시하고 있다. 이 문제들은 학생들이 단순히 그들이 학습한 내용을 반복하는 것에 그치는 것이 아니라, 학습한 내용이 암시하는 것을 교수자의 안내에 따라서 생각해 보도록 유도하려는 것이다.

- 이 책에서는 많은 학자들의 글을 인용함으로써 학생들이 단순히 교재의 저자를 통해서 간접적으로 제공되는 정보를 습득하기보다 원저자의 관점을 직접 접할 수 있도록 했다.
- 이 책을 통해서 학생들이 갈등과 타협의 과정을 거쳐 진행되는 중재 계획과 중재 내용의 개발 과정을 지적으로나 정서적으로 경험해 보도록 함으로써 향후 전문가로서의 역할을 시연해 볼 수 있는 기회를 가질 수 있도록 하였다. 뿐만 아니라 현장의 전문가들과의 인터뷰 내용을 통해 학생들에게 유용한 제언을 제시하였다.
- 본문 사례에 제시된 사람들과의 정신적인 교감이 이루어지길 바란다. 그래서 학생들이 정신지체인들의 복잡한 삶을 이해하고, 효과적인 서비스 제공과 관련된 복합적인 과정을 이해하기를 바란다. 그리고 장애인의 삶과 학생 자신의 삶 사이의 공통점을 발견해 낼 수 있기를 바란다.

특수교육과 관련 서비스 전달 체계의 문제는 항상 반복적으로 일어난다고 한다. 비록 우리가 모든 사람들을 잘 가르칠 수 있는 공학적, 의료적인 기술을 가지고 있지 않다고 하더라도, 그들이 더 성공적으로 상호작용하는 것을 진심으로 바란다면, 그들에게 학교에서나 더 큰 지역사회에서 풍부하고 생산적인 활동을 할 수 있도록 기회를 마련해 줄 수 있을 것이다.

결론적으로 미래의 특수교육 전문가를 위한 교육은 정신지체 분야의 관계자나 정신지체 당사자들과의 관계를 개선하는 것이 특성화되어야 하며, 인간이 가지고 있는 특별한 관심이나 흥미의 기본적인 요인들과 같은 영역에 대해서도 관심을 가져야 한다. 학생들이 정신지체인들과 그들의 가족들에 대해 이해하고 관심을 갖기를 희망하며, 적절한 연구방법이나 실천 과제, 학생 자신의 미래의 전문가적인 역할, 전문가적인 판단의 오류 등에 대해 정확히 인식하고 이에 대해서도 관심을 갖기를 희망한다. 끝으로 이 책에서는 내용을 단순히 학생들에게 지식만을 제공하는 것이 아니라 그들과 정서적으로 연관된 경험을 제공하도록 구성하였다.

이 책에 포함되어 있거나 관련된 특별한 주제에 대한 중요한 요소들은 독자들이 그 중요성에 대해 충분히 이해할 수 있을 정도로 심도 있고 자세하게 다루었다. 뿐만 아니라 본문의 주제에 대해 단지 한두 문장으로 제시하기도 하지만, 일련의 목록이나 노트카드 형태로 제시하였다. 본문은 사회적인 관심 분야와 적절한 내용에 대한 의견을 토론할 수 있도록 시도하였다.

내용의 적절성에 대한 한 가지 예로, 정신지체에 대한 예방이나 처우에 대한 윤리적, 사회적 영향에 대해 전반적으로 논의하였다. 이 책에서는 이러한 문제들을 논의할 수 있는 일종의 토론장을 제공하고자 하며, 학생들에게 정신지체의 중재와 이와 관련된 여러 가지 쟁점에 대해 실천적인 해결방안과 제안을 논의하고 분석할 수 있는 기회를 제공한다.

끝으로 이 책에서는 응용행동분석의 원리와 인지 원리, 그리고 그 기술에 대한 내용을 제공한다. 정신지체인들에게는 행동이 학교생활과 고용, 지역사회생활의 성공을 가늠하는 중요한 기준이 된다. 실제로 행동은 IQ나 직업 준비보다 가장 중요한 판단의 기준이 되고 있다. 지적 장애인과 함께 일하는 사람이라면 누구나 학교에서든, 집에서든, 가족이든 직장 동료이든 간에 문제해결에 가장 중요한 원칙에 있어서 행동적, 정서적 문제에 부딪히게 된다. 이러한 이유로 이 분야에 대한 소개에서는 반드시 행동주의와 인지주의 원리가 포함되어야 한다고 생각한다.

비록 정신지체의 '특성'을 6장에서 다루고 있기는 하나, 정신지체 학습의 초점을 경도나 중도의 특성에 맞추지는 않았다. 경도와 중도 장애의 특성들 간에 나타나는 일반적인 차이에 대해 동의하기는 하지만, 개개인의 차이가 다양하게 나타날 수 있다고 생각하기 때문에 장애영역별 특성보다 오히려 개인의 특성에 초점을 맞추는 것이 낫다고 생각한다. 이 부분에서 저자의 관심은 단순히 정형화된 장애영역을 피하고자 하는 것만을 의미하지 않는다. 바로 실제적인 문제를 다루고자 하는 것이다. 심리검사와 관련된 저자의 경험에 비추어 볼 때 정신지체인들이 가지고 있는 기술과 능력은 매우 광범위하며, 이처럼 장애영역을 분류하는 것은 문제를 해결하기보다 혼란만 더 가중시키게 된다. 저자에게 상담을 받았던 한 학생과의 오랜 경험을 통해서 이러한 혼란을 경험하게 되었고, 특정한 학생이 특정한 과제를 더 잘 하는 것은 아니라는 점을 알게 되었다. 예를 들어 어떤 학생이 '경도'로 판별되었다면 어느 정도 읽기는 가능할 수 있어야 한다. 그러나 그 학생의 검사 결과를 자세히 살펴보면 그 학생의 기능이 전체적으로는 '경도'라고 하더라도 읽기에 있어서는 낮은 기능을 가진 경우를 발견할 수 있게 된다. 또 다른 경우, 전체적으로 낮은 능력을 가지고 있다고 하더라도 어떤 기술은 더 나은 경우도 있다. 장애영역별 분류를 더 확대하고 상세화하는 것은 연구와 실제적인 측면 모두에서 역효과를 나타낼 수 있다.

우리가 이러한 부분을 깊이 인식하게 되면 정신지체에 대한 연구는 더 보람 있고 도전적인 연구가 될 것이다. 이 책을 활용하는 학생들이나 연구자들 모두에게 뜻 깊은 경험이 될 수 있길 바란다.

감사의 말

이 책을 발행하기까지 저자에게 많은 정보와 경험을 제공해 준 모든 분들에게 감사드리고, 특히 이 책의 기틀을 마련해 준 모든 분들에게 감사드린다. 자신의 도전과 성공을 이야기해 준 부모님들과 전문가들, 이 책이 나오기까지 직·간접적으로 성원해 준 많은 분들께 진심으로 깊이 감사드린다. 그리고 바쁜 시간에도 불구하고 많은 시간 논문과 책을 찾아 준 제자 Vicki Lauer와 Chris Ward, 색인을 정리해 준 Erin Mantell에게도 고맙다는 말을 전하고 싶다. 그리고 내 원고를 프린트해 준 Chalotte Postel과 중요한 참고문헌을 찾아 준 Sue Bross의 도움이 없었다면 매우 어려웠을 것이다. 진심으로 이 모든 분들의 노고에 감사드린다.

이 책을 만드는 동안 편집진에 많은 변화가 있었는데, 이 과정에 참여해 준 모든 분들의 지원과 도움에 감사드린다. 특히 고마움을 전하고 싶은 분은 이 과제를 끝까지 믿어 준 이 책의 최초 편집자인 Vicki Knight이다. 이 분의 도움이 없었다면 아마도 이 책이 발행되기 어려웠을 것이다. 그리고 현 편집자인 Dan Alpert의 변함없는 격려와 Wadswarth에서 이 과제를 철저하게 전문적으로 관리해 준 Trudy Brown에게도 고맙다는 말을 전하고 싶다. 또 이 책의 여러 가지 아이디어를 너무나 근사하게 삽화나 사진으로 표현해 준 Connie Hathaway에게 진심으로 감사드린다. 그리고 이 책의 출판 과정에 도움을 주고 현장감을 살리기 위해 수많은 자료를 제공해 준 Penmarin Books의 Hal Lockwood에게도 감사드린다.

그리고 바쁜 중에도 시간을 내어 검토해 주고 흔쾌히 좋은 제안을 해 준 많은 분들께 감사드린다. 그리고 이 책을 완성하는 데 도움을 준 다음과 같은 많은 분들께 감사드린다. Mary Lynne Calhoun, University of North Carolina at Charlotte; Joanne M. Curran, State University of New York College at Oneonta; Barbara C. Gartin, University of Arkansas; Annie Hawkins, University of Cincinnati; Edith Lombardo, Marshall University Graduate College; Gabriel A. Nardi, West Virginia University; Ernest L. Pancsofar, Central Connecticut State University; Adrian Sorrell, Prairie View A&M University; John S. Trach, University of Illinois at Urbana-Champaign; Jane M. Williams, Arizona State University west; Eleanor B. Wright, University of North Carolina at Wilmington.

그러나 무엇보다도 이 작업을 끝까지 믿어 주고, 끊임없이 내 원고를 세세히 검토해 주었던 나의 남편 David Blythe 박사에게 고마운 마음을 전하고 싶다. 그의 편집력과 통찰력 덕분에 이 책이 더 흥미롭게 구성될 수 있었고, 독자들로 하여금 더 읽기 쉽게 만들어졌다. 그는 항상 내 곁에서 좋은 파트너가 되어 주었다.

Lynda Crane

Cincinnati, Ohio

저자 소개

Lynda Crane은 University of Maryland에서 심리학을 전공하여 철학박사 학위를 받았으며, John F. Kennedy 장애아동연구소의 소아과에서 박사후 과정을 마쳤다. 또한 Grand Valley 주립대학교의 심리학과 부교수로 재직하며 정신지체와 장애아동 과정을 강의했다. 그녀는 현재 오하이오 주의 신시내티에 있는 Mount St. Joseph 대학의 행동과학 학부의 학부장으로 재직 중이다.

차 례

제 2 부 병인학과 예방: 지역사회의 과제

제 3 부 지역사회에서의 학습: 기술과 능력의 개발

제 10 장 조기중재 254

제 4 부 지역사회 생활: 역할, 권리, 책임

제 13 장 가 족 364

PART 1

정신지체의 이해

CHAPTER 1

구조 구성: 지역사회 통합과 간학문적 체제

비전 없는 노력은 고통이다. 노력 없는 비전은 단지 꿈에 불과하다. 오직 비전 있는 노력만이 승리한다.

—작자 미상

지역사회 통합

정신지체(Mental Retardation, MR)의 연구는 공동체에 대한 연구이다. 이 공동체는 정신지체인과 그들의 가족, 친구, 그리고 이들을 위한 서비스에 종사하는 사람들로 구성된다. 또한 정신지체에 대한 연구는 정신지체인이 생활하고, 공부하고, 일하고, 그들의 가족과 여가시간을 즐기는 지역사회에 대한 연구라고 할 수 있다. 그러므로 정신지체에 대한 어떤 의미 있는 이해는 우선 정신지체인이 속해 있는 넓은 의미의 지역사회의 맥락을 살피는 것부터 시작해야 한다.

토론 과제

정신지체인을 수용하거나 서비스를 제공하는 집단이 있는가?

3장에서 살펴보겠지만, 정신지체인은 항상 거대한 지역사회의 일원으로 수용되지 않았다. 그러나 최근 정신지체인들이 정당한 사회 구성원으로서 지역사회에 기여할 수 있다는 것뿐

누가 정신지체인에게 서비스를 제공하는가?

정신지체인에게 서비스를 제공하는 지역사회의 대표적인 기관들은 다음과 같다.

- 복지부
- 교육부
- 지역 교육청
- 자선단체
- 시민단체
- 적십자 단체
- 경찰
- 정신지체인을 위한 주거와 고용기회 및 기타 서비스 제공 기관

이 밖에, 정신지체인을 위한 서비스와 기회를 제공하는 기관들은 다음과 같다.

- 교회
- 상공회의소
- 자영업자
- 개인: 양부모, 친구, 이웃

지역사회는 장애인과 비장애인 모두를
하나의 구성원으로 한다.

위쪽: © D. Young-Wolff/PhotoEdit
오른쪽: © Don Smetzer/Stone

만 아니라 지역사회의 한 일원으로서의 자격이 있다는 인식이 점차 높아지고 있다. 이 책에서는 전문가의 관점에서 정신지체인에 대한 지식을 제시하기 때문에, 진정한 지역사회 통합이라는 궁극적인 목적이 연구에 의미 있는 방향을 제공할 것이다.

사회적 역할 설정

최근 정신지체인들이 점차 지역사회에 수용되고 통합되는 추세는 **정상화**(normalization) 원리의 철학적 배경과 관련이 있다. 정상화는 1970년대에 Scandinavia 부모운동에서 요구되

모두를 위한 지역사회 프로그램

Barbara Cline 수녀는 Michigan 주 Lowel의 한 농장에서 13명의 동료 수녀와 생활하고 있다. 이 수녀들은 이 농장에서 20년 넘게 스스로 식량을 마련하고, 아이들을 돌보고, 음식을 만들어 먹이고, 아이, 어른, 노인들이 일할 수 있는 장소를 제공하고, 함께 일하고, 가르치고 놀이하며 자급자족의 생활을 하고 있다. 여러 가지 지역사회 중심 활동들—이들의 집 근처에 있는 아름다운 시설인 이웃들—은 통합적으로 함께 협동하여 이루어지고 있다. 활용할 수 있는 많은 기회로는 자연, 예능, 음악교육, 취학 전 상담 프로그램, 노인을 위한 휴식 프로그램, 청소년 재활 보호, 일상생활 기술 수업, 그리고 작업치료 등이 있다. 개별적으로는 야채 가꾸기, 빵 굽기, 케이크 만들기, 연 만들기를 배울 수 있고, 애완동물과 새끼동물을 기를 수 있다. 이 센터 주위의 이웃들과 매년 함께 하며 서로 배우는 기회뿐만 아니라 참여하는 사람들도 도움이 되는 즐거움을 나눈다.

새끼 양들과 함께 있는 Barbara 수녀

Lynda Crane

었던 문제를 해결해 가는 과정에서 유래되었고 부모와 전문가들의 관심의 대상이 되었다(Nirje, 1976). 정상화는 기본적으로 생활양식에 대한 모든 사람의 권리를 주장하는 것이다. 이러한 생활양식은 사생활, 상호 책임감, 여가시간, 취학, 일, 그리고 친구 관계 등을 포함한 문화에서 전형적으로 제공되는 특권과 기회이다(Nirje, 1976). 또한 장애인들이 지역사회의 구성원이 될 수 있고, 생활과 일, 그리고 학업으로 인해 격리되지 않는다면 이러한 권리를 즐길 수 있는 것을 정상화라고 할 수 있다.

Wolfensberger(1975)는 생활양식, 거주지, 그리고 사회적 역할의 관계를 기술하고 나서, 완전히 비전형적인 환경에서 정상적인 생활을 영우할 수 있는 사람은 없다고 주장하였다. 또한 Wolfensberger는 특히 정신지체인이 사회에서 전형적으로 평가절하되어 왔기 때문에 주류사회로부터 늘 배제되어 왔다고 주장하였다. 정상화—Wolfensberger(1995)는 **사회적 역할 설정**(social role valorization)이라는 용어를 더 선호하였다—를 위한 과제는 개인이 평범한 일상생활에서 일상적으로 이용할 수 있는 기회를 경험하는 것이다. 이론적으로 이것

표 1.1 정상화의 목적

실행 수준	두 가지 주요 목적	
	개인적 능력	사회적 이미지
개인	기술과 능력을 향상시키기 위한 직접적인 상호작용	가치 있는 사람과 유사성 인식 촉진(예: 의복, 활동, 명칭)
사회 제도 (가족, 학교, 일, 이웃 등)	개인의 기술과 능력을 향상시킬 수 있는 변화 촉진	가치 있는 사회적 제도와 유사성 인식 촉진
사회적 체제(복지 서비스, 교육 체제, 법, 정부)	개인의 기술과 능력을 향상시킬 수 있는 변화 촉진	다양성을 수용하는 분위기 창조

출처: Wolfensberger(1985).

은 개인이 자신의 수행 능력을 신장시킬 수 있는 사람과 함께 일을 함으로써, 그리고 그들의 사회적 이미지와 관련된 수용 가능성을 높일 수 있는 일을 수행함으로써 이루어질 수 있다. 표 1.1은 이러한 목적을 나타낸다.

비록 정상화의 기본적인 목적들이 10년 전에 전문가로부터 거의 보편적으로 수용되었지만(Menolascino & Stark, 1990), 실행에 있어서는 의견의 일치가 이루어지지 않고 있다. 특히 몇몇 전문가들은 정상화 정책이 대안적 시설이나(Heal, 1990) 아동을 위한 특수학급(Gottlieb, 1990)을 완전히 사라지게 할 수도 있다고 우려를 하였다. 더욱이 서비스를 제공하는 방법보다는 서비스를 제공하는 장소에 더 중요한 의미를 두게 될 수 있다는 것이다(Zigler, Hodapp, & Edison, 1990). 이 문제는 단지 지역사회에서 살고 있다는 것(그 속에 있다는 것)이 다른 사람에 비해 정신지체인에게 더 훌륭한 생활 조건을 보장하지 않는다는 점과 어떤 '지역사회시설'은 실제로 정신지체인을 분리하는 소규모 기관이라는 점에서 특별한 관심사가 된다(Smith, 1995).

토론 과제

우리 사회에서 모든 사람들이 어느 정도 이미 정해진 방식으로 보거나 행동하는 것을 의미하는 정상적이라는 것의 범위는 어디까지인가? 이러한 규정이 우리 생활을 제한하거나 촉진하는 방식은 무엇인가?

이러한 문제들은 중요한 관심사이다. 그리고 장애인을 주류 생활로 통합시키기 위해 노력할 때, 우리는 정신지체인이 역시 편견에 시달리고 무시되는 한, 분리된 상태로 있거나 심지어 자신의 공동체 내에 남을 수 있음을 기억해야 한다. 정상화의 일부 방법들이 달성되었지만, 정신지체인이 실제로 그들의 지역사회에 가치 있고 기능하는 구성원으로서 살 수 있어야 한다는 비전은 대다수의 가족과 전문가들에게 원동력을 제공한다.

이 책의 개념 구조

정신지체의 연구를 위한 우리의 틀은 정신지체인의 점진적인 독립 기능화 비전이다. 이 비전은 정신지체인을 가족, 이웃, 도시, 국가 및 세계의 구성원으로서 더욱 정당하게 자리잡게 하는 것이다. 이 구조는 어떤 사람의 생활에 대해 종합적인 생태계를 만들어 가는 상호작용 체제로서 어떤 지역사회의 생활, 일 및 사회적 측면을 인식하는 관점에 의해 더욱 구체적으로 강화된다. 물론 이러한 체제는 그들이 만들어내는 규칙과 절차와 마찬가지로 자신의 목적, 재능 및 정서로 이루어진 그들 자신이다. 따라서 성공적이고 효율적인 체제의 기능화는 관련된 모든 사람들의 협력과 조정에 의존한다(Briggs, 1997). 그러므로 이 책의 세 가지 주요 주제는 정신지체의 연구를 위한 맥락을 제공한다.

1. 서비스 전달과 교육적 중재의 주요 목적은 이들이 살고 있는 지역사회에서 성공적인 기능화를 촉진하는 데 있다—**지역사회 통합**(community integration).
2. 기능화를 촉진하는 성공적인 중재는 **체제 조망**(systems perspective)을 통해 개발될 때 이루어질 것이다.
3. 정신지체는 상호작용 체제 내에서 일어나므로, 성공적인 중재는 **간학문적 협력**(interdisciplinary collaboration)에 의존한다.

이 책은 더 큰 지역사회를 구성하는 그런 체제 내의 정신지체를 이해하도록 도울 것이다. 또한 이 책은 항상 완전한 지역사회 참여를 목적으로 전문적인 서비스 전달과 중재에 연구 결과를 적용하는 것을 강조한다. 결국 정신지체에 대한 조사와 연구의 목적은 궁극적인 성과를 극대화하는 데 있다. 그러므로 정신지체에 대한 의학적, 심리학적, 교육적 연구는 그 본래의 특성을 살려 응용되고, 중재에 대한 그 분야의 관련성과 유용성이 의미를 잃지 않고 유용하게 활용될 수 있을 것이다.

당신은 이 책을 읽어 나가면서 정신지체의 발달과 성과와 관련된 중요한 사회적, 정치적,

정신지체에서 신임 전문가들을 위한 실제적 자문

Ohio 주 Cincinnati 시 Hamilton County 정신지체 위원회의 전 사례관리 감독관인 Michael Wrench는 정신지체인을 위한 프로그램, 주거 배치 서비스와 중재를 자문하였다. 그는 자신의 경험을 살려 기관들 간의 협력 사례를 논의하였고, 현장에서 신임 전문가들에게 최선의 도움이 될 수 있는 이론과 실제를 제시하였다.

몇 년 전에 우리는 주요 기관들과 협력 사업 착수에 관한 논의를 시작하였다. 나는 대부분의 시간을 이 일을 하는 데 보냈다. 이 기관들은 서로 같이 일을 하면서 특정 내담자에 대해 누가 무엇을 하는지 알게 되었다. 그들은 내담자에 대한 정보를 공유하기 위해 공통의 양식을 개발하고, 서로 같은 양식을 사용하고, 동일한 정보를 공유하게 되었다. 나의 관심을 끄는 몇 명의 사람이 있었다. 그들은 서비스를 필요로 하지 않았는데 서비스를 받고 있거나 서비스를 중복하여 받고 있었다. 그리고 몇 명의 다른 사람들은 그와 같은 서비스를 받지 못하고 있었다. 나는 우리가 중복 서비스를 없앨 수 있다면 서비스를 받지 못하고 있는 사람들에게 이러한 자원을 활용할 수 있을 것이라고 느꼈다.

우리에게 있어 이러한 성공은 작은 행운이었다. 주요 관련 기관의 감독들이 서로 관여하였다. 그들은 공동 관심사를 볼 수 있게 되었고, 자신들의 고유 영역이라고 여기던 것을 주장하지 않게 되었다. 그리고 고객을 위해 가장 좋은 서비스를 어떻게 제공할지에 초점을 맞추게 되었다. 이제 일이 진행되어 감에 따라 처음에 그 일의 일부가 아니었던 기관들이 참여를 원하게 되었다. 그리고 지금은 남의 일이 아닌 그들의 가장 관심 있는 일이 되었다.

나에게 학생들이 필요로 하는 것을 얻을 수 있는 실제 좋은 견고한 경험을 우리 사회에서 얻은 일이 있었다. 그들은 가능한 한 다른 기관의 사람들로부터 나오는 서로 다른 관점과 논점으로 어떤 조망을 얻기를 원한다. 나는 공식적인 정부와 사업체를 언급하는 것이 아니라, 그 일이 실제로 진행되는 현장을 이야기하는 것이다. 그것이 대학 상황에서 이루어질 수 있는지는 모르겠다.

Michael Wrench, 전 사례관리 감독관

Lynda Crane

서로 다른 관점들을 가지고 있는 젊은 전문가들은 타협점이 어느 정도인지를 이해할 필요가 있다. 나는 그들의 이상을 버리라고 하는 것이 아니다. 이 점이 매우 중요하다. 그러나 그들은 현실감도 가져야 한다. 그들은 타협과 협력이 가야 할 길임을 이해해야 한다. 나만의 목표를 좇을 수는 없다. 다른 사람이 목표를 이루기 위해 노력하는 것이 무엇인가를 고려해야 한다.

그리고 학생들은 그들이 참여하는 역동적인 체제, 이를 테면 가족 역동성을 알 필요가 있다. 그들은 특별한 기대치인 가족(그리고 다른 사람들)의 기능을 알아야 한다. 그리고 당신이 일에 더 몰두하게 되면 당신이 하고 있는 일에 대해 더 잘 알게 될 것이다. 우리는 그것을 이해하고 학교의 굴레를 벗어나는 더 많은 사람들이 필요하다.

기관 서비스의 지역사회 통합

장애인들이 점차 더 큰 사회에 통합됨으로써 서비스 기관들은 더 큰 지역사회의 한 부분으로서 그들을 조망해야 한다. 완전 참여의 목적을 가지고, 특히 정신지체인들에게 서비스를 제공하기 위해 설계된 조직들은 그들 스스로 다음의 질문을 해 볼 수 있어야 한다.

1. 만일 이 사람이 '일반인'이었다면 이 서비스를 어디서 받을 것인가?
2. 만일 그것이 지역사회에서 이미 이용 가능한 것이라면, 왜 이 서비스를 제공해야 하는가?
3. 개인과 가족은 무엇을 필요로 하는가?
4. 우리는 개인과 기관들의 요구를 충족시키고 있는가?

출처: L. Rucker (1987), "A difference you can see." In S. Taylor, D. Biklen, & i. Knoll (Eds.), *Community integration for people with severe disabilities* (pp. 109-128). New York: Teachers College Press.

생리학적, 개별적인 영향력을 확인하고 더 많이 이해하게 될 것이다. 또한 당신은 서비스 전달에서 간학문적 협력 동향에 관해 학습하게 될 것이다. 당신은 정신지체에 대해 더 많은 일반적인 정보를 얻게 됨으로써 지적 장애인과 그들의 가족의 더 나은 통합에 기여하는 데 필요한 많은 지식과 기술에 익숙하게 될 것이다.

이 장에서 (실제로 이 책 전체를 통해) 당신은 지역사회에서 모든 사람들이 원하는 안전, 건강 및 도전적인 삶을 살아갈 수 있도록 기회를 제공하는 일에 종사하고 있는 전문가들을 알게 될 것이다. 이러한 전문가들은 그들의 일에 대해 많은 도전과 만족감을 공유하며, 진로 준비에 유용한 조언을 제공한다. 또한 당신은 자신의 생활을 잘 꾸려 가는 정신지체인들을 보게 될 것이며, 그들의 공통적 인간애와 그들만의 독특한 도전들을 보게 될 것이다.

모든 전문가들과 가족들은 '정신지체인의 복지'라는 공통의 목적을 가지고 있다. 그러한 목적에 도달하기 위해서는 '최상'으로 간주되는 그런 상황에 대한 다양한 가정이 필요하다. 지역사회 통합의 목적에 부합되는 두 가지 가정은 다음과 같다.

1. 더욱 독립적으로나 상호 의존적으로 기능을 할 수 있는 것이 좋다.
2. 지역사회에서 배척되기보다 통합되는 것이 좋다.

이 책은 앞에서 제시한 목적을 가장 잘 실행할 수 있는 두 가지 추가적인 가정을 한다.

1. 서비스 기관들 내와 기관들 간의 전문가들은 그들뿐만 아니라 가족 및 개인들과 서로 협력적으로 일해야 한다.

2. 정신지체는 '체제' 입장을 통해 최상으로 간주된다.

체제 조망

체제 조망은 바람직한 목표를 설정하는 한 가지 일이기도 하지만, 효과적인 교육적, 행동적, 의료적 중재를 기술적으로 개발하는 또 다른 방식이다. 그리고 그것은 여전히 실제 세상에서 성공적으로 이 계획들을 시행하기 위한 또 하나의 방법이다(Bronfenbrenner, 1995). 성공적인 서비스 전달의 주요 요소는 중재가 이루어지는 그 맥락에 대한 이해이다. 예를 들어 생활의 개인적, 사회적, 문화적 요소들 중에서 필요한 내적 관계를 고려하는 것은 효과적인 서비스 전달에 있어 매우 중요하며, 중재를 위한 체제적 접근법은 이와 관련하여 지도되어야 한다.

체제 조망은 서비스 전달 기관, 가족 및 개인들에 대한 여러 가지 영향을 복합적으로 인정하는 서비스 전달과 중재에 대한 사고의 방식(a way of thinking)이다. 또한 체제 조망은 그것이 발생하는 맥락 내에서 중재를 이해하는 중요성을 강조한다(Austin, 1993). 예를 들어 사회적, 정치적, 문화적, 경제적 영향은 사용된 방법의 기술적 효과성만큼이나 중재의 성공에 중요하다(Briggs, 1997). 의료적 보호가 좋은 예가 된다. 의학자들은 기술공학적으로 효과적인 의료 절차를 개발하며, 의사는 그것을 실행에 옮길 기술을 개발한다. 그러나 이러한 절차가 궁극적으로 개인의 건강을 개선하는 데 효과적인지의 여부는 질병과 의학적 조건을 완화하려는 그들의 구체적인 능력처럼 그들의 접근성, 비용, 문화적 수용에 의존한다.

토론 과제
당신은 문화적, 정치적, 경제적 영향에 따른 성공적인 시행과 관련 있는 그 외 다른 기술공학에 대해 생각해 보았는가?

가족, 조직 및 국가를 하나의 체제로 볼 수 있듯이 개인도 하나의 체제로 간주될 수 있다. 그리고 이러한 체제는 모두 균형이나 안정을 추구한다. 개인의 경우 이런 균형은 개인적인 추구와 사회적 활동 간에 안정적인 균형을 유지하려고 하는 생화학적 수준인 항상성(homeostasis)에서나 사회적 수준에서일 것이다(Powers, 1991). 가족의 경우 균형은 개별 가족 구성원의 역할의 예측 가능성을 포함할 것이다(예: 누가 청소를 하고, 누가 언제 요리를 하고,

누가 위기에 대처하고, 누가 문제를 일으켰는지 등). 기관의 균형적인 안정은 목적과 기능을 명확하게 함으로써 나타난다. 직원의 경우, 이것은 요구된 기대에 부응하기 위해 직원들이 기대에 익숙해져야 하는 것과 같이 그들에게 기대되는 것이 무엇인지를 자각하는 것을 포함한다.

체제 조망의 기본 개념은 체제의 어떤 한 부분의 변화가 전체 체제에 영향을 미친다는 것이다(Powers, 1991). 예를 들어 이전에는 자신에 대한 주장을 시작한 수동적이던 아동이 교사와 가족들을 상대로 점차 그 도전을 늘려 가는 것과 같다. 다른 아동의 예는 자신의 일상생활에서 요구되는 대부분의 일을 할 수 있게 되면, 부모들에게 다른 활동에서 더 많은 자유를 요구하게 된다. 이런 변화는 부모에게 긍정적인 영향을 미친다. 그들은 이제 새로운 방법으로 그들 자신을 개발해 갈 수 있는 시간을 갖게 되는 것이다. 또한 그것은 부모들이 상실한 역할을 하겠다고 나서면 오히려 스트레스를 유발할 수 있다(Brotherson et al., 1996).

토론 과제

당신 자신의 가족, 직장 혹은 학교를 체제로 생각할 때, 어떤 사람이나 영역에 영향을 주려고 했지만 그 체제의 나머지 부분에도 영향을 미쳤던(아마 생각지 못했던) 변화에 대해 기억나는 것이 있는가?

변화는 전체 체제에 영향을 미치기 때문에 정신지체인에 대한 중재 계획을 세울 때 그것만 따로 세울 수는 없다—비록 이들이 중심에 있어야 하지만. 그리고 비록 피할 수 없는(그리고 종종 바람직한) 것일지라도, 현재의 균형 과정에서 나타나는 방해는 혼란과 불만을 야기할 수 있다. 궁극적으로 그것은 변화를 유지하기 위한 자연적인 현상이다. 그리고 종종 개인은 원래의 모습으로 되돌아가려고 함으로써 균형을 복원시키려고 한다. 이미 가지고 있는 강점에 근거해야 한다는 것은 체제 조망에서 필수적인 것이다(Cobb & Gunn, 1994; Garanzini, 1995). 개인과 집단 모두(가족이나 조직과 같이)에 있어 이미 가지고 있는 강점은 성장과 변화를 할 수 있게 한다.

토론 과제

모든 개인과 집단이 실질적으로 현재 몇 가지 강점을 가지고 있다고 가정하면, 당신은 어떻게 이들의 성장을 신장시켜 나갈 것인가?

예를 들어 세 명의 정신지체 여성이 생활하는 지역사회 중심 공동 가정생활(group home)을 보자. 이들과 함께 생활하는 직원들은 거주자들이 서로가 잘 챙겨 먹고, 청소하고, 서로 상처를 주지 않도록 하는 역할에 적응하게 해야 한다. 또한 이러한 기능뿐만 아니라 그들의 활동에 간섭하지 않아야 한다. 전형적으로, 한 젊은 여성은 가정에서 그녀의 시간을 대부분 흔들의자에서 다른 곳을 응시하면서 보낸다. 반면 다른 두 여성은 TV를 본다. 모두가 편안하고 행복해 보이며 어느 누구도 변화할 이유가 없다. 그들은 그들의 '체제'를 가지고 있으며, 이 체제는 이들을 위해 작용하고 있다.

그 다음 이 체제는 외부 서비스 기관에 고용된 외부 자문가가 가정의 현재 프로그램을 평가하고 필요한 수정을 권고할 때 위협이 된다. 몇 가지 바람직한 이유로(신체적 건강과 개인적 발달에 대한 것을 포함하여) 이런 자문가는 거주자들이 그들의 시간을 달리 사용해야 하고, 직원은 그렇게 할 수 있도록 여성들에게 용기를 주는 행동 계획을 시행해야 한다고 믿는다.

토론 과제

행동 계획의 기술적인 효과 외에 이러한 상황에서 어떤 요인이 제안된 중재의 성공에 영향을 미칠 것인가?

체제 조망에서 체제는 분명히 이미 그 자체에 있다. 그러므로 거주 직원의 목적뿐만 아니라 현재의 요구를 충족시키려는 상황을 이해하려고 노력해야 한다. 예를 들어 직원은 거주자들이 선택한 자신의 여가시간을 즐길 권리를 가져야 한다고 믿는다. 더욱이 일을 마치고 온 사람들은 매일 저녁 TV를 보면서 시간을 보내며, 그것을 즐겁고 적절한 행동으로 생각한다. 그러므로 행동 계획의 어떤 참된 변화는 다른 활동에서 최소한의 여가시간을 보내고자 하는 욕구와 욕망에 관해 직원, 자문가 및 거주자들 간에 공유된 목적의 앞으로의 발전에 따라 결정되어야 한다. 동시에 한 집안에서 나타나는 상호 존중과 진정성에 대한 현재의 강점은 이러한 변화를 만들어 가는 최선의 기본이 될 수 있다. 체제 조망은 서비스 제공자들에게 개인, 가족, 그리고 다른 집단이 복합적인 욕구와 목적, 그리고 구체적인 실체성을 가지고 있음을 상기시켜 준다. 구체적 실체성은 변화—그 변화가 개선된 행동, 증진된 학습 혹은 더 나은 건강과 관련이 있는지 아닌지의 여부—를 위한 실제적 전략을 개발할 때 고려되어야 한다(Powers, 1991).

간학문적 협력과 초학문적 협력

체제의 상호작용은 지역사회에서 서비스를 제공하는 기관들의 상호작용과 유사하다. 만약 서비스 프로그램의 성공적인 조정이 이루어지려면 기관들 간에 협력이 이루어져야 한다. 이것은 매우 중요하다. 왜냐하면 협력이 이루어지지 않는다면 가족이나 정신지체인들을 위한 서비스의 지나친 중복, 중요한 서비스의 누락, 목적에 대한 갈등이 자주 일어나게 되기 때문이다—프로그램 목적을 훼손하는 문제.

탈시설화를 향한 최근 동향은 지역사회 서비스의 협력에 실제적인 추인책을 제공한다. 1970년대 초 이전에 정신지체인들은 대부분 분리된 시설인 대규모 주거시설에서 서비스를 받았다. 정상화 목적의 대두로 많은 정신지체인들이 서비스가 지방에서 제공될 것이라는 기대를 가지고 그들의 지역사회로 되돌아 왔다(Noonan & McCormick, 1993). 이전에 대규모 주거시설에 지원되었던 일부 자금도 지방 수준에서 서비스를 제공하는 지역사회의 기관들이 이용할 수 있게 되었다. 지역사회 서비스 규정은 관련된 기관들의 협력과 규모가 큰 지역사회의 관심과 참여를 요구한다.

더 많은 정신지체인들이 그들의 지역사회에 남게 됨으로써 그들은 그들의 많은 욕구를 충족시키기 위해 존재하는 제공자들에게로 돌아가야 한다. 정신지체인을 의해 특별히 새롭게 고안된 지역사회 기관들은 이러한 많은 서비스를 제공하는 데 도움을 줄 수 있지만, 대다수는 이전에 있었던 기관과 적절한 지원을 하는 데 기술과 지식을 가지고 있는 전문가들의 서비스를 받아야 한다. 예를 들어 의료와 정신건강 보호는 전형적으로 지역사회에 있는 의사들에 의해 이루어졌다—이들은 대부분 정신지체에 대한 경험을 거의 가지고 있지 않다.

전문가들은 대부분 기꺼이 정신지체인들을 수용하고 이들에 대해 알고자 하였다. 예를 들어 많은 의사들은 지적 능력과 상관없이 환자를 치료할 책임이 있다는 데 동의하였지만, 아직 지적 장애와 관련된 조건에 관한 부적절한 의학적 정보로 인해 방해를 받고 있다(Minihan Dean, & Lyons, 1993). 또 다른 예로 현재 많은 지적 장애아동들이 일반학급에 통합되어 있지만, 아직 많은 일반교사들은 정신지체에 대한 교과를 이수하지 않은 상태이다. 전문가들이 협력적으로 의미 있는 서비스를 제공하기 위한 만남을 갖게 되면 그들에게 정신지체에 대한 정보가 주어져야 한다. 정신지체인들이 지역사회의 구성원으로 완전히 통합되면 모든 전문가들에게 지적인 차이에 대한 수용과 교육이 이루어져야 한다.

일부 대학과 대학교들은 그들의 보조를 원하는 지방에 교육과 정보 지원을 함으로써 통합된 지역사회(소위 완전 통합)를 증진하기 위해 노력하고 있다. 이러한 프로그램들은 대부분

성공적인 협력적 문제해결을 위한 제안

1. 당신의 입장을 분명하고 논리적으로 표현하라. 그러나 상대의 반응에 경청하고 당신의 입장을 주장하기 전에 먼저 그들을 신중히 고려하라.
2. 당신이 일부 동의하고 있으며, 객관적이고 논리적인 근거가 있는 해결책을 지지하라.
3. 문제를 통해 해결하는 과정을 빠뜨린 갈등 감소 절차(예: 다수결 투표나 거수)를 피하라.
4. 의견의 차이점을 찾으려 노력하고 결정 과정에 모든 사람이 포함되도록 노력하라. 궁극적으로 논쟁이 더 적절한 해결로 나타날 수 있다.
5. 누가 이기고 지는지 가정하지 말라. 그 대신에 대부분이 수용할 수 있는 최고의 대안을 찾아라.
6. 근본적인 가정을 논의하고, 서로 주의 깊게 경청하고, 함께 갈등을 정의하라.
7. 입장과 감정을 서로 의사소통하고, 협력적인 의도를 의사소통하며, 반대자의 입장을 상상하라.

출처: D. W. Johnson & D. P. Johnson (1987), *Joining together: Group theory and group skills* (2nd ed.), as presented in B. Rainforth, J. York, & C. Macdonald (1992), *Collaborative teams for students with severe disabilities: Integrating therapy and education services*. Baltimore, MD: Paul H. Brookes.

그들 자신의 욕구와 우선순위를 결정하고, 지역사회의 통합을 위한 그들의 목적에 도달하는 수단을 발견하기 위해 지속적인 협력 과정을 확립하고자 하는 지역사회 지도자와 전문가들을 돕기 위해 노력한다(Sheriff, 1995).

협력은 지역사회의 조직들 사이에서뿐만 아니라 조직 내의 분야들 사이에서도 중요하다. 예를 들어 학교 내에서는 간학문적 협력(소위 팀)이 **최상의 실제**이다. 서로 다른 분야의 구성원들(교사, 작업치료사 및 언어치료사를 포함)이 한 특정 학생의 중재를 계획하기 위하여 한 가족을 구성원으로 하여 팀을 이룬다(Frey & Lane, 1995). 6~21세 사이의 정신지체 학생들을 위한 팀 계획은 연방법에 규정되어 있다. 취학 전 장애아동을 위한 서비스를 규정하고, 영·유아를 위한 중재를 권장하는 법률도 간학문적 협력을 요구하며, 그에 따른 프로그램은 아동, 청소년 및 성인들을 위한 중재 모델에도 제공된다(이런 조정된 서비스에 대한 논의는 10장에 제시된다). 간학문적 팀 계획과 문제해결의 이점은 새로운 아이디어의 창출과 잠재적인 어려움의 배제에 이용할 수 있는 다양한 지식, 전망 및 전문성이다(Rainforth, York, & Macdonald, 1992).

토론 과제

당신이 참여하는 문제해결에 대하여 생각해 보라. 이런 방법이 제공하는 이점과 어려움은 무엇인가?

이런 간학문적 중심은 실제로 최근에 전문가들이 그들의 실제에서 기법을 공유하며 전통적인 경계를 교차하는 **초학문적**(transdisciplinry) 활동으로 확장되고 있다(Carpenter, King-Sears, & Keys, 1998). 예를 들어 손의 위치 잡기를 도와 더 쉽게 쓰기를 수행하도록 하는 작업치료사는 이제 더 이상 교실에서 아동을 빼내지 않고, 교사들이 새로운 기법을 보고 코치를 받도록 허락하면서 아동을 교실에 두고 일한다. 이런 방식으로 교사는 아동을 돕기 위해 새로운 도구를 가지며, 아동은 '치료 시간'보다 학교 일과 전체를 통해 실제 이익을 얻는다. 교사와 작업치료사는 실제로 필요할 때 서로 의사소통 관계를 유지할 수 있고 기술을 함께 수정할 수 있다는 점이 매우 중요하다. 그리고 아동의 진전에 따라 이들도 새로운 것을 개발할 수 있다.

성공적인 간학문적 협력과 초학문적 협력은 그들의 역할과 책무성에 대한 전문가의 사고와 접근법에 실질적인 변화를 요구한다. 또한 협력은 이미 특정 영역으로 구체화되고 학문적으로 정착된 전형적인 조직 구조에 실질적인 변화를 요구한다. 이 중에서 중요한 것은 모든 것을 경쟁적으로 보지 않고 과거의 개인주의적인 관점을 바꾸는 협력적인 상호 의존적 태도이다. 이런 변화는 항상 어려움과 저항에 직면하게 된다. 변화는 팀 구성원들이 그들의 역할에 대해 명확하고 불편하지 않으나, 새로운 일을 시도하기에 충분할 만큼 융통성이 있으면 도움이 된다. 체제 운영에 대한 이해는 역할의 명료화, 협력적인 합의의 교섭, 환경의 경계 설정에 도움을 줄 수 있다(Rainforth, York, & Macdonald, 1992). 체제 조망은 팀 구성원들에게 의견 차이를 확인하고 말하도록 자극한다. 모든 사람이 상황을 같은 방식으로 개념화하거나 동일한 중재 접근법을 이용할 필요도 없다. 그러나 토론을 통해 중복되거나 서로 같은 목적을 설정하기보다는 서로의 노력을 실행 가능하게 하는 상호 장기적인 목적을 설정할 수 있다.

서비스를 받고 있는 개인은 항상 팀 기능에서 중심에 있음을 기억해야 한다. 이것은 팀이 개인을 위해 단지 중재와 지원 계획을 한다는 의미가 아니라 개인과 더불어 계획을 설정한다는 것이다(Pfeifer, 1998). 개인의 생각, 목적 및 반응은 어떤 다른 팀 구성원의 그것들만큼 중요하다—사실, 중재의 성공에 중요하다. 실제적으로 그의 피드백은 계획의 성공 여부를 결정하며, 미래의 계획이 기초해야 할 정보를 제공한다. 정신지체에 대한 효과는 일반적으로 전 생애적이기 때문에, 중재와 서비스는 지속적인 과정으로 간주되어야 한다. 즉, 이 과정은 개인을 가능한 한 자율성과 자기지도(self-direction)로 자신의 생활을 관리하도록 지원한다(Sloman & Konstantareas, 1990).

이웃의 정신지체 아동에 대한 지역사회 반응

전 세계에서의 여러 가족들은 그들이 느끼고 겪으면서 감당했던 사회적 지원과 격려에 대하여 말한다.

우리 집은 회사 근처에 있으며 열두 명의 가족이 살고 있다. 어른들, 아이들 및 친척들은 그들의 출생에서부터 거의 모든 것을 서로 알고 있다. 그래서 그녀는 이들과 쉽게 친숙해졌다. 그들은 그녀를 정상적으로 대한다. 아이들은 그녀와 같이 놀려고 노력했다. 어른들은 그녀의 이야기를 들어 줌으로써 그녀를 격려해 주었고, 그녀가 한 일에 칭찬을 아끼지 않았다.

—FAMILY MURTHY, INDIA

이웃들과 다른 사람들은 그를 받아들이지도 않았을 뿐더러 우리를 공격하였다.

—FAMILY EED, JORDAN

Khalid가 어렸을 때 이웃은 그를 살펴보았고, 실제로 그를 잘 보호하였다.

—FAMILY JARER, JORDAN

이웃 및 지방의 대다수 사람들은 모든 문제를 신의 저주로 보았다.

—FAMILY MARANDU, TANZANIA

Ng 여사는 때때로 밖에 나갔던 일을 떠올리게 된다. 사람들은 우리를 쳐다보며, 나와 손짓으로 의사소통하는 Leslie를 보라고 그들의 친구들을 손으로 쿡쿡 찌른다.

—FAMILY NG, SINGAPORE

이웃과 지역사회와의 우리 관계는 매우 좋다. 우리는 매우 관심이 많고, 따뜻하고, 지원적인 이웃과 친구들이 있다. … Ghinwa는 이웃, 친척 및 친구들을 방문하러 밖으로 나간다.

이웃과 지방 서비스에서 우리가 받는 지원은 지나칠 정도다. 그들은 우리들 뒤에서 이야기하지 않고 열린 마음과 사랑으로 Ghinwa를 환영한다.

—FAMILY GHAREB, LEBANON

출처: Mittler, H. (1995). *Families speak out: Integrational perspectives on families' experiences of disability*. Cambridge, MA: Brookline. Reprinted with permission by Brookline Books.

옹호의 원리

다음 '학습 메시지'는 UN과 International League of Societies for Persons with Mental Handicap(ILSMH)의 국제 비정부기구에 의해 전 세계에 보급되었다.

1. 우리는 우리의 생애에서 개인적으로든 가족과 지역사회의 구성원으로든 어떤 시기에 장애를 경험할 수 있다.
2. 사회는 장애의 효과를 추가하거나 줄일 수 있다.
3. 정신지체인은 장애를 가지고 있다. 이들은 사회에 기여할 수 있다. 그러나 이들이 그렇게 할 수 있다는 것이 때로는 과소평가되기도 한다.
4. 장애인은 상담을 받고 선택을 하며 그들 자신의 삶을 계획하는 데서 통제를 연습할 권리를 가지고 있다.

출처: H. Mittler (1995), *Families speak out: International perspectives on families' experiences of disability*. Cambridge, MA: Brookline Books.

개인적인 노력: 친구, 이웃 및 동료

우리는 이 장을 통해 서비스 전달의 성공적인 목적을 언급한다. 그러나 우리는 성공을 어떻게 정의할 것인가? 표준이 되는 어떤 준거가 있는가? 하는 문제를 가지고 있다. 실패의 일반적 기준은 개인이 기관으로 되돌아가는 것이다. 그러나 그것은 부적절한 기준이다. 왜냐하면 단순히 지역사회에 남는다는 것이 성공을 보장하지 않기 때문이다. 예를 들어 만일 개인이 서비스 표준－독립적인 생활, 안정적인 작업, 자신의 금전관리－에서 전적으로 성공적이지만, 자기 자신이 보기에 비참하다고 여기면 어떨까? 다른 측면에서, 만약 사람이 전통적인 인습을 당연시하면서 이방인처럼 생활하고, 끊임없는 변화와 불안에 직면하고 있다면, 그러면서 그의 현재에 만족하고 있다면, 그는 실패한 것인가? 성공이라고 하는 의미는 다양하기에 어떤 공정한 결정은 전문가, 가족 및 개인의 판단을 고려해야 한다.

그러나 어떤 정의에 의하면, 정신지체인을 위한 성공적인 지역사회 성과는 간학문적이거나 초학문적인 노력뿐만 아니라 폭넓은 지역사회 전체의 이해, 수용 및 노력에 달려 있다. 결국 거의 모든 사람들이 정신지체와 접촉한다. 어떤 사람들은 그들의 가족들에서, 어떤 사람들은 그들 친구의 가족들이나 혹은 그들의 이웃에서 접촉하게 된다. 따라서 정신지체인의 삶의 질은 일반인들의 관심사항이다. 다행히 지역사회의 많은 개인들은 정신지체인의 더 나은 삶을 지원하기 위해 비공식적인 일을 한다.

연구에 의하면 모든 가족은 우정, 존경, 동의 및 보조를 포함한 사회적 지원에 의존하고 있다(Pfeifer, 1998). 이러한 태도와 반응은 확대 가족, 친구 및 동료 사이에 특히 의미 있으나 그들은 서비스 제공 과정 동안－예를 들어 부모와 교사 사이에, 그리고 의료적 도움이 병으로 인해 발생했을 때－특히 중요하다. 정신지체인의 가족의 경우 사회적 지원은 특히 의미가 있다－그것은 가족생활을 만족스럽게 유지시켜 줄 수 있는 주요 요인이다(Mittler, 1995).

> **토론 과제**
> 당신의 삶과 가족들의 삶에서 친구, 친척 및 동료들의 지원과 지원의 부족은 어떤 부분인가?

한 수준에서 성공적인 서비스의 전달과 중재의 모든 도전들은 전문가, 가족, 정신지체인, 그들의 또래, 그들의 고용주들 간에 협력 관계를 개발하는 것이다. 당신은 이 책을 읽어 가면서 간학문적 협력과 초학문적 협력 노력의 예들을 발견하게 될 것이다－그리고 이러한 모든

양육 조부모 프로그램

Ohio 주 Cincinnati 시의 Fairfax 학교에서 작업치료사로 있는 Brigette Baker는 학교의 양육 조부모 프로그램에 대하여 이야기하고 있다.

우리는 양육 조부모라고 하는 프로그램이 있다. 저소득층 어른들을 한 반으로 구성했다. 그들은 버스를 타고 학교에 와서 보조인으로 학급에서 시간을 보낸다. 이것은 멋진 프로그램이다. 어른들은 참으로 아동들에게 정성을 쏟기 때문에 나는 그들이 더 많은 도움을 주기를 희망한다. 어떤 아동들은 정말 그들을 좋아하고 따른다. 어떤 학생들은 휠체어에 있다. 그리고 학급에서 활동을 할 때에는 교사들의 주의가 많이 요구되기 때문에, 이때 휠체어에 있는 아동은 자리에 그냥 남아 있을 수 있다. 그러나 양육 조부모가 조그만 녹음테이프를 가져와 그들에게 음악을 들려주거나 일대일로 활동을 같이 한다.

노력을 위해 가족과 정신지체인의 참여(전문가들의 노력뿐만 아니라)는 본질적임을 발견하게 될 것이다.

조망

이 장은 지역사회 통합의 목적을 소개하고, 체제 조망을 언급하며, 간학문적 협력의 중요성을 강조하면서 단계를 설정하였다. 나머지 장은 정신지체란 무엇이며, 어떻게 발달하고, 어떻게 평가되는지를 당신이 이해하도록 돕고, 정신지체인이 그들의 상당한 능력을 최상으로 발휘하게 하기 위해 어떻게 학습하고 생활하도록 도울 수 있는지에 관한 지식과 기법을 다룰 것이다. 당신이 정신지체인에 관한 사실과 중재 기법을 학습하는 동안 이들이 항상 유용한 일반화로서 의도된 것임을 명심해야 한다. 동시에 각 개인, 가족 및 조직은 어떤 면에서 독특하고, 도전과 마찬가지로 거대한 예술의 한 부분—전문가 서비스는 새로운 통찰에 대하여 열린 마음을 갖는 능력임을 기억해야 한다.

참고문헌

Austin, C. D. (1993). Case management: A systems perspective. *Families in Society*, *74*(8), 451-458.

Briggs, M. H. (1997). A systems model for early intervention teams. *Infants and Young Children*, *9*(3), 69-77.

Bronfenbrenner, U. (1995). The bioecological model from a life course perspective: Reflections of a participant observer. In P. Moen, G. H. Edler, Jr., & K. Luscher (Eds.), *Examining lives in context: Perspectives on the ecology of human development* (pp. 599–618). Washington, DC: American Psychological Association.

Brotherson, M. J., Cook, C. C., & Parette, H. P., Jr. (1996). A home-centered approach to assistive technology provision for young children with disabilities. *Focus on Autism and Other Developmental Disabilities, 11*(2), 86–95.

Carpenter, S. L., King-Sears, M. E., Keys, S. G. (1998). Counselors + educators + families as a transdisciplinary team = more effective inclusion for students with disabilities. *Professional School Counseling, 2*(1), 1–9.

Cobb, H. C., & Gunn, W. (1994). Family interventions. In D. C. Strohmer & H. T. Prout (Eds.), *Counseling and psychotherapy with persons with mental retardation and borderline intelligence* (pp. 235–255). Brandon, VT: Clinical Psychology Publishing.

Frey, L. & Lane, C. (1995). *The bridges program: Promoting home school inclusion through a continuum of services.* Paper presented at the 73rd Annual International Convention of the Council for Exceptional Children, Indianapolis, IN.

Garanzini, M. J. (1995). *Child-centered, family-sensitive schools: An educator's guide to family dynamics.* Washington, DC: National Catholic Educational Association.

Gottlieb, J. (1990). Mainstreaming and quality education. *American Journal on Mental Retardation, 5*(1), 16–17.

Heal, L. W. (1990). Bold relief or bold re-leaf? *American Journal on Mental Retardation, 95*(1), 17–19.

Johnson, D. W., & Johnson, D. P (1987). *Joining together: Group theory and group skills* (2nd ed.). Englewood Cliffs, NJ: Prentice-Hall.

Menolascino, F. J., & Stark, J. A. (1990). Research versus advocacy in the allocation of resources: Problems, causes, solutions. *American Journal on Mental Retardation, 95*(1), 21–25.

Minihan, P. M., Dean, D. H., & Lyons, C. M. (1993). Managing the care of patients with mental retardation: A survey of physicians. *Mental Retardation, 31*(4), 239–246.

Mittler, H. (1995). *Families speak out: International perspectives on familie's experiences of disability.* Cambridge, MA: Brookline Books.

Nirje, B. (1976). The normalization principle and its human management implications. Reprinted in M. Rosen, G. R. Clark, & M. S. Kivitz (Eds.), *The history of mental retardation: Collected papers* (vol. 2, pp. 363–376). Baltimore, MD: University Park Press.

Noonan, M. J., & McCormick, L. (1993). *Early intervention in natural environments: Methods and procedures.* Pacific Grove, CA: Brooks/Cole.

Pfeifer, T. (1998). Collaboration: The use of the construct of agency in fostering change. *Infant-Toddler Intervention: The Transdisciplinary Journal, 8*(4), 333–343.

Powers, M. D. (1991). Intervening with families of young children with severe handicaps: Contributions of a family systems approach. *School Psychology Quarterly, 6*(2), 131–146.

Rainforth, B., York, J., & Macdonald, C. (1992). *Collaborative teams for students with severe disabilities: Integrating therapy and education services.* Baltimore, MD: Paul H. Brookes.

Rucker, L. (1987). A difference you can see: One example of services to persons with severe mental retardation in the community. In S. Taylor, D. Biklen, & J. Knoll (Eds.), *Community integration for people with severe disabilities* (pp. 109–128). New York: Teachers College Press.

Sheriff, G. (1995). *Welcome everywhere: Inclusive communities for young children with disabilities and their families.* Paper presented at the 73rd Annual International Convention of the Council for Exceptional Children, Indianapolis, IN.

Sloman, L., & Konstantareas, M. M. (1990). Why families of children with biological deficits require a system approach. *Family Process*, *29*, 417-429.

Smith, J. D. (1995). *Pieces of purgatory: Mental retardation in and out of institutions.* Pacific Grove, CA: Brooks/Cole.

Wolfensberger, W. (1975). *The origin and nature of our institutional models.* Syracuse, NY: Human Policy Press.

________. (1995). An overview of social role valorization and some reflections on elderly mentally retarded persons. In M. P. Janicki & H. M. Wisniewski (Eds.), *Aging and developmental disabilities: Issues and approaches.* Baltimore, MD: Paul H. Brooks.

________. (2000). A brief overview of social role valorization. *Mental Retardation*, *33*(3), 163-169.

Zigler, E., Hodapp, R. M., & Edison, M. R. (1990). From theory to practice in the care and education of mentally retarded individuals. *American Journal on Mental Retardation*, *95*(1), 1-12.

CHAPTER

2

정신지체의 이해에 관한 이론적 흐름

유전적 성숙 이론: 발달 이정표

학습 이론

- 조작적 조건화
- 모방과 모델링
- 다중 지능 이론

단계 이론

- 정서 발달
- 인지 발달

지체와 차이 이론

변증법적 학습

생태학적 체제 이론

조망

참고문헌

심리학자들은 일반 대중과 마찬가지로 전문가들에게 영향을 미쳐 왔으며, 우리의 정신지체에 대한 이해를 자극해 왔다. 이론은 다른 어떤 것보다 성숙과 학습의 과정, 즉 이러한 과정들이 어떻게 상호작용하고 그들에 대해 문화적 영향력을 미쳐 왔는지에 초점을 맞추고 있다. 이 장은 정신지체인의 이해와 연구에 특별한 관련성을 갖고 있는 다양한 이론들의 핵심 개념을 간략히 고찰한다.

유전적 성숙 이론: 발달 이정표

G. Stanley Hall(1844~1924)은 흔히 아동 발달에 관한 과학적 연구의 선구자로 간주되며(Dixon & Lerner, 1999), Hall과 그의 제자인 **Arnold Gesell**(1880~1961)은 **Charles Darwin**(1809~1882)의 진화이론에서 아이디어를 채택했다. Hall과 Gesell은 성숙한 발달은 거의 대부분 유전에 의해 결정되며, 모든 아동은 환경과 관계없이 예측 가능한 방식으로 발달한다고 믿었다(Gesell, 1952; Hall, 1907). 이러한 토대 위에서 그들은 대부분의 아동들이 특정한 연령에서 행하는 것을 기록할 수만 있다면, 그 정보는 정상적으로 발달하지 않는 아동을 판별하는 데 이용할 수 있을 것이라고 추론했다.

Gesell은 Yale 아동연구센터의 의사로서 서로 다른 환경적 배경에서 자란 많은 아동들을 볼 기회를 가졌다. 그는 문화적, 사회적 계층과 관계없이 모든 아동들의 특정 연령에서 기대될 수 있는 행동에 대한 정확한 기술인 **발달 규준**(developmental norms)을 기술하기 위해 여러 자료를 통해 아동의 발달에 대해 상세히 기록을 했다. Gesell은 이러한 규준에서 오늘날 수정된 형태로 이용되고 있는 영·유아 발달의 이정표를 만들어냈다.

Gesell은 유전의 지배적 영향에 대한 그의 믿음에도 불구하고 정신지체 아동에 대한 교육효과에 관심을 보였고, 정신지체 아동도 학습할 수 있다고 믿고, 교사를 위해 고안된 개별교수를 위한 교재를 발간했다(Gesell, 1925; 1932). 비록 오늘날 대부분의 전문가들이 발달은 유전과 환경의 결과라고 여기고 있지만, 유아 발달 척도는 여전히 아동이 기대된 대로 발달하는지의 여부를 결정하는 데 광범위하게 이용되고 있으며, 흔히 매우 어린 정신지체 아동을 판별하는 역할을 담당한다. 규준 평가 척도는 5장에서 더욱 구체적으로 논의된다.

Gesell과 Hall 사이의 관계는 일반적으로 과학적 연구에 대한 흥미롭고 중요한 측면을 설명한다. 새로운 아이디어와 방법은 거의 이전의 이론에 기초하고 있다. Gesell은 Hall로부터 중요한 아이디어를 얻었고, 둘은 Darwin으로부터 배웠다. Gesell의 아동 양육 조언

G. Stanley Hall은 유전이 성숙한 발달을 결정한다고 확신하였다.

Courtesy of Clark University, Worcester, Mass.

표 2.1 전달기호 체계에 따른 중요 시기

나이(개월)	행 동
2	사회적 미소 띠기
3	모음 소리 내기
4	소리 내어 웃기
6	옹알이하기
9	인사를 하려고 손을 흔들거나 짝짜꿍 놀이하기
11	한 단어(엄마나 아빠 등의 단어) 발화하기

출처: CLAMS language scale in A. J. Capute & P. J. Accardo (1991). Language assessment in A. J. Capute, P. J. Accardo, et al. (Eds.), *Developmental disabilities in infancy and childhood* (pp. 165-179). Baltimore, MD: Paul H. Brookes.

(child-rearing advice)은 그의 유전학의 대한 이해와 **Jean-Jacques Rousseau**(1712~1778)의 허용적인 부모의 관념에서 도출되었다. 유사하게 이후의 전문가들은 Gesell의 방법에 기초하여 유아 발달 척도를 만들었다(표 2.1 참조). 학생과 전문가로서 우리는 많은 동일한 방식에서 서로로부터, 그리고 우리의 전문가로부터 비전형적인 발달에 관해, 중재를 위한 적절한 기법에 관해 우리의 아이디어와 이론을 개발한다.

학습 이론

우리는 성숙 이론은 유전이 발달을 조절한다고 가정하고 있음을 알고 있다. 극단적인 반대편에서 **학습 이론**은 성장은 발달 경험의 결과라고 간주한다. 성숙 이론이 건강한 발달은 자연스럽게 이루어지며, 아동들은 거의 방해를 받지 않아야 한다는 Rousseau의 아이디어와 관련되는 것과 같이, 학습 이론은 아동들은 '비어 있는 석판(색칠되지 않은 도화지)'이고 그들의 삶의 사상에 의해 전적으로 형성된다는 **John Locke**(1632~1704)의 철학을 따른다.

조작적 조건화

B. F. Skinner(1904~1990)는 그의 **조작적 학습** 이론에서 발달이 일련의 행동적, 환경적 사상으로 진전되는 방법을 기술했다. Skinner에 따르면 정상적인 삶의 과정에서 우리는 모두 세상에서 일어나는 어떤 반응을 위한 자극으로서 행하는 행동을 수행한다. 행동에 뒤따르는 이런 반응은 개인에 의해 행동의 결과로 취급되며, 만약 그것이 속성을 강화하거나 처벌하면 본래 행동이 각각 더욱 빈번히 발생하거나 덜 빈번히 발생할 것이다.

한 예로 Skinner는 그의 무릎 위에 자신의 유아기 딸을 올려놓고 의자에 앉는 것을 기술했다. 그들 옆에는 램프가 하나 있었다. 딸이 자기 팔을 들어올리자 Skinner는 딸의 행동(팔 들어올리기)을 램프를 작동하기 위한 자극으로 취급할 수 있었다. Skinner는 재빨리 램프를 켰다가 다시 껐다. 곧 딸이 '램프를 켜고 끄는 것'에 대해 큰 원호로 자기 팔을 흔들고 있었다(Skinner, 1969). 이러한 묘사를 통해 Skinner는 딸이 자기 팔을 흔듦에 의해 램프가 작동되는 것이라고 학습한 과정을 기술했다. 물론 딸이 다시 이것을 시도하고 Skinner가 보조하기 위해 거기에 있지 않을 때 딸은 그것이 소용이 없음 알고 이런 전략을 중단할 것이다. 이런 '학습하지 않는'(unlearning) 과정을 Skinner는 **소거**(extinction)라고 한다.

Skinner의 이야기는 우리의 정신지체 연구에 다양한 중요한 함의를 가진다. 아마도 가장 중요한 것은 이러한 학습의 '심리학적 법칙'이 특정 행동을 가르치는 데 이용될 수 있다는 것이다. 이것은 때로 **행동수정**(behavior modification)이라고 일컬어지며, 이것은 정신지체인들에게 학업, 일상생활 및 사회적 기술을 가르치는 대부분의 교육적, 행동적 프로그램을 설계하는 데 이용되는 응용행동분석의 더욱 복잡한 기법에 토대를 제공한다.

토론 과제
어떤 사람의 행동을 수정하는 것의 윤리적 함의는 무엇인가? 그들이 알고 있는 협력이 당신의 입장에 영향을 미치는가?

Skinner의 딸에 관한 일화와 같이 사람은 잘못된 행동을 학습할 수 있다. 우리는 마음에 실제로 그들이 없을 때도 그들이 연결된다고 믿으면서 두 가지 일을 연합할 수 있다. 행동분석은 사람이 부적절한 연합을 '학습하지 않는' 상황을 만들어내는 것과 관련된다.

마지막으로 그것은 조작적 조건화에서부터 우리 자신의 행동을 이해하고 수정하는 것에까지 이용하는 것이 가능하다. 우리는 그들에 도달하기 위해 보상을 발견하고, 바람직한 목적을 설정하며, 우리 자신을 보상하는 그런 상황과 사상을 확인할 수 있다. 또한 우리는 우리의 불합리한 두려움과 반응을 더 잘 이해하고 제거할 수 있을 것이다. 11장은 다양한 응용행동분석 기법을 기술한다.

모방과 모델링

Skinner는 모든 학습은 강화를 통해 일어나며, 그래서 오직 구체적으로 강화된 행동만이 반복될 수 있다고 믿었다. **Albert Bandura**는 학습이 단순히 어떤 다른 사람을 지켜본 결과로서 일어날 수 있다(그리고 특정 행동의 가능성은 증대될 것이다)고 생각했다(Bandura, 1977). 그는 이런 아이디어를 검증하기 위해 지금은 잘 알려진 사상을 설정했다. 그는 아동들을 어른들이 놀이방에서 장난감을 가지고 노는 것을 보도록 허락했다. 장난감 중에는 밀 때마다 되돌아오도록 하기 위해 바닥에 무게중심을 둔 부푼 플라스틱 광대 모양의 보보(BoBo)라는 인형이 있었다. 어떤 아동은 조용하고 정상적인 방식으로 인형을 계속해서 밀고, 그것이 똑바른 위치에 되돌아오는 것을 보면서 노는 어른을 보았다. 다른 아동은 보보의 목을 쥐고 있고, 인형을 바닥에 넘어뜨리며 얼굴을 때리고, 조각으로 인형을 쑤시는 어른을 보았다. 이제 문제는 아동들을 놀게 할 때 아동들은 무엇을 할까이다. 정확히, 조용히 노는 어른을 지켜본 아동들은 스스로 조용히 놀았다. 반면 보보를 때리는 모습을 본 아동들은 그와 같이 했다.

이후 Bandura는 관찰학습이 성공하기 위한 네 가지 중요한 점을 다음과 같이 강조했다(Bandura, 1986).

첫째, 시범이나 모델은 아동의 주의를 끌어야 한다.

둘째, 아동은 모델에 대한 기억을 보유해야 한다.
셋째, 모델은 아동에게 동기를 부여하기에 충분히 바람직해야 한다.
넷째, 아동은 모델의 모방을 산출할 수 있어야 한다.

흥미로운 모델은 아동의 주의를 끌고, 기억을 강화하고, 동기를 강화하기 때문에 모방하기 쉽다. 반면 매우 복잡한 모델은 그 복잡함이 아동의 모방을 산출하는 능력을 최소화하기 때문에 완전히 모방되기 쉽지 않다. 여전히 충분히 동기화된 아동은 모델의 모방을 산출하려는 노력을 계속할 것이며, 원래 모델에 대한 그들의 기억과 수행을 지속적으로 비교할 것이다.

발달에 관한 Bandura의 아이디어와 함의는 엄청나다. 하나는 모델링의 효과는 '내가 말하는 것을 하고 내가 하는 것을 하지 마라'는 충고가 왜 흔히 실패로 끝나는지를 설명한다. 아동들은 다른 사람에게서 본 것으로부터 학습한다. 게다가 행동의 모델이 되는 개인을 좋아하고 동경한다면 아동은 더욱 더 그를 모방하기 쉽다(Bandura, 1977). 모델이 방관자들에게 영향을 미치는지의 여부는 절대적으로 어떤 차이도 없음을 알아야 한다. 물리치료사, 교사, 부모, 록 스타, 만화 캐릭터도 그들이 행동할 때처럼 행동에 어떤 의도가 없어 아동들에게 영향을 미치기 쉽다. 성격이나 인성과 같이 함축적인 특성도 내재적으로 영향을 미친다. Bandura에 의해 모델링의 효과가 처음 체계적으로 증명되었을지라도 그것은 현대의 관념이 아니다. 1690년에 John Locke는 모델링의 거대한 영향에 대해 기록했다(Locke, 1963).

모방(imitation)은 학습에 매우 중요하기 때문에 자연적으로 그렇게 하지 않는 아동은 명백히 손해를 본다. 예를 들어 자폐아동은 주변 사람의 행동을 모방하거나 알아차리려 하지 않는 경향이 있다. 그래서 이들을 다른 사람에 대해 주의를 하고 모방하도록 가르치는 것은 중재의 중요한 초점이 되어 왔다(우리는 9장에서 자폐증에 관해 더 많이 언급할 것이다). 행동적 중재와 교육적 방법은 둘 다 모델링과 모방의 원리에 많이 의존한다.

토론 과제

일상 경험으로 학습을 위한 모델링의 함의를 비판하라. 당신이 특별히 강력한 효과를 주었다고 생각하는 일종의 사상의 예를 들고, 아동이 이러한 사상으로부터 학습할 것이라고 믿는 것을 기술하라.

다중 지능 이론

학습 이론이 아동의 발달에서 환경의 중요성을 강조한 반면, 다른 이론가들은 아동의 타고난 능력이나 지능을 강조한다. 비록 지능검사가 원래 단일 특성을 확인하는 것으로 생각될지라도, 최근의 지능의 개념은 우리에게 그것이 능력의 범위를 함의한다는 것을 상기하게 한다. **Howard Gardner**(1993)는 사람이 지능검사로 측정되지 않는 광범위한 영역에서 지능을 소유하고 있다고 제안했다. 특히 Gardner는 다음과 같은 7가지 유형의 지능을 주장했다.

1. **논리·수학적 지능**은 수와 추리를 이용하는 능력이다.
2. **언어적 지능**은 구두적으로든 쓰기로든 의사소통을 잘 하는 사람에게서 발견된다.
3. **공간적 지능**은 공간에서 사물에 대해 생각하는 능력이며 지도 읽기와 이용하기와 같은 능력으로 나타난다.
4. **신체·운동적 지능**은 공간에서 자신의 움직임에 관해 사고하는 능력이며 춤추기와 스포츠 경기와 같은 능력으로 나타난다.
5. **음악적 지능**은 분명히 음악가, 가수, 작곡가의 영역이다.
6. **대인간 지능**은 다른 사람들과 관계를 잘 하고, 그들에게 동기를 부여하며, 다른 사람의 문제에 대하여 해결책을 교섭하는 능력이다.
7. 마지막으로 자기인식은 자기 자신을 동기화하고, 자신의 정서를 관리하는 능력으로서

Howard Gardner는 다양한 유형의 지능을 기술했다.

개인내 지능(intrapersonal intelligence)의 한 부분이다.

최근 이 모델의 완벽함을 조사하는 데서 Gardner(1999)는 한 유형을 추가했다. 식물과 동물에 관심이 있고, 식물과 동물의 분류를 쉽게 학습하고 이용하는 사람은 Gardner가 **자연탐구 지능**(naturalist intelligence)이라 부르는 지능에서 뛰어나다.

Gardner의 아이디어는 정신지체인과 함께 일하는 사람들에게 유용하다. 왜냐하면 그것은 각각의 사람의 장점과 약점을 지켜보는 필요를 제시하기 때문이다. 더구나 다중 지능 이론은 우리에게 한 개인의 능력은 다양하고 넓다는 것을 상기시켜 준다. 그래서 어떤 사람은 한 영역에 초점을 맞춘 장점을 가지고 있는 반면, 어떤 사람들은 광범위한 다양한 영역에 장점을 가질 것이다. 이것은 정신지체인에게 있어서 특히 사실이 될 수 있다. 마지막으로 우리는 대부분의 사람은 일부 과제에 우수할 수 있으나, 그런 과제의 발견은 한 개인의 장점을 조사하고 포함된 능력을 이해하는 것임을 기억하는 것이 필요하다(Torff & Gardner, 1999).

단계 이론

Gesell의 이론과 같은 성숙 이론은 발달을 주로 유전으로 간주한다. Skinner와 Bandura의 이론과 같은 학습 이론은 학습을 거의 전적으로 경험의 결과로 간주한다. 그리고 Gardner의 다중 지능 이론은 강점과 약점에 초점을 맞춘다. 그러나 **단계 이론**(stage theory)은 발달을 유전과 어떤 면에서는 선천적인 생리적 기능으로, 또 어떤 면에서는 개인의 세상 경험 사이의 상호작용 결과로 간주한다. 그러므로 단계 이론가들은 흔히 **상호작용주의자**(interactionist)로 불린다. 그들의 이론은 **정서 발달**(emotional development: 사람이 세상에 적응하는 방식)이나 **인지**(cognitive) 혹은 **지적 발달**(intellectual development: 사람이 사고하고 학습하는 방식)의 한 면에만 초점을 맞추는 경향이 있다.

모든 단계 이론은 **그림 2.1**에 열거된 세 가지 필요한 특징 혹은 가정을 가지고 있다. 이러한 가정은 단계 이론을 특별한 이론으로 만든다.

첫 번째 가정은 단계가 항상 그들의 삶의 상황과 상관없이 모든 사람들에게 순서대로 일어난다고 말한다. 모두에게 1단계가 먼저 오고 그 다음에 2단계, 그리고 다음 단계가 온다. 단계가 흔히 특정 연령과 관계될지라도 그것은 연령이 아니라 순서라는 것이 중요하다. 어떤 사람이 특정 단계에 도달하는 연령은 다양하다. 그러나 단계의 계열은 그렇지 않다.

정신지체인은 모든 단계에 도달하지 않을 수도 있다. 그러나 발달의 계열은 동일하다고

1. 단계는 불변의 순서로 나타난다.
2. 각 단계는 질적으로 다르다.
3. 각 단계는 성취의 특정 영역을 가진다.

그림 2.1 단계 이론의 세 가지 특징

가정된다. 단계 이론에 따르면, 비록 발달이 더 느리게 이루어지거나 상위 단계까지 진행되지 않을지라도 정신지체인의 인지와 정서 발달은 비장애인과 유사하다. 이런 가정은 중재에 중요한 함의를 가진다. 왜냐하면 어떤 정신지체인이 특정 연령의 아동과 같이 기능을 한다면 그것은 그런 발달 수준의 중재 프로그램을 설계하는 것이 적절하기 때문이다(반면 연령에 적절한 교재나 활동을 제공한다). 이러한 아이디어는 단순하고 솔직하다. 그러나 이것은 특정 개인에게 적용할 때 문제가 따른다. 하나는 Gardner의 이론이 시사하는 것과 같이 어떤 개인은 발달의 다른 영역에서 다양한 다른 수준으로 기능을 할지 모른다. 예를 들어 한 개인은 사회적 발달에 있어서 문제해결에 진보적이지 않을 수 있다. 우리는 이런 중요한 아이디어로 여러 번 되돌아가야 할 것이다.

두 번째 특성은 각 단계는 양적으로보다 오히려 종류에서 다음 단계와 질적으로 다르다는 점이다. 따라서 아동이 한 단계에서 다른 단계로 이동할 때 정서적 혹은 인지적으로 이전 단계와 다르다. 나비가 유충과 다른 것처럼, 그리고 올챙이와 개구리가 다른 것처럼 아동은 단지 키가 더 크거나, 더 영리하거나, 더 용감해지는 것이 아니다. 아동은 완벽히 새로운 능력과 소질을 가진다.

토론 과제

단계의 위치가 사실이라고 가정한다면, 한 사람이 '잘못된' 발달 수준에서 상호작용을 시도하게 될 때 무슨 일이 일어나겠는가? 예를 들어 개인이 학교의 같은 학년 아동에게 더욱 적절한 교재로 접근하면 무슨 일이 일어날 것인가?

세 번째 특성은 각 단계는 개인이 다음 단계를 성공적으로 성취하도록 나아갈 수 있기 이전에 적어도 어느 정도까지 성취해야 하는 특정 발달 목표를 포함하고 있다는 것이다. Erikson의 이론은 개인의 삶의 단계에서 문제를 해결하지 못하면 나중에 그 문제를 풀기 위해 그 단계로 되돌아온다는 예를 제공한다. Erikson은 이런 가능성을 묘사한 Ingmar Bergman의 영화 ≪산딸기≫에 대한 매혹적인 분석을 기록했다(Erikson, Erikson, & Kivnick, 1986). 그의 분석은 단계의 불변의 순서와 각 단계에 도달하는 연령의 불예측성을 분명히 기술한다.

정서 발달

Erik Erikson(1902~1993)은 오스트리아의 심리치료사 **Sigmund Freud**(1856~1939)를 따른 미국인이었다. 그는 특히 정서적 조절의 발달을 기술하는 데 유용한 Freud의 **정신 분석 이론**(psychoanalytic theory)을 믿었지만, Erikson은 Freud의 이론을 확장하여 새로운 아이디어를 덧붙였다. Freud는 개인의 심리성적 발달에 주로 집중한 반면, Erikson은 사회적 경험의 다른 측면과 **심리사회적 발달**(psychosocial development)이라고 불리는 그의 이론을 포함하는 데 초점을 맞춰 확장했다(Erikson, 1950).

표 2.2에서 Erikson은 삶의 전반에서 가장 중요하고 의미가 있는 문제를 언급했다. 다른 사람과 자신이 속한 세계를 신뢰하는 능력, 자신의 기술에 대한 자율성과 자신감, 일하는 데 자신을 적응시키는 분야와 그 안에서 성공하는 능력, 자신을 아는 통찰력과 다른 사람과 자신의 삶을 공유하는 관계 기술, 우리 삶이 가치가 있다고 느끼는 방식으로의 삶에 대한 성숙

표 2.2 Erikson의 심리사회적 발달 단계

심리사회적 단계	발달의 전형적인 시기	성취의 범위
기본적인 신뢰감 대 불신감	출생~1세	유아는 세상이 좋은 것이라는 신뢰와 자신감을 얻는다.
자율성 대 수치심과 회의감	1~3세	새로운 정신과 운동기술을 사용한다. 아동은 스스로 선택하고 결정하는 것을 학습한다.
주도성 대 죄책감	3~6세	아동은 주도성과 책임감을 개발한다.
근면성 대 열등감	6~11세	아동은 다른 사람과 일하고 협력하는 능력을 개발한다.
정체성 대 정체성의 혼돈	청소년기	청소년기는 그들 자신의 가치를 찾고 직업의 목표를 세운다. 그들은 "나는 누구인가?"라는 문제에 답한다.
친밀성 대 고립감	청년기	청년은 친밀한 관계를 확립하는 것을 학습한다.
생산성 대 침체감	성인기	성인은 다음 세대를 위해 의미를 창조하는 방식을 찾는다.
자아 고결성 대 절망감	노년기	개인은 자신의 삶과 성취를 반영한다. 고결감은 자신의 삶이 가치 있다는 의식에서 도출된다.

—이러한 모든 것들이 바로 우리 존재의 중심적인 쟁점이다.

이 중에서 Freud의 가장 강력한 교훈의 하나는 건강한 정서적 조절의 증거가 사랑하는 능력과 일하는 능력이라는 것이다. Erikson은 어느 정도 상세하게 일과 사랑에 대한 발달 경로를 기술했다. Erikson의 이론은 정신지체인이나 비정신지체인 모두에게 동등하게 중요한 건강과 적응의 표식을 제시했다. 따라서 Erikson의 아이디어는 정신지체인에 관해 관심을 가진 사람들에게 관심의 대상이 되었으며, 정신지체인이 다른 사람들처럼 동일한 욕구와 권리를 가진다는 지역사회 통합의 가정에 중심이 되었다. 13, 14, 15장에서 가족의 역할, 사회적 관계와 정신지체를 위한 연구를 탐색하는 동안 Erikson의 단계를 기억하는 것이 도움이 될 것이다.

인지 발달

Erikson이 주로 정서 발달에 관한 단계 이론에 초점을 맞춘 반면, **Jean Piaget**(1896~1980)는 인지 발달에 관심을 두었다. Piaget는 스위스의 **인식론자**(epistomologist)였다. 즉, 그는 지식의 발달을 연구했다. 그는 생애 초기 발달기에 대한 연구에서 지식을 얻는 방법을 이해할 수 있게 될 것임을 확신하였기 때문에 아동에게 관심을 가졌다.

Piaget는 Geneva에서 그의 연구에 참여한 아동과 자신의 자녀를 관찰함으로써 자신의 아이디어에 관해 많은 것을 얻었다. 비록 그가 정신지체 아동들을 대상으로 연구한 것은 아니지만, 그의 이론은 단계 이론 접근법 때문에 이후 줄곧 특수교육에 적용되어 왔다. 그것은 비록 느리지만, 정신지체 아동의 지능 발달 또한 모든 아동의 지능 발달과 동일한 방식으로 이루어짐을 함의하고 있다.

Piaget는 표 2.3에서와 같이 인지적 성장의 4단계를 기술했다(Piaget, 1952). 아동은 감각

표 2.3 Piaget의 인지 발달 단계

단계	발달의 전형적인 시기	성취의 범위
감각운동기	출생~2세	아동은 감각과 행동을 통해 세상을 경험한다.
전조작기	2~7세	아동은 정신적으로 상징과 이미지를 통해 세상을 표상한다.
구체적 조작기	7~12세	아동은 구체적인 상황에 논리적인 역할을 적용할 수 있다.
형식적 조작기	12, 13세~성인	아동은 추상적이고 가설적인 상황에 논리를 적용할 수 있다.

을 통해 지각하고, 행동을 통해 경험하는 것에 정신적 생활이 제한되는 **감각운동기**(sensorimotor stage)에서 시작한다. 감각운동기 동안의 주요한 성취는 그들의 감각 정보와 그들이 할 수 있는 적극적인 행동, 예를 들어 그들이 본 것에 도달하거나, 획득하거나, 소리의 방향을 알아내는 것을 조정하는 학습이다. 아동은 **전조작 단계**(preoperational stage)에 나타내고자 하는 사물을 언어와 같은 상징을 사용하는 능력을 획득한다. 또한 그들은 상징놀이를 정신적 이미지를 나타내는 데 이용한다. 이 단계에서 아동은 사물에 대한 언어적 명칭과 그의 정신적 이미지 둘 다를 위해 그의 정신적 표상을 나타내는 행동으로 그의 손을 뻗어 어머니에게 과자를 달라고 할 것이다. 그것은 아동이 진실한 사고를 첫 번째로 개발한다고 믿는 전조작 단계이다. 아동은 **구체적 조작 단계**(concrete operational stage)에서 첫 번째 사실이 드러나는 대로 항상 있지 않다는 것과 문제해결을 논리적 규칙에 의존해야 한다—신체 감각의 정보에 추가하여—는 것을 학습한다. Piaget는 많은 문제에 어린 아동이 응답하는 것에 대한 증명을 통해 아동의 새로운 능력을 설명하였다.

마지막으로 **형식적 조작 단계**(formal operational stage)는 아동이 이전에 경험하지 않은 완전히 새로운 문제와 상황에 이런 논리적 규칙을 적용하는 능력이 나타난다. Piaget는 형식적 사고를 창조적 사고의 토대로 기술한다.

Piaget의 경우 발달은 즉각적이고 단순하며 구체적인 형태로부터 점차 논리적이고 복잡하며 추상적인 형태로 진전한다. 각 단계의 아동의 사고는 질적으로 다름을 기억해야 한다. 아동들은 각 단계에서 완전히 다른 방식의 사고와 문제해결을 이용하며 완전히 새로운 인지능력을 획득한다.

토론 과제

각 단계가 그 자신의 인지기술을 가진다는 아이디어는 교수-학습에 어떤 함의를 주는가? 예를 들어 매우 총명한 아동은 감각운동 단계 동안 읽기를 학습할 수 있는가?

새로운 기술과 사고 패턴이 발달하면, 일반적으로 낡은 가정은 폐기되어야 한다. 이런 과정은 자연스럽게 일시적인 혼란과 불안정을 내포하고, 그것은 '자신의 균형 상실'의 감각과 비슷할 수 있다. Piaget는 이런 불안정한 시기를 **불균형**(disequilibrium)이라고 불렀다. 그리고 그는 그것을 인지적 성장과 발달의 신호라고 믿었다.

전형적으로 불균형은 오래된 일반적인 아이디어가 실제로 경험과 일치되지 않거나, 특정 문제를 해결하는 데 부적합하다는 끈질긴 의구심을 초래한다. 불안정을 야기하는 현행 전략이나 아이디어의 부적합에 대한 인식의 증대는 우리의 균형과 안정을 되찾기 위해 더욱 적절한 해결책을 찾도록 강요한다. 다시 말해 우리는 평형을 되찾기 위해 노력한다. 따라서 학습에 대해 사람은 현재의 사고방식의 부적합을 첫째로 인식해야 한다. 이러한 정신적 적응의 결과를 **조정**(accommodation)이라 부른다.

> **토론 과제**
> 당신은 더 이상 '적합한' 것으로 보이지 않는 이전에 수용된 아이디어에 관해 불안정하게 된 자신의 경험을 예로 들어 설명할 수 있는가? 당신은 결과적으로 그들을 조정하고 변경했는가?

비록 Piaget는 지적 성장이 성숙과 적절한 경험의 존재를 통해 온다고 믿었지만, 그는 경험을 통해 얻는 이익을 이용할 수 있는 인지 단계에 개인을 데려오는 것이 자연적인 성숙임을 분명히 하였다. 이런 아이디어에서 '준비도'(readiness)의 개념이 나왔다.

Piaget의 아이디어는 비판을 받았고, 최근의 연구는 사고 과정과 문제해결 전략이 더 다양하고(Case, 1999), Piaget의 생각보다 더 아동의 이전의 지식과 사실 학습에 의존한다(Keating & Crane, 1990)고 제안한다. 그럼에도 불구하고 정신지체 분야에서 일하는 사람은 흔히 중재 계획과 전략을 고안할 때 연령보다 발달에 대한 개인의 인지 단계와 관련하여 사고하는 것이 유용함을 발견한다.

지체와 차이 이론

Erikson과 Piaget의 이론은 모든 아동의 발달하는 정도가 유사함을 강조하며, 둘 다 정신지체 아동의 정서와 사고는 단지 발달이 지체된 면이 다르다고 시사한다. 이런 관점을 정신지체에 관한 **발달적 입장**이라고 불렀다(Hodapp & Zigler, 1999). 반면에 **차이 입장**은 단순히 발달장애아동이 단순히 지체된 발달이 아니라 오히려 다르다고 제안한다(Brooks & McCauley, 1984). 이러한 별개의 관점은 중재에 대한 독특한 접근법을 함의한다. 만약 정신지체 아동이 단순히 발달이 더 느려진다면 중재방법은 단지 개인의 발달 수준을 촉진하는 것만을 필요로 할 것이다. 그러나 정신지체인의 인지기능이 다른 사람들과 실제로 다르다면 아마 다른 방법을 필요로 할 것이다.

예상하는 것처럼, 이런 쟁점의 해결은 단순하지 않다. 우선 첫째로 모든 아동의 발달은 다른 영역에서보다 어떤 영역에서 더 유사하다. 예를 들어 언어 습득은 모든 아동에 대해 예상할 수 있는 계열로 이루어지는 경향이 있다. 그들은 속삭이며 옹알거리고, 처음에 단어로 시작하여 두 단어 문장 등을 시작한다. 그러나 언어의 화용적인 영역－예를 들어 대화를 하고 따르는 능력 발달－은 더욱 다르다(Hodapp & Zigler, 1999). 게다가 정신지체를 지닌 두 아동은 동일한 기술 영역에서 매우 다르게 발달할 수도 있다. 이것은 때로 지체의 원인과 관련될 수도 있다. 예를 들어 다운증후군 아동의 언어 발달은 약체 X 증후군 아동의 언어 발달과 다르기 쉽다. 그리고 둘 다 이러한 장애가 없는 아동과 다소 다르게 언어 발달을 할 것이다－단지 약간 다른 방식으로. 매우 흔히 개별 아동에게 초점을 맞추는 필요에 관해 강력히 말하는 것은 정신지체 분야의 전문가들에게는 놀랄 일이 아니다!

그러나 아직도 전문가에게 도전하는 것은 더욱 어렵다. 개별 아동에 대해 확실히 알고 있어야 하며, (1) 아동이 모든 아동들과 가장 유사하게 발달하기 쉬운 영역, (2) 아동이 아마도 개별적으로 발달할 영역, (3) 이런 개인차에 따른 특정 경로－그리고 놀라운 점이 많은 독특한 개인에 관한 시각을 잃지 않고 모든 것을 이해해야 한다.

이러한 이유로 정신지체의 특성을 이해하는 것은 도전이며, 정신지체 아동의 특성 평가는 그의 특성의 복잡성을 필수적으로 반영해야 한다. 이런 쟁점은 정신지체인의 평가와 특성의 쟁점을 다루는 4장과 6장에서 더욱 구체적으로 논의된다.

변증법적 학습

이전의 이론이 아동이 자신의 발달에서 담당하는 역할을 조사한 반면, **변증법적 이론**(dialectical theory)은 아동의 환경이나 학습을 위한 맥락 내에서 발달을 조사한다. **L. S. Vygotsky**는 발달을 우리를 둘러싼 정신적 삶으로의 사회화 과정이라고 언급했다(Vygotsky, 1994). Barbara Rogoff(1997)는 이런 이론을 아동이 어른, 나이 많은 형제자매, 그리고 좀 더 세련된 또래들과의 상호작용에 의해 더욱 어른스러운 개념을 획득하도록 점진적으로 이끄는 도제제도에 비유했다. Piaget가 그랬던 것처럼 Vygotsky는 아동은 어떤 특별한 기술이나 개념에 대해 학습할 준비가 되어 있어야 한다고 언급했고, **근접 발달 영역**(zone of proximal development)을 아동이 학습할 준비가 되어 있는 실제적인 범위로 간주했다(Vygotsky, 1978). 이런 영역은 아동이 혼자 숙달하는 가장 복잡한 개념에 의해 가장 낮은 극단에서 경계가 정해지는데, 이를 현재 수준이라 부른다. 최상위 극단에서 영역은 아동이 일부 보조에 의해 숙달할 수 있는 가장 복잡한 개념에 의해 경계가 정해지는데, 이를 잠재적 수준으로 간주한다. 예를 들어 그 자신이 한 자리 수의 나눗셈을 숙달한 아동은 긴 나눗셈을 완성하기 위해 다양한 촉진을 필요로 한다. 이런 아동은 한 자리 수 나눗셈의 현재 수준과 여러 자리 수의 긴 나눗셈의 잠재적 수준을 가진다고 말하게 될 것이다. 근접 발달 영역은 이러한 두 수준, 즉 각각의 기술이나 지식의 영역에 대해 다른 역동적 측정 및 아동의 학습이나 숙달 이동처럼 기술 내의 일관적인 변화 사이에 놓인 기술이나 개념의 범위이다(Vygotsky, 1978). 다른 이론의 단계 가정과 달리 근접 발달 영역은 흔히 정신지체 아동의 예에서처럼 영역을 교차하는 광범위하게 다른 공통적인 능력을 허락한다.

Vygotsky에 따르면 학습은 사회적 상황에서 이루어지며, 학습이 이루어지도록 하기 위해 두 파트너는 그런 활동과 활동의 목적에 대해 공통의 이해를 성취해야 한다. 흔히 이것은 파트너들이 과제를 위한 공통의 용어나 명칭에 관해 합의해야 하며, 과제 그 자체와 그것을 성취할 방법에 관해 합의해야 함을 의미한다. 이런 필요한 이해의 공유는 **간주관성**(intersubjectivity)으로 알려졌다(Wertsch, 2000). Wertsch는 간주관성이 또한 역동적인 이해이며, 이러한 공통의 목적과 용어는 어떤 하나의 과제 내에서 변경될 것이라고 지적한다. 간주관성의 개념은 발달에 대한 Vygotsky의 파트너십 모형에 관해 중요한 점을 예시한다. 학습은 호혜적이다. 그것은 학습이 일어나는 사회적 상호작용에 대한 공유된 변증법적 영향을 통해서이다. 아동과 성인은 둘 다 단순히 그들이 과제에 대해 합의하지 않은 학습일지라도 어떤 일을 새로 학습한다. 예를 들어 성인은 큰 그림을 만들기 위한 과제로 퍼즐을 보는 반면, 아동은 모양과 색깔에 관해 말하는 기회로서 그것을 볼 것이다. 이런 상황에서 일하기 위해 파트너는 처음에 과제를 위해 목적을 공유하지 않았고, 그들은 지속되는 상호작용을 위해 공통의 이해를 협상해야 함을 인식해야 한다.

토론 과제

당신이 어떤 사람과 과제에 대해 일하지만, 공통의 목적에 동의하지 않은 상황을 생각할 수 있는가? 당신은 과제의 진전을 위해 어떻게 할 수 있는가?

생태학적 체제 이론

확실히 학습 이론과 변증법적 이론(그리고 어느 정도까지 단계 이론)은 환경의 영향에 초점

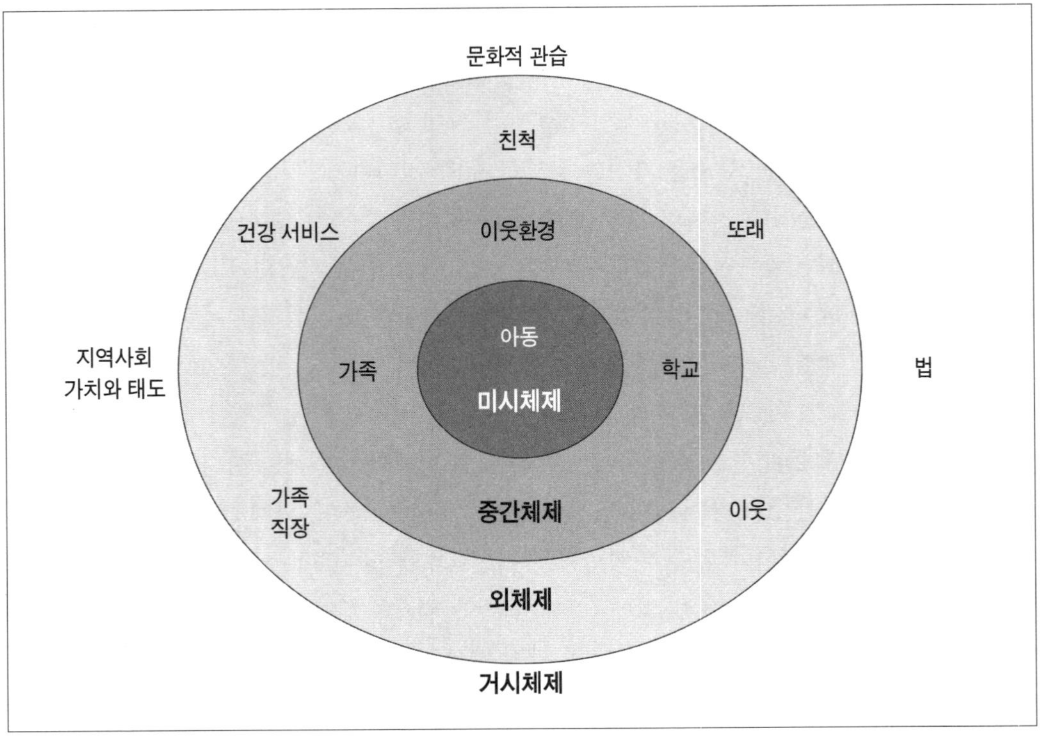

그림 2.2 Bronfenbrenner의 생태학적 구조

을 맞춘다. 그러나 환경은 보통 비교적 직접적인 자극으로 개념화된다. 즉, 개인이나 개인들 사이에서 직접적으로 발생하는 사상으로 개념화된다. 미국 Cornell대학의 심리학자인 **Urie Bronfenbrenner**는 환경의 영향에 대해 더욱 복잡하고 멀리 보는 견해를 가졌다(Bronfenbrenner, 1995). 그가 말하는 환경은 서로 영향을 미치기 위해 체제 내에서 일하는 그들의 모든 수준에서 개인에게 영향을 미친다. 따라서 **생태학적 체제**(ecological system)라는 이름은 많은 구성요소 중에서 상호 의존성을 제안한다. **그림 2.2**는 이런 체제를 기술한다.

아동은 자신에게서 일어나는 모든 것들에 의해 영향을 받을 뿐만 아니라, 그를 둘러싸고 일어나는 것에도 영향을 미치는 환경의 중심에 있다. **미시체제**(microsystem) 수준에서 영향은 양방향성이고 호혜적이다. 예를 들어 아동의 부모는 아동의 발달을 지배할 수 있지만, 아동 또한 자신에게 영향을 미치는 부모의 삶을 지시할 수 있다. 설명을 위해 매우 적극적이고, 잠을 조금 자고, 빈약한 주의를 가진 아동이 충분한 휴식을 얻기 위해 부모의 능력을 조절할지 모른다. 차례로 그들은 참을 수 없을지도 모른다. 또는 아동은 부모가 그런 주의를 덜 주도록 하기 위해 껴안는 것과 애정 표현에 저항할지도 모른다.

또한 **중간체제**(mesosystem)는 아동이 직접적으로 활동하나, 그에게 간접적으로 영향을 주는 조건들만을 포함하는 상황으로 구성된다. 예를 들어 아동은 직접적인 교실 교수에 의해서뿐만 아니라, 그의 교사가 교장으로부터 받는 지원의 양이나 주변 이웃의 일반적 안전에 의해서도 영향을 받는다.

외부체제(exosystem)는 직접적으로 개입하지 않음에도 불구하고 아동에게 영향을 미치는 상황을 기술한다. 이 사례는 가정생활, 이웃과 또래들의 환경 조건, 이용 가능한 건강보험이나 간호 서비스, 그리고 부모가 직장으로부터 얻는 만족과 경제적 이익이다.

거시체제(macrosystem)는 유행하는 태도와 역사적 시간의 가치, 아동이 사는 특정 지역사회를 포함한 광범위한 지역사회와 문화적 조건을 말한다. 우리는 3장에서 이러한 상황들이 개인의 생활에 미칠 수 있는 깊은 영향을 살펴볼 것이다.

Bronfenbrenner의 생태학적 이론은 정신지체와 그들에 대한 지역사회의 반응을 이해하는 데 매우 유용하다. 공법(PL) 105-17(IDEA)의 파트 C에서는 아동과 가족이 사는 복잡한 환경 체제를 인식하는 서비스에 관해 새로이 강조하고 있다. 현재의 계획은 정확하고 유용한 평가, 물리치료와 작업치료(때로는 둘 다), 산부인과적 그리고 여타의 의료적 지원, 사회복지 서비스, 조기중재 교육을 포함하고 있으며, 서비스 간의 효과적인 조정에 간학문적인 초점을 맞추고 있다. 많은 전문가들은 정신지체인을 위한 프로그램의 개선은 아동이 살고 있는 복잡한 지역사회 체제를 인식하는 이런 간학문적 노력에 달려 있다고 믿고 있다. 이러한 목적을 위해, 아마도 정신지체의 연구를 이해하는 학생에게 가장 중요한 과제는 다중적으로 서로 밀접한 관계에 있는 영향을 이해하고, 이러한 영향이 장애인의 삶에 미치는 효과를 인식하는 것일 것이다.

조망

이 장에서는 정신지체의 연구와 실제를 알린 이론들의 몇 가지 중요한 개념을 알려주었다. 이러한 이론들은 지능의 발달뿐만 아니라 인간 기능의 주요한 다른 면을 이해하는 토대를 제공하였다. 또한 그들은 정신지체이든 아니든 우리의 공통적인 발달에 필수적인 요소를 확립하는 데 도움을 주었다. 그러나 다음 장에서는 정신지체인이 흔히 다른 사람들과 완전히 다른 것으로 간주되어 왔음을 분명히 할 것이다. 정신지체인은 그들이 적법한 권리를 지닌 지역사회로부터 분리되어 왔고, 오해받아 왔으며, 정당하지 못한 취급을 받아 왔다. 다행히 최근에 이런 관점에 변화가 이루어졌고, 3장에서 그런 이야기를 다룰 것이다.

참고문헌

Bandura, A. (1977). *Social learning theory.* Englewood Cliffs, NJ: Prentice-Hall.

_________. (1986). *Social foundations of thought and action: A social cognitive theory.* Englewood Cliffs, NJ: Prentice-Hall.

Bronfenbrenner, U. (1995). The bioecological model from a life course perspective: Reflections of a participant observer. In P. Moen, G. H. Edler, Jr., & K. Luscher (Eds.), *Examining lives in context: Perspectives on the ecology of human development* (pp. 599-618). Washington, DC: American Psychological Association.

Brooks, P H., & McCauley, C. (1984). Cognitive research in mental retardation. *American Journal of Mental Deficiency, 88*(5), 479-486.

Capute, A. J., & Accardo, P. J. (1991). Language assessment. In A. J. Capute, P. J. Accardo, et al. (Eds.) *Developmental disabilities in infancy and childhood* (pp. 165-179). Baltimore, MD: Paul H. Brookes.

Case, R. (1999). Conceptual development in the child and in the field: A personal view of the Piagetian legacy. In E. K. Scholnick, K. Nelson, et al. (Eds.), *Conceptual development:haget's legacy* (pp. 23-51). Mahwah, NJ: Erlbaum.

Dixon, R. A., & Lerner, R. M. (1999). History and systems in developmental psychology. In M. H. Bornstein & M. E. Lamb (Eds.), *Developmental psychology: An advanced textbook* (4th ed., pp. 3-46). Hillsdale, NJ: Erlbaum.

Erikson, E. H. (1950). *Childhood and society.* New York: W. W. Norton.

_________, Erikson, J. M., & Kivnick, H. Q. (1986). *Vital involvement in old age.* New York: W. W. Norton.

Gardner, H. (1993). *Multiple intelligences: The theory in practice.* New York: Basic Books.

_________. (1999). *Intelligence refrained: Multiple intelligences for the 21st century.* New York: Basic Books.

Gesell, A. (1925). *The retarded child: How to help him.* Bloomington, IL: Public School Publishing Co.

________. (1932). *Individual instruction of subnormal children in the rural schools of Connecticut.* Hartford, CT: State Board of Education.

________. (1952). The diagnosis of infant development. *International Record of Medicine, 165,* 149-153.

Globerson, T. (1989). What is the relationship between cognitive style and cognitive development? In T. Globerson, T. Zelniker, et al. (Eds.), *Cognitive style and cognitive development* (pp. 71-85). Norwood, NJ: Ablex.

Hall, G. S. (1907). *Aspects of child life and education.* London: Routledge/Thoemmes.

Hodapp, R. M., & Zigler, E. (1999). Intellectual development and mental retardation: Some continuing controversies. In M. Anderson (Ed.), *The development of intelligence* (pp. 295-308). Hove, England: Psychology Press.

Keating, D. P., & Crane, L. L. (1990). Domain-general and domain-specific processes in proportional reasoning. *Merrill-Palmer Quarterly, 36*(3), 411-424.

Locke, J. (1963). Some thoughts concerning education. Reprinted in *The works of John Locke Vol. IX.* Germany: Scientia Verlag Aalen. (Originally published, London, 1823.)

Piaget, J. (1952). *The origins of intelligence in children.* New York: International Universities Press. (Original work published 1936.)

Rogoff, B. (1997). Evaluating development in the process of participation: Theory, methods and practice building on each other. In E. Amsel, A. K. Renninger, et al. (Eds.), *Change and development: Issues of theory, method, and application* (pp. 265–285). Mahwah, NJ: Erlbaum.

Skinner, B. F. (1969). *Contingencies of reinforcement: A theoretical analysis*. New York: Appleton-Century-Crofts.

Torff, B., & Gardner, H. (1999). The vertical mind: The case for multiple intelligences. In M. Anderson et al. (Eds.), *The development of intelligence* (pp. 139–159). Hove, England: Psychology Press/Taylor & Francis.

Vygotsky, L. S. (1978). *Mind in society: The development of higher psychological processes* (M. Cole, V. John-Steiner, S. Scribner, & E. Souberman, Eds.). Cambridge, MA: Harvard University Press.

________. (1994). *Thought and language* (A. Kozulin, Ed.). Cambridge, MA: MIT Press.

Wertsch, J. V. (2000). *Intersubjectivity and alterity in human communication*. In N. Budwig, J. C. Uzziris, & J. V Wertsch (Eds.), Communication: An area of development (pp. 17–31). Hamford, CT: Ablex.

CHAPTER 3

역사적, 문화적 기원

정신지체라는 것은 사람들의 마음속에 자리 잡고 있는 어떤 특정한 것이거나 개념이라기보다 단지 하나의 관념(idea)이다. 정신지체에 대한 생각은 여러 차례 바뀌었다. 확실치는 않지만, "정신지체란 무엇인가?"라는 질문에 대한 대답은 동시다발적이고 매우 많았다. 현실적인 측면에서 보면, 정신지체는 그것을 바라보는 인식에 따라 그 자체가 변화되어 왔다. 이러한 변화는 정신지체가 뚜렷한 실체를 보이는 것이 아니라, 지적 능력과 관련된 유형적 특성을 갖고 있고, 누구에게나 나타날 수 있는 일탈 현상과도 같은 것이기 때문이다. 정신지체에 대한 이해를 발전시키기 위해 우리는 먼저 역사상 그것이 어떻게 변화되어 왔는지를 살펴보아야 한다.

이 장에서는 고대로부터 20세기 후반에 이르기까지 정신지체인의 삶에 깊은 영향을 미친 역사적, 문화적 인식과 사건의 사례들을 소개하고자 한다.

정신지체: 문화적 산물

정신지체는 역사적, 문화적 산물이다(Singh, Oswald, & Ellis, 1998). 정신지체는 그 자체가 질병이 아니라 단지 인식된 특성을 가진 하나의 집단이다. 사람들은 역사를 통해 어떤 사람들은 학습과 문제해결, 언어 발달 등에서 그 시대가 바라는 수준의 행동이나 태도를 보이지 않는다는 것을 알아냈다. 많은 사회에서 '평균으로부터의 차이'라는 이러한 특성에 특히 주목하였다. 사람들은 정신지체인들이 왜 이러한 특성들을 보이는지, 그리고 이들의 본질과 가치는 무엇인지에 대해 여러 가지 생각들을 하게 되었다. 오늘날에는 그렇게 생각하지 않는데, 예전에는 대부분 읽거나 쓰지 못하는 사람들을 정신지체로 간주했다. 이렇게 정신지체로 판별되었던 사람들은 시대에 따라 변해 왔다. 우리는 비정상적인 지능적, 행동적 특성들을 정신지체로 결정해 왔다. 여기서 결정해 왔다(decided)라는 말은 매우 중요한데, 그것은 정신지체에 대해 우리의 생각을 아무렇게나 주관적으로 재인식하고, 정신지체를 우리 마음속에 문자 그대로의 의미로 각인시키기 때문이다. 우리는 그것을 창안해냈다. 그것은 곧 사회적, 문화적 구인(construct)이다.

우리는 비공식적으로는 모두 이론가이다. 우리는 누구나 정신지체가 발생하는 이유와 그 양상들에 관한 이론을 가지고 있다. 그리고 이것이 우리의 태도와 행동을 결정한다. 정신지체에 대한 생각들은 역사적으로 볼 때 시대마다 굉장히 달랐다. 역사적으로 정신지체의 원인과 그 본질에 관한 생각은 정신지체에 대한 사람들의 태도에 크게 영향을 미쳐 왔다. 오늘날과 마찬가지로 과거에도 그러한 태도들은 사람들에게 제공되는 처치와 그들을 위해 세워진 사회적 목적과 기대에도 영향을 미쳤다(Rees, Spreen, & Harnadek, 1991).

역사적으로 정신지체인에 대해 주요하고 영향력 있는 인식과 신념들 중에는 다음과 같은 사항들이 하나 이상 포함되어 있다. 즉, 정신지체인은 (1) 아프거나 병들어 있으며, (2) 인간 이하이거나 비인간적(악마에 사로잡힌)이고, (3) 사회를 위협하고, (4) 동정의 대상이며, (5) 자선을 베풀지 않으면 안 될 만큼 부담스럽고, (6) 거룩하고 순결한, 혹은 하느님의 선물, 그리고 (7) 발달이 더딘(developing individuals) 존재라는 것이다(Scheerenberger, 1982; Wolfensberger, 1975). 비록 여러 생각들이 한 시대에 공존하거나, 하나 혹은 또 다른 어떤 생각들이 우세하거나, 때로 어떤 생각들이 특정한 시기에 주도적으로 영향을 미치기도 하였지만, 정신지체인의 삶은 그들의 장애에 대한 일반적 인식의 흐름에 따라 시간이 지나면서 깊이를 더하며 바뀌어 왔다.

토론 과제

이러한 역사적 관념이 오늘날 우리에게 들려주는 것은 무엇인가? 이 장을 계속 읽어 가면서, 현재까지 이어지고 있는 또 다른 생각들을 찾아보라.

역사적, 문화적 영향

고대의 인식

가장 초기의 역사 기록물에서부터 다양한 장애인들이 발견된다. 심지어 거기엔 병든 사람들에 대한 사회적 태도들도 엿보인다. **유아 살해**(infanticide)는 장애아동이 태어났을 때 자주 보이는 하나의 양상이었다. 고대 그리스의 스파르타인들 사이에서는 사회적으로 인정된 실제이기도 했다. 신생아들은 정부 검사관에게 먼저 인계되어 장애가 발견되거나 장애로 의심되면 Taygetus 산 절벽에 버려졌다(Scheerenberger, 1982). 17~18세기 유럽과 같이 다른 시대와 장소에서는 유아 살해를 공식적으로 허용하지 않았지만, 일반적으로는 여전히 자행되고 있었다(Berk, 2000).

흔히 장애인에 대한 태도는 종교적 신념에 영향을 받는다. 기원전 7000년 이전에는 사람들이 정신지체와 정신병, 간질이 악마나 귀신들에 의해 생긴다고 믿었다(Scheerenberger, 1982). 고대 팔레스타인들로부터 유래한 유대 율법(기원전 450년)에서는 정신지체와 일반적인 기형은 죄에 대한 신의 형벌이라는 입장을 취하고 있었다. 이러한 입장은 구약성서에도 계속되었으며, 신약성서에서는 예수님이 장애로 괴로워하는 자들에게서 악마를 내쫓는 장면이 나온다. 종교 개혁의 지도자였던 Martin Luther는 정신지체인들은 영혼을 빼앗아 간 악마에 사로잡혀 영혼이 없다고 믿었다. 그는 그런 사람들을 물에 빠뜨릴 것을 권했다(Wolfensberger, 1975).

그러나 신약성서는 괴롭힘을 당하는 사람들을 불쌍히 여기고 사랑하라고 가르친다. 그리고 기독교인들에게 '마음이 약한 자를 위로할 것'을 권한다(데살로니가전서 5: 14). 마찬가지로 불교, 유교, 이슬람교 또한 장애인들을 향한 사랑과 관용을 가르친다(Sheerenberger, 1982). 그리고 그 빛 안에서 정신지체인들은 때로는 순결하고 신성한 사람으로 여겨지고, 하나님의 특별한 선물이라는 관점을 보인다. 이것은 미국의 일부 인디언 문화와 중세 프랑스에서도 엿보인다(Wolfensberger, 1975). 종교적 가르침은 또한 수도원에서 정신지체인들을 보호하고 돌봄으로써 영감에 의한 인도적인 처치를 하고 그들을 수용하였다(Beirne-Smith, Patton, & Ittenbach, 1999).

하지만 처치는 너무 흔히 그들을 신체적으로나 정신적으로 무력하게 만들었다. 교황 Leo 10세는 자신과 손님들의 즐거움을 위해 장난을 걸고 조롱하며 놀 수 있는 대상으로 정신지체를 지닌 한 난쟁이를 데리고 있었다(Hibbert, 1975). 정신적으로 일탈한 사람에 대한 최악의 처치 사례로 가장 유명하고 수치스러운 예는 '정신병원'으로 알려진 런던의 Hospital of St. Mary of Bedlam(1247년 설립)에서 발생하였다. 여기서는 정신지체와 정신병을 지닌 사람들을 쇠사슬에 묶고, 채찍질하고, 억압하고, 굶기는 것이 몰래 숨어 있는 악마를 굴복시키고 벌하는 치료라고 확신했다. 이 정신병원은 그 당시 정신적인 이상을 보이는 사람들은 열, 추위, 기아에 시달려야 하고 그래야만 병이 나을 수 있다는 신념을 가진 전형적인 주간 시설이었다(Wolfensberger, 1975).

세속 사회와 종교적인 환경에서 이루어지는 처치는 다르다. 많은 사람들이 정신지체나 그밖의 장애인들을 사고팔며 노리개로 여기던 2세기 로마 시대에도, 일부 시민들은 정신지체인들을 옹호하고 인도적인 처치를 하였다. 아직도 1200년대에 벨기에의 Gheel에서 시작된 정신지체인들을 가족과 통합시켰던 프로그램은 매우 인상적이다. 당시 그들은 개인으로서의 사생활과 교우관계, 지역사회 활동을 합법적으로 인정했다. 그리고 심지어 장애인들이 일정한 범위 내에서 필수적인 사회적 역할을 수행하는 것을 일반적으로 인정했다는 가장 초기의 역사 기록도 있다(Scheerenberger, 1982).

우리는 인류 역사를 통해 정신지체인들에 대한 태도와 처치가 혼재해 왔음을 알 수 있다.

비록 무섭고 잔인한 처치가 오랫동안 이어지기도 했지만, 한편에서는 자비롭고 인도적인 예도 있었던 것이 사실이다. 오늘날에도 여전히 지속되고 있는 이러한 혼재된 반응들을 형성하는 많은 두려움과 인식들은 예의 주시할 만하다.

최근의 영향

17세기와 18세기의 철학자와 연구자인 John Locke(1632~1704)와 Jean-Jacques Rousseau(1712~1778)는 정신지체인의 처치에 결정적인 영향을 미쳤다. Locke는 발달은 양육이나 삶에서 아동의 경험의 결과라고 믿었다. 그는 갓난아기는 빈 석판(백지, blank slate)으로 태어나고, 어른들이 존재하는 세계를 적어 간다고 묘사했다(Locke, 1963). 우리가 알고 있는 것처럼 Locke의 신념은 행동주의의 선구자로서 어린 아동에 대한 안내(guiding)와 모델링(modeling)을 강조하였다. Rousseau는 아동이 자신이 속해 있는 세계로부터 영향을 받는다고 생각했다. 그러한 영향은 어떠한 상황에서든 예외가 아니다. 그는 아동들이 원래 선하게 태어나지만, 예쁜 악마(noble savage)라고 묘사하였다. 그는 아동은 외부의 영향을 거의 받지 않고 활짝 핀 꽃처럼 자연스럽게 성장해야 한다고 믿었다(Rousseau, 1955). 이러한 생각은 그 다음에 아동 발달의 자유방임적 실제의 토대가 되었다. 비록 Locke와 Rousseau는 적절한 아동 양육의 실제에 대해 의견이 일치하지 않았지만, 아동이 살고 있는 세계가 아동의 발달에 중요한 영향을 미친다는 데 동의하고 있다. 그리고 이 두 사람은 아동을 친절하고 인도적인 방법으로 대해야 한다고 주장했다. 이와 같은 생각들로 인해 정신지체와 그밖의 장애인들을 사회적이고 호의적으로 대해야 한다는 인도주의자들의 주장이 널리 받아들여지게 되었다.

최초의 교육 노력

> 당신은 대단한 모험을 했다. 그러나 위대한 승리를 위해서는 모두 그렇게 해야 한다.
>
> —Byron

Jean-Marc-Gaspard Itard(1774~1838)는 정신지체인이 학습할 능력이 있다고 믿었던 사람들 중 하나였다. 그는 특수교육의 아버지라고 불리고 있다(McNeil, Polloway, & Smith, 1984). 왜냐하면 그는 역사상 최초로 정신적 장애가 있는 것으로 보였던 아동에게 교육을 시도했기 때문이다. 의사였던 Itard는 야생소년인 Victor를 가르쳤다. 1798년 말 혼자 밀림에서 살고 있던 Victor는 남부 프랑스의 Aveyron 근처의 숲에서 세 명의 사냥꾼에게 붙잡혔다. 그는 파리로 이송되어 곧 한 정신병원의 감독자였던 **Philipe Pinel**(1745~1826)에 의해 검사를 받았다. Pinel은 학대와 쇠사슬의 제거 및 수용자에 대한 친절한 처치의 명령을 포함한 그의 개혁안을 존중하고 잘 기억하고 있었다. Pinel은 자신의 '백치'(idiocy, 이후에 정신지체라는 용어가 이용됨)에 대한 연구에 기초하여 Victor를 백치라고 믿었다. Pinel은 예전의 경험으로 보아 그를 치료 불가능하다고 생각하였다(Itard, 1972). 그러나 Itard는 Victor를 가르치기 위해 일반 수용시설이 아닌 국립농아연구소(National Institute for Deaf-Mutes)에 수용하였다(McNeil, Polloway, & Smith, 1984; Scheerenberger, 1982).

Locke에 의해 영향을 받았던 Itard는 인간의 지적, 도덕적 발달이 그들의 경험에 의해 결정되는 것이라고 굳게 믿고 있었다. 다음 글에 Itard의 발달에 대한 견해가 잘 나타나 있다.

> 신체적인 힘과 타고난 지혜도 없이 세상에 던져진, 그리고 스스로 유기체로서의 본능에 충실한 것만으로는 아무 능력이 없다. 인간은 사회 안에 있을 때 비로소 자연스럽게 그가 머물 수 있는 적절한 공간을 찾아낼 수 있다. 그 상태에서는 문명의 이기가 없이도, 가장 약하고 가장 적은 양의 동물적 지성만 가지고도 자신의 공간을 확보한다(Itard, 1972, p. 91).

Victor에 대한 Itard의 목적은 '유년기부터 모든 교육을 박탈당하여 전적으로 같은 종족의 개인과 분리되어 살아야 했던 청년에 대한 이해의 정도와 관념의 본질을 결정하는 데' 있었다(p. 93). Itard는 Victor를 교육하기 위해 그가 가진 모든 교수-학습 지식을 사용하겠다고 맹세하였고, 그의 교육을 위한 지식과 아이디어를 동원하였다(Itard, 1972, p. 93).

이러한 개인지도로 Victor는 실질적인 진전을 보였다. Itard의 표현을 빌리자면, 그는 '대단히 거친 소년'(disgusting, slovenly boy)이었다. 즉, 그는 음식 외에는 사실상 누구에게도, 어떤 것에도 무관심하고, 작은 동물의 사체를 자신의 손으로 뜯고, 교수에서 어떤 사람에게 집중적이고, 학업 과제에서 실패에 민감하고, 성공에 흥분했다. 학업적으로 그는 수와 색깔, 모양을 학습했고, 다른 사람의 말을 이해하는 것을 학습했다. 그는 사물 이름과 단순한 동사를 포함한 몇 개의 상식적인 프랑스어 명사를 읽고 이해할 수 있었다. 그러나 그는 의미심장한 말을 할 수 없었다. 그리고 농(deaf)에게 언어를 가르칠 때 분명한 구두 표현을 하도록 하는 구화에 숙련된 Itard는 Victor에게 몸짓 언어(gestural language)를 가르치려 시도해 보았지만 성공하지 못했다. 몇 년 후, Itard는 Victor에게 말하기를 가르치는 데 한계를 느끼고

Itard는 야생 소년 Victor를 가르치는 데서 단지 일부분만 성공했다.

National Library of Medicine

말았다.

많은 사람들이 Itard를 믿었지만, Victor와 함께하는 일은 실패로 그치고 말았다. Itard는 다른 방식으로 된 자신만의 평가방법을 제시하였다. Itard는 프랑스 내무부 장관에게 다음과 같이 경과 보고서를 제출했다.

> … 그것을 Victor에 대한 방법론적인 교육으로 보든, 못생긴 피조물에 대한 신체적, 도덕적 처치로 보든, 사회로부터 격리되고 의학적으로도 버림받은 그에게는 사치스러웠던 보호와 아직도 받아 마땅한 보호와 지금까지 살아 왔던 곳의 변화와 아직 이루어지지 않은 희망과 따뜻하고 인간적인 목소리, 너무나 잔혹한 버림과 너무나 이상한 운명에 따른 무관심, 이 모든 것들이 이 놀라운 어린 소년이 학습에 집중하도록 칭찬하는 이유이고, 정부 관리자와 후원자의 근심 또한 이 모든 것들과 관련이 있다(Itard, 1972, p. 179).

Itard의 연구 결과는 다른 사람들에게 정신지체인을 교육하고자 하는 노력과 용기를 갖게 하였다.

Edouard Seguin(1812～1880)은 굉장한 노력파였다. 내과 의사였던 Seguin은 Itard와 함께 연구를 하였고, 마침내 프랑스에서 정신지체인을 위한 사립학교를 설립하였다. 특히 Seguin은 교육방법에 있어서 크게 기억되고 있다. 그는 중도와 경도 정신지체인을 위한 정교한 교육과 훈련 체제를 개발하였고, 형식적인 모델링과 강화 전략을 처음으로 사용하였다 (Scheerenberger, 1982). 그의 저서인 『Idiocy and Its Treatment by Physiological Methods(백치의 생리학적 방법의 치료)』는 19세기의 중요한 교수 자료로 손꼽히고 있으며, 그의 일부 기법은 오늘날 특수교육의 노력에 기초가 되고 있다(Beirne-Smith, Patton, & Ittenbach, 1999).

Seguin의 가장 중요한 신념은 아동에게 영향을 미치는 운동기능이 지적 기능과 관련되어 있다는 것이다. 그 결과 그는 신체적 훈련과 치료방법을 강조하였을 뿐 아니라 교육적 노력도 강조하였다. 이러한 방법들은 아동이 자신의 협응성을 높이고 신체적인 민첩성을 향상시키는 데 기여하도록 설계되었다(Seguin, 1866).

Seguin은 미국으로 건너간 후 뉴욕 시에 몇 개의 기관과 주간 훈련센터를 열기 위해 **Samuel Gridley Howe**(1801~1876)와 함께 일을 하였다(Scheerenberger, 1982). Howe와 마찬가지로 Seguin도 주거시설에는 기본적으로 교육설비가 되어 있어야 한다고 믿었다. 그는 아동이 학기 중에는 학교에서 생활하지만, 방학에는 집으로 가야 한다고 생각했다. 아직도 모든 아동이 충분한 역량을 갖지 못하고 있는 것은 분명하다. 그리고 일부는 그 기관에서 떠난 후 갈 곳도 없다(Switzky, Dudzinski, Van Acker, & Gambro, 1988). 장기보호환경의 배치는 의도적이지 않지만, 미국의 미래 시설 발전의 한 선례로서 중요함을 알 수 있을 것이다 (Gardner, 1993; Switzky et al., 1988).

미국에서의 초기 수용

19세기 중반까지만 하더라도 미국에는 발달장애인을 위한 학교나 프로그램, 기숙시설들이 존재하지 않았다. 정신지체인은 감옥과 같은 구금시설이나 양로원(사설 구빈원)에 수용되어 지내는 경우도 있었는데, 그런 곳에서는 심한 학대도 일상적으로 자행되었다. 어떤 사람은 쇠사슬에 매인 채 비좁고, 춥고, 불결하고, 탁한 공기로 가득 찬 독방에 갇혀 있기도 하였다. **Dorothea Dix**(1802~1887)는 정신지체와 정신병을 가진 사람에게 관심을 가졌다. 1843년 1월에 Dix는 공공기관들을 방문하여 정신지체와 관련된 서류들을 모아 자신이 찾아낸 학대 관련 기록을 매사추세츠 주 입법부에 제출한 후 다음과 같이 지적하였다.

> 나는 인간의 고통에 대해 강력히 항의한다. 나는 비참하고 고독하고 버림받은 환경을 논하기 전에 매사추세츠 주의 법을 비판한다. 나는 힘없고, 소외되고, 정신적인 질병과

> 정신지체를 가진 이들과 여성의 권리를 옹호한다. 이 사람들은 아무런 관심도 받지 못하고 참혹한 상황 속에서 비참하게 지내고 있다. 이들은 수용소와 사설 구빈원 등에서 암울하고 불행하게 살아간다(Dix, 1976, p. 5).

Dix의 보고는 입법부와 정신지체와 관련된 사람들이 무엇인가 하지 않으면 안 된다는 자각을 일깨웠다.

Harvey B. Wilbur(1820~1883)와 Samual Gridley Howe는 정신지체인의 훈련과 교육을 목적으로 설계된 미국 최초의 시설을 설립하였다. 1848년 Wilbur는 최초의 사립시설인 Barre School을 세웠고, Howe는 1850년 백치와 저능아를 위해 공립시설인 Massachusetts School을 사용하도록 허락받았다(Gardner, 1993). 이 학교는 교육을 통해 자립이 가능하고 지역사회로 복귀할 수 있는 소수의 학생들을 위해 마련되었다.

Wilbur와 Howe는 모두 아직 어리고 교육적인 효과로부터 실질적으로 이익을 얻기에 충분한 사람들을 위한 계획을 세웠다. 그러나 여러 가지 난관에 부딪혔다. 특히 Howe는 계획이 성취될 수 있겠는가 하는 의심을 하기 시작했다(Gardner, 1993). 예를 들어 사정과 진단이 오늘날보다 정확하지 못해, 일반학교에서 잘 따라가지 못하는 아동을 연령이나 장애 정도에 상관없이 입학시켰다(Scheerenberger, 1982). 역설적으로 Howe의 사회복지 동기는 실제에서 많은 문제를 야기하였다(Gardner, 1993). 왜냐하면 Howe는 정신지체인들이 처한 삶의 조건과 수많은 학생들에게 참혹한 조치들이 묵과되는 것, 그리고 현재 그들을 비굴함에 놓이게 하는 무시무시한 억압 때문에 슬프고 속상했기 때문에(Howe, 1884, p. xi), 실제로 양로원이나 교도소에 있는 사람들, 그리고 가난으로 고통스러워하는 가족들 중에서 많은 사람들을 데려다 입학시켰다. 결과적으로 몇몇 사람들은 실질적인 효과를 보여 지역사회로 돌려보낼 수 있었다(Wolfensberger, 1975). 그러나 대부분의 사람은 스스로 만족할 만큼 빨리 효과를 보이지 않았다. 몇 년 내에 학업 훈련이 단순 노동을 위한 훈련으로 포기되고 말았다(Gardner, 1993). 그렇긴 하지만, 많은 학생들은 그들이 이제까지 처했던 비윤리적인 상황, 즉 학대받는 상황에서 벗어났다(Wolfensberger, 1975).

Howe와 Wilbur는 일부 학생들에게는 지속적인 보호배치가 필요하다고 생각하였다. 그러나 그들은 최상의 계획에 대해서는 동의하지 않았다. Wilbur는 농장에 위치한 항구적인 기숙시설이 최상의 해결책을 제공할 것으로 믿었다. 이에 반해 Gheel system의 가족 중심 배치에 영향을 받은 Howe는 지역사회 생활 프로그램이 가장 성공적일 것이라고 믿었다. Wolfensberger를 따랐던 그는 미국의 특수교육사에 있어 가장 의미 있고 선견지명을 가진 사람이라 할 수 있다(1975, p. 17). 그의 비전은 현재도 놀랄 만하다. Howe는 거주지가 없는 정신지체인을 지역사회 안에 거주할 수 있도록 현재 '촉진 가정'(foster homes)이라 불리는 거처를 제공해야 한다고 주장하였다. 그는 지역사회 수용의 중요성을 강조하면서, 정신지체 아동은 다른 아동들보다 훨씬 많은 친절과 배려, 이웃과의 접촉을 통해 관심을 받는 것이 필요하다고 말했다(Howe, 1969). 따라서 그는 지역사회로부터의 장기 분리를 반대하였다.

> 만약 그가 잠시 동안만 떠나 있다가 해마다 다시 돌아온다면 그는 여전히 그곳에 소속감을 갖게 된다. 그는 그것을 집이라고 생각한다. 그리고 그의 이웃들은 그를 이웃의 한 사람으로 인정한다. 그러나 그가 만약 5년이나 6년 동안 멀리 떨어져 있다면 인연은 끊어져, 사람들은 한때 호의적이고 애정 어린 마음으로 배려하던 그 꼬마 아동을 이제는 성인이 된 낯선 백치 청년으로밖에 알아보지 못한다(Howe, 1969).

Howe의 의견은 수용되지 않았다. 지역사회 통합이 실질적으로 충분히 수용되기까지는 근 100년의 시간이 걸렸다. 반면에 Wilbur의 농장 중심 시설은 지지를 얻었다. 지역사회와의 관계가 약하고 분리된 환경 극복이 어려운 정신지체인들에게 점차 확대되어 온 대규모 농장제도는 수공업을 통해 자립할 수 있다는 기대감으로 수십 년 동안 시설 모델로서 자리 잡아 왔다(Wolfensberger, 1975).

원인론의 영향

시설 수용 초기에 전문가들은 정신지체의 원인을 밝히는 데 총력을 기울였다. Howe(1848)는 「백치의 원인」(The Cause of Idiocy)이라는 제목의 논문에서 그 시대의 사고를 잘 제시하고 있으며, 정신지체의 원인에 대해 현재까지도 타당한 내용들을 많이 제시하고 있다. 정신지체의 원인은 매우 다양하다는 복합적 원인에 대한 언급을 그 예로 들 수 있다. 또한 아직 그 자체만으로는 충분한 원인이라 하기 힘들지만 유전이 한 부분을 차지한다는 것도 밝히고 있다.

> 그 아내의 가족들 중에는 백치가 많다. 그녀의 이모는 백치 아이를 낳았다. 그러므로 우리는 가족 내에 근친결혼과 백치증후군 사이에 상관관계가 있음을 알 수 있다. 그러나 이것은 여전히 백치의 원인으로 단정하기는 충분하지 않다. 왜냐하면 그 백치 소년의 부모는 일곱 명의 다른 자녀들을 더 두고 있지만, 그들은 모두 건강하기 때문이다(Howe,

1848, p. 24).

또한 Howe는 음주가 태아에게 영향을 미칠 수 있다고 믿었다. 이것은 현대 사회에서 분명한 원인의 하나로 밝혀졌다. 그러나 19세기에 알려졌던 여러 가지 원인들은 현대인들에게는 분명하지 않고 가설처럼 보인다. 예를 들어 장애를 가지고 태어난 아동들의 부모는 '열등하고 가난하고 무기력한 존재'로 확인될 수 있다(Howe, 1848, p. 25). Howe는 비록 열등을 정의하기 어렵다고 인정하면서도, 마치 농부들이 그의 가축들 중에서 열등한 놈을 가려내듯이 사람들은 여러 사람 중에서 보다 저급하고 열등한 사람을 구분해낸다고 주장하였다(p. 25). 열등감은 초라한 자태, 충혈과 피로감으로 가득한 눈꺼풀, 잇몸질환, 전립선 비대, 피부질환 등으로 드러난다. 이러한 증상들은 현재 압도적인 인구에서도 나타난다. 더욱이 거기에는 자기의 처지를 비난하는 사람들의 근본적인 믿음이 깔려 있다.

> 절제와 청결을 유지함으로써, 그리고 모든 자연의 법칙들을 소중히 준수함으로써 그들은 자기 몸에 깃든 좋지 못한 기운들을 고쳐 나갔으며, 유쾌한 삶을 살았고, 노년의 편안함을 아동들과 함께 누렸다. 그러나 그들은 모든 방법으로 자연을 파괴하는 쪽을 선택하였다. 그리고 그녀는 뚜렷한 외형의 백치 아동들로서 그들의 학대를 그들에게 보냈다(Howe, 1848, p. 27).

산모의 약물복용과 영양실조, 나쁜 영양 상태는 정신지체 아동 출생에 영향을 줄 것이다. 그러나 정신지체 아동을 낳을지도 모르겠다고 생각하는 사람들은 다른 사람들의 위험한 전례를 통해 자신과의 일치 여부를 쉽게 확인할 수 있다. 그렇지만 대부분의 정신지체 아동 부모들은 책망하거나 실수를 결부시키는 것을 불쾌하게 여기며, 그것은 부모와 전문가 사이의 협력적이고 서로 간의 관계 이해를 증진시키는 데 방해가 된다.

한 가지 더 덧붙이자면, Howe는 부모들이 정신지체 자녀를 낳은 것으로 '자기학대(self-abuse, 과거 이 용어는 '자위'의 의미로 사용되었다)' 하는 '습관'을 지적하였다. 그런 부모들은 그들의 자녀들을 지키도록 가장 강한 말로 깨우쳐야 한다. Howe는 그 위험성에 대해 다음과 같이 기술하고 있다.

> 이 보고서에 소개된 사람들 중 몇몇은 얼마 전까지만 하더라도 그냥 젊은 신사 숙녀로 받아들여지기도 하였다. 그러나 지금은 모든 의지를 상실한, 도덕적 분별력이나 부끄러움도 모두 잃은 우울한 백치로, 그야말로 최하의 백치로 보일 수도 있다—그러나 백치는 나름의 생각, 희망 및 열정을 갖고 있다—그리고 그것은 관습적으로 허용된다(Howe,

1848, p. 30).

오늘날의 시각에서 그러한 주장은 반드시 과장이 아닐 뿐 아니라, 절대적으로 틀린 것도 아니다. 다만 그들은 아직 전체적인 확신과 함께 설명되고 있는 중이다.

이 분야에서 우리 선조들의 행위와 태도와 믿음을 담은 그들 자신의 언어로 읽는다는 것과 그들이 영향을 받았거나 심지어 그들이 살던 시대의 가치와 기대로 인해 미처 보지 못했던 것들을 확인하는 것은 하나의 진지한 과정이라 할 수 있다. 또한 과거의 주장들은 새로운 방법이나 생각을 찾으려는 노력에 끊임없는 영감을 주고, 이상적인 것 속에 내포되어 있는 위험이나, 절대 확실하다고 믿고 있는 우리 자신의 생각에 대한 주제 넘는 만족이나 확실성에 대한 경고로서 기여할 수 있다.

분리의 심화

1880년대 중반에서 1920년대 중반까지 정신지체인들은 더욱 더 사회적 고통으로 간주되었다(Wolfensberger, 1975). 지능이 낮은 사람들은 필연적으로 부도덕할 것이라는 생각이 지배적이었다. 도둑이나 매춘부, 상대를 가리지 않는 성범죄자 등도 마찬가지였다. 그 결과 이런 사람들은 지역사회의 해충으로 간주되었다. 일찍이 정신지체의 원인이 복합적이라는 합리적 주장은 오직 유전이라는 단일한 원인으로 대체되고 말았다. 지역사회 문제를 키우는 정신지체인들을 격리 보호하고, 그들의 생식력을 제거함으로써 문제의 근원을 없애고자 하는 이중의 목적을 지원하는 것으로 기대되었다. 이런 방식으로 정신지체가 근절될 것으로 생각하였다. 정신지체인에 대한 교육은 소득이 없다고 여겼으므로 별 관심이 없었다. 그 대신 수작업 노동과 수용(또는 감금) 시에 필요한 훈련만 강조되었다.

토론 과제

잠시 도덕적 함의를 무시하긴 했지만, 이런 시설 계획이 왜 실패했는가? 왜 정신지체를 근절할 수 없었는가?

이 시기의 사상은 **Gregor Mendel**(1822~1884)과 **Charles Darwin**(1809~1882)의 연구에 많은 영향을 받았다. 식물학자인 Mendel은 Darwin이 인간을 포함한 종의 진화를 연구하는 동안 식물에서 나타나는 유전의 물리적 특성을 증명해내었다. Darwin의 사촌인 **Francis Galton**(1822~1911)은 인간의 지능에 대한 Mendel과 Darwin의 아이디어를 끌어와 천재의 유전에 관한 이론을 발달시켰다(Galton, 1869). 또한 Galton은 인간의 종족을 개선할 유전의 영향에 관한 과학적 연구를 통해 정의한 우생학(eugenics)을 고안해내었다(Smith, 1985).

Deborah Kallikak 이야기

Henry Herbert Goddard(1866~1957)는 시설 정책과 태도에 있어서 유전이론의 영향에 관한 특기할 만한 예를 하나 제시하였다. 당시 Goddard는 뉴저지 주의 Vineland 소재의 한 정신지체 아동을 위한 훈련학교의 연구사였다. 정신치제의 원인에 대해 연구하던 그는 그 훈련학교에 기숙하며 지내던 **Deborah Kallikak**(가명)이라는 여아의 가계에 흥미를 갖고 그의 가계를 탐색하기 위한 준비를 하였다. 가계 연구는 먼저 대강의 가족 구조도를 그리고, 정신지체를 확인하며, Mendel의 유전의 법칙과의 일치성을 확인하는 것이었다. 당시로서는 상식적인 것이었지만, 연구의 현대 표준에 의한다면, 그러한 연구는 단지 정신지체란 어떤 특정 가족에게서 빈번히 발생한다는 것을 보여 줄 뿐, 그것이 유전에 의한 것인지 아니면 환경에 의한 것인지를 보여 주는 것은 아니다.

Goddard는 Deborah의 5대조인 Martin Kallikak까지 추적해 올라갔다. Goddard에 따르

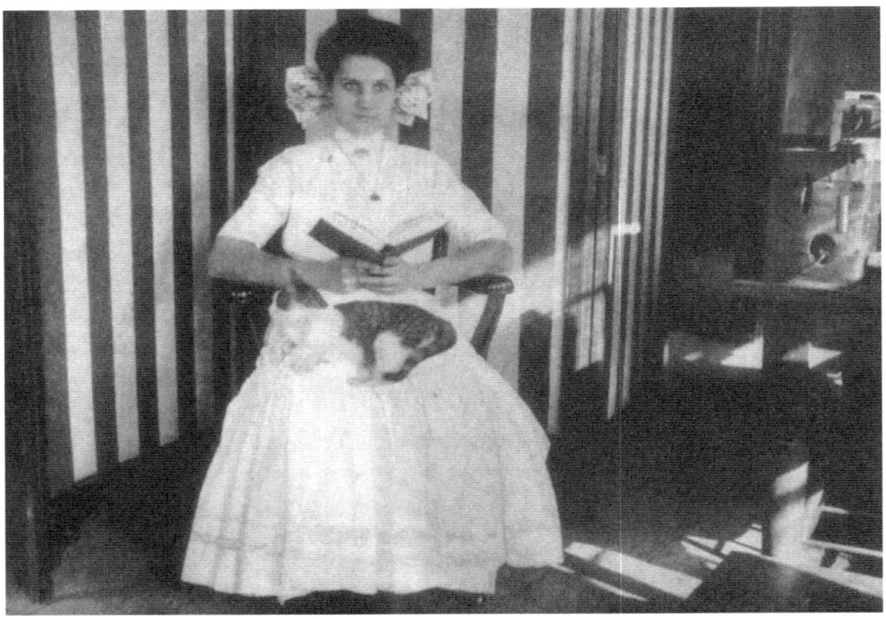

오늘날 Deborah Kallilak은 지역사회에서 살아갈 것이다.

출처: Henry Herbert Goddard (1913), *The Kallikak Family: A Study in the Heredity of Feeble-Mindedness*.

면 Martin은 좋은 혈통을 이어받았으며, 그 속에서는 정신지체의 흔적을 찾을 수 없었다. 그러나 그는 집을 떠나 생활하는 동안 술집 여성과 부정한 관계를 통해 아이를 낳았다. 그 뒤 Martin은 회개하고 집에 돌아와 정숙하고 존경받는 집안의 여성과 결혼하였다. Martin의 이 두 가지 사건은 이후 두 가지 다른 가족 계통의 추적을 가능하게 해 주었다. Goddard의 연구 결과 정숙하고 존경받는 집안의 여성과 결혼하여 출생한 후대 자녀들은 모범적인 시민으로 살아가는 반면, 술집 여성과의 부정한 관계로 태어난 후대 자녀들은 정신지체나 범죄자, 비생산적인 사람들이 주류를 이루고 있었다.

Goddard는 이 연구를 통해 그는 유전이 정신지체의 압도적인 원인이라는 증거를 제공하였다.

> 우성인 가족들은 모든 계층에서 두각을 나타냈으며, 496명이 땅과 재산을 소유하고 있고, 그들은 대부분 사회적인 위치를 갖고 있었다. 반대로 열성인 가족들은 대부분 가난하거나, 범죄자이거나, 매춘부, 알코올 중독자 등 사회에 문제를 일으키는 유해한 사람들이었다. … (Goddard, 1931, p. 116).
>
> 그들은 정신지체를 갖고 있었다. 그들을 정상적인 상태로 바꿀 만한 교육이나 좋은 환경은 빈약했다. … (p. 53).
>
> 정신지체는 유전이며, 그런 만큼 분명히 어떤 다른 특성들로 후대에 전달된다. 우리는 정신지체와 그 유전적 근원을 발견하고, 보다 일찍, 그리고 그에 대한 관심을 갖지 못하는 한 이러한 상황에 성공적으로 대처할 수 없다.
>
> 보호라는 문제의 차원에서 보자면, 우리가 가지고 있는 현재의 지식으로는 별도의 거주지를 정하여 분리하는 것이 가장 이상적이고 만족스러운 방법이 아닐까 한다(Goddard, 1931, pp. 116–117).

'이주지'(colonization: Goddard가 말하는 영구 수용시설)는 Deborah가 스스로 찾아낸 '해결책'이었다. 아직 Deborah는 도움과는 거리가 먼 상태에 있었다. Vineland 훈련학교에서 그녀가 만든 '수예품'을 보는 것은 그녀의 능력을 인상적으로 확인하는 것이었다. 또한 그녀는 아름답고 매력적이며, 사람들 속에서도 끝까지 주눅 들지 않고 특별한 광채를 발하는 인상 등을 가진 것으로 묘사되었다(Smith, 1985, p. 27). Deborah는 학업기술에서 문제를 나타내고 있었다. 그녀는 초보 수준의 읽기·쓰기와 단순한 셈하기만 수행할 수 있었다. 이것은 현재 상황에서는 학습장애로 간주될 것이다(Smith, 1985).

공정하게 Vineland에서 Goddard와 그밖의 전문가들은 사회로부터 Deborah를 보호하는 데 관심을 기울임으로써 결과적으로는 그녀로부터 사회를 보호해 온 것으로 보인다. Goddard는 시설을 떠난 Deborah가 처할 상황들을 가정하여 다음과 같이 설명하였다. “만약 오늘 이 어린 숙녀가 시설을 떠나게 된다면, 그녀는 곧 나쁜 사람들의 희생양이 되고 말 것이다. 심지어 그녀는 스스로를 책임질 수 있는 정신력을 갖고 있지 못하기 때문에 반드시 타락하고, 부도덕하며, 범죄에 빠진 삶을 살게 될 것이다”(Goddard, 1931, p. 12). 실제로 Deborah는 Vineland에서 훌륭한 보호를 받았다. Goddard는 그녀의 정신지체에 대한 도움은 주지 못했지만 아주 친밀하게 지냈다. 또 그녀를 유명인사로 만든 사람들 중에 속한다(Smith, 1985). 여전히 선행이나 온정주의에 머물러 있던 시대에 Deborah는 공공 수용시설에서 81년 동안 보호를 받으며 살았다.

J. David Smith는 『Mind Made Feeble』(1985)이라는 책에서 Kallikak의 가족 이야기를 인상적으로 소개하고 있다. Smith는 실질적인 가족의 정체성을 찾아내고 가족의 계보를 추적해 나갔다. 그렇게 해서 그는 가족의 나쁜 형질이 항상 똑같이 나쁘지도, 좋은 형질이 항상 완벽하게 좋지도 않다는 사실을 발견했다. 또한 그는 Goddard의 책 속에서 섬세하게 조작된 사진을 찾아냈다. 그 사진에는 정신지체인이 사악하고 추한 모습으로 그려져 있었다. 오늘날 Goddard의 연구의 과학적 함의는 수정되었다(반드시 그의 의도가 진심이 아닐지라도). 그러나 Smith의 연구는 Kallikak 가족에 관한 연구가 출판된 뒤 70년이 지나서야 조명되기 시작했다. 수십 년 동안이나 Goddard의 영향력은 건재하였고, 본질적으로 의심의 여지가 없었다.

강제 단종

1920년대에 정신지체는 실제적으로 모든 사회적 질병과 관련이 있다고 하는 믿음과 원인에 대한 유전적 가설이 기정사실화되어 있었다. 시설은 더 이상 학생들이 떠나야 하는 기숙제 학교가 아니었다. 이제 사람들은 사회로부터 정신지체의 위협을 제거하려는 목적과 그들이 생식력을 갖지 않도록 보장하려는 두 가지 목적을 주문하였다. 1800년대 후반, 간질이나 정신지체인의 결혼과 성행위를 금지하는 법이 생겼다. 그러나 그것은 곧 폐기되었다(Barr, 1973; Wolfensberger, 1975). 정신지체인들의 출산에 대한 추가적인 안전장치로서 강력한 주장들이 강제 단종을 옹호하였다.

강제 단종은 확실한 해결책으로 보였다. 그 당시 존경받던 전문가였던 Martin W. Barr는 다음과 같이 주장하였다.

> 양심을 위한 법의 제정은 불가능하며, 무지와 약함과 더불어 열등하고 저능한, 즉 어떤 법이나 의지의 이해에 무능력함과 더불어 둔함과 무책임을 다루는 데서 도덕심이 호소하고자 하는 것이 없기 때문에 변화나 확신이 있을 수 없다.
>
> 이들을 위해, 그리고 이들—사회생활에서 곪은 종기—을 반대하는 보호는 단지 외과 수술이다. … (Barr, 1973, p. 190).

Barr는 강제 단종이 보편적으로 적용되고, 어떤 유형의 이상을 가진 것으로 의심되는 사람 모두에 대해 조기에 적용된다면 가장 효과적인 해결책이라고 믿었다.

> 범죄에 대한 징벌로서가 아니라, 범죄 예방의 치료수단으로, 그리고 결함이 있는 사람들이 미래에 편안하고 행복한 상태에 이르도록 이들의 무성화를 적법화하자. 그리고 전문가들에 의해 결함이 있다고 판단된 어린 아동에 대해 진료소가 즉시 개입하도록, 그리고 공공의 의지가 결함을 다루는 통제 절차로서 그것을 받아들이도록 하자(Barr, 1973, p. 191).

1907년 인디애나 주에서 처음으로 강제적인 단종법이 통과되었다(Smith, 1985). 1924년에 버지니아 주의 입법부는 정신지체, 정신병, 알코올 중독, 간질, 그밖의 여러 가지 조건을 보이는 사람들에게 강제 단종을 허용하는 투표를 실시하였다(Smith & Polloway, 1993). 사생아를 가진 젊은 여성이었던, 그리고 후에 정신지체와 간질인을 위한 Virginia Colony에서 헌신하였던 **Carrie Buck**은 단종법의 시범 사례가 되어 미국 대법원에 최종적으로 출석을 하였다. Carrie의 어머니는 정신지체였고, 그녀의 아이가 현재 지체 증세를 보이고 있다는 증언에 영향을 받은 판사 Oliver Wendell Holmes는 지금도 잘 알려져 있는 "열등한 세대는 3대만으로 충분하다"는 말로 단종법에 유리한 다수 의견을 요약하였다(*Buck* v. *Bell*, 1927, p. 50).

1927년부터 1970년대 초까지 미국의 시설에서 많은 사람들이 강제 단종을 당했으며, 그 대상은 대부분 여성들이었다(Scheerenberger, 1982). 수술은 대부분 본인들에게 알리지도 않아 적절한 의료나 심리적인 조치도 취할 수 없었다(Smith & Nelson, 1989). 어떤 사람들은 시설을 나온 후 결혼을 해서야 임신이 되지 않는다는 사실을 알게 되는 경우도 있었다

(Herr, 1983). 미국에서는 1920년대에 단종법이 시작된 이래 오랫동안 유지되었다. 네브래스카 주 입법부가 공공 수용시설을 나서는 여성들에게 더 이상 단종시술을 하지 않도록 단종법을 폐지한 것은 1968년이며(Perske, 1981), 마지막 단종시술은 1972년에 Central Virginia Training Center(나중에 Carrie Buck으로 이름이 바뀜)에서 이루어졌다(Smith, 1985).

이 Central Virginia Training Center에서 최근 연구된 기록을 보면, 이미 단종시술을 받고 시설을 떠난 수용자의 15.8%는 현재의 평가 기준으로 볼 때 정신지체가 아니었으며, 심지어 그 당시 시점으로 볼 때도 단종시술 대상이었던 많은 사람들이 '정신지체가 아닌' 것으로 분류되었다. 그러한 오류들이 드러나자 Carrie의 사생아 딸은 명예학생이 되었으며, Carrie와 비슷한 많은 사람들 가운데 심각한 정신장애는 없었다(Smith & Nelson, 1989).

지능검사

물론 시설 수용과 단종의 딜레마의 근본 원인은 부정확한 평가에서 찾을 수 있을 것이다. 20세기 초까지 정신지체의 평가는 거의 전적으로 주관적이었으며, 능력에 대한 비형식적인 관찰에 기초하였다. 약간의 감각반응 측정을 하긴 하였으나(Galton, 1883), 실제적인 사고 과정에 대한 검사는 하지 않았다. 1905년 **Alfred Binet**(1857~1911)는 Theodore Simon과 함께 기억, 추상적 사고 및 상식을 이용하도록 요구하는 검사를 설계하였다. 비록 이런 정신과정이 직접적으로 확실히 측정될 수 없다고 하더라도, 그러한 기능은 이러한 능력에 의존하는 사고를 포함하며, 양적으로 측정할 수 있는 문항에 대한 수행으로 추론되었다. 그러나 Binet 검사는 다른 검사들과 같이 오직 주어진 시간에 수행한 양상만을 측정할 수 있었을 뿐, 이전에 이루어진 수행이나 그 다음에 이루어질 수행에 대한 증거를 제시할 수 없었다. Binet의 목적은 단순히 특수교육 교실을 위해 아동을 판별하는 객관적 수단을 제공하는 데 있었다. 사실 그는 자신의 검사가 개인의 선천적 잠재력을 직접 측정하는 것으로 부적절하게 간주되는 것을 걱정하였다(Gould, 1981). 사실 Binet는 주어진 시간에 지능을 측정하는 것은 물론, 교수의 결과로서 능력의 개선을 증명하는 것에도 관심이 있었다. 그는 다음과 같이 주장하였다.

> 최근 일부 철학자들은 개인의 지능이 고정된 성질, 즉 증가될 수 없는 성질이라는 유감스러운 판단을 도덕적으로 지지하는 것으로 보인다. 우리는 이런 잔인한 비관주의에 대해 반박하고 반대해야 한다. 우리는 그것이 무엇일지라도 근본이 없음을 보여 주기 위해

노력할 것이다(Binet, 1911, p. 141, Skeels & Dye, 1939).

그러나 Binet 검사는 영속적인 정신적 무능력을 진단하는 도구로 채택되고 말았다. 예를 들어 Goddard는 Binet 검사를 실시하여 Deborah Kallikak의 정신연령을 9세로 진단하고, 그녀가 시설을 벗어나 사는 것은 영구적으로 적절하지 않다고 결정했다. 사실상 Goddard는 처음에 나이 든 사람이 12세나 그 이하로 검사되면 그를 정신지체라고 믿었고, 그러므로 자신의 일을 처리할 능력이 없다고 믿었으며, 그 뒤에 8세 수준까지도 '진짜' 정신지체가 아닐지도 모르겠다고 하여 입장을 바꾸었다(Scheerenberger, 1982). 비록 가정으로 남아 있지만, 만약 누군가 진짜 정신지체라면 그는 학습할 수 없을 것이라는 것에 주목해야 한다.

지능검사에 대한 신뢰는 급속히 번져 갔다. 정부는 이민자 중에서 정신지체를 판별하는 데 Binet 검사를 이용하기 시작했다. 사람들은 단지 신체적 용모에만 기초하여 이민 집단에서 검사 대상이 되곤 했다. 이러한 검사에 기초하여 출판된 보고서는 1913~1917년에 미국으로 들어온 유태인, 헝가리인, 이탈리아인, 러시아인들 중에서 50% 이상이 정신적으로 결함이 있다고 단정했다(Goddard, 1914). 검사가 이민자의 모국어로 시행되지 않았다는 사실에도 불구하고, 이런 자료는 이민제한법을 더욱 확실히 뒷받침하는 증거를 제시하는 데 이용되었다(Patton, Payne, & Beirne-Smith, 1990).

입대하는 남성들의 지능지수(intelligence quotient, IQ)를 측정하기 위해 'alpha-beta 지능검사'가 개발되자, 군대는 지능검사를 시행했다. 이런 검사들은 개인보다 집단으로 시행되어 한 번에 많은 사람들을 검사할 수 있었다—이제 이 기법은 정신지체를 평가하는 데 부적합한 것으로 간주된다. 그 결과 경도 정신지체가 군대 내에 광범위하게 퍼졌고, 그에 따라 군대는 정신지체의 공포가 자라는 두려움의 진원지가 되었다.

사회적 통제와 청소

우리는 앞에서 많은 시설 수용자들이 실제 정신지체가 아니었다는 사실을 발견하였다. 심지어 그들은 그들이 살았던 시대의 평가 절차에 따라서도 그렇다는 것을 알 수 있다. 시설 수용과 강제 단종이 사회적 통제의 더욱 일반적 수단으로 적용되기 시작했다. 왜냐하면 정신지체는 빈민, 부랑자, 실업자, 정신병자 및 알코올 중독자와 같이 사회적으로 바람직하지 않은 사람의 특성을 갖고 있다고 생각했기 때문이다. 이런 불합리한 경향의 실제는 1921년 Pennsylvania Village for Feeble-Minded Women의 심리학자에 의해 American Association for the Study of the Feeble-Minded의 연차 회견에서 배부된 논문에 반영되어 있다. 강의는 시설 내 '소녀'의 문제를 구체화하였다.

> 문제를 제시하는 또 다른 유형의 성인 결함은 산업세계에서 살아가는 여성이다. 우리의 기록을 조사해 보고 소녀들과 이야기해 봄으로써 우리는 그들 중 대다수가 다양한 직업을 가지고 있다는 것을 알게 되었다. 그 결과 그들이 우리에게 왔을 때, 그들은 모든 거래처의 소녀이자 이름 없는 여장부였다. 그들이 전적으로 또는 부분적으로 스스로 자립해 왔다는 사실 때문에, 그들은 시설의 억압 아래 놓이고 더 이상 자신의 일에 대해 보상을 받을 수 없게 되어 불안하고 만족할 수가 없었다. 그 결과 그들은 다른 소녀들 사이에서 동요를 일으킨다(Vanuxem, 1921-22).

우리는 일을 잘 하는 것으로 인정받는 여성들이 시설에 갇혀 있게 되면 실망과 분노를 느낄지도 모른다고 생각한다. 그러나 우생학 정책(시설화와 강제 단종)의 함의는 그러한 좌절감을 벗어나 있었다. 나치 독일의 강제 단종 조항(최초로 1935년에 통과되었음)은 미국의 모델에 기초하고 있었으며, 많은 국민들로부터 지지를 받았다(Smith, 1985). 독일의 정책은 단종에서 '안락사'로 빠르게 옮겨 갔다. 이러한 정책은 장애, 질병 또는 안락사 말고는 시설 수용에서 오는 문제들을 여전히 해결할 수 없는 사람들을 대상으로 실행에 옮겨졌다. 아마도 그것은 사회로부터 장애인을 제거하는 것이 나치 치하의 원래 이념이 아니었다는 것을 이해하게 함으로써 우리의 이론과 가설들에 회의를 느끼게 할 수 있다. 그것은 바로 서구 과학에서 탄생한 우생학 운동에 그 뿌리를 두고 있다(Wolfensberger, 1987).

인도주의적 개혁

> 우리는 모두 이 세상의 미지를 여행하는 나그네들이다. 우리가 여행에서 발견하는 최상은 한 명의 진실한 친구이다.
>
> —Robert Louis Stevenson

우생학 운동이 옹호자를 확보하고 그 영향력을 얻어 가는 동안, 다른 사람들은 사회문제에 보다 지원적인 해결책을 강구하였다. 그들 가운데 한 사람인 **Jane Addams**(1860~1935)는 가난과 무지, 질병, 범죄가 심각한 사회문제임을 인식하고, 시설과 지역사회로부터 사람들을 격리하는 것에 반대하였다. Addams는 직접 시카고의 빈민 이민촌으로 이사하여 Hull House를 개설했다. 이곳에서는 지역 거주자들을 위하여 지역사회에서 합법적인 역할을 찾아 주는 서비스를 제공하였다(Addams, 1911). Addams는 우리는 모두 상호 의존적이며, 우리 중 한 사람이 궁극적으로 우리 모두에게 영향을 미친다고 생각했다. 그녀는 모든 사람이 유일하고 가치 있는 무언가를 가지고 있으며, 누군가에게 교육을 박탈하면 사회 또한 병들게 된다고 믿었다(Addams, 1964). 이런 이유로 지역사회 구성원들이 공동의 책임을 갖는 것과 지역사회의 건강은 모든 구성원들의 공헌에 의존한다는 것이 그녀에겐 아주 분명해 보였다. Hull House는 시설이 아니라 지역사회 자원으로서의 역할을 하였다. Addams를 통해 함께 일하는 개인들로부터 긍정적인 변화가 일어날 수 있었다(Addams, 1964).

Addams는 비슷한 생각을 가지고 그 당시 광범위하게 영향을 미쳤던 개혁가 집단의 일원이었다. 다른 사람들 중에는 아마도 교육계에서는 당대 최고의 연구자였던 **John Dewey**와 '심리학의 아버지'로 불리는 **William James**가 있었다. 이탈리아에서는 **Maria Montessori**(1870~1952)가 정신지체인들도 다른 구성원들에 의해 보호받고 교육의 기회를 누릴 수 있도록 그들의 권리를 옹호하고 있었다. 조기교육에서의 그녀의 연구는 특수아동에 대해 이루어졌고, 그들과 함께 그녀는 국제적으로 확산된 교육방법의 개념을 개발했다(Eichstaedt & Lavay, 1992). 미국에서도 장애아동을 위한 교육을 발전시키기 위해 계속 노력한 사람들이 있었고, 그로 인해 특수교육은 더욱 용이해지고 있었다. 또한 교육의 효과성을 증명한 연구들도 나타났다. 예를 들어 Council for Exceptional Children(1922)의 창설자인 **Elizabeth Farrell**은 특수학급 학생들의 직장과 지역사회 생활에서의 성공을 나타내는 추적 연구들을 발간했다(Farrell, 1915). 다른 연구들은 주로 연방 아동국(Federal Children's Bureau)에서 수행되었다(Jane, Adams의 친구이며 공동 연구자인 Julia Lathrop에 의해 관리되었던 시기)(Channing, 1932).

경도 정신지체인에 대한 연구는 대부분 성공적으로 고용되는 것, 범죄에 대해 강요를 받게 되는 것과 같은 문제에 모아졌다. 직업문제가 발생하면 사람들은 지적 쟁점보다 사회적, 행동적 쟁점에 더 연관성을 갖는다. 사실 이런 연구들은 경도 정신지체인의 직장문제가 일반인을 위한 것과 동일하다고 결론을 내렸다(Ingram, 1935).

1920년대 말에 Herbert Goddard를 비롯한 이 분야의 전문가들은 정신지체인을 위한 가능한 삶의 성과에 대해 그들의 입장을 완전히 바꾸었다(Scheerenberger, 1982). 1935년에 미국 교육부는 정신지체 아동에게 적합한 교육과정 욕구를 논의하기 위한 협의회를 개최했다. 협의회의 결론 중에는 "아동은 각자 그의 능력, 한계, 흥미를 유지하며, 그가 삶에서 결정할 수 있는 가장 행복한 적응과 그가 사회에 할 수 있는 최고의 구성적인 공헌을 향해 교육을 받아야 할 것"이라는 것이다(Ingram, 1935, p. ix). 그러나 대폭적인 개혁은 즉시 이루어지지 않았다. 그 예로, 특수교육 교실은 몇 안 되는 큰 지역사회에서만 운영되었다. 대부분의 지역에서 정신지체 아동은 교실에서 배제되거나 특별한 도움 없이 일반학급에 출석하도록 허락받았다(Ingram, 1935). 더욱이 특수교육 교실은 오직 경도 학생들만 입급시키고, 자조력이 부족한 정신지체 아동은 여전히 시설에 배치되어야 한다고 가정되었다(Ingram, 1935).

자기결정의 첫걸음

변화를 위한 가장 설득력 있는 힘은 가족들이었다. 1933년에 첫 번째 부모 집단이 오하이오 주의 Cuyahoga County에서 결성되었다(Wallin, 1962). 그리고 그것은 곧 다수의 다른 사람들로 이어졌다. 1950년까지 19개 주에서 부모 조직이 결성되었고, 그 외에 최근 Arc로 명칭이 변경된 National Association for Retarded Children(NARC)이 새로 설립되었다. 이 새로운 협회는 '개인의 특별한 요구에 적절한 교육과 훈련 프로그램'을 위해 모든 정신지체 아동의 권리를 주장하는 교육 권리장전을 발표하였다(Zigler, Hodapp, & Edison, 1990, p. 4)— 1935년에 입장이 실질적으로 재진술되었다. 그러나 이 당시 실제적 변화들이 이루어졌다. NARC 회원들이 효과적인 로비스트들이 되었고, 정책 요구는 교육개혁과 잘 맞았다. 사실 부모의 주장은 전 세계에서 제기되고 있다(McCleary, Hardman, & Thomas, 1990). 그리고 그때부터 International League of Societies for Persons with Mental Handicap은 전 세계에 자원봉사자 조직에 추진력을 제공하였다(Rosen, Clark, & Kivitz, 1976).

부모운동과 동시에 탈시설화에 대한 강력한 경향이 있었다. 1966년 『Christmas in Purgatory』라는 책에서 발췌하여 발행된 잡지를 보면 시설에서 심하게 학대받는 사람의 사진이 보인다(Blatt & Kaplan, 1967). Blatt은 일부 거주자들의 상태가 100년 훨씬 이전에 Dorothea Dix라는 사람이 보았던 그들의 상태와 동일하다고 보고했다. 그는 며칠 동안 사람들을 홀로 감금시키거나 발가벗기고, 가끔은 묶어 놓기도 하고, 수차례씩 자기 오물에 빠뜨리기까지 하는 학대에 대해 글로 고발하였다(Blatt, 1976). 수많은 일반적인 공립시설이 불법적이었다. 시설의 환경 개선을 명하는 법률이 통과되고, Richard Nixon 대통령이 수용시설을 세기가 바뀌기 전에 30%로 줄이겠다는 국가 목표를 공표하였다. 1970년부터 1979년까지 주 시설에서 생활하는 사람의 수는 50,000명 이상 줄었다(Scheerenberger, 1982).

정치적, 경제적 영향

정신지체는 여러 면에서 문화적, 사회적 구인이고, 사회를 움직이는 힘이 중요하게 정치적, 경제적이기 때문에 정치적 힘과 자금은 흔히 정신지체 그 자체를 정의하는 것을 지원한다. 게다가 철학자, 심리학자 및 일반 대중의 태도는 정신지체와 그 가족들의 삶에 실질적으로 영향을 미치는 정치적, 경제적 영향력과 상호작용한다.

개인적, 정치적 영향력: Kennedy가

흔히 정치의 효과는 개인의 삶에 법이라는 모습을 통해 직접적으로 나타난다. 다른 시대에도 그것은 똑같이 강력했지만, 예민하게 태도에 영향을 미친다. 미국에서 아마 가장 주목할 만한 예는 Kennedy가의 영향력이 아니었을까 한다. 1961년부터 1963년 11월 암살당하기까지 미국 대통령이었던 John F. Kennedy는 오랫동안 정치적으로 활동적이고 전국적으로 영향력이 있는 훌륭한 가문의 출신이었다. Kennedy의 누이인 Rosemary는 정신지체였다. 그래서 Kennedy는 특히 그 문제에 대해 집중하였다. 그는 돈과 권력과 특권으로 영향을 미치고자 하였으며, 실제로도 그렇게 하였다. 그의 가족은 1946년에 이미 Kennedy 재단(Joseph P. Kennedy, Jr. Foundation)을 설립하고, 정신지체와 관련된 프로그램에만 기금을 제공하는 조직을 운영해 왔다. 대통령으로서 Kennedy는 대통령 자문 정신지체위원회(President's Panel on Mental Retardation)를 설치하였다. 이 위원회에서는 연구, 교육, 예방, 시민권, 지역사회 설비, 그리고 이 시기 정치에 영향을 미치는 대중 인식의 영역에 대해 권고를 하였다(Mayo, 1962).

정신지체의 원인에 대한 초기의 태도와 정신지체와 관련된다고 믿는 비도덕적 특성은 많은 가족들이 정신지체인을 돌보는 어려움에 관해 터놓고 말하기를 주저하는 이유를 이해할 수 있게 한다(부모의 주장이 점증하고 있음에도 불구하고). 그러나 Kennedy가에서는 1940년대부터 그들의 경험을 공개해 왔으며, 대통령 Kennedy와 함께 그 가족의 주장은 대중적 지지를 더 많이 이끌어내었다. 분명히 전국적으로 영향력이 있고, 대부분이 인정하는 가족들이 발달장애인의 지원에 관해 공개적으로 언급하자, 그것은 이전보다 정신지체를 위해 설계된 사회 프로그램에 대해 더욱 수용적이 되는 분위기를 고조시켰다. 그 외에 사람들은 그러한 문제가 '최고의 가족'에서도 나타난다는 것을, 그리하여 지역사회에서 정신지체인에 대한 더 큰 수용을 위해 무대를 설치해야 한다는 것을 이해하기 시작했다.

Kennedy의 사망 후에도 Kennedy가에서는 정신지체 옹호자의 역할을 계속했다. Robert Kennedy는 주거시설을 방문하여 그가 목도한 학대에 대해 항의하고 그러한 상황을 변화시키는 일을 장려한 초기 인사들 중의 한 사람이었다(Blatt, 1976, p. 23 참조). 그 외에 Eunice Kennedy Shriver는 정신지체인들에게 운동경기를 통해 세상에 참여하는 기회를 제공하기 위해 1968년 특수 올림픽(Special Olympics)을 창설하였다.

입법 이정표

연방정부 수준에서도 정신지체의 원인에 관한 중요한 입법 활동이 이루어졌다. 예를 들어 1957년 **사회보장법**(Social Security Act)은 발달장애 성인들에 대한 보상금을 위해 개정되었다. 1973년에 **직업재활법**(Vocational Rehabilitation Act, PL 93–112)은 장애인이 교육과 직업에 접근해야 하며, 다른 시민들의 권리가 부정되지 않아야 한다는 시민권 규정을 포함하기 위해 개정되었다(LaVor, 1977). 그 다음 1975년에 **전장애아동교육법**(Education for All Handicapped Children Act, PL 94–142)은 장애아동의 교육 기회를 혁신했다. 그 조항들 가운데 3~21세의 모든 장애아동은 최소 제한적 환경에서 무상의 적절한 공교육을 받을 자격이 있다는 내용이 있었다. 이 법은 전국의 어느 학교 교육구에서나 장애 정도에 상관없이 정신지체 아동들에게 프로그램을 제공하도록 명령하였다. 그 결과 예전에는 교육 기회를 누리지 못했던 수많은 아동들이 교육을 받을 수 있게 되었다. 그 외에 이 법은 아동별로 특정 교육목적과 목표를 설정하고, 주어진 목표에 이르는 시간 계획을 포함한 **개별화 교육계획**(Individualized Education Plan, IEP)을 모든 아동들이 받을 수 있도록 요구하였다. 1983년에 PL 94–142를 개정한 **PL 99–457**에서는 3~5세 아동을 위한 서비스를 규정하고, 영·유아를 위한 조기중재 프로그램 개발에 재정적 인센티브를 제공하도록 규정하였다.

1990년에 PL 94–142는 **장애인교육법**(Individuals with Disabilities Education Act, IDEA)으로 명칭을 바꾸고, 부분적으로 장애(disabilities)가 반드시 사회적 불리(handicaps)가 아니라는 이해를 반영시켰다. 더욱이 자폐와 외상성 뇌손상을 반드시 서비스를 받아야 하는 사람의 범주에 포함시켰다. 그리고 16세부터 모든 학생에게 **전환 개별화 교육계획**(transitional IEP)인 **ITP**를 제공하도록 하였다. 개별화 전환 계획(ITP)은 더욱 보호받는 학교 환경에서 아동이 직장과 지역사회 생활로 이동하도록 하는 계획이다. 그 다음 1997년 이 법의 개정은 PL 105–17은 9세까지 발달지체를 보이는 아동에게 서비스를 확장하였으며, 그에 따라 조기중재와 예방을 장려하였다.

또한 1990년에 PL 101-336으로 제정된 **장애미국인법**(Americans with Disabilities Act, ADA)은 최근 법률 중에서 정신지체인에게 영향을 미치는 굉장히 중요한 법이다. 이 법은 고용은 물론 공공 편의와 교통·통신에 이르기까지 장애인의 시민권을 보장하고 있다. 더욱 중요한 것은 어떤 사건에 대해 단순히 '안 된다'고 규정한 직업재활법(Vocational Rehabilitation Act)과는 달리 PL 101-336은 이러한 영역에서 비합법적인 것을 차별로 간주한 것이다. 더구나 ADA에서는 접근의 어려움을 차별로 간주하고, 그 해결책으로 여러 가지 주요한 공공 서비스와 교통 서비스가 장애인에게 접근 가능하도록 기한을 제시하였다. ADA가 장애인의 통합에 많은 기여를 했다고는 보지만, 접근과 태도에서 아직도 성취해야 할 과제가 많이 남아 있다(Reno, 2000).

기금에 대한 정치적 영향력

앞서 정치적, 경제적 영향력에 대해 논하면서 우리는 권력과 자금에 대해 말했다(Casellani, 1987). 권력과 부를 가진 사람은 그렇지 못한 사람의 삶에 영향을 미치는 변화를 만들어내는 위치에 있다. 권력, 정치 및 경제는 단단히 엮어지면서(그들이 함께 가고 분리되지 않음으로써) 발달장애인의 삶에 영향과 변화, 조절을 가한다(Braddock, Hemp, & Fujiura, 1987).

예산은 정치적 문서로, 어떤 사람은 가장 중요한 정책 명세라고 말한다(Dye, 1977). 정신지체와 관련된 프로그램에 투자하는 대부분의 기금은 정부에 의존하며, 민간 부문에서는 거의 충당되지 않는다. 정부 기금은 거의 주와 지방에서 제공되어 왔으나 지금은 대부분 연방정부와 공유한다. 정신지체인이 받는 정부 프로그램은 보충 안전 소득(Supplemental Security Income), 사회 안전 장애보험(Social Security Disability Insurance) 및 의료보험(Medicaid: 장애인은 65세 미만이라도 가능－역자 주)이다(Castellani, 1987). 이러한 프로그램과 또 다른 프로그램의 최근 시행 실제는 정신지체인에게 기회와 기회의 박탈을 동시에 가져다주는 것으로 나타나고 있다. 이에 대한 자세한 내용은 14장 '성인생활과 직업'에서 논의한다.

로비 활동과 유권자의 지원

정부의 기금을 얻기 위해서는 강력하고 경쟁적인 노력 중에서 계속적이고 변치 않는 노력이 있어야 한다. 성공적인 로비는 프로그램에 소요되는 기금을 받고 그 정도를 결정하는 데 중요한 요인이다. 예를 들어 우리는 부모 집단이 강력한 로비 세력이 되는 것을 보아 왔다. 사실 정신지체인을 위한 지역사회 주거시설은 대부분 부모들의 로비 노력 덕분이다(Switzky et al., 1988). 정신지체인을 옹호하는 많은 다른 방식이 있지만, 로비는 여전히 중요하다.

유권자의 지지는 로비에 핵심적이다. 비록 공적 승인을 받은 정신지체인의 프로그램이 일반적인 경제 상황과 같은 여러 요인에 의해 영향을 받는다 하더라도, 절대적인 필수요소는 정신지체인에 대한 긍정적인 태도와 현재 운영되고 있는 프로그램의 효과성에 관한 낙관적인 생각이다. 그들의 옹호자인 전문가들은 이러한 요인을 예리하게 자각하고 정신지체인에 대한 대중적인 이미지와 그들을 지원하는 프로그램을 향상시키기 위해 일하고 있다.

주기적 변화

역사는 그 자체를 되풀이한다. 그것이 역사가 안고 있는 문제의 하나이다.

—Clarence Darrow

이제 우리는 우리의 연구를 통해 어떤 아이디어는 사라졌다가 다시 나타나기도 하고, 정신지체인의 조건도 때대로 개선되었다가 다시 악화되기도 한다고 결론을 내릴 수 있다. 여전히, 특히 지난 수십 년 동안 이어져 온 정신지체인에 대한 더 나은 수용에 대한 일반적인 경향이 있다. 대학생들이 1975년과 비교하여 1988년에 정신지체인에 대해 더욱 호의적인 태도를 보여 주고 있음을 확인한 연구가 있다. 이것은 이러한 변화가 지역사회 통합과 자각과 관련될 것임을 시사한다(Rees, Spreen, & Harnadek, 1991).

토론 과제
아마도 조금은 다른 형태로 다시 나타나기도 하겠지만, 어떤 생각이나 조건들이 제거되었는가?

공적인 태도와 정치적 분위기는 바뀌는 경향이 있다. 이러한 변화는 일반적으로 어떤 쟁점에 관한 진보의 결과가 아니다. 우리가 역사를 통해 관찰한 바로는 어떤 생각이 다른 생각보다 더 나은 것으로 증명되고, 사회적, 교육적 프로그램이 별 효과가 없을 때 공적 지원이 사라진다. 또 정신지체와 직접적으로 관계가 없는 쟁점도 정신지체에 대한 관심도에 영향을 미칠 수 있다. 예를 들어 전쟁이나 불황과 같은 정치적, 경제적 위기는 일반적으로 사회적 프로그램에 대한 사람들의 긍정적인 관심을 감소시킨다. 그리고 힘 있는 한 사람에 의해서도 공적 관심이 강력한 영향을 받지만, 이런 옹호자들이 주목을 끌지 못할 때는 지원이 줄어들거나 심지어 부정적으로 영향을 미칠 수도 있다. 정신지체인과 관련된 태도와 일치하는 정책은 복잡하다. 많은 계획이나 철학들이 주어진 시간 속에서 경쟁한다. 또 정책과 프로그램은 흔히 특별한 아이디어로 수용되거나 인기를 얻으면 바뀐다. 변화는 때로 주기를 보이는 경향이 있다. 그래서 오래된 견해들이 사라졌다가 다시 나타나기도 한다. 전문가로서 우리가 만약 실수나 잘못으로부터 배우고, 정신지체에 대한 이해와 실제를 개선하고자 한다면, 과거의 생각과 새로운 아이디어에 대해 개방적인 태도가 필수적이라 하겠다.

조망

이 장에서는 정신지체인의 삶에 영향을 미치는 중요한 역사적, 문화적 상황과 사상을 기술했다. 또한 우리는 시대에 따라 정신지체를 다르게 이해했음을 보았다. 그러나 실제로 정신지체란 무엇인가? 우리는 오늘날 정신지체를 어떻게 정의할 것인가? 그리고 어떻게 정신지체를 가진 사람을 알아볼 수 있는가? 이러한 문제에 대한 대답은 4장에서 찾을 수 있다.

참고문헌

Addams, J. (1911). *Democracy and social ethics*. New York: Macmillan.

________. (1964). Democracy and social ethics. Reprinted in A. F. Scott (Ed.), *Democracy and social ethics*. Cambridge, MA: Harvard University Press. (Original work published 1907.)

Barr, M. W. (1973). Mental defectives. Reprinted in *Mental illness and social policy: The American experience*. New York: Arno. (Original work published 1904.)

Beirne-Smith, M., Patton, N. R., & Ittenbach, R. (1999). *Mental retardation* (5th ed.). New York: Merrill.

Berk, L. E. (2000). *Child development* (5th ed.). Needham Heights, MA: Allyn & Bacon.

Binet, A. (1911). *Les ideés inoderne sur les enfants*. Paris: Flammarion.

Blatt, B. (1976). Purgatory. Reprinted in M. Rosen, G. R. Clark, & M. S. Kivitz (Eds.), *The history of mental retardation: Collected papers* (Vol. 2, pp. 347-360). Baltimore, MD: University Park Press.

Blatt, B., & Kaplan, F. (1967). *Christmas in purgatory: A photographic essay on mental retardation*. Boston: Allyn & Bacon.

Braddock, D., Hemp, R., & Fujiura, G. (1987). National study of public spending for mental retardation and developmental disabilities. *American Journal of Mental Deficiency, 92*, 121-133.

Buck v. Bell (1927). 274 U.S. 200.

Castellani, P. J. (1987). *The political economy of developmental disabilities*. Baltimore, MD: Paul H. Brookes.

Channing, A. (1932). *Employment of mentally deficient boys and girls*. Children's Bureau Publication No.

210. Washington, DC: Superintendent of Documents.

Dix, D. (1976). Memorial to the legislature of Massachusetts, 1843. Reprinted in M. Rosen, G. R. Clark, & M. S. Kivitz (Eds.), *The history of mental retardation: Collected papers* (Vol. 1, pp. 3-30). Baltimore, MD: University Park Press.

Dye, T. (1977). *Politics in states and communities*. Englewood Cliffs, NJ: Prentice-Hall.

Eichstaedt, C., & Lavay, B. (1992). *Physical activity for individuals with mental retardation*. Champaign, IL: Human Kinetics Books.

Farrell, E. E. (1915). A preliminary report on the careers of three hundred fifty children who have left ungraded classes. *Journal of Psycho-Asthenics*, *20*(1), 20-26.

Galton, F. (1883). *Inquiries into human faculty and its development*. London: Macmillan.

________. (1869). *Hereditary genius*. London: Macmillan.

Gardner, J. F. (1993). The era of optimism, 1850-1870: A preliminary reappraisal. *Mental Retardation, 31*(2), 89-95.

Goddard, H. H. (1931). *The Kallikak family: A study in the heredity of feeble-mindedness*. New York: Macmillan. (Original work published 1912.)

Goddard, H. H. (1914). *Feeblemindedness, its causes and consequences*. New York: Macmillan.

Gould, S. J. (1981). *The mismeasure of man*. New York: W. W. Norton.

Herr, S. (1983). *Rights and advocacy for retarded people*. Lexington, MA: Lexington Books.

Hibbert, C. (1975). *The house of Medici: Its rise and fall*. New York: William Morrow & Co.

Howe, (1969). The causes of idiocy. In J. F. Gardner (1993). The era of optimism, 1850-1870: A preliminary appraisal. *Mental Retardation, 31*(2), 89-95.

Howe, S. G. (1848). On the causes of idiocy. Reprinted (1972) in *Medicine & Society in America*. New York: Arno.

Ingram, C. P (1935). *Education of the slow-learning child*. New York: World Book.

Itard, J. M. G. (1972). *The wild boy of Aveyron*. New York: Monthly Review Press. (Original work published as Les enfants sauvages, 1801.)

LaVor, M. L. (1977). Federal legislation for exceptional children: Implications and a view of the field. In R. D. Kneedler & S. G. Tarver (Eds.), *Changing perspectives in special education*. New York: Merrill/Macmillan.

Locke, John (1963). Some thoughts concerning education. Reprinted in *The works of John Locke Vol. IX*. Germany: Scientia Verlag Aalen. (Originally published, London, 1823.)

Mayo, L. W. (1962). *A proposed program for national action to combat mental retardation*. Report to the President's Committee on Mental Retardation. Washington, DC: U.S. Government Printing Office.

McCleary, I. D., Hardman, M. L., & Thomas, D. (1990). International special education. In T. Husen & T. N. Postlewaire (Eds.), *International encyclopedia of education: Research and studies* (pp. 608-615). New York: Pergamon.

McNeil, M. C., Polloway, E. A., & Smith, J. D. (1984). Feral and isolated children: Historical review and analysis. *Education & Training of the Mentally Retarded, 19*, 70-79.

Patton, J. R., Payne, J. S., & Beirne-Smith, M. (1990). *Mental retardation*. Columbus, OH: Merrill.

Perske, R. (1981). *Hope for the families: New directions for parents of persons with retardation and other disabilities*. Nashville, TN: Abingdon.

Rees, L. M., Spreen, O., & Harnadek, M. (1991). Do attitudes towards persons with handicaps really shift over time? Comparison between 1975 and 1988. *Mental Retardation, 29*(2), 81-86.

Reno, J. (2000). *A message from the Attorney General*. Department of Justice ADA Web page.

Rosen, M., Clark, G. R., & Kivitz, M. S. (1976). *The history of mental retardation: Collected papers*. Baltimore, MD: University Park Press.

Rousseau, J. J. (1955). *Emile.* New York: Dutton. (Original work published 1702.)

Scheerenberger, R. C. (1982). Treatment from ancient times to the present. In P. T. Cegelka & H. J. Prehm, *Mental retardation: From categories to people* (pp. 44–75). Columbus, OH: Merrill.

Seguin, E. (1866). *Idiocy and its treatment by the physiological method.* New York: W. Wood. (Reprinted 1976.)

Singh, N. N., Oswald, D. P., & Ellis, C. R. (1998). Mental retardation. In T. H. Ollendick & M. Hersen (Eds.), *Handbook of child psychopathology* (3rd ed., pp. 91–116). New York: Plenum.

Skeels, H. M., & Dye, H. B. (1976). A study of the effects of differential stimulation on mentally retarded children. Reprinted in M. Rosen, G. R. Clark, & M. S. Kivitz (Eds.), *The history of mental retardation: Collected papers* (Vol. 2, pp. 241–266). Baltimore, MD: University Park Press. (Original work published 1939.)

Smith, J. D. (1985). *Minds made feeble: The myth and legacy of the Kallikaks.* Rockville, MD: Aspen.

________, & Nelson, K. R. (1989). *The sterilization of Carrie Buck.* New York: New Horizons Press.

________, & Polloway, E. A. (1993). Institutionalization, involuntary sterilization and mental retardation: Profiles from the history of the practice. *Mental Retardation, 31*(4), 208–214.

Switzky, H. N., Dudzinski, M., Van Acker, R., & Gambro, J. (1988). Historical foundations of out-of-home residential alternatives for mentally retarded persons. In L. W. Heal, J. I. Haney, & A. R. N. Amado (Eds.), *Integration of developmentally disabled individuals into the community* (2nd ed). Baltimore, MD: Paul H. Brookes.

Vanuxem, M. (1921–22). Self government as applied to feeble-minded women. *Journal of Psycho-asthenics: Devoted to the care, training and treatment of the feebleminded and of the epileptic, 27,* 18–26.

Wallin, W. (1962). New frontiers in the social perspective of the mentally retarded. *Training School Bulletin, 59,* 89–104.

Wolfensberger, W (1987). *The new genocide of handicapped and afflicted people.* Syracuse, NY: Wolfensberger.

________. (1975). *The origin and nature of our institutional models.* Syracuse, NY: Human Policy Press.

Zigler, E., Hodapp, R. M., & Edison, M. R. (1990). From theory to practice in the care and education of mentally retarded individuals. *American Journal on Mental Retardation, 95*(1), 1–12

CHAPTER

4

정의, 분류 및 출현율

이 장에서는 정신지체라는 용어의 사용에 관하여 논의하고, 과거와 현재의 정의를 기술한다. 또한 정신지체의 특정 사례에 대하여 심각도와 본질을 분류하는 체계를 기술하고, 일반적인 인구에서 정신지체가 발생하는 비율에 관한 정보를 제공한다.

그러나 우리는 이러한 쟁점을 언급하기에 앞서 지적 장애를 지닌 Joyce, Susan, Jason이라는 세 명의 아동을 소개한다. 앞으로 여러 장에서 이 세 명이 계속 등장할 것이고, 이들은 현재의 개념과 아이디어에 대한 '생생한' 사례를 제공할 것이다.

Joyce, Susan, Jason 소개

Joyce, Susan, Jason은 지적 장애를 지닌 아동들이다. 이들은 정신지체란 실제로 무엇이며, 정신지체를 지닌 이들의 삶이 무엇인가를 가르치는 데 많은 것을 제공해 준다. 이들의 삶에 대한 사상, 도전 및 보상은 이 책에서 다룰 아이디어의 많은 부분을 설명한다. 정신지체를 연구할 때, 당신은 이들의 삶의 경험을 공유할 것이다. 시간의 흐름에 따라 이들이 변화를 어떻게 다루어 가는가, 그리고 이들이 이 책에서 논의되는 쟁점에 따라 어떻게 영향을 받는가를 살펴보는 기회를 가지게 될 것이다.

정신지체는 모든 인종 집단과 사회계층에서 나타나며, Joyce, Susan, Jason은 다양한 인종적, 경제적, 가정적 배경을 지니고 있다. Joyce는 확대가족 내에서 성장하고 있는 반면, Jason은 모자가정의 양어머니에 의해 양육되고 있다. Susan의 가족은 더욱 전통적인 형태의 어머니, 아버지 및 형제들로 구성되어 있으며, 다른 두 가족과는 달리 경제적으로 부유한 편이다. 이러한 개인적, 가족적 특징은 정신지체인의 전형으로 의도된 것이 아니며, 오히려 정신지체와 생활하는 전형적인 개인이나 가족이 없다는 것을 나타내어 준다. 또한 이들은 어떻게 특정 가족과 경제적 상황이 직면한 도전과 이용할 수 있는(또는 이용할 수 없는) 지원을 형성하는 것을 돕는가를 나타낸다. 게다가 이러한 3명의 아동은 모두 정신지체와 공존할 수 있는 복잡한 몇 가지 조건을 나타내고 있다. 예를 들어 Susan은 정신지체 외에 신체적 곤란을 지니고 있으며, Jason은 악화된 건강 조건을 가지고 있고, Joyce는 학습장애로 진단되었으나 지적으로 기능하는 능력에서는 아마도 더 정확히 정신지체로 진단될 수 있는 전반적인 결함을 지니고 있다. 그러나 진단이 제대로 평가하지 못한 다른 사람들과 같이 그녀는 정신지체로 진단받은 이들에게 제공되는 서비스에 대부분 적격하지 않다.

Joyce Elger

Joyce는 매우 예쁜 14세의 아프리카계 미국인 소녀로 8학년 학습장애 학급에 재학 중이다. 그녀의 학교 기록에 의하면, 전체 척도 지능지수(IQ)는 68이지만 적응행동—이 분야에서 전형적인 최근의 최상의 도구가 아니라 조사지 형식의 평정 척도에 기초한—은 또래들과 유사한 수준으로 측정되었다. 그녀는 적응행동 척도의 결과에 따라 정신지체라는 명칭보다 학습장애라는 진단을 받았다. 한때 '경계선'(borderline)이라고 불렸던 Joyce와 같은 학생의 진단명칭은 주뿐만 아니라 학교 교육구마다 다르다. 이들은 가장 부적절하게 진단되고 배치되거나—Joyce에게 일어난 것과 같이—완전히 간과되기 쉬운 아동들이다.

Joyce는 어머니와 22세의 언니, 2세의 조카, 할머니, 그리고 8년 된 얼룩 고양이와 함께 집에서 살고 있다. 그녀의 아버지는 그녀가 갓난아이였을 때 돌아가셨고, 그녀의 할아버지는 2년 전에 돌아가셨다. Joyce는 할아버지의 죽음을 매우 어렵게 받아들였다. 그녀의 어머니는 전일제로 일하시고, 언니는 시간제 직업을 가지고 있고 어린 아들의 양육을 책임지고 있다. 그녀는 항상 이러한 의무에 있어서 Joyce의 도움에 많이 의존한다. Joyce의 가족 구성원들은 모두 가깝지만 그녀는 특히 할머니를 좋아한다.

Joyce는 학교에서 매우 불행하다. 그녀는 4학년 수준의 읽기를 위하여 고군분투하고 있으며, 자신이 어리석고 실망스럽다고 느낀다. 더욱이 그녀는 사회생활의 일부와 일반교실의 학생활동을 제대로 인식하지 못한다. 그녀는 학교가 일반학생들을 위하여 존재하며 장애학생은 실제로 소속되지 않는다고 믿는다. 가정에서 나이가 많은 할머니, 어머니, 언니는 그녀에게 학교에 다니는 것이 얼마나 중요한지에 대하여 말하지만, Joyce는 몰래 16세가 되면 학교를 그만둘 것이라 결심하고 있다. 그녀는 학교가 그녀에게 어떤 실제적 소용이 있을 것이라 믿지 않는다.

Joyce는 최근에 그녀의 이웃에 있는 행실이 좋지 않은 패거리(fast crowd)의 일원인 세 명의 소녀들과 가까운 친구가 되었다. 생애 최초로 그녀는 자신의 또래들에 의하여 받아들여졌다는 감정을 느끼기 시작하고 있다. Joyce에게 있어서 새로운 친구들은 매력적인 삶을 살고 있는 것으로 보인다. 항상 파티와 흥미로운 일이 있고, Joyce가 언제나 같이 어울리기를 원하던 '일반적인' 아동들이 그녀를 알아보고, 그녀의 거친 행동에 대하여 말하기 시작하였다. 비록 그들의 관심이 다소 부정적이라 할지라도 Joyce는 그것을 즐긴다. 그녀는 술과 마리화나를 접하였고, 매력적인 소년이 그녀가 학교에 있을 때나 그녀의 여자친구들과 있을 때 함께 어울리고자 매달렸다. 그는 솔직히 그녀를 섹시하다고 생각하며, Joyce는 남자친구로서 그의 생각을 좋아한다. Joyce의 새로운 친구들 때문에 그녀의 할머니는, 특히 지난 달에 두 번이나 Joyce가 자신의 행동에 대하여 거짓말한 것을 알고 난 후 그녀에 관하여 걱정을 하고 있다.

Joyce는 그녀의 미래에 관하여 말하는 것을 주저한다. 그렇지만 강요를 받을 때면 그녀는 '결혼을 해서 자기 자신만의 공간을 갖기' 원한다고 말한다.

Susan Polaski

Susan은 지난 생일에 50명의 사람, 1명의 광대, 장난감 목마 및 3단 케이크를 가지고 파티를 하였다. 그녀는 10세이다. Susan은 사립교구 부속학교의 5학년 일반학급에 재학 중이다. 그녀는 허리 아래를 움직일 수 없어 전동 휠체어를 이용한다. 그녀는 자신의 왼쪽 팔을 사용할 수 없으며, 오른쪽 팔의 사용에 있어서도 제한을 가지고 있다. 또한 그녀는 목을 움직이는 데도 어려움이 있다. Susan의 측정된 지능지수는 60이지만 그녀의 제한적인 손의 사용과 그녀가 비언어적이라는 사실 때문에 검사가 어려워, 그녀의 실제적인 지능을 제대로 반영하지 못하는 것으로 보인다. 그녀의 학교 수행에 기초하여 볼 때(5장에서 논의됨), 이 IQ점수는 그녀의 능력을 과소평가한 것으로 보인다. 그녀는 경도 정신지체와 중도 뇌성마비로 명칭이 붙여졌다. 그녀의 적응기술은 제한적이나, 이것은 그녀의 지적 장애보다 그녀의 뇌성마비로 인하여 야기된 운동문제와 더욱 밀접히 관련되어 있다.

Susan은 어머니, 아버지, 두 명의 오빠 및 입주 가정부인 Jolene과 함께 살고 있다. 그녀는 두 마리의 큰 달마시안을 키운다. 그녀는 폴란드계 혈통이다. 그녀의 가족은 부유하며 동부 큰 도시의 부촌에 거주한다. 그녀의 아버지는 대기업의 주요 경영자이다. 그녀의 어머니는 정계에서 활동하신다. 오빠 중 한 명은 명문대학의 학생이고, 다른 한 명은 아직 고등학생이다.

Susan의 휠체어는 그녀가 오랜 시간 동안 유지할 수 있는 자세를 제공하고, 최대한의 이동을 할 수 있도록 하기 위하여 맞춤형으로 설계되었다. 그녀는 조이스틱처럼 생긴 장치를 이용하여 그것을 스스로 조절한다. 또한 휠체어는 Susan이 의사소통을 하는 데 이용하는 컴퓨터를 실을 수 있는 탈부착이 가능한 선반을 갖추고 있다. 그녀는 질문을 받았을 때, 학교생활은 "괜찮다"라고 말하며, 아동들 대부분은 "모두 좋다"고 했다. 하지만 한두 명은 "정말 고통스럽다"라고 말한다. 그녀는 자신의 집으로 놀러오는 두 명의 좋은 친구가 있다. 또한 Jolene은 종종 특별히 개조된 밴에 Susan을 태워 그 친구들의 집을 방문한다. Susan은 교육용 컴퓨터 게임을 매우 많이 가지고 있고, 2학년 또는 3학년 초보 수준에 맞게 고안된 그 게임들에 가장 흥미를 나타내며, 성공적인 결과를 보여 주고 있다. Susan은 자신이 성인이 되면 '예쁜 옷'을 디자인하고 '엄마'가 될 것이라고 말한다.

Jason Cunningham

Jason은 2세이다. 그는 7세인 Justin과 4세인 Ricky라는 두 명의 다른 장애아동을 입양한 Cathy라는 모자가정 어머니의 또 다른 입양된 아들이다. Cathy는 유아원과 보육시설을 소유하고 운영하고 있으며, 가족은 중서부의 중소 도시에 살고 있다. Justin은 다운증후군을 지니고 있고, Ricky는 태아 알코올 증후군(fetal alcohol syndrome)을 지니고 있으나, 두 명은 모두 낙천적이며, Cathy는 이들의 영·유아기의 환희와 도전을 즐거워하였다.

Jason의 상태는 출생 후 뇌손상의 결과라고 생각된다. 그는 성폭행에 의하여 임신한 14세의 베트남 소녀에게서 5주 일찍 태어난 미숙아였다. 그는 생후 3일에 뇌손상을 초래한 두개내출혈(intracranial hemorrhage)을 경험하였다.

Cathy는 Jason이 6개월 되었을 때 그를 입양하러 베트남으로 갔고, 그가 장애를 지니고 있음을 알았지만 그 심각도는 예상하지 못했다. Jason은 두 살이 되면서 지금과 같이 스스로 앞으로 나아가기 시작하였다. 그는 혼자 앉을 수 있지만, 앉기와 서기 모두에 있어서 운동 협응이 불안정하다. 그는 아직 말을 하지 못하고 더듬는다. 시기로 봐서 그의 발달지체는 심각한 것으로 생각된다. Jason은 운동과 인지 지체 외에 천식을 앓고 있으며, 작년에 세 차례나 입원을 하였다.

Justin과 Ricky는 둘 다 건강하지만, Justin은 미세 심장 손상(minor heart damage)을 지니고 있다. Jason의 지체와 건강은 가장 심각한 문제로 제기된다. 그는 정기적으로 소아과 의사, 호흡기 장애 전문 내과 의사, 물리치료사 및 작업치료사의 진료를 받는다. Cathy는 이 모두에 필요한 예약을 하는 데 많이 지쳐 있다.

Jason은 상태가 좋을 때 행복해 하고 반응을 잘 한다. 그는 종종 미소를 짓고 웃으며 다정다감하고 안아 주는 것을 좋아한다. Cathy는 이런 시간 동안 그의 쾌활한 성격이 자신을 버티게 하는 힘이라고 말한다. 그러나 그가 아플 때는(자주 그렇지만) 한 번에 여러 시간 동안 계속 울어 Cathy는 그를 달래지 못한다.

세 명의 아동은 모두 교회의 활동에 참여하며, 두 명의 형은 학교 관련 활동에도 잘 참여한다. Cathy는 대가족에서 자라났다. 그녀는 세 명의 자매와 두 명의 형제가 있고, 아직 집에 남아 있는 가장 어린 남동생과 여동생을 제외한 나머지는 모두 결혼하였다. Cathy와 그녀의 가족은 모두 같은 마을에 살며, 그녀의 부모는 몇 블록 떨어진 곳에 살고 있다. Cathy의 가족들 모두, 특히 그녀의 부모와 결혼한 자매 중 1명은 Cathy의 아동들에게 관심을 가지고, 그들이 할 수 있을 때 도움을 준다.

우리는 이제 Joyce, Susan, Jason의 이야기로 돌아가서 현재 사용하는 정의와 분류 체계와 관련하여 이들의 장애를 이해하기로 한다. 그러나 우리는 먼저 용어에 대한 설명부터 시작한다.

명칭 붙임

장애(disability)와 불리(handicap)는 정신지체와 관련된 용어 혹은 명칭이며, 때로 유사하게 이용된다. 그러나 이 두 용어는 분명한 차이를 지니고 있다. 장애는 반드시 불리가 되지 않는다. **장애**는 조건 그 자체로 간주되는 반면, **불리**는 중요하거나 본질적인 활동을 수행하는 데 있어서의 제한이나 무능력으로 간주된다(Hardman, Drew, & Egan, 1996). 예를 들어 Susan은 이동할 때 자신의 다리를 이용하지 못하여 휠체어를 타고 다녀야 하기 때문에 장애를 가진다. 그러나 그녀가 휠체어로 접근할 수 없는 장소에 가려고 하면 이것은 불리가 된다. 정신지체 분야에서 전문가들의 한 가지 목표는 장애가 불리로 되지 않는 상황을 만들어 내는 데 있다.

토론 과제
우리 지역사회에서 불리를 초래하는 상황은 무엇인가?

정신지체라는 용어는 자폐증(autism, 9장 참조)과 우수아(gifted)와 같이 하나의 명칭이다. 특정 조건을 정의하는 행동은, 사람들이 일반적으로 그들의 삶의 단 한 측면으로만 규정되기를 원하지 않는다 하더라도 그 조건에 이름이나 명칭을 붙이도록 요구한다. 심지어 지능과 창의성(우수아와 함께)과 같이 명칭이 긍정적인 속성을 함의할 때도 사람들은 종종 명칭에 수반되는 가정으로 인하여 곤란을 경험한다. 따라서 한 사람을 과도하게 조건과 관련짓는 것보다 조건에 이름을 붙이는 것이 문제가 더 적다. 이런 일이 일어날 때, 다른 사람들은 개인적 특성에 주목하지 않고, 단지 조건을 정의한 것으로 생각하는 그런 속성만을 볼 것이다.

더욱이 사회에서 부정적으로 인지되는 속성은 더욱 더 명칭에 낙인을 찍을 것이다.

> **토론 과제**
> 학습의 문제와 관련되기보다 정신지체인과 관련되어 자주 만들어지는 가정은 무엇인가?

그러나 명칭의 낙인 효과에 관한 연구는 복잡하고 논쟁적인 결과를 발표하였다(Hastings, 1994). 초기의 연구들은 정신지체와 학습장애라는 명칭이 때로 아동의 실질적인 행동과 일치하지 않는 방식으로 다른 사람의 기대와 태도에 실제로 영향을 미치는 것을 발견하였다(Aloia & MacMillan, 1983; Jacobs, 1978; Ysseldyke & Foster, 1978). 명칭이 붙여진 아동이 성공하면 이들의 성공은 신뢰를 덜 받을 것이며, 이들이 실패하면 이들은 명칭이 붙여지지 않은 아동보다 덜 비난을 받을 것이다(Severance & Gasstrom, 1977).

여전히 교사, 부모 및 다른 사람들은 종종 주어진 명칭의 의미에 관하여 상반되는 관점을 지니며, 그에 따라 다른 기대를 갖는다(Bromfield, Weisz, & Messer, 1986; Smith, Osborne, Crim, & Rhu, 1986). 또한 명칭의 결과로서 아동은 때때로 명칭이 붙여지지 않은 아동보다 교사와 더욱 긍정적인 상호작용을 하기도 한다. 그 외에 명칭이 붙은 아동은 흔히 재정적 보조와 교육적 도움을 포함하여 명칭이 붙여지지 않으면 이용할 수 없는 서비스를 통하여 혜택을 받을 수 있다(Hastings, 1994). 그에 따라 명칭의 효과는 복잡하며, 명칭 그 자체보다 다른 요인들을 포함함을 알 수 있다.

Rosenthal과 Jacobson(1966; 1968)은 고전적인 연구에서 교실 내 아동에 대한 교사의 기대 효과를 연구하여 명칭 붙임이 자기충족 예언(self-fulfilling prophecy)으로 귀결된다는 것을 발견하였다. 교사의 기대는 아동을 기대에 일치하여 행동하도록 유도한다. 예를 들어 Joyce의 교사가 그녀가 실패할 것이라고 기대하면, 그녀는 단순히 그녀에게 기대된 바가 그렇기 때문에 실패할 것이다. 그러나 곧 Rosental의 방법론에 대한 비판—그의 결과에 대하여 문제를 제기하는—이 제기되었다(Thorndike, 1968). 많은 연구자들은 Rosenthal의 결과를 반복할 수 없었다(Dusek & O'Connell, 1973; Mendels & Flanders, 1973). 그에 따라 이런 일이 아마 일부 연출된다고 하여도 아동의 행동은 개별 교사의 기대보다 다른 요인에 의하여 더욱 더 강력하게 결정된다고 볼 수 있다(Rosenthal, 1987). 그러나 이 연구는 오직 한 사람의 태도에 대한 영향을 측정한 것임에 주목해야 한다. 이것은 확실히 아동이 가족, 학교 및 사회로부터 부정적인 기대를 받으면서 양육되었을 때와 같은 전반적인 비관론의 효과를 기술하지 않는다. 이런 효과는 확실히 매우 크게 나타난다.

형식적, 비형식적 명칭은 둘 다 많은 조건과 관련된다—일부는 장애와 관련되고 일부는 그렇지 않다. **형식적 명칭**(formal labels)은 판별이나 진단 전문가들에 의하여 공식적으로 확인된 것이다. **비형식적 명칭**(informal labels)은 공식적인 것과 다른 이름이다. 이들은 일반적으로 조롱이나 모욕의 의미로 또래나 다른 사람들에 의하여 사용된다. 예를 들어 우수아(gifted)는 형식적 명칭이며, 바보(nerd)는 비형식적 명칭이다.

명칭 붙임의 반응에 관한 연구는 공식적 명칭에 대해서만 언급한다. 이런 결과는 형식적 명칭을 항상 해롭지 않다고 제안하지만, 부정적인 비형식적 명칭 붙임은 잔인하고 모욕적이며, 종국적으로 받아들이는 사람의 자기존중감을 확실히 손상시킨다.

명칭의 추적

이름에 무엇이 들어 있는가? 우리가 장미라고 부르는 것,
다른 어떤 이름도 그만큼 달콤한 향기가 나지 않을 것이다.

—William Shakespeare

일반적으로 형식적 명칭은 비형식적 명칭이 된다. 백치(idiot)와 치우(imbecile)와 같은 오래된 공식적인 범주들은 비난을 야기하며 경멸적이 된다. 형식적 용어들이 이런 방식으로 유쾌하지 않은 감정과 이미지와 관련되기 때문에 전문가들은 종종 낙인을 줄이기 위한 노력에서 오래된 경멸적인 명칭을 대체하기 위하여 새로운 명칭을 제안한다.

예를 들어 새로운 용어인 지체(retard)는 라틴어에서 유래하였고, 느린 또는 지체되었음을 의미한다. 그래서 정신지체(mental retardation)는 문자 그대로 정신적으로 늦거나 느린 것을 의미한다. 이 용어는 백치(idiot)나 얼간이(moron)보다 더욱 중립적인 것으로 생각되며, 기술적이고 덜 모욕적인 명칭이어서 채택되었다. 그러나 현재 지체된(retarded)이라는 단어는 일단 백치(idiot)와 관련된 부정적 함의를 대부분 받아들인다. 예를 들어 아동들은 서로를 얕잡아서 '지체'라고 부르는 것을 들을 수 있으며, 이런 방식으로 일단 비교적 중립적이고 형식적이었던 명칭도 현재는 공격적이고 비형식적인 명칭이 된다.

가장 기초적인 수준에서 단어는 단순한 소리이다. 우리는 어떤 소리의 조합이 사물이나 아이디어를 나타낼 것이라고 결정하지만, 소리 그 자체는 본질적으로 좋다 또는 나쁘다는 의미를 지니지 않는다. 이름을 붙인 아이디어에 대하여 그것이 모욕인지, 칭찬인지를 결정하는 것은 우리의 연상과 감정이다. 그에 따라 중요한 방식에서 명칭 붙임과 관련된 낙인은 단어의 문제라기보다 태도의 문제이다. 우리가 사회로서 우리의 다양성을 다루기 위하여

오랫동안 노력해 온 바와 같이, 그리고 우리가 우리 자신의 차이에 대한 도전으로서 오랫동안 신체적, 정신적 도전에 대한 우리 자신의 공포에 반응해 온 것처럼 우리는 그런 조건에 대하여 명칭과 더불어 나쁜 감정을 연상하기 쉽다. 우리가 변하지 않는 한, 선택된 명칭이 무엇이든지 간에 곧 낙인이 찍히게 될 것이다.

이에 따라 일부 낙인찍힌 집단은 새로운 이름을 찾기보다 부정적 연상을 바꾸고자 한다. 예를 들어 1960년대와 1970년대 민권의 시대 동안 흑인(black)이라는 단어(이전에 모욕으로 사용되어 왔던)는 아프리카계 미국인의 자부심의 원천이 되었다. 같은 양식으로 일부 신체장애인은 스스로를 불구(crips)로 간주한다. 이와 동일한 방식으로 Susan은 자신의 자신감과 좋은 감정이 다른 사람에 의하여 주목되고 흡수될 수 있도록 하기 위하여 자부심의 한 방식으로 불구자(cripple)라는 용어를 사용하기로 결정할 수 있다. 이런 전략이 공공의 태도를 바꾸는 데 성공적이든 그렇지 않든 간에 Susan 자신의 태도는 그녀를 모욕에 덜 상처받게 한다. 이름은 더 이상 그녀를 상처받지 않게 할 것이다.

토론 과제

다른 낙인이 찍힌 집단이 비형식적 명칭을 채택하고, 그것을 긍정적인 특성으로 나타내게 하는 것이 무엇인가? 당신의 입장에서 그 결과는 무엇이라고 보는가?

최근 많은 정신지체인과 그들의 가족들은 다른 접근법을 받아들이고 있다. 그들은 누군가 장애를 가지고 있다는 사실을 공공에게 교육하는 것을 선호한다. 그들은 장애 그 자체가 아니다. 예를 들어 자기옹호 집단의 '사람 먼저'(People First)는 그 구성원들이 정신지체는 단지 하나의 특성이고, 첫째로, 그리고 맨 먼저 많은 개인적 특성을 지닌 인간 존재임을 나타내기 위하여 이런 이름을 채택하였다(Castles, 1996). 다른 옹호자들은 명칭을 특별한 조건을 위한 명사로 사람을 언급하는 것이 아니라고 강조한다. 게다가 명칭은 결코 형용사가 아니다. "Jason은 정신지체를 지니고 있다(Jason has mental retardation)" 혹은 "Jason은 정신지체를 지닌 사람이다(Jason is a person with MR)"라고 말할 수 있지만, 결코 "Jason은 지체된 사람이다(Jason is a retarded person)." 혹은 "Susan은 하반신 마비이다(Susan is paraplegic)."라고 할 수 없다.

> **토론 과제**
> 다른 집단이 이들에 대한 용어를 변경해야 한다고 강요하는 것은 무엇인가? 그 결과는 무엇인가?

이런 용어 조정(wording)의 결정은 다루기 어려운 것이 될 수 있으며, 그 결과는 요구된 노력에 비하여 대수롭지 않은 것으로 보일 것이다. 그러나 옹호자들은 매번 그것이 우리의 말을 수정하거나 문장을 재구성하는 것을 필요로 하며, 행동 그 자체는 우리로 하여금 다른 사람의 인류애를 막거나 기억하도록 한다고 지적한다. 이것이 더 큰 자각에서 나올 것이라는 데서, 이것은 우리의 언어에 깊이 새겨지게 되고 현재의 정치적 정당성보다 더 많은 것을 나타낸다. 이들은 훌륭한 목적이며, 당신은 이 책에서 공식적 용어와 명칭이 단지 조건—결코 사람이 아닌—을 기술하는 데만 이용된다는 것을 알 것이다.

명칭 붙임의 대안

한 수준에서 용어를 이용하지 않고 어떤 일에 관해 말하는 것은 분명히 불가능하다. 조건은 이름을 가져야 한다. 그러나 또 다른 수준에서 이런 이름은 교육적, 의학적, 기타 사회적 서비스를 제공할 수 있도록 하기 위하여 공식적으로 개인과 관련된다. 여기에 우려하는 일이 나타난다. 일부 교육적 명칭은 다른 것들보다 더 많이 낙인을 찍는 것으로 간주될 것이다. 예를 들어 정신지체는 학습장애보다 더욱 낙인을 찍는 범주라는 분명하지만 쉽게 기록되지 않는 믿음이 있다(Frankenberger & Fronzaglio, 1991). 이런 믿음은 약 3% 이하의 아동들이 매년 정신지체로 판별되는 반면, 학습장애 범주는 2~3% 정도 증가하는 이유의 하나라고 생각한다(Gresham, MacMillan, & Bocian, 1998; U.S. Department of Education, 1990). 일부 부모와 전문가들은 특히 경도 장애의 경우 정신지체라는 명칭을 부여하기를 주저한다. 대신 이들은 학습장애라는 범주를 선택한다(Frankenberger & Fronzaglio, 1991).

낙인에 관한 우려에 대한 반응으로서 일부 연구자들은 교육목적을 위하여 특정 명칭의 필요성에 의문을 제기해 왔다(Somogyi, 1995). 이들은 가장 유용한 교육과정의 개발을 촉진하고, 가장 적절한 지도방법을 확인하기 위하여 아동을 개인으로 봐야 한다고 주장한다. 이들은 범주화가 개별화된 평가 방식을 지탱하며, 흔히 특정 아동에 대한 정확한 기술보다 오해를 유도한다고 주장한다. 역설적으로 명칭이 아동의 조건의 본질에 관한 정보를 전달할 때라도 좀처럼 교수 접근법에 영향을 미치지 않는다. 더욱 중요한 것은 아동들이 여전히 정확한 진단 범주를 구체화하지 않고 더욱 일반적인 준거에 기초하여 서비스에 적격한 것으로 분류될 수 있다는 점이다.

> **토론 과제**
> 당신이 장애아동과 함께 일한다면, 당신은 아동의 특별한 분류를 원하거나 그에 관한 정보를 필요로 할 것인가? 왜 그런가? 왜 그렇지 않은가?

발생률과 출현율

발생률(incidence)과 출현율(prevalence)은 특정 조건을 지닌 사람의 수에 대한 통계적 측정이다. 정신지체의 **발생률**은 특정 기간 내에 발생한 새로운 사례의 수로 언급된다. **출현율**은 주어진 시간에 정신지체인의 전체 수로서 이는 흔히 비율로 표현된다. 전문가들은 일반적으로 정신지체인이 전체 인구의 약 2.5~3%를 구성한다는 데 동의한다(Fryers, 1993). 그러나 정부의 자료는 알래스카 주의 0.03%에서 웨스트버지니아 주의 3% 이상까지를 범위로 하는 비율로 주마다 출현율에 넓은 가변성을 나타내고 있다(U.S. Department of Health & Human Services, 1996).

또한 3%라는 수치는 연령과 판별을 위하여 이용하는 정의에 따라 달라진다. 예를 들어 어떤 사람은 단지 학령기 동안만 정신지체의 정의에 포함된다. 이들은 다음에 자립할 수 있는 성인이 된다. 이들의 삶에서 어떤 시기에든 정신지체로 판별을 받은 적이 있는 사람을 계산할 때, 그 수치는 3%에 가깝다. 또한 이 수치는 IQ만을 준거로 이용할 때 타당하다. 그러나 IQ와 적응행동 모두를 고려하면 주어진 시간에 정신지체로 판별되는 인구는 1.5%에 가까워질 것이다(Forness, 1994).

판별의 문제는 발생률과 출현율의 완전히 정확한 계산을 불가능하게 한다. 발생률과 관련하여 정신지체를 지니고 태어나는 이들의 70% 이상이 출생 시에 진단될 수 없다. 보통 정신지체와 전형적으로 관련된 분명한 신체적 특징(다운증후군이나 태아 알코올 증후군 등)을 지니지 않는 한 중도 정신지체도 몇 개월 또는 몇 년이 지나도 판별되지 않을지 모른다. 더구나 선천적으로 장애를 지닌 많은 영아들은 출생 전이나 직후에 사망한다(Rowitz, 1991). 이러한 이유 때문에 아동들은 정신지체를 지니고 있어도 발생률 계산에서 누락된다. 발생률 통계에 포함된 불확실성 때문에 출현율은 정신지체의 상대적 빈도에 대하여 더욱 신뢰할 수 있는 지수로 보인다(Kiely & Lubin, 1991). 그러나 출현율도 단지 추정만을 제공한

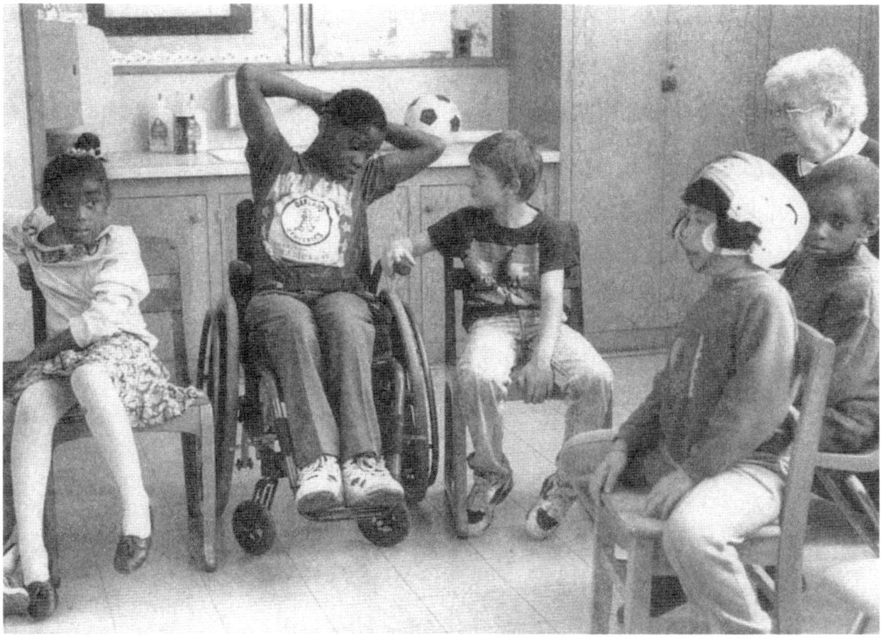

정신지체 아동, 학습장애아동이나 비장애아동은 많은 동일한 욕구를 가지는 반면, 동일한 범주 내의 아동들은 서로 매우 다른 욕구를 가질 수 있다.

다. 많은 경도 정신지체인은 공식적으로 판별되지 않거나 부정확하게 학습장애로 판별되어 출현율의 수치를 부정확하게 만들지 모른다.

정신지체인은 대부분 경도로 영향을 받으며, 그에 따라 정신지체의 여부에 관한 진단적 결정은 대부분 이런 집단에 대하여 이루어진다(MacMillan, Siperstein, & Gresham, 1996). 그러나 이런 인구에 대한 정확한 판별은 매우 불확실하다. 어떤 사람이 매우 심각하게 영향을 받았을 때, 정신지체의 존재 여부에 관한 불일치는 거의 없다. 그러나 경도로 영향을 받은 사람에 대해서는 상반되는 진단이 매우 많다.

남자 아동은 여자 아동보다 더 많이 정신지체로 판별되는 경향이 있다. 이것은 부분적으로 정신지체를 유발하는 X 염색체와 관련된 조건이 남자 아동들에게 더 많이 나타나기 때문이며, 또 부분적으로는 환경적 이유 때문이다. 일반적으로 남자 아동은 여자 아동보다 더욱 활동적이며 공격적인 경향이 있으며, 이러한 특징을 지닌 아동은 더욱 주목을 받고 평가에 의뢰되기 쉽다.

정신지체로 진단된 모두를 직접 계산하는 것에 있어서의 불가능성은 문제를 초래한다. 이 수를 추정하는 다양한 방법이 있다. 이 방법들은 모두 일부 특정 인구를 대상으로 수를 세거나 표본에 의존하여 그 결과를 전체 인구에 일반화한다. 예를 들어 정신지체인의 수 표본은 그것을 계산하는 것이 가능하며 인구가 빈번히 이동하지 않는 작은 지역사회에서 추출된다. 그 다음 이 비율을 더 큰 인구에 적용하여 추정한다. 그러나 지방의 지역사회에는 대도시보다 더 낮은 비율의 정신지체인이 거주하는 경향이 있다. 또한 이러한 기법은 매우 많은 비용이 들며, 인력의 집중적인 훈련을 요구한다(Rowitz, 1991).

또 다른 방법은 지방의 기관이나 학교별로 지원을 받는 모든 정신지체인의 수를 얻어 전국에 이 수를 적용하는 것이다. 그러나 이 방법도 기관에 접촉하지 않는 사람의 수를 누락한다. 또한 학교 교육구는 정신지체를 판별하는 데 다른 준거를 이용한다(Frankenberger & Fronzaglio, 1991). 왜냐하면 각 주에서 정책 입안자들은 자신의 적격성 준거를 개발하며, 궁극적으로 학교 교육구가 특수교육 서비스를 위하여 재정 지원을 받는다면 주의 지침에 따라야 하기 때문이다.

비록 경향성이 어느 정도 일치를 지향하고 있으나, 한 지역사회의 특수교육 적격성은 아동이 다른 곳으로 이동할 때 보장될 수 없다(Frankenberger & Fronzaglio, 1991). 그리고 Joyce와 같이 지체된 범위의 학업기술을 가진 많은 아동들이 학습장애로 범주화되고 있다. 게다가 정의의 차이는 학교 체제에만 제한되지 않는다. 예를 들어 직업재활기관의 정책은 정신지체와 관련된 모든 다른 프로그램의 준거와 같이 주마다 다르다(Dowdy, Smith, & Nowell, 1992).

따라서 이러한 이유들로 인하여 불행히도 정신지체인에 대한 우리의 추정은 단지 추정일 뿐이다. 여전히 이러한 수치는 대부분의 재정 지원 결정과 프로그램 계획 수립의 기초로서 지원되어야 한다.

토론 과제

발생률과 출현율 정보를 실질적으로 이용하는 것은 무엇인가? 이것을 알 필요가 있는 사람은 누구이며, 그 이유는 무엇인가?

정의의 쟁점

정신지체는 질병이 아니며, 어떠한 의학적 검사나 공학도 그 실재를 결정할 수 없다. 그러나 정신지체는 때로 의학적으로 결정할 수 있는 조건과 관련된다. 예를 들어 **약체 X 증후군**(fragile X syndrome)은 대개 정신지체를 초래하는 판별할 수 있는 유전적 조건이다. 또한 심각한 뇌손상도 종종 단층 촬영(CAT scan)으로 알 수 있으며, 이런 손상은 매번 정신지체를 초래한다. 그러나 정신지체는 그 자체를 직접적으로 볼 수는 없고, 오직 수행을 통해서만 추정할 수 있기 때문에 정신지체를 나타낼 수행의 내용과 그것을 측정할 방법에 관해 정확히 합의해야 한다.

표면적으로, 정신지체의 정의는 해당 분야의 전문가들에 의하여 결정된다. 그러나 정의를 기록하는 특정 개인은 다른 많은 사람의 현존하는 연구, 실제, 지식 및 의견에 대하여 반응적이다. 또한 정의를 개발하는 사람은 반드시 주의 정책 입안자들이 정의를 채택하는 방식으로 정의를 개발하여야 한다—그래야 실천가들이 그것을 적용한다. 그에 따라 실제적으로 정의를 확정하는 일은 정치적 과정, 즉 궁극적으로 어떤 사람을 정신지체로 명칭을 붙일 것이고, 그에 따라 서비스에 적격하게 될 것인지를 결정하는 것이다(Rowitz, 1991). 이것을 이해하는 것은 3장에서 전개된 사회적 구성개념에 대한 아이디어를 분명히 하도록 돕는다. 누군가가 정신지체의 범주에 공식적으로 포함되는지는 궁극적으로 정의를 만들고 시행하는 사람들에 의하여 결정된다. 그리고 결과적으로 개인의 자신에 대한 관점(자신에 대한 다른 사람들의 공식적, 비공식적 관점과 마찬가지로) 또한 사회적으로 구인된 정의에 의하여 중요하게 결정된다.

초기 정의와 변경

1900년대 이전의 정의는 모호하고 일반적이었으며, 이들은 기대된 지적 기술과 의사소통의 발달 실패에 의하여 증명되는 것으로 개인의 이해 부족에 집중하였다(Guttmacher & Weihofen, 1952). 그러나 20세기 초에 정의는 세상을 살아가는 개인의 능력, 즉 그의 적응행동에 더욱 형식적으로 초점을 맞추었다(Doll, 1941; Tredgold, 1937). 이러한 초기 정의는 모두 정신지체를 치료 불가능한 것으로 단정하였다.

20세기에 가장 널리 이용되고 수용된 정의는 이전에 미국 정신박약학회(American Asso-

1959와 1961년(Heber): 정신지체는 발달기 동안 시작되며, 적응행동의 손상과 관련된 평균 이하의 일반적인 지적 기능으로 간주된다.

1973년(Grossman): 정신지체는 적응행동의 결함과 동시에 존재하는 유의하게 평균 이하의 일반적인 지적 기능으로 간주되며, 발달기 동안 나타난다.

1983년(Grossman): 정신지체는 적응행동의 손상과 동시에 관련되어 초래되는 유의하게 평균 이하의 일반적인 지적 기능으로 간주되며, 발달기 동안 나타난다.

그림 4.1 AAMR의 정의

ciation on Mental Deficiency, AAMD)와 원래 미국 저능아연구학회(American Association for the Study of the Feebleminded)라 불렸던 **미국 정신지체학회**(American Association on Mental Retardation, AAMR)에서 나왔다. 처음부터 이들의 정의는 측정된 지능(IQ검사에 기초한)과 사회적, 개인적 수행 능력(적응행동)의 개념 둘 다를 포함하였다.

토론 과제
AAMR의 명칭 변경이 나타내는 것이 무엇이라고 생각하는가? 무엇인가 있다면 당신의 의견에서 이러한 변경을 이루어낸 것이 무엇이라고 생각하는가?

그림 4.1은 1959년 이래 AAMR의 정의와 지능의 중요한 변경 몇 가지를 기술한다.

토론 과제
당신이 처음 이 정의를 읽는다면, 누군가 정신지체를 지니고 있음을 결정하는 데 이것을 이용하기 위하여 알아야 할 필요가 있는 다른 것은 무엇인가?

IQ검사가 만들어지면서 외관상으로는 지능을 측정하는 객관적 방식이 되었다. IQ검사는 많은 수의 사람에게 시행되었고, 이러한 검사를 통하여 얻은 점수는 개인의 점수에 척도를 제공하는 데 이용되었다. **그림 4.2**는 이런 검사된 모든 점수들이 그래프의 선 아래로 들어가는 IQ점수의 분포를 나타낸다. 대부분의 사람은 100의 점수를 받는다고 볼 수 있다. 점수가 더 높아지거나 낮아지면 더 적은 사람이 들어간다.

1961년의 정의에서 **평균 이하**(subaverage)는 IQ검사에서 평균점수 이하 1표준편차를 의미하였다(Heber, 1961). 가장 널리 이용되는 검사들은 평균점수 100과 표준편차 15로 개발

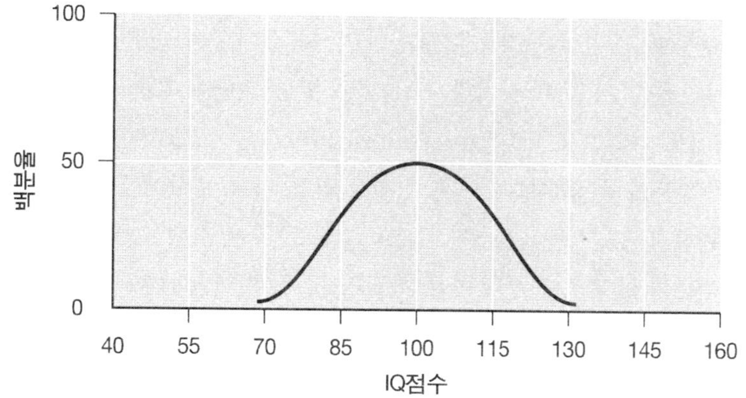

그림 4.2 지능검사 점수의 분포

된다. **표준편차**(standard derivation)는 평균을 이탈한 점수의 평균점수를 나타낸다. 그림 4.2를 보면 평균의 어느 쪽 끝에라도 15점 이내의 점수에 해당하는 사람이 압도적으로 많음을 알 수 있다. 그래서 15점은 1표준편차를 나타낸다. 그 다음 1961년의 정의를 보면 IQ검사에서 85점이나 그 이하의 점수를 받은 사람은 모두 정신지체의 범위에 포함된다. 공식적으로 적응행동의 결함은 진단을 위하여 요구되지만, 실제로 적응행동은 대체로 공평하고 정확한 측정의 문제 때문에 좀처럼 고려의 대상이 되지 않았다.

1961년에 발달기는 출생부터 16세까지의 시기로 정의되었다. 정의의 이 부분은 정신지체의 특징이 최초로 나타나야 하는 동안의 기간을 기술한다. 만약 동일한 특성(낮은 IQ와 적응행동의 결함)이 그 다음에 나타난다면, 이들은 정신지체로 간주되지 않을 것이다. 예를 들어 어떤 사람이 5세에 뇌의 감염으로 IQ검사 결과 점수가 85 이하이고 낮은 적응기술을 나타내어 그의 조건은 정신지체로서 기술될 수 있다. 그러나 동일한 일이 25세에 일어나면 이 사람은 정신지체가 아니라 뇌손상으로 진단받을 것이다.

토론 과제

동일한 조건이 생애 초기에 일어났을 때는 정신지체로 명칭을 붙이고, 나이가 든 이후에 일어났을 때는 그렇지 않는 이유는 무엇인가? 이것이 정의의 목적에 대하여 시사하는 것은 무엇인가?

1961년의 정의에 대하여 다양한 반론이 있었다. 그 하나는 인구의 실질적인 비율이 70~85

사이의 점수를 가진다는 것이었다(Zigler, Balla, & Hodapp, 1984). 정신지체를 규준과 확실히 다른 지적 능력과 관련되는 것으로 생각하면, 사실 이 점수는 일반적이기 때문에 이런 수행의 수준은 자격을 받지 못할 것이다. 또한 소수인종 집단이 70~85 사이의 점수를 획득한 이들 중에서 매우 과잉으로 나타났다(Franks, 1971). 일부 옹호자들은 소수인종 아동이 검사를 고안한 주류문화의 출신보다 다른 경험을 하는 다른 문화에서 양육되었다고 주장하였다(IQ검사에 관한 더 많은 문제는 5장 참조). 이들은 낮은 수행이 실질적인 정신지체보다 과제 친숙도와 적절한 실제의 부족에 따른 결과(다른 문화적 경험의 결과)라고 주장하였다. 이러한 경험의 차이는 높은 검사 점수에 요구되는 능력의 발달을 촉진할 기회를 허락하지 않은 사회적 영향력의 결과라고 주장하였다(Ogbu, 1995; Dunn, 1968; Mercer, 1973).

그 외에 비평가들은 85 이하의 점수를 획득한 사람 대부분이 그들의 가정과 지역사회에서 완벽하게 잘 기능하였다고 지적하였다. 그것은 단지 그들이 지체된 범위 내에서 수행한 학교에서였다. 이런 상황에 대한 인식－**6시간 지체**(six-hour retardation)라 불리게 되는－은 정신지체의 결정에서 적응행동의 본질적인 역할에 대한 자각의 증대를 촉진하였다. 왜냐하면 이것은 IQ검사 점수에 대한 지나친 강조와 정신지체를 학교와 관련된 지적 문제만으로 진단하고 있는 어린 인구에서 초래된 적응행동에 대한 적절한 고려의 실패 때문이었다(President's Committee on Mental Retardation, 1970).

동시에 변경에 대한 입법부의 압력이 일치하였다. 캘리포니아 주의 Larry P. v. Wilson Riles(1979)에서 연방 항소법원은 캘리포니아 주 학교 교육구들이 경도 정신지체를 지닌 이들을 위한 교실에 아프리카계 미국인 아동의 배치를 결정하는 데 더 이상 IQ검사(전형적으로 시행된 것과 같은)를 사용해서는 안 된다고 판결했다. 원고의 변호사는 Larry P.는 그(와 6명의 다른 아동)는 학교 밖에서 매우 잘 기능하였으며, 전통적인 IQ검사는 흑인 아동에 대하여 편견을 갖고 있음을 성공적으로 주장하였다. 이 판례와 다른 판례들은 전국에 걸쳐 학교 교육구에 평가와 배치 절차를 합법적으로 제안해야 한다고 경고하였다.

마지막으로 다수를 위하여 특별한 서비스를 제공하는 것은 비용이 너무 많이 들었다. 분명히 정신지체라는 명칭에 요구되는 IQ점수를 낮추면 더 적은 수의 아동이 서비스를 받을 자격을 얻을 것이고, 자금은 더 많은 중도 장애인이나 다른 목적을 위한 더 많은 서비스에 제공되어 무상이 될 것이다.

1973년에 AAMR 정의는 개정되었고, 적응행동은 다음과 같이 형식적으로 정의되었다.

> 개인이 자신의 연령과 문화 집단의 기대된 개인적 독립과 사회적 책임의 표준을 충족시

키는 효과성 또는 정도(Grossman, 1973).

정신치제를 결정하는 필요한 요소로서 낮은 IQ와 적응행동의 결함 둘 다를 강조하였다. 또한 정신지체 범주로 판별된 이들의 절취점은 평균 2표준편차 이하로 낮춰졌다. 결과적으로 약간의 융통성(몇 점 이내)이 임상적 판단을 위하여 허용되었다 해도 70 혹은 그 이하의 IQ이면 정신지체로 진단될 것이다. 그 외에, 1973년 정의는 출생부터 18세(16세가 아니라)까지로 발달기를 확대하여 일부 사람에 대하여 적격성의 증대를 제공하였다. 그러나 낮은 IQ 요구로 인하여 이전에 적격하였던 이들의 80% 이상을 배제하는 최종 효과를 나타냈다. 이전에 정신지체를 지녔던 아동은 이제 문자적으로 정신지체를 지니지 않게 되었다(Zetlin & Murtaugh, 1990). 1973년 정의는 PL 94-142에도 채택되었기 때문에 이런 변경은 교육 중재에도 중요한 함의를 가졌다(3장 참조).

70~85 사이의 IQ를 지닌 아동은 정신지체라는 명칭과 관련된 낙인을 피하였으나, 이들은 또한 서비스에 적격하지 않게 되었다. 이들은 대부분 특정 학습장애에도 적격하지 않고, 어떤 다른 적격한 범주의 준거도 충족시키지 못한다. 그리고 이들은 학교에서 어려움을 지속적으로 경험해도 더 이상 특수교육의 도움을 받을 자격을 얻지 못한다. 이들은 자동적으로 어떤 공식적인 프로그램에 자격을 얻지 못하기 때문에 이들의 개선을 돕는 특정 수단을 계획하지 않는 한 단순히 느리다고 생각될 수밖에 없다. 때로 이들은 도움을 Title I(저소득계층 가정 아동의 보상교육에 연방 재정을 제공하는)을 통하여 받을 수 있지만, 절대적으로 이것을 보장한다는 의미는 아니다(Beach, 1996). 이러한 아동을 위한 적절한 명칭이 정신지체는 아닐 것이나, 이들은 대부분 학교에서 성공하고자 한다면 여전히 추가적인 중재를 필요로 할 것이다.

토론 과제

만약 당신이 일반교육에서 교수를 한다면, 느리게 보이는 아동을 위하여 원하는 도움은 무엇인가? 이런 아동이 특별한 도움을 요구하는가?

1973년의 변경 결과로 서비스에 적격한 학생의 수는 극적으로 감소하였으며, 경도 정신지체 학생을 위한 교실의 구성은 다소 변경되었다. 이러한 교실에서 학생들은 행동문제를 지닌 아동의 비율이 바뀌지 않은 채 남아 있고, 소수인종을 과잉대표하는 것이 쟁점으로 남아 있어도 이전의 학생들보다 더 낮은 IQ점수를 가지는 경향이 있었다(Polloway, Smith, Patton, & Smith, 1996).

1977년에 임상적 판단의 역할을 강조하였으나 정의 그 자체는 변경되지 않았고, 이들이 적응행동에서도 심각한 결함을 보이면 70의 절취점에서 10점 이상까지의 IQ를 지닌 아동의 통합을 결정하였다(Grossman, 1977). 그러나 적응행동의 적합한 평가는 계속 간과되었고, 많은 주들은 판별 과정에 이것을 실질적으로 포함시키지 않았다(Frankenberger & Harper, 1988).

1983년 정의의 변경은 발달기를 태아부터(출생보다는 오히려) 18세까지로 확장하였다. 이것은 태아기에서부터 그런 조건을 지닌 사람을 적격한 것으로 만들었다. 또한 실천가들은 어떤 검사를 통하여 얻은 점수는 단지 무작위 오차(random error)로 인하여 달라질 수 있기 때문에 표준편차에 관한 엄격한 의존에 대하여 경고하였다. 가장 널리 사용되었던 IQ 검사의 경우 무작위 오차는 약 3점이다. 다시 적응행동의 분리와 특정 측정에 강조점이 놓여졌다. 위원회는 동일한 능력의 일부가 적응행동과 IQ 수행 둘 다의 토대가 되는 것을 인정한다고 하더라도, 적응행동이 IQ에 의하여 적절히 측정될 수 있다고 믿지 않고, 적응행동을 다음과 같이 기술하였다.

> 적응행동은 환경의 요구에 대처하는 매일의 수행의 질로 간주된다. 일반적인 적응의 질은 지능 수준에 의하여 중재된다. 따라서 두 개념은 의미에서 중복된다. 그러나 매일의 대처에 강조점을 두고 적응행동의 정의를 고려하면, 적응행동은 분명히 지능에 의하여 함의되는 추상적인 잠재력보다 사람이 일상생활에서 자신을 돌보고 다른 사람들과 관련되도록 하는 것으로 간주된다(Grossman, 1983, p. 42).

1983년의 정의로 AAMR 지침은 더욱 광범위하게 공식적으로 수용되었다. 이 새로운 정의는 세계보건기구(World Health Organization)의 '국제 질병통계분류체계'(International Statistical Classification of Diseases system, ICD-9)와 미국 정신의학회(American Psychiatric Association, APA)의 1980년 「정신장애 진단 및 통계 편람(Diagnostic and Statistical Manual of Mental Disorder, DSM-III)」과 더욱 일치되었다. 1990년에 30개 주는 그들의 적격성 요구에 AAMR의 정의를 포함하였으며, 44개 주는 적응행동과 IQ—AAMR 정의의 중요한 2개 구성요소—둘 다를 포함하였다(Frankenberger & Fronzaglio, 1991). 그러나 적응행동의 실질적인 측정의 문제는 계속 뒤로 미루어졌다. 1990년에 측정을 위하여 동일한 방법을 이용하는 주는 없었고, 실재하는 적응행동 척도는 지속적으로 타당도와 신뢰도의 제한으로 비판을 받고 있었다. 이러한 문제는 1992년 AAMR 정의의 적응행동 구성요소를 둘러싼 논쟁에서 중요한 역할을 한다.

새로운 정의

발달장애의 정의

정신지체인은 비록 더 큰 분류가 많은 다른 장애를 포함할지라도 발달장애(development disabilities, DD)의 정의에 들어간다. 발달장애는 발달장애 보조 및 권리법(Developmental Disabilities Assistance and Bill of Rights Act) 아래서 새로이 개정된 **발달장애법**(Developmental Disabilities Act, PL 95-602)에 의하여 정의된다. 이 법은 활동계획 수립, 프로그램 서비스, 프로그램 시범 및 종합적인 훈련과 서비스를 위하여 대학 협동 프로그램 외의 연구 프로젝트에 재정을 지원한다.

1996년의 법률은 발달장애를 만성이고 중도이며, 다음 사항 모두에 적합해야 한다고 진술한다.

- 정신적, 신체적 손상 또는 정신적, 신체적 손상의 조합에서 기인한다.
- 22세에 이르기 이전에 나타난다.
- 무기한으로 지속될 수 있다.
- 다음 생활 활동의 영역 중에서 3개나 그 이상에 실질적인 기능적 제한을 초래한다. 1) 자기보호, 2) 수용 언어와 표현 언어, 3) 학습, 4) 이동, 5) 자기지시, 6) 독립생활 능력, 7) 경제적 자급자족.
- 특별한 간학문적 또는 일반적인 보호, 처치 혹은 다른 서비스의 조합과 계열에 개인의 욕구를 반영한다. 이것은 평생 또는 확장된 기간 동안이며, 만약 서비스를 제공하지 않으면 발달장애를 초래할 높은 가능성을 지닌 실질적인 발달지체나 특정 선천적 또는 후천적 조건을 지닌 출생에서 5세까지의 개인을 의미하는 유아나 어린 아동에 적용될 때 이런 용어는 통합적이 되는 것을 제외하고 개인별로 계획되고 조정된다(PL 104-183, 1996).

그러나 다른 정의와 같이 실질적인 판별의 실제는 흔히 일치하지 않는다. 일부 주들이 정신지체인을 위한 프로그램을 포함하여 주의 재정 지원을 받는 서비스에 대한 적격성을 결정하기 위하여 발달장애의 정의를 채택하였다고 하더라도(Wrench, 1994), 많은 주의 발달 서비스 프로그램(과 심지어 일부 연방 프로그램)은 적격성에 다른 준거를 이용한다(Jacobson, 1991).

토론 과제
모든 주는 적격성을 위하여 동일한 준거를 이용해야 하는가? 이것을 성취하는 방법은 무엇인가? 이것의 이점과 약점은 무엇인가?

1992년 AAMR의 정의

모든 가능한 반론을 먼저 극복하여야 한다면, 어떤 일도 시도할 수 없을 것이다.

—Samuel Johnson

1992년에 AAMR의 용어와 분류에 관한 특별 위원회(Ad Hoc Committee on Terminology and Classification of the AAMR)는 『정신지체: 정의, 분류 및 지원체제(9판)(Mental Retardation: Definition, Classification, and Systems of Supports, 9th ed.)』에서 개정된 정의와 그 적용을 위한 교수를 발간하였다. 이 정의는 전문가의 실제와 연구에 중대한 함의를 지닌 주요한 변경을 포함한다. 이전의 정의와 용어 규정의 차이는 광대하며 실질적인 개념적 변경을 반영한다. 가장 강조된 구는 다음과 같은 중요한 새로운 아이디어를 나타낸다.

> 정신지체는 현재 기능의 실질적인 제한으로 간주한다. 이것은 적용할 수 있는 다음과 같은 적응기술 영역의 2개 또는 그 이상의 제한과 관련하여 동시에 존재하는 유의하게 평균 이하의 지적 기능에 의하여 특징이 규정된다: 의사소통, 자기보호, 가정생활, 사회적 기술, 지역사회 이용, 자기지시, 건강과 안전, 기능적 학업, 여가, 직업. 정신지체는 18세 이전에 나타난다(Luckasson, et al., 1992, p. 1).

정의 그 자체뿐만 아니라, **그림 4.3**에 소개되어 있는 네 개의 가정은 정신지체의 진단에 본질적이다.

1. 타당한 평가는 의사소통과 행동요인의 차이뿐만 아니라 문화적, 언어적 다양성을 고려한다.
2. 적응기술에서 제한의 존재는 개인의 또래에 전형적이며, 지원을 위하여 개인의 개별화된 욕구에 지표가 되는 지역사회의 맥락 내에서 나타난다.
3. 특정 적응 제한은 흔히 다른 적응기술이나 다른 개인적 수행 능력의 강점과 함께 공존한다.
4. 지속된 기간 동안 적절한 지원으로 정신지체인의 생활 기능은 일반적으로 개선될 것이다.

그림 4.3 정신지체의 평가를 위한 네 개의 가정

출처: Luckasson et al., 1992, p. 1.

1992년 정의의 이해

1992년의 정의는 정신지체에 대한 기능적 관점을 제공한다. 이것은 자신의 어떤 사람이 일상생활에서 '개념적, 실제적, 사회적 지능'의 결과로서 실질적으로 기능을 잘 하는지에 의하여 정신지체를 결정한다(Luckasson et al., 1992, p. 5). 이 정의는 수행 능력(인지, 학습 및 적응기술), 환경(자신의 생활 상황에 대한 특징과 기대), 기능(수행 능력과 환경 사이의 적합성의 결과) 사이의 관계에 초점을 두고 있다(Luckasson et al., 1992, p. 9-10). 이것은 정신지체를 이러한 세 가지 측면을 포함하여 상황을 무력하게 하는 성과로 정의한다. 연구자에 따르면 이런 개념은 패러다임 이동을 반영한다. 정신지체는 더 이상 단순히 개인의 특성으로 보이지 않고, 개인과 그의 환경의 특성과 기대 사이의 상호작용의 결과로 보인다.

현재 기능의 제한이라는 용어 규정의 변경은 정신지체를 **특성**(trait)보다는 오히려 상태임을 나타낸다. **상태**(state)는 개인이 일반적으로 자신을 발견하나, 필수적으로 언제나 존재하지 않을 상황이다. 예를 들어 어떤 사람은 미처 또 다른 데서 현저하게 다른 조건을 경험하지 않은 삶의 한 시점에 좌절을 하거나 거의 자금을 가지지 않을 것이다. 한편 특성은 눈의 색깔과 같은 영속적인 특징이다. 이런 변경은 어떤 사람이 삶의 한 시기에는 정신지체를 지니고, 다른 시기에는 그렇지 않을 수 있음을 나타낸다. 그렇지만 더 중요한 것은, 이것이 정신지체를 개선할 수 있다는 사실—처음부터 AAMR의 정의에 포함되었던—을 강조한다.

토론 과제

당신은 상태와 특성의 더 많은 사례를 생각할 수 있는가? 그들이 같거나 다른 이유를 설명하라.

다음으로, 유의하게 평균 이하의 지적 기능은 약 70~75 또는 그 이하의 IQ 표준점수로서 정의된다. 진단이 불확실한 경우 위원회는 적응기술에 대한 고려가 IQ에 대한 엄격한 의존보다 우선해야 한다고 선언했다(Schalock et al., 1994). 비록 1983년의 절취점이 공식적으로 70이었을지라도, 75 또는 심지어 80의 점수는 무작위 오차와 임상적 판단을 위한 허용에 따라 자격을 받을 수 있었다(Reiss, 1994). 실질적인 실제에서 새로운 구는 더 많은 판별 사례를 도출할 것이나(MacMillan, Gresham, & Siperstein, 1993), 임상적 문제가 남아 있다고 하는 우려가 있다(Reiss, 1994).

적응기술 영역(adaptive skill area)은 1992년의 정의에서 완전히 새로운 것이다. 이전에는 적응행동을 생활 상황을 관리하는 일반적 능력으로 본 반면(이전의 적응행동 정의로 되돌아가 언급한다), 이제는 특정 기술 영역을 확인하였다. 다음으로, 이전 정의는 일반적인 적응행동과 IQ검사 점수의 측정을 요구하였지만, 이제는 IQ 외에 적응행동을 적어도 구체적으로 이름을 붙인 두 개 영역 이상에서 판별해야 한다. 적응행동에 대한 새로운 지침은 우리가 볼 수 있는 것처럼 상당한 논쟁을 유발했다.

적응행동에 대한 논쟁

적응행동의 새로운 요구에 대한 하나의 반론은 이들이 경험에 기초하지 않았다는 것이다. 이들은 연구 결과보다 오히려 이론적 아이디어를 통하여 도출되었다. 그래서 비평가들은 이러한 일반적인 10개 기술 영역을 다른 것보다 먼저 선정한 토대에 문제를 제기한다. 이러한 영역의 결함은 실제로 사람이 정신지체를 가지는 것을 의미하는가? 또는 이런 결함이 동기 혹은 정신병과 같은 다른 어떤 일과 쉽게 관련될 수 있는가(Greenspan & Granfield, 1992)? 그리고 어떻게 이러한 영역이 동등하게 중요한 것으로 결정되었는가? 예를 들어 자기지시와 여가의 결함이 자기보호와 기능적 학업처럼 중요성에서 그렇게 중심적인 것인가? 그리고 어떻게 작업기술과 여가기술이 의사소통 기술과 같이 그렇게 중요한 것으로 결정되었는가(또는 반대로)?

토론 과제

당신은 이름을 붙인 영역의 2개 또는 그 이상에 빈약한 적응기술을 가지고 있으나, 정신지체를 지닌 것으로 보이지 않는 사람을 알고 있는가? 당신은 정신지체의 범주에 속하지 않는 유의하게 낮은 IQ를 지닌 사람을 알고 있는가? 당신은 이러한 차이를 어떻게 설명하는가?

비록 진보가 이루어졌지만(Salvia & Ysseldyke, 1995), 일부 연구자들은 적응행동을 측정하는 도구들이 충분한 타당도와 신뢰도를 지니는지에 대하여 지속적으로 문제를 제기한다. 비평가들은 신뢰할 수 없는 측정을 이용할 때 오진의 기회가 수용할 수 없을 만큼 높아진다고 주장한다(MacMillan, Gresham, & Siperstein, 1993). 다시, 이런 문제는 전통적으로 경도 정신지체로 분류되었던 사람에게서 주로 일어날 수 있다.

토론 과제

당신이 정신지체인의 적응기술의 일부를 관찰하기 위하여 그의 가정에 있다고 상상하라. 당신은 이러한 기술이 적합한지의 여부를 어떻게 결정할 것인가?

우리가 본 바와 같이 적응행동 측정에 대한 비판은 오랫동안 계속되었다(Zigler, Balla, & Hodapp, 1984). 추가된 중요한 관심은 적응행동이 최소한 전통적인 IQ 과제처럼 이전에 문화적으로 규정된 것이며, 그에 따라 공평한 평가는 더욱 어렵다는 것이다. 이것은 적응행동 측정을 개발하는 사람(과 이들을 이용하는 사람)들이 계속 주의해야 하는 문제이다. 그러나 마찬가지로 IQ검사의 타당도에 대한 중요한 도전도 있다(Ceci & Williams, 1997; Ogbu, 1997). 이러한 어려움에도 불구하고 전문가들은 IQ와 적응행동이 둘 다 지적 기능의 본질적인 특성이기 때문에 더욱 좋고, 더욱 신뢰할 수 있는 측정방법을 지속적으로 찾아야 한다. 게다가 기능적 지역사회 중심 적응 능력은 정신지체인의 생활 성과에 결정적이다.

토론 과제

적응 능력이 IQ검사에 의하여 적절히 측정되는가? 그렇다/그렇지 않다는 증거가 무엇인가?

실제로 AAMR 위원회의 의도는 심리측정학적 측정의 엄격한 이용을 떠나 임상적 판단 및 가정과 지역사회의 관찰에 더욱 많이 의존하는 데 있다. 이 위원회는 정확히 IQ는 적응행동의 평가를 필요로 하는 60~80의 범위에 있는 정신지체를 결정하는 데 문제가 될 수 있는 타당도를 가지기 때문이라고 주장하였다. 이들이 양적 적응기술 도구의 개발을 자극하더라도, 이들은 측정이 기능적인 구조화된 면접과 같은 다른 방법에 의존할 수 있으며, 또 의존해야 한다고 믿는다(이것은 실제로 정신과 저널에서 선호되었다)(Reiss, 1994). 기본적인 수준에서 적응행동에 대한 반론은 수행에 관한 평가 결정이 개인의 임상적 판단이나 표준화된 양적 측정에 기초하면 더욱 더 정확하고 공평할 것인지의 여부를 포함한다.

서비스 전달은 더욱 임상적이고 지역사회 중심 평가 측정의 이용을 지향하는 경향이 있다. 새로운 AAMR 정의는 발달장애 정의의 준거와 유사한 준거를 포함하며(87쪽 참조), AAMR의 다양한 적응기술 영역은 IDEA에 규정된 전환 영역과 일치한다. 이 위원회는 중재계획을 "진단의 주요한 목적"으로 보며, 프로그램의 수립을 촉진할 정보를 제공하기 위하여 정의를 고안하였다(Schalock et al., 1994, p. 183).

비평가들은 적응기술에 대한 새로운 기술이 발달적 관심을 충분히 고려하지 않는다고 불평하였다. 개인의 범주는 여전히 정신지체가 생의 첫 번째 단계에서 가장 흔히 일어나는 발달장애이지만, 나이 든 아동이나 청소년의 경우 대부분 적절하였다. 그러면 1992년의 정의는 조기진단과 중재에 어떻게 도움이 되는가(MacMillan, Gresham, & Siperstein, 1993)?

또 다른 관심은 적응행동에 대한 현재의 측정에 의하여 일반적으로 평가되는 적응기술과 흔히 더욱 경도 정신지체인에 의하여 나타나는 사회적 무능력 사이의 구분을 포함한다. 이것은 진단이 흔히 문제가 되는 이러한 사람들과 관련되고, 그래서 구분이 특히 중요하다. 대부분 이런 사람들은 이름이 붙여진 10개의 기술 영역과 관련된 영역 대부분에서 완전히 충분한 기술을 가지지만, 적절한 행동에 관한 사회적 판단을 결정하는 데나 적합한 대화를 수행하는 데 심각한 문제를 가진다−이것은 이들의 성공적인 기능에 심각한 함의를 가지는 문제이다(Greenspan & Granfield, 1992). 이들은 아마 새로운 정의에 적합하지 않을지 모르나, 여전히 도움과 지원을 필요로 할 사람이다. 즉, Joyce의 상황(우리의 사례 이야기에서)을 최상으로 정의한 기술이다. 그러나 이런 관심은 실제적으로 정의에 대한 적응행동의 중요성을 강조하며, 적응기술을 줄이기보다 오히려 확장해야 할 것임을 시사한다.

AARM 정의는 수단이 없음에 의하여 단지 정신지체를 판별하는 준거만을 제시한다. 가장 새로운 미국 정신의학회(American Psychiatric Association, APA)의 발달장애 진단 및 통계 편람인 DSM-IV는 1992년 AAMR의 정의(적응기술 영역을 포함하여)를 대부분 통합하지만, 다음에 기술된 새로운 분류 체계보다 오히려 IQ에 기초한 심각도의 수준을 유지하는 자신들의 정의를 가진다. 또한 미국 심리학회(American Psychological Association, APA)의 정신지체부(Division on Mental Retardation)도 자신들의 정의를 개발하였다(Jacobson & Mulick, 1996). 이 정의는 발달장애법과 일치하여 22세까지를 발달기로 정의한 것을 제외하고는 1983년 AAMR의 개정판(분리된 기술 영역보다 오히려 일반적인 적응행동에 의존한)과 유사하다. 18~22세 사이의 사람은 교통사고로 외상성 뇌손상에 의하여 가장 흔히 영향을 받는 인구이다. 22세까지 적격성 수준을 올리는 것은 이런 집단을 정신지체 서비스에 적격하게 만든다.

또한 미국 특수아동협의회(Council for Exceptional Children, CEC)의 정신지체 및 발달장애부(Mental Retardation and Developmental Disabilities Division)도 1992년의 정의에 관하여 유보를 발표하였다. 비록 부서는 AAMR 위원회의 혁신을 인정하고, 새로운 정의에 의하여 유발된 활발한 논의의 개방을 칭찬할지라도, 이 정의는 교원 양성 프로그램과 재정 지원에 관한 변경 효과의 문제를 지니며, 위원회에서 이들과 이상에 표현된 다른 다양한 쟁점을 연구하였는지를 묻는다(Smith, 1994).

분류와 기능 수준

1992년 개정에서 이전의 정의로부터 가장 급진적으로 이탈한 것은 분류 체계이다. 이제까지 AAMR의 정의는 미국 정신의학회와 세계보건기구(World Health Organization, WHO)에서 한 것과 같이 IQ점수에 기초한 분류 체계를 포함하고 있었다.

IQ와 능력 중심 체계

미국 저능아연구학회(American Association for the Study of the Feebleminded)에 의하여 제시된 가장 초기의 IQ 중심 분류 체계는 얼간이(moron, IQ 75~50), 치우(imbecile, IQ 50~25), 백치(idiot, IQ 25 이하)라는 용어를 이용하였다. 1961년에 이러한 용어는 AAMR에 의하여 제안된 분류인 경도(mild), 중등도(moderate), 중도(severe), 최중도(profound)로 대체되었다. **표 4.1**은 3개의 IQ 중심 체계에 이용된 IQ 지침을 나타낸다. **표 4.2**는 각각의 심각도 수준에 대한 기능적 성과를 기술한다.

IQ 분류는 심각도 수준과 짝지을 수 있는 개인의 IQ검사 점수를 요구한다. 가정은 기대된 성과에 의하여 결정되고, 중재 계획은 이런 정보에 기초한다. 그러나 실제로 이런 IQ 중심 분류 체계는 중재에 거의 정보를 제공하지 않으며, 흔히 실질적으로 오해를 유도한다(5장 '정신지체의 사정' 참조).

1992년 분류 체계

1992년의 개정은 정신지체의 심각도를 분류하기 위하여 IQ점수도, 기능적인 능력에 대한 직접적인 측정도 이용하지 않는다. 대신 **그림 4.4**에 설명된 것과 같이 4개 차원에서 필요로 하는 지원의 강도에 관한 심각도의 수준을 토대로 한다.

그림 4.4에서 볼 수 있는 것과 같이 이 방법은 다양한 주요 생활 영역에서 개인의 기능과 지원 욕구에 대한 복잡한 분석으로 IQ점수에 의한 분류의 단순한 체계를 대체한다. 새로운 정의는 앞의 사례보다 더욱 구체적인 적응기술과 능력에 대한 임상적 분석을 요구한다. 첫째, 기능과 필요로 하는 지원의 수준은 **그림 4.4**에서 4개 차원의 기술 영역 각각에 대하여 결정해야 한다. 예를 들어 차원 I의 지적 기능과 적응기술은 11개 영역의 평가를 포함한다 —IQ와 10개의 적응기술.

표 4.1 IQ 중심 분류 체계

	AAMR(1992년 이전)	APA(DSM-IV)	교육적 기대*
경도	50~70	50~55 내지 70	교육 가능 55~75
중등도	35~50	35~40 내지 50~55	훈련 가능 20~55
중도	20~35	20~25 내지 35~40	보호수용 < 20
최중도	< 20	< 20 혹은 < 25	

* 현재는 좀처럼 사용되지 않음.

표 4.2 심각도 수준에 따른 기대되는 성과

	학업	일상생활	직업
경도	2~5학년 성취	높은 수준의 독립	전체 또는 일부 자기지원
중등도	기능적 단어의 인식과 수학기술	일부 감독하에 대부분의 자기보호와 지역사회 이동 가능	일부 지원을 통한 지역사회 고용
중도	취학 전 또는 유치원 기술 (숫자 세기와 색 인지)	높은 감독	감독하의 지역사회 또는 작업장
최중도	모든 기본적 욕구에 대한 보호 요구		

간헐적	'필요로 할 때'를 토대로 지원, 보통 삶에서 전환이나 위기
제한적	일관적이나 흔히 시간 제한적인 지원
확장적	장기간을 본질로 매일 지원
전반적	항구적, 고강도, 환경을 교차하여 생활을 부양하는 지원
네 개 차원	차원 I: 지적 기능과 적응기술 차원 II: 심리적, 정서적 고려 차원 III: 신체건강과 병인학 고려 차원 IV: 환경 고려

그림 4.4 지원 강도의 수준

출처: Luckasson et al., 1992.

차원 I은 발달 수준에 따라 인지와 적응기술의 평가를 요구한다. 차원 II는 DSM-IV에 따라 개인의 심리적, 정서적 기능을 고려하는 반면, 차원 III은 어떤 존재하는 정신지체의 원인과 관련하여 개인의 신체와 건강 욕구를 고려한다. 마지막으로 차원 IV는 가족, 가정, 이웃, 대규모 지역사회 및 개인이 생활하는 다른 환경에 대한 생태학적 분석을 요구한다(Luckasson et al., 1992).

변경의 논거

불행하게도 혹은 다행스럽게도 인간 존재는 쉽게 분류되지 않는다. 그러므로 IQ 중심 체계로 전반적인 검사 점수가 심각도의 특정 수준에 자격을 준다고 쉽게 결정할 수 있으나, 개인의 실질적인 기술과 능력은 일반적으로 이런 체계가 함의하는 것보다 더욱 가변적이다(Baumeister, 1987). 예를 들어 만약 어떤 사람이 최중도 범위의 의사소통 능력과 경도 범위의 시각-공간적 문제해결 능력을 지니고 있다면(이것은 자폐인의 경우에 일반적이다), 그를 어디에 분류해야 하는가? 개별 기술에서 덜 극단적이나 실제로 가변적인 것은 많은 정신지체인의 공통점이지만, 이런 가변성은 전반적인 IQ점수에서 발견될 수 없다(이 중요한 문제는 5장 '정신지체의 사정'에서 논의된다).

새로운 분류 체계는 특정 환경에서 정신지체인의 실제적인 기능에 초점을 두고 고안되었다. 이전의 체계는 단일한 분류 수준을 결정하기 위하여 '평균 이상'과 흔히 다양한 기술과 능력을 모호하게 한 반면, 새로운 판은 다중 수준에 의존한다. 위원회는 다양한 분야를 교차하는 적절한 평가를 요구하고 좋은 체계를 지향함에 의하여, 그리고 그것을 서비스 전달과 일치하게 결정함에 의하여 서비스의 간학문적 조정을 촉진하기를 희망한다. 1992년의 정의는 중재와 공공 정책을 유도하는 데 가장 유용한 정보를 제공하도록 고안되었다고 언급하는 것이 중요하다. 이 목적을 위하여 이 정의는 통합 서비스의 개발을 촉진함에 의하여 정신지체인과 그들의 가족들의 의견에 반응적이었다. 이러한 맥락에서 Reiss(1944)는 "소비자는 검사받기를 원하지 않고, 통합되기를 원한다"(p. 6)고 관찰하였다.

분류에 대한 논쟁

일부 전문가에 의하면, 새로운 분류 도식은 과도하게 부담이 된다. 오래된 IQ 중심 도식조차도 적용에서 일치하지 않아 편하지 않았다(Taylor & Kaufmann, 1991). 일부 비평가들은 불일치가 새로운 도식 아래 무한히 더 있을 것이라고 믿는다. 더구나 연구자들은 특히 30년 동안 연구의 기초가 되었던 이전의 체계와 관련이 없는 체계를 채택한 것에 관하여 우려를 하였다.

그러나 연구 성과의 타당도는 최초 자료의 타당도와 완전히 통합적으로 묶여졌다. 연구 대상이 인식된 유사성에 의하여 집단이 될 때, 타당도는 집단 내의 사람들이 실제로 유사해야 한다고 요구한다. 오랫동안 경도, 중등도, 중도 및 최중도라는 범주들이 동질 집단을 구성하지 않으나 상당한 가변성을 포함한다는 증거들이 있었다(Berkson, 1966; Baumeister, 1987). 비록 중등도, 중도, 최중도 수준에서 정신지체는 경도 수준에서보다 기질적인 원인을 가질 수 있다고 할지라도, 이러한 기질적 조건은 다수이며, 다른 지적, 행동적 특성을 나타낸다. 예를 들어 약체 X 증후군의 사람이 전형적으로 나타내는 인지 능력과 행동 특성은 보통 다운증후군과 관련된 특성과 결정적으로 다르다. 우리가 중등도 정신지체를 지닌 것으로 생각하는 개인의 집단을 연구하고, 그들이 실제로 매우 다를 때 그들을 유사해야 한다고 기대하면, 이것은 분류 체계를 이용하기 쉬운지의 문제가 아니다. 이러한 체계에서 나온 정보는 쓸모없기보다 나쁘다. 이것은 오해를 유도한다. 문제를 더욱 악화시키는 데 있어서 심각도 수준의 진단에 대한 평가자 간 신뢰도(inter-rater reliability)가 낮다는 증거가 있다(Macmann & Barnett, 1993). 이것은 매번 평가를 행하는 사람이 어떤 사람이 첫 번째 장소에서 받아야 하는 분류인가에 관하여 의견이 다름을 의미한다.

새로운 분류는 여전히 경도 정신지체로 분류되는 많은 사람과 더욱 심각한 조건을 지닌 사람 사이의 진정한 차이를 분명히 하지 못한다(MacMillan, Gresham, & Siperstein, 1993). 이러한 차이는 원인, 전형적인 능력, 효과적인 중재 및 적당한 성과를 포함하는 것으로 생각된다. 앞에서 언급한 바와 같이 경도 정신지체의 원인은 더욱 심각한 조건을 지닌 정신지체보다 덜 알려질 수 있다.

알려지지 않은 병인론으로 인한 경도 정신지체인은 **가족성**(familial) 혹은 **문화-가족성**(cultural-familial)으로 기술되어 왔다(Zigler & Hodapp, 1986). 이 용어는 알려지지 않은 원인을 가지나, 빈곤 상태에서 살아가는 사람에게서 가장 빈번히 나타나는 정신지체를 언급한다. 이런 사람의 많은 수는 경도 분류를 지닌 이들의 대부분을 구성하고, 대부분의 정신지체인은 경도 수준으로 분류된다. 일부 연구자들은 빈곤 상태에서 자라나는 사람들이 많은 이유로 위험에 있다고 확신하더라도, 이런 집단의 정신지체는 지능에서 정상적인 유전학적 가변성의 결과라고 가정하였다(Zigler, Balla, & Hodapp, 1984). 이런 인구를 위한 중재는 많은 방식에서 독특해질 수 있으며, 이런 사람은 기능의 지체된 범위를 벗어나 더욱 이동할 수 있게 된다.

이전의 경도 정신지체 분류는 문화-가족성과 기질적 정신지체 사이를 구분하지 않았다—그것은 이들을 혼동했다(MacMillan, Gresham, & Siperstein, 1993). 경도 정신지체인은 때로 분명히 기질적 조건을 가지기 때문에(예: 다운증후군) 경도 정신지체는 비기질적 원인과 필수적으로 동의어가 아니다. 그리고 빈곤한 상황에서 성장한 사람은 납 중독과 같은 기질적 이유를 제외한 원인과 관련된 정신지체를 지닐 수도 있다. 실제로 경도 정신지체를 지닌 많은 사람의 경우 그들의 효과에 누적적이거나 상호작용적이 될 수 있는 다양한 가능한 원인이 되는 요인들이 있다. 경도 범주가 동질 집단을 포함한다는 가정은 거의 확실히 그 자체적으로 연구에 곤란을 초래한다. 일부 이론가들은 알려지지 않은 원인과 비교적 훌륭한 적응행동을 지닌 경도 정신지체인이 정신지체 범주에서 분리된 집단, 즉 '일반 학습장애'라고 불리게 될 범주에 분류되어야 한다고 제안하였다(MacMillan, Siperstein, & Gresham, 1996).

또한 일부 연구자들은 지원에 기초한 체계가 개인적 특성뿐만 아니라 환경의 측면도 기술하기 때문에 관심을 가졌다. 말하자면 어떤 사람은 스트레스 환경에서보다 매우 양육적인 환경에서 더욱 독립적으로 기능할 것이고, 그러므로 더 적은 지원을 필요로 한다. 이런 사례에서 필요한 지원의 강도는 우리에게 생활하는 환경보다도 오히려 사람에 관해 말하고 있다.

토론 과제

정신지체의 개인적 특성과 환경적 측면의 구분이 중요한 이유는 무엇인가?

1992년의 AAMR 지침은 실제로 개인과 환경의 상호작용의 본질을 강조한다. 그러나 많은 연구자들의 경우 환경으로부터 개인의 특성을 구분하는 것이 중요하다고 한다. IQ점수는 흔히 지적 기능에 비교적 안정적인 지표를 제공해 온 반면, 지원의 지정은 환경적 상황과 함께 변동하는 것으로 기대되었다.

그러나 정신지체가 단순히 개인적 특성이 아니라 실질적으로 개인의 속성과 환경의 특성 사이의 상호작용에서 도출되면(이 책에서 지원을 받은 아이디어), 그것은 환경의 맥락에서 연구되어야 한다. Bronfenbrenner와 같은 이론가들이 환경적, 문화적 맥락 외부의 어떤 발달 현상의 이해에 대하여 무익함을 기술한 것을 기억할 것이다(2장 참조). 그것을 떠나 문화적으로 공평한 평가는 환경 요인을 고려할 것을 요구한다(Schalock et al., 1994).

> **토론 과제**
> 정신지체는 전적으로 개인적 특성인가 아니면 그것 역시 사회적, 문화적 특성인가? 당신이 당신의 입장에 기초를 두고 있는 증거는 무엇인가?

다른 목적과 의도

단순하며 똑바르고 적용하기 쉬우며, 여전히 유용하고 정확히 기술적인 정의와 분류 체계를 개발하는 것에 대해서는 어떤 도전도 없다. 많은 일이 이 영역에 남아 있다. 정신지체의 어떤 정의에 대하여 논쟁을 추가하는 하나의 요소는 정의를 이용하는 사람들의 다른 목적과 의도이다. 지적 문제를 지닌 아동의 부모들은 유용한 서비스를 받기 위하여 판별을 원하는 반면, 주와 연방의 프로그램은 적격한 사람을 정확하게 판별하기 위하여 이를 필요로 한다. 서비스 제공자와 교사들은 효과적인 중재 계획의 개발에 기여할 그들의 내담자와 학생들에 관한 의미 있는 정보를 원하며, 연구자들은 정신지체의 원인을 이해하고 중재를 평가하기를 원한다.

광범위하게 전반적인 조건을 지닌 이들에게 적절한 정의의 쟁점은 경도나 미묘한 결함을 지닌 사람들을 위한 것과 일치하지 않을 것이다(MacMillan, Siperstein, & Gresham, 1996). "정신지체란 무엇인가?"라는 문제에 대한 대답은 "우리는 서비스의 적격성을 위하여 정신지체를 어떻게 정의해야 하는가?" 혹은 "우리는 교수 목적을 위하여 정신지체를 어떻게 정의해야 하는가?"에 대한 대답과 같이 필수적으로 동일하지 않을 것이다(Dever, 1990). 그래도 관련된 모든 사람은 '정신지체와 그들의 가족의 복지에 어떤 방식으로든 기여하기 위하여'라는 공통의 목적을 가진다. 결국, 하나의 정의가 모든 목적을 충족시킬 수는 없을 것이다. 자연적인 제한이 주어지면 새로운 AAMR의 정의에 대한 주요한 검증은 실질적으로 채택되고 이전의 정의보다 더욱 성공적으로 적용되는지의 여부일 것이다.

Joyce, Susan, Jason에 대한 정의의 적용

우리는 1992년의 AAMR 정의를 보았으며, 그와 관련된 중요한 관심을 논의하였다. 어떻게 그것을 Joyce, Susan, Jason에게 적용할 것인가? 3명은 모두 공통적으로 이전의 정의 아래서 판별되었다.

Joyce

우리가 살펴본 바와 같이 Joyce는 학습장애라는 명칭을 가지고 있다. 그녀는 적응행동(자조 능력과 또래와 상호작용하는 능력)이 또래와 유사하다고 결정되었기 때문에 정신지체로 명칭이 붙지 않았다. 그녀는 낮은 IQ와 심각한 학업문제를 가지고 있었지만, 관련된 학업적 강점을 지니고 있지 않았기 때문에 실제로 학습장애학생의 전형적인 모습 어디에도 적합하지 않다. Joyce와 유사한 특징을 지닌 많은 학생들은 전혀 특별한 명칭을 지니지 않을 것이다—이들은 특수교육 체제에 의하여 단순히 간과된다. Joyce의 지적 문제가 학업적 학습에 제한되는 것으로 보여도, 그녀는 개인적 삶에서 의사결정과 문제해결에 미묘하지만 유의한 곤란을 지니고 있다는 징후가 있다. 이러한 문제는 전통적인 적응행동의 조사지형 척도에 나타나지 않으나, 그럼에도 불구하고 실질적이다. 적응행동의 더 나은 척도는 그녀의 문제를 더욱 정확히 정의하는 데 도움이 될 것이다. Joyce의 어려움은 자신의 학습장애 학급에서 현재 받고 있는 도움에도 불구하고 다른 생활 영역에 심각한 영향을 미친다. 여전히 AAMR의 새로운 정의에 의해 정의된 것과 같이 그녀의 범주는 아마도 바뀌지 않을 것이다.

Susan

AAMR의 새로운 정의를 위하여, Susan이 신체적 제한이 없다면 기능을 어떻게 조정할 것인지를 아는 것이 중요할 것이다. 바꾸어 말하면, 그녀는 자신의 지적 기능과 관련된 적응행동에 결함을 가질 것인가? 그러나 실제적인 문제로서 1992년 지침은 만약 어떤 의심이 존재한다면 결정은 서비스를 위한 욕구와 관련해 이루어져야 한다고 진술한다(p. 14). AAMR의 새로운 정의하에 Susan의 경도 분류는 중단될 것이며, 그녀는 자신이 필요로 하는 지원에 따라 분류될 것이다. Susan은 차원 I에서 확장적 지원을 받을 것이며, 차원 II, III, IV에서 지원은 간헐적이 될 것이다.

Jason

Jason은 현재 발달장애 정의에 따라 서비스를 받고 있다. 그가 AAMR 정의에 적격한지는 IQ의 측정과 그의 적응기술의 평가를 위해 기다려야 한다. 지원이 관련되지 않는 한, 그는 현재 차원 I과 III에서 제한적 지원을 받는다.

조망

이 장은 정신지체(발달장애, 장애, 불리)와 중요하게 관련된 다양한 정의를 기술하고, 때로 정의의 창안에 영향을 미친 상반되는 목적과 개념을 논의하였으며, 현재까지 AAMR 정의의 역사를 검토하였다. 또한 이 장에서는 지적 장애를 지닌 세 명의 개인적 사례—아동이 실질적으로 직면한 관심과 도전의 일부를 묘사하는 이야기—를 소개하였다.

다음 장은 개인이 이러한 정의에 적합한지의 여부와 그 방법을 결정하기 위하여 사정을 수행하는 방법을 보여 주는데, 이 정의 정보를 구축할 것이다. 또한 5장은 Susan과 Joyce를 위해 사정 측정과 방법을 구체적으로 보여 줄 것이며, 현존하는 사정기법과 함께 다양한 특정 문제를 연구할 것이다. Jason을 위한 완전한 사정은 10장 '조기중재'에 포함되어 있다.

참고문헌

Aloia, C. F, & MacMillan, D. L. (1983). Influence of the EMR label on initial expectations of regular-classroom teachers. *American Journal of Mental Deficiency, 88*(3), 255-262.

American Association on Mental Retardation (AAMR). (1992). *Mental retardation: Definition, classification, and systems of supports* (9th ed). Washington, DC: Author.

Baumeister, A. A. (1987). Mental retardation: Some conceptions and dilemmas. *American Psychologist, 42*(8), 796-800.

Beach, M. (1996). Meeting high standards: The challenge of ensuring that homeless children are part of it all. *Journal of Education for Students Placed at Risk, 1*(4), 295-297.

Berkson, G. (1966). When exceptions obscure the role. *Mental Retardation, 4*, 24-27.

Bromfield, R., Weisz, J. R., & Messer, T. (1986). Children's judgments and attributions in response to the "mentally retarded" label: A developmental approach. *Journal of Abnormal Psychology, 95*, 81-87.

Castles, E. E. (1996). *We're people first: The social and emotional lives of individuals with mental retardation.* Westport, CT: Praeger.

Ceci, S. N., & Williams, W. (1997). Schooling, intelligence, and income. *American Psychologist, 52*(10), 1051-1058.

Dever, R. B. (1990). Defining mental retardation from an instructional perspective. *Mental Retardation, 28*(3), 147-153.

Doll, E. A. (1941). The essentials of an inclusive concept of mental deficiency. *American Journal of Mental Deficiency, 46*, 214-229.

Dowdy, C. A., Smith, T. E., & Nowell, C. H. (1992). Learning disabilities and vocational rehabilitation. *Journal of Learning Disabilities, 25*(7), 442-447.

Dunn, L. M. (1968). Special education for the mildly retarded: Is much of it justifiable? *Exceptional Children, 35*, 5-22.

Dusek, J. B., & O'Connell, E. J. (1973). Teacher expectancy effects on the achievement test performance of elementary school children. *Journal of Educational Psychology, 65*, 371-377.

Forness, S. (1994). *Syndromes on the margins of mental retardation.* Keynote address to the Fourth

International Conference on Mental Retardation and Developmental Disabilities, Arlington, Heights, IL.

Frankenberger, W., & Fronzaglio, K. (1991). States' definitions and procedures for identifying children with mental retardation: Comparison over nine years. *Mental Retardation, 29*(6), 315–321.

Frankenberger, W., & Harper, J. (1988). States' definitions and procedures for identifying children with mental retardation: Comparison of 1981–1982 and 1985–1986 guidelines. *Mental Retardation, 26*(3), 133–136.

Franks, D. J. (1971). Ethnic and social characteristics of children in EMR and LD classes. *Exceptional Children, 37,* 537–538.

Fryers, T. (1993). Epidemiological thinking in mental retardation: Issues in taxonomy and population frequency. In N. W. Bray, *International review of research in mental retardation*, Vol. 19. Novato, CA: Academic Therapy Publications.

Greenspan, S., & Granfield, J. (1992). Reconsidering the construct of mental retardation: Implications of a model of social competence. *American Journal on Mental Retardation, 96*(4), 442–453.

Gresham, F. M., MacMillan, D. L., & Bocian, K. M. (1998). Agreement between school study team decisions and authoritative definitions in classification of students at-risk for mild disabilities. *School Psychology Quarterly, 13*(3), 181–191.

Grossman, H. J. (Ed.). (1973). *Manual on terminology and classification in mental retardation.* Washington, DC: American Association on Mental Deficiency.

________. (1977). *Manual on terminology and classification in mental retardation.* Washington, DC: American Association on Mental Deficiency.

________. (1983). *Classification in mental retardation.* Washington, DC: American Association on Mental Deficiency.

Guttmacher, M., & Weihofen, H. (1952). *Psychiatry and the law.* New York: W. W. Norton.

Hardman, M. L., Drew, C. J., & Egan, M. W. (1996). *Human exceptionality.* Boston: Allyn & Bacon.

Hastings, R. P (1994). On "good" terms: Labeling people with mental retardation. *Mental Retardation, 32*(5), 363–365.

Heber, R. (1959). A manual on terminology and classification in mental retardation. *American Journal of Mental Deficiency monograph supplement, 62.*

________. (1961). A manual on terminology and class fication in mental retardation (2nd ed.). *American Journal of Mental Deficiency monograph supplement, 64.*

Jacobs, W. (1978). The effect of the learning disability label on classroom teachers' ability objectively to observe and interpret child behaviors. *Learning Disability Quarterly, 1,* 50–55.

Jacobson, J. W. (1991). Administrative and policy dimensions of developmental disabilities services. In J. L. Matson & J. A. Mulick (Eds.), *Handbook of mental retardation* (2nd ed.). Elmsford, NY: Pergamon.

________, & Mulick, J. A. (1996). *Manual of diagnosis and professional practice in mental retardation.* Washington, DC: American Psychological Association.

Kiely, M., & Lubin, R. A. (1991). Epidemiological methods. In J. L. Matson & J. A. Mulick (Eds.), *Handbook of mental retardation* (2nd ed.). Elmsford, NY: Pergamon.

Larry P. v. Wilson Riles (1979). 495 F. Supp. 96 (N.D. Cal. 1979) Aff'd (9th Cir. 1984).

Luckasson, R., Coulter, D. L., Polloway, E. A., Reiss, S., Schalock, R. L., Snell, M. E., Spitalnik, D. M., & Stark, J. A. (1992). *Mental retardation: Definition, classification, and systems of supports.* Washington, DC: American Association on Mental Retardation.

Macmann, G. M., & Barnett, D. W. (1993). Reliability of psychiatric and psychological diagnoses of mental retardation severity: Judgments under naturally occurring conditions. *American Journal on Mental Retardation, 97*(5), 559–567.

MacMillan, D. L., Gresham, F. M., & Siperstein, D. L. (1993). Conceptual and psychometric concerns about the 1992 AAMR definition of mental retardation. *American Journal on Mental Retardation, 98*(3), 325-335.

MacMillan, D. L., Siperstein, G. N., & Gresham, F. M. (1996). A challenge to the viability of mild mental retardation as a diagnostic category. *Exceptional Children, 62*(4), 356-380.

Mendels, G. E., & Flanders, J. P. (1973). Teacher expectations and pupil performance. *American Educational Research Journal, 10*, 203-212.

Mercer, J. R. (1973). *Labeling the mentally retarded.* Berkeley: University of California Press.

Ogbu, J. U. (1995) Origins of human competence: A cultural-ecological perspective. In N. R. Goldberger & J. Veroff (Eds.), *The culture and psychology reader* (pp. 245-275). New York: University Press.

________. (1997). Understanding the school performance of urban blacks: Some essential background knowledge. In H. J. Walber, O. Reyes, & R. P. Weissberg (Eds.), *Children and youth: Interdisciplinary perspectives* (pp. 190-222). Thousand Oaks, CA: Sage.

Polloway, E. A., Smith, J. D., Patton, J. R., & Smith, T. E. C. (1996). Historic changes in mental retardation and developmental disabilities. *Education and Training in Mental Retardation and Developmental Disabilities, 31*, 3-12.

President's Committee on Mental Retardation. (1970). *The six-hour retarded child.* Washington, DC: U.S. Government Printing Office.

Reiss, S. (1994). Issues in defining mental retardation. *American Journal on Mental Retardation, 99*(1), 1-7.

Reschly, D. J. (1990). Adaptive behavior. In A. Thomas & J. Grimes (Eds.), *Best practices in school psychology* (2nd ed., pp. 29-42). Washington, DC: National Association of School Psychologists.

Rosenthal, R. (1987). Pygmalion effects: Existence, magnitude, and social importance. *Educational Researcher, 16*(9), 37-41.

________, & Jacobson, L. (1966). Teacher expectancies: Determinants of pupils IQ gains. *Psychological Reports, 19*, 115-118.

________, & Jacobson, L. (1968). *Pygmalion in the classroom.* New York: Holt, Rinehart & Winston.

Rowitz, L. (1991). Social and environmental factors and developmental handicaps in children. In J. L. Matson & J. A. Mulick (Eds.), *Handbook of mental retardation* (2nd ed). Flmsford, NY: Pergamon.

Salvia, J., & Ysseldyke, J. E. (1995). *Assessment* (6th ed). Boston: Houghton Muffin.

Schalock, R. L., Stark, J. A., Snell, M. E., Coulter, D. L., Polloway, E. A., Luckasson, R., Reiss, S., & Spitalnik, D. M. (1994). The changing conception of mental retardation: Implications for the field. *Mental Retardation, 32*(3), 181-193.

Severance, L., & Gasstrom, L. (1977). Effects of the label "mentally retarded" on causal explanations of success and failure outcomes. *American Journal of Mental Deficiency, 81*, 547-555.

Smith, J. D. (1994, September). The revised AAMR definition of mental retardation: The MRDD position. *Education and Training in Mental Retardation and Developmental Disabilities*, 179-183.

Smith, R. W., Osborne, L. T., Crim, D., & Rhu, A. H. (1986). Labeling theory as applied to learning disabilities. *Journal of Learning Disabilities, 19*(4), 195-202.

Somogyi, K. M. (1995). On "good" terms: Labeling people with mental retardation. Response. *Mental Retardation, 33*(1), 63.

Taylor, R. L., & Kaufhiann, S. (1991). Trends in classification usage in the mental retardation literature. *Mental Retardation, 29*(6), 367-371.

Thorndike, R. L. (1968). Review of Pygmalion in the classroom by R. Rosenthal and L. Jacobson. *American Educational Research Journal, 5*, 708-711.

Tredgold, A. F. (1937). *A textbook of mental deficiency.* Baltimore, MD: Wood.

U.S. Department of Education (1990). *To assure the free appropriate public education of all handicapped children: Eleventh annual report to Congress on the implementation of the Education of the*

Handicapped Act. Washington, DC: Author.

U.S. Department of Health and Human Services (1996). State-specific rates of mental retardation – United States, 1993. *Morbidity and Mortality Weekly Report*, *45*(3), 61-67.

Wrench, M. (1994). Personal communication.

Ysseldyke, J. E., & Foster, G. G. (1978). Bias in teachers' observations of emotionally disturbed and learning disabled children. *Exceptional Children*, *44*(8), 613-615.

Zetlin, A., & Murtaugh, M. (1990). Whatever happened to those with borderline IQs? *American Journal of Mental Retardation*, *94*(5), 463-469.

Zigler, E., Balla, D. & Hodapp, R. (1984). On the definition and classification of mental retardation. *American Journal of Mental Deficiency*, *89*(3), 215-230.

Zigler, E., & Hodapp, R. M. (1986). *Understanding mental retardation*. New York: Cambridge University Press.

CHAPTER 5

정신지체의 사정

간학문적 접근

사정의 목적은 무엇인가? 이 질문에 대한 대답은 누가, 어떻게, 어떤 기술과 능력이, 누구에 의해 사정되는지에 대하여 안내하고 결정하는 것이다. 만약 진단과 요구가 단순히 '예' 또는 '아니요'라고 하는 것이면, 사정은 포괄적인 정보와 특정 상황에 대한 자세한 내용을 조사하는 것과 전적으로 다를 것이다. 1992년 AAMR 정의는 진단뿐만 아니라 효과적인 서비스의 전달을 개발할 수 있는 자세한 정보를 수집할 수 있는 사정 실제를 이용하도록 장려하였다. 이 장에서는 IQ검사와 적응행동의 측정에 초점을 두고 있는 데 반해, 10장(조기중재), 11장(행동적, 인지적 중재), 그리고 12장(교육의 쟁점)은 사정 원리의 절차와 적용을 설명한다.

중재 지향적인 사정은 간학문적이어야 한다. 왜냐하면 한 분야의 학문이 아무리 노력한다고 해도 성공을 가장 잘 예측할 수 있는 모든 요구를 이해하거나 기술과 능력을 측정할 수 있는 지식이나 전문적인 기술을 제공할 수 없기 때문이다. 한 명의 전문가가 혼자서 여러 학문 분야에 있어서 새로운 발전에 정통할 수 없다. 학업, 일상생활, 의사소통, 사회적 관계, 정서적 적응, 건강 및 직업에 있어서 개인의 기능과 지원 요구를 이해하는 과제는 필연적으로 팀 공동의 노력을 요구한다. 관련 분야는 청각학, 신경학, 작업치료, 소아과, 물리치료학, 정신의학, 심리학, 사회복지, 말·언어 병리학, 그리고 특수교육을 포함할 것이다.

효과적인 간학문적 접근이란 전문가들이 자기 분야의 이해관계를 뛰어넘어 서로 협력하는 것을 필요로 한다. 한 명의 전문가가 정신지체는 주로 그 기원이 의학적, 행동적, 지적 또는 문화적이라고 주장할 수 있다. 그러나 단일의 개념화는 실제로 충분한 설명을 제시하지 못한다. 실천가들은 정신지체가 단순히 의학적 또는 교육적 문제일 뿐만 아니라 행동, 관계, 동기 및 정서적 적응에 영향을 미치는 문제로 인정하는 포괄적인 견해를 가져야 한다.

간학문적 사정에서 다양한 분야의 전문가들로 구성된 팀은 정신지체인의 기능과 요구를 이해하기 위하여 함께 일한다. 때로 이러한 팀 들은 매 사정 시 함께 일하는 동일한 사람들로 **고정되어** 있다. 다른 때에는 이들이 다른 사정에 참여하는 다른 팀 구성원들과 일하도록 **융통성**이 있어야 할 것이다(Wodrich & Joy, 1986). 발달장애인을 위한 대학 부속시설들은 고정된 팀들을 가지고 있다. 그러나 사정을 위해 선정된 대부분의 사람들은 흔히 이상의 의뢰를 결정할 책임을 지고 있는 심리학자 또는 소아과 의사와 같은 한 명의 전문가에게 처음에 의뢰된다.

다학문적 팀 접근은 개별 전문가가 다른 전문 분야의 영역, 훈련 및 사정 절차에 대하여 잘 알고 있는가에 의존한다. 적절한 의뢰를 하기 위하여 부모 또는 전문가가 처음에 문제의 일반적인 본질을 알아야 한다. 만약 첫 번째 의뢰가 고정된 팀이 아니라 의사나 심리학자에게 되었다면, 그 실천가는 그 이상의 자문에 요구되는 다른 요구들을 찾아야 한다. 모든 사람이 이용할 수 있는 모든 서비스를 필요로 하는 것이 아니다. 그래서 의뢰가 필요하지 않은 경우와 필수적인 경우를 구분하는 것을 아는 것이 중요하다. 비용과 시간이 중복되는 것을 피하기 위해 이러한 쟁점들이 종합적으로 균형을 유지해야 한다. 표 5.1은 특별한 의뢰들을 가리키는 몇 가지 증상에 대하여 기술한 것이다.

일반적으로 다양한 분야들이 간학문적인 방식으로 그들의 특정한 사정 영역에 책임을 지고 있음에도 불구하고, 때로 기능은 초학문적이 된다. 예를 들어 교사는 주로 행동, 교육 및 교육과정 사정을 수행하는 반면, 심리학자는 지능, 행동, 성격 및 학업기술만을 검사하지 않는다. 다음에 몇 가지 중요한 사정 영역을 더 자세히 설명한다.

의학적 사정

아동의 의사는 주로 발달장애를 의심하는 첫 번째 전문가이다. 그 의사는 산부인과, 소아과, 혹은 가정의학과 의사일 것이다. 이러한 면허를 지닌 의사들은 진단을 하는 데 도움을 주기 위하여 서로 자문을 하고, 고정된 또는 융통성 있는 팀의 구성원인 다른 전문가에게 의뢰하는 것을 포함하는 다양한 방법에 의존한다.

운동 및 감각 발달

뇌성마비에서 가장 눈에 띄는 비정상적인 운동 및 근육 상태는 흔히 정신지체와 관련이 있다. 비전형적인 **운동 발달**(motor development)의 원인을 밝혀내기 위하여 의사들은 특별히 영·유아의 근력, 자세 및 반사 작용에 주의를 기울인다. 또한 운동 이정표와 관련된 발달은 중요한 지표이다. **감각 발달**(sensory development)의 사정은 촉각 민감성, 시각, 미각 및 청각 검사를 포함한다.

언어 이정표

언어 발달은 영·유아 이후의 지능지수에 대한 중요한 예언자이다(Capute & Accardo, 1991).

표 5.1 적절한 의뢰를 위한 지표와 논거

	지표	논거
심리학자에게 의뢰	6주에서부터 2세 아동에게서 보이는 명백히 지체된 발달	인지 측정은 단지 심각한 지체만 확인할 수 있기 때문에, 이러한 미묘한 조건에서 의뢰가 적절하지 않을 수 있다.
	만 2세 이상의 아동에게서 보이는 의심스런 발달지체	만 2세 이후의 IQ 측정은 위험성을 더욱 잘 예측할 수 있게 한다.
	비형식적 중재에 반응을 하지 않는 학업문제	지능검사는 중재를 위한 정보를 제공할 수 있고, 특별한 서비스에 대한 적격성을 결정하는 데 도움을 준다.
특수교사에게 의뢰	최초로 학교 밖에서 사정된 학령기 아동	교육적 관찰과 자료들은 중재에 필수적이다.
	교정교수가 필요한 학령기 아동	
청각학자에게 의뢰	자주 귀가 병균에 감염이 되거나	청력 손실과 관련된 병의 높은 발생률.
	감각신경적인 청력 손실에 관한 가족력이 있는 것과 함께	청력 손실은 유전일 수 있다.
	듣기 어려움을 호소하거나 가능한 청력 손실이 관찰되는 경우	검사는 결정적인 원인을 밝힐 수 있다. 모든 사람들에 대해 검사를 할 수 있다.
말·언어 병리학자에게 의뢰	어휘, 문법 혹은 조음에서 1년 또는 그 이상의 지체를 보이는 유아	확인할 수 있고, 처치할 수 있는 언어문제들이 있을 수 있다.
	언어성 IQ점수가 동작성 IQ점수보다 15점 이하로 낮은 학령기 아동	
	4세 혹은 5세 이후의 말더듬이나 유창성 장애	조기진단과 처치를 권하지 않는다. 일시적인 문제일 수 있기 때문이다.
작업치료사에게 의뢰	일상생활의 활동에 대한 정밀한 평가나 계획이 필요한 아동	조기 사정과 중재는 부적절한 운동 습관의 학습을 예방한다.
	심각한 운동문제를 가지고 있는 신체장애 아동	특수화된 전문적 지식은 중재 계획을 용이하게 한다.
물리치료사에게 의뢰	심각한 운동문제를 가지고 있는 개인	적당한 자세와 적절한 운동이 요구된다.

표 5.1 적절한 의뢰를 위한 지표와 논거 (계속)

	지표	논거
소아과 의사에게 의뢰	심각한 출산 외상을 입은 아동이나 조산 아동	학습과 행동문제에 높은 위험성이 있을 것이다.
	이례적인 신체적 외형을 가지고 있거나 발달이 지체된 아동	신체적 외관은 정신지체의 원인을 판별하는 데 관련이 있을 수 있다.
	학교 적응에 어려움이 있는 아동과 복합적이거나 만성적인 의학적 장애가 있는 아동	적절한 중재는 의학적 문제의 관리와 함께 다루어져야 한다.
아동 정신과 의사에게 의뢰	주의력 결핍이 의심되는 아동(대신에 소아과 의사에게 의뢰될 수 있다)	약물치료가 요구될 수 있다.
	지체된 아동과 가족이나 부모에게서 역기능의 징후가 보이는 아동(대신에 심리학자나 사회복지사에게 의뢰될 수 있다)	가족이나 부모의 처치는 아동 중재를 위해 매우 중요할 수 있다.
	이례적인 행동이나 증상들이 여러 영역에서 복합적으로 나타날 때	추가적인 정신과적 진단을 필요로 한다.
신경과 의사에게 의뢰	심리검사에서 신경학적 징후가 있을 때	특정 진단은 자문을 요구한다.
	일시적으로 보이는 발달의 정체나 퇴보 또는 손상	퇴행성 장애나 발작 행동이 가능하다.
	유의한 중추신경계 외상	예후를 결정하거나 중재를 계획하는 데 도움이 될 수 있다.

출처: D. L. Wodrich & J. E. Joy (1986), Practical Issues and illustrative cases. In D. L. Wodrich & J. E. Joy (Eds.) *Multidisciplinary assessment of children with learning disabilities and mental retardation* (pp. 281-308). Baltimore, MD: Paul H. Brookes.

기기와 걷기와 같은 초기 운동 발달은 지적 발달과 거의 관련이 없지만, 초기 언어 발달은 흔히 미래의 특수한 지적 수행을 예언한다. 마찬가지로, 지체된 언어는 다음의 지적 발달에 있어서 문제를 예보한다. 이러한 관계가 완벽하지 않지만, 언어 발달에 있어서 심각한 지연은 정신지체보다 농(또는 다른 조건)을 나타낼 수 있다. 일반적으로 의사들은 언어 발달을 전반적 발달의 중요한 지표로 간주하고 있다. CLAMS 검사(표 2.1 참조)는 의사들이 사용하는 언어 발달 척도의 예이다.

행동

간혹 행동은 비정상적 발달의 가장 좋은 단서가 된다. 아동의 다른 사람에 대한 관심, 장난감에 대한 반응, 그리고 '짝짜꿍 놀이'나 '까꿍'과 같이 몸짓 게임을 흉내 내거나 따라하는 경향은 아동의 발달상 진전과 기능에 중요한 지표를 제공한다. 종종 의사들은 아동의 사회적, 행동적 발달을 이해하기 위하여 의도적으로 그들과 상호작용하고 관찰한다.

생리학적 검사

때로 생리학적 검사는 정신지체의 원인을 결정하고 그것과 관련된 의학적 문제를 확인하는 데 도움을 준다. **컴퓨터 단층 촬영**(CAT) 검사는 뇌 구조의 이상을 찾고, **양전자 방사 단층 촬영**(PET) 검사는 뇌의 신진대사 활동을 측정하며, **뇌전도**(EEGs) 검사는 뇌의 전기적인 활동을 측정한다. 게다가 화학적 검사는 종종 정신지체의 원인이 되는 페닐케톤뇨증(PKU)과 같은 비정상적인 뇌의 화학물질과 관련된 상태를 밝혀 준다. 또한 가장 흔한 납의 경우와 같이 다른 독극물의 존재를 탐지할 수 있다.

지적 사정

역사적으로 지적 기능은 IQ검사를 통해서 사정되어 왔고, 그러한 검사는 중요한 정보를 제공할 수 있다. 그러나 IQ검사는 지난 30년 이상 강경한 논쟁의 대상이 되어 왔다. 지적 사정 방법에 대하여 자세한 내용을 논하기 전에, 우리는 IQ검사와 관련된 몇 가지 개념적 쟁점과 문제를 언급해야 한다(IQ검사의 문제점은 3장과 4장에서 논의되었다).

3장에서 우리는 Binet와 Simon에 의해 첫 번째 IQ검사가 개발되었고, 그 이후에 IQ검사가 정신지체를 진단하는 데 광범위하게 수용되었다고 논의하였다. Binet는 특수교육에서 혜택을 받을 수 있는 사람을 판별하기 위하여 능력을 측정하는 데 관심을 두었음을 기억하라. Binet는 자신이 개발한 검사가 선천적인 잠재능력을 측정하는 것으로 생각하지 않았지만, 20세기 동안 IQ는 선천적인 특성으로 잘못 인식되어 왔다.

개념의 구체화

그 이후 연구를 통해 IQ점수는 특히 만 5세 또는 6세 이후에 변하지 않는다는 것을 발견했다. 그 결과 지능지수는 점차적으로 개인의 특성이나 개인의 자질과 혼동되어 왔고, 그것은 흔히 성인의 키와 같이 고정적이고 바뀔 수 없는 것으로 간주되었다. 그러나 IQ는 개인의 신체와 같이 만질 수 있는 실체가 아니다. 사람이 손 또는 신경 체계를 가지고 있는 것처럼 사람이 IQ를 가지고 있지는 않다. 오히려 IQ는 누군가 점수를 가질 수 있는 검사의 이름이다. 검사 점수가 필수적으로 뇌 기능이나 동기와 같은 개인의 특성과 관련되지만, 그것은 개인의 특성 그 자체의 하나가 아니다. 물리적 실체가 없는 개념 또는 아이디어가 마치 있는 것처럼 취급되기 시작할 때 그 개념은 **구체화되었다**고 말한다. 구체화는 물리적 실체가 없는 비실체적인 관념과 혼동되기 때문에 사고를 혼란시킨다.

더욱이 일반적으로 변하지 않는 어떤 일(IQ점수는 아주 안정적이다)이 절대 변하지 않는다고 말할 수 없다. 어떤 사람의 IQ검사 수행 능력이 낮을수록 그 점수가 변할 가능성이 낮음에도 불구하고, IQ는 변할 수 있고 변한다(Crnic, 1988; Keogh, Bernheimer, & Guthrie, 1997). 이것은 매우 낮은 점수(약 50점 이하)는 일반적으로 유기체의 뇌손상을 반영하고, 뇌손상이 있으면 IQ검사에 의해 측정된 능력이 거의 향상될 것 같지 않기 때문이다.

IQ의 불변성에 관한 자료는 집단의 평균에 기초하고, 우리에게 대부분의 사람에 대한 일반적인 또는 전형적인 경로를 이해하도록 도와준다. 그러나 이런 정보는 한 개인에게 정확하게 적용될 수 없다. 왜냐하면 일반적으로 발생하는 일이 항상 발생하는 일은 아니기 때문이다. 다시 말해 IQ점수가 일반적으로 동일함에도 불구하고, 특정 개인의 경우 점수는 때때로 향상된다(10장의 조기중재 연구 결과 참조). 그러므로 가능성에 대한 실제적인 견해를 가지고 특별한 개인의 특정 성과에 관해 생각해야 한다. 중재를 하는 사람의 경우 이것은 미묘하지만 중요한 균형을 요구한다. 사람은 다른 사람에게 불가능한 것을 수행하도록 강요하지 않고 성장 잠재력에 관해 긍정적인 전망을 유지해야 한다.

토론 과제

당신은 정신지체 아동에게 큰 기대를 갖는 것이 어렵고 여전히 많은 것을 기대하지 않고 있다는 것에 동의하는가? 교사나 다른 전문가가 자신이 정신지체 아동에게 너무 적게 또는 너무 많이 기대하는지 어떻게 알 수 있는가?

본성-양육

소위 본성-양육 논쟁은 지능이 본성(유전) 또는 양육(환경)에 의해 더 영향을 받는지에 대한 영원한 논쟁—IQ점수의 의미에 관한 가정에 있는 분명히 중심적인 쟁점—을 말한다. 확실히 모든 과학적 문제나 가설은 정치적 함의를 가지지만, "IQ가 유전적으로 얼마나 영향을 받는가? 또는 IQ가 환경적으로 얼마나 영향을 받는가?"라는 문제를 둘러싼 정치적 함의는 분명하다. 만약 지능이 주로 생득적이라고 가정한다면, 지적 결함을 향상시키기 위한 프로그램에 대한 대중의 태도는 지능이 주로 환경에 의해 형성된다고 생각한 것과 눈에 띄게 다를 것이다. 양쪽의 제안자들은 정치적 함의를 인용한다.

유전적 영향을 매우 중요하게 생각하는 계량심리학자는 「The Atlantic Monthly」에서 "만약 사람이 학교나 직장에 필요한 능력에서 유전적으로 다르다면, 적어도 일부의 사회적 불평등은 단순히 기회를 평등하게 하는 것으로 없어지지 않을 것이다"라고 기고하였다(Hernstein, 1982, p. 74). 동일한 논문에 환경적 관점의 옹호자가 '유전론자'를 비난하는 글도 인용되었다(Hernstein, 1982, p. 73). 당신은 3장에서 우리가 유전이론과 환경이론이 대중 및 전문가 정책에 미치는 역사적 영향을 언급한 것을 기억할 것이다.

토론 과제

본성-양육 논쟁을 둘러싼 몇 가지 정치적 가정과 정책 함의를 논하라.

본성-양육문제는 심리학의 모든 분야에서 몇 가지 가장 정서적이고 열띤 논쟁을 불러일으켰다. 그리고 그것은 때로 이론적 우위성의 쟁점뿐만 아니라, 중재 서비스와 유전 연구를 위한 기금에 대한 열띤 논쟁을 불러일으켰다. 이것은 일란성 쌍둥이는 IQ가 유사하다고 자료를 왜곡한 Cyril Burt의 문제(Hawkes, 1979)와 참여한 유아의 IQ를 30점 높였다고 주장한, 유명한 밀워키 프로젝트(Milwaukee Project)를 둘러싼 의구심과 같은 파문을 불러일으켰다. 그러나 우리의 질문이 잘못되었다는 것을 깨달은 후에야 이러한 혼란으로부터 벗어났다.

지능은 분명히 건강한 유전자에 좌우되는 정상적인 뇌 기능에 의존한다. 그러나 유전적 요소의 정상적인 발달은 오직 수용적인 환경의 맥락에서만 일어날 수 있다. 본성과 양육은 모두 절대적으로 양립할 수 없다. 게다가 그들은 서로 독립적이지 않고, 독립적으로 연구될 수도 없다. 자동차 사고, 독극물 중독 및 초기 학대와 박탈과 같은 환경 사상은 분명히 뇌의 발달에 영향을 미치는 반면, 약체 X 증후군과 다운증후군이 발생하는 것과 같은 비전형적인 유전적 변화는 환경과 관련된 사람의 능력에 중요한 영향을 미친다. 몇 십 년 동안 연구자들은 적절한 문제는 "얼마나 많이?"가 아니라 "유전과 환경이 함께 발달에 어떻게 영향을 주는가?"라고 제시해 왔다(Berk, 2000; Wingerson, 1998). 정신지체인을 도와주는 데 관심이 있

일대일 사정은 지적 능력의 정확한 진단을 위해서 필수적이다.

© Laura Dwight/Corbis

는 우리와 같은 사람에게는 후자의 문제가 더욱 적절한 탐구를 하도록 안내한다.

일반적으로 널리 이용되는 IQ검사

예전에는 IQ가 진단의 토대였기 때문에, 그리고 아직도 매우 널리 이용되고 있기 때문에 IQ 검사를 시행하는 방법을 이해하고 그 검사가 측정하도록 설계된 기술과 능력에 익숙해지는 것이 중요하다. Kaufman 아동용 지능검사(Kaufman Assessment Battery for Children, K-ABC)가 대중화되었음에도 불구하고, Stanford-Binet 검사(Stanford-Binet test: 원래 Binet IQ검사에서 유래)는 모든 다른 사람을 위해 내용과 방법의 예를 제시한다. 이러한 검사는 모두 개별적으로 실시된다. 다시 말해 검사자와 피검자가 일대일로 검사를 하는 것이 지적 장애의 진정한 진단에 필수적이다. 집단 검사는 시행하는 데 비용과 시간이 더 적게 들지만 개별 진단에 적합한 정보를 제공하지 않는다.

Wechsler 검사 현재 이용되고 있는 세 가지 Wechsler 검사(Wechsler tests)는 특정 연령 집단에 구체성의 이점을 제공한다(Wechsler, 1981; 1989; 1991). 그러나 중도 정신지체인의 경우 검사는 주로 생활연령보다 정신연령에 따라 선택되어야 한다. 각 검사가 의도하고 있는 연령 집단에 적합한 Wechsler 검사가 표 5.2에 제시되어 있다.

표 5.3에 Wechsler 아동용 지능검사-3판(Wechsler Intelligence Scale for Children-Third Edition, WISC-III)의 하위 검사가 제시되어 있다. Wechsler 성인용 지능검사-개정판

표 5.2 Wechsler 검사

척도	적절한 검사 연령
Wechsler 성인용 지능검사-개정판(WAIS-R)	16세 이상
Wechsler 아동용 지능검사-제3판 (WISC-III)	6~16세 11개월
Wechsler 유아용 지능검사-개정판(WPPSI-R)	3~7세 3개월

표 5.3 Wechsler 아동용 지능검사(WISC-III)의 하위 검사와 필요한 추리 기술

	하위 검사	추리 기술
언어성 검사	상식	언어적 장기기억, 사실적 지식, 학습 경험
	공통성	추상적 언어 추리
	산수	청각적 단기기억이나 주의, 수학 개념 추리
	어휘	언어적 장기기억, 표현 언어, 학습 경험
	이해	실제적 판단력, 상식 및 표현 언어
	숫자 외우기	언어적 주의 또는 단기기억
동작성 검사	빠진 곳 찾기	시각적 주의, 시각적 장기기억
	기호 쓰기	시각적 단기기억 또는 주의, 시각적 추적
	차례 맞추기	순차적 시각 추리
	토막 짜기	추상적 시각 추리
	모양 맞추기	시각 추리 및 조직화, 형태 지각(K-ABC에 대해 언급한 부분 참조)
	동형 찾기(보충 하위 검사)	시각적 추적, 시각적 주의
	미로(보충 하위 검사)	시각적 추적과 계획

(Wechsler Adult Intelligence Scale-Revised, WAIS-R)과 Wechsler 유아용 지능검사-개정판(Wechsler Preschool and Primary Scale of Intelligence-Revised, WPPSI-R)과 마찬가지로 WISC-III는 세 가지 요소 점수를 제공한다. 전체 도구에 대한 전반적인 IQ뿐만 아니라 두 가지 주요한 하위 요소인 언어성 검사(언어적 사고기술)와 동작성 검사(시간-공간 추리)로 구성된다. 언어성 검사는 보충 하위 검사 한 개, 그리고 동작성 검사는 보충 하위 검사 두 개를 포함하여 각각 다섯 개의 하위 검사로 구성되어 있다. WAIS-R과 WPPSI-R의 보충 하위 검사는 다소 차이가 있지만, 세 가지 보충 하위 검사는 모두 유사한 추론기술을 평가한다. **표 5.3**은 WISC-III의 하위 검사를 하는 데 요구되는 인지 능력의 예가 제시되어 있고, **그림 5.1**은 그 하위 검사에서 볼 수 있는 유사한 용어의 예를 보여 준다.

표 5.3에 있는 추론기술은 상당히 중복되지만, 각각의 WISC-III 하위 검사에서 가장 중요하다고 생각되는 항목의 예이다. 예를 들어 단기기억과 주의는 모든 하위 검사를 수행하는 데 영향을 미치지만, 특히 산수와 기호 쓰기의 수행에 영향을 준다. 또한 수용 및 표현 언어 능력은 모든 하위 검사의 수행을 촉진하지만, 좋은 표현 언어기술은 동작성 검사보다 언어성 검사 점수를 향상시킨다.

수용 언어(receptive language)는 다른 사람이 말하는 것을 이해하는 능력을 말한다. **표현 언어**(expressive language)는 다른 사람에게 자기 자신의 생각을 표현하는 능력을 말한다. 사람은 각 영역에 강점과 약점을 가질 수 있고, 사정은 두 영역을 구별하는 것이 중요한 일이다. 이와 유사하게, 시각적 주의와 청각적 주의를 구분하는 것이 있다. 한 가지 양식에 강점을 지니고 있는 사람은 다른 양식에 강할 수도 있고, 그렇지 않을 수도 있다.

토론 과제

만약 당신이 상대적으로 청각적 주의와 단기기억에 강점이 있지만, 시각적 주의가 약한 사람과 함께 일을 하게 된다면, 당신은 두 가지 능력이 모두 좋은 사람과 상호작용할 때와는 어떻게 다른 상호작용을 할 것인가?

모든 동작성 하위 검사는 시간이 제한되어 있고 빨리 수행하면 높은 점수를 받을 수 있기 때문에 지적 능력을 동작 수행 능력과 분리하는 것이 필수적이다. 동작성 검사의 지적 구성요소는 공간관계를 보고 이해하는 능력을 포함하고, 빠른 수행을 빠른 추론에 기인한다고 가정한다. 그러나 운동문제가 신체적 조작을 수행하는 능력을 손상함에도 불구하고 시각-공간 추론은 뛰어날 수 있다. 이러한 구분의 함의는 '신체와 감각장애'에서 논의된다.

상식 (30문항)
당신은 다리가 몇 개 있나요?
물을 얼리려면 어떻게 해야 하나요?
누가 북극을 발견했나요?
프랑스의 수도는 어디인가요?

공통성 (17문항)
연필과 크레용의 공통점은 무엇인가요?
차와 커피의 공통점은 무엇인가요?
인치(inch)와 마일(mile)의 공통점은 무엇인가요?
쌍안경과 현미경의 공통점은 무엇인가요?

산수 (18문항)
만약 내가 사탕 한 개를 가지고 있고 또 다른 사탕 한 개를 더 얻었다면, 내가 갖고 있는 사탕은 몇 개인가요?
비누 한 개에 12센트라면, 비누 4개는 합쳐서 얼마인가요?
신사복 한 벌을 정가의 1/2 가격으로 팔고 있다면, 정가가 120달러인 신사복은 얼마에 살 수 있나요?

어휘 (32 단어)

공	시
여름	소란한

이해 (17문항)
왜 우리는 신발을 신나요?
만약 어떤 사람이 가방을 떨어뜨리는 것을 보았다면, 그 사람을 위해 당신이 할 수 있는 일은 무엇인가요?
램프가 양초보다 좋은 두 가지 이유는 무엇인가요?
왜 우리는 또래 집단으로부터 유혹을 받나요?

숫자
숫자 바로 따라 외우기에서는 3부터 9까지의 7개 숫자가 순서대로 나열되어 있다(예: 1-8-9).
숫자 거꾸로 따라 외우기에서는 2부터 8까지의 6개 숫자가 반대의 순서로 나열되어 있다(예: 5-8-1-9).

빠진 곳 찾기 (26문항)
카드에 그려진 그림에서 원래 있어야 하는데 빠진 부분을 찾아내는 과제이다.
바퀴 한 개가 빠진 차 그림
다리 하나가 없는 개의 그림
다이얼에 숫자가 없는 전화기 그림
빠진 곳 찾기 과제 예시는 아래 그림과 같다.

차례 맞추기 (12문항)
일련의 그림 카드들이 의미 있는 줄거리를 가진 이야기가 되도록 순서를 배열하는 과제이다.

토막 짜기 (11문항)
4개 또는 9개의 블록을 이용하여 여러 모양의 그림을 만들어 보는 과제이다. 토막 짜기 항목의 예는 바로 아래에 제시되어 있다.

모양 맞추기 (4문항)
조각들을 맞추어서 특정 모양이 되도록 하는 과제이다. 모양 맞추기 항목의 예는 바로 아래에 제시되어 있다.

기호 쓰기
보기에 나타난 기호를 옮겨 쓰는 과제이다(아래 참고).

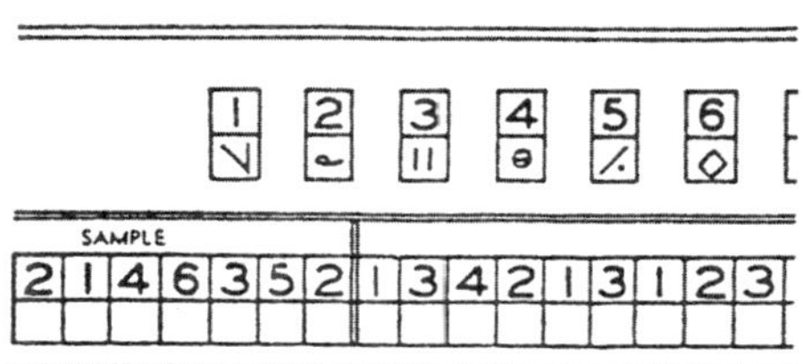

미로
일련의 미로를 찾는 것이 과제이다.

주: 위의 문제들은 WISC-R에 나온 문제들과 비슷하지만 검사에서 그대로 발췌된 문제들은 아니다. 7장은 각각의 하위검사에 관해 자세히 설명한다.

그림 5.1 WISC-III의 언어성, 동작성 검사 중 전형적인 문항의 예

출처: Simulated items similar to those used in the Wechsler Intelligence Scales for Adults and Children.

토론 과제
당신 생각에 정신적 속도가 어느 정도까지 지능의 중요한 요소라고 생각하는가? 당신의 추론을 설명해 보라.

Wechsler 검사의 대중성은 광범위하게 검증된 심리측정적 속성과 유용한 개념적 설계에 기초하고 있다. 그러나 특수하게 낮은 능력을 가진 사람의 경우 Wechsler 검사는 학령기와 취학 전기 표준화 검사와 마찬가지로 너무 어렵다. 이런 사람들을 위하여 사정은 주로 적응행동(아래 논의를 참고하라)과 발달 이정표에 의존해야 한다.

Stanford-Binet Stanford-Binet 검사는 20세기 초기에 개발되어 전문가들이 이 검사의 사용을 중단하라고 권고한 1980년대까지 약간씩 수정되어 왔다(Reynolds, 1987a). 그러나 1985년에 새로운 개정판(SB-IV)이 비판을 받았음에도 불구하고 발행되었다(Thorndike, Hagen, & Sattler, 1985). 여러 주에서는 특수교육의 배치 결정에 이것의 이용을 반대했고, 이것은 취학 전 아동의 사정에서 문제를 나타낸다는 증거가 있었다(Glutting & Kaplan, 1990; Walker, 1987a). 그러나 다른 연구들은 1985년 Stanford-Binet는 경도 지적 장애학생을 검사하는 데 적당한 신뢰도와 타당도를 가진다고 발표하였다(Dacey, Nelson, & Stoeckel, 1999).

문제점이 있다 하더라도 SB-IV는 2세부터 성인에게까지 적용할 수 있고, 검사자가 15개의 하위 검사 전부를 이용하지 않고 몇 개를 선택하여 실시할 수 있다는 장점이 있다. 그러나 이러한 이론적 장점은 실제 어려움을 야기했다. SB-IV가 취학 전 아동에게 사용될 수 있도록 만들어졌음에도 불구하고 몇 가지 하위 검사는 이런 아동들에게 사용하기에 부적절하였고, 5세 이하의 아동들을 대상으로 한 검사-재검사 신뢰도는 매우 낮았다(Kamphaus, Kaufman, & Harrison, 1990; Singh, Oswald, & Ellis, 1998).

게다가 SB-IV를 표준화하는 데 이용된 표본이 미국 인구를 대표하지 못하였다. 이 표본은 실질적으로 사회경제적 지위가 낮은 사람을 유의하게 적게 포함하였고, 대학 졸업자는 실제로 더 많이 포함하였다(Reynolds, 1987b; Walker,1987b). 표준화 자료가 이렇게 알려진 편차를 상쇄시키려고 가중치를 부여하였음에도 불구하고 결과적으로 통계적 오류가 도입되었다(Reynolds, 1987b). 표준화 자료가 특정 인구의 수행을 적절히 반영하지 않을 때, 이러한 사람들에 대한 점수의 상대적인 의미는 분명하지 않다. 이러한 문제 때문에 SB-IV는 Wechsler 검사보다 적게 사용되었다. 마지막으로 SB-IV와 이전판인 L-M은 경도 정신지체 유아와 중도 정신지체인의 사정에 부적절하다는 증거들이 제시되었다(Wilson, 1992). 그러나 최근 연구는 네 가지 요인을 고려하기보다 두 가지 또는 세 가지 요인을 고려할 때 취학 전 아동에 대한 예측이 더 잘 된다는 것을 보여 준다(Kaplan & Alfonso, 1997).

Kaufman 아동용 지능검사 K-ABC(Kaufman Assessment Battery for Children)는 만 2세 6개월부터 12세 5개월까지의 아동들에게 적절하다(Kaufman & Kaufman, 1983). SB-IV와 같이 K-ABC는 융통성 있는 설계를 가지고 있으나, 이 검사는 취학 전 아동에 대해 훌륭한 검사-재검사 신뢰도를 가지고 있고, 표준화에 적절한 인구를 이용하였다(Anastasi, 1988; Kamphaus, Kaufman, & Harrison, 1990). 또한 K-ABC는 각각의 하위 검사를 위한 교수와 모델링 문항을 제공하는 장점이 있다. 이러한 것들은 교수를 명확하게 하고, 유사한 과제에 익숙하지 않은 아동을 안내한다.

Wechsler 검사가 언어와 시각-공간적 추론을 반영하여 하위 검사를 나누고 있는 반면, K-ABC는 동시 추론과 순차 추론의 정신 과정을 반영하도록 설계된 척도를 포함한다. **동시 추론**(simultaneous reasoning)은 한 번에 몇 가지 정보를 총체적 또는 **형태적**(gestalt) 방식으로 처리하는 능력을 의미한다. **순차 추론**(sequential reasoning)은 단편적인 지식을 합리적(단계적)이고 논리적으로(교대로) 순서를 정하는 능력이다. 아직도 동시 처리 및 순차 처리 척도가 실제로 이러한 정신 과정을 반영하는지 또는 그들이 실제 다른 기억과 비언어적 추론기술을 보이는 것인지 의문이 있다(Keith & Dunbar, 1984).

또한 K-ABC는 시행과 반응을 위한 몸짓에 전적으로 의존하는 비언어성 척도를 포함하고 있고, 청각 및 언어에 문제가 있는 아동들을 검사하도록 사용될 수 있다. 더욱이 성취 척도는 학업기술에 초점을 맞추고 있다.

K-ABC는 경도 정신지체인 집단의 다양한 형태의 강점과 약점을 설명하는 데 사용되어 왔다(Hodapp et al., 1992), 그러나 가장 낮은 표준점수가 55점이기 때문에 중도 장애인의 능력을 측정하는 데는 적절하지 않다.

영·유아 사정

영·유아를 사정하는 데 있어서 독특한 어려움이 제기되었다. 언어와 운동기능에 상당한 또는 명백한 지체가 있는 영·유아를 제외하고, 영·유아들의 IQ점수는 추후 기능을 예측할 수 있는 좋은 지표가 아니다. 실제로 지체가 농 또는 특정 언어장애와 같은 다른 이유 때문에 발생할 수 있음에도 불구하고, 정신지체를 예측하게 해 주는 가장 좋은 요인의 하나는 지체

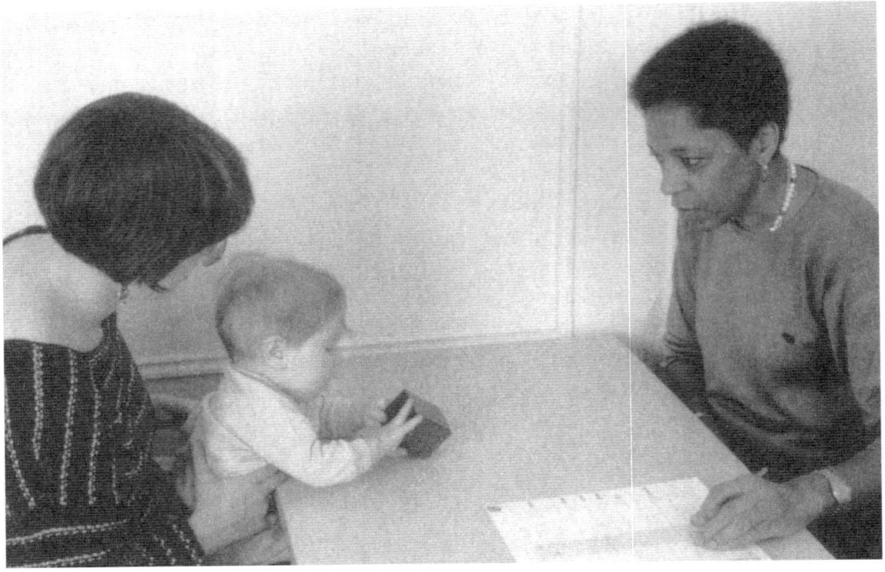

Bayley 검사는 영·유아의 지적 능력을 사정한다.

된 언어 발달이다.

Bayley 척도 생후 2개월에서 만 2세 6개월까지의 영·유아를 위해 고안된 Bayley 영·유아 발달 척도(Bayley Scales of Infant Development)는 영·유아의 정신지체를 결정하기 위하여 가장 광범위하게 사용되는 심리측정학적 도구이다(Bayley, 1993). Bayley 척도는 정신운동 발달 목록, 영·유아 행동 기록 평정 척도, 그리고 인지적 기술을 위한 정신 척도를 포함하고 있다. 나이가 든 아동들의 Bayley 점수와 IQ점수 사이의 관계와 같이 초기와 후기 연령에서 Bayley의 점수 사이에 상관이 낮음에도 불구하고, 매우 점수가 낮은 유아의 경우 장기적인 예측을 더 잘 할 수 있다. 그러므로 Bayley 검사는 조기중재로부터 혜택을 얻을 수 있는 영·유아를 판별하는 선별도구로 유용하게 이용될 수 있다(Kopp, 1994).

습관화 영아 재인기억(**습관화**) 검사들은 전통적인 인지기술 검사들보다 미래의 IQ를 예측하는 더 좋은 요인이고, 이러한 측정은 더 어린 영아까지도 검사할 수 있다(Rose, Feldman, & Wallace, 1992). Fagan 영아 지능검사(Fagan Test of infant Intelligence)는 중재 없이 궁극적으로 심각한 인지적 지체를 나타낼 영아를 판별하는 데 매우 효과적이다(Fagan & Detterman, 1992). 실제 몇몇 연구는 습관화가 사회경제적 상태처럼 정신지체를 그렇게 정확하게 예측한다는 것을 보여 주었다(Fagan & Detterman, 1992). 빈곤한 생활이 정신지체의 위험에 대한 가장 강력한 요인이지만, 습관화는 특별히 인지적 문제를 나타낼 가능성이 있는 사회경제적 지위가 낮은 영아들을 판별하는 한 가지 방법을 제공한다. 또한 그것은 더 나은 배경을 가진 장애 위험 영아를 판별하는 데 도움을 줄 수 있다.

IQ검사의 편견과 제한

현재까지 거의 모든 사람들이 IQ검사가 '편향'되어 있다는 비평을 들어 왔다. 그러나 이러한 비난은 검사나 검사자를 언급하는 것이다. 어떠한 경우에도 언어와 다른 문화적 차이가 포함되어 있다. 우리가 4장에서 본 것과 같이, 진단에서 실수와 사정에서 편견은 대부분 정신지체로 판정되는 정의적 절취점과 관련되어 있다.

언어적 편견 분명하게 언어 차이를 고려하지 않는다면 검사 결과는 오해를 불러올 수 있다. *Diana* v. *California State Board of Education* 소송사건(1970)에서 주 법원은 캘리포니아 주에서 시행하는 모든 지능검사는 아동의 모국어로 실시되어야 한다고 판결하였다. 더욱이 미국 장애인교육법(IDEA)은 검사는 가정에서 사용되는 언어로 실시하도록 규정하였다. 그러나 실제 시행에서 모국어란 흔히 그 아동이 학교에서 일상적으로 사용하는 언어로 정의된다(Fradd, Figueroa, & Correa, 1989). 한 아동이 학교에서 그럭저럭 생활하는 데 충분한 기술을 가지고 있지만 지능검사를 잘 수행할 수 있는 언어기술은 가지고 있지 않기 때문에 문제가 발생할 수 있다. 더 복잡한 문제는 2개 국어를 말하는 아동이 영어 실력이 부족하여 실제 언어장애를 가진 것으로 가장되기 때문에 모국어로 검사하는 것이 더 중요하다.

때때로 영어가 모국어인 사람도 검사를 방해하는 지역적 또는 방언 차이가 있고, 이것들은 단어, 문법, 구문론뿐만 아니라 억양을 포함할 수 있다. 이러한 차이가 검사의 지시를 이해하지 못하게 할 수 있고, 내용을 이해하는 데 영향을 준다. 마찬가지로 특별한 방언을 운영하는 규칙에 익숙하지 않은 검사자는 반응을 오해하거나 평가절하할 수 있다. 책임성 있는 IQ검사는 문화적 방언 차이에 친숙해야 하고 이해를 필요로 한다. 그러나 실제적인 문제는 IQ검사는 다른 언어로 쉽게 번역될 수 없고, 모국어로 만들어진 IQ검사가 없을 수도 있다는 데 있다.

문화적 경험 *Larry P.* v. *Wilson Riles*의 소송사건(1972)에서 연방법원은 IQ검사가 소수민족 아동들에게 불리하게 편향되었기 때문에 캘리포니아 주 내에서 IQ검사가 아동들을 특수교육 교실에 배치하기 위하여 사용될 수 없다고 판결하였다. 이러한 면에서 편견이란 검사들이 소수민족 아동들에게 완전히 생소한 내용을 포함하고 있기 때문에 그 아동들이 주류문화에서 성장해 온 아동들과 동일한 표준에 의해 판단되지 않아야 한다는 것을 의미한다. 이 논쟁에서 우리는 다시 한 번 본성-양육 논쟁의 요소를 볼 수 있다. 캘리포니아 주 법원의(그리고 소수민족 지도자들의) 관점은 사실상 검사들이 아동의 선천적인 지능보다는 아동의 경험을 평가한다는 것이다. 사실상 IQ검사는 둘 다를 측정한다. 만약 아동이 경험이 부족해 낮은 점수를 받았다면, 그러한 경험이 부족한 것을 마치 타고난 지능에 제한이 있는 것으로 다루는 것은 정확하지 않을 뿐만 아니라 정의롭지도 않다.

그러나 많은 특수교사들은 저조한 수행이 경험 또는 유기체적 원인에서 일어나는지 아닌지와 관계없이 학업에 어려움을 보이고 지능이 낮은 아동들은 특별한 도움이 필요하다고 하는 것은 잘못된 논쟁이라고 믿는다(Polloway & Rucker, 1997). 일부 소수민족 가족들은 이러한 도움을 원하지 않는다. 왜냐하면 그것은 낙인만 찍히고 실제적인 도움은 거의 받지 못하는 결과 때문이다. 더욱이 모든 사람이 IQ검사에서 측정되는 추상적인 추론능력을 주류문화에서 가치를 부여하는 만큼 가치를 부여하지 않고, 몇몇 사람들은 다른 사람들의 규준에 의해 정의된 지능을 가지고 있다는 것을 불쾌하게 여긴다(Ogbu, 1997).

여전히 과도한 수의 흑인 아동들이 경도 정신지체로 진단되고 특수교육 교실에 배치되기 때문에 이러한 논쟁은 계속되고 있다. 이 학생들의 학교 중도 탈락률은 높다(Oswald et al., 1999). 두 가지 중요한 문제가 이러한 모습에 함의되어 있다. (1) 과연 정신지체로 진단받은 소수민족 아동들과 주류 민족 아동들의 지적 기능이 유사한가? (2) 소수민족 아동들에게 특수교육이 덜 효과적인가? 불행하게도 이러한 문제는 해결되지 않은 채로 남아 있다.

토론 과제

모든 아동이 좋든 싫든 간에 동일한 학업적, 지적 목적을 얻는다고 기대하는가? 설명해 보라.

몇 가지 지능검사들—Raven's Standard Progressive Matrices(Raven, 1938)(**그림 5.2 참조**)와 Matrix Analogies Test(Naglieri, 1985)를 포함하여—은 비교적 '문화적으로 편향되지 않았다'(culture-free)고 여겨진다. 이러한 검사들은 주로 비언어적 내용으로 구성되어 있고, 사실적 지식은 다루지 않는다. 또한 K-ABC는 검사하는 동안 바람직한 기술들을 가르치도록 고안된 항목들을 포함하고 있기 때문에 문화적인 편향을 감소시켰다. 그러나 문화적 경험은 언어적 내용에만 제한되지 않고, 검사하는 동안 새로운 기술을 학습하는 것이 수년 동

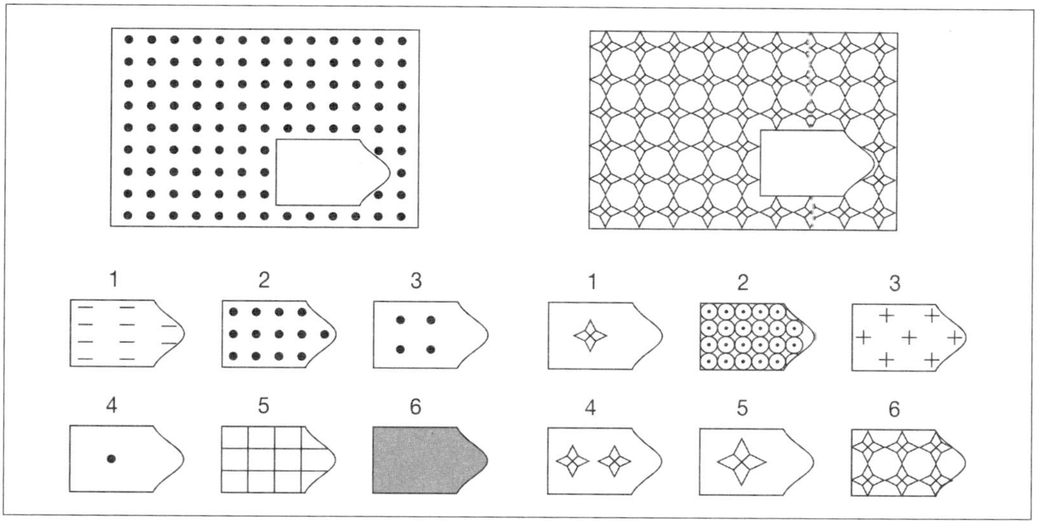

그림 5.2 Raven 누진 행렬(Raven's Progressive Matrices)의 문항

출처: © John C. Raven 1938, 1958; © J. C. Raven 1976.

안 해 온 일상적인 행위에 이점을 주지 않는다. 문화적 경험이 어떤 기술의 수행에 필연적으로 영향을 미치기 때문에 전혀 '문화의 영향을 받지 않는' 일은 없다.

이런 딜레마는 지능을 측정하는 것이 임상적 판단뿐만 아니라 점수에 의존하는 정도를 잘 보여 주고 있다. 또한 그것은 적응행동 사정이 중요한 이유와, 일반적으로 적응행동 사정이 강조되는 이유를 나타낸다. 임상의는 개인의 능력을 가장 명확하게 보기 위하여 개인적 관찰과 면담을 포함하여 이용할 수 있는 모든 도구를 이용해야 한다. 임상의는 다른 문화적 기대에 대하여 가능한 한 많이 배워야 하고, 수행을 해석하는 데 이러한 정보를 고려해야 한다.

신체적, 감각적 장애 지능검사는 신체장애인에게 문제가 될 수 있다. 시각, 청각 및 운동 결함이 지적 능력의 표현을 방해할 수 있기 때문에, 타당한 사정은 신체적 문제에 주의를 요구하고 숨겨진 능력을 드러낼 수 있는 대안을 요구한다. 그러나 대부분의 표준화된 사정은 전형적으로 비장애인을 대상으로 하여 표준화되었다. 왜냐하면 신체장애인을 위한 점수가 공표된 수행 수준과 비교될 수 없기 때문이다. 대부분의 표준화된 검사들은 언어적 지시에 많이 의존하고, 많은 검사(특히 Wechsler 검사)는 높은 수준의 운동기술을 요구하기 때문에 언어와 운동에 문제가 있는 사람을 위하여 수정되어야 한다.

Ruth 이야기

Ruth Sienkiewicz-Mercer는 비범한 여성이다. 그녀는 특별한 인내력과 보기 드문 낙천주의, 그리고 최중도의 신체장애를 가지고 있다. 뇌성마비로 인해 그녀는 스스로 걷지도, 앉지도, 말하지도, 먹지도 못했다. 그녀는 정신지체인을 위한 주립 시설에서 16년을 보냈다. 그 시간 중 대부분 그녀는 '치우'로 취급당했다.

그녀는 전기 『나는 눈을 올려 뜨는 것으로서 '예'라는 대답을 하였다(I Raise My Eyes to Say Yes)』(Sienkiewicz-Mercer & Kaplan, 1989)에서 부적절한 사정으로 인한 그녀 개인의 깊은 비극을 이야기하였다. 과로로 피곤했던 의사는 Ruth를 '치우'로 진단하는 데 단 몇 분밖에 걸리지 않았다. 위의 사실은 어떤 사람이 Ruth의 눈이 주변을 경계하고 그녀가 주변 환경에 반응한다는 사실을 알기 불과 몇 년 전의 일이었다. 그녀의 진단이 공식적으로 바뀌기 10년 전의 일이다. 대부분의 시간 동안 그녀는 이해력이 전혀 없는 사람으로 취급당했다.

심각한 신체장애를 가지고 있는 사람들의 지적 능력을 측정하는 것은 대단히 어렵다. 반응의 실마리나 사고 형태는 포착하기 어렵고, 그들의 지각을 측정할 때는 시간과 끈기 및 통찰력을 필요로 한다. 적절한 사정은 단 몇 분이나 몇 시간 만에 실시되는 것이 아니다. 사정은 몇 주 또는 몇 달에 걸쳐 반복적으로 실시되는 것이 필요하고, 주로 행동 관찰에 근거해야 한다.

현재 Ruth는 남편과 함께 지역사회에서 살고 있다. 현재 그녀는 의사소통 판을 이용하여 자신의 생각을 전하거나 지적 능력을 설명한다. 이 의사소통 판에는 그녀가 자신의 눈을 움직임으로써 자기 자신을 표현하기 위해 선택할 수 있는 1,800개가 넘는 단어와 관용어들이 있다. 이 방법으로 Ruth는 그녀의 삶을 말해 주었다. 하지만 이런 의사소통 판이 있다 하더라도 그녀의 복잡한 생각과 감정을 완전하게 표현할 수는 없다. 이것이 그녀가 좌절하는 진짜 원인이다.

Ruth Sienkiewicz–Mercer의 이야기는 정확한 사정의 중요성을 알려주고 있다.

Ruth의 삶에 긍정적 변화를 준 것은 그녀 옆에서 시간을 보내며 그녀를 이해하려고 노력하였던 사람들이다. 인내를 가지고 Ruth를 성심껏 돌보았던 사람들은 그녀를 더 잘 이해하게 되었고, 그녀가 기관에서의 삶을 좀 더 잘 견딜 수 있도록 희망을 준 사람들도 그들이다. 그녀의 이야기는 전문가적 책임이 있는 우리들에게 인간에게 정말 필요한 요소에 대해 생생하고 강하며 겸허한 조언을 준다.

그러나 몇 가지 도구는 특별히 신체장애인을 위하여 개발되었다. 예를 들어 Hiskey-Nebraska 학습 적성검사(Hiskey-Nebraska Test of Learning Aptitude)는 모든 지시를 무언극으로 지시하기 때문에 농을 위해 개발된 검사이다. 이 검사는 개인이 구어를 이해하는 것을 요구하지 않는다(Anastasi, 1988).

언어문제를 지닌 사람을 검사할 때는 반드시 비언어적 능력에 집중하야 하나, 심각한 운동장애가 말을 제한할 수 있지만 운동 문제를 지닌 사람을 사정할 때는 언어에 초점을 맞추어야 한다. 이러한 경우 사정은 특별히 도전적이고, 임상의는 이해를 나타내는 미묘한 단서들을 특별히 인식해야 한다. Columbia 정신성숙도 검사(Columbia Mental Maturity Test)는 특별히 뇌성마비를 가진 사람들을 위하여 고안되었다. 이 검사는 아동이 지시에 따라 지적하거나 고개를 끄덕이도록 요구한다. 앞에 언급된 검사들은 몇 가지 예에 불과하다. 다른 도구들이 많이 있고, 모든 도구가 장단점을 가지고 있다.

유용한 지적 사정의 요소

정신지체의 주요한 특성은 낮은 지적 기능이고, 명백하게 지적 기능이 유일한 것이 아님에도 불구하고 그런 기능을 측정하는 한 가지 중요한 것은 IQ였다. 이런 이유 때문에 IQ검사의 결과는 정신지체를 연구하는 모든 전문가들뿐만 아니라 관련된 정신지체인의 가족들에게 관심의 대상이다. 결과적으로 정신지체를 연구하는 모든 사람은 양질의 IQ 사정 요소를 구별할 수 있어야 한다. 만약 이러한 요소들 중에서 어느 것이라도 놓친다면, 그 요소를 온전히 요구하는 것이 필요하다.

가족들이나 전문가들은 IQ검사로부터 개별 점수 또는 일련의 점수 이상의 더 많은 것을 기대하거나 필요로 한다. 그들은 다음과 관련된 아동의 수행 의미에 관해 자세한 정보를 필요로 한다.

1. 개별 하위 검사 점수
2. 실제적인 기술과 정신 과정(WISC-III에 대하여 표 5.3에 제시됨)
3. 이러한 점수가 아동의 강점과 문제 영역에 대하여 시사하는 것에 대한 설명
4. 해석에 도움이 되고 더 많은 정보를 주는 **질적 인상**
5. 중재에 대한 권고와 제안

어떤 IQ검사가 사용되었는지에 관계없이 각 요소는 피검자, 가족, 그리고 다른 전문가에게

제시되는 최종 평가지에 제시되어야 한다.

개별 하위 검사 점수 사정은 단순히 합산된 것이 아니라 모든 개별 하위 검사 점수를 포함해야 한다. 각각의 점수는 IQ 상당 점수(IQE)가 함께 제시되거나 읽는 사람이 각 하위 검사의 수행 수준을 이해할 수 있는 방식으로 해석되어야 한다. 전체를 합산한 점수 그 자체만으로는 정보를 거의 제공하지 않거나 오해를 초래할 수 있다. 왜냐하면 IQ점수는 특히 정신지체인에게서 다방면에 걸쳐 많은 다른 기술과 능력으로부터 얻어졌기 때문이다(Kaufman, 1994; Lezak, 1983). 이것이 전체 IQ점수 분류 수준의 이용이 문제가 있다고 하는 이유이다(4장 참조). 합산된 검사 점수는 본질적으로 평균이기 때문에 한 개인의 전체 점수는 그 사람의 실질적인 능력을 설명할 수 없는 하나의 수준을 대표할 수 있기 때문이다.

예를 들어 WISC-III 언어성 점수가 70이고 동작성 점수가 130인 아동은 WISC-III 언어성 점수가 130이고 동작성 점수가 70인 아동과 마찬가지로 전체 IQ(평균 IQ)는 약 100이다. 그러나 이런 아동들은 매우 다른 기술과 능력을 보이고, 어떠한 면에서 결코 '평균'이 아니다. 이와 같이 점수가 매우 다른 경우는 희박함에도 불구하고 이러한 경우는 발생할 수 있고, 점수 간 차이는 일반적인 현상이다. 마찬가지로 하위 검사들은 언어성 검사와 동작성 검사 내의 다른 영역에서 상대적으로 강하거나 약한 기술을 나타낼 수 있다. 개별 아동의 수행을 이해하기 위해 종합 점수를 무시하고 개별적인 기술 수준을 보아야 한다.

토론 과제

당신은 단지 보기만 해도 그 장치가 어떻게 작동하는지 이해할 수 있는 사람을 알고 있는가? 이러한 '기계적 재능이 있는' 사람들이 복잡한 언어적 사고를 잘 이해하고 설명하는가? 알고 있는 예를 자세히 설명해 보라.

많은 검사들이 채점방식 때문에 낮은 지적 능력을 가진 사람들은 수행이 다양함에도 불구하고 모든 하위 검사에서 최하위 수준의 점수를 받을 것이다. 이러한 점수들을 재표준화하는 방법이 있기 때문에 현재 나타나는 가변성은 해결될 수 있다. 당신은 이런 가능성에 관해 검사자에게 묻기를 원할 것이다(Burns, 1990).

기술과 정신 과정 보고서는 하위 검사 점수에 의해 밝혀진 기술과 정신 과정에 대한 명백한 설명을 포함하고 있어야 한다. 표 5.3은 WISC-III에 있는 다양한 하위 검사에 반영된 일부 기술과 능력을 보여 주고 있다. 예를 들어 수용 언어나 표현 언어, 추상적인 언어적 추론, 시각 또는 청각 기억과 주의력, 시각-공간 이해력과 추리력, 언어적 문제해결 능력은 특정 하위 검사의 수행과 관련이 있다(Sattler, 1990). 이해를 돕기 위하여 이러한 설명은 실제 그 과제를 완성하는 데 요구되는 행동의 사례와 함께 제시되어야 한다. 예를 들어 만약 우리가 그 과제를 수행하는 데 어떤 능력이 필요한지 또는 어떤 형태의 실사회 과제가 그러한 능력에 의해 영향을 받는지에 대하여 모른다면, 토막 짜기 하위 검사에서 아동의 점수가 47이라는 것은 우리에게 거의 의미가 없다.

강점과 약점 영역 IQ검사는 지적 사정의 중요한 부분일 수 있지만, 그것이 양질의 사정을 하는 데 유일한 측정은 아니다. 대신에 그것은 개인의 강점과 약점에 대한 심리학자의 가설들에 대한 근거가 되어야 한다. 동일하거나 관련된 기술을 검사하는 보충과제는 이러한 가설을 뒷받침하기 위해 수행된다(Anastasi, 1988; Morison, 1996; Sattler, 1990). 예를 들어 어떤 사람이 IQ검사를 하는 동안에 구어에 주의를 기울이기 어렵다면, 그 사람이 그러한 것에 문제가 있는지 알아보기 위하여 청각적 주의력을 요구하는 추가 검사를 받아야 할 것이다.

이러한 가설-검사 접근법은 강점과 약점을 정확하게 이해하는 데 필수적인 반면, 임상의의 기술과 경험적인 판단에 의존한다. 특별한 진단을 나타낼 수 있는 다양한 형태의 하위 검사 수행을 결정하기 위한 경험적 시도들이 있었다. 그러나 특별히 개별 진단을 하기 위한 공식에 기초한 해석의 타당도에 대한 증거는 거의 제시되지 않았다. 왜냐하면 동일한 하위 검사의 형태는 다른 사람들에게 다른 함의를 가질 것이기 때문이다(Anastasi, 1988).

검사를 많이 실시하는 것도 가능하지만 우연 효과의 발생으로 이어질 수 있다(O'Neill, 1993). 목적은 가능한 한 많은 검사를 실시하는 것이 아니고, 이용할 수 있는 모든 검사를 제공하는 것도 아니며, 수행이 안정적인지 보기 위하여 한두 개의 적절한 보충과제를 선택하는 것이다. 우리는 가설 또는 의뢰문제에 관해 단 하나의 확증적인 예가 아니라 확고한 증거를 찾는 것이다.

저조한 과제 성취에 대하여 가정할 때는 수행의 일관성을 점검하는 것이 특히 중요하다. 의심되는 장애의 확정은 다음의 사례에 언급된 것과 같이 너무 자주 3단 논법의 추론에 의존한다.

1. 뇌손상이 있는 사람은 Bender 도형(Bender Gestalt: 도형 모사 검사)의 모양을 모사하는 데 어려움이 있다.
2. Rasheed는 Bender 도형의 모양을 모사하는 데 어려움이 있다.
3. 그러므로 Rasheed는 뇌손상이 있다(O'neill, 1993, p. 69).

첫 번째 가정인 뇌손상이 있는 몇몇 사람은 모양을 모사하는 데 어려움이 있다는 말은 옳을 수 있다. 두 번째 관찰 또한 옳을 수 있다. 그러나 세 번째 진술된 가정은 수행이 빈약한 다른 이유들이 있을 수 있기 때문에 반드시 일어나지는 않는다. 요약하면, 거의 어떤 징후나 증상이 항상 특별한 장애를 나타낸다고 할 수 없다.

내가 다니던 대학원에 있던 한 교수는 자신의 교수를 인용하면서 검사에서 가장 중요한 점 하나를 강조하였다: "시험에 떨어지는 방법은 많지만, 시험에 합격할 수 있는 방법은 단 하나밖에 없다"(Malone, 1986). 이것은 부족한 능력 이외에도 사람들이 시험을 잘 치지 못할 수 있는 수많은 이유가 있고, 우리가 그들이 왜 실패했는지 절대적으로 확신할 수 없음을 의미한다. 그러나 어떤 사람이 시험을 잘 쳤거나 시험에 있는 몇 개의 문제를 잘 풀었을 때, 분명히 그 사람이 그런 정도는 풀 수 있는 능력이 있다고 한다. 이러한 이유로 검사는 어떤 사람이 할 수 없는 것보다 할 수 있는 것에 대해 훨씬 더 많이 알려준다. 불행하게도 정신지체인에 대한 검사 결과의 분석은 일반적으로 그들의 장애를 측정하는 데 초점을 맞추고 있는 반면, 더 명확하고 중요한 정보는—특별히 중재를 위해—그들의 능력을 증명한다.

행동의 질적 인상 지적 수행을 이해하기 위한 질적인 행동 설명의 중요성은 오랫동안 인식되어 왔지만 종종 무시되었다(Cronbach, 1970; Sattler, 1974). 더욱 최근에 검사의 권위자들은 IQ점수가 질적인 관찰 자료와 분리되었을 때 발생할 수 있는 오류에 대해 강력히 강조해 왔다(Anastasi, 1988; Sattler, 1990). 보고서는 검사를 하는 동안 아동이 과제에 접근하는 방법과 행동에 대한 기술뿐만 아니라, 그런 행동의 의미에 대한 해석을 포함해야 한다. 아동이 시각과 청각 자극에 똑같이 집중하였는가? 아동이 긴장감, 반감, 공포 또는 열정을 나타내는 말을 하는가, 아니면 아동이 통찰력을 가지고 자신을 표현하는가?

Susan(우리의 사례연구에서)과 같은 신체장애인의 경우 의미 있는 양적 정보를 얻는 것은 특히 어려울 수 있기 때문에 그들을 위해서는 질적 정보에 훨씬 더 많이 의존해야 한다. 또한 보고서는 이런 사람의 검사 점수가 이동, 협응, 시각 또는 청각 문제로 불공평하게 영향을 받지 않도록 보장하기 위한 예방책을 기술해야 한다. 아울러 과제와의 상호작용 정도에 대한 자세한 기술도 있어야 한다(Aiken, 1991).

구체적인 권고 보고서는 부가적인 의뢰와 적절한 경우 지원 욕구와 추적 검사에 대한 특정 권고를 한다. 특히 권고는 최초 의뢰를 한 이유에 대하여 응답해야 하며, 이는 검사 결과의 함의에 기초해야 한다. 검사 결과를 읽는 사람들은 스스로 함의와 결론을 도출하도록 요구하지 않아야 한다. 권고(뿐만 아니라 전체 보고서)는 명확하고 비전문적이어야 하고, 가족과 다른 전문가들이 당연히 고려해야 할 논리적인 다음 단계를 제시해야 한다.

적응행동 사정

적응행동 사정은 개인의 수행 능력 대신에 개인의 실제적인 수행에 초점을 맞추기 때문에 IQ검사와 확연히 다르다. 적응행동을 이해하려는 목적은 어떤 사람이 기술을 사용할 수 있는지 여부가 아니라 그 사람이 그 기술을 사용하는지 여부를 파악하는 것이다(Demchak & Drinkwater, 1998).

정신지체의 주요한 모든 정의에 적응행동을 측정하라고 구체적으로 명시되어 있음을 명심하라. 1997년 법률, 즉 PL 105-17(IDEA)은 정신지체를 판별하고 분류하기 위하여 적응행동 사정의 중요성을 더욱 강조하였다. 많은 중도 및 최중도 정신지체인은 표준화된 지능검사에서 요구하는 과제를 수행할 수 없기 때문에 검사를 할 수 없다. 그러나 그들은 매우 많은 다른 환경과 활동에서 자주 기능을 할 수 있다. 적응행동 사정은 모든 기능 수준에서 필수적인 반면, 그것은 중도 정신지체인의 능력과 욕구를 이해하는 유일한 방법일 수 있다.

적응행동은 정신지체인의 통합교육과 지역사회 생활에서 성공을 예언할 수 있는 가장 좋은 지표이다. IQ는 학교에서 성취를 예언할 수 있지만, 학교 성취가 미래의 직업 수행 또는 성공뿐만 아니라 적응행동을 하고 문제행동이 없다는 것을 예언할 수는 없다는 것이 사실이다(Nutall & Fozard, 1970). 이러한 이유와 문제행동이 더 많은 적응행동의 개발을 저해하기 때문에(Demchak & Drinkwater, 1998), 행동 사정은 문제행동(과다한 몸 흔들기와 비틀기) 또는 자해행동(머리 찍기)뿐만 아니라 적응행동의 존재를 결정하는 것을 포함해야 한다.

행동의 기능을 결정하는 것은 한 개인의 현재 수행 수준을 이해하고, 그 수행을 향상시키기 위한 프로그램과 전략을 개발하고, 특별한 전략으로부터 가장 혜택을 받을 것 같은 사람들을 확인하는 데 중요하다. 포괄적인 적응행동 사정에 가장 흔히 개입하는 사람들은 작업치료사, 심리학자, 사회복지사 및 특수교육자이다.

면담

전통적으로 적응행동을 측정하기 위한 주요한 기법은 순위 척도 도구에 기록된 제3자(일반적으로 부모 또는 교사)의 자기보고서였다. 비록 『정신 결함에 대한 안내서(Handbook of

Mental Deficiency)』(Ellis, 1979)가 110가지 목록을 언급하고 있지만, 주로 사용되는 세 가지 도구는 Vineland 적응행동 척도(Vineland Adaptive Behavior Scale, VABS)(Sparrow, Balla, & Cicchetti, 1984), AAMR 적응행동 척도(Adaptive Behavior Scale, ABS)(Ellis, 1979; Matson, 1988; Nihira et al., 1974), 독립행동 척도(Scales of Independent Behavior, SIB)(Bruninks, Woodcock, Weatherman, & Hill, 1984)이다. ABS의 타당성은 만 18세 이상의 사람들에게만 유효하지만, 세 가지 측정 도구의 타당도와 신뢰도는 모두 수용 가능하다(Demchak & Drinkwater, 1998). 모든 적응행동 면담 척도는 감각-운동, 자조, 실제적 학업 기술, 대인 간 기능 영역에서 개인이 '할 수 있는 것'에 대한 정보에 초점을 두고 있다. 또한 이러한 척도들은 문제행동을 판별하기도 한다.

면담 평가는 개인의 수행 능력에 대하여 정보 제공자의 판단에 의존하기 때문에 제한적일 수 있다. 즉, 어떤 사람이 실제적으로 행하고 있는 행동을 기록하기보다는 '할 수 있는 것'을 묻는다. 더욱이 면담은 이런 판단에 관해 부모 또는 교사의 기억과 인식에 의존하고, 개인의 행동에 전적으로 집중한다. 그러나 적응행동의 개념은 개인과 환경 간 교환을 함의한다. 어떤 사람은 환경 내에 있는 특정 사람과 또는 하루의 특별한 시간에, 또는 배가 고프지 않을 때, 또는 자신이 원하는 것을 가질 수 있다고 생각할 경우, 또는 많은 다른 상황과 관련해서만 적응적으로 반응할 것이다. 그러므로 실질적인 수행에 관한 정보는 행동 관찰에 의존해야 한다. 적응행동 척도－학교: 2(Adaptive Behavior Scale－School: 2, ABS－S: 2)(1993)는 특별한 환경적 요구에 관한 행동들을 측정한다. 그러나 불행하게도 적응행동 척도－학교: 2는 미국 정신지체학회(AAMR)에 의해 개발되었지만, 측정하는 영역이 1992년 AAMR의 정의와 일치하지 않아서 이 척도를 진단에 사용하기에는 덜 유용하다(Stinnett, 1997).

행동 관찰

행동 관찰은 적응행동 사정의 중요한 구성요소이다. 면담보다 행동 관찰로 사정할 수 있는 행동이 거의 없지만, 행동 관찰은 행동을 매우 자세히 기록할 수 있다. 관찰은 일반적으로 개인의 자연적인 환경에서 이루어지고, 사상에 대한 특정 기록, 즉 행동의 빈도와 지속기간에 대한 정보 및 시간, 장소, 그리고 특정 행동을 둘러싼 상황과 같은 환경 변인에 관한 정보를 포함한다. 행동 사정의 목표는 주로 중재 계획의 개발과 중재 효과의 평가뿐만 아니라 진단과 분류를 포함한다. 행동 사정은 상세한 정보가 풍부하기 때문에 중재에 유용한 정보를 제공하며, 행동 사정이 초기 진단 사정의 중심이 될 때 이런 초기 정보는 가족과 전문가가 효과적인 중재 계획을 개발하는 데 더욱 유용하다. 행동 관찰은 전형적으로 교수 목적과 관련된 행동에 초점을 맞추고, 그러한 관찰은 여러 환경－가정, 학교, 직장, 그리고 다른 관련된 지역사회 환경－에서 이루어져야 한다(행동 관찰과 사정의 기법에 대해서는 11장 참조).

기능적 사정

정신지체 판별을 위한 적응행동 사정의 현재 방향은 면담과 관찰 방법의 요소를 모두 포함한다. 하나의 접근법은 행동과 그 행동이 발생하는 환경적 맥락에 관한 정보를 수집하도록 고안된 **기능적(또는 생태학적) 사정**이다. 그 다음에 이런 정보는 현행 능력을 이해하고 중재를 계획하는 데 이용된다(Lennox & Miltenberger, 1989). 관찰은 여러 가지 자연적인 환경에서 이루어지고, 면접은 조부모, 형제자매, 피검자 자신, 부모와 교사, 그리고 자신의 삶에 중요한 다른 사람들을 포함할 수 있다. 또한 동기 유발 특성이 정신지체인의 수행에 중요한 역할을 하기 때문에 고려된다(Merighi, Edison, & Zigler, 1990).

기능적 사정은 IDEA(PL 105-17)와 1992년 AAMR 정의의 목적과 일치하고, 특별한 과제를 수행하는 데 요구되는 특정 행동에 매우 초점을 맞춘다. 이 사정은 과제 중에서 개인이 잘 하는 부분뿐만 아니라 그 사람이 가장 성공적이 되는 데 필수적인 것을 확인한다. 표 5.4는 패스트푸드점(환경)에서 섭식과 관련된 기술을 사정하는 데 이용될 수 있는 생태학적 목록의 사례이다.

기능적 사정은 시간이 많이 걸리고 고도의 훈련을 받은 개인이 참여한다. 그러나 우리가 개인의 능력을 실제적으로 이해하고 중재에 유용한 정보를 얻으려고 한다면, 비용이 많이 들고 시간이 많이 걸리는 다양한 측정이 요구된다. 그러나 우리는 이용 가능한 자원이 제한될 수밖에 없는 실제적이고 재정적인 현실 속에 살고 있다. 이런 이유 때문에 간학문적 접근법이 특별히 가치가 있을 수 있다. 정보를 공동으로 관리하고 중복되는 노력을 없애는 협력적인 노력이 결과의 양과 타당성을 증가시키고, 비용과 시간을 줄이도록 돕는다.

오늘날의 사정 실제는 점점 더 중재에 기초한 문제해결 접근법으로 나아가고 있다. 이러한 접근법은 정보를 수집하는 데 포함된 사람들의 사고에 실질적인 전환을 요구한다. 표 5.5는 전통적인 사정과 중재 지향적인 방법의 몇몇 가정을 비교한다.

적응행동의 포괄적인 사정은 표준화된 도구, 그 사람의 삶에 중요한 사람들과 비형식적인 면접, 그리고 다양한 환경에서의 직접 관찰을 포함할 것이다. 이러한 사정은 초기 진단과 분류에 중요한 부분이 되며, 학교, 가정, 직업 환경에서 중재를 위한 사정의 핵심을 이룬다.

표 5.4 지역사회 환경(영역)과 패스트푸드 식당(환경)을 위한 생태학적 목록

환경	활동	기술
계산대 영역	계산하기	계산대로 가기 줄서기 줄서서 앞으로 가기 점원이 물어볼 때 주문하기 점원이 말할 때 음식 값 지불하기 쟁반이나 봉투를 들고 가기
식사 영역	식사하기	식사 영역으로 가기 빈자리 찾기 빈자리로 가서 앉기 음식 먹기 쓰레기를 쟁반에 놓거나 봉투에 넣기
휴지통 영역	쓰레기 버리기	휴지통으로 가기 휴지통에 쓰레기 버리기 쟁반 수거하는 곳에 쟁반 놓기

출처: M. Demchak & S. Drinkwater (1998). Assessing adaptive behavior. In H. B. Vance (Ed.), *Psychological assessment of children: Best practices for school and clinical settings*. New York: John Wiley.

삶의 질 사정

적응행동 사정을 위한 일반적인 초점이 기능적 사정의 하위 유형인 **삶의 질**(Quality-of-Life, QOL)로 점점 더 옮겨가고 있다. QOL 접근법은 개별 행동들이 개인의 충분하고 만족스러운 삶의 양식에 관계되는 방식에 따라 그러한 행동을 보는 임상적 판단에 주로 의존한다. QOL 사정은 개인의 수행 능력과 성공적인 지역사회 적응에 초점을 맞추기 때문에 특별히 지역사회 통합 관점과 관련이 있다(Singh, Oswald, & Ellis, 1998).

QOL 측정은 실질적인 특정 행동을 관찰함에 의해 객관적으로, 또는 삶의 만족에 대한 개인의 인식을 기록함에 의해 주관적으로 수행될 수 있다(Simeonsson & Short, 1996). 객관적이든 주관적이든 간에 QOL 접근법은 개인의 욕구와 이러한 욕구가 충족되는 정도 사이를 측정하는 것을 목적으로 한다. 이러한 이유로 QOL 측정은 특히 서비스 제공을 평가하는 데 적합하다(Heal, Borthwick-Duffy, & Saunders, 1996).

QOL 사정에 있어서 초점이 개인과 환경 사이를 적합하게 하는 것이기 때문에, 환경의 요

표 5.5 전통적인, 그리고 중재에 근거한 사정의 비교

	전통적인 평가	문제해결 사정
근본적인 가정	개인의 특성이 문제이다. 개인이 상황에 맞게 적응해야 한다.	문제는 상황 중심, 즉 기대와 개인의 수행 사이의 부조화이다. 개인의 요구를 지원하기 위해 상황을 수정해야 한다.
목적	학생의 결함을 기록함에 의해 특수교육 및 다른 서비스를 받기 위한 적격성을 결정한다.	개인이 성공하는 데 필요한 지원과 수정을 확인한다.
'사정자'의 역할과 수집된 정보	적격성 준거에 의해 미리 결정된다. 일반적으로 표준화 검사를 사용한다.	문제를 해결하는 데 필요한 정보에 따라 의도는 달라진다. 지원을 고안하고 진보를 점검한다.
초점	초점은 장애를 구성하는 특성을 가진 개인에 맞추어져 있다.	초점은 수정되었을 때 개인과 환경 사이에 보다 나은 조화를 이룰 수 있는 변인에 맞추어져 있다.
환경	자료는 주로 개인 검사에 유리한 격리된 환경에서 수집된다.	자료는 가장 관심이 있는 환경에서 수집된다.

출처: Forcade, 1993.

구에 관한 상세한 정보를 수집하는 생태학적 목록이 필수적이다. 이러한 정보와 함께 중재 계획이 개인의 욕구에 더 잘 맞추어질 수 있다. **그림 5.3**은 삶의 질과 관련된 특별한 관심 분야를 보여 준다.

1. 새로운 기술
2. 부적 중재의 부작용 감소
3. 의학적 및 관리 위기의 감소
4. 지역사회 통합의 증대
5. 개인의 선택과 만족의 증대
6. 다른 사람의 인식 향상
7. 사회 및 지원 관계의 확장

그림 5.3 삶의 질 사정의 핵심 영역

출처: C. A. Macfarlane (1998), Assessment: The key to appropriate curriculum and instruction. In A. Hilton & R. Ringlaben (Eds.), *Best and promising practices in developmental disabilities*. Austin, TX: Pro-Ed.

교육적 사정

전형적으로 교육적 사정에 숙련된 사람은 간학문적 팀의 일원이 된다. 교육적 사정은 보통 진단이 이루어진 후에 실시되기 때문에 판별의 쟁점보다 특히 교정과 관련된 정보에 더욱 구체적으로 집중한다(Hannafin, 1986). 교육적 사정과 관련된 정보는 표준화된 혹은 규준참조 방법과 교육과정 중심 방법에서 나온다. 교실과 지역사회에서의 행동 관찰이 종종 포함된다.

규준참조 검사

대부분의 교육 성취 검사 도구는 IQ검사와 같이 규준에 기초하고, 표준화, 타당도 및 신뢰도와 같은 동일한 정신 측정학적인 쟁점의 대상이 된다. 그들은 일반적인 지적 성취와 관련된 추론과 문제해결 능력을 사정하기보다 단지 특정 학업기술만 검사한다는 점이 다르다. 교육 성취 검사는 판별과 배치를 결정하고 학업 기능에서 일반적인 강점과 약점을 확인하는 데 가장 유용하다. 규준참조 검사는 개인의 수행을 집단 표준과 비교하고, 그 아동이 생활연령과 전형적인 발달에 '기초해야 하는' 아동의 실제 성취 수준을 결정한다.

당신도 아마 규준참조 검사를 받아 보았을 것이다. 대부분의 학교 교육구에서는 국가 또는 주 규준과 비교하여 주기적으로 검사를 실시한다. 이러한 검사들이 정신지체 사정의 일부로 사용되지는 않지만, California Achievement Test(CAT), Iowa Tests of Basic Skills, 그리고 Metropolitan Achievement Tests(MAT)는 잘 알려져 있는 대표적인 검사들이다.

다른 검사들은 특별한 학업의 강점과 약점을 구체적으로 진단한다. 이러한 검사로는 Metropolitan Instructional Tests, Gates-MacGinitie Reading Test, Woodcock Reading Mastery Test, 그리고 Key Math Diagnostic Arithmetic Test가 있다. 정신지체인을 위한 검사는 흔히 Wide Range Achivement Test-Revised, Minimum Essentials Test, Adult Basic Learning Examinations와 같은 검사로 기초 수학, 읽기 및 지식 기술을 측정한다.

교육과정 중심 사정

교육과정 중심 사정이란 여러 가지 다른, 그러나 항상 매우 구체적인 측정전략을 포함하는 일반적인 용어이다. 모든 교육과정 중심의 방법은 또래들과 비교하여 개인의 상대적인 위치보다 목적에 대해 개인의 진보를 측정한다는 점에서 규준참조 성취 검사와 다르다. 교육과

표 5.6 특정 기술의 목표

대상	무엇	기준
Susan	Susan은 5개 중에 *sh*가 바르게 적힌 단어를 고를 것이다.	적어도 80%의 정확도로
Susan	Susan은 3×0부터 3×10까지 문제를 계산할 것이다.	5분 내에 20문제 중 적어도 19개를 정확하게
Susan	Susan은 미완성 문장에 정확한 관사(a/an)를 넣을 것이다.	최소한 시간의 80%

출처: M. J. Hannafin (1986). Special education assessment. In D. L. Wodrich & J. E. Joy (Eds.), *Multidisciplinary assessment of children with learning disabilities and mental retardation* (pp. 77–108). Baltimore, MD Paul H. Brookes.

정 중심 측정은 점차적으로 컴퓨터 기술을 이용하고 있지만, 오랜 시간 동안 구체적인 기술을 측정하는 장기 목적은 변하지 않은 채로 남아 있다(Allinder, Fuchs, & Fuchs, 1998).

준거참조 검사 준거참조 검사(일종의 교육과정 중심 방법)는 더 일반적인 능력을 구성하는 특정 기술을 측정한다. 예를 들어 글에서 주제를 파악하는 것은 읽기 이해에 포함된 구체적인 기술이다. 표 5.6은 준거참조 검사를 개발하는 데 이용할 수 있는 매우 구체적인 기술의 목표를 기술한다.

준거참조 검사의 한 가지 장점은 목표를 향한 진보가 자주, 때로는 매일, 그리고 적어도 매주 몇 번씩 측정될 수 있다는 것이다. 이러한 결과는 구체적인 목표에 맞게 그래프로 나타나고 분석된다. 숙련도, 정밀 교수, 숙달, 목표 참조, 수행 능력 및 기본적인 기술과 같은 이름이 붙은 검사들은 모두 준거참조를 이용하고 있다(Fuchs & Fuchs, 1990).

교육과정 중심 측정 교육과정 중심 측정은 특정 하위 기술이 아니라 장기적인 목표에 대한 수행을 측정하도록 설계된 교육과정 중심 사정의 특정 유형이다. 준거참조 검사와 같이 자주 측정하고, 진전이 그래프로 그려지고, 수행이 분석되고, 만약 향상이 이루어지지 않으면 교수적 수정이 이루어진다.

예를 들어 Susan의 장기 목표는 올해 말까지 읽기 이해력을 4학년 수준으로 향상시키는 것이다. 그 다음에 읽기 이해력은 (하위 목표를 통해 결정된다기보다) 아마도 지문에 대한 질문에 답하거나, 지문을 다시 말하거나, 지문을 다시 쓰거나, 빈칸 채우기 같은 문제를 통하여 직접적으로 측정될 것이다. 또한 많은 컴퓨터 프로그램이 검사, 채점, 수행을 그래프로 나타내고, 교수방법 수정을 제안한다(Fuchs, Fuchs, & Hamlett, 1992).

말·언어 사정

말과 언어에 지체를 보이는 아동들을 위한 조기중재(와 사정)는 특히 중요하다. 말과 언어의 문제는 인지, 청각 혹은 운동기술뿐만 아니라 정서적, 환경적 요인의 결합과도 관련되어 있을 수 있기 때문에 사정은 현재 언어문제를 판별하는 것과 더불어 관련된 조건을 차별화해야 한다.

언어치료사는 주의 자격요건에 따라 일반적으로 석사학위와 자격증을 가지고 있다. 그러나 많은 주에서 실제를 관리하는 규정을 거의 가지고 있지 않기 때문에 소비자들은 말과 언어치료를 제공하는 사람들의 자격을 점검하기를 원할 것이다.

말·언어 병리학자들은 이해, 표현, 청각적 처리 과정, 조음, 음질과 유창성에서 장애를 포함하는 일련의 광범위한 문제를 다룬다. 사정 기법은 표준화 검사와 행동 관찰을 포함하고 있기 때문에 이러한 기법은 매우 전문화된 임상적인 판단을 필요로 한다.

주로 사용되는 표준화 검사는 Peabody Picture Vocabulary-Revised, Expressive One-Word Picture Vocabulary Test, Boston Naming Test(어휘 표현을 위한)이다. 사정에 중요한 것은 문제 발생의 빈도와 지속기간(예: 말더듬)에 대한 **자세한 기록**과 말과 언어와 관련된 행동양상을 정상적인 형태와 비교하는 **평정 척도**로 귀착되는 행동 관찰이다.

언어장애와 언어지체는 인지 결함의 증상이 될 수 있기 때문에 정신지체인에게 흔히 나타난다. 정신지체의 증상이 심해지면 언어문제는 더 많이 발생한다. 표 5.7은 정신지체인의 형태-규칙 인식의 인지와 언어 발달 사이의 관계를 보여 준다.

표 5.7 언어 형태 인식의 정상 기능에서 심각한 지체까지의 연속체

	정상 기능	정신지체
화법과 화용론	습득한 사회적 상황 규칙을 새로운 상황에 적용	친숙한 맥락에서만 기능할 것이다.
구문-형태론	일반적인 규칙의 적용	전형적인 표현에 의존한다.
수용 어휘	일반적인 규칙을 통해 기억 부담 감소	형태가 인식되기 않기 때문에 기억력 요구가 증대된다.
음운론	규칙에 의해 조정되는 음의 산출: *dig, dog, dip*	소리는 그들이 아는 단어에 의존한다.

작업치료 사정

작업치료사들은 다른 사람들이 개인적, 신체적, 사회적, 정서적 생산성을 성취할 수 있도록 도와준다. 그래서 작업(operation)이란 용어는 제한된 의미의 직장이나 전문직보다 더 넓은 의미의 목표와 가치로 간주된다. 작업치료(Occupational Therapy, OT)는 모든 연령대에 있는 사람들에게 적절하고, 다른 장소들 중에서 병원, 보호 작업장, 신생아 집중치료실과 학교 체제에서 이용될 수 있다. 작업치료사들은 준학사, 학사 혹은 석사 수준의 특별한 훈련을 받은 후 자격이 부여된다. 특수교육과 마찬가지로 작업치료는 장기간 동안 계속되고, 그래서 사정이 계속되는 과정이다.

OT 사정은 초기에 추가적인 처치가 필요한지 여부를 결정하기 위한 선별을 포함한다. MAP 검사와 Denver Development Screening Tset(DDST)가 흔히 사용되는 예이다.

중재와 가장 직접적으로 관련이 있는 OT 방법은 일상생활 활동(Activities of Daily Living, ADL)의 사정이다(Short-DeGraff, 1986). 관련 영역은 자조, 가정관리, 그리고 의사소통 관련 행동을 포함한다. 표준화 검사와 달리 ADL 사정은 위치를 바꾸고, 수정된 장비를 사용하고, 바람직한 행동을 모델링하거나, 시간 혹은 장소를 바꾸는 것을 포함하는 맥락의 변경에 의해 최상의 수행을 끌어내려고 노력한다. 수행을 방해하는 가능한 지각 또는 운동 문제에 각별한 주의를 기울여야 한다. 동작의 적절한 시기, 관절의 제한, 약함 또는 피로와 자세는 대개 자세히 기록된다. 또한 OT 사정은 구강운동 기능, 동작 범위, 근육 강도 및 쥐는 세기, 그리고 집는 세기를 포함할 수 있다. 사정 자료는 개인에게 맞게 수정된 장비의 설계뿐만 아니라 훈련 영역과 방법을 파악하는 데 이용될 수 있다.

개별화 교육 프로그램 개발

면담과 적응행동의 관찰에서 얻은 핵심적인 정보와 함께, 규준참조 및 교육과정 중심 사정에서 얻은 정보는 개별화 교육 프로그램(IEP)을 개발하는 데 중요하다. 일반적으로 IEP는 규준참조에 의해 측정된 단기 목적과 교육과정 중심 사정에 의해 측정된 장기 성취 목적을 모두 포함한다. 또한 진보는 일반적으로 학년 수준에 따른 규준을 참조한다. 그림 5.4는 Susan의 IEP의 일부이다.

예정된 IEP 회의에서 IEP 팀의 구성원(Susan의 일반교사, 작업치료사, 말·언어 병리학자

Susan May Polaski에 대한 개별화 교육계획

시행 날짜: 2000년 9월 27일　　　　　　교사: Sarah Carron

다음 검토일: 2001년 1월 29일 월요일, 오후 7:00

읽기 이해력에 대한 장기 목표:
2001년 5월 27일까지: Susan은 4학년 수준의 글을 90% 정확하게 이해하며 읽을 것이다.

숙련 단계:
1. 매주 다섯 개의 새로운 어휘 단어를 정확하게 설명한다.
2. 80%의 정확성을 가지고 지문에 있는 핵심 주제를 찾는다.

그림 5.4 Susan의 개별화 교육계획(IEP)의 일부

및 부모를 포함)은 사정 그래프를 검토하고, Susan의 진보에 대하여 토의하고, 2학기 계획을 세운다.

Joyce, Susan, Jason의 사정

Joyce

간학문적 팀
특수교사, 상담교사, 할머니, Joyce

Joyce의 IEP는 정기적으로 검토되었으나, 이 학생은 3년 동안 IQ와 적응행동 검사를 받지 않았다. 그러나 올해 재검토에서 모든 학생에게 통과 의례이고 위험과 동시에 희망을 내포하는 중요한 고등학교 전환 계획이 요구되었다. 전환이 순조롭게 이루어지고 Joyce가 생산적인 미래를 준비하도록 도와주기 위하여 그녀의 사정에 (1) IQ와 적응행동의 재검사, (2) 몇 번의 면접, (3) 행동 관찰, (4) 그녀의 현재 학업기술의 철저한 분석이 포함된다.

검사 결과
WISC-III 검사는 약간의 변화를 보였다. Joyce는 언어성 점수가 동작성 점수보다 대체로 높

게 나왔으며, 총 점수는 67점이었다. Joyce는 사실적 지식을 요구하는 영역은 잘 했으나, 추상적 추론 과제 영역은 잘 하지 못했다. 기능적 학업을 제외하고, Joyce는 자신의 연령에 맞는 적응행동을 하였다.

표준화 검사에 따르면 Joyce의 학업 성취도는 읽기가 3학년 말에서 4학년 초기 수준이고 수학은 3학년 초기 수준이었다. Joyce는 어휘가 어렵지 않으면 읽고 싶어 하고, 수학 수업은 매우 두려워하며 하지 않으려고 반항한다. 교육과정 중심 검사는 한 해 동안 느리나 꾸준히 향상되었으나, 추후 재검사에서 학습한 자료를 잊어버리는 비율이 매우 높다고 나타냈다.

행동 관찰

학교에서 Joyce는 특별한 친구 집단에게 호의적이고 적극적이지만, 더 큰 집단에서는 수줍어하고 조심성이 있다. Joyce는 수학을 제외하고 자신의 과제를 잘 하려는 의욕을 갖고 있는 것 같고 문제행동도 하지 않는다. Joyce는 집에서 스스로 신변 처리를 할 수 있으며, 집안일과 아동을 돌보는 일을 하는 데 도움이 되고 책임감도 있다. Joyce는 단순하지만 예쁜 옷을 만들 정도로 바느질을 좋아한다.

면접 결과

Joyce의 할머니, 어머니와 언니는 Joyce가 '문제를 일으킬 것'처럼 보여서 걱정을 하지만, 그들은 자신들의 걱정이 막연하고 대부분 자신에 대해 '숨기려는 태도' 때문이라고 인정하였다. 그들은 (가족의 오랜 친구이고 Joyce와 가까운) '이모' Olive가 더 많은 도움을 줄 수 있을 것이라고 말했다. 비록 Olive가 Joyce의 신뢰를 저버리지는 않겠지만, 그녀는 Joyce가 자신에게 가족들의 걱정을 확인시켜 주는 이야기를 했다고 말하였다.

Joyce가 몇 가지 좋은 실제적인 기술을 익혀 왔지만, 이러한 기술은 교육을 통해 많이 연습하고 반복해야 한다는 데 일반적으로 동의하였다. Joyce는 어떤 기술을 한 번 배우면 그것을 매번 동일한 방법으로 한다. 예를 들어 Joyce는 항상 양말을 옷장 왼쪽 위 서랍에 넣는다는 것을 안다. 그래서 새 양말 몇 켤레를 받았을 때 Joyce는 단순히 그 양말을 모두 서랍에 넣고 서랍이 너무 꽉 차서 닫히지 않기 때문에 열어 둔다. 가족들에 따르면, Joyce는 스스로 해결책을 찾아내지 못하고 다른 사람에 의해 쉽게 영향을 받는다.

팀의 결정

팀은 첫 번째 우선순위는 Joyce가 자신의 미래를 위해 건설적인 방향과 미래상을 가질 수 있도록 도와주는 것이라는 데 동의하였다. Joyce가 수학과 읽기를 향상시키기 위하여 계속 공부를 하는 동안, 그녀가 관심을 가진 미래의 직업으로 이어질 수 있는 직장 경험을 하도록 하는 것이 중요하다. 적절한 것을 찾았을 때 Joyce는 고등학교 근로 장학 프로그램에 등록하도록 결정하였다. Joyce는 이러한 계획을 세우는 데 깊이 관여하였다. 또래교수 프로그램에 참여하고 있는 일반학생인 Lisa Bryant는 Joyce와 함께 공부뿐만 아니라 교외활동을 하겠다고 동의하였다. 개인적으로 Joyce의 할머니는 집에서 Joyce를 위한 더 많은 활동을 찾아보고 혼자 있는 시간을 줄이겠다고 동의하였다.

Susan

간학문적 팀

일반교사, 말·언어 병리학자, 작업치료사, 상담교사, 어머니, 아버지, Susan

Susan은 신체장애 때문에 표준화된 규준참조 IQ검사를 다 할 수 없었다(Spitz, 1986). 그래서 Susan은 4장에서 논의된 타당도, 신뢰도 및 표준화에 대한 심리측정 자료가 없다. 만약 우리가 이러한 도구에서 요구하는 절차에 따라 검사를 엄격히 실시한다면, Susan은 검사 불능이다. 검사가 고객을 위해 설계되어야 하기 때문에 임상적 판단은 그녀의 기술에 대한 정보를 얻을 수 있는 과제를 선택하도록 안내해야 한다. 이전 검사가 Susan이 청각 및 언어적 양식에 집중력이 좋고, 시각-공간적 과제보다 언어적 형태에 더 편안해하고 잘 한다고 하였음에도 불구하고, 표준화 검사에서 얻은 정보는 Susan을 위한 중재에 제한적으로 사용될 수 있다.

위와 같은 이유로 팀은 표준화 검사를 다시 실시해야 하는 이유를 찾을 수 없었다. 대신에 (1) 교과과정 중심 검사, (2) 집과 학교에서 행동 관찰, (3) Susan의 부모와 Jolene(Susan의 입주 근무 도우미)과의 면담을 포함하는 중재 중심 측정에 전념하기로 결정하였다.

교육과정 중심 측정

교육과정 중심 측정은 Susan이 비록 자신의 학년 수준보다 약 2년 뒤처져 있음에도 불구하고, Susan은 자신의 목표를 향해 꾸준히 나아가고 있고, 학습한 내용을 보유하고 있다는 것을 보여 주었다. Susan의 교사는 회의에서 Susan의 장래의 교육과정 목표들을 제시하였고 팀은 이러한 목표들을 받아들였다.

행동 관찰, 면담 및 팀의 결정

Susan의 교사, 작업치료사 및 말·언어 병리학자는 함께 친밀히 일한다. 그들은 서로 자주 만나서 Susan의 현재 수행과 향상에 대하여 파악한다. 때때로 Susan은 '의기소침'하여 평소보다 더 자주 좌절감을 표현하는 날이 있지만, 일반적으로 의욕이 매우 넘치고 협력적이다. 상담교사의 제안에 따르면, 의기소침한 날 Susan이 자기 자신에게 열중할 수 있도록 더 많은 시간을 주고, 그 다음에 그녀의 일반적인 성공을 상기시켜 주면서 자신의 활동을 다시 시작하도록 조심스럽게 격려해 준다. Susan은 이러한 접근방법을 올바로 이해하고, 그것의 장점을 받아들이지 않았다.

현재 주요한 목표는 Susan이 자신의 생각, 정서 및 경험을 세상에 표현할 수 있도록 더 다양하고 좋은 방법을 제공하도록 도와주는 것이라는 데 동의하였다. 언어 병리학자와 작업치료사는 함께 그 목표에 기여할 수 있는 새로운 컴퓨터 수정과 소프트웨어를 제안하였다. 이것은 9장에서 설명된다.

Jason

(Jason에 대한 더 많은 사정과 IEP는 10장 '조기중재'에서 볼 수 있다.)

간학문적 팀

심리학자, 의사, 작업치료사, 지방 교육청 관계자, Jason의 어머니인 Cathy

이것은 Jason의 첫 번째 팀 사정이다. Jason의 소아과 의사는 그를 조기중재에 의뢰하였고, 지역 교육청 소속 조정자는 팀을 구성하였다. (1) Bayley 심리검사, (2) 집과 유치원에서, 그리고 작업치료를 하는 동안의 행동 관찰, (3) Cathy, Jason의 유치원 교사와의 개별 면담의 세 가지 사정이 이루어졌다. Jason의 외할머니와 누나와의 면담은 전화상으로 이루어졌다. 보고서는 Jason의 물리치료사와 호흡기 내과 의사로부터 받았다.

검사 결과

Bayley 검사에서 Jason의 발달지수(DQ)는 8~12개월이었다. 그의 언어적 기술(6~8개월)은 시각적 문제해결 기술(14개월)보다 취약했다. Jason을 적절한 자세로 붙들었을 때 Jason은 상대적으로 사물을 잘 다루었고, 특히 그의 오른손에 있어서 소근육 운동기술은 대근육 운동기술이나 균형 감각보다 더 나았다. Jason의 몸짓 언어는 언어적 기술보다는 시각적 문제해결 기술과 일치하였다. 이것은 더 부족한 언어 능력이 아마 더 일반적인 의사소통 문제보다 오히려 특별한 말·언어의 어려움과 관계가 있을 것임을 나타낸다.

행동 관찰과 면담

주요한 행동상 발견은 Jason이 아플 때와 건강할 때 수행 능력에 현저한 차이가 있다는 것이었다. Jason은 아플 때 발달이 전혀 안 되는 것 같다. 게다가 Cathy는 때때로 Jason에게 인내심을 유지하기 어렵다고 보고하였다. 그녀의 다른 아동들도 장애를 가지고 있지만, 그녀는 Jason의 건강 때문에 겪는 스트레스를 예상하지 못했고, 그 결과 위의 두 아동들을 양육하는 데 힘이 든다고 말했다.

팀의 결정

팀은 Jason과 그의 가족을 위해 개별화 가족 지원 계획(IFSP)를 개발했다(자세한 내용은 10장 참조). 최우선(그리고 관련된) 사항은 Jason이 건강을 유지하고 집에서 스트레스를 줄여서, 결과적으로 Cathy와 그녀의 가족이 서로 더 즐길 수 있도록 하는 것이다. Cathy는 일시적 위탁 서비스에 연락하여 자기 자신을 위한 시간을 보내도록 도움을 받았다. Cathy의 어머니는 아동들을 매주 몇 시간씩 돌보겠다고 말했으나, 그녀는 Jason이 천식 발작을 할 때 그 상황을 잘 다루지 못하는 것을 두려워했다. 그녀는 Jason의 호흡기 질환에 대해 배워 다음에 천식 발작이 발생할 때 Cathy를 돕고 싶다고 말했다. Cathy와 Jason의 주치의가 Jason의 새 약이 잘 듣는다고 좋아했고, 천식 발작 정도가 경감되기를 원하였다.

물리치료사의 보고서에는 Cathy가 Jason을 운동시키도록 훈련받아서, 곧 다가오는 물리치료(PT) 예약을 취소할 수 있다고 했다. 작업치료 방문은 유치원으로 조정했다. 언어 병리학자와의 상담은 도움이 되었다고 결정했고, 작업치료사는 그러한 제안을 통합하여 추가 예약은 꼭 필요하지 않을 것이라고 결정되었다. 이러한 변화와 함께—Jason이 나이가 들수록 소아과 의사를 방문하는 횟수가 줄어들기 때문에—호흡기 전문가와의 정기적인 예약은 Cathy가 아주 잘 지킬 수 있을 것처럼 보인다.

조망

5장은 완전한 사정에 참여하는 다양한 전문가들뿐만 아니라 그들이 정신지체를 사정하는 데 사용하는 몇 가지 방법과 도구에 대한 정보를 제시하였다. 그에 더하여 5장은 현행 기법에 대한 여러 가지 강점과 문제점을 다루고, 당신에게 정확하고 유용한 사정을 위하여 필요한 몇 가지 난제를 인식하게 하였다. 6장은 정도가 다양한 정신지체를 가지고 있는 사람들에게서 발견되는 특성에 대하여 논의하고, 이 분야의 전문가들에 의해 도움을 받는 사람들을 더 잘 이해하고 지원하기 위하여 정신지체의 사정과 분류가 나아가야 할 여러 가지 새로운 방향에 대하여 설명한다.

참고문헌

Aiken, L. R. (1991). *Psychological testing and assessment* (7th ed.). Boston: Allyn & Bacon.

Allinder, R. M., Fuchs, L. S., & Fuchs, D. (1998). Curriculum board measurement. In H. B. Vance (Ed.), *Psychological assessment of children: Best practices for school and clinical settings* (2nd ed., pp. 106–132). New York: Wiley.

Anastasi, A. (1988). *Psychological testing* (6th ed.). New York: Macmillan.

Bayley, N. (1993). *Bayley scales of infant development*. New York: Psychological Corporation.

Berk, L. E. (2000). *Child development* (5th ed.) Boston: Allyn & Bacon.

Bruininks, R. H., Woodcock, R. W., Weatherman, R. F., & Hill, B. K. (1984). *Interviewers manual: Scales on Independent Behavior*. Allen, TX: DLM Teaching Resources.

Burns, C. W (1990). Assessing the psychological and educational needs of the moderately and severely mentally retarded. In Reynolds, C. R., & Kamphaus, R. W. (Eds.), *Handbook of psychological and educational assessment of children: Intelligence and achievement* (pp. 789–802). New York: Guilford.

Capute, A. J., & Accardo, P. J. (1991). Language assessment. In A. J. Capute & P. J. Accardo (Eds.), *Developmental disabilities in infancy and childhood* (pp. 165–179). Baltimore, MD: Paul H. Brookes.

Crnic, K. A. (1988). Mental retardation. In E. J. Mash & L. G. Terdal (Eds.), *Behavioral assessment of childhood disorders* (2nd ed., pp. 265–302). New York: Guilford.

Cronbach, L. J. (1970). *Essentials of psychological testing* (3rd ed.). New York: Harper & Row.

Dacey, C. M., Nelson, W. M. III, & Stoeckel, J. (1999). Reliability, criterion-related validity and qualitative comments of the fourth edition of the Stanford-Binet Intelligence Scale with a young adult population with intellectual disability. *Journal of Intellectual Disability Research, 43*(3), 179–184.

Demchak, M., & Drinkwater, S. (1998). Assessing adaptive behavior. In H. B. Vance (Ed.), *Psychological assessment of children: Best practices for school and clinical settings*. New York: John Wiley.

Diana v. *State Board of Education*. (1970, 1973). C–70, 37 RFP (N.D. Cal., 1970, 1973)

Ellis, N. R. (Ed.). (1979). *Handbook of mental deficiency*. New York: John Wiley & Sons.

Fagan, J. F., III, & Detterman, D. K. (1992). The Fagan Test of Infant Intelligence: A technical summary. *Journal of Applied Developmental Psychology, 13*, 173–193.

Fagan, J. F, III, Shepherd, P. A., & Knevel, C. R. (1991). *Predictive validity of the Fagan Test of Infant Intelligence*. Paper presented at the biennial meeting of the Society for Research in Child Development, Seattle, WA.

Fradd, S. H., Figueroa, R. A., & Correa, V. I. (1989). Meeting the multicultural needs of Hispanic students in special education. *Exceptional Children, 56*, 105–110.

Fuchs, L. S., & Fuchs, D. (1990). Curriculum-based assessment. In C. R. Reynolds & R. W. Kamphaus (Eds.), *Handbook of psychological and educational assessment of children: Intelligence and achievement* (pp. 435–455). New York: Guilford.

________, & Hamlett, C. L. (1992). Computer applications to facilitate curriculum-based measurement. *Teaching Exceptional Children* (Summer), 58–60.

Glutting, J. J., & Kaplan, D. (1990). Stanford-Binet Intelligence Scale, Fourth Edition: Making the case for reasonable interpretations. In C. R. Reynolds & R. W. Kamphaus (Eds.), *Handbook of psychological and educational assessment of children: Intelligence and achievement* (pp. 277–296). New York: Guilford.

Hannafin, M. J. (1986). Special education assessment. In D. L. Wodrich & J. E. Joy (Eds.), *Multidisciplinary assessment of children with learning disabilities and mental retardation* (pp. 77–108). Baltimore, MD: Paul H. Brookes.

Hawkes, N. (1979). Tracing Burt's descent to scientific fraud. *Science, 205*, 673-675.

Heal, L. W., Borthwick-Duffy, S. A., & Saunders, R. R. (1996). Assessment of quality of life. In J. W. Jacobson & J. A. Mulick (Eds.), *Manual of diagnosis and professional practice in mental retardation* (pp. 199-212). Washington, DC: American Psychological Association.

Hernstein, R. J. (1982). IQ testing and the media. *The Atlantic Monthly* (August), 73-74.

Hodapp, R. M., Leckman, J. F., Dykens, E. M., Sparrow, S. S. Zelinski, D. G., & Ort, S. I. (1992). K-ABC profiles in children with Fragile X Syndrome, Down Syndrome, and nonspecific mental retardation. *American Journal on Mental Retardation, 97*(1), 39-46.

Kamphaus, R. W., Kaufman, A. S., & Harrison, P. L. (1990). Clinical assessment practice with the Kaufman Assessment Battery for Children (K-ABC). In C. R. Reynolds & R. W. Kamphaus (Eds.) *Handbook of psychological and educational assessment of children: Intelligence and achievement* (pp. 259-276). New York: Guilford.

Kaplan, S. L., Alfonso, V. C. (1997). Confirmatory factor analysis of the Stanford-Binet Intelligence Scale: Fourth edition with preschoolers with developmental delays. *Journal of Psychoeducational Assessment, 15*(3), 226-236.

Kaufman, A. S. (1994). *Intelligent testing with the WISC-R*. New York: John Wiley & Sons.

________, & Kaufman, N. L. (1983). *Kaufman Assessment Battery for Children (K-ABC)*. Circle Pines, MN: American Guidance Service.

Keith, T. Z., & Dunbar, S. B. (1984). Hierarchical factor analysis of the K-ABC: Testing alternate models. *Journal of Special Education, 18*(3), 367-375.

Keogh, B. K., Bernheimer, L. P., & Guthrie, D. (1997). Stability and change over time in cognitive level of children with delays. *American Journal on Mental Retardation, 101*(4), 365-373.

Kopp, C. B. (1994). Infant assessment. In C. B. Fisher & R. M. Lerner (Eds.), *Applied developmental psychology* (pp. 265-293). New York: McGraw-Hill.

Larry P. v. *Wilson Riles* (1972). Federal District Court Sitting in California, C-71-2270 (RFP, District Court for Northern California).

Lennox, D. B., & Miltenberger, R. G. (1989). Conducting a functional assessment of problem behavior in applied settings. *Journal of the Association for Persons with Severe Handicaps, 14*, 304-311.

Lezak, M. S. (1983). *Neuropsychological assessment* (2nd ed). New York: Oxford University Press.

Malone, D. (1986). Personal communication.

Matson, J. L. (1988). Mental retardation in adults. In V. B. Vanhasselt, P. S. Strain, & M. Hersen (Eds.), *Handbook of developmental and physical disabilities* (pp. 353-369). New York: Pergamon.

Merighi, J., Edison, M., & Zigler, E. (1990). The role of motivational factors in the functioning of mentally retarded individuals. In R. M. Hodapp, J. A. Burack, & E. Zigler (Eds.), *Issues in the developmental approach to mental retardation* (pp. 114-134). Cambridge, England: Cambridge University Press.

Morison, P. (Ed.). (1996). *The use of IQ tests in special education decision making and planning. Summary of two workshops*. Washington, DC: National Research Council.

Naglieri, J. A. (1985). *Matrix Analogies Test: Expanded form*. San Antonio, TX: Psychological Corporation.

Nihira, K., Foster, R., Schellhass, H., & Leland, H. (1974). *AAMR Adaptive Behavior Scale, manual*. Austin, TX: Pro-Ed.

Nutall, R. L., & Fozard, T. L. (1970). Age, socioeconomic status and human abilities. *Aging and Human development, 1*, 161-169.

Ogbu, J. U. (1997). Understanding the school performance of urban blacks: Some essential background knowledge. In H. J. Walber, O. Reyes, & R. P. Weissberg (Eds.), *Children and youth: Interdisciplinary perspectives* (pp. 190-222). Thousand Oaks, CA: Sage.

O'Neill, A. (1993). *Clinical inference: How to draw meaningful conclusions from psychological tests*.

Brandon, VT: Clinical Psychology Publishing.
Oswald, D. P., Coutinho, M. J., Best, A. M., & Singh, N. (1999). Ethnic representation in special education: The influence of school-related economic and demographic variables. *Journal of Special Education, 32*(4), 194-206.
Polloway, E. A., & Rucker, H. (1997). Etiology: Biological and environmental considerations. In T. E. C. Smith, C. A. Dowdy, E. A. Polloway, & G. E. Blalock (Eds.), *Children and adults with learning disabilities* (pp. 160-187). Boston: Allyn & Bacon.
Raven, J. C. (1938). *Standard progressive matrices*. London: Lewis.
Reynolds, C. R. (1987a). Playing IQ roulette with the Stanford-Binet, 4th edition. *Measurement and Evaluation in Counseling and Development, 20*, 139-141.
________. (1987b). Sympathy not sense: The appeal of the Stanford-Binet fourth edition. *Measurement and Evaluation in Counseling and Development, 21*, 45.
Rose, S. A., Feldman, J. F, & Wallace, I. F (1992). Infant information processing in relation to six-year cognitive outcome. *Child Development, 63*, 1126-1141.
Sattler, J. M. (1974). *Assessment of children's intelligence*. Philadelphia: W. B. Saunders.
Sattler, J. W. (1990). *Assessment of children* (3rd ed.) San Diego: J. M. Sattler.
Short-DeGraff, M. A. (1986). Occupational therapy assessment. In D. L. Wodrich & J. F. Joy (Eds.), *Multidisciplinary assessment of children with learning disabilities and mental retardation* (pp. 161-193). Baltimore, MD: Paul H. Brookes.
Sienkiewicz-Mercer, R., & Kaplan, S. B. (1989). *I raise my eyes to say yes*. Boston: Houghton Muffin.
Simeonsson, R. J., & Short, R. J. (1996). Adaptive development, survival roles, and quality of life. In J. W. Jacobson & J. A. Mulick (Eds.), *Manual of diagnosis and professional practice in mental retardation* (pp. 137-146). Washington, DC: American Psychological Association.
Singh, N. N., Oswald, D. P., & Ellis, C. R. (1998). Mental retardation. In T. H. Ollendick & M. Hersen (Eds.), *Handbook of child psychopathology* (3rd ed., pp. 91-116). New York: Plenum.
Sparrow, S., Balla, D., & Cicchetti, D. (1984). *Vineland Adaptive Behavior Scales*. Circle Pines, MN: American Guidance Service.
Spitz, H. H. (1986). Disparities in mentally retarded persons' IQs derived from different intelligence tests. *American Journal of Mental Deficiency, 90*(5), 88-591.
Stinnett, T. A. (1997). AAMR Adaptive Behavior Scale-School: Test review *Journal of Psychoeducational Assessment, 15*(4), 361-372.
Thorndike, R. L., Hagen, E., & Sattler, J. (1985). *Stanford-Binet Intelligence Scale* (4th ed.). Chicago: Riverside.
Walker, N. W. (1987a). The Stanford-Binet, 4th Edition: Haste does seem to make waste. *Measurement and Evaluation in Counseling and Development, 20*, 135-138.
________. (1987b). Response to Hopkins: Emotional loyalty does not a good rejoinder make. *Measurement and Evaluation in Counseling and Development, 21*, 43-44.
Wechsler, D. (1981). *Wechsler Adult Intelligence Scale—Revised*. San Antonio, TX: Psychological Corporation.
________. (1989). *Wechsler Preschool and Primary Scale of Intelligence—Revised*. San Antonio, TX: Psychological Corporation.
________. (1991). *Wechsler Intelligence Scale for Children* (3rd ed). San Antonio, TX: Psychological Corporation.
Wilson, W. M. (1992). The Stanford-Binet: Fourth edition and Form L-M in assessment of young children with mental retardation. *Mental Retardation, 30*(2), 81-84.
Wingerson, L. (1998). *Unnatural selection*. New York: Bantam.

Wodrich, D. L., & Joy, J. E. (1986). Practical issues and illustrative cases. In D. L. Wodrich & J. E. Joy (Eds.), *Multidisciplinary assessment of children with learning disabilities and mental retardation* (pp. 281–308). Baltimore, MD: Paul H. Brookes.

CHAPTER 6

정신지체의 특성

특성 이해의 기본 쟁점

정신지체의 중요한 특성은 그 정의에 기술되어 있다: (1) 낮은 IQ, (2) 적응행동의 결함(4장 참조). 그러나 IQ 측정은 주의, 이해, 기억, 언어 능력, 공간 인지, 학습, 일반화 및 문제해결을 포함하는 기술과 능력을 반영한다. 게다가 정신지체가 뇌손상에서 기인될 때, 그 손상은 또한 운동문제를 야기할 것이다. 또한 인성과 동기 특성은 수행에서 중요한 역할을 한다. 현재 상태와 이러한 특성과 결핍의 심각성에 따라 여러 가지 적응행동문제가 야기된다. 정신지체인의 삶과 특별히 관련된 많은 적응행동은 1992년의 AAMR 정의에 포함되어 있다: 의사소통, 자기보호, 가정생활, 사회적 기술, 지역사회 이용, 자기주도, 건강과 안전, 기능적 학업, 여가와 일(Luckasson, 1992).

정신지체의 특성은 전형적으로 전통적인 분류 체계에 의해 대표되는 심각도의 수준, 즉 경도, 중등도, 중도, 최중도 장애에 대한 관심과 관련된 특성을 통해 배워 왔다. 그러나 4장에서 논의한 바와 같이 이 분류 체계는 심각한 제한을 가지고 있고, 이 분류 체계의 엄격한 적용은 실제로 혼란과 오해를 증폭시킨다. 당신이 기억하는 것과 같이, 이러한 문제는 범주 구성원이 IQ에 기초하고, 대다수의 기술과 능력이 IQ점수로 구성된다는 사실에서 나온다. 그런데 IQ는 이러한 기술의 일종의 평균이다. 만약 IQ로 구성된 모든 기술이 동일한 수준이라면 문제는 없다. 그러나 많은 사람들에게 있어서 그러한 기술에 중요한 가변성이 있다. 그래서 한 명이나 그 이상이 경도 범주 안에 들어가고 다른 사람들이 중등도나 중도 또는 최중도 장애에 들어갈 것이다. 이와 같이 개인들은 분명히 그런 전형적인 일반적 점수로 행동과 능력이 일치한다고 그 특성에 의해 정확히 기술될 수 없다.

크게 기술의 가변성에 의해 야기되는 혼동 때문에 실천가들은 흔히 분류 범주에 맞는 것으로 그들의 정신지체 특성에 대한 지식을 적용하는 데 있어 실질적인 문제를 경험한다. 예를 들어 저자의 학생 중 한 명이 정신지체 아동의 기능적 읽기 기술을 지도하면서 상당한 좌절을 보인 적이 있다. “그녀는 이것을 할 수 있어야 해요. 그녀는 경도 범주이니까.” 그러나 문제에서 이런 사람을 가까이서 지켜보면, 바로 그녀의 기술이 다양한 영역에서는 경도 분류에 일치한다고 하여도 그들이 읽기에 중요한 하나나 두 영역—추상적 자극에 대한 시각적 기억을 포함하여—에서 매우 낮은 능력을 나타내었다.

분류적 사고를 피해야 하는 또 다른 중요한 이유는 바로 특성과 도전이 개인이 경도이든 아니면 좀 더 심각한 조건이든 간에 서로 매우 비슷하다는 점이다. 최상의 교육 프로그램은 여전히 어떤 다른 특성에 따른 반응이라기보다 정신지체의 ‘정도’에 따라 달라질 것이라고 일반적으로 동의한다(Hallahan & Kauffman, 1997). 그러나 일부 연구자들은 오랫동안 정신지체인들 사이의 주요한 차이가 경도 정신지체와 중도 정신지체 사이가 아니라, 각 개인과 그들의 성취하려는 목적 사이의 차이라고 주장하였다(Grey, 1981). 물론 IQ가 감소함에 따라(특히 최저 수준에서) 필요한 지원의 정도와 기간은 증대한다는 것이 일반적인 사실이다. 그러나 관심 영역은 전형적으로 같다고 볼 수 있다. 그러므로 정신지체에 대한 특성 결핍은 특정 학생과 내담자로 하여금 현실과 각 특성의 전제 사이의 차이를 줄이는 데 도움을 줄 수 있다고 생각하는 것과 마찬가지로 개인의 느린 변화에 대해 일어나는 것으로 생각하는 것이 더욱 유용하다.

이러한 중요한 실질적 어려움(과 결과로 일어나는 혼동) 때문에 이 책에서는 범주와 관계없이 흔히 일반적으로 정신지체인을 위해 존재하는 것을 기술함에 의해 특성에 접근한다. 또한 이러한 특정 특성이 중도보다 경도일 때 개인이 가지기 쉬운 적응 문제를 기술한다. 그러나 일반적으로 경도 조건을 가진 정신지체인을 위한 교수적 욕구와 지원이 이들보다 더욱 심각한 장애를 위해 요구되는 것들과 때로 다르기 때문에 접근방법에 있어서 그런 근소한 차이가 가려진다.

이 책에서는 일반적인 범주의 의존하기보다 개인의 특별한 특성과 관련되는 평가, 이해 및 교수와 중재 접근법 개발의 필요성을 강조한다. 이런 접근법의 원칙은 개인을 '분류하거나' 한정된 '위치'에 배치하는 것에 대한 어떤 일반적인 주저함을 벗어난다. 그것은 적절한 사정과 효과적인 실제의 실질적이고 통합적인 문제를 언급한다.

신체적, 정신적 건강

필요한 지원의 수와 강도는 빈번히 어떤 지적 결함의 수준보다 신체적, 정신적 건강문제로 귀결된다. 유전과 염색체 혼란을 가진 사람들의 경우 이와 연관된 신체적 장애가 흔히 나타난다. Jason의 사례 이야기에서 나타났듯이 건강문제는 가족들에게 상당한 스트레스를 야기하고, 이러한 건강문제는 더 많은 지체와 심지어 성장과 발달을 저해할 수 있다.

또한 정신적 장애는 정신지체인에게 흔히 나타나고, 정신지체인들 중에서 20~35%가 영향을 받고 있다(Fletcher, 2000). 그 외에 특별한 정신지체 관련 증후군을 지닌 사람은 정신병리학적 증거가 있을 수 있다는 제안이 있다(Dykens, 1996).

정신의학적 조건 이외에도 정신지체인은 공격, 위축 및 기타 부적절한 행동을 포함하여 행동문제의 발생률이 높을 수 있다(Dudley, Ahlgrim-Delzell & Calhoun, 1999). 빈번한 건강 및 정신의학적 문제 때문에 필요한 지원 결정을 하기 위해서는 각 개인의 이러한 요인들에 대한 주의 깊은 사정이 이루어져야 한다.

동기 특성

정신지체인은 때로 그들의 행동적, 지적 성취 둘 다에 영향을 미치는 어떤 동기적, 인성적 특성을 가지고 있다. 예를 들어 정신지체인은 그들의 환경에 영향을 주거나 새롭고 어려운 과제를 시도할 욕구를 거의 거의 가지고 있지 않다(Bennet-Gates & Zigler, 1999a). 일부 이러한 수동적 경향은 **학습된 무기력**(learned helplessness)과 연관이 있을 수 있다. 학습된 무기력이 있는 아동들은 그들이 심지어 완벽하게 성공할 수 있는 상황에서도 성공할 수 없다고 믿는다. 이러한 잘못된 신념 때문에 그들은 노력하는 것을 거부한다. 왜냐하면 그들은 실패의 위험을 원하지 않기 때문이다(Elliot & Dweck, 1998). 이런 아동들은 자신의 수행을 증진시키기 위한 노력과 실행력이 부족하다. 그리고 성공했다 하더라도 그들은 그것을 행운으로 여긴다. 학습된 무기력은 일반적으로 부모, 교사 또는 다른 보호자의 반복된 비판과 낮은 기대와 조합된 초기 실패의 결과이다.

그러나 어른들이 그들의 성공을 지적하고, 훌륭한 수행과 능력 간의 명백한 연결을 분명히 보여 주면 학습된 무기력이 있는 아동들도 그들의 능력과 노력의 정도에서 더욱 더 자신감을 얻을 수 있다. 예를 들어 Peter는 학습된 무기력을 보이며, 전형적으로 자신이 경험한 어떠한 성공도 운의 결과라고 생각한다. 그는 자신의 실패를 자신의 능력 부족이라고 믿는다. 그 결과 그는 일반적으로 자신이 수행할 수 있다고 절대적으로 확신하지 않는 한 어떤 과제도 시도하지 않으려고 하며, 그래서 그의 사고는 그에게 완벽하게 가능한 성공이어야 한다는 입장을 고수한다.

Peter는 자신의 능력에 대한 타당한 결과를 다른 사람들이 끊임없이 지적해 주면, 자신의 노력에 대한 효과를 인식하고 믿는 것을 학습할 수 있다. 다시 말해 그의 교사나 보호자 및 다른 사람들이 그에게 성공의 기회를 주고, 그런 성공("봐라, 너는 ~을 할 수 있어.")에 함의된 분명한 능력을 지적해 주며, 그로 하여금 더 많은 노력을 기울이도록 자극하면, 그의 동기는 증대될 것이다. 이렇게 하기 위해서는 우선 지속적인 외적 강화를 제공해야 한다. 그러나 노력의 역할에 초점 맞추는 말("봐라, 네가 얼마나 힘든 일을 해냈는지를!")과 함께 외적 강화가 병행되도록 해야 한다. Peter는 이런 말을 점차 내면화시킬 것이며, 자기 자신의 적응력을 믿기 시작할 것이다. 그리고 Peter가 자신의 능력을 믿는 것을 배우게 됨에 따라 그는 자신의 삶을 결정하고 통제하는 능력이 훨씬 더 증진될 것이다.

해봐야 소용없다는 말이 아니라, 모든 사람이 겪는 피할 수 없는 경험으로서 실패를 받아들일 수 있도록 도와주는 것이 매우 중요하다. 노력을 통한 그들의 성공 기회에 관한 아동의 신념을 '재훈련' 하는 것은 그들의 태도가 깊게 고착화되기 전에 최상으로 수행되어야 하기 때문에 아동이 어렸을 때 시작하는 것이 특히 중요하다(Eccles, Wigfield, & Schiefele, 1998).

또한 정신지체인은 자신이 스스로 올바른 행동을 할 수 있는 상황에서도 어른들이 무엇을 하는지를 지켜본다. 이런 **외부 지향성**(outerdirectedness)은 자신이 스스로 결정하거나 스스로 시도하는 기회를 거의 가지지 않은 사람에게 더욱 흔하게 나타난다(Bybee & Zigler, 1999). 게다가 이러한 정신지체인은 그들이 긴장하는 동안, 그리고 그들이 잘 모르는 사람과의 상호작용을 회피하고자 할 때, 물론 이러한 경향 역시 경험과 사회적 상호작용의 결핍과 연관된 것이지만, 자기와 친숙하고 지지해 주는 사람의 인정을 특히 얻으려고 할 것이다(Bennet-Gates & Zigler, 1999b).

정신지체인은 때로 그들 스스로 완벽하게 잘 수행할 수 있는 과제라도 다른 사람의 단서에 의존한다.

© Peeter Vilms/Jeroboam

정신지체인의 동기 유발 요인의 역할을 이해하는 것은 중요하다. 왜냐하면 이러한 특성은 자발적인 시도에 영향을 줄 수 있을 뿐만 아니라, 주의와 기억과 같은 그들 자신의 인지적 처리의 효율성을 낮출 수 있기 때문이다(Utley, Hoehn, Soraci, & Baumeister, 1993). 더욱이 동기의 기질적 측면은 정신지체의 원인, 삶의 조건, 그리고 연령을 포함하는 많은 다른 요인들에 의해 영향을 받는다(Bybee & Zigler, 1999). 그래서 IQ와 성취는 단순히 지적 능력의 결과가 아니라 개인의 특성들 사이에서의 복합적인 상호작용에 영향을 받는다. IQ의 수준에 초점을 맞춘 Singular는 이러한 차이를 숨기고 수행 증진을 위해 변경될 수 있는 이러한 특성을 놓치도록 우리를 안내했다. 이와 같은 초점은 가능한 뇌손상, 동기, 주의, 전략 사용, 그리고 실제로 관련된 다른 요인들을 언급하지 않고 IQ의 결핍 정도를 밝히는 데 기여할 것이라고 보는 IQ검사로 문제를 설명하려고 하는 사람들에 의해 종종 알맹이 없는 논쟁을 야기한다. 손상(impairment)의 범주에 의뢰하여 최소한의 설명을 하려 하지만, 연구와 실제 어느 것에서도 그것은 더 정확하지도 않고 최선의 관계를 표현하는 것도 아니다.

학습과 일반화

정신지체는 항상 학습의 곤란을 함의한다. 그러나 학습은 그 자체가 하나의 단일한 기술이 아니라 주의, 기억, 이해를 포함하는 복잡한 지적 과정이다. 이러한 과정이 어떻게 서로 상호작용하는지를 설명하는 한 가지 방법은 정보처리의 한 모형을 통해서이다(**그림 6.1** 참조).

그림 6.1처럼 정보처리는 **감각 등록**(sensory register)으로부터 시작하는 몇 가지 하위 처리 과정을 포함한다. 감각 등록은 첫 번째 자극으로 수신한 하나 또는 그 이상의 감각 기능—시각, 청각, 미각, 후각, 촉각—을 나타낸다. 그러나 자극을 자각하면, 이 자극에 대한 주의

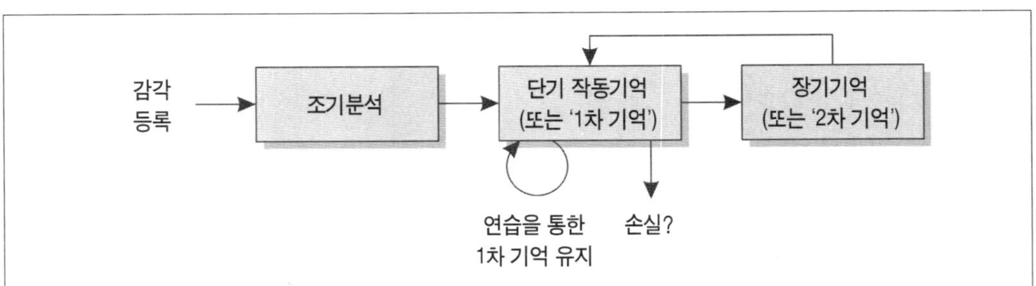

그림 6.1 기억의 정보처리 관점

(attention)가 요구된다. 그래서 감각 등록은 '신호'를 수신하지만, 주의는 신호를 의식 또는 작동기억(혹은 단기기억)으로 전환한다. 일단 하나의 자극이 작동기억에서 보유되면, 이것은 짧은 순간 유지될 수 있고, 정신적으로 변환되거나 또 다른 생각이나 기억에 연결된다. 그것은 의식적인 사고가 일어나는 작동기억 내에 있다. 또한 작동기억에서 자극된 생각(idea)은 **장기기억**(혹은 **저장**)으로 전이될 수 있다. 작동기억은 단지 아주 적은 양의 정보를 유지할 수 있는 반면, 일반적인 장기기억은 용량에서 실제적으로 제한이 없다. 일단 정보가 장기기억에 들어가면, 저장된 것을 불러내는 것(또는 다시 생각하기)을 **회상**(retrieval)이라고 한다.

이 시스템에서 주의해야 할 몇 가지 중요한 것이 있다. 첫째, 구성요소들은 함께 작동하고, 각 요소들은 서로 연관되어 있다. 다시 말해 장기기억(또는 학습)은 이들 모든 처리기능인 감각기능, 주의, 작동기억, 장기저장, 그리고 효과적 회상에 의존한다. 둘째, 이러한 처리과정의 가장 효과적인 기능은 자동적으로 일어나는 것이 아니라 시스템의 기능을 높이는 정보처리 전략의 사용이 있어야 한다. 사실 정상적인 발달에서 학습 시스템의 효율성은 (1) 작동기억의 수행 능력을 증가시키고, (2) 개인이 더욱 효과적인 전략을 활용하도록 학습하는 두 가지 방법으로 증진된다(Guttenberg, 1997).

이해(comprehension)는 또한 학습에 통합되고, 당연히 모든 정보처리 시스템은 최종 단계까지 함께 작동된다. 이해는 경험으로부터 온다. 누군가가 세계에 대한, 그리고 그 속의 일들에 대한 자신의 이해의 수준을 높이려고 하면 풍부한 경험 및 문제와 명확한 설명을 듣는 기회가 주어져야 한다. 정신지체인들에게 있어서 이러한 경험들은 종종 심각하게 제한된다. 그래서 첫 단계로 정신지체인들의 이해를 증진시키기 위해 많은 지역사회 경험과 같은 환경적 풍부함이 제공되어야 한다. 그리고 기꺼이 대화와 설명을 해 줄 수 있는 인내심이 있는 사람의 도움과 우정이 필요하다. 비록 정신지체인은 자신이 이해하지 못한 것을 처음에는 잘 모르거나 명확하게 하기 위한 질문에 주저할지라도, 그들은 종종 그들 자신의 이해를 점검하고 부가적인 정보를 얻기 위해 질문하는 것을 학습할 수 있다(Ezell & Goldstein, 1991; Fujiki & Brinton, 1993).

일반적으로 우리는 학습자가 어떤 과제를 학습하면, 그가 배운 지식을 다른 비슷한 과제에, 다른 시기에 같은 과제에, 혹은 다른 환경에 적용하기를 희망한다. 이러한 능력은 **일반화**(generalization)로 알려져 있다. 그러나 정신지체인들은 흔히 그들이 학습한 것을 획득하는데, 그리고 그것을 새로운 맥락이나 과제에 일반화하는 데 어려움을 가지고 있다. 그렇지만, 지역사회 중심 교수(12, 14장 참조)와 같은 어떤 교수방법은 일반화를 증진시킬 수 있다

(Langone, 1990).

주의

선택적 주의(특정한 대상, 과제, 혹은 생각에 초점을 맞추는 것), **주의의 유지**(방해 자극을 억제하면서 집중된 주의를 유지하는 것)를 포함하는 주의의 몇 가지 측면은 정신지체인들이 효과적으로 사용할 수 없을 것이다.

앞에서 언급한 대로 주의문제는 역시 다른 처리 과정에 영향을 미칠 수 있다. 예를 들어 선택적 주의는 감각 등록의 효율성에 영향을 미치고, 과제 동안 초점 부족은 장기기억의 부호화와 저장에 주요한 영향을 미친다(Tomporowski & Tinsley, 1997). 선택적 주의와 주의의 유지 문제는 학습 곤란에 특히 큰 영향을 미친다. 왜냐하면 정신지체 학습자들은 흔히 학습과제에 주의를 덜 집중하는 반면, 부호화 과정은 전형적인 학습자보다 그에 대한 더 많은 집중을 요구할 것이기 때문이다(Merrill, 1992).

정신지체인들은 집중문제 외에 종종 한 과제에서 다른 과제로 주의를 이동하는 능력에서도 어려움을 보인다(Bergen & Mosley, 1994). 빈약한 주의는 이해의 부족을 가져오고, 그것은 모델의 교수나 학습을 이해하는 데 어려움을 가져온다. 다행히 주의 능력은 연습으로 증진시킬 수 있고, 지적 기능이 최하위 수준인 사람이라도 환경의 자극을 통해 주의의 전환 능력을 신장시킬 수 있으며, 주변과 관련된 능력을 개선할 수 있다(Belfior, Browder & Mace, 1993).

기억

정신지체인은 적어도 절차적(procedural: 단계별 과정의 학습) 처리 과정과 선언적(declarative: 새로운 사실이나 단어의 기억) 처리 과정의 두 가지 기억 처리 과정에 곤란을 가지고 있다(Vakil, Shelef-Reshef, & Levy-Shiff, 1997). 더욱이 정신지체인은 전형적으로 그들이 학습한 것을 유지하는 것에 많은 어려움을 가진다. 여전히 이런 능력에는 개인차가 있다. 다운증후군, 약체 X 증후군, Williams 증후군과 같이 병인학적으로 확인된 사람들은 뚜렷한 기억 장점과 약점을 가지고 있고, 이들이 보이는 일반적인 형태의 지식은 교수방법과 기법을 이용하는 데 정보를 줄 수 있다(Bebko & Luhaorg, 1998; Hodapp & Fidler, 1999).

기억의 효율성이 효과적인 전략 사용에 달려 있지만, 정신지체인들은 기억 전략을 늘 자발적으로 사용하지 못한다는 것을 기억해야 한다. 그러나 이들에게 특정한 전략을 사용하도록 가르치면 그들의 기억 수행은 향상된다—비록 개인이 **초인지**(metacognitive) 전략(또는 전략 활용에 대한 분석과 사고)을 사용하는 성숙 연령이 5세 혹은 그 정도여야 한다는 데 일반적인 동의가 있지만. 대부분의 정신지체인들은 이와 같은 전략을 사용하도록 촉진하고 도움을 주었을 때 더 잘 수행할 수 있다(Turner, 1998).

언어 능력

정신지체인은 광범위하게 다양한 언어 능력을 가지고 있다. 정신지체의 가장 심한 예는, 말(speech)을 전혀 할 수 없고, 의사소통은 외부 장치나 언어적 몸짓으로 제한될 수 있다. 그러나 Susan의 사례와 같이, 말이 안 된다는 것이 반드시 극히 낮은 IQ를 지적하는 것이 아니다. 그리고 다운증후군 같은 특정한 증후군 내에서 언어의 강점과 약점의 상당한 가변성이 있다(Smith & Phillips, 1992). 그러나 연구에서는 IQ 범주 수준보다는 정신지체와 관련한 증후군에서 더 많은 일관성을 보이고 있다(Tager-Flusberg, 1999). 지능 측정에서 중요한 과제는 인지와 언어의 영향을 밝히는 것이다(Warren & Yoder, 1997).

언어 그 자체는 **조음**(articulation), 발성, **의미론**(semantics), **화용론**(pragmatics)을 포함하여 몇 가지의 하위 성분으로 구성되어 있다. 정신지체인은 이러한 다양한 수준의 언어적 측면에서 자주 문제를 보인다.

조음은 *puh*, *buh*, *grrr*과 같이 음성 발화로 이루어진다. 의미론은 단어의 의미를 이해하는 것이고, 화용론은 대화에서 단어의 멈춤 길이와 말을 주고받는 시간의 적절성과 같은 언어 사용의 합리성을 의미한다.

정신지체인은 그들이 다른 어떤 영역에서 성장할 수 있는 것처럼 언어기술을 향상시킬 수 있다. 형식적인 언어 중재 프로그램은 언어기술의 전형적인 발달 순서의 정확한 이해에 기초를 두어야 하며, 언어의 개별 구성요소를 강조해야 한다(Rondal & Edwards, 1997). 그들이 기억과 문제해결을 할 수 있는 것처럼 교수 전략 또한 언어기술을 촉진할 수 있다. 한 예로, 정신지체인은 의미와 개념보다 단어의 소리와 순서에 초점을 맞출 수 있기 때문에 언어의 의미론적 측면에 관한 연습이 수행을 증진시킬 수 있다(Abbeduto & Nuccio, 1991).

비록 생활환경과 경험이 언어를 습득하고 사용하는 데 있어서 특별 중요하지만(Hatton,

정신지체 아동은 보통 언어 학습에 도움을 필요로 한다.

1998), 그것은 다른 모든 부분에서도 정신지체인의 기능에 도움이 된다. 더 풍부하고 다양한 환경은 그만큼 더 지원적인 사람과 상호작용할 기회가 많아지고, 그만큼 더 훌륭한 언어 기술을 발달시킬 기회가 많아진다.

경도와 중도의 특성 차이

정신지체로 진단을 받은 개인은 대부분 상대적으로 경도 장애 특성을 가지고 있다(MacMillan, Siperstein, & Gresham, 1996). 경도 집단의 요구에 적절한 교육과 다른 서비스 관련 중재는 중도 특성을 가진 개인들의 요구와 다를 수 있지만, 관련된 결핍의 본질은 주로 같은 것이다. 즉, 전형적으로 경도 정신지체들은 앞서 언급한 바와 같이 학습, 이해, 기억, 주의, 언어, 문제해결 및 동기에 어려움을 가지고 있다. 여전히 초점은 서로 다른 교육과정의 쟁점에 있고, 흔히 더 심각한 조건을 지닌 이들에게 필요한 많은 지원은 다른 사람이 요구하는 것에 적절하지 않을 수 있다.

자조와 학업은 경도와 중도 조건의 차이가 가장 분명하게 구분되는 두 영역이다. 중도의 정신지체인은 종종 옷 입기, 스스로 식사하기, 그리고 명확한 훈련 없이 매일 가사와 교통수단을 이용하는 방법을 학습하는 것이 불가능하다. 그러나 경도 정신지체인들은 항상 이러한 요구들을 독립적으로 다루며, 발달적으로 기대했던 시기 내에서 어느 정도 그러한 것을 수행할 수 있다. 유사하게, 경도 조건을 지닌 많은 사람들은 중도 장애인이 숙달할 수 없는 **기능적 문해**(functional literacy) 기술을 학습할 수 있다. 교육적 중재는 이러한 차이점을 반영한다.

비록 경도 정신지체인이 일반적으로 자조와 학업적 과제 수행에 있어서 큰 어려움이 없다고 하더라도, 중도 정신지체인이 할 수 없는 성인생활에서 문제에 직면하게 된다. 그들은 보다 더 독립적인 기능을 하기 때문에 또래의 영향을 받기 쉽고, 인지적인 추론기술이 부족하기 때문에 효과적으로 관리할 수 없는 성인 도전에 직면하게 된다. 다음은 Joyce에 관한 사례 이야기의 한 예이다.

Joyce

Joyce의 미래의 성인생활: 생활과 일

이 책에 나오는 세 명의 아동 중 Joyce는 정의적 사정 용어에서 가장 경미한 중도 장애를 가지고 있다. 그러나 성인생활의 성공적 적응이라는 의미에서 단순히 Joyce는 Susan이나 Jason보다 '높은 기능'을 가지고 있다고 해도 문제를 거의 경험하지 않는 것은 아니다. 좀 더 높은 기능을 가지고 있는 어떤 사람은 몇 가지 이유로 성인기에 더 어려움을 가지고 있을 수 있다.

Joyce가 현명하고 효과적인 결정을 위한 충분한 판단 없이 자신감과 자만심만으로 그녀의 가족으로부터 독립을 주장하는 것은 위험하다. 그녀는 인정받기 위해, 그리고 사람들이 그녀를 좋아하게 하기 위해 다른 사람에 의해 지나치게 영향을 받을지도 모른다. 게다가 그녀는 일상생활에서 그녀 자신을 스스로 돌보는 생활기술은 가지고 있지만, 그녀가 독립생활에 필요한 경비를 위해 돈을 벌 수 있는 고용기술이 부족하다. 물론 빠듯한 용돈이 생활을 더 어렵게 할 수 있다. 종종 Joyce와 유사한 특징을 가지고 있는 성인 중 일정한 수준의 독립생활을 유지하는 사람들도 있으나 그들은 그러한 위기를 자주 경험한다.

실제로 학습문제가 없는 성인들조차도 끊임없이 위기를 겪으면서 겨우 반독립적인 생활을 한다. 그러나 Joyce가 반드시 그렇게 된다는 의미는 아니다. 왜냐하면 그녀가 직면한 도전을 최소화 하는 방법을 선택할 수 있기 때문이다. 한 예로, 소수의 사람들은 그들 스스로 완벽한 생활을 하고 있다. 만약 Joyce도 기술과 능력에서 그녀에게 적합한 동반자를 찾는다면 문제를 최소화할 수 있을 것이다.

Joyce는 정리를 잘 하고 규칙적인 일상생활을 충실히 할 수 있다. 그녀는 뛰어난 재봉사이며 다정하고 매력적이다. 그녀의 그런 성향에 영향을 주고 용기를 북돋아 줄 수 있는 생활 파트너와 함께 Joyce는 '상황 점검'과 때때로 다른 사람의 충고를 통해 도움을 받을 수 있을 것이다. 그러면 그녀가 직면할 다른 문제들을 피할 수 있을 것이다. 그리고 그녀는 활력을 제공하여 그의 동반자에게도 이익을 줄 수 있을 것이다. 정신지체로 진단받은 사람들을 위해 많은 주거 서비스 제공 기관이 생활환경을 찾는 데 도움을 주고 있다(그리고 생활 지원을 하였다).

그러나 Joyce는 그러한 서비스를 받을 자격이 될 수 없다. 그녀의 가족들은 Joyce가 필요로 하는 부가적인 지원을 제공할 소중한 사람들이다(예: 그녀의 생활비와 가계부를 갖는 것)—가족들이 도움을 주어도 그녀가 독립성에 문제가 없다고 하면. 그러나 Joyce의 상황에서 사람들이 너무 많으면, 그녀에게 도움과 안내를 제공하는 가깝고 능력 있는 가족일 수가 없다.

Joyce는 그녀의 직장—옷 가게—에서 일을 잘 하고 있다. 그러나 그녀는 다른 선택을 시도하여 그녀의 능력을 평가받고 새로운 기술을 배워서 성장하기를 원한다. 공식적인 수준은 아니라 하더라도 경도 학습문제나 다른 사회적 장애를 가진 많은 학생들은 그들 자신이 얻거나 그들의 부모들이 그들에게 제공해 주는 것—그리고 전통적인 학교 상담, 그 이상의 직업 안내와 업무 경험—을 필요로 한다(Zetlin & Murtaugh, 1990). 만일 전환 프로그램이 모든 학생들에게 제공된다면 그들은 생활을 낭비하지 않고 안내된 미래 생활을 영위하게 될 것이다. 이러한 모든 것이 개별화 계획을 통하여 성인 직장생활을 준비하는 모든 학생들을 돕기 위해 계획된 통합된 생애 성장 프로그램으로 옮겨 가는 이유이다.

지금 교실에 통합되어 있는 경도 정신지체 아동들은 몇 십 년 전에 진단받았던 사람들보다 더 심각한 어려움을 가지고 있다(Polloway, Smith, Patton, & Smith, 1996). Joyce와 같이 이전의 집단과 같은 특성을 가지고 있는 아동들은 지금 종종 학습장애로 분류된다. 아직 그들의 문제와 능력은 공식적으로 학습장애(LD)의 범주로 정의되는 기술들 중에서의 광범위한 불일치사항이라기보다는 일반적인 지적 문제에 해당된다. 이들—정신지체로 진단된 사람들 가운데 부분적으로 높은 기능을 가지고 있는 사람—은 중조 장애인 집단과 상당히 다른 것을 필요로 하는 집단이다. 아직 이와 같은 사람들은 특별한 욕구를 가지며, 이전과는 달라진 관점이지만, 정신지체인들에게 전형적으로 도움이 되는 교육, 전환, 성인 지원 서비스로부터 혜택을 받을 수 있다. 이러한 차이점 때문에 몇몇 연구자들은 자조(self-care)기능이 아닌 학업 기능, 대인관계 기술, 문제해결에 어려움을 가지고 있는 사람들을 기술하기 위해 새로운 진단 범주를 만들 것을 제안하였다(MacMillan, Siperstein, & Gresham, 1996).

그러나 지역사회 통합의 측면에서 본다면 이것은 개인, 그리고 그들의 장점과 단점에 중점을 둔다는 의미에서 가장 생산적인 체제이다. 정신지체인들에 대한 교육과 지원 서비스는 이러한 이유에서 개별적으로 설계되었다. 경도와 중도의 범주로 사람을 분류하는 것이 학교 프로그램에서 역사적으로 유용한 용어로 보인다. 그러나 점차 지역사회 통합 측면은 넓은 범위에서 가능한 경험을 모든 학생들에게 제공하는 것과 학교 내에서 일반학생들과 장애아동의 통합을 강조하고 있다. 12장에서는 언제든지 가능한 통합교육이 모든 학생들에게 유익한 몇 가지 이유를 강조한다.

조망

이 장에서는 정신지체의 많은 특성에 대하여 논의하였고, 이러한 특성의 개별적인 가변성에 초점을 둔 이유를 설명하였다. 7장에서는 정신지체에 대한 이러한, 그리고 그 외 특성의 결과가 되는 정신지체의 발달에 대한 다양한 유전적인 영향을 다루고, 정신지체인들을 위해 도전이 되는 것들과 그들의 잠재 가능성을 최대한 이끌어낼 수 있는 지원에 대해 언급한다.

참고문헌

Abbeduto, L., & Nuccio, J. B. (1991). Relation between receptive language and cognitive maturity in persons with mental retardation. *American Journal on Mental Retardation, 96*(2), 143-149.

Bebko, J. M., & Luhaorg, H. (1998). The development of strategy use and metacognitive processing in mental retardation: Some sources of difficulty. In J. A. Burack & R. M. Hodapp (Eds.), *Handbook of mental retardation and development* (pp. 382-407). New York: Cambridge University Press.

Belfior, P. J., Browder, D. M., & Mace, F. C. (1993). Effects of community and center-based settings on the alertness of persons with profound mental retardation. *Journal of Applied Behavior Analysis, 26*(3), 401-402.

Bennet-Gates, D., & Zigler, E. (1999a). Effectance motivation and the performance of individuals with mental retardation. In E. Zigler & D. Bennett-Gates (Eds.), *Personality development in individuals with mental retardation* (pp. 145-164). New York: Cambridge University Press.

________. (1999b). Motivation for social reinforcement: Positive- and negative-reaction tendencies. In E.

Zigler & D. Bennett-Gates (Eds.), *Personality development in individuals with mental retardation* (pp. 107-129). New York: Cambridge University Press.

Bergen, A., & Mosley, J. L. (1994). Attention and attentional shift efficiency in individuals with and without mental retardation. *American Journal on Mental Retardation, 98*(6), 732-743.

Bybee, J., & Zigler, E. (1999). Outerdirectedness in individuals with and without mental retardation: A review In E. Zigler & D. Bennett-Gates (Eds.), *Personality development in individuals with mental retardation* (pp. 165-205). New York: Cambridge University Press.

Dudley, J. R., Ahlgrim-Delzell, L., & Calhoun, M. L. (1999). Diverse diagnostic and behavioral patterns amongst people with a dual diagnosis. *Journal of Intellectual Disability Research, 43*(2), 70-79.

Dykens, E. M. (1996). DNA meets DSM: The growing importance of genetic syndromes in dual diagnosis. *Mental Retardation, 34*(2), 125-127.

Fccles, J. S., Wigfield, A., & Schiefele, U. (1998). Motivation to succeed. In N. Eisenberg (Ed.), *Handbook of child psychology: Vol. 3. Social, emotional, and personality development* (5th ed., pp. 1017-1095). New York: Wiley.

Elliot, E. S., & Dweck, C. S. (1988). Goals: An approach to motivation and achievement. *Journal of Personality and Social Psychology, 54*, 5-12.

Ezell, H. K., & Goldstein, H. (1991). Observational learning of comprehension monitoring skills in children who exhibit mental retardation. *Journal of Speech & Hearing Research, 34*(1), 141-154.

Fletcher, R. (2000). *Information on mental health aspects of mental retardation and dual diagnosis*. National Association on Dual Diagnosis (NADD) Web page: www.thenadd.org/cgi=bin/router.pl?session=l78l538l68Location=/pages/dual/serv.htm.

Fujiki, M., & Brinton, B. (1993). Comprehension monitoring skills of adults with mental retardation. *Research in Developmental Disabilities, 14*(5), 409-421.

Grey, R. A. (1981). Services for the LD adult: A working paper. *Learning Disability Quarterly, 4*, 426-434.

Hallahan, D. P., & Kauffman, J. M. (1997). *Exceptional children: Introduction to special education* (7th ed). Boston: Allyn & Bacon.

Hatton, C. (1998). Pragmatic language skills in people with intellectual disabilities: A review. *Journal of Intellectual & Developmental Disability, 23*(1), 79-100.

Hodapp, R. M., & Fidler, D. J. (1999). Special education and genetics: Connections for the 21st century. *Journal of Special Education, 33*(3), 130-151.

Langone, J. (1990). *Teaching students with mild and moderate learning problems*. Boston: Allyn & Bacon.

Luckasson, R. (Ed.). (1992). *Mental retardation: Definition, classification and systems of support*. Washington, DC: American Association on Mental Retardation.

MacMillan, D. L., Siperstein, G. N., & Gresham, F. M. (1996). A challenge to the viability of mild mental retardation as a diagnostic category. *Exceptional Children, 62*(4), 356-380.

Polloway, E. A., Smith, J. D., Patton, J. R., & Smith, T. E. C. (1996). Historical changes in mental retardation and developmental disabilities. *Education and Training in Mental Retardation and Developmental Disabilities, 31*, 3-12.

Merrill, E. C. (1992). Attentional resource demands of stimulus encoding for persons with and without mental retardation. *American Journal on Mental Retardation, 97*(1), 87-98.

Rondal, J. A., & Edwards, S. (1997). *Language in mental retardation*. London: Whurr Publishers.

Smith, B., & Phillips, C. J. (1992). Attainments of severely mentally retarded adolescents by aetiology. *Journal of Child Psychology & Psychiatry & Allied Disciplines, 33*(6), 1039-1058.

Tager-Flusberg, H. (1999). Language development in atypical children. In M. Barrett (Ed.), *The development of language* (pp. 311-348). Philadelphia: Psychology Press/Taylor & Francis.

Tomporowski, P. D., & Tinsley, V. (1997). Attention in mentally retarded persons. In W. E. MacLean, Jr.

(Ed.), *Ellis handbook of mental deficiency, psychological theory and research* (3rd ed., pp. 219–244). Mahwah, NJ: Lawrence Erlbaum.

Turner, L. A. (1998). Relation of attributional beliefs to memory strategy use in children and adolescents with mental retardation. *American Journal on Mental Retardation, 102*(2), 162–172.

Utley, C. A., Hoehn, T. P., Soraci, S. A., & Baumeister, A. A. (1993). Motivational orientation and span of apprehension in children with mental retardation. *Journal of Genetic Psychology, 154*(3), 289–295.

Vakil, F., Shelef-Reshef, E., & Levy-Shiff, R. (1997). Procedural and declarative memory processes: Individuals with and without mental retardation. *American Journal on Mental Retardation, 102*(2), 147–160.

Warren, S. F., & Yoder, P. J. (1997). Communication, language, and mental retardation. In W F. MacLean, Jr. (Ed.), *Ellis handbook of mental deficiency, psychological theory and research* (3rd ed., pp. 379–403). Mahwah, NJ: Lawrence Erlbaum.

Zetlin, A., & Murtaugh, M. (1990). Whatever happened to those with borderline IQs? *American Journal of Mental Retardation, 94*(5), 463–469.

PART

2

병인학과 예방: 지역사회의 과제

CHAPTER 7

유전과 전염의 영향과 예방

이 장에서는 정신지체를 발생시키는 유전자 및 염색체의 다양한 조건들을 살펴보고, 이러한 조건들이 어떻게 정의되고 예방될 수 있는지에 대해 논의할 것이다.

누구나 정신지체의 발생 원인에 대해서 궁금증을 가지고 있다. 가족들이 흔히 "왜 우리에게 이런 일이 일어났는가?"라는 생각을 하는 때가 있을 것이다. 어떻게, 왜 이러한 불행한 일이 일어났는지에 대한 해답을 얻는 것은 그들이 직면한 변화에 적응하고 새로운 삶으로 발걸음을 옮긴다는 의미에서 중요하게 인식될 수 있다. 특히 장애의 경우에는 그 발생 원인이 될 수 있는 가능성에 대해서만이라도 알고자 하는 것이 어쩌면 당연한 일일 것이다. 그러나 아직까지 많은 정신지체 사례들에 대해서 그 명확한 원인들을 밝혀내지 못하고 있어 여전히 그 해답에 대한 물음은 남겨져 있는 상태이다.

"왜?"라는 질문은 예방적 차원에서 중요한 의미를 갖는다. 일단 정신지체의 원인을 알아야만 장애 발생을 막기 위해 어떠한 조치를 취하거나 혹은 치료를 할 수 있을 것이다. 발달장애가 유전자 또는 염색체 이상, 감염 질환, 환경오염에의 노출, 아동 학대 혹은 결핍 등에서 기인한다 하더라도 그 원인에 대해 명확한 이해가 있어야 곧바로 그 예방 조치를 할 수 있을 것이다.

그 외에 원인이 밝혀질 경우 정신지체인들의 지적, 행동적 특성들을 예측하여 소위 '전형적'인 증상에 대한 방향을 알 수 있을 것이고, 나아가 이 정보들을 통해 이전보다 유용한 중재를 할 수 있을 것이다(Hodapp & Fidler, 1999). 우리는 장애로 인해 일어날 수 있는 행동상의 문제들과 관련된 건강과 심리적인 문제들에 대해 미리 알려주고, 그들을 도울 수 있는 관련 기술과 서비스들은 무엇인지 알 수 있을 것이다. 하지만 사람들 사이에는 너무나 많은 변화가 있기 때문에 이 정보들은 단순히 도로 표지판 정도의 역할만을 할 것이다. 다시 말해 전체 도로의 지도는 제공하지 못하는 것이다.

장애의 심각도가 결과적으로 영향을 주는 기능의 범위나 삶의 만족도에 대해 예측하지는 못한다. 일반적으로 유전적인 변이에 의해 발생하는 이러한 중도의 장애는 건강과 신체적인 문제점들이나 지적 능력의 저하는 더욱 심각해 보인다. 그러나 오히려 심각한 장애를 가지고 있음에도 생산적인 활동과 그들의 삶에 대해 만족을 느끼는 이들 또한 적지 않다. 다른 한편으로는 알 수 없는 원인에 의해 발생한 매우 경도 정신지체인들이 보다 서투르고 많은 문제를 일으켜 그들의 삶을 어렵게 지탱해 가기도 한다. 지역사회나 교육적 지원 같은 환경적인 요소들과 동기 유발이나 지속성 같은 개인적인 요소들이 생활 기능에 매우 중요하게 작용하기 때문에 경도 장애인이라 해도 반드시 중도 장애인보다 기능 면에서 나은 상태가 아니라는 것이다.

'왜'에 대한 답 찾기

18개월 된 중도 장애아동(정신지체 포함)을 둔 Elizabeth는 그녀의 아기 Danielle에게 무슨 일이 일어났는지, 이로 인해 그녀가 깨달은 점은 무엇인지에 대해 다음에서 이야기하고 있다.

Elizabeth와 그녀의 가족

© Courtesy of Lynda Crane

우선 두 가지의 가능성이 존재했어요. 한 가지 가능성은 **두개봉합조기골화**(craniostosis)증으로 두개골의 일부 조직들이 조기에 녹아서 뇌가 성장하지 못하는 증상을 말해요. 우리 부부는 이 이유 때문이었기를 바랐었지요. 왜냐하면 만약 이 이유로 인한 것이라면 두개골을 열어 서로 들러붙은 조각들을 떼는 수술을 할 수 있다는 가능성이라도 있었으니까요. 하지만 이 때문이 아니라면 **소두증**(microcephaly)을 의심할 수밖에 없었어요. 그러니까 이유도 알 수 없고 단지 뇌가 성장하지 않는다는 거죠. 그러고 나서 Danielle의 경우에는 후자라는 것이 밝혀졌고, 그 시간이 우리 모두에게 너무 힘들었어요. 모든 일들이 갑작스럽게 펼쳐졌어요.

2년의 시간이 지난 지금 나는 Danielle을 간호하고, 항상 영·유아의 발달 상태에 관한 책을 읽으며 공부를 하고 있어요. 그래서 어느 정도 내 아이의 상태를 이해할 수 있었어요. 그런데 내가 이해한 소두증에 관한 모든 내용들은 모두가 부정적인 것들이었어요. 책들에서는 '중도 운동 발달지체'와 '중도 정신지체'를 동반한다고 말하고 있었고, 그 예후는 언제나 '부족한' 상태를 지칭하고 있었어요. 우리 가족은 [우리 아기의 장애 원인에 대해] 또 다른 의견을 가지게 됐어요. 왜냐하면 우리는 아직까지 왜 우리 가족에게 이런 일이 발생했는지 모르겠고, 확실하게 그 원인을 확인하고 싶었어요. 그래서 아직까지 그 원인과 이 상황으로 발생한 모든 일에 대한 해답을 찾고 있어요.

이 장의 주된 논제인 유전적인 영향에 대한 사실들은 매우 복잡하며, 흔히 환경적인 요소들과 상호작용을 하여 발현하기도 한다. 사실 현재까지 비교적 많은 유전적 영향들에 대해 밝혀졌다. 지난 20년에 걸쳐서 정신지체를 유발하는 확실한 유전적 요인들에 대해 상당히 많은 수가 밝혀져서(매주 두세 가지 정신지체에 대한 새로운 사실들이 발견되고 있다), 지금까지 전체 정신지체를 유발시키는 대략 1/3 정도의 유전적 요인들이 밝혀졌다(Matalainen, Airaksinen, Mononen, Launiala, & Kaariainen, 1995).

유전자 전달

유전자는 신체적인 발달과 외모, 건강, 심리, 정서 등과 같은 생물학적인 기본 사항을 알려주며, 착상 단계에서 부모로부터 아동에게 전달된다.

각각의 개별 유전자는 뉴클레오티드(nucleotides)의 배열, 즉 아데닌(adenine), 시토닌(cytonine), 구아닌(guanine), 티민(thymine)이라는 네 가지의 질소 함유 물질들로 이루어진 **DNA**로부터 만들어지며, 이러한 뉴클레오티드는 우리 몸을 구성하는 유전에 관한 분자적인 정보를 제공한다. 생명체 각각의 특별한 유전자 코드는 뉴클레오티드의 구조와 서열에 의해 결정된다. **그림 7.1**은 일반적인 코드 배열과 그로 인해 발생하는 변화(**돌연변이**)의 한 예시이다. 정의에 따르면 이러한 돌연변이란 유전적인 비정상성이라 할 수 있다.

유전자들은 염색체 위에 배열되어 있다. 각 염색체는 대략 1,000~2,000개의 유전자로 구성되어 있다. 우리 몸의 각각의 세포(생식세포를 제외)는 23쌍의 46개의 염색체로 되어 있

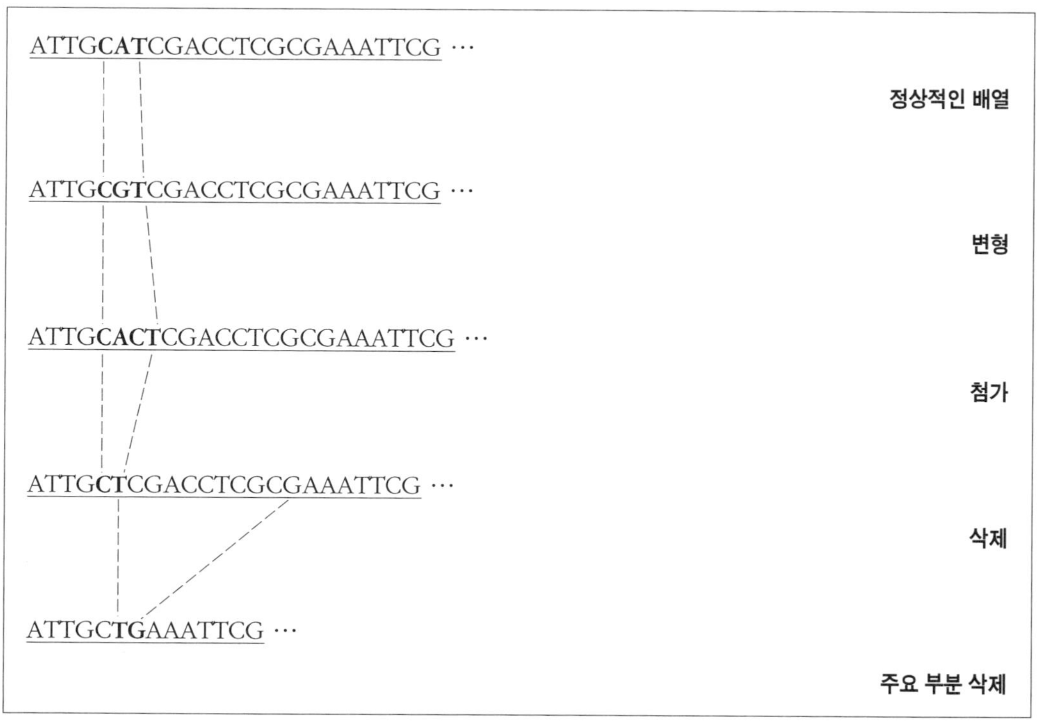

그림 7.1 돌연변이: DNA 메시지의 오식

출처: L. Wingerson (1990), *Mapping our genes*. New York: Dutton.

다. 22쌍의 염색체는 성별의 결정과는 무관한 **상염색체**(autosomes)이고, 23번째 염색체는 XX(여성)와 XY(남성)의 **성염색체**(allosomes)이다. 여성의 난소와 남성의 정소에 있는 생식세포는 단지 23개의 염색체를 가지고 있고, 이 생식세포를 통해 유전자들이 전달된다.

이러한 세포들은 태아를 형성하기 위해 결합하고, 23개의 쌍을 이루게 하기 위해 **감수분열**(meiosis)과 **체세포분열**(mitosis)을 한다. 따라서 착상 단계에서 태아는 부모로부터 각각 절반씩의 유전형질을 받게 되는 것이다.

유전적인 문제는 직접적으로 그들의 부모로부터 전달된 상염색체 또는 성염색체에 의해 발생할 수 있다. 또한 임신 후 세포분열 중에도 유전자 돌연변이나 유전자 분리가 발생할 수 있다. 여기서 변형된 염색체 구조로 인해 유전자 분리 이상 문제를 초래하기도 한다.

유전자 유형과 출현

유전자의 DNA 구성을 **유전자형**(genotype), 그리고 유전자의 물리적, 정신적 특징이 표현되는 것을 **표현형**(phenotype)이라고 한다. 예를 들어 눈의 색깔을 결정짓는 특별한 DNA 구조를 유전자형이라 하고, 눈의 색깔을 명백하게 보여 주는 것이 표현형이다. 이 구분이 중요한 이유는 모든 유전자가 표현형을 나타내지 않으며, 이러한 표현형은 많은 요소들에 의해 결정되기 때문이다. 그러므로 유전자가 전달된다는 것은 장애 상태가 표면적으로 나타나지 않아도 장애를 유발시키는 유전자는 전달된다는 해석이 가능해진다. 다음의 단락에서는 이러한 원인들과 대를 이어 전달되는 몇몇 유전적 장애 유형들을 설명할 것이다. 그림 7.2에는 유전적 장애 유형이 분류되어 있다.

I. 단일 유전자
   A. 상염색체성 우성(autosomal dominant) 유전
   B. 상염색체성 열성(autosomal recessive) 유전
   C. 반성 유전(X-linked)
II. 다인자성(multifactorial) 유전
III. 염색체상의(chromosomal) 유전

그림 7.2 유전적 장애 유형

출처: J. L. Matson & J. A. Mulik (Eds.), *Handbook of mental retardation*. New York: Pergamon.

상염색체성 우성 유전

그림 7.3에서 보는 것처럼, 상염색체성 우성 유전에 의한 장애는 단일 유전자상 위에 존재한다. 때때로 유전자 쌍은 서로 정확하게 각자의 유전자를 복제하지 못할 때도 있으며, 반대되는 표현형을 가진 유전자형을 옮기기도 한다. 유전자 쌍이 유전형적으로 다를 때, 흔히 하나의 유전자가 다른 하나보다 **우성**(dominant)으로 표현될 때이다. 우성 유전자의 존재로 그들의 형질을 분명히 표현하지 못할 유전자를 **열성**(recessive)이라 부른다. 만약 어떤 사람이 장애를 유발하는 우성 유전자를 받았다면, 그 사람은 반드시 장애를 나타나게 될 것이다. 또한 그 문제의 유전자가 다음 세대인 자녀에게 전달된다면, 자녀 또한 영향을 받을 것이다.

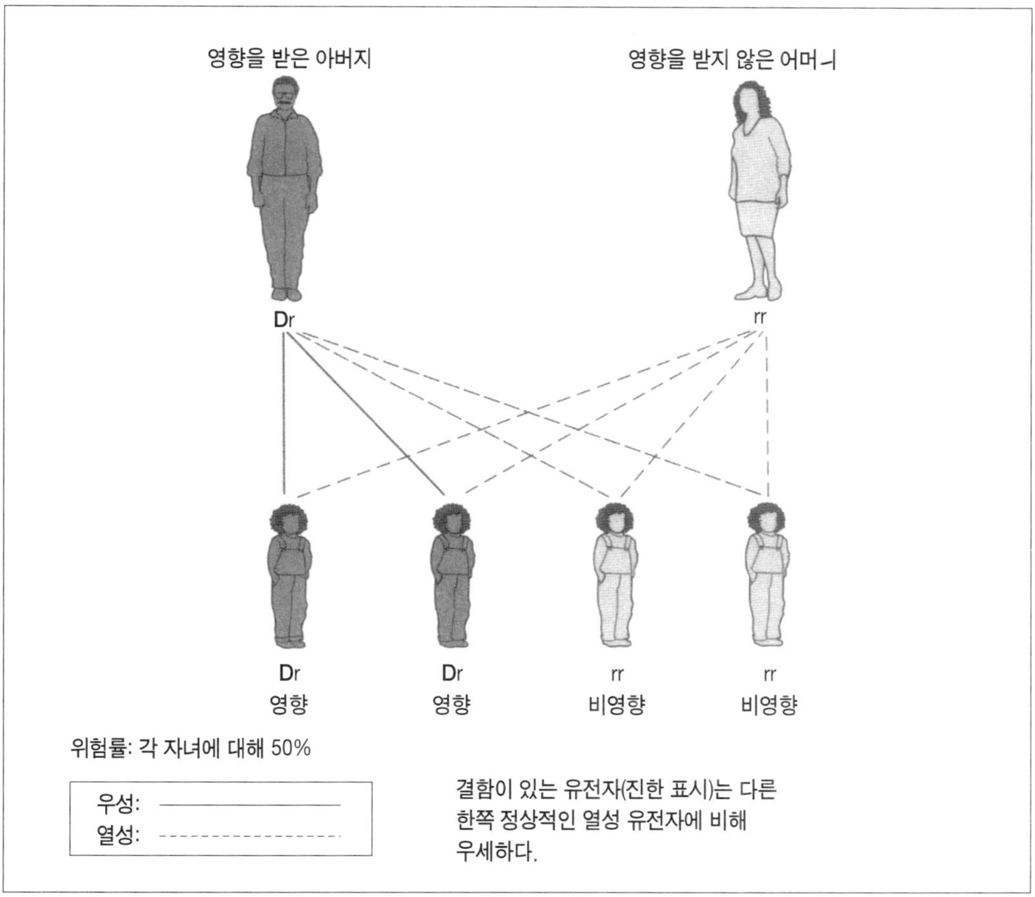

그림 7.3 상염색체의 우성 유전

상염색체성 열성 유전

그림 7.4에서 보는 것과 같이 열성 유전자를 통하여 전달된 장애 상태는 양쪽 부모가 모두 결함이 있는 열성 유전자를 전달할 때 나타난다. 양쪽 부모로부터 열성 유전자 모두를 전달받은 자녀는 장애에 대한 표현형을 나타낼 것이다. 만약 그 자녀가 각각의 부모에게서 모두 우성 유전자만을 받았다면 전혀 영향을 받지 않을 것이다. 그리고 단지 한쪽의 열성 유전자만을 이어받았다면 그 자녀는 보인자가 될 것이다. 다시 말해 비록 문제의 유전자를 이어받았지만 표현형으로 영향을 받지 않는다는 뜻이다.

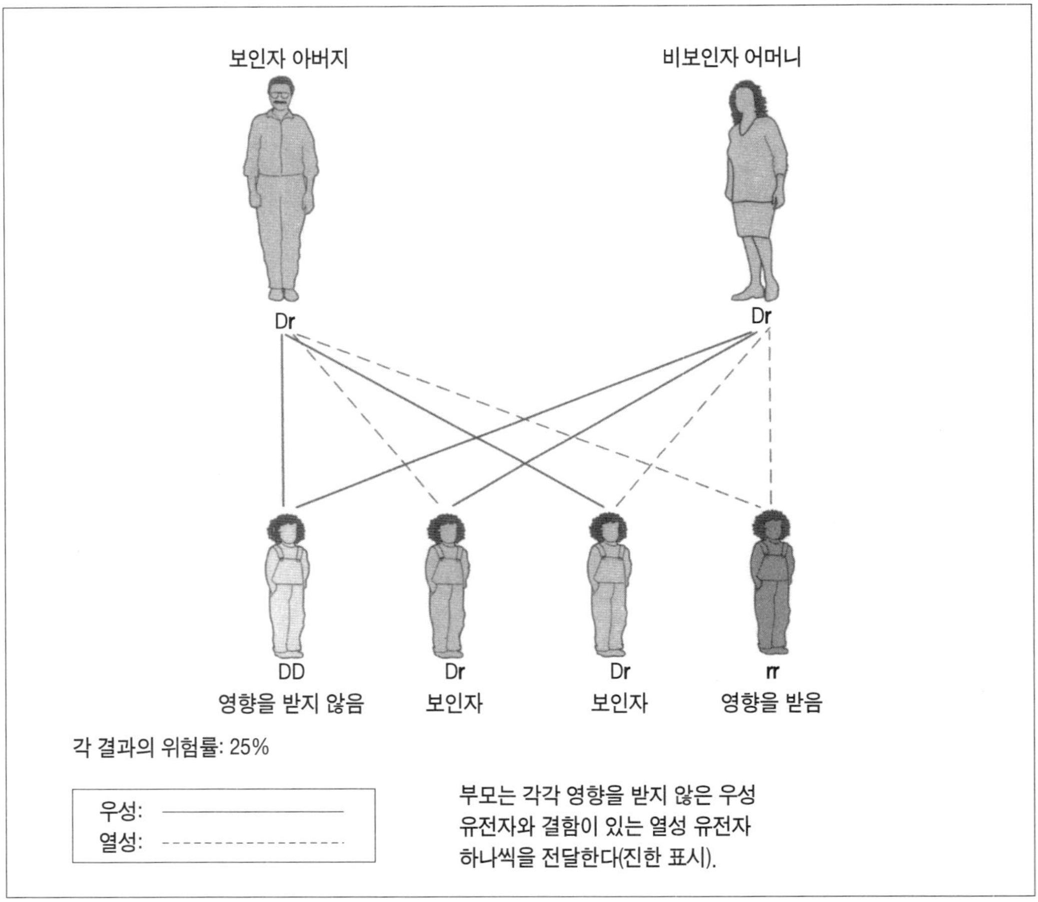

그림 7.4 상염색체의 열성 유전

반성(성염색체) 열성 유전

결함이 있는 열성 유전자가 X 염색체 위에 존재한다면 여아의 경우 열성 유전의 형태로 발현한다. 그러나 남아일 경우 또 다른 염색체 Y말고는 X 염색체 하나만을 전달하기 때문에 반성(성염색체) 유전의 발현은 더욱 복잡해진다. 따라서 남아는 결함 있는 열성 유전자의 영향을 받아 상응하는 우성 유전자를 이어받지 못한다. 그 결과로 남아가 결함 있는 반성 유전자를 이어받았다면, 그 유전자가 단지 하나뿐이라 해도 연관된 장애를 가질 수 있다. **그림 7.5**에서는 반성 열성 유전의 전달 과정을 설명하고 있다.

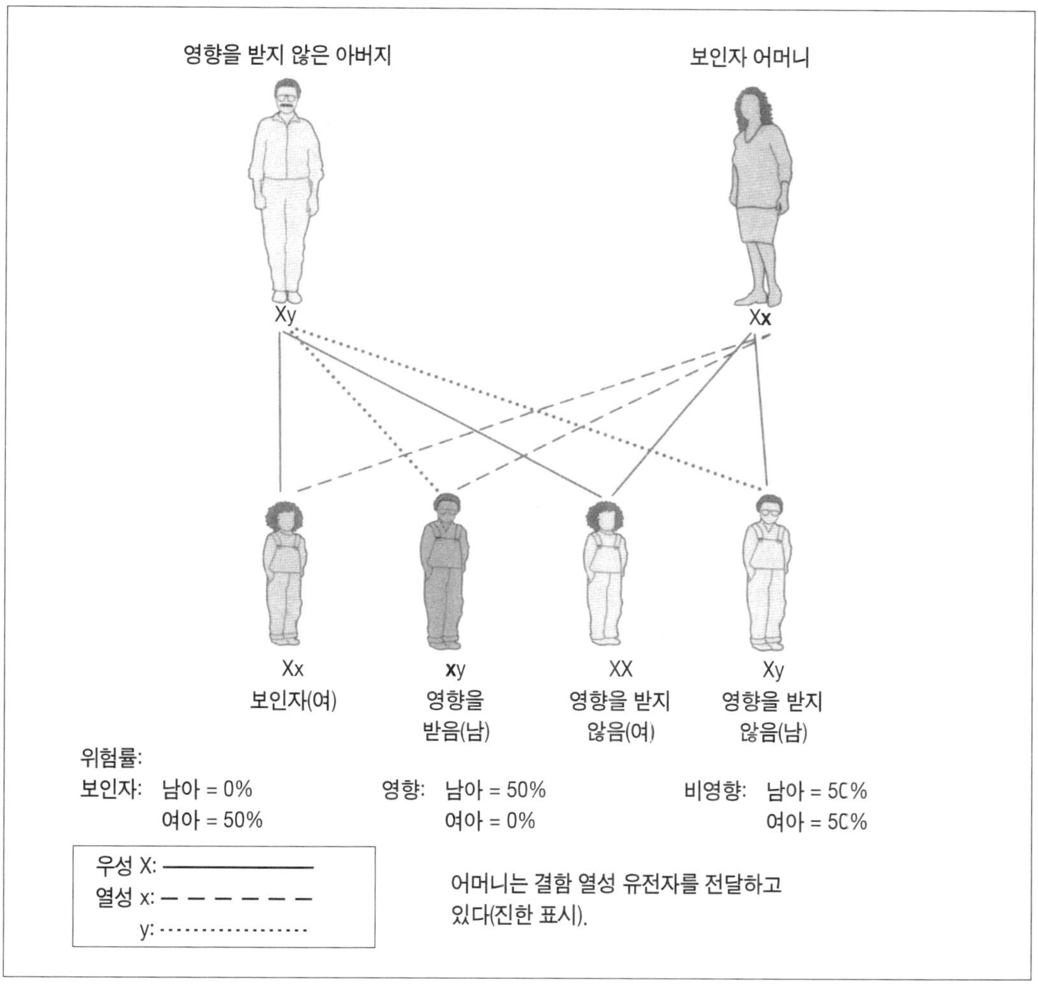

그림 7.5 반성(성염색체) 열성 유전

발현성·다양한 표현도·다인자성 유전

지금까지 우리는 유전자에 대한 가장 직접적인 예시들에 대해 살펴보았고, 실제로 유전자의 기제는 훨씬 더 복잡하며, 흔히 이러한 복잡한 유전자의 전달 과정에 대해 많은 연구를 하고 있다. 그 하나의 예가 **발현성**(penetrance) 혹은 표현형으로 나타나는 비정상성(장애)을 유발하거나 전달하는 결함 유전자의 신뢰도이다. 장애를 나타내는 발현성이 100%인 경우, 항상 그 질병은 명백히 나타난다. Tay-Sachs병을 예로 들면, 이 병은 상염색체의 열성 유전을 통해 전달되는 치명적인 신경조직 상태를 말하며, 그들의 모든 자녀에게 두 개의 결함유전자를 전달시켜 확실한 질병을 나타낸다. 그러나 다른 하나의 상태, 즉 **고발현성**(high penetrance)의 경우 일반적으로는 증상이 나타나지만, 항상 나타나는 것은 아니다. 또한 증상들이 표현적으로 나타나지 않는 **저발현성**(low penetrance)이 있는데, 약체 X 증후군이 그 예이다. 저발현성 염색체 이상을 가진 남성의 약 20%는 표현형으로 그 이상이 나타나지 않는다.

같은 유전형임에도 불구하고 개인에 따라서 다른 증상이나 다른 중증의 증상을 나타낼 수 있는데, 이것을 **다양한 표현도**(variable expressivity)라 한다. 모든 경우는 아니지만 다운증후군을 가진 영아들 중 심장의 결함을 가진 경우가 있는데, 이러한 집단의 유전자형에는 동일성이 나타난다.

마지막으로 결함 유전자의 특별한 조합으로 인해 발생하는 이상들도 존재하는데, 이 경우에 결함 유전자를 독립적으로, 혹은 다른 유전적인 방법으로 전달하기도 한다. 한 사람이 이런 상태를 나타낼 때, 결함 유전자들은 두 개 이상 존재한다. 이것을 **다인자성 유전**(polygenic inheritance)이라 한다.

유전자의 전달 체계의 여러 요소들이 이러한 모든 복잡성(발현성, 다양한 표현도, 다인자성 유전)에 영향을 미친다. 이러한 다양한 요인에 의해 발생하는 유전적인 전달 상태를 **다인자성 유전**(multifactorial inheritance)이라 한다.

유전적 인과관계는 보다 복잡한데, 그 이유는 몇 개의 비정상적인 유전자 중 하나로 인해 여러 장애 상태가 유발될 수 있기 때문이다. 즉, 같은 장소로 가기 위해 다른 길이 존재한다는 말이다. 그 한 가지 예로 중증 합병 면역 결핍증(severe combined immune deficiency, SCID)이라는 희귀병은 AIDS와 마찬가지로 면역체계에 이상이 있는 병이다. 많이 알려진 David라는 소년은 이 병으로 인해 일생 동안 무균실에서 살아가고 있다. David의 질병은 X 염색체 위에 있는 유전적인 결함으로 인해 기인된 것이다. 중증합병 면역 결핍증은 20번 염색체의 결함으로 인한 것이라고 보고되고 있다(Thompson, 1994). 마찬가지로 다운증후군은 세 가지의 다른 염색체 이상으로 기인한 것이다.

유전적 질환의 예

Tay-Sachs병

의학적으로 진술된 다른 질병들과 마찬가지로 Tay-Sachs병은 의사들이 이 질병의 특성에 대해 정의하면서 처음으로 명명되었다. 이 질병은 대뇌중추신경계의 악화로 인한 매우 비극적인 상태이며, 중증의 정신지체 혹은 지체장애, 시각장애, 발작 등을 초래할 수 있다. 또한 생애 첫 18개월 이내 혹은 3~4세가 되기 전에 발생할 때는 언제나 치명적이라 할 수 있다.

Tay-Sachs병은 상염색체성의 열성 유전을 통해 유전된다. 흔히 Ashkenazic(동유럽 사람) 배경을 가진 사람들에게 흔히 발생하나 일반 사람들에게 발생하기도 한다. 이 질병은 신경세포를 파괴하는 효소의 결손에 기인하고 있다.

Tay-Sachs병이 보다 비극적인 이유는 유아가 생후 첫 몇 개월 동안은 정상적으로 발달하다가 점차적으로 악화되기 때문이다. 상태는 악화되기 시작하는 반면, 부모들은 자녀의 정상적인 발달을 기대하고 있으므로 부모들이 Tay-Sachs병을 인식하기는 사실상 매우 어렵다. 게다가 지금까지 Tay-Sachs병에 대해 알려진 치료법이 없기 때문에 가족들은 그들의 자녀가 점차적으로 악화되고 고통 속에 살아가는 것을 아무런 희망이나 도움도 받지 못한 채 그저 지켜보기만 해야 하는 실정이다. 그러나 문제의 유전자는 임신 중 옮겨지기 전에 발견할 수 있어 태아 검사를 통해 Tay-Sachs병의 존재 유무를 확인할 수 있다.

Lesch-Nyhan병

Lesch-Nyhan병은 유전된 효소의 결손으로부터 기인된 또 다른 질병 중 하나이다. 이 질병은 심각성과 반성 유전(X-linked inheritance)으로부터 전달되어 오직 남성에게서만 발견된다.

> **토론 과제**
> 반성 유전으로부터 유전된 심각한 중증 질환은 왜 남자들에게서만 발견되는가?

지적 기능은 정상부터 중증의 정신지체까지 그 범위가 다양하나, Lesch-Nyhan병은 흔히 뇌성마비와 정신지체를 초래한다. 대체로 Lesch-Nyhan병을 가진 아동들은 뇌성마비와 연관된 운동신경 영역의 손상 때문에 말을 불분명하게 하는 경향이 있으나, 이와는 반대로 좋은 의사소통 기술을 발달시키기도 한다. Lesch-Nyhan병의 뇌손상은 과다 요산 분비의 결과이다(Lesch & Nyhan, 1964). Lesch-Nyhan병을 지닌 아동들은 신장 결석과 관련된 신장 질환으로 고통스럽게 죽기도 하나, 대체로 이러한 상태는 어떠한 식으로든지 치료가 가능하여 이들의 평균 수명은 십대나 그 이상으로 연장되었다(Morales, 1999).

이 아동들은 치아가 발달하기 시작하면 심각하고 지속적인 **자해행동**(self-injurious behavior, SIB)을 나타낸다. 그들의 통각(pain sensation)은 정상이지만 입술과 손가락을 깨무는 등 세포 조직을 손상시키는 행동을 한다. 또한 다른 사람들을 물거나 때리는 등의 공격적인 행동과 침을 뱉거나 욕을 하기도 한다. 이러한 모든 행동들은 무의식중에 일어난다고 한다. 실제로, Lesch-Nyhan병을 가진 아동들의 팔을 통제시켰을 경우 지금까지의 태도와는 전혀 다르게 매우 조용해지며 심지어는 웃거나 미소를 짓는다고 한다. 흔히 이 아동들은 나이가 들어감에 따라 이 같은 공격적인 행동을 억제시키는 데 도움을 필요로 하고 있다.

때로는 신진대사를 바꾸는 약물요법이 행동수정의 한 방법으로서 자해행동을 줄이는 데 효과적일 때도 있다. 그러나 자해행동은 거의 완벽하게 치유되지 않는다(Nyhan, 1994). 따라서 치아를 뽑아야 할 때도 있다. 결과적으로 Lesch-Nyhan병을 지닌 아동들에 대한 계속적인 감독이 필요하며, 하루의 대부분을 자해행동을 억제시키고 감독하는 데 보낸다. 뿐만 아니라, 음식물 섭취의 어려움 또는 잦은 구토 등으로 이 아동들을 돌보는 보호자들은 정서적으로 매우 지치며 신체적으로도 매우 피곤하다.

현재로서는 Lesch-Nyhan병의 유전자 예방은 힘든 상황이지만, 산전 진단(prenatal testing)을 통해 태내에 있는 보인자의 유무는 파악할 수 있다. 따라서 **유전자 치료**(gene therapy)를 통해 Lesch-Nyhan병 또는 다른 심각한 신진대사성 질환들을 치료하거나, 새로운 유전자가 손상된 유전자의 기능을 대체하는 치료들이 유일한 희망이다. 유전자 치료에 대한 중요성은 다음 장에서 더 논의될 것이다.

표 7.1은 많이 알려진 장애 중 정신지체를 포함하여 다른 유전자로 전달되는 질환들에 대한 정보들을 설명하고 있다.

표 7.1 유전적 질병

질병	원인	특성	유전의 방법	출현률	보인자 결함	산전 진단
코넬리아 드랑게 증후군	원인 불명	중도 정신지체	분명치 않음	1:1,000	No	Yes
갈락토스혈증	신진대사장애	치명적일 때가 많음, 생존자 중 정신지체 유발, 식이요법으로 예방 가능	상염색체의 열성 유전	1:40,000 (출생 중)	No	Yes
뇌수종	뇌 척수액의 축적으로 인한 장애	정신지체가 증가, 치료받지 못하면 일반적으로 치명적임, 수술을 통해 손상 예방	다인자성	1:1,000 (유아 중)	Yes (유전적 유형에 있어서)	Yes
레쉬-니한 증후군	효소장애	정신지체, 뇌성마비, 자해행동	반성 열성 유전	1:380,000(보다 더 많은 출현율을 예상함)	No	Yes
단풍당뇨증	신진대사장애	중추신경계 악화와 치료받지 못하면 조기에 사망	상염색체의 열성 유전	1:120,000 / 1:1,600(Amish에서)	No	Yes
신경섬유종증	신경피부의 장애(중추신경계와 피부)	다양한 증상, 흔히 정신지체와 발작이 나타남	(돌연변이에 의한) 상염색체의 우성 유전	1:3,000	No	곧 이용할 수 있음
신경관 결함	무뇌증: 뇌의 일부분이 없는 것	흔히 조기에 사망, 수술로 생명 연장 가능	다인자성 유전, 조기 임신 중 발생	1:1,000(출생 중)	No	Yes
	척추갈림증: 척추전장이 닫히지 않음	심각한 정도의 다양한 증상들		3:1,000		
페닐케톤뇨증	신진대사장애	식이요법에 의해 예방할 수 있는 정신지체	상염색체의 열성 유전	1:15,000 1:80(백인 중 보인자)	No	Yes
레트 증후군	X염색체의 MECP2 결함	정신지체와 신체적 퇴보, 발작, 자해행동 등을 수반하면서 정상적으로 발달	아마도 반성 우성 유전, 남아에게 치명적	1:10,000~1:15,000(여아)	No	아직 아님
테이-삭스병	효소장애	일반적으로 3세까지 치명적, 진행성 신경쇠약 증세	상염색체의 열성 유전	1:360,000 1:2,500(유태인 부부)	Yes	Yes
결절성 경화증	신경피부의 장애	증상이 다양함, 진행성임, 정신지체, 발작, 비악성 종양	(돌연변이에 의한) 상염색체의 우성 유전	1:30,000	No	No
윌슨병	신진대사장애로 조직 내 구리 초과	진행성 뇌성마비와 정신지체, 조기발견으로 예방	상염색체의 열성 유전	1:1,000,000	No	No

일반적인 염색체 이상 질환

21번 삼염색체성과 기타 삼염색체성

삼염색체성(trisomy)이란 각각의 세포가 전형적으로 두 쌍의 **상동염색체**(homologous)를 가지게 되는 데 반하여 이 염색체는 세 쌍을 가지고 있는 것을 말한다. 대개 이 상태는 감수분열시 세포분열의 이상으로 발생한다. 가장 일반적인 것이 다운증후군을 초래하는 **21번 삼염색체성**이다. 즉, 삼염색체성 유전자가 21번 염색체에 발생하는 상태이다. 삼염색체성은 다른 염색체 쌍에서도 발생할 수 있는데, **18번 삼염색체성**과 **13번 삼염색체성** 등이 그 예이다. 이들은 21번 삼염색체성보다는 드물게 발생하지만, 대부분 생후 1년을 넘기지 못하는 중증의 선천적 기형장애를 초래한다. 이보다는 가벼운 수준의 장애를 초래하는 **8번 삼염색체성**은 남자들에게서 흔히 발생하며, 경도 정신지체부터 중도 정신지체까지 그 정도가 다양하나 수명은 일반인과 비슷하다(Pueschel & Thuline, 1991).

다운증후군

다운증후군은 J. Langdon Down에 의해 처음으로 명명되었으며, 비록 다운증후군 아기들의 75~80%가 임신 중 자연 유산되지만 현재까지 정신지체를 초래하는 가장 일반적인 유전질환으로 알려져 있다(Epstein, 1999). 잘못된 표현이지만 Down은 다운증후군이 전형적인 동남아시아 사람들의 신체적 특징을 닮았다고 묘사하였으며, 그래서 흔히 몽골리안으로 불리기도 했다(Down, 1866). 다운증후군은 오랫동안 몽골리즘으로 인식되었으며, 이 진단을 받은 사람들을 몽골 사람이라 불렀다. 시대에 뒤떨어진 이러한 용어들은 다운증후군을 가진 사람들을 멸시하는 말로 인식되어 더 이상 사용되지 않는다.

다운증후군의 출현 **증후군**(syndrome)이란 용어는 어떠한 상태가 더하거나 혹은 덜한 정도의 전형적인 징후와 증상들이 한 집단으로 특정지어지는 상태를 의미한다. 다운증후군의 증상은 약한 근육 상태(**근육긴장저하**: hypotonia), **모로 반사**의 부족, 그리고 정신지체 등의 상태를 보인다. 또한 선천적인 심장질환과 **갑상선기능저하증**(hypothyroidism)은 일반적인 증상으로 나타나기도 한다. 전형적인 신체적 특징은 내려앉은 콧등과 작은 코, 작은 입, 위쪽으로 향한 눈, 손바닥의 중앙을 가로지른 하나의 깊은 손금(**원선**: simian crease 또는 손금), 그리고 눈의 안쪽 가장자리에 작게 접힌 피부(**눈구석주름**: epicanthal folds) 등이다. 다운증후군 유

세 명의 다운증후군 아동

ⓒ Earl & Nazima Kowall/Corbis; for illustrative purposes only

아는 특히 호흡기에 문제를 가지거나 소화관이 막히기도 한다. 또한 아동기 때의 백혈병은 평균 빈도보다 다운증후군 아동들에게 더 많이 발생한다(National Down Syndrome Society, 1992). 다운증후군은 모든 인종과 모든 사회적 계층에서 일반적으로 발생한다.

다운증후군의 세 가지 유형 다운증후군은 **21번 삼염색체성**(Trisomy 21), **고자이크형**(mosaicism), **전위형**(translocation)의 세 염색체 중 어느 하나의 이상으로 발생할 수 있다. 가장 일반적인 유형은 감수분열시 비분열로 인한 21번 삼염색체성이다. 즉, 알 수 없는 이유로 염색체가 분열하지 않는다(예: 46개의 세포로부터 23쌍의 염색체로 구성). 예전에는 과학자들이 또 하나의 염색체가 난자로부터 온 것이라고 생각했으나, 최근에는 난자뿐만 아니라 전체 발생 중 약 20~30% 정도는 정자로부터도 기인된다는 사실을 밝혀냈다(Epstein, 1999). 또한 35세 이상의 여성들에게는 다운증후군을 가진 아기를 출산할 확률이 더욱 높다. 그 이유 중 하나는 정자가 생애 전반에 걸쳐 생산되는 반면, 난자는 임신 때 여성 자체로부터 오기 때문에 수정되는 난자의 나이가 비분리의 가능성과 관련될지도 모른다는 것이다. 그러나 이것은 난자의 비분리의 실패에 대한 유일한 이유라고 할 수 없다. 왜냐하면 모든 다운증후군 아동들의 80%는 35세보다 젊은 여성들의 출산에서 비롯되었기 때문이다.

비분리 문제가 유사분열(오히려 감수분열보다)에서 일어난다고 할 때, 어떠한 세포들은 삼중염색체성의 패턴을 갖고 있는 반면, 어떤 것은 그 반대이다. 이러한 발생을 **모자이크형**이라 부르고, 일반적으로 약간의 경미한 증상들만을 가진다.

마지막으로 다운증후군은 21번 염색체의 부분이 파괴되면서 13번째, 14번째 또는 15번째의 또 다른 염색체들에 재부착될 때 발생하기도 한다. 이 유형을 유전자의 전위라고 부른다. 그리고 이런 전달의 형태는 흔히 유전되는 경향이 많은 반면, 21번 삼염색체성과 모자이크형은 그렇지 않다.

다운증후군의 일반적인 특성 다운증후군을 가진 사람들은 정신지체 경도에서 중도까지 그 정도가 다양하지만, 운동 발달과 협응 영역에서는 언제나 영향을 받는 것은 아니다. 다운증후군 아동들은 또래에 비해 더 늦기 때문에 걷기와 말하기, 배변 훈련 등을 실시한다. 학교에서는 흔히 읽기와 쓰기 등의 기술을 수행할 수 있다. 성인이 되었을 때는 흔히 유급직으로 고용되어 공동생활 가정(group home)이나 관리자의 보호하에 있는 아파트에서 준독립적으로 살아가기도 한다. 일반적으로 다운증후군 아동들의 성격이 언제나 밝다고 알고 있으나, 실제로는 다른 사람들과 마찬가지로 일상적인 감정의 기복을 가지고 있다.

다운증후군을 가진 청소년들은 또래와 비슷한 성장 변화를 겪으며, 이들 중 소년들은 어느 정도의 지연을 보인다고 한다. 다운증후군 여성들의 절반 정도는 생식 능력을 가지고 있어 아이를 출산할 수 있다. 그러나 21번 삼염색체성의 발생을 유발하거나 다른 발달장애를 유발할 확률이 35~50%에 이르고 있다. 다운증후군 남성의 경우 그들이 아버지가 될 수 없을 것이라고 예상하고 있지만, 증가되고 있는 그들의 지역 통합 추세를 비추어 볼 때 앞으로 더 많은 긍정적인 사례들을 찾을 수 있을 것이다(Selikowitz, 1990).

다운증후군을 가진 사람들의 건강과 수명은 그들이 일반적으로 가지고 있는 질환, 즉 심

다운증후군에 관한 기사

TV 프로그램 *Life goes on*의 유명인사인 Chris Burke는 NDSS에서 출판하는 *News 'n Views*의 편집장이다. 다운증후군을 가진 젊은 이들에 관한 뉴스들로 채워지는 이 잡지는 일자리와 영화 리뷰, 성공적으로 사회에 적응하면서 살고 있는 다운증후군 젊은이들의 기사들을 다루고 있다. Burke는 비장애인들에게도 흥미로운 읽을거리를 제공할 것이라고 말하고 있다. "잡지에 실린 모든 기사를 읽어 보면 다운증후군을 가진 사람들이 가진 목표와 희망들을 보다 잘 이해할 수 있을 것입니다."

출처: "Rave reviews for *News 'n Views*" (1994), *National Down Syndrome Society* [NDSS] *Newsletter, 10*(2), 3.

장질환이나 갑상선기능저하증, 백혈병 등을 어떻게 관리하는지에 달려 있다고 볼 수 있다. 다운증후군 아동 중 35~50% 정도에서 발생하고 있는 선천적 심장결함은 수술을 통해 크게 호전될 수 있고, 생후 5~6개월 전에 수술을 성공적으로 수행한다면 폐 손상의 가능성을 감소시키고 수명을 증가시킬 수 있다(Kidd & Taussig, 1990). 또한 최근에는 이들에게 발생하는 백혈병에 대한 치료율이 높고, 갑상선기능저하증은 간단한 혈액검사를 통해 쉽게 발견하고 치료할 수 있다. 특히 갑상선기능저하증은 뇌 발달을 저해하고 중도 정신지체의 정도를 증가시키므로, 질병에 대한 조기 발견이 매우 중요시된다(McCoy, 1990).

의료기술이 향상되어 감에 따라 다운증후군을 가진 사람들의 평균 수명 또한 초기 성인 나이에서 55세, 어떠한 이들은 60대까지 수명이 증가되었다. 실제로 40세가 되면 거의 모든 다운증후군이 Alzheimer형의 뇌 이상 증상을 보이는데(뇌 스캔 기술에 의해 측정된), 대부분은 50세 또는 더 나이가 들 때까지도 임상적인 행동 증후를 보이지 않으며, 실제적인 비율 또한 그렇게 나타나고 있다(Cody & Kamphaus, 1999).

약체 X 증후군

약체 X 증후군은 가장 일반적으로 알려진 유전성 정신지체의 원인이다. 이전에는 Martin-Bell 증후군(Martin-Bell syndrome)으로 불렸던 약체 X 증후군은 그 이름대로 X 염색체의 약하나 손상된 분리로 인한 결함이다. 표면적으로 약체 X 증후군은 반성 유전을 통해 전달되지만 전형적인 유형으로부터의 편차는 존재한다. 때로는 보인자가 될 것이라고 생각되었던 여성들이 열성 유전으로 인해 나타날 것이라고 여겼던 것과는 반대로 전혀 증상을 나타내지 않기도 하고, 반면에 보인 여성들이 영향을 받기도 한다(Freund, Abrams, & Reiss, 1991). 확실한 연구에서는 첫 세대의 보인 여성이 그 증후를 나타내지 않다가 손상된 염색체가 2세대인 그들의 딸들에게 유전되어 더욱 확실한 증상들이 나타난다고 밝히고 있다(Freund, Reiss, & Abrams, 1993).

토론 과제

만일 약체 X 염색체를 보유한 여성들이 증상을 보인다면, 그 발생률은 남성과 여성들 중 어느 쪽이 많겠는가?

약체 X 증후군의 출현 약체 X 증후군의 진단은 현미경 감정으로 X 염색체 장완의 취약 부분

약체 X 증후군을 가진 사람의 전형적인 얼굴

Photo courtesy of Nancy Abrams and Simon Feather, FRAXA Research Foundation, www.fraxa.org

을 규명하는 일이다. 모든 세포가 손상된 X 염색체를 포함하는 것은 아니기 때문에 영향을 받은 세포의 비율은 그 취약성을 의미한다. 영향을 받은 세포들은 여성들이 나타내는 증상의 심각성과 연관되어 있지만, 남성의 경우에는 명백하지 않다(Reiss & Freund, 1990).

약체 X 증후군을 가진 사람들은 흔히 긴 얼굴과 큰 귀, 주걱턱, 돌출된 이마, **근육긴장저하**(hypotonia), 평발 등의 특성을 나타낸다. 청소년기 이후 남성에 있어서는 **비정상적으로 고환**(macro-orchidism)이 크게 발달하기도 한다. 그러나 이러한 특징들은 지역이나 나라에 따라 다양하게 나타나므로, 단지 신체적인 표현형을 기초로 하여 그 진단을 하는 것은 바람직하지 않을 것이다.

약체 X 증후군의 일반적인 특성 약체 X 증후군을 가진 남성들의 정신지체 정도는 여성들에 비해 더욱 심각한 경향이 있다. 학령기 이전의 약체 X 증후군 남자 아동들의 인지 능력은 같은 연령과 비슷한 수준이지만 성장하면서 그 차이가 나타나기 시작한다. 또한 남성과 여성 모두 단어와 기초 읽기 영역을 포함한 언어 검사에서 상대적으로 높은 점수를 얻는 경향이 있으나, 시각-공간 과제나 시각 운동 협응 과제 등에서는 보다 취약함을 나타내고 있다. 또한 숫자와 수학 개념의 과제 학습에 보다 많은 어려움을 가지고 있으며, 특히 단기 시각 기억에 결함을 가지고 있으나 비교적 장기기억 능력은 좋은 편이다.

일반적으로 약체 X 증후군 아동들의 행동적인 징후는 과잉행동, 주의력 결핍 및 자해 등이다. 어떠한 특징들은 **상동어**와 **반향어**를 나타내는 자폐아동들의 증상과 유사하다(9장 참조). 약체 X 증후군 아동들이 지닌 또 다른 자폐적 특성으로는 사회적 회피나 시선 회피, 소리에 대한 과잉 민감성, 비음식물에 대한 반복적 냄새 맡기, 그리고 흔들거나 빙빙 도는(상동 행동) 것과 같은 운동성 행동 등이 있다(Kerby & Dawson, 1994; Hagerman, 1996). 중도의 자폐적 성향은 2~7세 사이의 아동들에게 가장 흔히 발생한다.

이러한 이들의 문제에도 불구하고, 약체 X 증후군을 가진 사람들은 각각 그들 자신의 장점과 약점을 통하여 많은 것을 배울 수 있다. 모든 아동들과 마찬가지로 그들의 사회적 발달은 가장 중요한 사항이다. 학습상 또는 적응상의 성공은 아동(또한 어른)들이 사회적으로 잘 적응할 때 더욱 효과를 나타내기 때문에 숙련된 사회적 행동의 발달은 약체 X 증후군 아동들에게 매우 중요한 일이다(Ghuman et al., 1998).

표 7.2에서는 염색체 이상으로 발생한 정신지체를 유발하는 몇몇 장애들을 나타내고 있다.

유전 상담 및 산전 검사

유전 상담은 때로 아이를 임신하기 전에 받을 수도 있는 것으로 예비부모의 유전적인 결함 여부를 진단할 수 있다. 이러한 진단을 보인자 진단이라고 부른다. 그러나 유전 상담을 통해 모든 질환의 보인자를 알아낼 수 있는 것은 아니다(표 7.1 참조). 손상된 유전이 발견되었을 때 유전 상담가는 장애의 발생 가능성과 그들의 부모가 임신을 해도 되는지 혹은 아동을 받아들이고 임신을 할 것인지 아니면 출산을 하지 않을 것인지를 결정할 수 있는 정보를 제공한다. 부부들 중 어떤 이들은 임신을 선택하여, 임신 중 산전 검사를 통해 손상된 유전인자가 태아에게 전달되었는지를 검사한다.

대부분의 경우 **산전 검사**를 통해 태아가 실제로 영향을 받았는지를 알 수 있다. 산전 검사 중 가장 흔히 이용되는 것은 **양수검사**(amniocentesis)로서 자궁으로 얇은 주사기를 삽입하여 복벽을 통과해 체액을 뽑아낸다. 따라서 이 체액에는 자연적으로 태아로부터의 불필요한 피부세포가 포함되어 있다. 화학적으로 체액을 분석하고, 그 안의 세포들을 현미학적으로 배양하고 실험하여 유전자 결합을 분석한다. 최근에는 DNA 분석기법이 더욱 발달하여

표 7.2 정신지체와 관련된 염색체 장애에 대한 설명

질병	원인	특성	발생률
묘성증후군(Cri du Chat)	5번 염색체 부분 결손	(흔히 중증의)정신지체 선천적인 심장질환 날카로운 '고양이 같은 울음'	1:50,000
다운증후군	21번 상염색체성 모자이크형 전위형	정신지체 전형적인 얼굴 특징 선천적인 심장질환	1:800~1000 산모 36세까지 1:300 42세까지 1:70 48세까지 1:15
약체 X 증후군	X 염색체 부분 손상 및 파손	정신지체 과잉행동 전형적인 얼굴 특징	남성 1:1,000 여성 1:600
Prader-Willi 증후군	15번 염색체 이상	정신지체 빈약한 근육 긴장 상태 주체할 수 없는 식욕 전형적인 얼굴 특징 공격성	1:5,000~100,000 흔히 진단하기 어려운 경우 많음
Williams 증후군	7번 염색체 미세 결실	정신지체 심장과 골격 결함 전형적인 얼굴 특징	1:1,0000

유전자의 보다 섬세한 분석이 가능하게 되었다(Jorde, Corey, & White, 1997). 양수검사는 특별히 어떠한 질환이 의심되는 경우 또는 35세 후반의 여성(다운증후군 출산율이 높기 때문)에게 적극적으로 권장되고 있다.

양수검사로 인해 유산할 확률은 0.5% 정도로 매우 낮다고 한다. 흔히 배양을 성공하지 못해 존재하는 어떠한 결함 유전자를 찾아내지 못할 때도 많다. 그러나 대부분의 경우 양수검사를 통하여 수백 가지의 유전적 결함의 존재 유무에 관한 정확한 정보를 얻을 수 있다(Batshaw & Perret, 1992).

일단 유전적인 문제가 발견되면, 부모들은 임신을 유지할 것인지 혹은 아이를 포기할 것인지를 결정해야 한다. 하지만 대부분의 사람들은 14주 이전에는 양수검사를 할 수 없기 때문에 임신 중에 이러한 결정을 하는 것이 더욱 어려워진다.

또 다른 산전 검사 중 하나인 **융모막 융모 표본검사**(chorionic villus sampling, CVS)는 임신 후 6~8주의 이른 시기에도 진단을 실시할 수 있다. 바늘을 질 또는 복부 벽까지 삽입하여 태아의 세포막 부분의 가느다란 돌기(융모막 융모) 끝부분에서 작은 조직을 떼어내는 것이다. 그러나 검사 과정은 유산의 위험성이 높을 뿐 아니라 사지 변형(limb deformity) 장애를 초래할 수도 있다는 단점이 있다. 게다가 CVS 검사의 실패율은 각 병원에 따라 다르고, 검사 결과에서 얻은 유전적 정보는 태아의 상태와 언제나 일치하는 것이 아니라고 밝히고 있다(Wymelenberg, 1990).

초음파 진단기는 자궁에서 느껴지는 고주파수를 비디오 모니터를 통해 판독할 수 있는 검사 도구이다. 초음파 검사는 융모막 융모 표본검사나 양수검사와 마찬가지로 손상의 위험성을 줄이기 위해 사용된다. 또한 뇌수종과 조직상의 기형의 존재 유무를 밝혀낼 수 있어 올바른 산전 중재(prenatal intervention)에 유용하게 사용되고 있다.

다음의 두 가지 검사는 산전 진단에서도 유용하게 사용되고 있다. 먼저, **태아경 검사**(fetoscopy)는 전등이 착용된 조그만 관을 자궁에 삽입하여 태아의 사지 변형 장애를 진단할 수 있다. 삽입된 관으로 추출된 태아의 혈액 표본은 태아의 혈우병이나 겸상적혈구 빈혈증, 기타 신경계 장애의 유무를 진단하는 데 사용된다. 임신 초기의 **임산부 혈액 검사**(maternal blood analysis)는 신장병 또는 비정상적인 식도 폐쇄, **무뇌증**, **척추갈림증** 등을 진단하는 데 이용된다.

산전 중재

흔히 태아가 태어나기 전에 실시하는 산전 검사를 통해 미리 장애를 예방하거나 완화시켜 줄 수 있다. 예를 들어 **페닐케톤뇨증**(phenylketonuria, PKU)은 결함 효소가 신체의 필수아미노산 신진대사를 방해하는 유전적인 상태를 말하는데, 이 질병에서 기인하는 뇌손상과 정신지체의 유발을 막기 위해서는 유아들의 식이요법을 통한 조기 발견 및 예방법이 필요하다고 한다(Waisbren, Brown, de Sonneville, & Levy, 1994). 미국의 많은 주에서는 검사를 의무적으로 하도록 하고 있지만, 이러한 검사들은 아이가 출생한 후에 시행할 수 있는 검사이고, 또한 검사 결과를 기다리느라 필수적인 식이요법의 시기가 지연되기도 한다. 태내의 어떠한 이상이 발견되면 아기가 태어남과 동시에 즉각적인 치료가 시작된다. 또 하나의 신진대사장애인 **단풍당뇨증**(maple sugar urine disease, MSUD)은 임신 중에 발견할 수 있다. 이 병의 검사는 태어난 아기들에게는 시행하지 않으므로, 만약 질병이 임신 중 발견되지 않으면

다운증후군을 가진 사람들을 위한 성형수술: 유용한 처치인가, 아니면 편견의 사례인가?

다운증후군을 가진 사람들을 위한 성형수술은 1977년 이후 시행되었으며, 미국보다 유럽 지역에서 더욱 활성화되어 있었다. 기본적으로 혀의 일부분을 이식하고 얼굴에 임플란트를 삽입하여 이들의 얼굴 모습을 바꾸었다. 옹호자들은 이러한 수술로 인해 언어와 호흡, 건강 등에서 보다 향상을 보이고 있다고 주장하고 있고, 무엇보다도 사회적 낙인이 줄어들었다고 한다(May & Turnbull, 1992). 그러나 이와는 반대로 비판자들은 수술로 인해 실제적인 이득은 없으며, 수술로 완벽하게 이들의 전형적인 얼굴을 바꿀 수 없다고 주장하고 있다(Arndt, Lefebvre, Travis, & Munro, 1986; Novoselsky, Katz, & Kravetz, 1988). 비판자들은 사회적으로 이들을 허용하고 받아들이는 책임은 사회에 있으며, 이러한 고통스러운 수술 절차(또는 복잡한 수술로 인한 위험성)를 간단하게 동의하는 일은 없어야 한다고 주장하고 있다.

만약 다운증후군을 위한 성형수술을 통해 그들의 건강이나 언어 측면에서 두드러진 향상을 볼 수 있다면, 더 널리 허용될 수 있을 것이다. 그러나 수술로 인한 장점이 외모의 변화뿐이라면 사회의 편견을 바꾸는 작업이 보다 효과적일 것이고, 신체적인 위험을 보다 덜 포함할 것이다. 실제로 다운증후군 아동들을 입양하려는 수많은 예비 부모들이나 이 장애아동들의 치료와 교육을 위해 지금 열심히 공부하는 대학생들의 열정은 사회적 관심과 통합 측면에서 보면 매우 고무적인 일이다.

아기는 생후 며칠 만에 죽는다(Batshaw & Perret, 1992).

뇌수종 뇌수종(hydrocephalus)은 뇌가 척수를 통해 뇌 척수액의 정상적인 흐름과 신장과 요로를 통한 방출을 방해하는 상태를 말한다. 이 척수액은 뇌실에서 지속적으로 생성되는데, 만약 이 유액이 정상적으로 방출되지 않는다면 뇌손상과 심지어는 사망에 이르기까지도 한다. 따라서 두개골에서 유액이 옆으로 빠져 나갈 수 있게 통로를 만드는 수술을 하기도 한다. 최근 의학기술의 발달로 인해 태아 수술을 허용하고 있으나, 그 실제 상황은 훨씬 복잡하고 아직 논쟁 중에 있다.

윤리와 함의

산전 검사는 중요한 윤리적인 문제들을 포함하고 있어 심각한 논쟁거리이다. 반면 부모들은 그들의 태어날 아기가 정상적으로 자라고 있는지를 걱정하며 의학기술로 이를 확인하고 싶어 한다. 게다가 의사들이 태아의 손상을 경감시키고 완화시킬 수 있는 특별한 검사의 필요성에 대해 조언을 하기도 한다. 그러나 널리 사용되는 이러한 검사(산전 검사, 출산시 태아전자감시기, 성형수술 등)의 비용이 매우 비싸다는 것과 검사 시의 위험 발생률 또는 흔히 이러한 검사들이 실제적인 도움을 제공하지 못한다는 점 등이 문제점으로 지적되고 있다.

새로운 기대의 적응

지금까지 장애아동의 부모가 겪는 부정의 시기, 즉 그들 자녀의 장애와 심각성을 받아들이지 못하는 때가 언제까지인지에 대해 많이 논의해 왔다. 최근의 연구들에서 가족이 적응을 하는 데 있어서 부정의 단계가 가지는 의미를 과장되게 말하는 경향이 있으나, 중요한 것은 그 누구라도 완전히 변화된 기대와 요구들에 적응할 시간이 필요하다는 것이다. 만약 산전검사를 통해 심각한 장애 발생을 알게 되었다면, 부모들이 아기가 태어나기도 전에 그들 부모 자신의 능력과 자원들을 생각해 보게 된다.

산전 검사가 부모들에게 귀중한 정보를 제공하고 있다는 것은 의심할 여지가 없을 것이다. 자녀 양육은 막대한 책임을 요구하고 있는데, 이 가운데 장애아 출산은 부모들에게 보다 확장된 양육에 대한 시련을 의미하고 있다. 이러한 시련들이 더욱 부모들에게 힘이 들겠지만, 장애 상태는 전적으로 각각의 아동과 그 가족들이 처한 환경에 대한 인식이 없이는 미리 결론을 내릴 수 없는 문제일 것이다. 아직까지는 우리가 직면한 시련(장애)의 형태를 아는 시기가 빠를수록, 조금 빨리 유용하고 필요한 자원들을 모아 이 시련들을 당당하게 직면할 수 있을 것이다.

아직까지는 유전적 혹은 염색체 이상으로 인한 장애를 발견했을 때 의학기술로 이를 치료하기는 어렵기 때문에 부모들이 태아에 관한 부정적인 검사 결과를 받았을 때 임신을 유지할 것인지 아니면 낙태를 할 것인지를 놓고 고민하게 된다. 그러나 낙태는 명백하게 논쟁의 여지가 많은 사항이다. 장애를 가진 태아에 대해서는 태아의 '태어날 권리를 주장'하거나 '임신 중절을 합법화'하자는 상반된 의견이 논쟁 중이다. 하여간에 이 논쟁 중 하나는 사람들이 장애인의 가치에 대한 태도나 전제들에게 영향을 주었음을 엿볼 수 있다. 대체로 장애 중 특히 정신지체에 대한 문화적인 오해와 편견으로 임신을 포기하여 나중에 이 결정을 후회하는 경우가 있다. 게다가 낙태 문제는 어머니들의 삶과 건강, 심리적 행복 등에 영향을 미치지 않으며, 오히려 다른 관점에서 보면 어떤 특정한 아이에 대해 초점을 맞추어 원하는 임신을 포기하기도 한다는 것이다. 진단된 장애를 가진 태아는 우생학적(McCormick, 1974) 혹은 예방 차원(Hansen, 1978)에서 낙태가 허용되기도 한다. 장애아동을 양육하는 것에 대한 부모들의 두려움은 때로 그들 자녀들의 미래에 대해 지나치게 비관적인 예측으로 더욱 증가되

한 어머니의 경험

Anna의 첫 아이는 산전 검사의 중요성을 그녀에게 일깨워 주는 Tay-Sachs병을 가지고 태어났다.

"내 아이가 Tay-Sachs병으로 인해 생후 2년 동안 서서히 죽어 가는 모습을 보면서, 산전 검사를 하지 않았음을 절대적으로 후회했어요. 우리 부부가 다음 아이를 가지기 위해서는 산전 검사만이 유일한 길이에요."

출처: Isle, 1993.

기도 한다.

의사는 부모들에게 산전 검사에 대한 정보를 제공할 의무가 있으며, 이를 이행하지 않아 나중에 정신지체 아동을 출산했을 때 부모들은 그 의사를 고소할 수 있다. 이러한 경우 재판에서는 부모에게 손해 배상을 판결하고, 이러한 부주의한 산전 상담으로 인해 발생한 손상을 '원치 않는 출생'이라는 용어를 사용한다(Fleisher, 1987).

토론 과제

의사들은 현존하는 의학기술에 대해 환자들과 상담하는 데 어떠한 책임을 가지고 있는가? 널리 보급된 이러한 검사들을 받기 위해 어떠한 방법으로 재정적 뒷받침을 할 수 있겠는가?

당연히 치료상의 이유로 인한 낙태에 관한 논쟁은 복잡하다. 특히 이러한 상황은 다운증후군이나 기타 비교적 덜 심각한 장애에 대해서도 흔히 일어나는 낙태로 인한 것이다. 이 같은 사례들을 보면서 진심으로 혹은 즐거운 마음으로 이러한 아동들을 양육하는 태도는 예비 부모들에게는 매우 큰 자극이 될 것이다. 더 나아가 장애아동을 입양하려는 부모들도 있다는 것이다. Tay-Sachs병이나 다른 심각한 효소 결핍을 가진 태아의 경우 그 선택과 결과는 명백히 다르다고 할 수 있다.

어떠한 경우든 이러한 심각한 시련에 직면한 부모들을 위해 다양한 정서적 혹은 재정적인 자원들이 존재하며, 이들을 위해 중요한 배려들이 지원될 것이다. 또한 의사들은 서비스 중심의 자원(의학적인 정보를 포함)과 정보를 지역사회에 제공해야 하며, 이들의 부모가 독립적이고 옳은 판단을 내릴 수 있도록 선택적인 방법과 섬세한 조언을 제공하는 일이 중요하다(Pueschel, 1991).

유전자 연구의 미래

인간 게놈 프로젝트

인간 게놈 프로젝트(Human Genome Project, HGP)는 지금까지 진행된 어떠한 연구들보다도 가장 큰 규모의 생물학적 연구이다. 원래 중앙 정부에 의해 주도된 이 프로젝트의 목표는 5~10만에 달하는 임신 중 전달된 모든 유전자들을 판독하고 정의내리는 것이다. 즉, 이제 과학자들은 DNA의 정확한 화학적 구조와 23쌍의 염색체가 각각의 유전자의 어느 위치에 있는지를 알 수 있게 되었다. 이러한 과정을 **유전자 지도**라고 부르며, **그림 7.6**에서 설명하고 있다. 결과적으로 하루아침에 건강한 유전자가 인위적으로 만들어질 수도 있고, 반대로 불완전한 유전자가 고쳐질 수도 있는 가능성들이 높아졌다.

인간 게놈 프로젝트는 국제적인 범주 안에서 국제적인 비밀과 경쟁의 문제를 피하기 위해 설립된 **인간 게놈 기구**(Human Genome Organization, HUGO)의 개별적인 정부 프로젝트들과 함께 조화롭게 진행되고 있다(Goodman, 1998). 이 조직은 프로젝트의 결과물을 모든 나라들이 공유하는 것을 확실히 하도록 노력하고 있다. 그러나 아직까지 많은 개인적인 회사들이 자신들만의 프로젝트를 시행하여 심지어는 미국보다 빠른 진보된 발전을 보이고 있어, 지금은 어떤 상품들이 출시될지 또는 그 시기에 관한 일들만 남아 있는 듯하다.

유전자 조작

유전자 복제나 다른 유전자 치료들은 단지 공상과학 소설의 이야기가 아니라 다음 세대들을 위한 어떠한 가능성들을 예시하고 있다. 이 가능성들은 오늘날 의학 세계에 실제로 존재하게 되었다. 1990년 첫 번째 유전 이식이 중증 합병 면역 결핍증(SCID)(170쪽 참조)을 가진 네 살 된 여자아이 Ashanthi DeSilva에게 성공적으로 시도되었다. 검출된 유전자를 정상적으로 복제하여 대상 아동의 백혈구에 끼워 넣음으로써 아동을 보호할 수 있는 면역체계를 갖게 되었다. 그 후 다양한 질환을 가지고 있는 수백 명의 환자들에게 유전자 전이가 시행되었다(Thompson, 1994).

유전자 코드의 지도와 상응하는 유전자 치료법을 통해서 예방 혹은 건강관리 측면에 대한 무한한 잠재성을 엿볼 수 있게 되었다. 암이나 심장질환, 기타 3,000가지 정도의 유전적인 질환들을 치료하거나 예방하기 위한 새로운 방법들이 더욱 더 많이 나올 것이다. 처음으로 21번 염색체가 해독되었으며, 급속하게 만들어지고 있는 물질들을 보면서 이 염색체가 가지

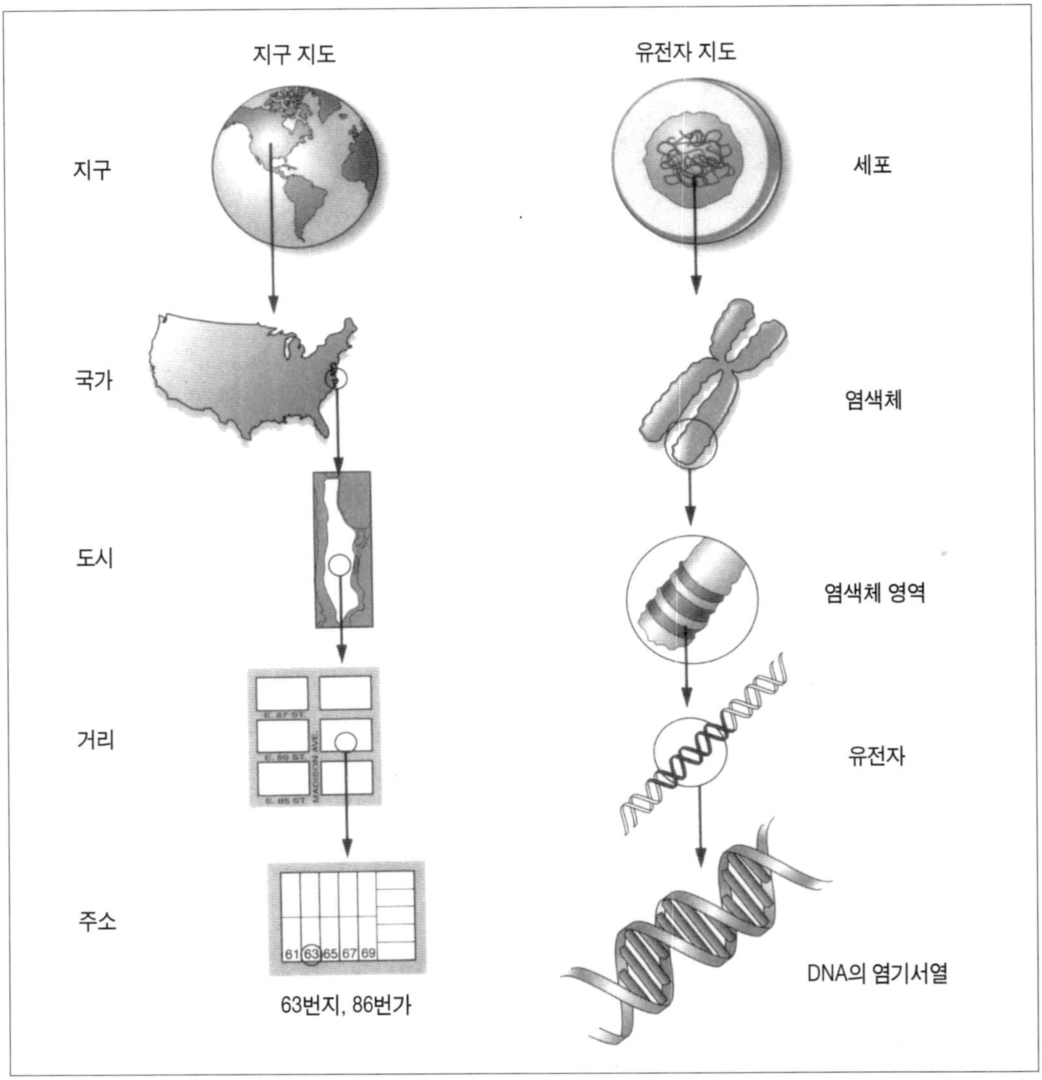

그림 7.6 지구 지도와 유전자 지도 비교

출처: L. Wingerson (1990). *Mapping our genes*. New York: Dutton.

고 있는 1,000개의 유전자 과정의 염기서열을 알 수 있게 되었다(Patterson, 1995). 특히 연구자들은 필수적인 중재와 치료법을 바탕으로 정신지체와 다운증후군의 심장 손상과 관련된 유전자를 찾기 위해 노력하고 있다. 이와 비슷한 연구들이 1,500개 이상의 다른 유전적인 질환의 원인을 밝히기 위해 시행되고 있으며, 해마다 이 연구의 숫자는 늘어 가고 있다

(Goodman, 1998).

앞으로 유전자 지도와 염기서열에 대한 정보들은 그 올바른 사용을 위해 유전자 상담을 통해 다른 새로운 과학기술과 협력적으로 다루어져야 할 것이다. 예를 들어 물로 입을 헹구어내는 검사만으로도 사람들이 낭성섬유증이나 겸상적혈구빈혈증의 유전자를 지니고 있는지의 여부를 알 수 있다. 이러한 기술의 발전으로 유전자 검사의 비용이 절감되고, 보다 더 많은 사람들이 이용할 수 있게 되었다.

환경에서 받은 해로운 영향들에 대해 유전자는 스스로의 복구 능력이 있음에도 불구하고, 필연적으로 많은 손상이 발생한다. 또한 담배나 공기오염 또는 환경 독소 등의 환경적인 원인들이 개개인의 특별한 유전자에게 손상을 주기도 한다. 이러한 유전자 실험을 통하여 앞으로 의사들은 치료 효과가 나타나기 전에 유전자 돌연변이를 찾아낼 수 있을 것이다. 예를 들어 의사들은 실제로 암이 퍼지기 전에 암 햇수를 줄일 수 있을 것이다(Wingerson, 1998).

윤리적 고려사항

확실히 정신지체인들은 비장애인과 똑같이 귀한 존재이며, 장애인과 그들의 가족들은 장애로 인한 상황을 그들 나름대로의 긍정적인 방향으로 생각하는 가운데 변화하고 성장하게 된다. 그러나 이들 모두는 만약 가능하다면 이러한 시련을 원하지 않았을 것이라고 말하고 있다. 뒷받침하는 증거로 NDSS는 21번 염색체의 결함을 치료하기 위해 연구하는 사람들에게 연구비를 지원하고 있다. Lesch-Nyhan병을 가진 아동의 가족들이나 다발성 경화증을 가진 사람들에게 유전자 치료의 가능성은 오랫동안 염원하던 꿈이었으며, 이들뿐만 아니라 유전적 장애로 발생하는 비극으로 고통을 받는 사람들에게도 마찬가지이다.

그러나 의학기술 자체는 매우 복잡하며, 잠재적으로 위험성의 가능성을 내포하고 있다. 아직까지 유전자 문제를 구명하는 능력 자체는 결함된 부분을 찾아 치료하거나 제거하는 연구들보다 앞서 있다. 예를 들어 겸상적혈구빈혈증을 일으키는 유전자와 DNA 구조를 발견했으나, 아직까지 그 치료법에 대한 연구들은 큰 진전이 없어 보인다(Wingerson, 1990). 유전적 장애의 치료법을 이용할 수 있게 되면, 아마 그 치료비용은 매우 비쌀 것이며 이로 인해 심각한 편견을 초래할 수도 있을 것이다. 만약 어떤 사람이 매우 심각하고 비용이 많이 들어가는 상황이(질병으로 인한) 계속 진행된다고 하면, 이 소식에 대해 보험회사는 어떻게 반응할 것인가? 또는 그 사람의 회사 고용주나 미래의 고용주는 어떻게 반응할 것인가(Bishop & Waldholz, 1990)? 질병 또는 장애 그 자체보다 그 특성들이 변화되거나 통제 가능

현대 유전의 전제

Darren은 희귀한 유전 질병을 가진 대학생으로, 그의 신체장애는 점점 심각해지고 있는 상태이다. 그는 유전자를 연구하는 연구자들이 그의 질병을 유발하는 유전자를 발견해내리라는 기대를 다음에서 엿볼 수 있다.

"내가 앓고 있는 이 질병에 대해 연구하는 누군가가 '걱정하지 말고 집으로 돌아가세요'라는 말 대신에 '마침내 그 원인을 발견해냈어요!'라고 하는 상황에 대해 생각했어요. 이 생각 자체는 내 내부를 바꾸기 시작했어요. 내가 생각하기에 (질병을 위해 연구하는 작업들이) 열심히 진행되고 있다는 것을 여러분이 알고 있는 한 기회는 존재하며, 이러한 생각들은 여러분들의 기분을 좀 더 낫게 만들 것입니다."

출처: L. Wingerson(1990). *Mapping our genes*. New York: Dutton.

한 이유들은 무엇인가?

지금 세대에서 불임으로 고통 받는 수천 명의 사람들을 보면서(3장 참조), 장애를 유발할 수 있는 예비 보인자 부모가 과연 임신을 거부할 권리를 가질 수 있을 것인가에 대한 회의감이 들기도 한다(Smith, 1994). 누가 이러한 상황 관계를 조정할 수 있을 것인가? 또한 어떻게 통제될 수 있을 것인가?

토론 과제

유전자 기술 규정의 가능한 수단들은 무엇인가? 당신은 유전자 기술의 사용보다 더욱 힘을 가져야 하는 이는 누구라고 생각하는가?

게놈 연구에 기인한 실제적인 현실성들은 과학뿐만 아니라 법에 의해서 조정될 것이다. 그리고 법은 우리 시대의 도덕성과 정치적 상황, 문화적인 태도와 편견들에 대해서도 민감하게 반응할 것이다. 현재 우리의 의학기술을 윤리적으로 또는 광범위하게 다루기 위해서는 어떻게 해야 하는가? 최종적으로 교육과 종교는 그러한 결정에서 어떤 역할을 할 것인가?

이러한 가능성을 제시하고 있는 새로운 세상에서는 엄중한 책임이 뒤따르고 있다. 다른 새로운 과학기술 분야에서 흔히 그렇듯이, 각각의 과학자나 연구자들은 혁신적인 문화적 진보를 위한 능력과 지식을 가지고 있다고 하지만, 우리 사회는 아직까지 새로운 과학기술을 책임감 있게 다룰 현명함이나 선견지명이 부족한 듯하다. 게다가 과학자들 스스로도 인정하지 않고 예견하지 않았던 위험하고 비참한 가능성들 또한 존재한다. 사실상 과학의 진보를 통해 약물 남용이나 오용, 사회적 무지 등 사회의 어두운 측면을 살펴볼 수 있게 되었다. 유전자 기술을 둘러싼 도덕적, 윤리적 결정들이야말로 보다 신중하고 지속적인 연구 결과의 효과들을 보장할 수 있을 것이다.

> **토론 과제**
> 보다 깊고 신중한 의미를 함의하고 있는 또 다른 과학기술들에 대해 논하라. 그것들은 무엇이며, 어떻게 관리할 수 있을 것인가?

조망

지금까지 이 장에서는 많은 유전자, 염색체 질병들에 대해 기술하였고, 지적 장애와 관련된 정도를 예방하거나 줄일 수 있는 중재방법들에 대해 논의하였다. 미래에는 이들 대부분의 장애나 질병들이 치료될 수 있다고 기대할 수 있을 것이다. 그러나 대다수의 정신지체인들이 가지고 있는 일반적인 상태는 유전적인 요인으로부터 기인된 것이 아니라 경감 또는 제거될 수도 있는 사회적, 심리적 요인들에 의한 것이라고 한다. 따라서 8장에서는 정신지체의 발생원인 중 사회적, 심리적 요인들과 이들을 경감시키기 위한 방안과 프로그램들에 대해 논의할 것이다.

참고문헌

Arndt, E. M., Lefebvre, A., Travis, F., & Munro, I. R. (1986). Fact and fantasy: Psychosocial consequences of facial surgery in 24 Down syndrome children. *British Journal of Plastic Surgery*, *39*, 498–504.

Batshaw, M. L., & Perret, Y. M. (1992). *Children with disabilities: A medical primer* (3rd ed.) Baltimore, MD: Paul H. Brookes.

Bishop, J., & Waldholz, M. (1990). *Genome*. New York: Simon & Schuster.

Cody, H., & Kamphaus, R. W. (1999). Down syndrome. In S. Goldstein & C. R. Reynolds (Eds.), *Handbook of neurodevelopmental and genetic disorder in children*. New York: Guilford.

Down, J. L. H. (1866). Observations on an ethnic classification of idiots. *London Hospital, Clinical Lectures and Reports*, *3*, 259–262.

Epstein, C. J. (1999). The future of biological research on Down syndrome. In J. A. Rondal, J. Perera, & L. Nadel (Eds.), *Down's syndrome: A review of current knowledge* (pp. 210–222). London: Taylor & Francis.

Fleisher, L. S. (1987). Wrongful births. When is there liability for prenatal injury? *American Journal of Diseases of Children*, *141*, 1260–1265.

Freund, L. S., Abrams, M. T., & Reiss, A. L. (1991). Brain and behavior correlates of the Fragile X syndrome.

Current Opinion in Psychiatry, *4*, 667–673.

Freund, L. S., Reiss, A. L., & Abrams, M. T. (1993). Psychiatric disorders associated with Fragile X in the young female. *Pediatrics*, *91*(2), 321–329.

Ghuman, J. K., Freund, L., Reiss, A., Serisint, J., & Folstein, J. (1998). Early detection of social interaction problems: Development of a social interaction instrument in young children. *Journal of Developmental and Behavioral Pediatrics*, *19*(6), 411–419.

Goodman, L. (1998). The Human Genome Project aims for 2003. *Genome Research*, *8*, 997–999.

Hagerman, R. J. (1996). Fragile X syndrome. *Child and Adolescent Psychiatry Clinics of North America*, *5*, 881–894.

Hansen, H. (1978). Decline of Down's syndrome after abortion reform in New York state. *American Journal of Mental Deficiency*, *83*(2), 185–188.

Hodapp, R. M., & Fidler, D. J. (1999). Special education and genetics: Connections for the 21st century. *Journal of Special Education*, *33*(3), 130–149.

Isle, S. (1993). *Precious lives painful choices: A prenatal decision-making guide*. Long Lake, MN: Wintergreen Press.

Jorde, L. B., Carey, J. C., & White, R. L. (1997). *Medical genetics*. St. Louis: Mosby.

Kerby, D. S., & Dawson, B. L. (1994). Autistic features, personality, and adaptive behavior in males with the Fragile X syndrome and no autism. *American Journal of Mental Retardation*, *98*(4), 455–462.

Kidd, L., & Taussig, H. B. (1990). *The heart and Down syndrome*. New York: National Down Syndrome Society.

Lesch, M., & Nyhan, W. L. (1964). A familial disorder of uric acid metabolism and central nervous system function. *American Journal of Medicine*, *36*, 561–570.

Matalainen, R., Airaksinen, E., Mononen, T., Launiala, K., & Kaariainen, R. (1995). A population-based study on the causes of severe and profound mental retardation. *Acta Paediatrica*, *84*, 261–266.

May, D. C., & Turnbull, N. (1992). Plastic surgeons opinions of facial surgery for individuals with Down syndrome. *Mental Retardation*, *30*(1), 29–33.

McCormick, T. R. (1974). *Ethical issues in amniocentesis and abortion*. Texas Reports on Biology and Medicine, 32, 299–309.

McCoy, E. (1990). *Endocrine conditions in Down syndrome*. New York: National Down Syndrome Society.

Morales, P. C. (1999). Lesch-Nyhan syndrome. In S. Goldstein & C. R. Reynolds (Eds.), *Handbook of neurodevelopmental and genetic disorders in children* (pp. 478–498). New York: Guilford.

National Down Syndrome Society (1992). *Questions and answers about Down syndrome*. New York: NDSS.

Novoselsky, A., Katz, S., & Kravetz, S. (1988). Children with Down syndrome: Their evaluation by their peers before and after plastic surgery. *Issues in Special Education and Rehabilitation*, *5*, 89–99.

Nyhan, W L. (1994). The Lesch-Nyhan disease. In T. Thompson & D. B. Gray (Eds.), *Destructive behavior in developmental disabilities: Diagnosis and treatment* (pp. 181–197). Thousand Oaks, CA: Sage.

Patterson, D. (1995). The integrated map of human chromosome 21. In C. J. Epstein, T. Hassold, I. T. Lott, L. Nadel, & D. Patterson (Eds.), *Etiology and pathogenesis of Down syndrome* (pp. 43–55). New York: Wiley-Liss.

Pueschel, S. M. (1991). Ethical considerations relating to prenatal diagnosis of fetuses with Down syndrome. *Mental Retardation*, *29*(4), 185–190.

Pueschel, S. M., & Thuline, H. C. (1991). Chromosome disorders. In J. L. Matson & J. A. Mulick (Eds.), *Handbook of mental retardation* (2nd ed., pp. 115–138). New York: Pergamon Press.

Reiss, A. L., & Freund, L. (1990). Fragile X syndrome. *Biological Psychiatry*, *27*, 223–240.

Smith, J. D. (1994). Reflections on mental retardation and eugenics, old and new: Mensa and the human genome project. *Mental Retardation*, *32*(3), 234–238.

Selikowitz, M. (1990). *Down syndrome: The facts.* New York: Oxford University Press.

Thompson, L. (1994). *Correcting the code: Inventing the genetic cure for the human body.* New York: Simon & Schuster.

Waisbren, S. E., Brown, M. J., de Sonneville, L. M. J., & Levy, H. L. (1994). Review of neuropsychological functioning in treated phenylketonuria. *Acta Paediatrica* (Supplement 407), 98-103.

Wingerson, L. (1990). *Mapping our genes: The genome project and the future of medicine.* New York: Dutton.

Wingerson, L. (1998). *Unnatural selection.* New York: Bantam.

Wymelenberg, S. (1990). *Science and babies: Private decisions, public dilemmas.* Washington, DC: National Academy Press.

CHAPTER 8

생물학적, 심리사회적 영향과 예방

이 장에서는 생물학적 영향과 심리사회적 영향 간의 상호작용에 초점을 두고, 이러한 영향들이 어떻게 정신지체를 발생시키는지를 개관한다. 또한 그 중재와 예방 방법에 대해 논의한다.

지금까지는 생물학적 영향과 환경적 영향 간의 명확한 구분에 대해 유전적인 수준에서조차도 거의 명확한 구분이 없었다. 유전적 영향들은 명백히 생물학적이라 할 수 있지만, 그 표면적인 결과는 흔히 우리가 보아 온 것처럼 환경적인 요인들로부터 영향을 받는다. 실제로 환경적 독소와 오염 물질들은 유전적 돌연변이의 원인이 될 수 있다. 마지막 장에서는 주로 환경적 요인과는 관계없는 유전적 형질 또는 염색체 분리와 관련된 요인들에 초점을 두고 서술될 것이다.

그러나 정신지체의 대부분의 생물학적 원인들은 환경적인 문제들과 심리사회적인 문제들이 서로 유기적으로 얽혀서 발생되기 때문에 만약 이러한 사실을 배제시킨다면 유의미한 이해를 얻기 힘들 것이다. 이와 마찬가지로 정신지체를 야기하는 사회적 상황 중에서 생물학적인 요인들과 분리된 것은 어떠한 것도 없을 것이다. 따라서 단지 생물학적 또는 환경적인 범주 어느 한쪽에 특정한 원인을 두는 것은 옳지 않아 보인다. 예를 들어 정신지체의 원인 중 하나인 뇌 감염은 명백한 생물학적 요인이지만, 그 감염은 환경으로부터 기인한 바이러스에 의한 것일 수도 있다. 정신지체가 납 중독으로 인해 야기되었다면 그것은 명백히 환경에서 그 원인을 찾을 수 있다. 그러나 납 중독은 아동들이 더욱 어릴수록, 그들의 체내 철분 보유율이 낮을수록 더욱 더 정신지체가 될 확률이 높아진다. 이러한 요인들은 불충분한 영양 섭취로 인해 철분 부족을 초래하는 등의 심리사회적 상황을 제외하고는 명백히 생물학적 요인들로 볼 수 있다.

따라서 이러한 요인들이 서로 어떻게 연관되는지, 그리고 왜 그 원인들을 배타적으로 한 개의 범주나 또는 다른 범주에만 국한시키는 것이 옳지 않는지 살펴보게 될 것이다. 이 장을 살펴보는 가운데 이런 핵심적인 복잡성을 기억해야 한다. 환경적 독소들, 유아 사망률 및 산전 관리라는 이 세 가지 주제를 통해 생물학적, 심리사회적 쟁점들 사이의 연관성을 보여 주고, 또한 어떠한 식으로 그 예방이 문화적인 해결책들과 연관되어 있는지 논의할 것이다.

심리사회적 영향

환경적 독소

현재 저소득층이나 소수인종 집단은 정신지체를 유발할 수 있는 환경적 위험들로부터 가장 많은 영향을 받고 있는 듯하다. 원치 않는 폐기물 처리장이나 대기오염, 수질오염을 유발하는 위험 시설물들은 대개 저소득층이 사는 지역에 위치해 있어 그들의 집이나 직장 모두 더욱 더 치명적으로 오염에 노출되어 있다(Cvetkovich & Earle, 1992). 환경오염은 중요한 사회적, 생물학적 쟁점으로써 이는 삶의 질뿐만 아니라 빈곤으로 인해 영향을 받는 사람들의 수가 증가하기 때문에 정신지체의 발생에도 영향을 준다.

그러나 중류층이나 상류층 사람들 또한 유독성 위험물들로부터 안전하지 않다. 전 지역에서 그들이 먹는 식수에 비정상적으로 높은 납 성분 수치가 보고되고 있지만, 많은 납 오염물질 잉크나 염료들은 아직까지 널리 사용되고 있는 실정이다. 5대호 연안(Great Lakes)에서 잡은 물고기에서 측정된 높은 수치의 폴리염화비페닐류(polychlorinated biphenyls, PCBs)는 발달장애의 발생에 영향을 주고 있다(Jacobson, 1998). 대기, 수질 및 토양의 관리 소홀로 인해 일어나는 이러한 사실들은 필연적으로 우리 모두에게 영향을 줄 수 있다는 확실한 경고라 할 수 있다.

토론 과제
여러분이 사는 지역에 어떠한 환경적 위험물들이 있는가? 이 위험물들을 제거하기 위해 어떠한 노력들이 행해지고 있는가?

유아 사망률 및 질병률

한 나라의 유아 사망률(생후 1세 미만에 사망한 유아들의 수)은 발달장애의 발생과 밀접하게 연관되어 있다. 미국은 21개 산업화 국가들 중 유아 사망률이 가장 높은 것으로 나타났다(Picard, Del Dotto, & Breslau, 2000). 미국 도시들에서 1,000명 중 18명이라는 높은 유아 사망률을 나타나고 있으며, 이 사망률은 미숙아 또는 저체중 출산과 매우 밀접한 관련이 있다. 생존한 **저체중아**(low birth weight, LBW) 중 많은 유아들이 장애를 갖는다고 한다. 때로는 선천적인 기형이나 산모가 임신 중 위험한 독소에 노출된 결과로 인해 장애가 발생할 수도 있지만, 부적절한 산전 관리를 한 산모에게서도 흔히 장애아동이 출산하는 것을 볼 수 있다(Lewis, 1999).

산전 관리

예비 산모가 산전 관리를 받는 것과 질적인 산전 관리, 이 두 가지 요소는 유아의 생존율뿐만 아니라 유아의 건강과 앞으로의 발달을 위해서도 중요하다. 정신지체와 관련된 장애의 발생률은 저체중아로 인해 발생하는 비율이 높으며, 대체로 불충분한 산전 관리는 빈곤과 관련되어 있는 경우가 많다.

빈곤층에 있는 여성들 중에는 산전 관리에 대한 비용을 지불할 능력이 없어 관리를 거의 받지 못하거나 전무한 경우 또한 많다. 저소득 직업(혹은 시간제 직장)에 종사하는 사람들은 직장 보험에 가입하고 있지 않으며, 국민 의료보장 제도의 혜택조차 받을 자격이 되지 않는다. 이러한 여성들은 소수의 공공 의료기관에 의존해야 하며, 그나마도 오랫동안 대기 순서를 기다려야 한다. 새로운 환자가 치료를 시작할 때, 첫 번째 예약을 위하여 몇 개월을 기다려야 한다는 것은 일반적인 일이다. 게다가 많은 의료기관들의 진료시간이 단지 낮 시간으로 국한되어 있어 진료기관을 찾는 이들은 그들의 근무시간을 할애해야 한다. 실제로 진료시간을 연장한 의료기관들에서 이곳을 찾는 환자들의 수가 눈에 띄게 증가한 것을 볼 수 있었다(Stringer, 1998). 또한 빈곤층 여성 중에는 진료기관에 갈 교통수단조차 이용하기 어려운 이들이 많다. 더욱 더 상황을 악화시키는 것은 몇몇 진료기관들은 단지 일찍 온 사람 순서대로 진료를 실시하기 때문에 만약 한 환자가 아침에 왔다면 몇 분의 진료시간을 위해 두세 시간 동안 기다려야 하는 상황이 벌어지곤 한다. 어린 자녀를 동반하고 진료기관을 방문해야 하는 여성들이라면 더욱 어려운 상황에 놓이게 될 것이다.

국민 의료보장 제도 혜택을 받을 수 있는 많은 여성들이 제도 자체에 등록되어 있지 않으며, 심지어는 그들 자신이 대상자인지 아닌지, 혹은 어떻게 신청하는지조차 모르고 있는 이들이 많다. 신청서는 40장에 걸쳐 100문항 정도의 많은 분량으로 이루어져 있고, 단지 지원 자체만으로도 국민의료센터에 두세 번의 방문이 필요하며, 긴 대기시간을 요구한다. 심지어 공과금 같은 서류 단 한 장이라도 제출하지 않았을 경우에는 의료보장 제도 대상자에서 배제될 수도 있다. 이러한 상황 속에서 여성들은 이미 혼란스럽고 많은 스트레스를 받고 있으며, 더구나 복잡한 서류 작성을 위한 지시사항과 그 절차를 명확히 이해하고 수행할 능력이 부족한 경우도 많다.

많은 일반 의사들이 국민의료보험 환자들로 인한 과도한 서류 작업, 느린 청구 절차, 확실치 않은 보수, 의사의 평균적인 수입보다 더 낮은 상환 비율 등의 이유로 국민 의료보장 제도 수급 환자들을 받는 것을 꺼리기 때문에 이 혜택을 받고 있는 예비 어머니들은 앞에서 서술한 어려운 상황에도 불구하고 지정한 진료기관들에 의존할 수밖에 없다(Stringer, 1998). 일생 동안의 불충분한 영양 섭취, 과도한 스트레스 또는 해로운 환경적 상황들이 많은 국민 의료보장 제도 수급자들을 매우 위험한 임신 상황에 놓이게 한다. 또한 어떤 의사들은 이미 과대한 의료 과실, 보험 비율, 의료 소송 등의 원치 않는 결과에 대한 두려움을 가지고 있다. 그러나 현실적으로 저소득층 여성들이 의학적인 문제로 법률 제도에까지 접근하기란 힘들어서 의료 과실로 인해 고소를 하는 경우는 거의 드물다고 할 수 있다. 종종 의료 과실 소송은 판정 확률을 위한 성공보수에 달려 있기도 하며, 판정들은 상실 수익액에 (부분적으로) 기초로 하고 있기 때문에 변호사들이 그러한 사건들을 맡기 위한 유인책은 거의 없다.

다섯 가지 주요 연방 프로그램은 저소득층 여성들을 위해 태교와 영양 보충 교육을 제공하고 있다.

1. 국민 의료보장 제도
2. 모자 건강 서비스 정액 보조금
3. 여성, 유아, 아동을 위한 특별 보충 식품 프로그램
4. 지역사회 건강센터
5. 이민자 및 농촌 건강센터

지금 시행하는 서비스들이 지역사회 수준에서 서로 유기적으로 연결되어 있다면 보다 효율적으로 산모들의 요구를 충족시킬 수 있는 서비스를 제공할 수 있을 것이다. 또한 자격 요건 및 협력적인 등록 절차 계획 등을 포함하는 유사한 행정 규칙과 법규들을 바탕으로 한다면 많은 여성들과 유아들을 도울 수 있을 것이며 재정 또한 절약될 것이다(Widerstrom, 1999).

생물학적 제약: 결정적 시기 심리사회적인 태아기 손상을 이해하고 다양한 중재의 효과성을 판단하고자 할 때, 우리는 **결정적 시기**(critical period)의 생물학적 개념을 고려해야 한다. 여기서 결정적 시기란 해로운 영향들이 영구적으로 발달을 저해하여 특정 구조나 행동들이 발달하지 못하고, 결국 회복할 수 없게 되는 그러한 중요한 시기를 말한다. 표 8.1은 주요 생리적 구조들의 결정적 시기를 나타내고 있다. 가장 중요하게 고려해야 할 초기 뇌 발달은 대략 임신 3주째부터 시작되며 생후 첫 두 돌까지 그 발달은 계속 진행된다. 이 전체 기간 동안 발달은 붕괴될 수 있으나, 반대로 해로운 영향들을 제거하기 위한 중재의 노력들은 이 기

표 8.1 태아기 발달을 위한 결정적 시기

구조	가장 결정적인 임신 주수
뇌	3~40주
심장	3~6주
눈	4~8주
팔과 다리	4~7주
귀	4~9주
치아	6~8주

간 동안 보다 더 효과적일 수 있다. 살펴본 바와 같이, 정신지체를 유발하는 부수적인 원인들에 대해, 건강한 환경은 결정적인 태아 시기를 거쳐 정상적인 뇌 발달을 위해 필수적일 것이다.

임산부의 건강과 영양 섭취

임산부의 건강과 영양 섭취는 건강한 태아의 발달을 위해 필수적인 사항이다. 여기에서 빈곤이 이 두 가지 사항 모두를 제약하고 있다는 것은 충분히 짐작할 수 있을 것이다. 불충분한 임산부의 영양 섭취는 태아의 지적 발달에 심각한 결과를 초래하며, 특히 임신기간 중 마지막 3개월 동안의 임산부의 체중 조절은 적절하지 못한 행동임을 지적하고 있다(Bendich, 1993). 이러한 임산부들로부터 출생한 아기들은 미숙아이거나 출산할 달이 다 되어서도 매우 작을 수도 있고, 작은 머리 둘레를 가진 아기이거나 1년 안에 죽을 가능성이 높다. 또한 반응이 늦거나 잠에서 깨어났을 때 비정상적인 고음으로 짜증스럽게 울기도 한다. 이 아기들은 점점 성장하면서 학습문제들을 동반하는 것이 일반적이다.

미숙아와 저체중아

살펴본 바와 같이 빈곤과 불충분한 산전 관리는 미숙아와 저체중아 출산에 영향을 주고 있다. 그러나 미숙아와 저체중아의 출산은 임산부의 감염이나 질병, 유전적인 오류, 독소 물질의 섭취, 사고 등의 다른 원인들로부터도 기인할 수 있다.

미숙아는 37주의 임신기간 전에 출생을 하는 것을 가리킨다(정상적인 기간은 40주). 미숙아로 태어난 아기들은 일반적으로 정상아에 비해 작으며, 미성숙한 순환기관과 호흡기관

(심장과 폐)을 가지고 있다. 또한 **산소결핍증**을 유발하는 호흡기 질환에 시달리며, 뇌의 미성숙한 혈관의 파열로 인해 **뇌출혈**을 일으키기도 한다. 이러한 결과로서 유발되는 뇌손상은 흔히 정신지체, 뇌성마비와 관련되어 있다(Fletcher et al., 1997).

Jason

Jason의 출생

4장에서 소개되었던 Jason의 출생을 기억해 보자. 그는 미숙아로 태어났고, 그 결과 뇌출혈을 일으켰다. 그의 생모는 매우 어린 나이에 Jason을 출산했고, 충분하지 못한 영양 섭취와 전무하다시피 한 산전 관리로 태아에게 큰 영향을 주었다. 이 모든 요인들을 살펴볼 때 Jason이 발달장애를 가지고 있다는 것은 놀라운 일이 아닐 것이다. 그의 생의 불행한 첫 출발로 인해 신체적, 심리적인 장점들을 잃어버렸는데, 그렇지 않았다면 Jason은 건강했을 것이다. 비록 현재 그가 피나는 노력으로 질병이나 발달지체를 극복했거나 또는 적응했다 하더라도, 그 누구도 Jason에게 잃어버린 그의 건강한 유아기와 이와 관련된 보다 발달적인 경험들을 돌려줄 수는 없을 것이다.

저체중아(low-birth-weight, LBW)는 산달을 다 채우고 태어났으나 겨우 2,500그램인 아기들을 말한다. 또한 이 아기들은 제태기간에 비해 저체중아(small for gestational age, SGA) 혹은 **제태기간에 비해 작은 아이**(small for date)로 불리기도 한다. 저체중아는 생후 1년 전에 사망하기 쉽고 정신지체를 비롯한 장애를 동반할 확률이 높다.

지난 몇 십 년 동안 저체중아의 생존율을 더 높이는 노력들과 함께 미숙아들을 위한 출생 후 관리에도 많은 향상이 있었다. 그러나 이들 중 많은 유아들이 중도 발달장애를 나타내기도 하고, 경도 수준의 학습문제를 보이기도 한다. 유사하게, 저체중아들이 학교에서 유급될 확률이 정상 체중을 가진 이들보다 두 배나 높았으며, 만약 이들이 가난한 환경에서 성장했다면 그 확률은 세 배로 높아질 것이라고 보고하고 있다(Newman & Buka, 1991). 더 많은 미숙아들의 생존을 위해 광범위하고 집중적인 의료 서비스가 빠르게 발전하고 있지만, 출생하는 미숙아, 저체중아들의 수에는 별다른 감소가 없어 보인다. 따라서 미숙아와 저체중아 출산을 예방할 수 있다면 인적, 물적 비용이 크게 절약될 것이다.

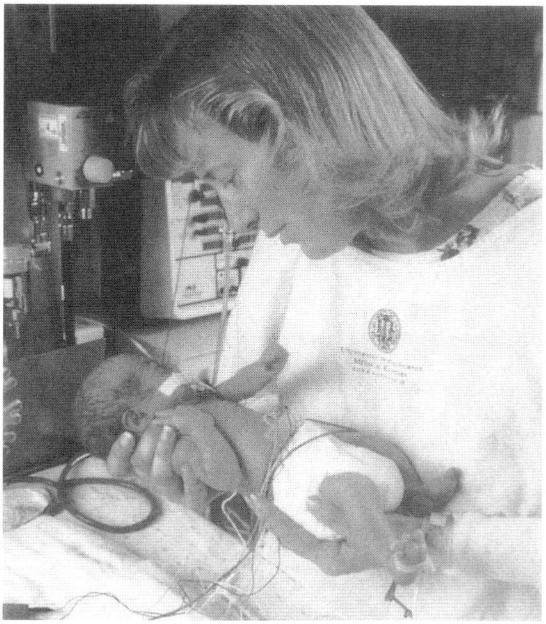

과거에 비해 미숙아의 생존율이 높아지고 있다.

© Jonathan Nourok/PhotoEdit

이 아기는 저체중아로 태어나 발달장애를 가질 위험성이 더욱 높아졌다.

© Laura Dwight/Corbis

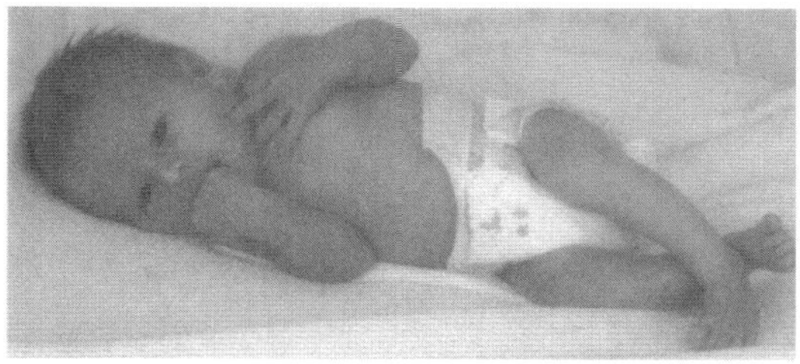

토론 과제

지금까지 논의된 요인 중 미숙아 출산을 줄일 수 있는 방법은 무엇인가? 이 장에서 살펴보고 있는 것처럼, 이 같은 발생을 줄일 수 있는 부가적인 방법에 대해 논하라.

십대의 임신

십대 산모의 아기는 발달장애와 심지어 사망에 대한 높은 위험성을 가지고 있다. 실제로 15~19세 산모 아기들의 사망률은 이들보다 나이가 많은 산모들에 비해 13% 높았으며, 더욱이 15세 미만 산모의 아기들은 그 사망률이 60%까지 증가한 것을 볼 수 있었다. 어린 산모들에게 조산과 저체중아 출산은 더욱 일반적인 현상이었다. 15세 소녀가 저체중아를 출산할 가능성은 20~24세 산모에 비해 두 배나 높으며(McWhirter et al., 1993), 15세 산모가 빈곤층 여성이라면 그 위험성은 더욱 높아진다.

Joyce

Joyce의 친구 Kim

Joyce의 이야기로 돌아가서 그녀의 마지막 사정 결과로서 그녀의 인생에 어떠한 변화가 생기고 있는지 살펴보자(5장 참조). Joyce가 학교에서 Lisa(Joyce의 동료 교사)와 함께 많은 시간을 보내기 시작하면서 그들은 서로 친한 친구 사이가 되었다. 그러나 Joyce의 할머니는 Joyce의 다른 야외 활동을 더욱 제한하였고, 결국 그녀는 또래집단과 보낼 시간을 거의 갖지 못하고 있다. 무엇보다도 Joyce는 그녀의 남자친구와 연락할 수 없는 것을 안타까워하고 있는데, 그녀의 남자친구는 그녀의 집을 방문하거나 학교 관련 활동에 참여하는 것을 원치 않았다. 그러나 Joyce의 친한 친구 Kim의 사건은 Joyce에게 이 '상실'을 다른 관점에게 볼 수 있도록 해 주었다.

Kim(현 14세)과 Joyce는 어릴 때부터 친하게 지내 왔다. 사실 Kim은 함께 어울려 지내는 이른바 '조숙한' 친구들에게 Joyce를 소개시켜 주었다. 3주 전 Kim(7개월 반의 임산부)은 몸무게가 겨우 1.46kg 정도의 여자 아이를 출산했다. 지난 주 산소 호흡기에 의존하고 있었던 이 아기는 심각한 뇌출혈(cerebral hemorrhage)을 일으켰고 결국 사망하였다. Joyce는 매우 큰 충격을 받았다. Olive(Joyce의 성인 친구)가 십대 산모들의 아기들이 종종 심각한 문제를 가지고 태어날 수 있다는 것을 조언해 주었음에도 불구하고, Joyce는 실제로 일어난 이 일을 받아들일 수 없었다. Joyce는 그녀의 가족들에게 아무런 얘기도 하지 않았지만, Lisa에게는 Kim의 아기가 죽은 이후로 Joyce 자신이 임신에 대해 전혀 준비가 되어 있지 않다는 것을 깨달았다고 털어 놓았다.

십대 산모들이 출산한 아기들의 높은 사망률과 발달장애를 유발시키는 원인은 매우 다양하다. 흔히 이런 산모들은 체중 조절을 이유로 충분한 영양 섭취를 하지 않거나, 임산부들이 당연히 섭취해야 할 비타민이나 미네랄 보충제조차 섭취하지 않기도 한다. 뿐만 아니라 이들은 마약 복용이나 흡연, 음주 등의 위험한 행동들을 하기도 한다. 최근의 연구들에서는 적절한 산전 관리를 하면 일반적으로 산모의 나이 자체는 부정적인 상황을 초래하지 않는다고 하지만, 십대 산모들의 젊음은 건강한 임신과 출산을 감당하기에 아직 신체적으로 성숙하지 못할지도 모른다(Williams & Decoufle, 1999).

심각하게도 이러한 위험한 요인들이 복합되면서 십대 산모들의 50%는 임신 첫 달 동안 산전 관리에 전혀 힘쓰지 않는다고 한다(15세 미만의 산모는 80%). 15세 미만의 산모들은 92% 정도가 빈혈 증상을 보이고 있는데, 이는 20세 이상 산모들보다 훨씬 높은 비율로

(McWhirter et al., 1993) 의학적 정밀검사가 요구되는 위험한 상황이다.

정신지체의 증가에 따른 인적 손실과는 다른 관점에서, 미국 사회에서 십대 산모는 주요한 사회적, 경제적 문제가 되고 있다. 다행히도 지난 10년 동안 미국의 십대 산모 비율이 감소하고 있지만, 1,000명당 51.5명(1년에 100만 명에 가까운)이라는 출생률은 계속적으로 지속되고 있어 유아 건강에 심각한 영향을 주고 있다(Smith, Martin & Ventura, 1999).

전체 십대 임산부 중 40%는 낙태를 선택하고 있는데, 이는 경제적으로 어려운 십대 산모들이 낙태를 이용하기 쉽지 않기 때문에 낙태율이 적게 발생하고 있는 것이다(Alan Guttmacher Institute, 1998). 이들 중 아기를 출산한 산모 90% 이상이 그들의 양육 환경이 열악함에도 불구하고 입양 대신 산모들이 자신들의 아기들을 키우고 있다고 한다. 미국 십대모의 출산과 낙태 비율은 선진국 중에서 가장 높게 나타나고 있지만, 미국 십대들은 더 이상 성적으로 적극성을 띠지 않는다고 한다(Berk, 2000).

비교문화적이고 국제적인 통계자료들이 중요하게 평가되는 이유는 미국이 상대적인 정도를 보여 줄 뿐 아니라, 높은 발생률을 피할 수 있다는 것을 입증하고 있기 때문일 것이다. 비록 많은 증거자료가 있는 것은 아니나, 미국에서 미성년의 임신율을 높이는 빈곤의 상태가 다른 나라들에 비해 덜 심각하다고 보고하고 있다. 십대들의 임신은 생활임금의 가용도, 고용기회, 복지 규제, 건강관리, 아동보호, 교육 등을 포괄하는 보다 큰 사회적, 경제적 문제로 해석된다.

기본적으로 십대들이 임신을 하는 이유는 아마 그들이 성적으로 활발하기 때문일 것이다. 물론 그밖의 다른 복잡한 요인들이 있겠지만 그 중에서도 가장 중요한 요인으로는 피임 도구의 낮은 사용률을 들 수 있을 것이다. 단지 22%의 소녀들과 33%의 소년들만이 피임 도구를 사용하고 있다고 한다.

대다수의 젊은이들이 가지고 있는 성에 대한 지식은 생리학적 가능성이나 성 개념에 상응하는 위험성, 출산 등의 실질적인 것들이라기보다 TV나 영화, 잡지 등의 대중매체를 통해 더 많은 세부적인 성 지식을 얻고 있다. 그 때문인지는 몰라도 젊은이들의 성 의식이나 지식이 정확하지 않은 경우가 많은 듯하다. 예를 들어 소녀가 처음 성관계를 가졌을 때는 임신 가능성이 전혀 없다든가, 피임에 대한 근거 없는 두려움과 잘못된 정보를 가지고 있는 등과 같은 경우이다. 따라서 성교육은 임신 예방의 차원에서 필수적이며(그 자체만으로는 충분하지 않지만), 대개 십대의 임신율과 낙태율이 낮은 나라들에서 이 같은 프로그램을 실시하는 것을 볼 수 있다.

토론 과제

십대들 사이에서 퍼진 임신에 대한 소문 중 사실이 아닌 것들은 무엇이었는가?

대다수의 십대 소녀들, 특히 빈곤층에 있는 소녀들은 낮은 자존감과 양육 이외의 미래에 대한 비전은 거의 가지고 있지 않다. 아기를 출산한 소녀들은 고등학교조차 마치기 쉽지 않고, 정부 보조에 더욱 의지하게 되는 경향이 많다(Hotz, McElroy & Sanders, 1997). 비록 이들은 일자리를 갖고 있다 해도 충분하지 못한 아동 복지와 건강 서비스를 받기 위해 평생을 애쓰며 살아가야 하고, 건강보험금조차 지원받지 못하고, 저소득으로 그들 가족 생계를 이어가고 있는 경우도 많다. 더욱 복잡한 문제는 십대에서 출생한 자녀들 중 비록 장애 없이 태어났다 하더라도, 나이가 든 산모들의 자녀들보다 더 낮은 학력과 그들의 부모들보다 더 일찍 아기를 낳을 확률이 높다는 것이다(Hardy et al., 1997).

그러나 불행히도 이러한 주장들은 직업적, 경제적 성공에 대한 기회를 갖지 못했던 십대 소녀들에게 거의 영향을 주지 못하고 있다. 실제로 십대 시절에 아기를 출산한 빈곤층의 소녀들은 최종 직업에 대해서나 경제적 지위를 얻는 것들에 대해 거의 관심을 가지고 있지 않았다. 그 이유는 그들이 피폐한 어린 시절로부터 완벽하게 벗어난다는 것 그 자체만으로도 매우 어려운 일이기 때문일 것이다. 아이 양육으로 인해 부가된 책임감은 이들 십대모들에게 더욱 극복하기 어려운 빈곤의 족쇄를 만든다고 할 수 있다(Brien & Willis, 1997). 십대 산모들은 그들의 미래에 대해 현실 가능한 목표가 필요하며, 이를 위한 방법들을 모색하는 것이 필요하다. 그렇지 않다면 굳이 부모가 되는 시점이 미뤄졌다고 해도 그 사실 자체가 그들에게는 별 의미가 없을 것이다.

일반적으로 좋은 가정환경에서 자란 소녀들은 실제로 피임을 하지 않는 성관계에 대해 주저하는 편이다. 다른 한편으로, 모범적인 소녀들이라면 성관계나 피임에 대한 것들에 대해 관여하지 않아야 한다고 생각하고 있는 경향이 있다. 그러나 흔히 이들 또래 문화의 영향으로 성교제가 일어나기도 한다. 가정환경이 좋은 소녀들은 이런 성교제가 다시는 반복되지 않을 실수라고 돌리며, 그 결과로서 임신을 하는 경우가 많다. 임신한 모든 십대 소녀들의 87%가 그들은 실제로 성관계를 예상하지 않았으며, 단지 '일어났을 뿐이다'라고 조사되었다(Wymelenberg, 1990). 이와는 대조적으로, 성관계 전에 그들의 상대들과 피임 여부를 의논한 소녀들은 그들의 관계가 지속되는 동안 피임을 하는 경향이 높았으며, 이는 원치 않는 임신을 보다 더 줄여 주었다. 부모와 친밀한 양육관계 속에서 성에 대해 그들의 부모와 꾸준히 대화를 해 온 소녀들은 그들의 상대를 보는 넓은 시각과 원치 않는 임신을 피할 수 있는 방법 등에 대한 통찰력을 가지게 될 가능성이 높다. 학업적인 동기와 직업에 대한 확실한 목표를 가진 소녀들 역시 더욱 책임감 있게 행동하는 경향이 있다. 게다가 미국의 학교에서는 거의 찾아보기 어려운 학교 내 건강센터는 책임감 있는 십대들의 행동과 피임 도구를 사용하는 방법 등에 대한 상담과 교육을 실시하여 십대들의 첫 성관계와 반복되는 임신을 예방할 수 있는 역할을 할 것이다. 십대 소녀들의 임신율이 비교적 낮은 나라들에서 이러한 학교 내 건강센터들을 쉽게 찾아볼 수 있다(Zabin & Hayward, 1993). 피임 도구를 무료로 쉽게 이용할 수 있을 때 원치 않는 임신은 줄어드는 것이다.

결국 소년들에게 더 많은 주의가 필요하다는 결론이다. 몇몇 사회 프로그램들이 십대 아버지들에게 정서적으로나 재정적으로 도움을 주기 위해 노력하고는 있지만, 아직까지도 어떤 아버지들은 자녀들의 재정적 뒷받침에 거의 도움을 주지 못하고 있으며, 그러한 처지에도 미치지 못하는 경우가 많다. 이는 이런 십대 아버지들이 아직 고등학교 과정을 끝내지 못하고 있거나 검정고시 과정에 있기 때문이라고 한다.

연구 결과에 따르면 자녀들이 학교에 갈 연령이 될 때까지 이런 십대 아버지 네 명 중 세 명은 자녀들의 생활에 전혀 관여하지 않고 있다고 보고하고 있다(Lerman, 1993). 여기서 미혼부가 그들의 자녀에 대해 책임감을 느껴야 한다는 어떠한 문화적인 동기들은 거의 없다고 할 수 있다. 실제로 이들 십대 아버지들은 초기에 동정을 증명하기 위해서나 심지어는 그들의 '남성다움'을 과시하기 위해서 무책임한 성관계를 갖기도 한다. 십대 임신에 대한 문제들이 효과적으로 다루어지기 위해서는 이들의 태도 변화가 요구된다.

태아기의 기형 발생 물질

십대의 임신과 마찬가지로 문화적, 사회적 환경들은 **태아기의 기형 발생 물질**(teratogens)로 인한 손상이나 배(embryo)와 태아(fetus)기 때의 비정상적인 발달에 영향을 준다. 이를 테면 마약이나 다른 독소 화학물, 감염, 질병 등이 그 예가 될 수 있다. 임산부가 기형 발생 물질에 노출되면 그 상태는 태아의 발달에 영향을 미치며, 흔히 장애 발생의 원인이 되기도 한다.

감염 질병 모체의 감염으로 인해 그들의 자녀가 신경학적으로 기능이 저하되거나 뇌손상을 입을 수 있다. 예를 들어 정신지체, 청각장애, 기타 장애들을 동반하는 선천적인 **풍진**(rubella)은 특히 임신기간 중 첫 세 달 동안 임산부가 풍진—흔히 '3일 홍역'—에 감염되었을 때 발생한다. 아동기 때의 면역체계는 성인이 되어 여성들이 홍역에 걸리지 않도록 하는 예방에 효과적인데, 연구에 따르면 임산부의 4분의 1은 이러한 면역력이 없어서 감염되기 쉬운 것으로 나타나고 있다(Lee, Ewert, Frederick, & Mascola, 1992).

반면, 때로 임산부에게 아주 경미한 증후나 증상이 전혀 나타나지 않은 감염이 태아를 심각하게 손상시킨다. **톡소플라즈마증**(toxoplasmosis)은 이러한 감염의 하나이다. 이것은 포유류나 조류에게서 일반적으로 발견되는 기생충에서 발생하고, 감염된 고기나 고양이 배설물을 통해 사람에게 옮겨진다. 톡소플라즈마 바이러스에 감염되어 태어난 아동은 시각 손상이나 발작, 중증의 정신지체 등의 장애를 가질 수 있다.

또 다른 예는 **사이토메갈로바이러스**(cytomegalovirus, CMV) 감염이 있다. 사이토메갈로바이러스는 정신지체를 유발하는 가장 일반적인 바이러스로서 정신지체, 시각장애, 청각장애, 뇌성마비, 발작, 소두증 등의 장애를 초래하기도 한다(Phelps, 1998). 아동들 중에는 출생과 동시에 바이러스에 감염되었다는 것을 알 수 있지만, 정상으로 태어나 나중에 조금씩 그 증상들을 보이는 아동도 있다. 즉, 초기에는 어떤 사이토메갈로바이러스의 증후도 보이지 않아 진단을 받지 않고 있다가 나중에 학습장애나 다른 경도 장애 증상을 나타내기도 한다. 사이토메갈로바이러스는 사회 모든 계층의 사람들에게 영향을 미치지만, 특히 저소득층 사람들에게 더욱 큰 영향을 미치고 있다.

더불어 정신지체를 유발하는 감염 중 산모가 후천성 면역 결핍증, 수두, 성병, 매독, 결핵 등에 걸렸을 때에도 태아에게 장애를 초래하기도 한다(Berk, 2000). 감염 중 어떠한 것은 유아기의 감염이 태아 때보다 더 정신지체를 유발할 위험이 높은 것도 있다. 예를 들어 여러 유형의 바이러스성 뇌염은 뇌에 영구적인 손상을 줄 수 있다. 또한 **신생아 뇌막염**(neonatal meningitis)은 뇌면 세포막에 염증을 유발한다. 이는 사례들 중 50% 이상의 치사율을 보이며, 생존 시에도 수두, 발달장애, 청각 손상, 정신지체 등의 장애를 초래한다.

태아 알코올 증후군 임신 중 음주를 한 여성들은 현재 미국에서 정신지체의 주된 원인으로 지목되고 있는 **태아 알코올 증후군**(fetal alcohol syndrome, FAS)을 가진 아기들을 출산할 위험성이 있다(Streissguth, Barr, Bookstein, Sampson, & Olson, 1999). 태아 알코올 증후군 아동은 정신지체뿐만 아니라 주의력 결핍, 과잉행동, 발작 등의 증상을 나타내며, 명확히 구별되는 얼굴, 즉 미간이 넓고, 자주 눈을 깜빡거린다거나 작고 뒤집어진 코, 얇은 윗입술 등의 신체적 특징을 가지고 있다. 흔히 이 아기들은 저체중아이거나 머리가 작아 태아 때의 성장이 느리고, 뇌의 발달 또한 불완전하다. 또한 눈, 코, 목, 심장, 면역체계 등에 장애를 보일

태아 알코올 증후군을 가진 이 여성과 그녀의 어머니는 다른 이들에게 태아 알코올 증후군의 영향력에 대해 교육을 하고 있다.

Matt Bernhardt/Associated Press

수 있다.

태아 알코올 증후군 발생 수에 대한 믿을 만한 연구 결과에 따르면 (서양 국가에서) 1,000명당 0.33명의 발생률을 보이며, 이 통계는 산전 관리를 받지 않은 여성들의 수를 제외한 것이다. 예를 들어 시애틀이나 워싱턴에서 발생률이 700명 중 1명꼴로 나타나고, 인디언 보호구역에서는 8명 중 1명 혹은 750명 중 1명꼴로 그 발생률이 매우 다양하다. 미국에서 태아 알코올 증후군을 위한 연간 비용은 정신지체 치료를 위해 쓰여지는 비용의 3분의 2인 7,460만~3억 2,100만 달러에 달한다(Abel & Sokol, 1993). 그나마 이 통계 안에는 **태아 알코올 효과**(fetal alcohol effect, FAE)로 인해 태아 알코올 증후군의 여러 증후(흔히 정신지체)를 보이는 아동이나 무능력으로 인해 그들이 장기간 노동에 종사하지 못해 비롯되는 비용에 대한 내용들은 제외되어 있다.

발달기의 태아는 알코올을 분해하거나 제거할 능력을 가지고 있지 않아서 사실 모체가 실제로 느낄 수 없을 정도의 알코올 양이라 해도 태아에게는 영향을 미치게 된다. 어머니가 음주를 한다면 그만큼 태아는 태아 알코올 효과나 태아 알코올 증후군에 영향을 받을 확률이 높아진다. 임신 초기 하루에 아주 적은 양의 알코올—약 57g 정도—을 마시더라도 출생한 아기는 장애를 가질 수 있으며, 태아 알코올 효과의 얼굴 특징을 갖게 될 수 있다. 또한 중산층 여성들 중 임신 여부를 확인하는 순간 알코올을 끊었다 하더라도, 산모가 하루에 한 번 정도 음주를 했다면 출산한 아기들이 반응이 늦거나 주의력 등의 문제를 가질 수 있다고 한다(Sampson et al., 1989). 불과 몇 시간 동안 여러 잔의 음주를 과하게 하는 사람에게나(파티에서처럼), 심지어는 평상시에는 음주를 하지 않는 사람들에게도 손상을 줄 수 있다. 유전적 요인, 영양 섭취, 연령, 다른 건강 요인들이 태아 알코올 증후군이나 태아 알코올 효과의 가능성에 영향을 줄 수 있다고 할 때, 여기에서 명백한 것은 임신기간 중 알코올 섭취의 안정적인 양은 결코 없다는 것이다.

지능 자체가 안정적이고 오래 지속된다 하더라도 태아 알코올 증후군을 가진 이들의 지능지수는 시간이 흐를수록 변하는 경향이 있다(Streissguth, 1997). 비록 지능 손상의 범위가 경도 수준에서 중도까지 다양하지만, 가장 장기적인 손상은 지능지수에 반영되어 있지 않은 영역, 이를 테면 행동적, 인지적 문제에서 나타난다. 주의집중, 충동성, 의존성 등에 어려움을 보이며, 시공간 개념, 원인과 결과 등과 같은 추상적인 개념과 한 가지 상황을 다른 상황으로 일반화하는 데도 문제를 가지고 있어 한 사람이 독립적이고 기능적인 성인으로 생활하는 데 어려움을 주기도 한다(Streissguth et al., 1999). 태아 알코올 증후군과 태아 알코올 효과의 증상을 가진 이들 중에 심각한 가정문제를 가지고 있거나 인적, 사회적 자원들을 이용하기 어려운 정도의 가정 형편에 있는 경우가 많기 때문에 사회에서보다 잘 적응하며 살 수 있는 적절한 지도나 보호를 받지 못하고 그들이 직면한 문제로부터 빠져 나오지 못해 결국 그 모든 부담을 사회가 떠안게 되는 것이다.

미국, 스웨덴, 독일의 장기 태아 알코올 증후군 연구들에서 교육적 노력들과 환경의 개선에 의해서는 전형적인 태아 알코올 증후군 사람들이 보이고 있는 부족한 판단력이나 상식, 능력 면에서 별다른 향상을 보이지 않는다고 하였다(Spohr, Willms, & Steinhausen, 1993). 즉, 대다수의 태아 알코올 증후군 발생 원인은 초기의 불안정하고 부주의한 환경 탓임을 기억해야 한다. 연구 결과는 출생 후 초기 몇 개월에 그들의 생모들은 아기를 버리고 떠나는 경우가 많고, 또한 이런 어머니들 중 많은 수가 그들의 아기가 청소년이 되기 전에 죽는다고 보고하고 있다. 확실히 이러한 상황들은 태아 알코올 증후군의 생물학적 영향과 더불어 출생한 아기의 초기 발달을 저해하고 있다고 볼 수 있다. 따라서 성공적인 중재가 이루어지기 위해서는 아기의 출생과 동시에 시작되어야 하며, 산부인과나 소아과 의사들 또한 태아 알코올 증후군에 관해 많은 지식을 가지고 있어야 할 것이다(Streissguth & Kanter, 1997).

태아 알코올 증후군으로 발생되는 문제들은 개선되기 어렵거나 심각한 인적, 경제적 결과들을 초래하기 때문에 그 예방이 특히 중요시되고 있다. 미국의 몇몇 주에서는 대중 인식 교육을 실시하거나 개인적인 면에 초점을 두어 태아 알코올 증후군 아기 출산의 높은 위험성을 가진 산모들을 위해 중재 프로그램을 지원하고 있다. 연구 결과에 따르면 대중의 의식 계몽하는 것만으로는 태아 알코올 증후군을 줄이는 데 별다른 효과를 보이지 않는다고 보고하고 있다. 그러나 최소한 두 개의 대학과 병원 중심 프로그램이 임산부의 음주와 (결과적으로 발생하는) 태아 알코올 증후군을 감소시키는 데 상당한 효과가 있다는 것을 보여 주고 있는데, 이 프로그램은 대규모의 대중 인식 교육과 중재 상담, 위험성 높은 여성들을 위한 교육 모두를 실시하고 있다고 한다. 이러한 노력들은 앞으로 더욱 요구되는 사항들에 대해 효과적인 예방 방법의 모형을 제시하고 있는 것으로 보인다(Phelps, 1998).

니코틴 흡연은 미숙아, 저체중아, 유산 및 영·유아 사망에 영향을 준다. 흡연모의 아기들은 주의력 결핍과 근육 긴장이 줄어들고 초기 또는 지속적인 천식, 암 등의 위험성에 더욱 노출되어 있다(Batshaw & Conlon, 1997). 이 사실들은 빈곤이나 다른 위험 요소들이 복합적으로 영향을 미칠 수도 있지만, 모든 사회계층에 관계없이 발생한다. 대다수의 흡연모의 자녀들은 학습장애, 주의력 결핍 등의 문제들을 나타내고 있는데, 이러한 문제들은 학령기 전에는 드러나지 않는다.

흡연은 태아의 혈액순환을 방해하고 혈액 속에 있는 탄소 일산화물의 수치를 증가시켜 비정상적인 태반 성장이나 체중의 증가를 막기도 한다(Newman & Buka, 1991). 이와 같은 증상들은 간접 흡연 시에도 나타날 수 있으므로(Makin, Fried, & Watkinson, 1991) 임산부는 반드시 가정에서나 직장에서 간접 흡연에 노출되지 않도록 조심해야 할 것이다. 산모가 골초이거나 임신 초기에 흡연을 할 경우 태아의 손상은 거의 확실하나, 만일 임신기간 중 언제라도 금연을 한다면(또는 흡연 양을 줄이거나) 태아의 체중 증가와 장기적인 손상을 막는 데 효과적일 수 있을 것이다(Li, Windsor, Perkins, Goldenberg, & Lowe, 1993; Stjernfeldt, Berglunds, Lindsten, & Ludvigsson, 1992).

코카인 미국에서 가임 여성의 많은 수가 다른 어느 불법 마약물들보다 코카인을 많이 복용하여 해마다 천 명 중 몇 백 명의 신생아들이 마약에 중독된 채로 태어난다(Landry & Whitney, 1996). 코카인에 중독된 산모에게서 태어난 아기들은 헤로인에 중독된 산모의 아기들에게서 나타나는 비슷한 증상들과 발작을 일으키기도 한다. 이 아기들은 저체중에 소두증, 사지 손상 등의 장애를 가질 수 있다(Hoyme et al., 1990). 코카인에 노출된 아기들은 비구조적인 과제를 수행하는 데 장기적인 어려움이 있고, 그들의 놀이 유형은 조직화되어 있지 않고 산만하며 발달 또한 지체되어 있다(Beckwith & Howard, 1991). 'crack'(고도로 농축된 코카인의 한 유형)을 사용한 여성에게서 출생한 아기들은 대부분 중추신경계에 손상을 입으며, 아버지의 코카인 사용 또한 손상의 원인이 될 수 있다(Yazigi, Odem, & Polakoski, 1991). 코카인에 중독되어 출생한 아기들은 장기적인 주의력 손상과 행동장애, 청각장애, 발작 등의 손상을 입기도 한다(Moroney & Allen, 1994). 청소년 후기나 성인기에 임신 중 코카인 사용의 장기적인 결과는 지켜보아야 하겠지만, 이전의 연구 결과들에서 밝혀진 바로는 태아 알코올 증후군과 비슷한 증상인 문제해결력, 현실 세계를 이해하는 능력 등에 문제를 가지게 된다.

마리화나 임신기간 동안 마리화나를 피운 여성들과 피우지 않은 여성들에게서 태어난 아기들 간에 별다른 차이점이 없다는 연구 결과에도 불구하고, 마리화나를 피운 여성들의 아기들에게서 저체중, 높은 과민성 증상, 비정상적인 파악 반사, 후에 학습장애의 전조로 보이는 증상들이 나타날 수 있다고 설명하고 있다(Dahl, Scher, Williamson, Robles, & Day, 1995). 특히나 우려되는 점은 출산 중 **태반조기박리**(placenta abruptia)의 위험성이 높은 상황, 즉 조기에 태반이 자궁으로부터 떨어져 나와 출혈을 일으키는 상황을 유발시킬 수 있다는 것이다. 이러한 상황은 산모와 태아의 생명 모두를 위태롭게 할 수 있으며, 태아의 산소 결핍을 초래하기도 한다.

납 중독 납 중독은 정신지체, 청력 손상, 지체된 성장발육 등을 유발한다(Phelps, 1999). 다행스럽게도 심각한 납 중독의 발생은 지난 몇 십 년 동안 줄어들고 있는 추세이다. 가솔린 속의 납 첨가물과 식품 캔류의 땜납은 상당히 줄어들었고, 새 수도 파이프의 납 접합 부분도 제거되었다. 하지만 지난 20년 동안 납이 과다 포함되어 있는 가정용 페인트를 생산하지 않았음에도 불구하고, 오래된 페인트(특히 악조건의 주택이나 재건축 주택)는 건강을 해치는 납의 주요한 유해물로 분류되고 있다. 납의 정화작업이 진행되고 상황이 많이 향상되었지만, 미국의 40%에 달하는 아동들이 지적 손상을 보일 수 있는 혈중 납 수치를 보이고 있다고 연구 결과들에서 보고되고 있다(Bellinger, Leviton, Waternaux, Needleman, & Rabinowitz, 1987). 이러한 상황은 다른 선진국도 마찬가지이다(Chang, 1999). 납 오염은 빈곤 지역에 사는 아동들의 60% 정도에 달하며, 중산층이나 중상층 지역들에서도 발견되고 있다. 아직까지 납은 아주 일반적인 생활용품들에서 찾아볼 수 있는데, 이를 테면 전선, 놋쇠와 청동, 포일(foil), 군수품, 몇 명의 유명한 화가들의 그림들 등에서이다(Chadzynski, 1987). 또한 많은 나라들의 수도와 토양에서 높은 수치의 납이 측정되고 있다.

납 페인트의 안전한 제거

어떤 도시들에서는 납이 함유된 페인트로 인해 아동들의 혈중 납의 수치가 매우 높게 측정되는 경우, 그 지역이 안전해질 때까지 그곳으로부터 떨어져 살아야 한다는 것을 법규로 정하고 있다. 그러나 가장 일반적으로 이용되는 모래 덮기나 불태우기 등의 저렴한 제거 작업은 유독성 납 먼지가 집안을 가득 채우고 작업하는 일꾼들을 납 중독에 걸리기 쉽게 할 수 있어서 다시 '안전한' 환경으로 되돌아 온 아동들에게 더 많은 뇌손상을 입히기도 한다고 주장하고 있다(Chisolm, 1987). 그 이유는 이 미세입자들의 납이 인체에 더 잘 흡수되고 소화되어 이러한 방법들은 아동들을 오히려 납에 더 노출시키며 위험하게 만들 수 있다는 것이다.

가장 안전한 납 페인트의 제거방법으로는 폴리우레탄이나 비닐 리놀륨, 갑판 등으로 오래된 나무 바닥(틈새에 납 먼지가 들어갈 수도 있음)을 덮거나 오래된 나무 창문을 교체하고 좁은 범위의 벽은 페인트칠을 다시 하는 것이다. 또한 페인트가 많이 벗겨진 곳은 패널이나 건식벽으로 덮고 가장 자리를 단단히 처리하는 방법 등이 있다. 만약 목조 부분에서 페인트를 벗겨내고자 한다면 무연 열총을 사용하는 것이 불을 사용하는 것보다 훨씬 좋은 방법이다. 그리고 석면 제거방법과 마찬가지로 가정용 일반 청소기보다 고성능 미립자 축압(high-efficiency particle accumulator, HEPA) 청소기가 더 효과적이다(Etre, Reynolds, Burmeister, Whitten, & Gergely, 1999).

성인들이나 아동들 모두 납에 의해 손상을 입지만, 특히 아동들은 더욱 그 피해를 입기 쉽다. 납은 작은 입자의 흡입이나 소화를 통해 우리 몸으로 들어오게 된다. 일단 납이 우리 몸속에 들어오면 혈관을 돌아다니다 뼈, 신장, 간, 뇌 기관 등에 숨어 세포 조직을 파괴한다. 아동들은 손가락을 빨거나 사물들을 입 속에 넣기도 하고, 나무 표면을 씹는 등의 행동으로 인해 성인들보다 더 많은 양의 납이 체내로 들어갈 위험성을 가지고 있다. 그러나 중요한 사실은 성인들은 체내에 있는 납을 보다 쉽게 몸 밖으로 배설할 수 있으나, 아동들의 경우에는 많은 양의 납이 그대로 체내에 남아 있게 되는 경우가 많다는 것이다.

심각한 납 중독은 과민성 증상, 구토, 복통, 발작, 혼수상태, 때로는 사망으로까지 이어질 수 있으며, 이는 두 살 된 아기가 10센트 정도의 작은 페인트 조각을 삼켰을 때에 나타날 수 있는 증상들과 비슷한 수준이다(Pesce & Pesce, 1991). 하지만 정신지체를 초래하는 납 중독의 수치는 알려진 대로 높은 수치는 물론 낮은 수치에서도 발생할 수 있다고 한다(Mendelsohn et al., 1999). 이러한 이유로 체내의 위험 수위의 납 수치를 파악하기 위해서는 혈중 선별 검사가 요구되고 있다. 지난 20년 동안의 연구 결과에 의하면, 높은 수치의 납에 중독되면 정신지체를 초래할 확률이 더욱 높아지는 것은 사실이지만, 낮은 수치의 납에 노출되었더라도 학습장애를 포함한 인지장애를 일으킬 수 있다고 보고되고 있다(Bellinger et al., 1987; Finkelstein, Markowitz, & Rosen, 1998; Mendelsohn et al., 1999). 또한 납이나 다른 금속들에 의한 중독은 그동안 대다수의 많은 사람들이 발견하지 못한 학습장애의 원인을 제공해 주고 있다.

최근의 연구들에서 건강한 중산층의 아동들도 지적 능력이 손상될 수 있음을 보여 주고 있지만, 가난한 환경에 있을수록 그 확률은 더욱 높아진다. 예를 들어 납 성분은 공복 상태에서 더욱 그 흡수력이 빨라지고 체내에 철분과 칼슘 성분이 적을수록 더욱 그러하다. 또한 저소득층이 사는 주택들 중 많은 수가 납 페인트가 벗겨지거나 상태가 계속적으로 악화되고 있는 상황에 있으며, 저소득 산업지구에 있는 토양과 집 먼지에서도 고농도의 납 독소들이 발견되고 있는 실정이다. 체내의 뼈에 납이 축적된 여성들은 임신기간 중 태반을 통해 납 성분이 태아에게 보내져 알지도 못하는 사이 그들의 아기들은 태어나기도 전에 중독이 될 수도 있다(Pesce & Pesce, 1991).

성인 여성들에게 있어 그들의 태아에게 손상을 줄 만큼의 납의 양은 아동들에게 영향을 미치는 것보다는 적기 때문에 사실상 많은 저소득층 여성들이 납으로 인한 손상을 그냥 무시해버릴 수 있는 가능성이 매우 높다(Fletcher, Gelberg, & Marshall, 1999). 납 수치가 높은 곳에서 일하는 남성의 경우에도 출산에 손상을 주는 또 다른 원인이 되는 상황, 즉 정자의 수가 일반인에 비해 적거나 기형 또는 활동성이 없는 정자들을 가질 가능성이 있다고 한다(Elkington, 1985).

만일 체내에 있는 납 성분이 조기에 발견되면 충분한 영양 공급과 약물치료를 통해 지적 기능을 향상시킬 수 있겠지만, 뇌손상 자체를 완치시키기는 어려울 것이다. 더군다나 약물요법은 경도 뇌손상의 원인이 되는 소량의 납 성분을 제거하는 데 그다지 효과가 없다고 하며, 오히려 혈액 속에 있는 납 성분을 뇌에까지 빠른 속도로 재분배시킨다고 연구 결과에서 밝히고 있다(Chisolm, 1987). 그러므로 예방만이 최선의 방법이라고 할 수 있을 것이다.

아직까지 납 중독에 의해 발생되는 정신지체는 충분히 예방할 수 있다고 한다. 하지만 아직까지 우리 사회는 아동들의 두뇌발달에 대한 우려보다는 경제적, 기술적인 면에 더욱 치중하고 있는 실정이다. 따라서 (특정 이익 단체의 반대와 함께 진행되는) 느린 속도의 납 제거 작업으로 인해 수많은 아동들이 그들의 생산성, 창의성, 나아가 독립생활을 위한 그들의 최상의 능력을 잃어 가고 있다. 이러한 손실로부터 생기는 경제적인 손실은 연간 수백만 달러에 이른다고 한다. 그러나 이 속에서 발생하는 인간의 고통은 측정조차 할 수 없을 것이다.

사고

사고에 의해 발생되는 실질적인 발달장애인의 수는 연간 수만 명에 이른다(Cone, 1988). 흔히 머리의 심한 부상은 정신지체를 초래하기도 하며, 이런 부상의 원인 중 상당수는 실질적으로 십대를 포함하여 발생한 교통사고에 의한 것이다.

일반적으로 십대들을 위한 교통사고 예방 교육은 주로 행동 면의 변화에 중점을 두고 있다. 예를 들어 운전 교육을 받은 젊은이들이 사고를 덜 일으킬 것이라고 생각되지만, 실제 연구 결과에서는 정상적으로 교육을 받은 젊은이와 그렇지 않은 젊은이들 사이의 별다른 차이는 없다고 나타나고 있다(Vernick et al., 1999). 사실상 운전 교육으로 인해 가장 어린 운전자들까지 도로로 나오게 하여 결국은 심각한 장애를 가진 십대들의 수를 증가시키고 있다고 한다. 따라서 전문가들은 사고를 줄이기 위해서는 십대들의 운전하는 태도를 바꾸기 위해 계획된 프로그램보다는 최소 운전 연령을 높이는 게 필요하다고 주장하고 있다.

연령대 중에서 십대들이 심각한 교통사고의 대상으로 가장 높은 비율을 차지하고 있지만, 지금까지 사망이나 심각한 손상을 일으키는 대부분의 교통사고들은 음주운전 때문이며, 이들은 주로 성인 집단이라고 한다. 운전 중 사망하는 50% 이상의 사람들이 그들의 혈중 알코

운전자의 이중 위험: 젊음과 음주

Jerry는 현재 중도의 발달장애인을 위한 특수학교의 학생이다. 지난 가을 밤, Jerry가 승리로 이끈 축구경기 후에 그와 두 명의 친구들은 어두운 시골 길을 운전하며 가는 중에 나무를 들이박고 차가 전복되는 사고가 일어났다. 사고 당시 세 명의 소년들은 모두 만취 상태였다. Jerry의 두 친구는 현장에서 즉사하였고 Jerry는 머리에 심각한 손상과 더불어 척추 손상으로 목 아래 부분은 마비가 되었다. 또한 언어장애와 심각한 지적 능력의 손상을 입게 되었다.

요즘 Jerry가 가장 좋아하는 활동은 학교 수영장에서 특수 장비를 이용해 물 위를 떠다니는 것이다. 그는 자기관리를 위한 전반적인 모든 영역에 대해 도움이 필요하게 되었으며, 사회적 관계는 가족들과 학교에 있는 친구들로 줄어들었다. 지금의 Jerry를 보면, 불과 1년 전까지만 하더라도 활동적이고 대학 장학금을 받을 수 있을 정도로 우수한 운동 선수였다는 것을 상상하기 어려울 것이다. Jerry의 삶은 확실히 비극적으로 변했다. 우선 그의 육체적, 정신적 변화는 매우 크며, 반면에 이러한 변화들에 대응할 수 있는 개인적인 자원들은 상당히 줄어들었다. Jerry로 인해(혹은 이와 비슷한 비극을 겪고 있는 수십만의 젊은이들) 음주운전 방지 학생회(Students Against Drinking and Driving, SADD) 같은 청소년 모임 등이 더욱 활성화 되었으며, 이런 모임을 통해 음주운전 금지에 대해 또래들에게 홍보하고 있다.

올 농도가 말해 주듯 취해 있는 상태였고, 많은 선량한 사람들이 음주 운전자로 인해 사망하거나 장애를 입는다. 이러한 통계와 인적 손실, 사람들이 겪고 있는 많은 고통이 표면화되면서 음주 운전자를 체포하는 등의 법 제정과 과중한 벌금형에 관한 주장이 높아지고 있다.

아동 학대와 방치

공식적인 통계에 따르면 1998년 한 해 동안 미국에서 거의 100만 명에 가까운 아동들이 부모에 의해 학대를 받았거나 방치되었다고 한다(U.S. Department of Health and Human Services, 2000). 하지만 보고되지 않은 경우도 많기 때문에 이 통계는 일부일 뿐이다. 비록 최근의 통계에서 그 비율이 감소되고 있다 하더라도 아동 학대 비율은 1980년 이후로 급격히 증가하고 있는 실정이다. 아동 학대가 초래할 수 있는 직접적인 결과로는 발달장애나(Cone, 1988) 정서적인 손상을 들 수 있을 것이다.

학대가 모든 교육적, 사회경제적 계층에 있는 가정들에서 일어날 수 있지만, 특히 빈곤과 실업, 과대 밀집 주거 지역 혹은 빈번한 이사 등을 포함한 스트레스적인 상황에서 더욱 빈번히 발생할 수 있다고 지적하고 있다(Garbarino, 1977). 그러나 아무리 스트레스가 많은 환경에 있다 하더라도 대다수의 부모들은 자신의 자녀를 학대하지 않는다는 것을 명심해야 한다. 또한 학대하는 부모들의 30~60%가 그들의 어린 시절에 학대를 받은 경험으로 인해 똑같이 그들 자녀를 학대한다고 하지만, 그 나머지의 사람들은 그들이 어린 시절에 받은 학대를 그들 자녀에게 대물림하지 않는다는 것을 기억해야 할 것이다(Buchanan, 1996).

한 연구에서 학대하는 부모들의 두드러진 특징을 발견했다. 이들은 일반적으로 통제 불가능한 스트레스 상황에 있거나(Wolfe, 1985), 미숙한 부모 혹은 아동들에 대해 엄격하거나 비현실적인 기대를 가지고 있으며, 아동들과 함께 신체 접촉을 하며 놀이시간을 갖고 상호작용하는 등의 시간을 거의 갖지 않는다고 한다(Starr, 1982). 더욱 주목할 것은 그들이 자신의 배우자나 자녀들에게 가하는 폭력적인 행동을 당연시 한다는 것이다(Starr, 1982). 결국 학대를 하는 부모들은 가족들이나 친구들로부터 도움을 받을 만한 시스템을 거의 갖고 있지 못한 실정인 것이다.

이러한 가족들에서 태어난 발달장애아동들은 학대나 방치될 위험성이 더욱 높아진다(Belsky, 1993). 이런 아동들은 아무런 욕구들을 표현하지 않거나 혹은 진정시키기 어렵고, 짜증스럽게 큰 소리로 울어대기도 한다. 이렇기 때문에 보다 많은 보살핌을 요구하는데, 더욱이 이 아동들의 학습 속도가 느리다면 이미 그들 아동의 까다로운 욕구 때문에 지친 부모들은 더욱 화를 내게 될 것이다. 일반적으로 아동의 장애 상태와 그 가정의 스트레스는 지속될 것이므로, 학대받을 가능성이 상대적으로 적은 그들의 형제들보다 장애아동이 학대를 받을 위험성이 그만큼 높아지는 것이다.

> **토론 과제**
> 발달장애를 유발하는 다양한 위험 요소들이 존재하는 가정환경은 어떠한 경우인지 설명해 보라. 어떠한 요인들과 환경들이 서로 작용하여 이러한 위험성을 높이고 있는가?

학대하는 부모는 다음과 같은 상황에서 나타난다: 비교적 까다로운 자녀를 가진 아버지는 좋은 양육자의 자질이 부족하고, 스트레스 관리법을 모르고 미숙하여 그의 지금의 문제들을 관리할 만한 도움을 거의 받지 못하는 상황에 있다. 따라서 대부분의 예방법은 아동 학대 부모에 대한 고발을 장려하고, 폭력과 아동 양육에 관한 사회적 태도 변화에 초점을 두고 교육을 실시하는 것이다. 또한 몇몇 지역에서는 '유예'(respite) 프로그램을 시행하고 있으며, 폭력을 가하는 사람들을 위한 스트레스 관리 훈련을 시키고 있다. 문화적으로 폭력이나 아동에 대한 체벌이 덜 허용되는 스웨덴 같은 나라에서는 다른 나라에 비해 보다 적은 수의 아동 폭력 프로그램들을 실시하고 있다(Zigler & Hall, 1989). 반면 미국과 같이 폭력이 미화되고 아동에게 가해지는 신체적 체벌이 일반적으로 여겨지는 나라에서는 아동 학대의 문제가 널리 퍼져 있는 실정이다.

문화적 함의와 공공 정책

지금까지 정신지체와 관련된 사회적, 생물학적 영향에 대해 살펴보면서 정신지체가 빈곤과 밀접히 관련되어 있으며, 또한 모든 사회경제적인 계층에서 발생할 수 있다는 것을 보았다. 이제 우리는 새로운 관점을 가지고 '문화 가족성 정신지체'란 무엇인가란 주제로 돌아가고자 한다(4장 참조). 지금까지 진단을 받은 대단히 많은 수의 경도 정신지체인들이 문화 가족성의 범주 안에 속하고 있다. 확실한 원인이 밝혀지지는 않았지만, 빈곤층에 있는 사람들이 정신지체와 밀접한 관련이 있는 것은 사실이다.

가족성 경도 정신지체의 원인에 대한 이론을 보면, 정신지체는 자연적으로 발생하고, 지능 발달의 곡선이 일반인에 비해 낮다고 보고 있으며, 일부에서 이런 이론을 뒷받침하는 사례들을 찾아볼 수 있다고 한다. 하지만 이러한 사람들 가운데 높은 비율은 그들의 지적 손상을 초래한 원인으로 기술과 산업(납과 다른 환경적 독소), 사회적 관습(음주, 마약, 학대, 방치), 빈곤한 환경(영양 결핍, 불충분한 건강관리) 등과 같은 요인들과 연관되어 있음을 알 수 있었다. 이러한 원인들은 자연적으로 발생한 것도 아니며 결코 불가피한 것도 아니었다. 실제로 스웨덴에서는 지난 반세기 동안 급격히 빈곤이 줄어들면서 원인 불명으로 발생한 정신지체인의 수 또한 상당히 줄어든 것을 볼 수 있었다(Hagberg, Hagberg, Lewerth, & Lindberg, 1981).

이러한 원인들은 지속성을 가지고 있기 때문에 사회적으로 더욱 심각하다. 납에 중독된 여성들은 그들의 자녀에게 그 독을 유전시키고, 자녀들은 더욱 많은 피해를 입고 다시 다음 세대에게 이를 유전시킨다. 임신기간 중에 알코올과 약물을 복용했을 경우 그들의 자녀들은 지적 판단 능력이 부족하거나 이상 행동 증후를 나타낼 위험성이 더욱 높아진다. 게다가 그런 사람은 생리학적으로 약물에 더욱 손상을 입기 쉬운 자녀를 가지는 경향이 있다.

문화적으로 우리는 점점 증가하는 경제적 욕구와 교육적 변화들에 직면하고 있는 반면, 많은 아동들은 피폐한 사회적 환경과 이러한 상황들을 개선시켜 줄 만한 어떠한 도움조차 받지 못하고 있는 상황에 있다. 이러한 아동들은 대부분(Joyce Elger처럼) 공식적인 진단명조차 가지고 있지 않으며, 중도 정신지체인들과는 다른 문제들을 가지고 있다. 또한 이들은 유전적인 지적 손상을 가지고 있음에도 진단을 받지 않았기 때문에 제한된 사회 서비스만 이용할 수밖에 없다. 이러한 열악한 상황을 막기 위해서는 개인적, 사회적 차원에서 태도 변화가 요구된다.

Denial은 증가하고 있는 정신지체의 발생, 특히 개인적인 차원에서 예방할 수 있는 흡연이나 음주로 인해 발생하는 위험 등에 대한 정보를 대중들에게 알리고자 노력하고 있다. 흔히 사람들은 분명히 장애를 피할 수 있었던 사람들에 대해 이야기하기도 하고 또는 전혀 위험에 노출되지 않았던 사람들에게서 정신지체 자녀를 둔 사례에 대해 말하기도 한다. 이를테면 "John의 엄마는 담배를 피웠는데, John은 괜찮아." 또는 "Susie는 정신지체인데, 그 엄마는 술 한 방울도 마시지 않았어." 등이다. 사실 확실한 결과를 예측하고 할 수 있는 위험한 행동이라는 것은 거의 없다고 할 수 있다. 심지어 차 뒤를 쫓아다니는 위험한 행동을 하는 개들도 나이 들 때까지 오래 살아남기도 한다. 그러나 사회적으로 분명히 어떠한 행동들이 뇌손상을 초래하는지 알고 있는 상황에서 우리가 이러한 지식을 무시할 때 발생하는 인적, 경제적 손실은 대단히 클 것이다.

태아 학대에 관한 법 시행

임신 중 약물 복용과 이러한 문제들로 인해 발생하는 결과로부터 극단적인 법안들이 제안되었다. 몇몇 이들은 임신 중 음주를 하거나 코카인을 복용하는 여성들은 (특히 이들이 이전에 코카인 중독이나 태아 알코올 증후군을 가진 아이를 낳은 적이 있는 여성이라면 더욱) 태아 학대 방지를 위해 체포한 다음, 아이가 태어날 때까지 약물로부터 격리시켜야 한다고 제안하고 있다. 실제로 몇몇 지역에서는 이러한 방법을 실시하고 있다.

그러나 이러한 방법이 논쟁의 여지가 많다는 것은 당연한 일일 것이다. 첫째, 감옥 공간이 좁기 때문에 이 같은 방대한 계획을 실현할 수 있을지 의문이다. 둘째, 이 같은 법들은 당국의 보호를 기대하여 산전 관리를 위해 찾아오는 여성들을 낙망시키기에 충분하다. 셋째, 갑작스럽게 약물 복용을 중단했을 때 태아에게 미치는 효과에 대한 의학적인 문제가 남아 있다는 것이다. 마지막으로 이 나라의 많은 지역에서 임산부들은 이용할 수 있는 서비스보다는 안전한 약물요법에 의존하는 경우가 많다. 사실 가장 안전하고 높은 이용률을 지닌 입원환자 거주 프로그램(inpatient residential programs)은 임신부에게는 그 거주를 허가하지 않고 있다(Hawley & Disney, 1992). 중독을 이유로 여성들을 감금한다는 것은 부당한 처사일 것이다.

토론 과제

만일 임산부가 본의 아니게 감옥에 가게 되었다면, 출산 후에 그 여성은 아이와 함께 집으로 보내져야 하는가? 그 이유는 무엇인가? 만일 집으로 돌려보내지 않아야 한다면 어떠한 방법으로 이 아기를 돌볼 수 있을 것인가?

한 개인이 사회적 이슈들을 감당해야 하는 범위는 주로 그들이 적극적으로 행동할 수 있고 힘을 발휘하여 주변 환경을 조정할 수 있는 능력에 따라 달라질 수 있을 것이다. 행동 실패의 원인은 주로 무관심 때문이 아니라 그 일을 하찮게 여겼기 때문이라고 한다(Cvetkovich & Earle, 1992). 어떠한 위험이 즉각적이고 위협적이며 명확하다고 여겨질 때, 그 속에서 생기는 분노로 인해 행동이 유발되기도 한다. 더군다나 효과적인 변화가 가능하다고 인식될 때는 특히 그러하다. 반면 위험한 상황에 대해 자신이 조절할 힘이 없다고 느낄 때, 사람들은 흔히 감정적인 대처 기제, 이를 테면 "실제로 그 일은 우리한테 일어나지 않을 거야"라고 하면서 희망적인 생각을 갖거나 위험을 축소시켜 생각하는 경향이 있다. 혹은 간단하게 그 상황에 대해 전혀 생각하지 않으려고 한다(Hallman & Wandersman, 1992).

조망

이 장에서는 정신지체를 초래하는 많은 사회적, 환경적 영향들과 사회적으로 넓게 만연된 유해한 상황들을 줄이거나 제거할 수 있는 방법 등에 관하여 살펴보았다. 그러나 안타깝게도 미연에 방지할 수 있는 상황들로 인해 한해 수십 만 명의 아기들이 정신지체를 갖게 되는 것이 분명한 듯하다. 그렇다면 실제 사회적으로 정신지체를 예방하기 위해 할 수 있는 일은 무엇인가? 분명히, 위험한 상황에 대한 인식이 행동보다 먼저 선행되어야 하고, 그 다음에 어떠한 행동을 취할지 결정해야 할 것이다. 산재한 여러 문제들이 국내적으로나 국제적으로 매우 많지만, 실시하는 사회 프로그램들이 빈곤으로 인해 발생하는 여러 문제들이나 정신지체의 발생을 줄이는 데 효과적이라는 것이다. 성공적인 프로그램들을 살펴보면 앞에서 살펴보았던 산전 관리나 여성, 유아, 아동을 위한 특별 보충 식품 프로그램 등을 들 수 있을 것이다. 10장에서는 조기중재라는 주제를 가지고 이의 효과적인 프로그램들과 성공을 방해하는 일반적인 요인들에 관해 살펴볼 것이다.

그보다 먼저, 9장에서는 많은 정신지체인들이 가지고 있는 발달장애에 대해 논의할 것이다. 이러한 장애는 정신지체의 원인이라기보다 함께 수반되는 조건으로서 그들의 성공적인 지역사회 생활을 위해 적절한 교육적, 지역적 서비스가 필요하다는 것을 의미하고 있다. 이러한 관점을 가지고 접근한다면 진단된 아동들에게 한층 더 높은 사정과 조기중재 서비스를 지원할 수 있을 것이다.

참고문헌

Abel, E. S., & Sokol, R. J. (1993). A revised conservative estimate of the incidence of FAS and its economic impact. *Alcoholism: Clinical and Experimental Research, 15*(3), 514–524.

Alan Guttmacher Institute. (1998). *Facts in brief—Teen sex and pregnancy*. New York: Author.

Batshaw, M. L., & Conlon, C. J. (1997). Substance abuse: A preventable threat to development. In M. L. Batshaw et al. (Eds.), *Children with disabilities* (4th ed., pp. 143–162). Baltimore, MD: Paul H. Brookes.

Beckwith, L., & Howard, J. (1991, April). *Development of toddlers exposed prenatally to PCP and cocaine*. Paper presented at biennial meetings of the Society for Research in Child Development, Seattle, WA.

Bellinger, D., Leviton, A., Waternaux, C., Needleman, D., & Rabinowitz, M. (1987). Longitudinal analyses of prenatal and postnatal lead exposure and early cognitive development. *New England Journal of Medicine, 316*, 1037–1042.

Belsky, J. (1993). Etiology of child maltreatment: A developmental ecological analysis. *Psychological Bulletin, 114*, 413–434.

Bendich, A. (1993). Lifestyle and environmental factors that can adversely affect maternal nutritional status and pregnancy outcomes. In C. L. Keen, A. Bendich, & C. C. Willhite (Eds.), *Maternal nutrition and pregnancy outcome* (pp. 255–265). New York: New York Academy of Sciences.

Brien, M. J., & Willis, R. J. (1997). Costs and consequences for the fathers. In R. A. Maynard (Ed.), *Kids having kids* (pp. 95–144). Washington, DC: Urban Institute.

Buchanan, A. (1996). *Cycles of child maltreatment.* Chichester, UK: Wiley.

Chadzynski, L. (1987). *Environmental issues. In Proceedings of the National Conference, Childhood Lead Poisoning: Current Perspectives* (pp. 92–102). Indianapolis, IN.

Chang, V (1999). Lead abatement and prevention of developmental disabilities. *Journal of Intellectual & Developmental Disability, 24*(2), 161–168.

Chisolm, J. J., Jr. (1987). Changing sources of lead poisoning. In *Proceedings of the National Conference, Childhood Lead Poisoning: Current Perspectives* (pp. 7–17). Indianapolis, IN.

Cone, J. D. (1988). Prevention. In V. VanHasselt, P. Strain, & M. Hersen (Eds.), *Handbook of developmental and physical disabilities* (pp. 61–78). New York: Pergamon.

Cvetkovich, G., & Earle, T. C. (1992). Environmental hazards and the public. *Journal of Social Issues, 48*(4), 1–20.

Dahl, R. E., Scher, M. S., Williamson, D. E., Robles, N., & Day, N. (1995). A longitudinal study of prenatal marijuana use. Effects on sleep and arousal at age 3 years. *Archives of Pediatric and Adolescent Medicine, 149*(2), 145–150.

Elkington, J. (1985). The poisoned womb: Human reproduction in a polluted world. New York: Penguin.

Etre, L. A., Reynolds, S. J., Burmeister, L. F., Whitten, P. S., & Gergely, R. (1999). An evaluation of the effectiveness of lead paint hazard reduction when conducted by homeowners and landlords. *Applied Occupational Environmental Hygiene, 14*(8), 522–529.

Fletcher, A. M., Gelberg, K. H., & Marshall, E. G. (1999). Reasons for testing and exposure sources among women of childbearing age with moderate blood lead levels. *Journal of Community Health, 24*(3), 215–227.

Fletcher, J. M., Landrey, S. H., Bohan, T. P., Davison, K. C., Brookshire, B. L., Lachar, D., Drainer, L. A., & Francis, D. J. (1997). Effects of intraventricular hemorrhage and hydrochepalus on the long-term neurobehavioral development of preterm very-lowbirthweight infants. *Developmental Medicine & Child Neurology, 39*, 596–606.

Finkelstein, Y., Markowitz, M. E., & Rosen, J. F. (1998). Low-level lead-induced neurotoxicity in children: An update on central nervous system effects. *Brain Research Reviews, 27*(2), 168–175.

Garbarino, J. (1997). The role of economic deprivation in the social context of child maltreatment. In M. E. Helfer, R. S. Kempe, & R. D. Krugman (Eds.), *The battered child* (5th ed., 49–60). Chicago: University of Chicago Press.

Hagberg, B., Hagberg, C., Lewerth, A., & Lindberg, U. (1981). Mild mental retardation in Swedish school children. *Acta Paediatra Scand, 70*, 445–452.

Hallman, W. K., & Wandersman, A. (1992). Attribution of responsibility and individual and collective coping with environmental threats. *Journal of Social Issues, 48*(4), 101–118.

Hardy, J. B., Shaprio, S., Astone, N. M., Miller, T. L., Brooks-Gunn, J., & Hilton, S. C. (1997). Adolescent childbearing revisited: The age of inner-city mothers at delivery is a determinant of their children's self-sufficiency at age 27 to 33. *Pediatrics, 100*(5), 802–810.

Hawley, T. L., & Disney, F. R. (1992). Crack's children: The consequences of maternal cocaine abuse. Social Policy Report. *Society for Research in Child Development, 6*(4), 1–23.

Hotz, B. J., McElroy, S. W., & Sanders, S. G. (1997). The costs and consequences of teenage childbearing for mothers. In R. A. Maynard (Ed.), *Kids having kids* (pp. 55–94). Washington, DC: Urban Institute.

Hoyme, H. E., Jones, K. L., Dixon, S., Jewett, T., Hanson, J. W., Robinson, L. K., Msall, M. E., & Allanson, J. E. (1990). Prenatal cocaine exposure and fetal vascular disruption. *Pediatrics, 85*, 743–747.

Jacobson, S. W. (1998). Specificity of neurobehavioral outcomes associated with prenatal alcohol exposure. *Alcoholism: Clinical & Experimental Research, 22*(2), 313–320.

Landry, S. H., & Whitney, J. A. (1996). The impact of prenatal cocaine exposure: Studies of the developing infant. *Seminars in Perinatology, 20*, 99–106.

Lee, S. H., Ewert, D. P., Frederick, P. D., & Mascola, L. (1992). Resurgence of congenital rubella syndrome in the 1990s. *Journal of the American Medical Association, 267*, 2616–2620.

Lerman, R. I. (1993). A national profile of young unwed fathers. In R. I. Lerman & T. J. Ooms (Eds.), *Young unwed fathers* (pp. 27–51). Philadelphia: Temple University Press.

Lewis, M. (1999). A path analysis of the effect of welfare on infant mortality. *Journal of Sociology & Social Welfare, 26*(3), 125–136.

Li, C. Q., Windsor, R. A., Perkins, L., Goldenberg, R. L., & Lowe, J. B. (1993). The impact on infant birth weight and gestational age of nicotine-validated smoking reduction during pregnancy. *Journal of the American Medical Association, 269*(12), 1519–1524.

Makin, J. W., Fried, P. A., & Watkinson, B. (1991). A comparison of active and passive smoking during pregnancy: Long-term effects. *Neurotoxicology and Teratology, 13*, 5–12.

McWhirter, J. J., McWhirter, B. T., McWhirter, A. M., & McWhirter, F. H. (1993). *At-risk youth: A comprehensive response*. Pacific Grove, CA: Brooks/Cole.

Mendelsohn, S. L., Dreyer, R. P., Fierman, A. H., Rosen, C. M., Legan, L. A., Kruger, H. A., Lim, S. W., Barasch, S., Au, L., & Courtlandt, C. D. (1999). Low-level lead exposure and cognitive development in early childhood. *Journal of Developmental & Behavioral Pediatrics, 20*(6), 425–431.

Moroney, J. T., & Allen, M. H. (1994). Cocaine and alcohol use in pregnancy. In O. Devinsky, F. Feldmann, & B. Hainline (Eds.), *Neurological complications of pregnancy* (pp. 231–242). New York: Raven Press.

National Center for Health Statistics. (1999). *Health United States 1997–1998 and injury chartbook*. Hyattsville, MD: Department of Health & Human Services.

Newman, L. F., & Buka, S. L. (1991). Clipped wings. American Educator, Spring, 27–42. Pesce, J., & Pesce, A. J. (1991). *The lead paint primer: Questions and answers on lead paint poisoning*. Melrose, MA: Star Industries.

Phelps, L. (Ed.) (1998). *Health-related disorders in children and adolescents: A guidebook for understanding and educating*. Washington, DC: American Psychological Association.

Phelps, L. (1999). Low-level lead exposure: Implications for research and practice. *School Psychology Review, 28*(3), 477–492.

Picard, E. M., Del Dotto, J. E., & Breslau, N. (2000). Prematurity and low birthweight. In K. O. Yeates, M. D. Ris, & H. G. Taylor (Eds.), *Pediatric neuropsychology: Research, theory, and practice* (pp. 237–251). New York: Guilford.

Sampson, P. D., Streissguth, A. P., Barr, H. M., & Bookstein, F. L. (1989). Neurobehavioral effects of prenatal alcohol: Part II. Partial least squares analysis. *Neurotoxicology and Teratology, 11*, 477–491.

Smith, B. L., Martin, J. A., & Ventura, S. J. (1999). Births and deaths: Preliminary data for July 1997–June 1998. *National Vital Statistics Reports, 47*(22), 1–32.

Spohr, H. L., Willms, J., & Steinhausen, H. C. (1993). Prenatal alcohol exposure and long-term developmental consequences. *Lancet, 341*, 907–910.

Starr, R. H., Jr. (1982). A research-based approach to the prediction of child abuse. In R. H. Starr, Jr. (Ed.), *Child abuse prediction: Policy implications* (pp. 105–134). Cambridge, MA: Ballinger.

Stjernfeldt, J., Berglunds, L., Lindsten, J., & Ludvigsson, J. (1992). Maternal smoking and irradiation during pregnancy as risk factors for child leukemia. *Cancer Detection and Prevention, 16*, 129–135.

Straus, M. A. (1980). Stress and physical child abuse. *Child Abuse and Neglect*, *4*, 75–88.

Streissguth, A. P. (1997). *Fetal alcohol syndrome: A guide for families and communities*. Baltimore, MD: Paul H. Brookes.

Streissguth, A. P., Barr, H. M., Bookstein, F. L., Sampson, P. D., & Olson, H. C. (1999). The long-term neurocognitive consequences of prenatal alcohol exposure: A 14-year study. *Psychological Science*, *10*(3), 186–190.

Streissguth, A. P., & Kanter, J. (Eds.). (1997). *The challenge of Fetal Alcohol Syndrome: Overcoming secondary disabilities*. Seattle, WA: University of Washington Press.

Stringer, M. (1998). Personal costs associated with high-risk prenatal care attendance. *Journal of Health Care for the Poor and Underserved*, *9*(3), 222–235.

U.S. Department of Health and Human Services. (2000). HHS Web page: wwwhhs.gov/news/press/2000pres/20000410.html.

Vernick, J. S., Li, G., Ogaitro, S., MacKenzie, E. J., Baker, S. P., & Gielen, A. C. (1999). Effects of high school driver education on motor vehicle crashes, violations, and licensure. *American Journal of Preventive Medicine*, *16*, 40–46.

Widerstrom, A. H. (1999). Identification and treatment of risk factors in newborns and infants in the United States. *Enfance*, *51*(1), 79–91.

Williams, L. O., & Decoufle, P. (1999). Is maternal age a risk factor for mental retardation among children. *American Journal of Epidemiology*, *149*(9), 814–824.

Wolfe, D. A. (1985). Child-abusive parents: An empirical review and analysis. *Psychological Review*, *97*, 462–482.

Wymelenberg, S. (1990). *Science and babies: Private decisions, public dilemmas*. Washington, DC: National Academy Press.

Yazigi, R. A., Odem, R. R., & Polakoski, K. L. (1991). Demonstration of specific binding of cocaine to human spermatozoa. *Journal of the American Medical Association*, *266*, 956–1959.

Zabin, L. S., & Hayward, S. C. (1993). *Adolescent sexual behavior and childbearing*. Newbury Park, CA: Sage.

Zigler, E., & Hall, N. (1989). Physical child abuse in America: Past, present, and future. In D. Cicchetti & V Carlson (Eds.), *Child maltreatment* (pp. 203–253). New York: Cambridge University Press.

CHAPTER 9

관련 발달장애

정신지체인들은 다른 이들처럼 동일한 질병 또는 기타 장애들로 인해 고통을 받을 수 있다. 그러나 정신지체를 초래하는 뇌손상이 뇌의 다른 영역과 기능에까지 확산될 수 있기 때문에 이들에게서 어떠한 공통적인 특징들을 발견할 수 있다. 관련되는 장애로는 **자폐증**, **뇌성마비**, **발작장애**, **주의력 결핍 과잉행동장애** 등이 있으며, 이는 정신지체인뿐만 아니라 모든 사람들에게도 일어날 수 있는 장애이다. 이 장에서는 이런 관련 장애들에 대한 논의와 함께 그 **원인** 및 처치 접근법들을 기술할 것이다.

자폐증

자폐증은 사회적 발달과 독립생활 기능에 심각한 결과를 초래하는 증후군이다. 자폐는 세계의 모든 인종과 종족 사이에서 대략 500명 중 1명꼴로 발생하고(Centers for Disease Control and Prevention, 2001), 여아보다 남아에게서 약 4배 더 많이 발생한다. 연구 결과 자폐증의 70~90% 정도가 정신지체를 동반한다고 하지만(Autism Society of America, 1999; Ratey et al., 2000), 정신지체로 개별적 진단을 내리기는 어렵다. 의사소통 혹은 몸짓언어 자체에 결함이 있는 사람들의 IQ를 측정할 수 있는 적당한 검사 도구가 없기 때문에 정신지체의 진단을 위해서는 기능적 사정을 해야 한다.

자폐 증상은 대체적으로 생후 30개월 이전부터 그 증후를 발견할 수 있고, 가장 이른 유아기 때의 비정상적인 발달을 포함하여 아동기에 특히 두드러지게 진행되는 경향이 있다. 예를 들어 자폐아동들은 같은 연령과 같은 수준의 운동(앉기, 기기, 걷기)을 수행할 수 있지만, 언어 발달에서는 지체를 나타낸다. 때로는 기대하는 대로 말하기를 시작하지만 곧 그 능력이 나타나지 않기도 하고, 또는 언어 발달이 전혀 되지 않거나 매우 느리게 진행되기도 한다. 심지어 자폐인들 중에 광범위한 어휘를 사용하는 이들도 있으나, 상호 의사소통이나 추상적인 생각, 감정 등을 나타내는 데는 어려움을 가지고 있다. 이러한 비정상적인 발달은 정신지체로부터 자폐를 구별하는 데 결정적인 단서로 작용하며, 더불어 그 자체로 다른 중도 정신지체인과 자폐인을 구분하는 데 도움을 준다(Romanczyk, Lockshin, & Navalta, 1994).

자폐증의 또 다른 특징적 증상으로는 표 9.1에서 설명하는 것처럼 사람이나 사물, 감각 등에서 일반적이지 않은 반응 등을 나타낸다.

설명된 특성들과 더불어 자폐아동 중에는 동일한 일상생활 패턴을 고집하는 경향이 있고, 심지어 보호자와 아동이 대화할 때 자폐아동들은 보호자가 이전에 사용했던 것과 똑같은 단

표 9.1 자폐와 관련된 특성

자극	비정상적인 반응
사물	▪ 사물을 반복적으로 특정한 배열대로 정돈한다. ▪ 사물을 오랜 기간 동안 빙글빙글 돌리거나 만지작거린다. ▪ 사람보다 사물에 유별나게 애착을 갖는다.
사람	▪ 사람을 마치 사물인 것처럼 대하며, 자신과 다른 사람들을 분리된 생활의 실체로 인식하지 못하는 경향이 있다. ▪ 눈 맞춤이 드물게 나타난다. ▪ 접촉을 피한다.
감각	▪ 일상적으로 물체와 사람의 냄새를 맡는다. ▪ 평상시에는 큰소리나 깜짝 놀라는 소리에 외관적으로 둔하게 반응하나, 어떤 일상적 소리에 대해서는 비정상적으로 두려움을 갖는다. ▪ 보통은 상처나 고통에 둔하지만, 어떤 경우에는 극히 민감한 반응을 보인다. ▪ 특정한 색깔과 빛에 애착을 갖는다.

출처: L. Wing (1993), *Children apart: Children with autism and their families*. Bethesda, MD: Autism Society of America.

어들을 사용하도록 고집하기도 한다(Klin & Volkmar, 1999). 예를 들어 어느 날 아침 엄마가 자폐아동에게 "얘야, 아침 먹을 시간이다. 와서 밥 먹어라."라고 말했다면, 그 아동은 그 후로 매일 아침 엄마로부터 똑같은 문장을 듣고 싶어 할 것이다. 그리고 만약 그 아동이 기대한 문장을 듣지 못하면 오랜 시간 격렬하게 화를 낼지도 모른다. 일반적으로 자폐아동들은 집안에 있는 사물들의 위치가 조금이라도 변하면 이를 알아차리고 그것들을 다시 제자리로 놓으려는 태도를 보이기도 한다.

일반적으로 자폐아동들은 극히 제한적인 범위의 관심을 가지고 있어 그에 집착을 보이는 경우가 많고, 발끝으로 걷는 등의 이상한 버릇뿐만 아니라 몸을 흔들거나 손을 파닥거리는 등의 상동행동을 보이기도 한다(Ratey et al., 2000). 일부의 아동은 극도의 자해행동과 공격성을 나타내기도 한다. 또한 자폐는 발작장애를 갖는 비율이 높고, 주의력 결핍 과잉행동장애, 안면경련장애를 동반하기도 한다(Tsai, 1993).

자폐증은 1943년 Leo Kanner가 처음으로 '정신병'을 갖고 있는 것으로 생각되었던 11명의 아동들의 사례를 발표함으로써 정의되었다. 이러한 아동들은 유아기 때부터 사람과 상황에 대처하는 능력에 문제를 가지고 있었으며, 극히 비정상적인 언어 발달이 나타났다. 이들의 어머니들은 대부분 아기 때 무언가를 집어 올리는 데 예상 자세를 취하지 못했다고 보

자폐증을 가지는 것이 무엇인가?

Donna Williams에게 있어 자폐증은 끊임없는 매혹과 좌절의 연속인 감각적인 삶을 의미하며, 두 권의 책에서 그녀의 경험들이 서술되었다. Temple Grandin에게 자폐증은 많은 고민 속의 탐색 작업을 통해 예민한 조직을 진정시켰는데, 이로써 Grandin이 가축 수로에 대한 집착을 보였고 결국은 축산업계의 학문적인 직업까지를 기대하도록 하였다.

Grandin이 자폐증에 대해 서술한 내용을 보면 선택적 주의력 문제와 청각, 시각, 촉각의 비정상적인 지각능력 등에 대해 말하고 있지만, 언어 이해력 문제에 대해서는 기술하지 않았다. 반면 Williams는 그녀 또는 다른 사람들의 말이 무의미하게 되는, 전적으로 이해하기 어렵고 예측하기 어려운 삶에 대해 말하고 있다.

이 두 사람 모두 강한 불안감과 감각적인 정보에 의해 압도된 경험들에 대해 기술하고 있다. 아동기 때에 그들은 매우 위축된 모습과 다른 사람들이 당연하다고 생각하는 환경적인 요구 또는 불쾌하고 감당할 수 없는 자극들에 대해 '거부하는' 경향을 보였다.

감사하게도 그들은 성공적으로 자폐증에 대한 사회적 고립을 탈피하여 우리가 흔히 외부에서 살짝 엿볼 수 있는 세계로 매력적인 통찰력을 제공하였다. 이로써 두 사례는 자폐증의 가족들이나 전문가들에게 '정상적'인 세계의 개념을 이해하는 데 귀중한 조언을 주고 있다.

출처: T. Grandin (1984). My experiences as an autistic child and review of selected literature, *Journal of Orthomolecular Psychiatry*, *13*(3), 144-174; and D. Williams (1992), *Nobody nowhere: The extraordinary autobiography of an autistic* (New York: Times Books).

고하고 있다(Kanner, 1943). Kanner는 이러한 장애를 **조기 유아 자폐**(early infant autism)라고 명명하였다.

초기에 일부 학자들은 자폐증이 정신분열증(schizophrenia)의 유형이라고 믿었던 반면(Bettelheim, 1967; Creak, 1961; Mahler, 1965), Kanner는 유아 자폐란 극도의 자기고집성과 변화에 대한 거부 등의 증상들을 나타내어 다른 장애와 구별될 수 있다고 주장했다. 현재 자폐증은 뚜렷한 발달장애의 한 영역으로 인식되며, DSM-IV에서는 **전반적 발달장애**(pervasive developmental disorder, PDD)의 범주로 자폐증을 정의하고 있다. **그림 9.1**은 DSM-IV에 의한 자폐증의 진단 기준을 명시하고 있다.

자폐증의 징후를 보면 3세 이전에 나타나며, 사회적 상호작용과 유의미한 언어 사용, 상징놀이 혹은 상상놀이 등의 영역에서 비정상적인 기능을 수행하는 것을 볼 수 있다. 비록 정확한 자폐증의 진단 기준에는 부합되지 않지만 아동들이 몇몇의 자폐증적 성향을 보일 때, 이러한 아동들을 **비특정 전반적 발달장애**로 진단하기도 한다. 그러나 정신지체 아동들 중에는 전반적 발달장애로 분류되지 않으나, 흔히 한두 개 정도의 자폐증 증상들(예: 흔들기, 주의

A. (1), (2), (3)에서 총 여섯 가지(또는 그 이상) 항목, 적어도 (1)에서 두 가지 항목, 그리고 (2)와 (3)에서 각각 한 가지 항목이 충족되어야 한다.

(1) 다음 중 적어도 두 가지 항목으로 사회적 상호작용에서의 질적인 손상이 나타난다:
  (a) 사회적 상호작용을 조절하기 위한 눈 맞춤, 얼굴 표정, 몸자세, 몸짓과 같은 다양한 비언어적 행동을 사용함에 있어서 심한 손상이 있다.
  (b) 발달 수준에 적합한 또래 관계를 형성하지 못한다.
  (c) 자발적으로 다른 사람들과 기쁨, 관심, 성취감 등을 나누지 못한다(예: 관심의 대상을 보여 주기, 가져오기, 지적하기 등의 어려움).
  (d) 사회적 또는 정서적 상호관계가 결여되어 있다.

(2) 다음 중 적어도 한 가지 항목으로 의사소통의 질적인 손상이 나타난다:
  (a) 구어발달이 지체되거나 또는 전적으로 구어가 부족하다(몸짓이나 흉내 내기와 같은 대안적인 의사소통 방식으로 보충하려고 하지 않는다).
  (b) 사람과 적절하게 말을 하는 데 있어서 다른 사람과 대화를 시작하거나 지속하는 능력에 심한 손상이 있다.
  (c) 상동적이며 반복적인 언어나 이상한 언어를 사용한다.
  (d) 발달 수준에 적합한 자발적이고 다양한 가상적 놀이나 사회적 모방 놀이가 결여되어 있다.

(3) 다음 중 적어도 한 가지로 행동, 관심, 활동이 제한적이고 반복적이며 상동적인 특징을 보인다:
  (a) 그 강도나 초점이 비정상적이며, 한 가지 이상 상동적이고 제한적인 관심에 집착한다.
  (b) 특정의 비기능적인 틀에 박힌 일이나 의식에 고집스럽게 매달린다.
  (c) 상동적이고 반복적인 동작성 매너리즘(예: 손이나 손가락 부딪치기나 비틀기, 혹은 복잡한 몸 전체의 움직임)에 빠져 있다.
  (d) 사물의 어떤 부분에 지속적으로 집착한다.

그림 9.1 자폐의 DSM-IV 진단 기준

출처: American Psychiatric Association (1994). *Diagnostic and Statistical Manual of Mental Disorders* (4th ed). Washington, DC: Author. Copyright 1994 American Psychiatric Association. Reprinted with permission.

력 결핍)을 보이는 아동들도 있다.

자폐증의 주된 특성, 특히 사회적 상호작용의 결함과 반복적 또는 전형화된 행동 유형 등은 **아스퍼거 증후군**(Asperger syndrome)에서도 발견된다. 아스퍼거 증후군을 가진 이들은 언어 또는 인지기능에 결함을 보이지 않기 때문에 많은 학자들은 아스퍼거 증후군이 경도 자폐증이라 생각하고 있다(Pennington, 1991). 그러나 이 가설은 당분간 논쟁의 여지가 있어 보인다(Romanczyk, Lockshin, & Navalta, 1994; Schopler, Messibov, & Kunce, 1998).

원인

초기 이론 초기 이론에서는 자폐증을 가족, 특히 그들의 어머니들과 관련지어 설명하였다. 『삶의 게으름(Truants from life)』과 『텅 빈 요새(The Empty Fortress)』 등으로 대중들에게 널리 알려진 Bruno Bettelheim은 자폐증을 심인성(psychogenic)에서 비롯되었다고 보며, 실제로 어머니의 개인적 특성들이 장애를 초래한다고 주장하였다(Bettelheim, 1955; 1967). Bettlheim은 이러한 어머니들을 '흠 있는 자' '자기중심적' '비인격적' '무관심' '고립된' 등의 말들로 표현하였다. 결국 어머니들의 이러한 특성들은 자폐아동들이 "주변 환경을 다루는 타인들과의 상호작용을 통해 성격을 형성하는 것을 방해하고 있다."라고 믿었다. 또한 그는 "(자폐아동) 자신의 행동들이 타인과 다르지 않다는 경험은 인간이 되는 것을 방해하는 것"이라고 주장하였다(Bettelheim, 1967, p. 25). Bettelheim은 자폐증의 사회적 고립은 거절에 대한 심리학적 반응으로 해석하였는데, 예를 들어 자폐아동은 "감정이 느껴지는 것과 그것이 의식되는 것을 막아 결국 행동으로 유발되지 못하게 된다."는 것이다(p. 318).

이 이론은 이미 장애자녀를 둔 부모들에게 말 못할 심적 고통과 부당한 죄책감을 안겨주었다. 그동안의 연구에서는 자폐아동의 부모들이 장애에 영향을 주는 어떠한 부정적인 성격 특성이 있다는 증거는 제시하지 못하고 있다. 이와는 반대로, 초기 연구 결과에서는 자폐아동의 어머니들은 보다 많은 시간을 그들의 자녀들에게 책을 읽어 주었고, 아버지들과도 많은 시간을 함께 보낸다는 사실을 찾아냈다(Cantwell, Baker, & Rutter, 1979). 게다가 자폐아동의 가정이 일반 가정에 비해 이혼율과 정신질환의 발생률이 낮게 나타나는 것을 볼 수 있었다(Gittelman & Birch, 1967; Lowe, 1966). 현실 세계에서 자폐아동의 가족들은 그들의 정상성에 의해 구별된다고 할 수 있다.

자폐증과 관련된 분야에서 일하는 많은 사람들이 이러한 '실수'를 심리학적 이론들을 발전·심화시키는 데 중요한 밑거름으로 삼는다. 자폐인의 가족들은 그들의 삶에 적응하고 만족스럽고 생산적인 삶을 위해 노력하고 살아가는 가운데, 부모 원인론(parental causation)에 관련된 이론들(현재는 다행스럽게도 신뢰성이 없는)은 부모들에게 그들 상황을 받아들이는 것을 어렵게 만든다. Rimland(1964)는 이러한 생각들에 대해 잘 설명해 주고 있다. "사람들의 희망, 사회생활, 재정, 행복 및 가치 등이 모두 파괴된 고통 속에 있는 사람들에게 부끄러움과 죄책감이라는 무거운 짐을 더하는 것은 극히 냉혹하며 경솔한 것이다"(p. 65).

사실상 Rimland(1964)는 임상학자들과 학자들로 이루어진 전문가 협회의 자폐증 원인에 대한 모성이론(maternal theory)을 의심하게 하는 역할을 하였다. 그는 자폐아동의 부모가 그들의 자녀를 거부하여, 이로써 단지 자폐증이 유발될 수 있다는 증거는 찾아볼 수 없다는 것을 주장했다. 그 대신에 연구 결과들에서는 자폐증이 뇌 기능 장애와 관련이 있음을 보여주고 있다. 이러한 관점에서 자폐아동의 정서적 문제들은 그의 원인으로 작용하는 것이 아니라 오히려 정보처리 능력의 문제로 인해 초래된다고 하였다. Rimland가 자폐증에 대해 관심을 갖게 된 동기는 바로 그의 아들이 장애를 갖고 있었기 때문이었고, 더불어 다른 장애인 가족들에 의해 발달장애 분야에 많은 공헌들이 이루어진 사례가 많다(Rimland, 1994).

현행 이론 오늘날 실제로 모든 전문가들은 자폐증이 감각 및 인지 과정의 신경학적 손상에 기인한다는 데 의견을 같이 하고 있으나, 아직까지 신경학적 이상도 그것과 상응하는 처리 과정의 손상도 아니라는 의견 또한 논의되고 있다. 또한 처음부터 신경학적 이상을 유발하는 것이 무엇인지에 대해서 아직 확실히 밝혀진 바는 없다.

우리는 여기서 자폐증이 특정한 질병이라기보다 **증후군**임을 기억해야 할 것이다. 정신지체와 마찬가지로 자폐 증상과 특성들은 의심할 여지없이 여러 가지 요인들로 인해 발생한다. 의학적, 심리학적 지식의 진보와 함께 자폐증의 세부적인 하위 유형을 구분할 수 있을 것이다(Rapin, 1991).

자폐인과 일하기 위한 단서

어떠한 영역과 활동들이 자폐인들에게 흥미로운지를 아는 것은 단지 무엇을 '해야 한다'보다 훨씬 더 중요한 일이다. 왜냐하면 자기자극 형태들(예: 흔들기, 이 갈기, 콧노래)은 힘든 자극을 차단하고 불안을 줄이기 위한 개인적인 시도들로써 다른 과제를 추구하도록 하는 특정한 자극을 제공하기 때문이다. 예를 들어 가까이 앉아 쉽고 반복적인 톤으로 콧노래 부르는 일은 이러한 기능들을 충족시킬 것이다. 마찬가지로, 일부의 사람들에게 강한 흔들림은 발작을 유발할 수도 있어 조심해야 하지만 몸을 좌우로 흔드는 것은 집중력과 언어적 표현을 강화할 수도 있다. 어떤 아동들은 그들 자신을 담요로 단단하게 감싸는 것, 또는 직물의 잔털 등을 없애거나 문질러 닦는 것에서 즐거움을 느끼기도 한다.

Grandin의 가축 수로에 대해 집착을 나타냈던 예에서처럼, 누군가 하찮고 괴상한 어떤 것에 과도한 흥미를 가질 때 이러한 관심이 그들에게 교육적이고 전문적인 장점으로 전환될 수 있다. Grandin의 사례는 자동문에 대한 관심이 교육적 효용을 줄 수 있다는 조언을 준다.

"기초 단계에서는 자동문 제조회사에 카탈로그를 요청하는 등의 단순한 일을 할 수 있다. 사람들은 그러한 일을 지루하다고 생각할지 모르지만 문에 집착하는 자폐아동에게는 매혹적인 일이 될 수 있다. 그 아동이 지도상에서 자동문 제조회사를 찾거나 학교로부터의 거리가 어느 정도인지 측정하는 등의 지식들이 수학과 지리학의 내용에 포함될 수 있다"(Grandin, 1988, p. 6).

흔히 유전적인 정확한 방법이 알려져 있지 않음에도 불구하고 자폐증을 유전학적으로 기인한다고 보는데, 결국은 유전적인 요인뿐만 아니라 환경적 요인들로부터 발생된다고 볼 수 있다(Rutter et al., 1990). 이 같은 요인으로는 출생 시의 손상이나 바이러스 등을 들 수 있으나, 아직 그 정확한 질환을 구분하는 일은 남아 있는 상태이다. 게다가 유사 자폐 증상들은 약체 X 증후군, 미처치 페닐케톤뇨증(PKU), 신경섬유종증 같은 다른 유전적 질환에서도 보인다(7장 참조)(Santangelo & Folstein, 1999).

대부분의 자폐증을 가진 모든 사람이 정신분열증 같은 다른 장애를 가진 사람들에게서 발견된 뇌 위축의 증세들을 보이고 있다. 많은 사례들에서 뇌의 대뇌변연계와 소뇌 부분들에서 손상들이 발견된다(Abell et al., 1999).

처치

약물이 자폐증의 징후를 어느 정도 완화시키는 데 도움을 주는 것은 사실이나(특히 과잉행동 및 공격성), 자폐증 자체를 완치시키거나 장애의 주된 문제를 완화시키지는 못한다. 자폐인들 중 50% 정도가 비타민 치료(보통 비타민 B_6과 마그네슘 복합 복용)를 통해 말하기와 행동에서 향상된 것을 발견할 수 있지만 이것이 완전한 치료는 아닌 것이다.

지금까지 가장 효과적인 처치는 행동 훈련이다. 연구에서는 행동 처치가 분열적 행동들, 특히 공격적 행동을 감소시킴으로써 자폐인의 언어와 사회적 기술을 향상시킨다고 밝히고 있다(Lovaas & Buch, 1997).

특히 아동이 3세 즈음에 시작하거나 또는 가정에서 부모들이 연계하여 훈련을 시킬 때 더욱 효과적이라고 한다. 예를 들어 일곱 살 된 19명의 아동들이 매주 40시간의 처치를 받았을 때 IQ가 20 정도 더 높게 측정되었고, 그 결과로 좀 더 통합 학교에 배치될 수 있었다(Lavaas, 1987). 이 아동들을 위한 행동요법은 언어와 의사소통 발달, 장난감 놀이, 자기관리, 사회적 기술, 여가활동 기술 등에 초점을 맞추었다. 그 후로 6년 후의 결과에 의하면, 거의 대부분의 아동들이 향상을 보였으며, 시험과 관찰을 통해 살펴본 8명의 아동들에게서는 그들의 또래와 비교하여 별다른 차이점을 찾아볼 수 없었다. 통제집단에서는 정상적인 기능을 수행한 아동들이 없었다고 한다(McEachin, Smith, & Lovaas, 1993).

Lovaas의 연구에 참여했던 아동 모두가 훈련을 받음으로써 어떤 의미로든 긍정적인 향상을 보였다고 보고하고 있지만, 그들의 또래 연령의 기능 수준에 도달한 아동들은 8명에 불과했다. 여기에서 우리는 더 이른 조기중재로 인해 8명에 속한 아동들의 숫자가 늘어난 것

거짓 혹은 기적?

촉진 의사소통(Facilitated Communication, FC)은 '기적'으로 불린다. 그 이유는 사회적으로 격리된 아동이 가장 깊은 감정을 표현할 수 있도록 도와주기 때문일 것이다. 촉진 의사소통에서 아동은 철자판이나 다른 사람들과 의사소통할 수 있는 촉진기를 사용한다. 이 의사소통은 감정적인 지원과 함께 아동의 손 또는 손목을 안정시켜 운동신경을 보상해 준다. 어떠한 단어나 언어 이해력의 표현을 하지 못했던 아동들이 다음과 같은 표현을 한다(첫 번째 촉진 의사소통 회기). "나는 지체되지 않았어요." "나는 읽을 수 있어요." "어머니는 나를 멍청하다고 해요. 왜냐하면 내가 목소리를 적절하게 사용하지 못하기 때문이죠"(Biklen, 1990).

그러나 의사소통을 하는 주체는 아동이 아니라 촉진기로서 '위자보드'(Ouija board) 효과처럼 그 촉진기는 피드백을 받지 못한다는 비판들이 있다. 실제로 매 연구의 결과에서 아동들은 오직 질문했던 문장들을 듣거나 볼 수는 있어도, 아동 스스로 질문을 만들어서 하지는 못하는 것으로 나타났다(Jacobson et al., 1994; Szempruch & Jacobson, 1992; Wheeler, Jacobson, Paglieri, & Schwartz, 1993).

의사소통의 역학적인 방법이 고립된 상태로 살아가는 많은 사람들에게 매우 소중한 일임은 틀림없는 사실일 것이다. 뇌성마비를 가진 Susan은 그 중요한 예이다. 또한 비언어성의 자폐아동들에게 신호나 다른 상징 체계법을 가르치기도 한다(Nishimura, Watamaki, Hara, Sato, & Wakabayashi, 1998). 아동들이 그들 스스로 의사소통 체제를 다루는 능력을 보여 줄 때나 어깨 위에서나 서 있는 상태에서도 그 접근성이 용이하다면 더 이상 촉진 의사소통에 대한 모호함과 논쟁은 없을 것이다. 단지 의사소통의 유일한 수단이 되는 아동의 손이나 팔을 매번 움직여야 한다는 점에 있어서는 논쟁의 여지가 남아 있다.

만약 이 촉진기가 진정한 의사소통을 위한 장치가 된다면, 그래서 부모들이 아동의 향상을 위해 현혹된 것이라면, 비록 시간이 많이 소요되지만 효과적인 다른 치료들을 시도해 보지 못하게 할 수도 있을 것이다(Jacobson et al., 1994). 또한 촉진 의사소통과 관련되어 보고된 성적 학대 문제 때문에 가족들이 심각한 손해를 입었다는 사례들이 있는데, 그런 일은 분명히 발생하지 않았다(Hostler, Allaire, & Christoph, 1993).

이와는 반대로 대다수의 부모들과 교사들은 촉진 의사소통이 아동들을 위해 매우 효과적이라고 믿고 있다. 여기서 한 가지, 아동들의 태도 변화에 대한 내용들이 보고되고 있다. 그들은 좀 더 많은 기대와 기회를 아동에게 제공하게 되었으며, 어떤 아동들은 여러 촉진기(부모와 교사를 포함)와 의사소통을 하게 되어 그들의 관계는 더욱 강화되었다. 대부분의 아동들이 촉진 의사소통을 좋아하며 그들의 행동은 향상되었다. 이해할 수 있는 부분은 비록 상반되는 의견이 있기는 하지만, 자신의 경험으로부터 오는 사실을 부정하기는 힘들다는 것이다.

그러나 몇몇의 연구들에서는 촉진기가 정확한 의사소통 정보를 인식하지 못한다고 언급하였다(Weiss, Wagner, & Bauman, 1996; Cardinal, Hanson, & Wakeham, 1996; Sheehan & Matuouzzi, 1996). 따라서 어떠한 아동들에게는 자신의 새로운 의사소통 능력을 증명해 보일 확신을 심어 줄 수도 있을 것이다. 게다가 아동들에게는 그들의 기술을 증명해 보일 기회를 언제나 제공해야 한다. 아직까지 여러 선량하고 정직한 사람들까지도 촉진 의사소통의 결과에 영향을 받을 정도로 증거는 압도적이다. 결론적으로 어떤 이가 갑작스

거짓 혹은 기적? (계속)

러운 또는 극적인, 그리고 이전에 그 누구도 의심하지 않았던 의사소통 능력들을 검증할 때 반드시 객관적인 입증이 필요하다.

축진 의사소통의 핵심적인 논쟁은 자폐증 자체의 진행되고 있는 성향에 대한 것이다. 자폐인들은 주위 사람들의 언어를 이해하고 그들이 이해한 것을 표현하는 데 문제를 가지고 있는가? 혹은 언어 이해 문제력은 유전적으로 타고난 것인가? 만약 촉진의사기계로도 유의미한 언어를 이해할 수 없다면, 심도 깊은 대화를 나누는 것은 불가능할 것이다.

인지, 아님 더 낮은 성취를 보인 아동들이 사실은 알 수 없는 어떠한 중요한 이유로 인해 결과가 다른 것인지 알기는 어렵다. 이 Lovaas의 연구에서 사용된 집중적인 행동적 접근법들은 유치원 교사들이 UCLA 중재 프로그램들에서 사용하고 있으며, 이들 가운데 많은 교사들이 효과적인 성취를 나타내고 있다고 한다. 이러한 중재들은 흔히 정신지체뿐만 아니라 일반인들에게 제공하는 교육적, 행동적 방법들과 비슷하다. 11장에서는 이러한 몇 가지 절차들을 살펴볼 것이다.

뇌성마비

뇌성마비(cerebral palsy, CP)는 뇌의 운동조절 영역의 손상으로 오는 움직임과 자세의 장애이다. 대략 뇌성마비의 60~70%가 정신지체를 가지고 있고, 정신지체의 약 10%가 뇌성마비를 가지고 있다고 한다(Ratey et al., 2000). 뇌성마비인들 중 많은 사람들이 정상적인 지능을 가지고 있으며, 심지어 어떠한 이들은 뛰어난 지적 능력을 보이기도 한다.

뇌성마비에서 기인하는 운동 영역의 문제들은 경도(약간 서투름)에서부터 최중도(온 몸의 근육들의 통제가 완전 불능)까지 그 정도가 다양하다. 뇌성마비에 영향을 받는 신체 부분은 뇌손상이 어느 부위인지에 따라 다르다.

뇌성마비는 뇌손상의 위치와 그 영향을 받는 신체 부위에 따라 그 정도가 분류되는데, 표 9.2에 설명된 바와 같다. 영향을 받는 부위에 상관없이, 운동 영역의 문제들은 다음과 같은 세 가지 기본으로 분류된다: (1) **경직성**(spasticity)은 근육 경련과 경직시의 움직임에 대한 조절 능력 상실, (2) **불수의운동형**(athetosis)은 자발적인 통제를 방해하는 뒤틀리는 근육의 불수의적인 움직임, (3) **혼합형**은 첫째와 둘째의 혼합된 특징들이 나타난다. 그밖에 조금 덜

표 9.2 영향 받은 신체 부위에 의한 분류

분류	작용 부위
단마비(monoplegia)*	한쪽 팔이나 다리
편마비(hemiplegia)	같은 편의 팔과 다리
하지마비(double hemiplegia)	양쪽 팔과 다리, 그러나 팔과 한쪽 편을 포함
양마비(diplegia)	양 다리와 양 팔을 포함
삼지마비(triplegia)	세 개의 수족(보통 두 다리와 한 팔)과 몸통
대마비(paraplegia)	두 다리와 하체
사지마비(quadriplegia)	양 팔과 양 다리, 몸통

* 표시는 발생하기 드문 유형을 가리킨다.

일반적인 유형으로는 **실조형**(ataxia: 운동신경 조정과 균형 부족), **강직형**(rigidity: 근육의 긴장으로 손발이 뻗은), 그리고 **진전형**(tremor: 무의식적으로 흔드는 동작) 등이 있다. 뇌의 손상 부위에 따라 뇌성마비 유형(예: 경련성)과 영향을 미치는 신체의 영역이 결정된다(표 9.2 참조).

원인

뇌성마비를 초래하는 뇌손상은 정신지체의 원인이 되는 상태들과 유사한 점들이 많다(7장과 8장에서 논의됨). 특히 조산, 저체중, 둔위 분만 등과 같은 출생 원인들로부터 산소결핍을 초래할 수 있다. 또한 뇌성마비는 유년기의 손상 또는 주혈원충증(toxoplasmosis)과 사이토메갈로바이러스 같은 바이러스성 질병에서 기인하기도 한다(6장 참조). 일반적으로 뇌손상의 범위가 광범위할수록 중증의 장애를 가지게 되지만, 뇌성마비와 정신지체의 심각도 간에 유의미한 관계는 찾을 수 없다. Susan의 사례에서 살펴본 것처럼 뇌성마비로 인해 움직임의 문제들이 발생할 수 있지만, 반면에 학습적인 면에 있어서는 경도이거나 전혀 문제가 나타나지 않기도 한다.

처치

뇌성마비에 있어 간학문적 처치는 필수적이다. 첫째, 뇌성마비인들이 가지고 있는 언어적 문제들로 인해 언어치료사에게 의뢰하거나, 전반적으로 발생하는 건강상의 문제들로 일반 의사를 방문할 수 있다. 또한 물리치료사들은 근육 운동을 이들에게 처방하고, 작업치료사들은 보조공학 기구를 추천하고 사용하는 것들을 도울 수 있다. 실제로 유아 **인지 자극**(cognitive stimulation) 프로그램들은 뇌성마비 유아들의 운동 발달을 위해 매우 중요하다(Palmer et al., 1988). 또한 기능 면에서의 제한성 때문에 추후에 또래 관계나 사회적 문제들을 다루는 데 어려움을 나타내기도 하는데, 상담을 통해 문제들을 서로 의논하면 도움이 되기도 한다. 교육을 포함한 협력적인 서비스의 제공은 뇌성마비인들의 효과적인 치료를 위해 필수적인 사항이다.

뇌성마비는 퇴행성 장애, 즉 이런 원인성 뇌손상은 시간에 따라 더욱 나빠지는 것은 아니

비전자식과 전자식 의사소통 장치의 사례

Courtesy of Katherine Heller

지만 근육의 조절과 기능들을 사용하지 않거나 불량한 자세로 인해 악화될 수도 있다. 예를 들어 경련성은 불충분한 운동으로 힘줄을 짧게 하고 끌어당겨 움직일 수 없게 되는 근육 수축으로 진행될 수 있다(Eichstaedt & Lavay, 1992). 따라서 모든 뇌성마비인들에게 손상을 입은 근육 혹은 손상을 입지 않은 근육 모두를 강화시키는 것은 중요하다. 이러한 이유로 바른 자세를 위한 적응 장치와 적절한 운동은 효과적인 치료를 위해 필수적이라고 할 수 있다.

지체장애인들을 위한 적응 장치의 제조와 디자인, 그리고 보조공학은 매우 창의적이며 확장되고 있는 산업 영역이다. 기능적 보조 도구들은 저렴한 것부터 손, 발 또는 머리로 작동되는 전동 휠체어 같은 매우 복잡하고 값비싼 혁신적인 용품까지 다양하다. 재활 공학자들은 각 개인에게 가장 편안하고 기능적인 자세를 위해 보형물들을 삽입하여 제조한다. 또한 장애인들이 그들 스스로 식사를 하고 필요한 사물들에 접근하여 가져올 수 있는 것을 돕도록 장비들을 설계하였다. 휠체어의 트레이에는 매우 섬세한 전동식 조절기가 있어 웃음이나 숨소리로 빛이나 TV, 전자레인지, 자동식 창문 등을 조정할 수 있다.

의사소통 판(communication boards)은 몇 개의 구체적인 사물을 선택하는 것에서부터 그림이나 몇 천 단어, 알파벳 철자 등 아주 다양한 종류가 있다. 컴퓨터의 음성 합성 장치는 학생이 교실에서 질문에 대답하거나 청중에게 말할 수 있도록 도와준다. 소프트웨어의 놀라운 발전으로 인해 장애인들이 그들 자신의 진도에 맞게 수학이나 요리, 친구 사귀기, 여행 등의 다양한 활동들을 배울 수 있게 되었다. 또한 멀티미디어 컴퓨터와 CD-ROM의 음성과 비디오를 통해 쌍방향식의 학습이 가능하게 되었다. 누군가 발달장애 영역에서 직업을 갖고자 한다면, 장애인들을 위한 보조공학 분야가 매우 전망이 밝다.

토론 과제

장애인들을 위한 혁신적인 장치들 중에서 그들의 독립적이고 지역사회 통합을 용이하게 하기 위해 지금까지 알고 있거나 혹은 앞으로 만들어지길 바라는 장치들에는 어떠한 것들이 있는가? 특히, 학교와 직장, 여가활동에 적용할 수 있는 장치들에 대해 생각해 보라.

언어치료사로의 도전

Penny Cesco는 Ohio 주의 Cincinnati 시에서 정신지체와 또 다른 발달장애아동들을 위한 기금으로 설립된 학교에 배치된 언어치료사이다. 이 학교는 '역주류화'(reverse-mainstreaming)의 원리, 즉 비장애학생들도 함께 공부하는 곳이다. Penny는 다음의 면담에서 그녀가 일하면서 느낀 만족감과 도전들, 그리고 전문적인 책임들에 대해 언급하였다. 또한 앞으로 언어치료사로서 일하고자 하는 학생들에게 조언을 주고 있다.

언어치료는 매우 광범위한 분야이다. 언어치료사들 중 일부는 학교에서 일하기도 하고, 어떤 이들은 클리닉이나 병원에서 일하고 있다. 대학에서 우리는 광범위하게 발생하는 언어문제들의 정의와 진단, 치료들을 배웠다. 그러나 이것은 단지 빙산의 일각에 불과하다. 여러분들이 일을 끝내거나 시작할 때가 바로 여러분이 이 분야에서 특별한 전문가가 되어 간다는 것을 의미한다. 내 전문 분야는 언어와 정신지체이다. 그러나 다른 관련 장애를 지닌 아동들도 치료를 하고 있다. 이들 중에는 시각장애, 청각 손상, 뇌성마비, 자폐증 등으로, 치료 대상이 단지 정신지체 아동들에게만 국한되어 있지 않다.

나는 일주일에 두 번씩 취학 전 아동과 학령기 아동들을 각각 만나고 있다. 치료 시에는 모든 교실 협력 치료를 한다. 치료를 위해서 그 아동을 따로 만나는 것이 아니라, 그 아동이 속해 있는 교실에서 직접 만나고 있다. 이 의미는 광범위한 접근방법으로 아동들의 의사소통을 도와 가능한 한 그들이 교실에서 과제를 독립적으로 수행하도록 하는 것이다. 이전에는 아동이 언어치료실에 가서 치료를 받고 다시 교실로 돌아오곤 했을 것이다. 그러나 내 치료실에 오는 아동들이 매일 같은 내용의 말들이나 말하고 싶은 욕구들이 같지는 않을 것이다. 지금 우리는 하나의 팀으로서 전체 아동들 안에서 치료 아동을 보며, 그 아동을 위해 어떤 접근법이 필요한지와 그들의 장점과 욕구들을 알 수 있다.

또한 이전과는 다른 사정방법으로 현재 아동의 담임과 내가 함께 아동을 담당하고 있다. 놀이 활동을 통해 우리는 아동의 의사소통 능력 수준과 소근육·대근육 운동기술이 어떠한지 살펴본다. 아동들이 성장함에 따라, 아동의 부모들과 상담하고 그들을 사정 팀의 일원으로 참여시켜 많은 기록들이 쌓이게 된다. 우리는 치료 아동의 부모들에게 그들의 자녀가 5년 후에 무엇을 하고 있을지와 어떠한 목표를 가지고 있는지 질문한다. 정신지체인들 각 개인을 위해 이용할 수 있는 표준화 검사 도구가 많지 않기 때문에 우리는 그들의 개별화 계획을 짜기 위해 많은 관찰과 상담을 해야 할 것이다.

현재 아동들이 더 많은 의사소통 기계들을 가질 수 있게 되었다는 점에서 과학기술의 유용성을 실감할 수 있다. 내가 개인적으로 만족스러워 하는 점은 이 과학기술이 아동들을 위해서도 그 문을 열었다는 점이다. 여기에 '행동문제'를 가진 학생들이 있다면 그들은 의사소통을 할 수 있고 행동 또한 변할 수 있다. 오늘 점심 때 내가 치료하는 16세의 남학생이 교사 휴게실로 들어와서 그의 학급 학생들을 위해 전자레인지에서 팝콘을 만들었다. 그 학생은 분명 스스로 시간을 입력하고 팝콘이 튀겨질 때까지 기다릴 수 있었는데, 팝콘을 꺼내야 할 시간이 되자 봉지가 너무 뜨겁다는 것을 알았다. 그래서 그는 의사소통 기계를 사용하여 나에게 "팝콘 좀 꺼내 주시겠어요?"라는 말을 하였다. 단지 아무런 시도도 하지 않거나 화를 내는 대신에, 그 학생은 자신의 의사표현을 하

언어치료사로의 도전 (계속)

고 도움을 요청하였다. 내가 그 상황에 개입할 필요는 전혀 없었다. 대신 휴게실 한쪽에서 그 상황을 지켜보며, 불과 1년 전에는 아무것도 시도하지 않았던 그 학생의 모습을 떠올려 보았다. 그는 발을 구르며 주먹으로 벽을 치거나 또는 다른 친구들을 못살게 구는 행동들을 하곤 했다. 그러나 지금 그런 모습들은 더 이상 그 학생에게서 발견할 수 없다.

대학생들에게 주는 내 조언은 강의실 밖으로 나오라는 것이며 가능한 한 많은 실전 경험들을 접해 보라는 것이다. 일단 어떤 사례를 접하게 되면, 그 열정이 식기 전에 전공책을 보며 새로운 증후군이나 보조 장치 등에 대해 더 깊이 공부하며 이렇게 말할 것이다. "그래, 바로 이거야. 내가 아이들에게 이걸 시도해 볼 수 있을 거야." 전공책의 내용들은 사람과 관련된 일이 아니며, 당신 머리에 항상 남아 있지도 않을 것이다. 만약 여러분이 한 아동의 뇌 사진이나 그 실제 상황에 대한 정보를 얻을 수 있다면, 그로 인해 여러분은 많은 것을 배울 수 있을 것이다.

어떤 사람들은 "나는 당신이 어떻게 그런 아이들과 일하는지 모르겠어. 나 같으면 못할 거야."라고 말한다. 나는 내 학생들을 그런 '불쌍한 학생들'이라고 생각하지 않는다. 또한 그들을 동정하지도 않는다. 나는 그들의 작은 성과를 보며, 그들이 할 수 있는 모든 일들을 보면 매우 흥분된다.

Susan

Susan과 그녀의 컴퓨터

우리는 이제 Susan의 이야기로 돌아가서 그녀의 장애와 어떻게 장애를 극복하는지 살펴볼 것이다. Susan은 뇌성마비 중에서 삼지마비 유형으로 진단을 받았지만, 사실은 그녀의 양 팔이 포함되어 있기 때문에 이 유형이 정확하게 맞지는 않는다(그녀의 오른팔과 손이 왼편보다는 상태가 나은 편임). 그녀는 일반 컴퓨터의 키보드를 다루기는 어렵지만, 키가드(key-guard)를 부착하여 키보드를 잘 다룰 수 있게 되었다.

Susan의 컴퓨터에는 계산기와 사전, 달력이나 음향기기 같은 학생들을 위한 보조 도구 등이 설치되어 있으며, 소리와 움직임의 그래픽이 내장되어 있다. 또한 그녀가 음성능력 합성기의 사용법을 배움으로써, 그녀가 음성 언어로 표현하려고 할 때마다 일대일로 누군가 그녀의 컴퓨터 화면을 지켜봐야 하는 번거로움이 없어졌다. Susan은 머지않아 학급에서 재잘거리며 말할 수 있을 것이다. 얼마나 멋진 성취란 말인가!

Susan의 최근 IEP의 목표에 맞도록 짜여진 조직화된 프로그램을 사용하여, 현재 그녀는 보다 더 독립적으로 처리할 수 있게 된 아침 일과를 수행할 수 있게 되었다. 그녀가 학교에 도착하면 교사는 Susan과 함께 그날의 시간표와 활동들에 대해 이야기하고, 그 후에는 그녀 스스로 시간표에 따라 움직일 수 있다. 저녁 시간에는 그녀의 어머니나 보조원 Jolene과 함께 내일을 위한 가정 학습이나 다른 활동들에 대해 잠시 동안 이야기하는 시간을 갖는다.

Susan의 컴퓨터에는 즐겁게 시간을 보낼 수 있는 게임 등이 설치되어 있어 이것이 학급 동료들과 사회적 관계를 형성하는 데 방해할 수도 있을 것이다. 그러나 반대로 그들의 학급 동료들이 Susan과 함께 게임을 하며 그녀와 더욱 친해져서 게임이나 정글 사파리를 하는 데 더욱 잘 어울리게 될지도 모른다. 또한 Susan은 그녀 스스로 시간을 관리하고 교과목에 집중하여 공부할 수 있도록 하는 적절한 시간 관리 능력에 대해 배워야 한다.

Susan의 장비는 매우 비싸지만, 다행히 그녀의 가정은 부유하다. 일반적으로 사보험이나 국민 의료보장 제도로는 이 장비를 구입하기 위한 보상을 받을 수 없기 때문에, 그녀와 같은 처지에 있는 많은 아동들이 발달기능의 약화나 손상으로 인해 고통을 당하고 있다.

발작장애

간질(epilepsy)은 되풀이하여(만성적) 발생하는 발작을 일으키는 사람을 칭하는 진단상의 용어이다(trimble, Ring, & Schmitz, 2000). 발작은 그 유형에 따라 예측할 수 있는 운동 근육의 행동을 조정하는 뇌의 비정상적인 전기의 방출 상태를 말한다. 단지 한두 번 발작을 경험하거나, 저혈압, 약물 부작용, 고열과 같은 심각한 조건으로 발작을 한 사람은 간질을 가진 것이 아니다(Coulter, 1993).

발작장애는 일반인보다 자폐증이나 뇌성마비, 정신지체인들에게 보다 흔히 나타난다. 뇌성마비를 가지고 있지 않은 정신지체인의 21% 정도가 간질을 가지고 있고, 정신지체와 뇌성마비 모두를 가진 사람들 중에서는 50%가 간질을 가지고 있는 것으로 나타났다(Hauser & Hesdorffer, 1990). 중도 정신지체인이 간질을 가지고 있는 것은 매우 일반적인 일이지만, 발작을 조절하여 향상되는 것은 경도 정신지체인과 마찬가지로 중도 지적 손상을 가진 이들도 마찬가지이다(Marcus, 1993). 발작은 비정상적인 신경 활동이 일어나는 뇌의 영역에 따라 분류되고 있다(표 9.3 참조).

가장 일반적인 **전신발작**(generalized seizures)은 **강직-간대성**(tonic-clonic) 유형의 하나로 이전에는 **간질의 대발작**(grand mal)으로 불렸다. 강직(tonic)에 대한 증상은 다음과 같다: 몸이 뻣뻣해지고 호흡이 멈추며, 의식이 없고 파랗게 질리게 된다. 뒤따르는 간대성(clonic) 증상에는 몸에 되풀이되고 번갈아 일어나는 근육 수축과 이완이 나타나며 발작이 일어난다.

표 9.3 발작의 국제적 분류 체계

발작의 분류	비정상적인 뇌의 활동 영역
부분적 발작	적은 국소성 범위에서 시작
전신발작	뇌 양쪽 부분으로 확장
일측성 발작	광범위한 영역이나 뇌의 한쪽 영역으로 제한
분류하지 않음	위치를 결정할 수 없음

출처: M. R. Trimble, H. A. Ring, & B. Schmitz (2000), Epilepsy. In B. S. Fogel et al. (Eds.), *Synopsis of neuropsychiatry* (pp. 469-489). Philadelphia: Lippincott-Williams & Wilkins.

이러한 발작은 대체로 5~20분 혹은 그 이상 지속될 수 있으나, 대체로 5분을 넘지 않는다. 심한 발작은 **전조**(auras), 즉 한 개인의 경험에 의한 독특한 소리나 냄새, 신체적 감각 등에 의해 미리 알 수 있기도 하다. 흔히 발작 후에는 졸음이나 메스꺼움, 두통 및 피로 등의 증세가 나타난다.

결신발작(absence seizures)은 **가벼운 발작**(petit mal)으로 전신발작의 한 유형이다. 일반적으로 이 발작에는 수축이 의식되지 않으며, 몇 분간 쉽게 의식을 잃기도 한다. 발작이 일어날 때는 거의 대부분 이를 의식하지 못하며, 운동 조절 능력을 잃지 않기 때문에 다른 사람들은 발작이 일어났는지 눈치 채지 못한다. 결신발작을 일으키는 사람을 보는 사람들에게는 그들이 단지 잠시 동안 '변한' 것처럼 보일 것이다. 이는 성장하는 아동들에게 가장 일반적으로 발생하는 발작이다(Perry-Varner, 1996).

부분발작(partial seizure)은 때로 **병소 발작**(focal seizure)이라고도 불린다. 정신 운동 발작(대뇌의 측두엽: temporal lobe)이 한 예로, 입술로 이상한 소리를 낸다거나 머리를 돌리거나 하는 등의 간단한 운동성 움직임을 포함한다. 발작은 부분적인 뇌의 활동으로 시작하여 전신발작으로 되는 것이 일반적이다.

토론 과제

여러분들이 Silas Marner를 읽어보았다면, Marner의 행동에 대해 기억할 것이다. 그것은 부분발작과 매우 유사하게 보인다. 이 책에 간질을 가진 사람들의 다른 예들이 있는가? 그렇다면 그들이 어떻게 묘사되어 있는가?

원인

사람들은 발작장애를 가지고 태어날 수 있거나 뇌손상 후에 그 상태를 발전시킬 수도 있을 것이다. 몇몇의 사례들을 보면 발작장애는 유전적으로 발생하는데, 이는 흔히 출산 시의 손상과 미숙, 저체중, Rh 혈액인자, 환경적 독소들, 뇌 감염, 홍역 같은 유아기 질환 등에 기인한 뇌손상과 관련되어 있다(Newmark, 1983; Trimble, Ring, & Schmitz, 2000). 반면 발작은 항상 뇌의 비정상적인 전기화학적 활동에서 발생하기도 하는데, 이 경우 뇌손상은 발견되지 않으며 EEG 측정 결과에서는 전기적 뇌 활동은 정상으로 나타난다. 이러한 설명은 우리의 뇌 활동과 기능이 어느 정도까지인지 측정조차도 하지 못하고 있다는 것을 다시 한 번 지적하고 있으며, 이는 전문가들이 담당해야 할 부분으로 보인다.

처치

간질에 대한 기초적인 치료법은 우선 약물에 의한 것이다. 의사들은 발작 증세들을 기록한 보고서를 기초로 정확한 약물의 유형과 적정량을 처방한다. 따라서 어떠한 증상들이 일어나는지를 정확히 기록하는 것은 처치를 위해 매우 중요하다. 필수적으로 발작이 어느 정도 지속되었는지, 유형은 어떠하며 발작을 본 사람이 어떻게 반응하여 처치했는지, 발작이 일어나기 전의 상황은 어떠했는지, 발작 후의 증상은 어떠했는지 등의 세부적인 내용이 기록되어야 한다(Orelove & Sobsey, 1987). **그림 9.2**에서는 발작을 일으키는 사람을 도울 수 있는 방법들에 대하여 설명하고 있다.

이전 발작에 대한 구체적인 정보들은 앞으로의 사고를 예방하는 데 도움이 될 수 있다. 예를 들어 어떤 사람은 아침을 걸렀거나 체액과다, 소금 섭취량, 피로, 스트레스 등의 환경적 요인으로 인해 발작을 일으킨다고 한다. 또한 손전등 같은 시각적 자극으로 발작이 일어나기도 한다. 흔히 발작을 막 일으키려는 사람에게 특정 행동이 나타나기도 하는데, 만약 이러한 행동 패턴을 막는다면 발작이 발생하지 않을 수 있다. 아동은 의도적으로 발작을 줄이는 방법을 배우는데, 행동 패턴을 아는 것은 발작을 예방하는 데 중요한 사항이다(Orelove & Sobsey, 1987). 특히 발작을 막을 수 있는 행동요법이 보다 중요시되고 있는데, 그 이유는 약물로 인해 민첩성이 줄어들고, 피로, 메스꺼움 등의 부작용이 나타날 수도 있기 때문이다.

간질 질환을 가진 사람은 발작을 일으키는 중에 상처를 입기도 하나, 보다 위험한 것은 과보호이다. 발작장애인(심지어 중등도 정신지체를 동반하는 경우라도)은 학교와 지역사회에 성공적으로 통합될 수 있으며, 만약 어떠한 이유로든 제한을 두어야 한다면 그로 인해 발생

어떤 사람이 발작을 할 때(유형에 따라):

1. 근처에 있는 위험한 물건들을 제거한다.
2. 머리 아래에 쿠션을 놓는다.
3. 환자의 입에 무엇인가를 넣지 않는다.
4. 발작이 끝나고 의식이 돌아올 때까지 기다린다. 때로는 발작 후에 환자 쪽으로 방향을 바꿀 때 호흡을 용이하게 할 수 있다.
5. 발작에 대해 세심하게 기록하고 어떠한 손상을 입었는지 기록한다.

의학적 도움이 필요한 경우는 다음과 같다:

1. 호흡이 정상으로 돌아오지 않을 때
2. 발작에 이어 또 다른 발작이 일어날 때
3. 심각한 손상이 나타날 때
4. 발작이 5분 이상 지속될 때(그 이상 지속될 경우는 개인마다의 특성일 수 있음)
5. 이전에 한 번도 발작을 일으킨 적이 없을 때
6. 일어난 발작이 이전 발작과 분명히 다를 때

그림 9.2 발작 환자들을 위한 응급처치

출처: F. P. Orelove & D. Sobsey (1987), Seizure disorders and medications. In F. P. Orelove & D. Sobsey (Eds.), *Educating children with multiple disabilities: A transdisciplinary approach* (pp. 129–156). Baltimore, MD: Paul H. Brookes.

할 수 있는 삶의 경험의 손실 정도를 신중하게 고려하여 결정해야 할 것이다.

토론 과제

이 장에서 서술한 발작 중에 나타나는 행동 또는 이를 예방할 수 있는 행동에 대한 내용을 기초로 하여 발작장애를 가진 사람들이 지역사회나 거주지, 직장, 여가활동 등에서 잘 적응할 수 있는 방법은 어떠한 것들이 있는가?

과거에는 발작장애를 가진 사람들에게 사회적인 낙인이 주요 문제였으나, 사람들의 교육 수준이 높아짐에 따라 이들에 대한 의식은 점차 향상되고 있다. 희망적으로 더욱 더 많은 정신지체, 뇌성마비, 발작장애를 지닌 사람들이 사회의 올바른 일원이 되어 감에 따라 대중의 인식은 더욱 높아질 것이다(Dreifuss, 1995).

행동장애

파괴적이고, 낮은 자아존중감, 주의집중과 과잉행동의 문제, 그리고 자해행동을 포함하는 행동장애는 정신지체인들에게 일반적인 증상이다. 특히 자해행동은 중도의 지적 제한을 가지는 사람들에게서 가장 흔하게 볼 수 있다(Tu & Smith, 1983).

자해행동

정신지체인의 자해행동은 살짝 꼬집거나 짜증날 때 머리를 돌리는 가벼운 증상부터 Lesch-Nyhan병(7장 참조)을 보이는 손상, 무의식 또는 사망에까지 그 범위가 다양하다(King, 1993). 정신지체인에게서 나타나는 가장 일반적인 자해행동들은 머리 돌리기, 치기, 눈 후비기, 할퀴기, 손가락이나 팔 물기 등이다.

다른 행동들처럼 자해행동이 일어나는 이유는 다양하며, 각각의 사례들에 대한 정확한 원인을 밝혀내는 것은 쉬운 일이 아니다. 아직까지 Lesch-Nyhan병 같은 특이한 증상의 증후군에서 나타나는 자해행동은 다른 증상들과 함께 기질적인 뇌손상으로 인해 발생할 확률이 매우 높다. 다른 한 가지 예로 자해행동은 자극을 필요로 하는 생리적 욕구 또는 화학작용의 불균형으로부터 기인했다고 보기도 한다. 또한 지루함이나 관심의 표현, 과제를 피하고자 할 때 혹은 의사소통의 수단으로 자해행동이 습득되었다고도 볼 수 있다(Hillery, 1999; Singh, Singh, & Ellis, 1992).

매우 중요한 사실은, 자해행동의 처음 원인은 행동의 직접적인 이유 혹은 그 행동을 계속 진행시키는 이유들과는 다르다는 것이다. 그 이유는 자해행동은 비정상적인 기질적, 생리적 요인들로부터 발생했지만, 그 후로 흥미가 없는 과제를 수행하지 않기 위해서나 관심을 끄는 데에 효과가 있다는 것을 발견한 아동이 그 자해행동을 유지시키기 때문이다. 그러나 아직까지 자해행동은 무의식중에 일어나는 경우가 많으며, 아무런 행동적인 기능을 제공하지 못한다.

토론 과제

다른 일반적인 행동들 중에서 다른 이유로 인해 나타난 행동이 그 후 다른 행동으로 진행되는 경우는 어떠한 것들이 있는지 생각해 보라.

표 9.4 비언어적 의사소통 행동의 예

행동	가능한 의미
미소	'네' 또는 '나는 그것을 좋아해요'
손가락으로 두드리기	'나는 어떤 것을 원해요'
일어나기	'나는 떠나고 싶어요'
고함 또는 야유	'나에게 주목해 주세요'
머리를 돌리거나 소리를 지름	'그것을 멈추세요' 또는 '나를 그냥 내버려 두세요'

자해행동 치료를 위해 약물요법이 흔히 이용되고 있지만, 행동수정은 자해행동의 주된 처치법으로 인식되고 있다(Hillery, 1999). 또한 행동치료는 생물학적 원인들을 가진 증상, 예를 들어 자폐 상태를 호전시키는 데 효과가 있는데, 이 향상 자체는 행동적인 발생 원인을 의미하는 것이 아님을 기억해야 할 것이다. 사실상 행동통제로서 심박수(heart rate)와 유도 발작(induction of seizures)을 포함한 많은 생리적인 과정들을 조절하는 것이 가능하다.

자해행동의 많은 사례들에서처럼 자해행동은 현재 기능과 관련되어 있으며, 그 기능들을 살펴보는 작업은 효과적인 행동처치를 위해 무엇보다도 요구되는 일이다. 11장에서는 행동의 기능을 정의하는 방법들에 대해 논의할 것이다. 어떠한 효과적인 치료에 있어서도 주의 깊고 통찰력 있는 관찰이 무엇보다도 필요하며, 표 9.4에서는 사실상 의사소통의 수단으로 이용될 수 있는 행동의 사례(자해행동을 포함)를 제시하고 있다. 특정한 개인의 의미는 극히 개인적이고 각기 다른 사람들에게서 다른 일들을 의미하겠지만, 어떤 특정한 행동의 의미들이 나타날 수 있다.

주의력 결핍 과잉행동장애

공식적으로 **주의력 결핍 과잉행동장애**(attention deficit hyperactivity disorder, ADHD)란 용어가 사용되나, ADHD의 주요한 특성은 과잉행동이 아니라 지적 과제에 집중하는 데 매우 심한 어려움이 있다는 것이다. 과잉행동 아동들은 학교에서 오랫동안 자리에 앉아 있는 것이 특히 어려우며, 흔히 자는 동안에도 운동 활동이 증가되는 것을 볼 수도 있다(Stormont, Stebbins, & McIntosh, 1999).

반면에 대다수의 ADHD 아동들은 과잉행동을 보인다. 그러나 ADHD 아동들 중 소수는 조용한 편이며 위축된 모습들까지도 보인다고 한다. 이러한 이유로 아동들은 학교에서 있는 듯 없는 듯 보이므로 교사들은 이들을 단순히 '공상가' 혹은 '늦된' 아동들로 보기도 한다. ADHD는 일반적으로 남아의 비율이 4배 정도 더 높게 나타나지만, 최근의 연구들에서는 그 비율이 더 낮을 것이라고 지적하고 있다. 즉, 흔히 남자 아동들은 과잉행동과 비슷한 행동들 보이는 경향이 많고, 이에 비해 여자 아동은 조용하고 위축된 태도를 보이므로 진단 자체가 불균형하게 나타난다(Gaub & Carlson, 1977). 이러한 일반적인 경향에도 불구하고, 과잉행동과 위축된 행동들은 남자 아동이나 여자 아동 모두에게서 발견되고 있다.

집중의 문제(와 과잉행동) 외에, ADHD 아동은 충동적이고 공격적이며, 흔히 낮은 자아존중감 또는 사회적 부적응을 초래할 여러 특성들을 가지고 있다. 대부분의 ADHD 아동들이 정상의 지능 수준이나 심지어는 그 이상의 재능을 가진 이들이 많다 할지라도, 일반적으로 ADHD는 정신지체와 관련되어 있다.

DSM-IV에서는 ADHD의 유형을 두드러진 산만함, 두드러진 과잉행동, 그리고 이 두 가지 형태가 혼합된 유형의 세 가지 형태로 설명하고 있다. 두드러진 산만함과 과잉행동에 대한 준거는 **그림 9.3**에, 그리고 과잉행동-충동성 유형에 대한 준거는 **그림 9.4**에 나타나 있다. 하위 유형의 조합으로 ADHD 진단을 받기 위해서는 최근 최소한 6개월 동안 지속되어 온

다음의 증상 가운데 6개 이상의 증상이 부적응적이고 발달 수준에 맞지 않을 정도로 지속된다.

1. 흔히 세부적인 면에 면밀한 주의를 기울이지 못하거나 학업, 일, 다른 활동에서 부주의한 실수를 저지른다.
2. 흔히 과제 수행이나 놀이 활동을 할 때 지속적으로 주의를 집중하지 못한다.
3. 흔히 다른 사람이 직접적으로 말할 때 경청하지 않는 것처럼 보인다.
4. 흔히 지시를 완수하지 못하고 학업, 집안일, 일터에서의 임무를 완수하지 못한다(반항적인 행동이나 지시를 이해하지 못해서가 아니다).
5. 흔히 과제나 활동을 조직화하지 못한다.
6. 흔히 지속적인 정신적 노력이 요구되는 과제(예: 학업 또는 숙제)를 피하거나 싫어하고 저항한다.
7. 흔히 과제나 활동하는 데 필요한 물건(예: 장난감, 학교 과제, 연필, 책, 학용품)을 잃어버린다.
8. 흔히 외부 자극에 의해 쉽게 산만해진다.
9. 흔히 일상적인 활동을 잊어버린다.

그림 9.3 ADHD의 기준: 주의력 결핍 우세형

출처: American Psychiatric Association (1994), *Diagnostic and Statistical Manual of Mental Disorders* (4th ed.). Washington, DC: Author. Copyright 1994 American Psychiatric Association. Reprinted with permission.

다음의 증상 가운데 6개 또는 그 이상의 증상들이 최소 6개월 이상 부적응적이고 발달 수준에 맞지 않을 정도로 지속된다.

과잉행동

1. 흔히 손발을 가만 두지 못하거나 자리에 앉아서도 몸을 꼼지락거린다.
2. 흔히 자리에 앉도록 요구되는 교실이나 다른 상황에서 자리를 떠난다.
3. 흔히 부적절한 장소에서 지나치게 뛰어다니거나 기어오른다(청소년이나 성인기에서는 주관적인 불안한 감정으로 해석될 수 있다).
4. 흔히 조용히 여가활동을 하거나 놀이를 하는 데 어려움을 가진다.
5. 흔히 쉴 새 없이 활동하거나 마치 자동차에 쫓기는 것처럼 행동한다.
6. 흔히 지나치게 말이 많다.

충동성

1. 흔히 질문이 끝나기도 전에 성급하게 답을 한다.
2. 흔히 차례를 기다리지 못한다.
3. 흔히 다른 사람의 활동을 방해하거나 간섭한다(예: 대화나 게임에 참견).

그림 9.4 ADHD의 기준: 과잉행동–충동성 우세형

출처: American Psychiatric Association (1994), *Diagnostic and Statistical Manual of Mental Disorders* (4th ed.). Washington, DC: Author. Copyright 1994 American Psychiatric Association. Reprinted with permission.

증상들이 적어도 각 목록에서 6개 이상(총 12개) 나타나야 한다.

위의 증상들은 7세 이전에 두 개 이상의 환경들(예: 집이나 학교)에서 나타나야 한다. 더불어 ADHD의 증상들은 전반적인 발달장애나 정신분열증, 다른 정신질환이나 정신장애 등의 특성과는 구별된다. 그리고 이러한 증상들은 최소 6개월 이상 계속된다(American Psychiatric Association, 1994).

일반적으로 ADHD의 진단은 소아과나 정신과 의사, 심리학자 등과 같은 전문가들에 의해 이루어지지만, 사실상 그들이 아동들을 관찰할 수 있는 시간은 매우 짧고 아동들과 상당 시간을 보내는 부모, 교사, 작업치료사 등의 기록에 많이 의존하게 된다. 보통 이런 관찰자들의 판정은 진단에 사용되었던 척도들, 예를 들어 Connors Teacher나 Parent Rating Scales 등에 의해 평가된다(Connors, 1990). 따라서 가족들과 전문가들은 주의력 결핍의 준거와 그 증상들을 파악하고 있어야 한다.

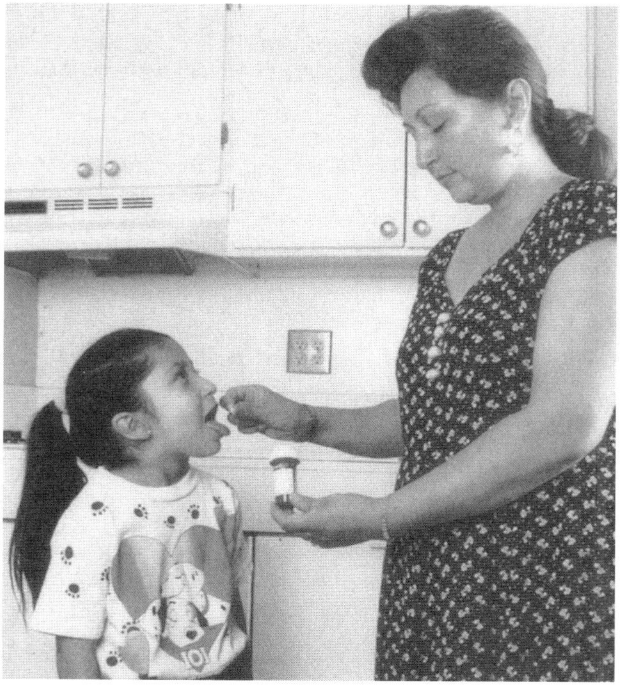

대부분의 주의력 결핍 장애(ADD)아동은 약물치료로 집중력이 향상될 수 있으며, 특히 약물치료와 행동중재를 병행할 때 더욱 효과적이다.

© Michael Newman/PhotoEdit

토론 과제

ADHD 아동을 관찰할 때, 당신은 특별히 어떠한 정보들을 기록하는가?

아동이 실제 겪고 있는 집중력의 문제들을 행동 관찰과 평정 척도만으로 결정하는 것은 충분하지 않을지도 모른다. 게다가 아동의 교육 프로그램을 위해 매우 중요한 시각적, 청각적 주의에 대한 특징들에 대한 정보들을 제공하지 못한다. 이 부분을 충족시키기 위해 컴퓨터를 이용하는 도구들을 포함하여 수백 개의 검사 도구들을 이용할 수 있는데, 이는 아동들의 주의력 문제의 특징을 결정하는 데 매우 유용하다. 이러한 검사들은 대부분 신뢰도와 타당도에 있어 어느 정도의 제한을 지니기 때문에 확실한 진단을 위해서는 자연스러운 관찰에 보다 초점을 두고 분류해야 할 것이다.

원인 ADHD의 원인에 대해서는 어떠한 결론도 나와 있지 않은 상태이지만, 주의와 집중력을 담당하는 뇌의 어떤 영역의 화학적 또는 신경학적 분열의 결과로 보인다(Lerner, Lowenthal, & Lerner, 1995). 우선적으로 지금까지 살펴본 다른 장애와 마찬가지로 다른 여러 가지의 요인들이 이 분열 과정에 영향을 주고 있는 것이 확실해 보인다. 가장 일반적으로 받아들여지고 있는 원인 중에서 두 가지는 유전적인 것과 어머니의 환경 독소에의 노출(예: 알코올, 담배, 납 등)에 의한 것이다(Milberger, Biederman, Faraone, Guite, & Tsuang, 1997).

뇌 기능을 연구하기 위한 과학기술의 혁신은 ADHD와 과잉행동장애를 가진 사람들의 뇌의 변화를 이해하는 데 큰 공헌을 하고 있다. 뇌 영역의 자기장 신호를 시각적인 이미지로 변환시켜 보여 주는 **자기 공명 영상법**(magnetic resonance imaging, MRI)와 **양전자 방사 단층촬영**(positron emission tomography, PET)을 통하여 뇌의 구조와 신진대사활동에서 나타나는 분명한 차이점들을 발견할 수 있게 되었다(Hynd, 1992; Zametkin et al., 1990). 특히 뇌전기활성도(brain electiral activity mapping, BEAM)는 뇌의 전기활성도를 측정하는 데 있어서 뇌파도(electroencephalogram, EEG)보다 더욱 활발히 활용되고 있다.

처치 주의력 결핍 과잉행동장애의 주된 처치로는 약물치료와 행동수정을 들 수 있다. 연구결과에서는 약물치료나 혹은 가장 좋은 방법으로 인식되는 약물치료와 행동수정을 병행하는 것이 효과적이라고 보고하고 있지만(Barkley, 1997), 흔히 행동수정이 좀 더 좋다는 결과도 많다(Frazier & Merrell, 1997). ADHD 증상은 일반적으로 장기간에 걸쳐 나타나기 때문에 아동은 자신이 가지고 있는 문제점에 대해 대처하고 처리하는 방법들을 배우는 것이 특히 중요하다(Whalen & Henker, 1991). 주의력 문제를 향상시킬 수 있는 가장 효과적인 방법은 아동 스스로가 충동행동과 주의집중을 위한 전략들을 배우는 동시에 약물치료를 사용할 때 가장 효과적이다.

ADHD에 대한 처치로 가장 널리 사용되는 약물은 리탈린(Ritalin), 덱세드린(Dexedrine), 싸이러트(Cylert) 등의 중추신경자극제가 있으며, 프로작(Prozac), 노르프라민(Norpramin), 엘라빌(Elavil) 같은 항우울제 약물들은 이보다는 덜 사용된다. 특히 항우울제 약물치료는 심하게 불안해하거나 우울증 증세를 보이는 아동들에게 가장 널리 사용되고 있다(Lerner, Lowenthal, & Lerner, 1995). 때로는 항고혈압 약물치료방법이 사용되기도 한다. 일부 아동들에게는 특별한 다이어트와 비타민 치료가 효과적이라고 하지만 대부분의 경우는 그렇지 않다.

그러나 때때로 부모들은 그 부작용을 우려하여 약물치료에 대해 그다지 긍정적이지 않은 경향이 있다. 그러나 대부분의 아동들이 약물치료를 통해 그들의 과잉행동, 주의력, 충동성, 학습 등에서 향상을 보였으며, 단지 약간 경미한 정도의 약물 관련 증상들을 경험하였다(Ideus & Cooper, 1995; Swanson et al., 1993). 가장 흔히 나타나는 부작용으로는 일시적

1. 식욕부진(특히 지속되면 체중 감소가 있다)
2. 불면증(특히 지속되면 심각하다)
3. 역효과(약을 먹고 증상이 악화되었을 때－투약시간 재조정이 필요하다)
4. 복통(의사는 식사와 함께 약물을 복용할 것을 권할 것이고, 만약 심각하면 중지하거나 다른 약으로 바꿀 것이다)
5. 감정 변화: 슬픔, 화를 잘 냄(특히 1주일 또는 2주일 동안 계속되었을 때)
6. 두통(특히 심각하고 지속되면)
7. 맥박과 혈압의 상승(가볍고 예상된 변화는 제외한다)
8. 망상의 징후*
9. 틱*

* 매우 드물게 나타나며, 일반적으로 이미 존재하고 있었던 증후로 볼 수 있다. 그러나 이 증상들은 매우 심각하며 즉각적인 조치가 필요하다.

그림 9.5 자극적 약물치료의 부작용

출처: K. Ideus & P. Cooper (1995), Chemical cosh or therapeutic tool? Towards a balanced view of the use of stimulant medication with children diagnosed with attention deficit/hyperactivity disorder. *Therapeutic Care & Education*, *4*(3), 52-63.

인 식욕 감퇴나 불면증의 증상 등이 있다. 또한 드물게 위축이나 우울, 무기력함을 경험하기도 하는데, 이는 확실히 약물 과잉 복용으로 인한 것이라 할 수 있다.

대부분의 부작용은 약물의 복용량과 관련되어 있으므로, 담당 의사는 아동에게서 **그림 9.5**에 소개된 부작용들이 발견되면 그 복용량을 조절해야 할 것이다. 아동이 약물치료에 잘 적응하는지 혹은 부작용이 있는지의 여부를 확인하는 일차적인 책임은 교사와 부모에게 있다. 그러므로 약물치료의 부작용과 개선된 결과의 수치에 대해 신중히 검토하고 살펴보는 태도가 필요하다. 적당한 복용량은 개인에 따라 다르므로, 부작용 없이 약물치료가 아동들의 학습 성취를 높일 수 있는지 신중히 관찰해야 할 것이다(Barkley, 1997). 이는 아동의 유순하고 정상적인 행동하도록 하기 위해 사용된 약물의 복용량이 적정의 학습태도를 형성시키는 데에 지나치게 높은 경향이 있을 때가 있으므로, 약물 복용의 효과를 태도의 온순함 정도보다 학습 성취에 의해 평가해야 할 것이다(Swanson, 1985).

주의력 결핍 장애의 후유증 흔히 아동들이 성장하면서 ADHD 상태에서 벗어날 것이라 믿고 있지만, 대다수의 ADHD 증상을 가진 사람들은 성인이 되어서도 그 증상들이 계속된다고 보고되고 있다(Wilens et al., 1999). 과잉행동 면에서는 개선되었을지라도 조직화와 지속적

- 만성적인 건망증
- 시간 관리의 문제
- 많은 계획을 세우는 경향
- 일반적으로 무질서한 생활양식(자주 지각을 하고 서두름)
- 수표나 재정을 관리하는 일에 어려움이 있음
- 자주 이사를 다니거나 직업을 바꿈
- 다른 사람의 반응을 고려하지 않고 말하는 경향
- (말 등을) 도중에 방해하는 경향
- 감정 통제 곤란
- 직장에서 문서 작업 곤란
- 만성적으로 능력보다 낮은 성적을 얻는 경향
- 주기적인 우울증 증세
- 장기간 관계 유지의 어려움
- 관심을 갖다가 이내 곧 시들해지는 경향
- 읽을 때 집중하기 어려움

그림 9.6 성인기의 주의력 결핍 장애 증상

출처: CHADD(Children and Adults with Attention Deficit Disorders) Web page: www.chadd.org/.

인 주의력 등에서는 추가적인 문제점들이 발견된다. **그림 9.6**은 주의력 결핍 장애(ADD)를 가진 성인들에게서 발견되는 공통적인 특징들을 소개한 것이다.

성인들처럼 ADHD 아동들의 치료 결과는 그들이 공격성이나 다른 학습장애(혹은 경도 장애)들을 가지고 있지 않을 때, 혹은 가족들이 보다 조직적이고 협력적일 때 더욱 긍정적일 것이다(Schwean, 1999). 주의력 결핍 장애(ADD) 성인의 처치방법은 아동들에 대한 방법과 유사하여 약물치료, 행동적, 인지적 훈련을 사용한다.

조망

정신지체인들을 위해 유기적이며 협력적인 처치가 필수적이며, 관련된 장애들은 이 필요성을 더욱 증가시킨다. 이 장에서는 정신지체와 더불어 동반된 다른 장애들을 가지고 있는 사람들을 위한 간학문적 처치에 대해 살펴보았다. 10장에서는 조기중재에 있어 간학문적, 초학문적 효과성을 강화시키기 위해 설계된 현재 시스템의 사례들을 살펴볼 것이다.

기타 관련 장애들에 대해 보다 많은 정보를 얻고자 한다면 **그림 9.7**의 정보들을 활용할 수

자폐

Autism Society of America, Inc(ASA)
(미국자폐학회)
7910 Woodmont Ave, Suite 300
Bethesda, MD 20814-3015
전화: 1-800-3AUTISM Ext. 150
이메일: info@autism-society.org
홈페이지: http://www.autism-society.org

뇌성마비

American Academy for Cerebral Palsy and Developmental Medicine(미국뇌성마비와 개발적인 의학에 대한 학회)
6300 Noth River Rd., Sutite 727
Rosemont, IL 60018-4226
전화: (847)698-1635
이메일: woopenhe@ucla.edu
홈페이지:
http://149.142.183.10/new/home. html

간질

Epilepsy Foundation of America(EFA)
(미국의 간질 재단)
4351 Garden City Dr.
Landover, Md 20785
전화: (800)EFA-1000
이메일: webmaster@efa.org
홈페이지: http://www.efa.org

주의력 결핍 과잉행동장애

Children and Adults with Attention Deficit Disorders(CHADD)
(주의력 결핍 장애가 있는 아동과 성인)
8181 Profession Pl., Suite 201
Landover, MD 20785
전화: (800)233-4050
홈페이지: http://www.chadd.org/

National Attention Deficit Disorder Association (국제주의력결핍협회)
1788 Second St., Suite 200
Highland Park, IL 60035
전화: (847)432-ADDA
이메일: mail@add.org
홈페이지: http://www.add.org/

지원적인 기술

Tools for Life Demonstration Center
(생애시연기술센터)
College of Health and Professional Studies
(건강과 직업을 연구하는 협회)
Georgia Southern University
P.O. Box 8098
Statesboro, GA 30460-8098
http://www2.gasou.edu/tools/tools.htm

ABLEDATA
8630 Fenton St., Suite 930
Silver Spring, MD 20910
http://www.abledata.com

다른 관련 있는 장애

Special Education Resources Page
(특수교육 자원)
http://www.specialed.miningco.com/education/specialed/

National Information Center for Children and Youth (어린이와 십대를 위한 국제정보센터)
U.S. Office of Special Education Programs
(미국 특수교육 프로그램)
http://www.nichcy.org

그림 9.7 정신지체와 관련된 장애 정보에 대한 출처

있을 것이다. 이들 중 많은 기관이 무료 또는 소정의 수수료로 기관 자료나 뉴스들을 보내는 서비스를 제공하고 있다.

참고문헌

Abell, F., Krams, M. Ashburner, J., Passingham, R., Friston, K., Frockowiak, R. Happe, F. Frith, C., & Frith, U. (1999). Neuroanatomy of autism: A voxel-based whole brain analysis of structural scans. *Neuroreport: For Rapid Communication of Neuroscience Research, 10*(8), 1647-1651.

American Psychiatric Association. (1994). *Diagnostic and Statistical Manual of Mental Disorders* (4th ed.). Washington, DC: Author.

Autism Society of America. (1999). *What is autism?* Bethesda, MD: Author.

Barkley, R. A. (1997). *ADHD and the nature of self-control.* New York: Guilford.

Bettelheim, B. (1955). *Truants from life.* Glencoe, IL: The Free Press.

________. (1967). *The empty fortress: Infantile autism and the birth of the self.* New York: The Free Press.

Biklen, D. (1990). Communication unbound: Autism and praxis. *Harvard Educational Review, 60*(3), 291-314.

Cantwell, D. P., Baker, L., & Rutter, M. (1979). Families of autistic and dysphasic children. *Archives of General Psychiatry, 36*, 682-687.

Cardinal, D. N., Hanson, D., & Wakeham, J. (1996). Investigation of authorship in facilitated communication. *Mental Retardation, 34*(4), 231-242.

Centers for Disease Control and Prevention. (2001). Web site: http://www.cdc.gov/.

Connors, C. K. (1990). *Connor's rating scales.* Los Angeles: Western Psychological Services.

Coulter, D. L. (1993). Epilepsy and mental retardation: An overview. *American Journal on Mental Retardation, 98*, 1-11.

Creak, M. (1961). Schizophrenia syndrome in childhood: Progress report of a working party. *Cerebral Palsy Bulletin, 3*, 501-504.

Dreifuss, F. E. (1995). Prevention as it pertains to epilepsy. *Archives of Neurology, 52*(4), 363-366.

Eichstaedt, C., & Lavay, B. (1992). *Physical activity for individuals with mental retardation.* Champaign, IL: Human Kinetics Books.

Frazier, M. R., & Merrell, K. W. (1997). Issues in behavioral treatment of attention-deficit/hyperactivity disorder. *Education & Treatment of Children, 20*(4), 441-461.

Gaub, M., & Carlson, C. L. (1997). Gender differences in ADHD: A meta-analysis and critical review. *Journal of the American Academy of Child and Adolescent Psychiatry, 36*, 1036-1045.

Gittelman, M., & Birch, H. G. (1967). Childhood schizophrenia: Intellect, neurologic status, perinatal risk, prognosis, and family pathology. *Archives of General Psychiatry, 17*, 16-25.

Grandin, T. (1984). My experiences as an autistic child and review of selected literature. *Journal of Orthomolecular Psychiatry, 13*(3), 144-174.

________. (1988). Teaching tips from a recovered autistic. *Focus on Autistic Behavior, 3*(1), 1-8.

Hauser, W. A., & Hesdorffer, D. C. (1990). *Epilepsy: Frequency, causes and consequences.* New York: Demos.

Hillery, J. (1999). Self-injurious behavior and people with developmental disabilities. In N. Bouras (Ed.), *Psychiatric and behavioural disorders in developmental disabilities and mental retardation* (pp. 109-120). New York: Cambridge University Press.

Hostler, S. L., Allaire, J. H., & Christoph, R. A. (1993). Childhood sexual abuse reported by facilitated communication. *Pediatrics, 91*(6), 1190–1192.

Hynd, G. W. (1992). Neurological aspects of dyslexia: Comments on the balance model. *Journal of Learning Disabilities, 25*, 110–113.

Ideus, K., & Cooper, P. (1995). Chemical cosh or therapeutic tool? Towards a balanced view of the use of stimulant medication with children diagnosed with attention deficit/hyperactivity disorder. *Therapeutic Care & Education, 4*(3), 52–63.

Jacobson, J. W., Eberlin, M., Mulick, J. A., Schwartz, A. A., Szempruch, J., & Wheeler, D. L. (1994). Autism, facilitated communication, and future directions. In J. L. Matson (Ed.), *Autism in children and adults: Etiology, assessment, and intervention.* Pacific Grove, CA: Brooks/Cole.

Kanner, L. (1943). Autistic disturbances of affective contact. *Nervous Child, 2*, 217–250.

King, B. H. (1993). Self-injury by people with mental retardation: A compulsive behavior hypothesis. *American Journal on Mental Retardation, 98*(1), 93–112.

Klin, A., & Volkmar, F. R. (1999). Autism and other pervasive developmental disorders. In S. Goldstein & C. R. Reynolds (Eds.), *Handbook of neurodevelopmental and genetic disorders in children* (pp. 247–274). New York: Guilford.

Lerner, J. W., Lowenthal, B., & Lerner, S. R. (1995). *Attention deficit disorders: Assessment and teaching.* Pacific Grove, CA: Brooks/Cole.

Lovaas, O. I. (1987). Behavioral treatment and normal educational and intellectual functioning in young autistic children. *Journal of Consulting and Clinical Psychology, 55*, 3–9.

Lovaas, O. I., & Buch, G. (1997). Intensive behavioral intervention with young children with autism. In N. N. Singh et al. (Eds.), *Prevention and treatment of severe behavior problems: Models and methods in developmental disabilities* (pp. 61–86). Pacific Grove, CA: Brooks/Cole.

Lowe, L. H. (1966). Families of children with early childhood schizophrenia: Selected demographic information. *Archives of General Psychiatry, 14*, 26–30.

Mahler, M. S. (1965). On early infantile psychosis: The symbiotic and autistic syndromes. *Journal of the American Academy of Child Psychiatry, 4*, 554–568.

Marcus, J. C. (1993). Control of epilepsy in a mentally retarded population: Lack of correlation with IQ, neurological status, and electroencephalogram. *American Journal on Mental Retardation, 98*, 47–51.

McEachin, J. J., Smith, T., & Lovaas, O. I. (1993). Long-term outcome for children with autism who received early intensive behavioral treatment. *American Journal on Mental Retardation, 97*(4), 359–372.

Milberger, S., Biederman, J., Faraone, S. V., Guite, J., & Tsuang, M. T. (1997). Pregnancy, delivery, and infancy complications and attention deficit hyperactivity disorder: Issues of gene-environment interaction. *Biological Psychiatry, 41*(1), 65–75.

Newmark, M. E. (1983). Genetics of epilepsies. In F. E. Dreifuss (Ed.), *Pediatric epileptology* (pp. 89–116). Boston: John Wright-PSG.

Nishimura, B., Watamaki, T., Hara, K., Sato, M., & Wakabayashi, S. (1998). Long term communication training of totally mute autistic children using manual signs and written language. *Japanese Journal of Child & Adolescent Psychiatry, 39*(4), 352–363.

Orelove, F. P, & Sobsey, D. (1987). Seizure disorders and medications. In F. P. Orelove & D. Sobsey (Eds.), *Educating children with multiple disabilities: A transdisciplinary approach* (2nd ed., pp. 129–156). Baltimore, MD: Paul H. Brookes.

Palmer, F. B., Shapiro, B. K., Wachtel, R. C., Allen, M. C., Hiller, J. E., Harryman, S. E., Mosher, B. S., Meinert, C. L., & Capute, A. J. (1988). The effects of physical therapy on cerebral palsy: A controlled trial in infants with spastic diplegia. *New England Journal of Medicine, 318*, 803–808.

Pennington, B. F. (1991). *Diagnosing learning disorders: A neuropsychological framework.* New York:

Guilford.

Perry-Varner, E. (1996). Seizure disorders. In P. J. McLaughlin & P. Wehman (Eds.), *Mental retardation and developmental disabilities* (2nd ed., pp. 173-185). Austin, TX: Pro-Ed.

Rapin, I. (1991). Autistic children: Diagnosis and clinical features. *Pediatrics, 87,* 751-760.

Ratey, J. J., Dymek, M. P., Fein, D., Joy, S., Green, L. A., & Waterhouse, L. (2000). Neurodevelopmental disorders. In B. S. Fogel, R. B. Schiffer, & S. M. Rao (Eds.), *Synopsis of neuropsychiatry* (pp. 245-271). Philadelphia: Lippincott-Williams & Wilkins.

Rimland, B. (1964). *Infantile autism.* New York: Meredith.

________. (1994). The modern history of autism: A personal perspective. In J. L. Matson (Ed.), *Autism in children and adults: Etiology, Assessment, and Intervention* (pp. 1-12). Pacific Grove, CA: Brooks/Cole.

Romanczyk, R. C., Lockshin, S. B., & Navalta, C. (1994). Autism: Differential diagnosis. In J. L. Matson (Ed.), *Autism in children and adults: Etiology, Assessment, and intervention* (pp. 99-126). Pacific Grove, CA: Brooks/Cole.

Rutter, M., Macdonald, H., LeCouteur, A., Harrington, R., Bolton, P., & Bailey, (1990). Genetic factors in child psychiatric disorders-empirical findings. *Journal of Child Psychology and psychiatry, 31,* 39-83.

Santangelo, S. L., & Folstein, S. E. (1999). Autism: A genetic perspective. In H. Tager-Flusberg et al. (Eds.), *Neurodevelopmental disorders* (pp. 431-447). Cambridge: MIT Press.

Schopler, E., Messibov, G. B., & Kunce, L. J. (Eds.). (1998). *Asperger syndrome or high-functioning autism?* New York: Plenum.

Schwean, V. L. (1999). Looking ahead: The adjustment of adults with disabilities. In V. L. Schwean et al. (Eds.), *Handbook of psychosocial characteristics of exceptional children* (pp. 587-610). New York: Kluwer Academic/Plenum.

Sheehan, C. M., & Matuozzi, R. T. (1996). Investigation of the validity of facilitated communication through the disclosure of unknown information. *Mental Retardation, 34*(2), 94-107.

Singh, N. N., Singh, Y N., & Ellis, C. R. (1992). Psychopharmacology of self-injury. In J. K. Luiselli, J. L. Matson, & N. N. Singh (Eds.), *Self-injurious behavior: Analysis, assessment and treatment* (pp. 307-351). New York: Springer-Verlag.

Stormont, M., Stebbins, M. S., & McIntosh, D. E. (1999). Characteristics and types of services received by children with two types of attention deficits. *School Psychology International, 20*(4), 365-375.

Swanson, J. M. (1985). Measures of cognitive functioning appropriate for use in pediatric psychopharmacological research studies. *Psychopharmacological Bulletin, 21,* 887-890.

Swanson, M., McBurnett, K., Wigal, T., Pfiffner, L., Lerner, M., Williams, L., Christian, D., Tamm, L., Willcutt, E., Crowley, K., Clevenger, W., Khouzam, N., Woo, C., Crinella, G., & Fisher, T. (1993). Effect of stimulant medication of children with attention deficit disorder: A review of reviews. *Exceptional Children, 60*(2), 154-162.

Szempruch, J., & Jacobson, J. W. (1992). *Evaluating facilitated communications of people with developmental disabilities.* Rome, NY: Rome Developmental Disabilities Services Office.

Trimble, M. R., Ring, H. A., & Schmitz, B. (2000). Epilepsy. In B. S. Fogel et al., *Synopsis of neuropsychiatry* (pp. 469-489). Philadelphia: Lippincott-Williams & Wilkins.

Tsai, L. Y (1993). *Medications for treatment of autism and associated disorders.* (Available from Luke Y. Tsai, MD, Professor and Director of Developmental Disorders Clinic, University of Michigan Medical Center, Ann Arbor, MI.)

Tu, J. B., & Smith, J. T. (1983). The Eastern Ontario survey: A study of drug-treated psychiatric problems in the mentally handicapped. *Canadian Journal of Psychiatry, 28,* 270-276.

Weiss, M. J. S., Wagner, S. H., & Bauman, M. L. (1996). A validated case study of facilitated communication. *Mental Retardation, 34*(4), 220-230.

Whalen, C. K., & Henker, B. (1991). Therapies for hyperactive children: Comparisons, combinations, and compromises. *Journal of Consulting and Clinical Psychology*, *59*, 126-137.

Wheeler, D. L., Jacobson, J. W., Paglieri, R. A., & Schwartz, A. A. (1993). An experimental assessment of facilitated communication. *Mental Retardation*, *31*(1), 49-60.

Wilens, T. E., McDermott, S. P., Biederman, J., Abrantes, A., Hahesy, A., & Spencer, T J. (1999). Cognitive therapy in the treatment of adults with ADHD: A systematic chart review of 26 cases. *Journal of Cognitive Psychotherapy*, *13*(3), 215-226.

Williams, D. (1992). *Nobody nowhere: The extraordinary autobiography of an autistic*. New York: Times Books.

Wing, L. (1993). *Children apart: Children with autism and their families*. Bethesda, MD: Autism Society of America.

Zametkin, A. J., Nordahl, T. E., Gross, M., King, A. C., Semple, W. E., Rumsey, J., Hamburger, S., & Cohen, R. M. (1990). Cerebral glucose metabolism of adults with hyperactivity of childhood onset. *New England Journal of Medicine*, *323*, 1361-1364.

PART

3

지역사회에서의 학습: 기술과 능력의 개발

CHAPTER 10

조기중재

앞서 8장에서 알코올, 감염, 영양부족과 출산 전 부주의 등과 같은 출산 전 정신지체의 주요 발생요인들에 대한 예방의 중요성에 대해 다루었다. 그리고 9장에서는 일반적으로 정신지체를 야기하는 몇 가지 환경—예방이 가능한 사회적 환경—에 대해서 알아보았다. 이 장에서는 정신지체를 개선시킬 수 있는 조기중재 프로그램에 대해 다루고자 한다.

장애 예방 프로그램이 초기에 정신지체를 방지하는 것을 강조한다면 조기중재는 일반적으로 정신지체 아동의 발달상의 지체를 중지 혹은 늦추거나 개선시키는 전략을 강조한다. 그러나 예방과 조기중재 사이의 구별을 명확히 하는 것은 그리 쉽지 않다. 예를 들어 산전 관리 혹은 임산부에게 충분한 영양을 제공하는 프로그램이 예방을 목적으로 하였다면, 취학 전 장애아동들을 위한 프로그램은 조기중재를 목적으로 하였다고 볼 수 있다. 그러나 똑같은 조기교육 프로그램이라도 **장애 위험 아동**에게는 지체에 더 중점을 두고 계획되지만 장애아동에게는 행동문제 개선에 더 중점을 두게 된다(Specht, 1989). 마찬가지로 영양상의 문제를 해결하는 것은 몇몇 아동들에게는 장애를 예방해 줄 뿐만 아니라, 또 다른 아동에게는 장애를 개선시켜 줄 수도 있을 것이다(Keogh, Wilcoxen, & Bernheimer, 1986).

조기중재의 논거

아동이 출생할 당시 뇌손상을 입었다 하더라도 반드시 정신지체를 피할 수 없는 것은 아니다. 많은 연구자들은 유아의 두뇌—특히 생후 1년 이하인 경우—는 고도의 **가소성**(plastic)을 가지며, 그 이후의 어느 시기보다 쉽게 변화(긍정적으로 혹은 부정적으로)될 수 있다고 하였다(Stiles, Bates, Talk, Trauner, & Reilly, 1999). 비록 이후 어떤 발달 단계에서도 파괴된 두뇌 세포가 재생될 수 없을지라도 어린 유아의 뇌손상은 보다 쉽게 보상될 수 있다는 것이다. 예를 들어 뇌의 특정 영역들은 주로 언어를 담당하게 되는데 성인기에 이 영역에 손상을 입게 되면 언어를 이해하거나 말하는 능력에 부정적인 영향을 받게 된다. 그러나 아동기에는 두뇌의 다른 영역들이 언어기능을 대체하여 담당할 수 있다(Stiles, 1998).

두뇌의 특정 영역은 이미 출생 시에 오직 한 가지 기능만을 위해 특성화 되어 있기 때문에 두뇌의 가소성은 지극히 부분적이다(Grattan, DeVos, Levy, & McClintock, 1992). 그렇다 하더라도 뇌의 가소성에 대한 경향성으로 인하여 뇌손상 아동의 뇌 발달 지체는 아동에게 적절한 조기중재가 이루어졌을 때 훨씬 가벼워질 수 있다. 이와 마찬가지로 성장기의 장애 위험 아동들에게 조기에 적절한 중재가 이루어지면 정신지체는 예방될 수 있다(Ramey &

Ramey, 1998). 조기중재의 중요성은 아무리 강조해도 지나치지 않는다.

토론 과제
뇌의 가소성과 연관 지어 볼 때, 아동이 조기에 집중적인 중재가 이루어진다면 정신지체의 어떤 상태들이 교정될 수 있을까? 왜 그렇다고 생각하는가? 또는 왜 그렇지 않다고 생각하는가?

조기중재는 아동의 생애 초기의 학습 경험이 후속 학습의 기초를 제공한다는 측면에서도 매우 중요하다. 아동들의 성장은 유전적인 영향에 따른 생물학적인 성숙과 환경의 영향을 모두 받는다. 따라서 아동의 초기 성장에 있어서 자극과 경험의 부족은 지적 발달의 지체를 야기한다(Luster & Dubow, 1992). 그렇기 때문에 조기중재는 매우 가난하거나 혹은 소외된 아동들에게는 더욱 중요한 역할을 하게 된다. 입양아를 대상으로 한 연구에 의하면 사회경제적 지위가 좋은 가정환경에서 양육된 아동들은 그렇지 못한 환경에서 자란 또래 아동들보다 상대적으로 지적 우월성을 나타낸다고 한다. 즉, 환경적 중재가 매우 중요하다는 것이다(DeBerry, Scarr, & Weinberg, 1996).

조기중재의 기능

조기중재는 아동이나 가족의 상황에 따라 다음과 같은 여러 가지 기능을 할 수 있다. 첫째, 조기중재는 아동의 지체가 심화되는 것을 방지하고 후속 학습에 필요한 기술과 능력들을 습득하는 데 도움을 준다. 이 기술들 중 중요한 기술은 언어와 의사소통 기술이다. 조기중재의 두 번째 기능은 가족들과 아동이 문제행동이나 신체적 장애와 같은 2차 장애로 발전하거나 심화되는 것을 방지할 수 있도록 지원하는 것이다(Hamilton, Goodway, & Haubensticker, 1999). 예를 들어 정신지체 아동은 어려운 과제를 회피하기 위해 자해행동을 하기도 한다. 또는 부적절한 보조 도구로 인해 뇌성마비 아동의 이동 능력이 더 감소될 수도 있다. 이를 위해서는 부모 훈련이 중요하다(9장 참조). 셋째, 장애아동의 가족들은 아동 발달에 부정적인 영향을 줄 수 있는 스트레스를 경험하기도 한다. 중재는 가족에게 필요한 지원을 제공하고 필요한 서비스를 제공해 줌으로써 이러한 스트레스를 경감시키는 데 도움을 줄 수 있다(Dunst, Trivette & Deal, 1994).

조기중재의 적격성

조기중재는 다음과 같이 각각 다른 특성을 가진 세 집단의 아동들이 주요 대상이 된다. 첫 번째 집단은 환경적으로 혹은 생물학적으로 정신지체의 가능성이 높은 환경에 노출되어 있으나 현재 발달지체의 증상을 보이지 않는 아동 집단이다. 이런 아동들 중 몇몇은 미숙아이거나 저체중아, 또는 경제적으로 어려운 환경의 아동이거나 직계가족 중 발달지체의 가족력을 가진 아동들이다.

두 번째 집단은 전형적인 정신지체의 범주에 속하기는 하나 일반적인 중재를 통해 정상적인 발달이 가능한 아동들이다. 이러한 아동들은 소위 문화-가족성 정신지체 집단에 속하거나 학대나 방치와 같은 매우 열악한 환경에 처해 있는 경우가 많다.

끝으로 세 번째 집단은 전형적인 정신지체의 범주에 속하는 아동들이다. 이 아동—7장에서 묘사된 다운증후군, 약체 X 증후군과 같은 유전적 요인을 가진 아동—들은 평생 발달장애를 겪게 되지만, 이들은 적절한 중재와 지원을 통해 기능이 더 개선될 수 있다.

이러한 세 집단은 각각 구별되어야 한다. 왜냐하면 이들 각각은 중재의 결과에 대한 기대와 목표가 다르므로 서로 다른 프로그램 접근법을 요구하기 때문이다(Bricker, 1996). 예를 들어 중도 장애아동에게는 장애 위험 아동에게 강조되지 않았던 신체건강에 대한 관심이 더 요구되고 더 적절한 지원이 이루어져야 할 것이다. 반면에 저소득층 가정의 장애 위험 아동은 고소득층과는 달리 경제적인 부분에 대한 특별한 지원이 필요하며, 아울러 직업 훈련 과정에 대한 적절한 지원이 필요하게 될 것이다.

토론 과제

중산층 가정의 다운증후군 아동에게 적합할 것으로 생각되는 목표와 기대들을 기술해 보라. 그리고 가난과 유전이 원인이라고 여겨지는 정신지체 장애 위험 아동들에게 기대할 수 있는 바와 비교해 보라. 어떤 면에서 다르다고 할 수 있는가? 그리고 어떤 면에서 같다고 할 수 있는가?

조기중재 프로그램의 유형

가정 중심(home-based) 조기중재 프로그램에서는 교육자들이 가정 내에서 중재 서비스를 제공하거나 가정에서 아동을 교육할 수 있도록 보호자들을 교육한다. 이와 달리 **기관 중심**(center-based) 조기중재 프로그램에서는 아동과 가족들에게 집이 아닌 지역에 있는 기관에서 서비스를 제공한다. 그러나 대부분의 조기중재 프로그램은 이 두 가지 형태를 병행하여 운영하게 된다.

조기중재 프로그램에서 제공되는 서비스는 영·유아와 학령 전 아동에게 지적, 신체적 자극, 즉 작업치료, 물리치료, 말·언어치료, 주간 보육과 일시적 보육, 재정 상담, 사회적 상호작용과 여가활동의 기회, 부모 지원 집단, 법률 서비스, 이동, 아동과 가족을 위한 상담, 그리고 부모 훈련 등을 제공한다(Crocker, 1992; Noonan & McCormick, 1993). 그러나 모든 프로그램에서 이러한 서비스들이 제공되는 것은 아니며, 이외에 여러 가지 다른 서비스를 제공하기도 한다. 프로그램들이 점차적으로 가족의 특별한 요구에 따라 개별화되어 가고 있다.

가정 중심 프로그램과 기관 중심 프로그램은 모두 장점과 단점을 가지고 있다. 예를 들어 양육기술은 가정에서 익히는 것이 일상생활에 좀 더 실용적일 수 있다는 연구 결과도 있다(Bakken, Miltenberger, & Schauss, 1993). 가정 중심 프로그램은 외부의 전염병으로 인한 여행이나 노출을 피하는 유아에게 유익하다고 볼 수 있다. 그러나 직원이 유아의 집에 직접 방문해야 하기 때문에 시간적인 문제로 인하여 경제적인 부담을 안게 된다. 또한 부모들은 자신의 자녀들로부터 벗어나 여가를 즐기거나 다른 사람들과 대화할 수 있는 기회가 줄어들게 된다. 가족이 적절한 시기와 가능한 장소에 따라 기관 중심 프로그램과 가정 중심 프로그램의 요소를 적절하게 절충하게 되면 두 가지 프로그램의 좋은 서비스를 모두 제공받을 수 있을 것이다.

조기중재의 효과

조기교육의 효과에 관한 연구 중 가장 초기의 연구이자 가장 자주 인용되고 있는 연구는 1930년대 Harold Skeels의 연구이다. 이 장에서는 이 연구의 흥미로운 결과와 역사적인 중요성 때문에 좀 더 자세히 다루고자 한다. Skeels는 당시 고아원에 있는 두 명의 유아에게 좀 더 적절한 보육시설을 찾고 있었다. 이 어린 소녀들은 열악한 환경으로 인해 실제 나이는 13개월과 16개월임에도 불구하고 기능상으로 6개월과 7개월 정도로 발달이 늦은 편이었다. 그 당시 이처럼 심한 발달지체 아동들은 그 지체를 불치의 장애로 믿어 주법에 의해 입양은 어렵다고 생각했기 때문에 당시 Skeels의 주장은 사람들의 많은 관심을 받게 되었다(Kirk, 1977).

1930년대에는 고아가 점점 늘어나 고아원 직원들이 아이와 함께 놀아 주거나 이야기할 여유가 없었다. 당시 일반적인 의료적 상황으로는 정서적인 접촉이나 지적인 자극의 중요성이 전혀 강조되지 않았기 때문에, 아이들은 6개월 전까지는 대개 밖을 볼 수 없는 안전 시트가 있는 병원 침대에서 생활하였다. 기저귀를 갈아 주는 것이나 목욕시키는 것도 짧은 시간에 이루어졌으며, 버팀목에 고정된 젖병으로 우유를 먹었고, 모빌이나 장난감도 전혀 없었다(Skeels, 1966).

6~24개월 된 아이들의 상황은 좀 나은 편으로 서로를 볼 수 있고, 조금씩 움직일 수 있을 만한 개인 침대 2~5개 정도를 갖춘 작은 공동 숙소에서 생활하였다. 그들은 장난감도 조금씩 이용할 수 있는 간단한 놀이공간을 가지고 있었으나 여전히 보모들과의 교감은 거의 이루어지지 않고 있었다(Skeels, 1966). Skeels가 발견한 이 어린 두 소녀들도 이러한 환경에서 지내고 있었다.

고아원보다는 발달지체 아동을 위한 시설이 아동들에게 좀 더 여유 있는 환경을 제공하였다. 이 두 소녀들을 위해서는 이러한 환경이 적절한 것으로 판단되어 주립기관인 여성보호기관으로 들어가게 되었다. 6개월 후 그들을 다시 만난 Skeels는 너무 많은 변화로 인해서 그들을 알아볼 수 없을 정도였다. '여위고 작고 불쌍한 작은 아이' 혹은 '약한 근육과 반응도 거의 없는 아이' '흔들거나 흐느껴 울며 시간을 보내는 아이'라는 말과는 거리가 멀어졌고, 전반적으로 평범한 아이처럼 행복하고 활동적으로 보였다(Skeels, 1966, pp. 5, 6). 실험이 계속 진행될수록, 그 유아들은 제 나이 수준의 기능을 수행하였고, 결국 고아원으로 다시 돌아올 수 있었으며, 훗날 모두 입양되었다.

그 시설의 어떤 상황이 그처럼 짧은 기간 동안에 이와 같은 괄목할 만한 변화를 만들 수 있었을까? 그러한 변화의 원인은 바로 실습생과 간호사들이 그 아이들에게 쏟은 더 많은 관심과 애정이었다. 직원들이 휴무일 때에는 그 아이들을 밖으로 데리고 나가서 장난감과 책을 사 주기도 하였다. 이러한 경험들이 이 두 아이의 발달지체를 개선하는 데 중요한 영향을 주었기 때문에 이후 다른 발달지체 아동들도 점차적으로 초기에 배치된 장소에서 효과를 보지 못한 아동들은 다른 장소로 이동시켜야 한다는 생각을 갖게 되었다.

Skeels는 1년 후에 새로운 11명의 아동들을 아이오와 주에 있는 두 개의 시설에 보내는 데 성공했다. 그리고 이 아이들은 나이가 많은 보모들이 담당하게 되었고, 개별화된 보육을 받게 되었다. 그리고 그 보모들 사이에서는 어떤 아이가 먼저 말하고 걷느냐에 대한 경쟁이 이루어지고 있었다(Skeels, 1966, p. 17).

토론 과제

만약 아동이 받게 되는 관심과 자극에 있어서 다양한 배치가 이루어진다면 아동의 발달 정도에 차이가 있을 것이라고 생각하는가? 그러한 차이가 아동이 성인이 되었을 때도 지속된다고 생각하는가? 왜 그렇다고 생각하는가? 또는 왜 그렇지 않다고 생각하는가?

Skeels가 'house-guest'로서의 경험으로부터 최대의 효과가 나타났다는 결론을 내릴 때까지 각각의 아동들은 정신지체인을 위한 기관에 남겨졌고, 그동안 Skeels는 입양될 수 있도록 아이들을 돌보았으며, 그 기관의 공식적인 직원이 되었다. 아이들은 보통 평균 19개월을 머물렀고, 마지막 추후 검사는 대략 2년 반 정도 후에 실시되었다.

Skeels는 '실험' 기간 이후 실험집단과 비슷한 특성을 가진 12명의 아이들이 고아원에 있다는 사실을 알고 이 아이들을 통제집단으로 선정했다. **표 10.1**은 실험 초기와 추후의 두 집단의 IQ 수치를 나타낸 것이다. 시설에 있는 아동들의 IQ는 많은 향상을 보여 대부분 입양된 반면, 고아원에 있는 많은 아동들은 IQ 수치는 더 하락했고 주립 병동에 남겨질 것이 확실해졌다.

또 다른 후속 연구는 25~35세 참가자들을 대상으로 시행되었다. 두 집단에 대한 실험 결과는 교육 수준과 직업 성취 수준 모두에서 매우 많은 차이가 있었다. 평균적으로 정신지체 시설을 경험한 사람들은 보통 거의 12학년까지 학업을 마쳤으며, 실제로 여덟 명은 고등학교를 졸업했다. 반대로 고아원에 남겨진 사람들은 평균 4학년 수준이며 고등학교를 졸업한 사람은 단 한 명뿐이었다. 실험집단의 평균 수입은 참가자들 가정의 평균 수입과 비슷한 수준이었지만 통제집단은 실험집단 평균 수입의 4분의 1에 지나지 않았다.

Skeels의 연구는 방법적인 면과 통계적인 분석에 대해 비판을 받았다(Goodenough & Maurer, 1961). 실험집단의 성공적인 결과는 단순히 조기중재만이 관련이 있는 것이 아니라 실험집단의 평생 동안의 경험과 관련이 있다는 것이다(Clarke & Clarke, 1976; Ramey & Baker-Ward, 1982). 그러나 1939년 이후 Skeels와 Dye의 연구와 그 외 많은 다른 연구에서 아동의 성장과 발달은 조기중재의 효과에 의한 것이라는 결과를 보여 주고 있다. 그리고 조기중재 프로그램이 아동의 손상 받은 경험의 시간을 보상해 줄 수는 없을지라도, 많은 연구에서 조기중재가 열악한 환경에도 불구하고 주목할 만한 장기 효과가 있음을 보여 주고 있다(Lazar & Darlington, 1982; Schweinhart, Berrueta-Clement, Barnett, Epstein, & Weikart, 1985; Polit, Quint, & Riccio, 1988; Ramey & Ramey, 1998).

표 10.1 Skeels의 고아원 연구 개인별 점수

	실험집단							
	이동 전		이동 후					
	사전 검사		사후 검사			추후 검사		
사례	나이(개월)	IQ	나이(개월)	IQ	IQ변화	나이(개월)	IQ	총변화
1	7.0	89	12.8	113	+24	56	118	+29
2	12.7	57	36.8	77	+20	65	68	+11
3	12.7	85	25.2	107	+22	55	116	+31
4	14.7	73	23.1	100	+27	55	116	+43
5	13.4	46	40.0	95	+49	93	90	+44
6	15.5	77	30.1	100	+23	65	102	+25
7	16.6	65	27.5	104	+39	68	109	+44
8	16.6	35	43.0	93	+58	77	96	+61
9	21.8	61	34.3	80	+19	63	63	+2
10	23.3	72	45.4	79	+7	74	92	+20
11	25.7	75	51.0	82	+7	72	92	+17
12	27.9	65	40.4	82	+17	67	90	+25
13	30.0	36	89.0	81	+45	118.0	94	+58
평균	18.3	64.3	38.4	91.8	+27.5	71.4	95.9	+31.6
표준편차	6.6	16.4	17.6	11.5	15.0	16.7	16.3	17.0
중앙값	16.6	65.0	36.8	93.0	+28.0	67.0	94.0	+29.0

	통제집단							
	이동 전		이동 후					
	사전 검사		사후 검사			추후 검사		
사례	나이(개월)	IQ	나이(개월)	IQ	IQ변화	나이(개월)	IQ	총변화
14	11.9	91	55.0	62	−29	81	64	−27
15	13.0	92	38.3	56	−36	81	52	−40
16	13.6	71	40.9	56	−15	75	80	+9
17	13.8	96	53.2	54	−42	82	51	−45
18	14.5	99	41.9	54	−45	62	35	−64
19	15.2	87	44.5	67	−20	101	89	+2
20	17.3	81	52.9	83	+2	77	91	+10
21	17.5	103	50.3	60	−43	73	49	−54
22	18.3	98	39.7	61	−37	74	78	−20
23	20.2	89	48.4	71	−18	106	75	−14
24	21.5	50	51.6	42	−8	91	68	+18
25	21.8	83	50.1	60	−23	96	61	−22
평균	16.6	86.7	47.2	60.5	−26.2	83.3	66.1	−20.6
표준편차	3.2	13.9	5.6	9.7	14.1	12.3	16.5	25.6
중앙값	16.3	90.0	49.3	60.0	−30.0	81.0	66.0	−24.0

출처: H. M. Skeels (1996), Adult status of children with contrasting early life experiences: A follow-up study. *Monographs of the Society for Research in Child Development, 31*(3).

기타 초기 사례

또 다른 초기의 사례(Kirk, 1958)에서는 선천적인 장애를 갖지 않은 아동의 조기중재 효과뿐만 아니라 신체적 장애로 인한 지적 경험의 부족이 지적 지체를 유발할 수 있으며, 이와 같은 지체는 아동들에게 적절한 중재가 제공된다면 피할 수 있음을 제시했다. Kirk의 연구 외에 또 다른 연구에서는 선천적인 장애를 가진 아동의 조기중재 효과를 입증했다(Bricker & Sheehan, 1981; Hanson, 1981).

또 다른 조기중재 프로그램인 Portage Project는 장애 위험 아동들과 경도에서 중도 장애 아동들에게 가정 중심 다학문적 협력 프로그램(home-based multidisciplinary)을 제공하였다. 이 프로그램은 생후 6세까지의 아동들에게 언어 발달뿐만 아니라, 자조, 인지적, 신체적, 사회적 기술들에 대한 다양한 자극과 연습, 훈련을 시켰다. Portage Project에 참가한 아동은 8개월이 넘는 기간 동안 발달 면에서 평균 15개월 정도의 향상을 보였다(Bicker & Kaminski, 1986; Shearer & Shearer, 1976).

Carolina 조기중재 프로젝트

조기중재의 효과에 대한 또 다른 예는 Carolina 조기중재 프로젝트(Carolina Abecedarian Project, CAP)이다. 이 프로젝트는 1972년에 조기중재가 극심한 빈곤으로 인한 장애 위험 아동에게서 보이는 지능 저하를 막을 수 있는지를 연구하기 위해 시작되었다. 111개 가족을 무작위로 실험집단과 통제집단으로 나누었다. 실험집단 아동들은 생후 3개월부터 시작하는 기관 중심의 조기교육 프로그램에 참여했다. 조기교육 프로그램은 특히 의사소통 기술의 발달을 강조하면서 운동적, 사회적, 인지적 발달에 집중하였다(Campbell, Hemls, Sparling & Ramey, 1998). 그 시설은 일주일에 5일, 1년에 50주가 운영되었고, 필요한 사람에게는 무료로 교통수단이 제공되었다. 영양 관련 서비스나 건강 관련 서비스, 사회복지 서비스는 실험집단과 통제집단 모두에게 무상으로 제공되었지만 조기교육 프로그램은 실험집단에게만 제공되었다.

12년 동안의 추적 연구 결과, 비록 두 집단 모두 연령이 올라가면서 IQ가 낮아지긴 했지만 실험집단 아동들은 IQ에 변화가 거의 없었다(Ramey & Ramey, 1998). 중요한 것은 통제집단의 아동은 실험집단의 아동에 비해 여섯 차례나 더 정신지체의 범위로 IQ가 떨어졌다는 점이다(Campbell et al., 1998).

Carolina 조기중재 프로젝트의 확대된 프로그램인 Project Care에서는 첫 번째 실험집단에 교육과 기관 중심의 주간 보육 프로그램과 가정 중심의 가족 프로그램을 모두 적용하고, 다른 실험집단에 가정 중심 프로그램만을 적용하였다(Ramey & Ramey, 1998). 주간 보육 프로그램은 조기중재 프로그램이었지만 가족 교육 프로그램은 일상생활에 적용할 수 있는 부모의 문제해결 기술의 발전을 돕기 위해 하루에 한 시간씩 10일 동안 집으로 교사가 방문하도록 구성되어 있었다. 아동들은 Bayley 검사로 6, 12, 18, 24개월에 검사를 받았으며, 36개월에는 스탬포드-비네 검사를 받았다. 결과는 기관 중심의 주간 보육 교육을 받은 실험집단이 모든 연령대에서 통제집단이나 가정 중심 교육 프로그램 집단보다 유의미하게 더 높게 측정되었다(마지막 두 집단 간에는 차이가 나지 않았다). 따라서 가정방문만으로는 아동의 심각한 지능 저하를 막을 수 없으며, 기관 중심의 주간 보육 프로그램이 훨씬 더 성공적이었다(Wasik, Ramey, Bryant & Sparling, 1990).

연구 결과 조기중재가 매우 효과적임이 증명되었다. 이제 논의의 대상은 더 이상 장애아동이나 장애 위험 아동들에게 조기중재가 가치 있을 것인지에 대한 것이 아니라 중재되어야 할 것들이 무엇인지에 대한 것이다.

프로그램 평가

프로그램 평가는 성공적인 중재의 매우 중요한 부분이다. 그리고 이 장의 앞부분에서 제시한 연구에서는 평가 연구의 사례를 제공하고 있다. 그러한 연구들로 인해 우리는 정신지체인들의 기술과 능력이 개선될 수 있다고 확신할 수 있으며, 어릴 때 발달지체의 범위 안에 있었다는 이유로 이후 평생 동안 발달이 지체되는 것이 아니라는 것을 알 수 있다.

그러나 많은 중재연구들은 특정 문제에 대한 답을 구하는 데 있어서 방법이나 통계상의 문제를 가지고 있었다(Bricker, 1986). 특히 초기의 연구들에서는 조기중재 프로그램이 다른 어떤 요소들보다 아동들의 기능 개선에 영향을 준다는 것을 결정하는 것조차 가능하지 않았다(Dunst, 1986). 그러나 참가자들을 무선 표집하고 경쟁 변인의 다른 통제집단을 사용했던 최근의 연구들에서는 조기중재의 효과가 더 나은 증거들을 제시하고 있다. 또한 조기중재 연구 결과를 계속적으로 제공하는 수많은 연구들로 인해 조기중재의 효과는 의심할 여지가 없게 되었다.

오늘날 평가 연구의 과제는 단순히 중재의 효과를 제공하는 것에 그치지 않고 구체적으로 중재 프로그램의 어떤 면이 개선을 증진시키고 어떤 면이 그렇지 않았는지를 결정하는 것이

1. 프로그램은 중재의 목표를 확실히 만족시키는가?
2. 중재는 아동들과 가족들에게 부가적인 문제들을 만들어내는가?
3. 가족들은 중재에 긍정적인가?
4. 중재는 통합을 증진시키는가?
5. 중재는 가족 지원을 용이하게 하는가?

그림 10.1 조기중재 프로그램의 성과 측정

다. 예를 들어 교육적 중재에서 특별히 효과적인 자료나 방법이 있는가? 결정적인 인성적인 특성이나 중재자 기술들은 무엇인가(Bailey & Simeonsson, 1986)? 어떤 구조(가정 혹은 기관 중심 프로그램)가 더 효과적이고, 이 구조가 다른 가족들이나 다른 환경의 결과에 변화를 주는가 등이다. 중재는 매우 복잡하고 여러 가지 다양한 활동들을 포함하는데, 그 범위는 더 집중적인 중재로서 한 달에 한 번 가정을 방문하는 것에서부터 신체적 건강, 교육적, 사회적 서비스 등을 포함하는 프로그램까지 다양하다. 비록 우리가 중재의 효과에 대해 이해한다고 하더라도 어떤 프로그램과 기술이 가장 성공적인지 이해하는 것이 더 중요하다.

더구나 많은 초기의 연구들은 성공을 위한 기준을 단지 IQ만으로 제한했었으나, 그밖에도 조기중재 효과를 나타내는 다른 여러 가지 목록들(IQ보다 더 중요할 수 있는)이 있다(Bailey & Simeonsson, 1986). 예를 들어 이러한 목록들에는 사회적 기술의 발달, 우정의 발달, 가족 기능의 개선, 효과적인 일상생활 기술의 발달, 바람직한 행동, 고양된 자아존중감, 독립기술의 개선, 성공적인 고용 등이 있을 수 있다. 그림 10.1은 참여자들의 기능과는 별도로 프로그램을 평가하기 위해 측정되는 프로그램 성공 관련 목록이다.

대부분의 조기중재 연구에서 나타나는 문제점들은 이론적 명확성의 부족뿐만 아니라 중재의 목표(그리고 관련 변인들)가 분명하지 않다는 것이다(Bailey & Simeonsson, 1986). 나아가서 그러한 목표들은 개개 아동과 가정에 직접적인 영향을 주는 것뿐만 아니라, 공동체와 더 큰 사회적인 이익을 추구하는 것으로까지 확대된다는 것이다. 예를 들어 조기중재의 성공은 더 많은 아동들이 통합된 환경 속에 남게 되고 고립된 주거 환경에서 벗어나 가정이나 공동체로 돌아갈 때 이루어지는 것이라고 할 수 있다. 뿐만 아니라 아동들이 더욱 독립적으로 생활할 수 있게 발달하고 지원의 요구가 감소되어 이들을 위한 비용이 감소되는 것으로 성공의 정도를 측정하게 된다. 이와 마찬가지로, 사회적 이익은 생산성의 증가라는 형태로 나타난다. 잘 정립된 이론은 아동과 가정의 변화를 기대할 수 있는 특별한 중재 과정을 제시할 수 있으며, 이를 바탕으로 효율적으로 중재 효과를 평가할 수 있는 연구를 계획할 수 있다.

토론 과제
성공적인 조기중재를 통해 지역사회가 얻을 수 있는 이점은 무엇인가? 당신이 속한 지역사회에서 그 예를 찾을 수 있는가?

중재 설계에서 가치의 역할

중재 프로그램은 명확한 이론뿐 아니라 명확하게 정의된 가치에 기초를 두어야 한다. 성공적인 결과를 이끄는 다양한 행동을 결정한다는 것은 가치 판단의 필요성을 나타내는 것이다. 따라서 평가 연구는 반드시 가치를 포함하게 되는 과정이어야 한다(Dokecki, 1986).

평가 연구는 평가 대상이 되는 프로그램 종류에 따라 상당히 다르게 설계된다. 예를 들어 (1) 단일의 특정 기관 중심 유치원 프로그램, (2) 유치원 프로그램 체계(예: Head Start), (3) 다양한 서비스를 조정하기 위한 고도로 개별화된 교육계획 체계(이 장의 뒷부분에서 논의되겠지만 PL 105-17의 Part C) 등이 있다. 비록 이렇게 다양화된 프로그램을 평가하기 위해서 다양한 방법이 요구될지라도 평가는 연속적으로 진행되는 역동적인 과정으로 비춰져야 한다. 그 과정은 프로그램의 목표에 적합한가와 그 목표가 바람직한가와 같은 부분까지도 평가될 수 있도록 확대되어야 한다. 연구의 효과가 나타나기 위해서는 특별한 성과에 대한 평가 결과가 분명하게 제시되어야 할 뿐 아니라, 그러한 성과들과 프로그램의 목표 및 가치 사이의 관계에 대한 연구도 함께 이루어져야 한다.

중재 프로그램과 관련이 있는 가치들의 예는 **그림 10.2**에 제시하였다.

1. 중재가 가정을 강화시키는가?
2. 중재가 지역사회를 향상시키는가?
3. 중재가 부당한 강요로부터 가정을 보호하는가?
4. 중재가 필수적인 자원을 채워 줌으로써 스트레스를 감소시키는가?
5. 중재가 부모와 서비스 제공자들 사이에서 책임을 공유하도록 하는 것을 증진시키는가?
6. 중재가 학대와 심각한 방임으로부터 가족 구성원들을 보호하는가?

그림 10.2 가족 중심 중재의 가치

출처: P. R. Dokecki(1986). The impact of evaluation research on policymaking. In L. Bickman & D. L. Weatherford (Eds.) *Evaluating early intervention programs for severely handicapped children and their families* (pp. 311-334), Austin, TX: Pro-Ed.

연구와 정책의 협력

연구가 프로그램 개발과 공공 정책에 영향을 주기 위해서는 연구자들과 시행자, 정책 입안자들 간의 협력이 필수적이다. 왜냐하면 정책을 입안하는 사람들은 좀처럼 연구자나 시행자들의 역할에 관여하지 않기 때문에(그 반대인 경우도 마찬가지이다) 서로 간에 괴리가 생기게 되며, 때때로 이러한 각자의 관점들 사이에 갈등이 생기게 된다. 그러므로 공동의 목표들에 대해 서로 인식하는 것 못지않게 서로 간의 인식의 차이가 있다는 점 또한 이해해야 한다. 하나 된 공동의 목표는 공동체의 힘을 증가시켜서 정신지체인들의 발전에 도움을 줄 수 있다.

문제를 해결하는 방법에 있어서 때때로 차이가 나타나는 것은 당연하다. 예를 들어 연구자들은 연구의 가치에 대해 신중하려는 경향이 있다. 이들은 변화에 대해 보수적으로 접근하여 증거가 명백히 드러나기 전에는 좀처럼 의견을 제시하거나 그에 믿음을 갖지 않는다. 반면 정책 입안자들은 종종 대담성, 완고함, 기회주의적 접근 등을 중시한다. 이러한 기회

Head Start에 참여한 초등학생들은 특수교육이 덜 필요하게 되거나 유급되는 경우가 줄어들게 되었다.

주의적 접근들은 문제에 직면했을 때에도 지원을 계속할 수 있는 방법들을 찾고, 특히 예견된 규정을 주장하기 위한 기회를 찾는다(Rein & White, 1977). 이와 같은 차이점들 때문에 정책을 만드는 사람들은 프로그램을 보급시키기 전에 효율성에 대한 연구 결과를 기다리려고 하지 않을 것이다. 그리고 연구자들 또한 정책을 만드는 사람들 입장에서 실질적으로 유용한 연구들은 거의 하지 않는다. 그렇지만 점점 공공 정책과 전문적인 실제는 연구계획을 이끌고, 연구자들은 현재의 프로그램들과 정책적인 노력들을 평가하게 된다(Dokechi, 1986). 프로그램을 평가하는 연구자들과 정책 입안자 및 시행자들은 반드시 중재를 위한 제도를 계획, 고안하고 경제적으로 효율적인 프로그램들을 계획하고 수행하는 데 서로 협력해야 한다.

Head Start: 연구, 실제, 정책 간 협력 사례

Head Start는 연방정부의 자금에 의해 이루어진 전국적인 계획으로서 경제적으로 어려운 아동들을 위해 유치원 교육의 기회를 제공하고자 하는 것이다. 뿐만 아니라 이 프로그램은 장애가 있다고 판단되는 아동들뿐 아니라 장애 위험 아동들을 위해 조기중재를 제공한다.

연구에 의하면 Head Start에 참가한 아동들은 그렇지 않은 아동들에 비해 초등학교 입학 시 더 잘 준비가 되어 있는 것으로 평가되고 있다. 또한 이들은 특수학급에 입급되거나 유급을 당하는 경우도 적은 것으로 알려져 있다(McKey et al., 1985). 게다가 평균 이하의 인지능력을 가진 아동들에게 가장 효과적이었으며, 특히 아프리카계 미국인 학생인 경우 더욱 효과적이었다(Lee, Brooks-Gunn, & Schnur, 1988). 이 프로그램은 매우 다양하며 프로그램 간의 효과도 다양하게 나타났다. 그러므로 더 효과적인 프로그램들을 선별해내는 것이 매우 중요하다. 이것은 Head Start에 참가한 모든 아동들에게 가장 효과적인 프로그램을 선별하기 위한 것뿐만 아니라, Head Start 프로그램에 연간 3억 달러 이상 사용한 경우, 아동들을 위한 프로그램 확장의 정당성을 주장하기 위해서도 필요한 일이기 때문이다(U.S. Department of Health and Human Services, 1999).

불행히도 연구의 수요자들이 연구 보고서들 중에서 조기중재 프로그램의 긍정적인 효과를 판단하기는 매우 어렵다. 왜냐하면 특별한 연구에 대한 가치와 저자들이 언급한 결론의 정당성에 대해 정확한 판단을 하기 위해서는 연구의 계획과 통계적 분석이라는 시간을 요하는 작업이 필요하기 때문이다. 다시 말해 한 연구에 대한 가치를 판단하기 위해서는 독자들이 반드시 그것을 실행할 수 있는 전문기술과 지식이 있어야 한다. 그리고 이와 같은 일들은 여러 가지 고려해 줄 수 있는 시간을 낼 수 있어야 하며, 보고서를 통해 그러한 기술들을 적용하도록 요구하는 노력을 해야 한다. 대부분의 수요자들에게 이것은 비현실적이다. 현실적으로 그들은 많은 연구들이 내린 결론들을 읽고 대부분 '연구들이 발견한 것'에 의지할 수밖에 없다.

최근에 **메타분석**(meta-analysis)이라고 불리는 통계학적 기술은 독자들이 다양한 연구들을 종합하는 것을 도와준다. Head Start Synthesis Project라는 연구(McKey et al., 1985)는 Head Start 프로그램에 대한 210개의 조사 보고서들의 결론들을 종합하여 보고하고 있다. 이 연구의 결과에 따르면 Head Start 프로그램들은 분명 단기간 효과를 기대할 수 있다. 그러나 메타분석은 일종의 평균화 기술이기 때문에 각각의 프로그램들 중 가장 효과적인 부분을 증명하기에는 어려움이 있다.

그렇지만 이러한 연구들 중에는 결정적 변인이 존재한다는 것에 동의할 수 있다. 예를 들어 교사들이 아동기에 관한 훈련 경험 여부는 취학 전 중재 프로그램이 성공하기 위한 중요한 요인이 될 수 있다. 사실상 그런 훈련 경험은 수년간의 학교교육이나 학위보다 더 중요하다(Ruopp, Travers, Glantz, & Coelen, 1979). 이러한 이유 때문에 연방정부는 모든 Head Start 교실에 있는 교사들에게 개개인이 적어도 아동 발달에 관련된 자격증이나 그에 상당하는 것을 갖추도록 요구해 왔다(Collins, 1993). **그림 10.3**은 조기중재 교사들을 훈련하는 데 필수적인 특별 교육과정의 내용 목록이다. 또한 유아교육 프로그램은 적절한 교육과정 모형이 필요하며, 1일 교육활동 계획과 평가를 위한 회의를 자주 해야 한다(Schweinhart & Weikart, 1986).

비록 Head Start 프로그램에 참여하는 아동들이 IQ점수를 좀 더 얻게 되기는 하지만 그러한 진보는 시간이 지남에 따라 감소된다(Lee, Brooks-Gunn, Schnur, & Liaw, 1990). 만약

1. 발달 과정에 대한 지식
2. 행동 관리와 수업기술
3. 다양한 자원으로부터 얻은 정보를 종합할 수 있는 능력
4. 프로그램 효과를 평가할 수 있는 기술과 정보

그림 10.3 효과적 중재에 중요한 기술과 지식

출처: D. Bricker & R. Kaminski (1986), Intervention programs for severely handicapped and children. In L. Bickman & D. L. Weatherford (Eds.) *Evaluating early intervention programs for severely handicapped children and their families* (pp. 51-78), Austin, TX: Pro-Ed.

중도 장애아동들이 얻은 지적인 효과가 유지되어야 한다면, 이를 위해서는 반드시 그들의 부모나 교사들의 생활에 변화가 일어나야 할 것이다(White, Taylor, & Moss, 1992). 최근 **핵가족을 위한 프로그램 전략**(two-generation program strategies)에서는 많은 Head Start 아동들의 가정 내 실업, 문맹, 마약, 알코올 중독 문제에 대해 영향에 대한 보고를 계획하고 있다(McLloyd, 1998).

비록 Head Start 프로그램 자체가 직업 훈련이나 구직 상담, 성인 교육, 마약을 다루는 문제들을 해결하는 데 필요한 재정이 충분치 않다 하더라도 이러한 문제들은 우선하여 다루어져야 하며 다른 기관들과의 협력을 통해 본격적으로 착수해야 한다. 몇몇 지역사회 내에서 연방정부 자금에 의한 계획, 즉 JOBS 프로그램과 Head Start를 결합시키려는 노력들이 진행되고 있다. 일반적으로 대부분의 Head Start 프로그램들은 단지 하루 중 몇 시간 혹은 일주일 중 선택된 며칠 동안의 경험만을 제공하기 때문에, 이 사업의 한 가지 목표는 아동들의 가족들이 교육, 직업 훈련, 혹은 JOBS 프로그램을 통한 구직 프로그램 등에 참여할 때 아동들을 위한 주간 보육 지원을 확대시키고자 하는 것이다. 또 다른 목표는 더 많은 가정들의 요구에 따른 사례 중심의 관리 프로그램을 운영하는 것이다(Smith, Blank, & Collins, 1992).

Even Start는 Head Start를 통해 고안되어 운영되는 또 다른 모형이지만 가정교육과 아동발달 프로그램을 연합한 것이다. Even Start 서비스는 성인 기초 교육, 부모와 자녀의 상호작용 훈련, 조기 아동기 교육 프로그램 등을 포함한다. 조사에 따르면 Even Start 프로그램에 등록되어 있는 부모와 자녀들은 교육과 지적 기술에서 그렇지 않은 통제집단에 비해 놀랄 만한 성과를 성취한다는 것을 볼 수 있다(U.S. Department of Education, 1998). Head Start 프로그램은 가족들이 자족할 수 있도록 기회를 제공하는 다른 프로젝트(주와 지역의 건강, 교육, 중재 기관 등)와 협력해 왔다. 이러한 프로그램의 결과를 평가하는 연구들은 프로그램들의 가장 성공적인 요소들을 발견해내고, 연방정부와 주, 지방의 재정뿐만 아니라 개인적인 지출에 도움을 주는 매우 중요한 역할을 하게 될 것이다.

토론 과제

가족의 자족감(self-sufficiency)의 변화가 앞으로 아동의 교육적, 경제적 성공에 어느 정도 영향을 줄 수 있다고 생각하는가?

PL 105-17과 IDEA-Part C

미국 연방정부는 장애아동에 대한 조기교육을 촉진하는 데 중요한 역할을 담당해 왔다. 1986년 PL 99-457(PL 94-142의 개정)은 3~5세의 장애 유아들이 무상으로 공립 유치원 교육을 받을 수 있도록 주에 자금을 제공하였다. 그리고 대상 유아들의 가족 서비스와 전환교육에 관한 계획도 지원하였다. 각 주는 그들이 기금을 조성하거나 필요한 서비스를 제공한다면 연방정부로부터 자금을 제공받을 수 있게 되었으며, 이후 모든 주에서 이와 같은 활동을 시작하게 되었다.

그러나 조기중재 서비스 지원에 관한 획기적인 모델을 제시한 것은 PL 105-17의 Part C라고 할 수 있다. Part C는 각 주에서 대상 아동들과 유아들(생후 3세까지), 그리고 그들의 가족들을 위한 '주 전체의 포괄적, 통합적, 협력적, 전략적인 조기중재 서비스 프로그램'을 발전시키고 효력을 발휘할 수 있도록 경제적 원조를 제공한다(Garwood, Fewell, & Neisworth, 1988, p. 4). Part C는 자율적이기는 하나 Colombia나 Puerto Rico의 교육구 및 그 외의 지역을 포함하여 미국의 모든 주에서 현재 서비스를 제공하고 있거나 그렇게 할 계획을 구상 중이다(Noonan & McCormick, 1993).

연방정부 계획은 전국에 중재 프로그램의 지침을 제공한다. 그러나 이 계획을 잘 수행할 수 있는 방법을 결정하는 것은 각 주의 책임이다. 각 주에서는 기존의 가능한 모든 자원을 이용하여 '대상 선정' 시스템(다음에 더 자세히 설명함)을 개발하고, 공공의 관심을 유도하며 전략적 동의를 조정하는 중요한 역할을 담당할 것을 약속했다(Ad Hoc Part H Work Group, 1995). 장애아동의 특별한 욕구를 규정하고 그 욕구에 대처하기 위한 자원들을 조정하는 지역들이 점점 더 늘어나고 있다.

영·유아들이 발달지체(주 지침에 정의된)이거나 혹은 발달지체와 관련된 신체적, 인지적 장애(다운증후군이나 뇌성마비)라고 진단되었다면 Part C의 대상이 된다. 각 아동들의 요구에 맞추어 신체적, 인지적, 말·언어, 그리고 사회적 기술과 자조기술들에 대한 서비스가 제공되어야 한다. **그림 10.4**는 제공할 수 있는 일부 서비스의 목록이다.

개별 아동과 그 가족들에게 적절한 서비스를 파악하기 위한 기초 자료를 제공하기 위해서 다양한 전문가들에 의한 개별화된 평가가 이루어져야 한다. 이 전문가 팀은 자세한 지원 계획, 즉 **개별화 가족 지원 계획**(individualized family service plan, IFSP)을 개발한다. 가족은 항상 팀의 구성원이 되며, IFSP는 매년 평가받고 업데이트 되며 매 6개월마다 재검토한다. **그림 10.5**는 IFSP의 가장 필수적인 내용을 제시하고 있으며, **그림 10.6**은 Part C의 조기중재

보조공학 장비와 서비스	물리치료
청각학	심리 서비스
가족 훈련, 상담 및 가정방문	서비스 조정
건강 서비스	사회복지 서비스
진단 혹은 평가와 관련된 의료 서비스	특수교육
간호 서비스	말·언어 치료
영양 서비스	수송과 관련된 비용
작업치료	시각 서비스

그림 10.4 Part C에 의해 제공된 서비스의 예

출처: *34 Code of Federal Register* (CFR) 303. 12(d), as presented in Ad Hoc Part H Work Group(1995).

과정, 즉 서비스 조정자를 선정하기 위한 조사 단계에서부터 Part C에서 유치원 서비스 단계로 이동하기 위한 전환 계획 단계에 이르는 과정이 포함된 단계의 예이다.

IFSP의 특별한 서비스에는 부모 훈련, 즉 상담, 언어, 직업적 또는 신체적 치료 등을 포함할 수 있다. 그리고 아동의 장애와 관련된 몇 가지 건강 서비스들도 포함된다. 이러한 서비스는 가정에서 혹은 치료실이나 다른 치료센터에서 제공할 수도 있다. 모든 서비스들은 사전에 부모의 동의가 있어야 한다.

모든 개별화 가족 지원 계획에는 다음의 내용을 포함해야 한다.

1. 인지적, 의사소통, 사회적, 정서적, 신체적, 적응적 발달면에 대한 아동의 현행 수행 수준의 다학문적 평가서
2. 가족의 자원, 우선순위, 그리고 관심에 관한 내용
3. 방법, 빈도, 강도를 포함한 아동과 가족의 욕구에 대한 서비스 내용
4. 준거, 절차 및 시간 계획 등이 포함된 예견되는 중재 결과의 진술
5. 조기중재 서비스가 제공될 자연적인 환경에 대한 진술
6. 서비스의 시작점과 예상되는 기간에 대한 계획
7. 또 다른 기관 및 사람들과 함께 그 계획의 실행과 협력에 대한 책임자의 이름
8. 유아 서비스에서 유치원 프로그램으로의 성공적인 전환 과정에 대한 절차

개별화 가족 지원 계획은 매 6개월마다 재검토되어야 하며, 매년 평가되고 업데이트 되어야 한다.

그림 10.5 개별화 가족 지원 계획

출처: Noonan & McCormick (1993).

조사(Inquiry)

가족이나 전문가는 아동을 담당하고 있는 지역의 서비스 제공자와 접촉한다(지역의 서비스 제공자는 아마 교사, 사회복지사, 공중위생 간호사이거나 조기중재의 전문가일 것이다).

↓

선별·의뢰(Screening/Referral)

지역의 서비스 제공자는 아동이 평가를 받아야 하는지를 결정한다.

↓

평가·사정(Evaluation/Assessment)

평가는 아동의 적격성을 판정하고 유지하는 과정이다(평가는 아동이 다른 프로그램에 의해 평가되었을 경우 반복되지 않을 수도 있다). 사정은 가족과 프로그램 팀에 의해 아동을 지원해 주기 위해 서비스가 필요한지를 결정하는 데 사용되는 과정이다. 이것은 가족의 자원, 우선순위, 관심뿐만 아니라 아동의 강점과 요구에 기초하고 있다.

↓

IFSP(개별화 가족 지원 계획)

가족과 가족 서비스 조정자, 그리고 다른 기관의 평가·서비스 팀 구성원들은 IFSP를 개발한다.

↓

IFSP의 재검토

가족과 가족 서비스 조정자는 IFSP를 재검토하고 현재 가족이 필요로 하는 것을 결정한다(이것은 최소한 6개월마다 일어나야 한다).

↓

전환 계획(Transition Plan)

한 프로그램에서 다른 프로그램으로 이동할 때에 아동을 위하여 계획을 개발한다.

그림 10.6 Part C에 규정된 조기중재 과정을 아동이 통과할 때의 전형적 단계

출처: *Early On: Michigan's Family Guidebook to Early Intervention Services*, May, 1993.

이 Part C 법에서 중요하게 강조하는 것은 단체와 전문가들 사이의 협력이다. 이것은 조기중재에서 서비스 제공자들 사이의 협력의 필요성을 인식하는 것뿐만 아니라, 아동들의 전반적인 생활 영역에 대한 서비스를 제공하는 일종의 선례를 제공하기 때문이다. 그리고 그것은 아동과 가족, 지역사회의 상호관계를 인식할 수 있도록 하기 때문에 전문가들 간에 시스템에 대한 이해를 강조하는 것이다.

서비스 조정

서비스의 조정은 조기중재 계획에 있어서 중요한 요소이다. 그림 10.7은 가족들이 아동의 발달을 촉진하는 데 필요한 중요한 조기중재 목록이다. 이와 같은 서비스 목록은 전체적인 내용을 모두 포함하고 있는 것은 아니며, 이 밖에 중재를 위한 교육이나 일상생활 훈련과 다른 서비스를 제공하는 다양한 기관과 서비스 제공자들이 있다. 그림 10.7에 있는 제공 기관들은 어떤 지역에는 존재하지만 어떤 지역은 존재하지 않을 수도 있다.

적합한 서비스와 서비스 제공자를 파악하는 것과, 더욱이 어떤 서비스가 더 효과적인지 아는 것은 매우 어려운 일인데, 이것은 특정 지역사회단체들의 지식과 경험을 필요로 한다. 특별한 상황을 제외하고는 가족들은 처음부터 이와 같은 복잡한 사항을 이해해서 선택할 수 있는 특별한 지식을 가지고 있다고 기대할 수 없다(비록 몇 년 동안의 경험 후에 그들이 종종 진정한 전문가들이 된다고 할지라도). 그래서 가족 서비스 중재자는 부모들이 적합한 서비스를 선택하는 방법을 이해할 수 있도록 돕고 가장 유용하고 효과적인 서비스를 선별하는 데 중요한 역할을 한다.

유용한 서비스의 양과 질은 지역마다 다르다. 일반적으로 지방보다 대도시에 훨씬 많은 선택권이 있다. 그러나 오히려 대도시 중심부의 저소득층 거주 지역 가족들은 서비스를 받을 통신수단도 없고, 사회적, 정보적 지원이 거의 없어서 '고립'될 수 있다. 그래서 그들은 쉽게 소외될 수 있고 더 큰 지역사회에 참여하는 것이 차단될 수 있다. 그리고 주류문화로부터 관심을 받지 못하게 되는 것은 지방에 있는 가족들에게 더욱 어려운 일일 수 있다.

게다가 다양한 서비스를 선택해야 하는 가족들로서는 기관의 지원에 의존할 수밖에 없다. 그렇지 않아도 스트레스가 많고 혼란스러운 가족들은 기관의 중재가 오히려 스트레스와 긴장을 가중시킬 수 있기 때문에 이와 같은 가족의 스트레스와 긴장을 줄이고 건강한 삶을 누릴 수 있도록 가족의 요구에 귀를 기울이고 이에 필요한 자원들과 연결시켜 주는 것이 서비스 중재자의 과업이라 할 수 있다. 물론 이러한 과정에서 최종적인 결정권은 가족이 갖게 된다.

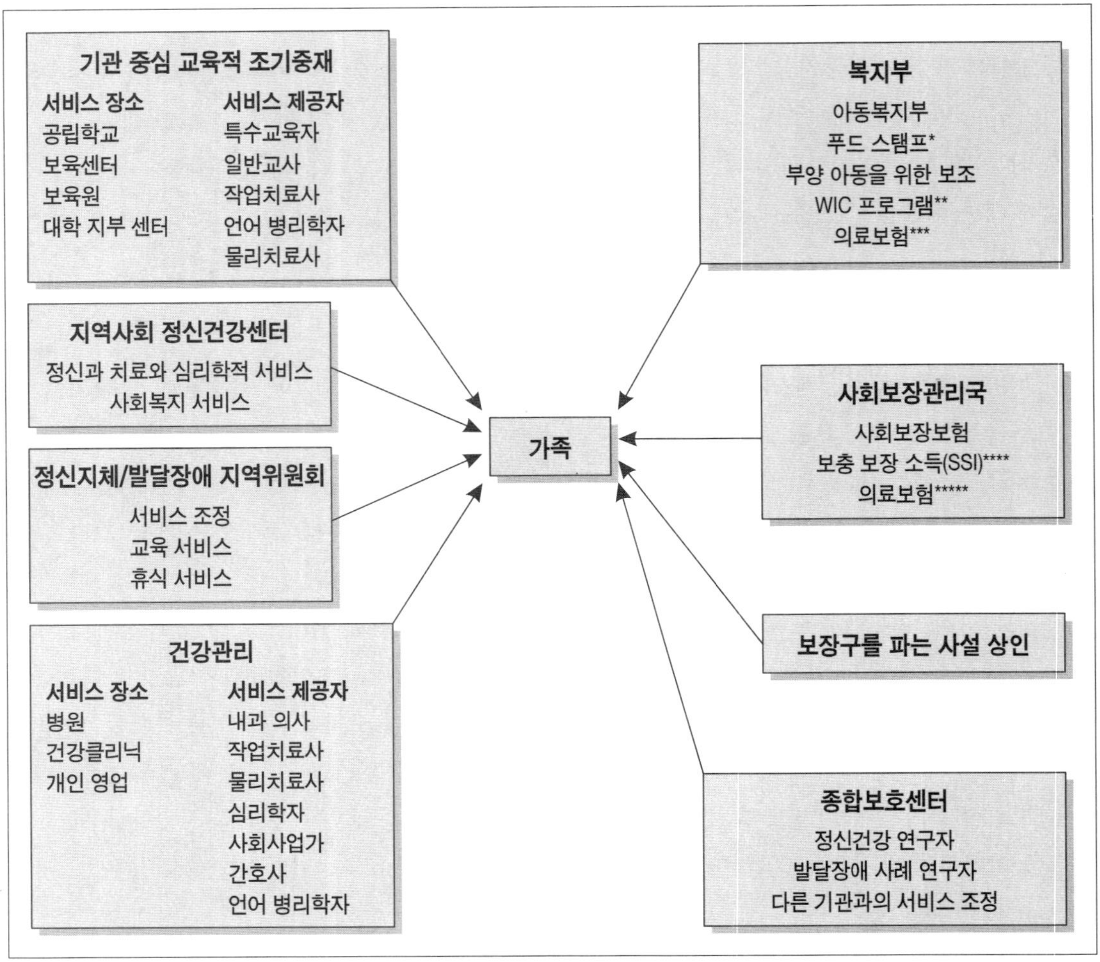

그림 10.7 가족을 위한 지역사회 서비스

* 저소득층에 대해 연방정부가 보급하는 식량 배급표
** 미국의 여성, 유아, 아동보호 프로그램
*** 미국 정부의 저소득층을 위한 의료보험제도인 Medicaid
**** 음식, 의복, 대피처에 대한 기본적 욕구 충족을 위해 돈을 주는 고령자 및 장애자를 위한 제도
***** 65세 이상의 노인을 대상으로 하는 노인 의료보험제도

기관과 가족 협력의 중요성: 실제 사례

Barbara Cline(1장의 시작 부분에 소개되어 있는 그녀를 상기하라) 수녀는 미시간 주 남서부에 있는 15개 군의 Early On 조정자이다. Early On은 출생에서 3세의 아동(Part C의 규정)를 위해 서비스를 조정하고, 기관 간 협력, 공공 건강 부문, 사회적 서비스 부문, 지역사회 정신건강 기관, 그리고 학교를 포함한 여러 개의 기관에 걸친 프로그램이다. 여기서 그녀는 기관의 조정과 가족과의 협력의 중요성에 대해 이야기한다:

가족을 위한 서비스의 조정이라는 주제가 여기에서 실제 문제가 되었을 때, 몇몇 사람은 말했을 것이다. "음, 우리는 모든 서비스를 잘 조정하고 있어요." 나는 기관 운영 수준에서 서비스가 잘 조정되었는지에는 의심을 품었으나, 실제 가족 서비스의 수준이 얼마나 잘 조정되었는지는 정말 확신하지 못했다. 그래서 우리는 그 문제에 대한 연구를 실시하였다. 그 때 나는 11개의 기관이 관련되어 있는 가족과 함께 일을 하고 있었고, 모든 기관이 그 가족에 대한 정보를 공유하기까지 6개월이 걸렸다. 마침내 모든 기관이 정보를 공유했을 때, 다른 기관들이 부모에 대해 다른 목표와 기대를 가지고 있다는 것을 발견했고, 어떤 경우에는 목표와 기대가 충돌하였다 이 가족은 방임 때문에 자녀를 잃을 위험한 상태에 처해 있었다(그리고 끝내 그 아동을 양자로 내놓았다). 무슨 일이 일어났는지 되돌아보면서 우리는—충분한 지원이 있었다면—아마도 그 가족은 자녀를 지킬 수 있었을 것이라고 생각했다. 어느 날 오후 3시쯤에 나는 이 가족을 만나러 갔는데, 그 아이의 어머니는 문 앞에서 나를 보며 말했다. "자, 당신이 오늘의 여섯 번째 손님이군요." 그리고 나는 말했다. "당신이 당신의 삶을 더 낫게 만들어 주려고 노력하는 6명의 전문가들을 접대하면서 얼마나 오랜 시간을 자녀와 보냈습니까?" 나중에 그 가족을 돌아보았을 때, 우리는 11개의 기관(또는 서비스)이 있었지만, 그들이 실제로 필요로 했던 것은 단 3개뿐이라는 것을 깨달았다. 만약 이 3개 기관이 함께 일했다면 그 가족은 여전히 함께 있었을 것이고, 7개의 다른 기관은 다른 가족을 도와줄 수 있었을 것이다.

우리가 처음 조정에 대하여 이야기할 때, 사람들은 계속해서 말했다. "그래요, 우리가 이것을 하게 하기 위해 당신은 얼마를 줄 거죠?" 나는 이렇게 대답했다. "나는 그것을 하는 데 어떤 돈도 줄 수 없어요. 당신은 그것을 함으로써 돈을 절약하는 거예요."

아동이 학대받고 심각한 위험 속에 방치되어 있는 경우에 지역사회 기관은 가족과의 협력 혹은 동의가 없다 하더라도 중재의 책임을 갖게 된다. 그러나 그럴 때에도 가족들이 가능한 참여할 수 있도록 해야 하며, 각 가정의 특별한 요구에 맞추어 중재 계획을 적용하는 것이 중요하다.

시행의 과제

부모 참여

많은 조기중재 프로그램의 한 가지 기본적인 가설은 부모의 참여(일반적으로 어머니의 참여)가 아동 교육의 성공과 관계가 깊다는 것이다(Casto & Mastropieri, 1986; Powers & Bruey, 1988). 이런 의미에서 부모의 참여는 중재 계획 개발단계에서의 참여뿐만 아니라, 중재 훈련 과정에서의 적극적인 참여를 의미하는 것이다. 때로 이 가설은 중요한 장애의 원인(환경적 결함 이론)을 불충분한 양육의 결과라거나 비정상적인 양육 경험들로 인해 아동의 발달 과정에 부정적인 영향을 주었다는 점에 기초를 둔다.

예를 들어 최근 연구를 통해 아동과 양육자 사이의 긍정적인 상호작용은 정상적인 발달에 중요하다는 것이 밝혀지고 있다(Gindis, 1995). 유아들에게 있어서 긍정적인 상호작용은 대개 아동들의 의사소통 신호를 '파악하는' 양육자의 능력에 달려 있는 것이다. 보통 유능한 양육자는 유아가 피곤한지, 배고픈지, 지루한지, 혹은 아픈지 그렇지 않은지, 혹은 아이가 놀고 싶은 건지, 꼭 껴안아 주기를 원하는지도 알 수 있다. 장애 유아의 행동이 때때로 설명하기 어렵거나, 양육자가 무엇을 해야 하는지(혹은 심지어 무엇을 해야 한다는 사실조차도) 모르기 때문에 비교육적이거나 부정적인 상호작용이 일어날 수 있다. 그런 상황에서 효과적으로 반응하는 방법을 지도받은 부모들은 아동들의 발달을 쉽게 도와줄 수 있을 것이다(Sameroff, Bartko, Baldwin, Baldwin, & Seifer, 1998).

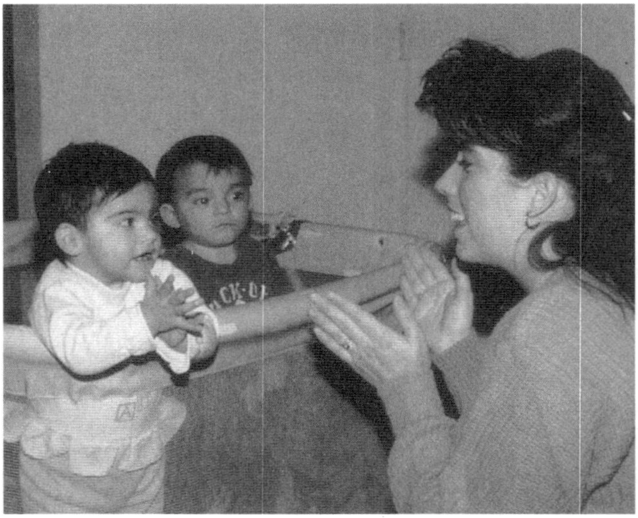

발달에 적절한 성인과의 상호작용은 정상적인 발달에 필수적이다.

© Tony Freeman/PhotoEdit

뿐만 아니라 부모 참여 과정에서의 초점은 훈련 이상의 필수적인 실습 과정이라고 할 수 있다. 즉, 반복적으로 다양한 상황을 경험해 보도록 하는 것이 아동에게 효과적이라는 것이다. 특히 정신지체 아동은 일반적으로 **일반화**(generalization)에 문제를 가지고 있기 때문에 더 중요하다(Powers & Bruey, 1988).

그러나 Bricker(1986)에 따르면, 부모 참여란 용어는 적극적인 서비스의 전달과 학급 내 부모의 참여(Kroth, 1989), 엄마와 아동의 상호작용(Nye, 1989), 아동의 행동에 대한 부모의 평가(Field, Dempsey, Hallock & Shuman, 1978) 등 다양한 의미를 가지고 있다. 이처럼 부모 참여의 의미를 광범위하게 해석하면, 그들의 연구 보고서에 나타난 가족 참여에 대한 놀랍고 다양한 연구 성과는 당연한 것이다(Casto & Mastropieri, 1986; Ramey, Bryant, Sparling, & Wasik, 1985; Ramey & Ramey, 1998). 사실 부모의 참여가 프로그램의 효력을 증진시키는지에 대해서는 가족 개개의 상황과 중재의 유형에 따라 달라질 수 있다(Strain & Smith, 1986; Baker, Landen, & Kashima, 1991).

때로는 가족들이 그들 스스로 가족 참여에 대한 전문가들의 의견을 무시하고 자신들의 생각을 주장하는 경우도 있다(Turnbull & Summers, 19987). 어떤 이들은 그들의 양육에 대한 견해와 맞지 않는다는 이유로 서비스 책임자로서의 역할을 요구하기도 한다. 가족들은 그 아동이 고정된 대상으로 결정지어지거나 그들은 무조건적인 사랑이 필요하다는 것과 같은 생각을 좋아하지 않는다. 다만 그들은 단순히 아동 그 자체로 수용되기를 원하는 것이다. 그러나 부모나 전문가들 모두 장애아동의 차이와 다양성을 인정해야 하는지 혹은 긍정적인 변화의 가능성에 더 비중을 두고 중재 노력을 해야 하는지에 대해 항상 혼란스러워 한다. 이 경우 적절한 균형을 유지하는 것이 중요한데, 장애아동의 차이에 대해 인정하지 않는 경우는 그들의 낮은 자아존중감의 원인이 될 수 있고, 장애아동의 장애에 대한 지나친 배려는 성장과 발달을 촉진시키고자 하는 높은 기대와 지원을 갖추지 못하는 원인이 될 수 있기 때문이다.

어떤 부모들은 전문가들이 가족의 기능을 종합적으로 고려하지 않으며, 때로는 특정한 중재가 가족의 삶의 질에 미칠 효과를 무시한다고 생각한다. 다음의 예에서와 같이 Featherstone(1980)은 별도로 하루에 세 번, 5분 동안 전동 칫솔로 아들 Jody의 양치질을 하는 데 시간을 보내라는 요청, 즉 Jody의 잇몸이 그의 이를 덮는 것(발작약 Dilantin의 작용으로)을 억제하기 위해 제안한 절차에 대한 그녀의 반응을 진술하였다. 이것은 작업치료사에 대한 최소한의 합리적인 요청인 것처럼 보이지만, Helen Featherstone은 다른 견해를 가지고 있었다.

> Jody는 … 전맹의 뇌성마비이고 정신지체이다. 우리는 매일 그에게 물리치료를 하고 그에게 소리를 들려주거나 대화를 나누기도 한다. 무릎 위에서 그에게 음식을 먹이며, 우유를 먹이고, 옷을 갈아입히고, 목욕시키고, 말리고, 재우기 위해 몸을 고정대에 두며, 침대보를 매일 세탁한다. 모든 것은 그의 고통을 최소화하고 즐거움과 발달을 강화하기 위해 계획된 것이다. 당신은 이제는 내가 매일 15분을 Jody가 싫어할 무언가-그가 걷거나 깨끗하게 되는 것을 도와주지 않는 활동, 하지만 그의 잇몸 건강을 지도하는 활동-에 보내야 한다고 한다. 이 활동은 제한된 시간 동안 행해지는 것이 아니라 영원한 것이다. 그것이 도움이 될 것이라는 것은 보장되지 않았으나 "상처를 주지는 않는다." 그것은 과잉성장을 막지 않을 것이지만, 지연시킬 수는 있다. 음… 너무 많다. 15분이 어디서 나오는가? 내가 무엇을 포기해야 하나? 아이를 공원에 데려가는 것? 큰 아이에게 자기 전에 동화를 읽어 주는 것? 아침 식사를 한 그릇을 설거지하는 것? 세탁물을 분류하는 것? 학생들의 답에 점수를 매기는 것? 자는 것? 나의 하루 일과에는 여유 있는 시간이 없기 때문에, 매일 15분의 활동이 더해진다면 다른 무언가는 줄여야 한다(Featherstone, 1980, pp. 77-78).

Featherstone은 이와 같은 가족의 복잡하고 다양한 욕구를 이해하는 것과 아울러 이러한 가족의 욕구에 맞추어 가족들과 함께 일하는 것의 중요성을 다시 한 번 강조한다(Seligman, 1999). 부모 참여의 중요성은 참여의 유형과 중재의 목표에 달려 있다. 그래서 '참여'의 개념은 이제 가족 지원의 개념으로 바뀌고 있다(Turnbull & Summers, 1987).

가족 중심의 초점

가족 지원은 가족 중심의 초점을 함의한다. Turnbull과 Summers(1987)에 따르면 가족 중심의 관점이 다른 관점과 다른 점은 기관 중심의 서비스 전달 체계가 아니라 가족 중심의 중재 체계라는 것이다. 이것은 더 이상 서비스 기관만이 적절한 해결책을 가지는 것이 아니며, 서비스 기관만이 우선순위를 정할 권한을 가진 것도 아니라는 것을 의미한다. 대신 가족들은 자신들이 가장 필요로 하는 지원이 무엇인지를 서비스 제공자들에게 알리고, 서비스 제공자들은 이러한 요구들을 충족시키기 위해 가족들과 함께 작업을 하게 된다. 이와 같은 가족들의 요구는 경제적 지원이나 기술 개발, 직업 훈련뿐만 아니라, 여가나 사회화 과정, 친교, 자기존중감과 같은 정서적인 요구들도 포함한다(Seligman,1999).

가족 중심 관점에서, 모든 가족 구성원들은 여러 가지 강점을 가지고 있기 때문에 중요한 역할을 담당하며, 그들의 바람이나 요구들도 같은 맥락에서 중요하게 다루어진다. 여기서 가족이란 부모와 형제자매뿐만 아니라 친척들과 가족의 중요한 친구들 모두를 포함하는데, 이들은 각각 개별적인 관점에서 다루어져야 한다. 왜냐하면 이들은 아동과 다양한 상황에서 영향을 줄 수 있는 중요한 역할을 하기 때문이다. 비록 서비스 제공자의 주요 관심이 아동의 복지에 있다고 하더라도 그와 같은 아동의 욕구와 가족들의 욕구를 분리해서 생각할 수는 없는 것이다. 예를 들어 가족의 경제적 지원같이 아동과 직접적인 관련이 없는 영역임에도 불구하고, 가족들의 스트레스가 줄어드는 상황만으로도 장애아동에게 충분히 도움이 된다는 것이다(Powers & Bruey, 1988). 이처럼 다양한 상황의 자연스러운 상호관계 때문에 가족들의 욕구는 중재의 초점이 되어야 한다.

이러한 "가족 우선"의 개념은 가능한 한 가족들이 함께 살아야 한다는 점을 강조한다. 대조적으로, 불과 몇 십 년 전에는 정신지체 아동들은 시설에서 전문가들에 의해 보육되어야 한다고 여겨졌다. 하지만 요즘은 가족들이 함께 생활하고, 같은 지역사회 안으로 장애아동들의 참여를 독려하고 있다. 왜냐하면 아동들을 가족들과 떨어뜨려 놓음으로써 아이들의 삶에 이차적 혼란이 생기기도 하였고, 심지어 안전하고 건전한 환경을 제공할 수 있는 가족의 능력이 인정받지 못하여 아동들이 가정에서도 보호받지 못하는 일이 발생했기 때문이다. 따라서 가족 중심 관점은 가족 체계 안의 강점을 확인하고 아동에게 도움이 될 이러한 강점들을 증가시키기 위하여 가족과 함께 생활하는 것을 원칙으로 하고 있다.

비록 조기중재 프로그램들이 장애아동들의 발달에 중요한 영향을 줄 수 있지만, 외부의 중재가 가족 체계 안에 개입하게 되어 아동에게 영향을 주는 관계들의 균형에 혼란을 주기도 한다. 예를 들어 어떤 부모들은 전문가들과 함께 일하기를 간절히 원하는 반면, 또 다른 부모들은 '전문가들이 부모들 삶의 실제를 이해하지도 못하면서 부모들을 과소평가한다'고 생각하며 불편함을 느낄지도 모른다(Specht, 1989). 어떤 부모들은 중재를 낯선 사람에 의한 간섭이라고 생각하여 가족 내에서만 문제를 처리하려 할 수도 있다. 따라서 전문가들은 중재에 참여할 경우 현재 가족이 가지고 있는 어려움에 귀 기울여야 하고, 가장 효과적인 중재 계획을 설계하기 위해서는 가족들을 반드시 참여시켜야 한다.

부모들에게 언어 훈련 기술을 지도해야 할 때에는 가족의 가치 혹은 관점과 충돌하지 않기 위해 주의해서 계획해야 한다. 예를 들어 기저귀를 갈아 줄 때, 먹일 때, 옷을 입힐 때 아기와 이야기를 나눔으로써 자연스럽게 이루어질 수 있다. 하지만 행동 훈련 프로그램의 경우 부모들의 관점의 변화가 요구되기도 하고, 또 새로운 가치를 수용하도록 요구하기도 하기 때문에 중재를 시도할 경우 가족들에게 혼란을 야기할 수도 있다는 점도 염두에 두어야 한다.

프로그램의 계획 과정에서 가족 참여는 항상 중요하지만, 모든 가족이 훈련을 받아야 하는 것은 아니다(White, Taylor, & Moss, 1922). 지금까지 일반적으로 이루어졌던 기관 중심 취학 전 아동 프로그램도 가족들에게 유용한 부분이 있었던 것이 사실이고, 같은 맥락으로 가족 훈련만이 모든 것을 해결할 수 있는 것도 아니기 때문이다(Baker, Landen, & Kashima, 1991; Ramey et al., 1985; Ramey & Ramey, 1998). 다만 가장 성공적인 중재의 유형들이 더 많이 알려진다면, 가족 중심의 개별 프로그램들이 보다 효과적으로 계획될 수 있다는 것이다.

일반적으로 조기중재 프로그램은 고도로 구조화될 때 더욱 효과적이라고 알려져 있다(Casto & White, 1985). 즉, 명백한 이론적 근거, 명확한 목표, 잘 정리된 방법들이 있는 프로그램들이 더 성공적이라는 것이다. 또한 중재의 시기가 빠르면 빠를수록 아동들에게 더 유용하다는 것도 알려진 사실이다. 그러나 아동들이 3~4세일 때 가장 좋은 중재 효과가 나타났다는 연구 결과가 있다(Casto & Mastropieri, 1986). 따라서 부모 참여와 함께 중재를 시작하기 위해서는 가장 효과적인 프로그램과 최적의 연령을 고려하여 아동이 장애를 가지고 있는지, 위험한 상태에 있는지를 발견해야 한다(Strain & Smith, 1986).

장애 유아의 판별

장애아동들에게 적절한 조기중재 서비스를 제공하기 위해서는 먼저 장애아동인지를 판별하는 절차가 필요하다. 아이가 태어날 때 정신지체와 관련되어 있음이 판별된다면, 분만에 참여했던 의사나 병원은 서비스 기관에 의뢰를 한다. 다른 경우에는 가족들이 발달적 문제들을 인식하고 아동을 위한 지원 대책을 요구하게 된다. 그러나 불행하게도, 많은 경우 이와 같은 발달상의 문제들은 아동이 유치원이나 초등학교에 입학할 때까지도 발견되지 않는다.

가능한 한 조기에 대상 아동을 판별하기 위해 (장애인교육법 Part C에 따라) 미국의 모든 주에서는 해당 아동을 찾아서 의뢰하고 정보를 제공해 주는 아동 발견 서비스를 제공하고 있다. 게다가 담당 기관에서는 다른 지역의 기관과 협력하고, 그들의 존재를 지역사회에 더 많이 알려 장애아동들을 선별해내려고 노력하고 있다. 아동이 잠재적인 장애아동으로 확인되면 5장에서 설명한 영아와 유아들을 위한 장애 진단 서비스를 제공하게 된다.

장애 위험 유아의 판별

장애 위험 아동을 위한 중재는 정신지체의 수를 가장 크게 감소시키는 효과적인 방법이 될 것이다. 대부분의 정신지체인들은 겉으로 드러나는 기관의 손상이 없이 온전한 형태로 태어난다는 것에 주시해야 한다. 이들의 장애는 일반적으로 생후 10개월 후까지도 잘 드러나지 않으며(Ramey, MacPhee, & Yeates, 1982), 실제로 몇몇의 연구에서 조기중재가 그들의 인지적 결함을 예방하거나 줄일 수 있다는 결과를 보여 주고 있다(Ramey et al., 1992; Ramey, Mulvihill, & Ramey, 1996; Ward, 1999).

그러나 비용적인 측면과 실제적인 관점에서 볼 때, 조기중재가 실행 가능하려면 어떤 아동들이 실제로 조기중재로부터 이득을 얻을 수 있는지를, 또 어떤 아동들이 실제로 위험한 상황에 있는지를 확인하는 것이 필수적이다.

아동 학대, 조산, 저체중 출산, 주산기의 산소 결핍, 가난, 그 외 많은 요인들이 아동들의 지적 기능에 결손의 원인으로 알려져 있지만, 다행히도 이러한 조건을 가진 아동들 중에서 극히 소수만이 실제로 지적 문제를 가지게 된다(Rojahn et al.,1993). 가장 효과적으로 예방을 하기 위해서는 위험에 노출된 모든 아동에 대한 예방이 이루어져야 하겠지만, 조기중재란 정확하게 장애가 있음이 선별된 일부의 사람들에게만 제공될 수밖에 없다. 하지만 정신지체의 진행은 복잡한 요인들과 관련되어 있기 때문에 단일한 요인으로 장애의 발생 원인을 단정할 수 없다.

문화적, 민족적 관심

가족들 사이에 문화와 민족 차이에 관해서는 잘 받아들여지고 있지만, 위험 예견에서의 차이는 잘 고려되지 않는다. 예를 들어 한 연구는 아프리카계 미국인 아동들의 지적 발달에서 나타나는 문제들이 (중요한 순서로) 어머니의 교육, 출생 순서, 태교를 시작했던 달에 의해 가장 잘 예견된다는 것을 발견했다. 그러나 백인 아동들에게 있어 세 가지 유력한 예견은 (또한 중요한 순서로) 이전에 사망한 형제자매, 어머니의 교육, 어머니의 나이로 예견된다고 여겨지고 있다(Ramey et al., 1982). 유사하게, 아프리카계 미국인 가족과 백인 가족의 아동들에게 있어 높은 IQ 능력이 예견 정확도가 높다고 보는 반면, 라틴 아메리카계 미국인 가족에게는 중요하게 나타나지 않는다고 본다.

그러한 차이들은 잘 이해되지 않고 있다. 문화적, 민족적으로 관련된 요인들과 발달 사이의 관계를 분명히 하려는 연구는 장애 위험 아동들을 확인하고 효과적인 중재를 개발하는 데 필수적일 것이다.

빈곤이 그 구체적인 예이다. 비록 낮은 사회경제적 지위의 아동들이 정신지체의 위험한 상태에 있기는 하지만, 거의 대부분은 정신지체를 나타내지 않는다. 이것은 사회경제적 지위가 낮다는 것만으로 정신지체를 예측할 수 없고, 특수한 개인적 상황, 그리고 주변 환경들이 빈곤과 밀접히 연관되어 있음을 의미한다. 즉, 빈곤한 환경은 자원의 부족과 연결되어 문제를 야기하는 것이다. 스트레스를 유발하여 신체 발달을 저해하고, 사회적, 정치적인 상황에 대해 선천적으로 다른 방식으로 표현하며, 중상위층과는 다른 기술을 습득하게 된다(Ogbu, 1997). 대부분 IQ검사에서 낮은 점수를 보이는 것이 이 때문인 것으로 해석된다(5장 참조). 물론 일부이지만 낮은 사회경제적 지위의 부모들은 거의 교육을 받지 못했거나 그들의 자녀들과 놀아 주고 가르칠 시간이 없다. 사회경제적 지위가 낮은 가정에서 발생하는 정신지체는 그들의 환경 자체의 어려움뿐 아니라, 다른 건강 관련 위험 요소들이 있으며(8장 참조), 이것은 가족들 개개인의 기술이나 대처 능력으로는 불가항력적인 경우이다.

일반적으로 아동에게 존재하는 위험 요소가 많을수록 지적인 결손은 더 많이 생길 것이다(Rojahn et al., 1993). 만약 아동이 조산으로 태어나고, 학대하는 부모 밑에서 빈곤한 환경에서 자라고, 지적인 교육을 받지 못하고, 영양 부족으로 고통 받으며, 납으로 된 페인트로 오염된 집에서 산다면 정신지체의 발생 가능성은 매우 높아지게 된다.

하지만 복합적인 위험 요소가 존재함에도 불구하고, 어떤 아동들은 손상을 모면하기도 한다(Rojahn et al., 1993). 아동들은 어떻게 위험에서 벗어나는가? 그것은 다름이 아니라 어려운 환경 속에서도 도전하고 성공적으로 그 환경에 **대응하는 능력**(resilience)이라는 것이다. 따라서 어린 아동들이 적합한 전략을 학습하도록 도와주는 서비스 지원이 필수적이다(Greenbaum & Auerbach, 1998; Lewis, 1999). 적응력, 외향성, 민감성, 기민함과 같이 아동의 개인적인 특성을 건전한 방향으로 강화시켜 주는 지원들 또한 중요하다. 궁극적으로 그것은 환경적인 요인뿐만 아니라, 지체의 가장 큰 위험 요소가 되는 유전적인 요인 모두를 극복하는 것이 될 것이다.

토론 과제

현재까지는 정신지체의 개선과 관련된 경험에 대한 연구들이 거의 없다. 아동들이 개선을 촉진시킬 수 있는 경험이나 특성들에 대해 생각해 보라. 그리고 당신이 이러한 경험들이 효과적이라고 생각하는 이유를 서술해 보라.

구조적인 맥락에서 보면, 장애 위험 요인의 복잡성을 이해하는 것은 연구자들과 서비스 전문가들이 '무엇이 중요한 요인인가'를 결정하는 데 도움을 줄 수 있다. 아동의 문화적, 사회적 지위, 이웃, 교육 기회와 조기중재 기회, 양육자의 성격, 개인의 성격이 모두 다양한 측면에서 상호작용한다는 것이다. 따라서 아동이 복잡한 균형을 포함하는 시스템에서 단순히 한 부분으로만 여겨져서는 안 된다. 아동은 유전과 환경의 상호작용으로 생기는 많은 스트레스로 인해 시스템 전반을 무너뜨릴 수 있기 때문이다. 시스템적인 면에서 가정과 외부 중재의 균형을 찾고 아동이 가장 적절한 발달을 이루어내기 위해 전문가들은 아동을 중심으로 다양한 요인을 확인하도록 도와야 한다(Bronfenbrenner, 1995). 시스템화된 조기중재 프로그램은 아동 자신의 능력을 넘어서는 많은 스트레스와 손상을 개선하는 데 필요한 요소들을 포함하고 있다. 한 가지 예로, Yale 프로젝트는 아동들을 위한 인지적 기술의 획득뿐만 아니라, 경제적 지위와 교육적 지위, 주거 환경, 참여 가족들의 자기만족도에 있어서 장기적으로 의미 있는 개선 효과를 거두었다(Rescorla & Zigler, 1981; Zigler, 1994).

장애 위험 아동들을 확인하는 작업은 복잡한 상호작용 요인들을 반영하고 있는 발달 원리에 준하여 이루어질 것이고, 이를 통해 확인된 방법은 그것을 가장 필요로 하는 사람들에게 적절하게 제공되어 요긴하게 사용될 것이다. 그러나 실제에 있어서 위험의 정의와 위험을 결정하는 방법은 매우 가변적이다. 예를 들어 어떤 주에서는 만약 그들이 이미 잠재적으로 장애 상태를 나타낸다면 아동들이 위험한 상태에 있다고 여기지만, 다른 주에서는 그렇지 않을 수 있고, 미국의 어느 주에서는 심리사회적으로 장애 위험 아동들을 위해 서비스를 허용하지만 그 적격성을 결정하는 여러 요인들에는 합의가 되지 않은 경우도 있다(Brown, Thurman, & Pearl, 1993). 따라서 위험을 예견하는 이러한 조건들을 확인하는 데 있어서 계속적인 연구가 조기중재의 적격성을 위한 확실한 준거를 수립하는 것이 필수적인 일일 것이다.

프로그램 내용

'전형적인' 중재 프로그램을 기술하는 것은 불가능하다. 왜냐하면 중재 프로그램의 내용은 매우 다양한 반면, 실제로 적용되는 프로그램들은 특정 개인을 위해 계획되기 때문이다. 심지어 취학 전 학교 서비스와 같은 중재 프로그램의 구성요소도 매우 다양하다.

조기중재 프로그램은 응용행동분석 접근법, 생태학적, 기능적 접근법, 발달주의 접근법을 취할 수 있다. 이들 중 어떤 것은 가정 중심이기도 하고 기관 중심이기도 할 것이다. 기관 중심 프로그램은 때때로 장애아동에게만 국한될 수 있고, 또 그렇지 않을 수도 있다(Klein &

표 10.2 프로그램 내용 개발을 위한 접근

접근법	기능
발달주의	발달지표: 전형적으로 아동의 연령에 따라 기대되는 행동을 가르치는 데 초점을 둔다.
Piaget 학설의 단계	Piaget 단계에서 인지적 성취를 의미하는 자료와 개념을 가진 경험을 제공한다.
기능적, 생태학적	적절하게 적용된 환경에서 기능적인 생활기술들을 가르친다.
응용행동주의	행동들과 기술들을 가르치기 위해, 그리고 성과를 측정하기 위해 행동기법들을 적용한다.

출처: D. Bricker & R. Kaminski (1986), Intervention programs for severely handicapped infants and children. In L. Bickman & D. L. Weatherford (Eds.), *Evaluating early intervention programs for severely handicapped children and their families* (pp. 51-78). Austin, TX: Pro-Ed.

Sheehan, 1987). 어쩌면 프로그램 내용은 장애아동보다 장애 위험 아동에게 적합할 수도 있을 것이다. 이런 다양한 가능성에도 불구하고 우리는 프로그램을 위한 주요 접근법을 제시할 수 있을 것이다. 그리고 각각의 내용을 예를 들어 설명할 수 있다. 표 10.2에 각 접근법을 간단히 제시하였다.

더욱 많은 프로그램들이 여러 영역에서 교육과 훈련을 절충적 접근방식으로 제공하고 있다. 예를 들어 많은 프로그램들이 직접 교수, 행동 관리, 발견학습방법 등을 결합하여 운동과 인지 발달, 사회기술, 행동기술, 자조 생활기술에 작용하고 있다. 표 10.3은 탐구와 발견을 자극하도록 짜여진 중재 활동들을 연령별로 기술하고 있다.

표 10.3 CAP에 사용된 발달적으로 적합한 행동 지침

나이(개월)	활동	설명
0~6	신뢰 쌓기	아기의 울음에 재빨리 반응하라. 단지 즐거움을 위해서뿐만 아니라 기저귀를 채우고, 먹이고, 목욕시키는 동안에도 아기를 껴안고, 흔들고, 아기와 이야기하라.
	보기 위해 아기 받치기	베개를 놓아 아기를 받쳐라. 그리고 아기가 볼 수 있거나 다룰 수 있는 장난감을 주어라. 아기가 보고 만진 것에 대해 아기와 이야기하라.
	'대화' 시작하기	당신의 얼굴에서 약 7~8인치 높이로 아기를 들어 올려라. 사랑스럽게, 생기 있는 목소리로, 다양한 얼굴 표정으로 이야기하라. 그리고 아기가 자신의 소리를 만들어서 대답하기를 기다려라. 아기가 그렇게 했을 때, 회답으로 목소리를 내라. 교대로 계속하라.

출처: J. Sparling & I. Lewis (1979), *Learning games for the first three years*. New York: Walker & Co.

표 10.3 CAP에 사용된 발달적으로 적합한 행동 지침 (계속)

나이(개월)	활동	설명
6~12	거울 가지고 이름 붙이기	아이가 쉽게 자신을 볼 수 있는 곳에 거울을 놓아라. 아이의 입을 만지며 '입'이라고 말하라. 당신이 각각의 이름을 말할 때 아이가 자신의 입, 눈, 코를 만질 수 있게 도와주어라. 웃으면서, 그리고 재미있게 하라.
	모방하기	숟가락으로 냄비를 두드려라. 인형에게 뽀뽀하라. 손뼉을 쳐라. 팔을 크게 펴라. 많은 다른 행동들 중 무엇이라도 하라. 당신이 했던 것을 아기가 해 보도록 요구하라. 아기가 반응했을 때 기쁨과 칭찬을 표현하라.
	문제해결하기	위에 작은 구멍이 있고 옆에 더 큰 구멍이 있는 상자를 아이에게 주어라. 아이가 상자 안으로 장난감을 떨어뜨리도록 하라. 아이가 두 가지 방법으로, 즉 두 구멍을 통해 장난감을 찾도록 격려하고 도와주어라. 아이가 기술을 습득할 때는 거의 돕지 말아라. "보이니?" "꺼낼 수 있니?" "너 혼자서도 모두 꺼낼 수 있어"라고 말해 주어라.
	그림 숨기기	아이가 알고 있는 어떤 큰 그림이 있는 상자의 한쪽 끝을 가려라. 상자를 아이에게 보여 주어라. 그리고 그 상자를 다른 쪽으로 돌려라. "Kitty를 찾아봐." 또는 "Susie를 찾아봐"처럼 대상의 이름을 사용하면서 아이가 그림을 찾을 수 있도록 격려하라.
12~18	집도록 도와주기	커다란 장난감 그릇을 주어라. 아이가 그릇 안으로 장난감을 떨어뜨리도록 격려하라. 교대로 하고, 아이가 떨어뜨릴 장난감을 선택하도록 하라. 재미있게 하고, 아이가 모든 장난감을 집도록 강요하지 말아라.
	선 만들기	당신과 아이가 손가락과 막대기로 선을 만들 수 있는 장소(모래, 진흙, 습기 찬 창문, 먼지 있는 탁자)를 찾아라.
	옷 벗기 시작하기	아이의 신발을 풀어라. 그리고 아이가 신발의 발끝만 벗을 수 있도록 신발의 발꿈치를 벗겨라. 양말을 가지고 같은 식으로 해 보라. 셔츠를 풀고, 한쪽 팔만 벗겨라. 아이의 성취와 독립심을 칭찬해라.
	단어를 말하고 행동하기	아이가 팔을 크게 펴고, 발끝으로 서고, 물구나무서고, 몇몇의 다른 행동들 중 하나를 하도록 아이에게 보여 주고 얘기하라. 아이가 말과 행동을 모방하도록 격려하라.
18~24	더 많은 단어 배우기	아이의 행동과 아이가 보고 만지는 사물들에 이름 붙이기를 명확히 하라. 또한 아이의 단어를 문장 안에서 사용함으로써 자주 반복하라. 예를 들어 아이가 꽃을 가리키면서 "꽃"이라고 얘기하면, "그래, 매우 예쁜 꽃이구나."라고 대답해 주어라.

표 10.3 CAP에 사용된 발달적으로 적합한 행동 지침 (계속)

나이(개월)	활동	설명
18~24	모양 분류하기	공과 블럭과 뚜껑에 동그란 또는 네모난 구멍이 있는 플라스틱 그릇을 사용하라. 어느 물건이 어느 그릇에 떨어질지를 아이가 조사하고 발견하도록 도와주어라. 그릇을 흔들고 물건들을 밖으로 쏟는 것은 재미의 일부이다.
	물로 색칠하기	아이가 현관 계단, 인도, 나무줄기, 바위에 색칠할 수 있도록 스펀지와 모래상자 안에 있는 물을 사용하라.
	색을 맞추고 분류하기	두 개는 같은 색이고 하나는 다른 색인 같은 물건(칫솔이나 양말) 세 개를 준비하라. 어느 물건이 같은 색이고 어느 것이 다른 색인지 아동이 선택하도록 돕고 격려하라.
24~30	옷 입기	스카프, 모자, 성인복, 보석을 주어라. 아이가 입기 원하는 것을 선택하도록 해 주고 아이가 입도록 해 주어라. 아이와 웃으면서 즐겁게 하라. 그러나 아이를 비웃지 않도록 주의하라.
	새로운 방법으로 보기	아이가 친숙한 사물들을 볼 수 있는 돋보기를 주어라. 아이의 감탄을 공유하라.
	하나와 둘 보여 주기	물건을 하나, 둘, 많음의 무리로 정렬하라. 아이가 무리를 확인하도록 도와주고 점진적으로 아이가 스스로 그렇게 하도록 격려하라.
	협동 배우기	둘 또는 그 이상의 걸음마기 유아들에게 작은 담요나 큰 타월의 한쪽 끝을 주어라. 그들이 담요 위에 있는 큰 공을 흔들거나 튕기도록 해 주어라.
30~36	안, 밖 및 주변	장난감이나 다른 물건들(작은 신발이나 인형 침대)을 가지고 아이에게 안, 위, 아래, 주위의 의미를 보여 주어라. 그리고 아이가 당신에게 보여 주도록 하라.
	시간에 대한 단어 사용하기	'후' '몇 분 안에' '점심시간쯤에'와 같은 단어와 구를 사건에 관련지어 아이가 시간의 개념을 이해하도록 도와주어라. 예를 들어 "점심시간 후에 우리는 동화를 읽을 거야." "아빠는 낮잠 자고 나면 여기에 계실 거야."
	무엇이 사라졌나	두 개의 장난감을 고르고, 아이가 눈을 가리도록 해라. 장난감 한 개를 여러분 등 뒤로 숨겨라. 그리고 아이에게 어느 것이 사라졌는지 보고 말하도록 요구하라.

조기중재: JASON의 사례

생후 6개월 된 Jason을 입양했을 때 Cathy는 이미 Jason이 조산 후 바로 다 뇌 출혈의 결과로 뇌손상을 가지게 되었다는 것을 알고 있었다. 의학적으로 뇌손상이 증명되었고 그의 뇌손상이 장애를 일으킬 가능성이 높다고 알고 있었기 때문에, Cathy는 Jason이 조기중재 서비스를 받을 수 있을 것이라는 것을 알았다. 그녀에게는 이미 장애로 인해 보육시설에 다니는 두 명의 다른 자녀들이 있어서 조기중재 서비스에 대해 잘 알고 있었다.

그녀는 Jason을 집으로 데려온 후에 곧 지역 Part C 기관과 접촉했고, 그녀가 알고 있는 Jason의 발달적 문제들을 의논했다. 기관에서는 그녀가 Jason을 위해 조기중재 서비스를 받기를 원하는 기관으로 연락하였다. 첫 번째 전화 통화에서 기관은 조기중재 전문가가 집으로 Jason을 방문하겠다는 약속을 했고, 중재 전문가는 선별을 위한 평가 과정을 작성하고 Jason이 평가를 받아야 한다고 결정했다(Part C 과정에 있는 단계들은 **그림 10.7** 참조). 또 Cathy는 Jason 프로그램에 Rick과 Justin의 중재 팀의 같은 서비스 조정자를 요구했다.

3일 후에 Cathy와 Jason의 평가 과정이 시작되었다. 그 결과 뇌손상과 심리적, 언어적 발달지체라는 판단을 내렸다. 심리학자, 작업치료사, 청각학자, 언어 병리학자, 소아과 의사들이 Jason을 평가하였고, 이러한 모든 전문가들이 결과를 논의하기 위해 Cathy를 만났다. Cathy와 함께 Jason의 중재 팀을 결정하고, 일주일 후 Cathy는 Jason의 강점과 욕구에 대한 서면 보고서를 받았다. 그녀 자신이 중요하다고 생각하는 내용과 요구사항도 반영되었다.

첫 번째 평가에서 Cathy는 그녀가 Jason과 함께 실질적으로 직면하게 될 문제들에 대해 아무것도 모르고 있다는 것을 알게 되었다. Jason이 Cathy와 함께 있었던 것이 단지 몇 주뿐이었기 때문이다. 그녀는 Jason의 운동근육과 관련된 식습관이 문제라고 생각했지만, 그녀가 Justin과 Rick과 했었던 것처럼 Jason과도 잘 해 나가리라고 기대했다. 그녀가 가장 중요하게 생각한 것은 Jason이 중재 과정을 시작하는 것이었고, Jason의 발달 수준에 대한 그녀 자신의 판단을 확고히 하거나 수정할 수 있는 기준을 얻는 것이었다. 한편 그녀는 Jason이 향상될 것이라는 희망을 가지고 있었다. 개별화 가족 지원 계획에 이러한 관심들과 주안점들을 반영했다. 최초의 평가와 18개월의 추후 검사까지 Jason의 IFSP는 **그림 10.8**에 나타나 있다.

6개월 후에 재검토한 결과, Jason의 식습관에서 어려움이 증가했기 때문에 Cathy가 상당히 스트레스를 받았다. 심지어 더욱 불안한 것은 Jason이 처음으로 천식이 발생해서 최근에 입원을 한 것이었다. 이로써 다시 폐질환 전문가가 조기중재 팀에 합류하게 되었다. 이러한

Grand Public School System
Family, Infant, and Preschool Program

개별화 가족 지원 계획

배경 정보	가족 이름	아이와의 관계
아이 이름: Jason Dwayne 성: Cunningham 생일: 1998. 8. 27 나이: 6개월 출생지: Kenton County	Catharine Justin Richard(Ricky)	엄마 형제 형제

가족 지원 팀			
이름	직책	기관	날짜
	부모		2/23/99
	할머니		2/23/99
	서비스 중재자	Part–C 가족 프로그램, 영아 프로그램, 취학 전 학교 프로그램	2/23/99
	작업치료사	건강 서비스	2/23/99
	심리학자	정신건강 서비스	2/23/99
	취학 전 학교 선생님	Cathy 주간 보육 기관의 피고용인	2/23/99
	호흡기 의사	개인 영업	8/25/99

팀 재검토 날짜

6–mo. review: 8/25/1999 (Age 12months–not shown)
12–mo. review: 2/25/2000 (Age 18 months)
18–mo. review: 8/20/2000 (Age 24 months–not shown)
24–mo. review: __________

아이의 기능 수준의 사정
최초 사정과 18개월일 때의 사정

인지 영역	의사소통 영역	사회성, 정서 영역	신체 영역	적응성 영역
Bayley 영아 발달 척도	말하기와 듣기 평가	가정 방문 체크리스트	신체검사 학습자 목록	가정방문 체크리스트
CA: 6개월 DQ: 2개월	정상적인 듣기 언어: 출생~2개월	민감성: 4개월	2개월	2개월
CA: 18개월 DQ: 8개월	표현: 6개월 수용과 몸짓: 12개월	12개월	천식 운동기술: 6개월	10개월

(계속)

아동의 강점(생활 연령: 18개월)	가족의 강점
신체적으로 편할 때 행복하고 사교적임 강한 감수성과 몸짓 언어를 사용함 주위를 경계함 꼭 껴안기와 위로하기에 민감함	가족 구성원간의 강한 애정 깊은 결속이 있음 Jason 치료 프로그램에 대한 책임이 있음 지역사회 자원에 대하여 지식이 많음 엄마가 아동의 강한 지원자임 확대가족으로부터 지원을 받음

가족의 관심과 우선순위

2/23/99 생활 연령: 6개월

1. Jason에게 기대되는 발달 정도의 평가와 예언
2. 조기중재 프로그램 준비하기와 시작하기
3. 음식 먹이기 문제와 관련된 Jason의 운동근육 다루는 방법에 대한 정보 얻기

2/25/2000 생활 연령: 18개월

1. Jason의 천식에 대해 더 나은 관리방법 찾기
2. 늘어난 휴식 도움 찾기
3. 필요한 전문가 약속의 수 줄이기

요구와 성과 진술	지원과 자원	행동 과정	가족 평가

그림 10.8 Jason의 개별화 가족 지원 계획

사건들이 그 기간 동안 IFSP에 반영되었다. 최초 평가에서 Cathy는 자신감을 느낀 것으로 충분했다면, 6개월 후의 재검토에서는 그녀의 걱정과 좌절을 방지할 수 있는 기술과 지원들을 찾게 되었다.

12개월 후의 평가 결과, Cathy는 매우 고무되어 있었다. 다행히도 약물치료의 변화나 Cathy를 위한 여유 시간의 증가 등에 대한 몇 가지 결정들이 팀에 반영되었고, 결국 Jason이 더 건강해지고 더 바람직한 가정환경이 될 수 있었다. 이러한 개선들은 다음 재검사(2000년 8월 20일)에 반영되었고, 그때 Jason은 발달상 많은 개선을 보이게 되었다. 특히 호흡기 장애를 가진 아동들은 교육활동과 사회활동에서 자주 지치게 되는데, Jason의 신체 상태의 개선은 중재의 또 다른 성과였다.

팀의 결정들은 5장에서 자세히 기술되고 있다. 주된 문제는 천식을 관리하고, 휴식을 늘리고, 약속 요구를 줄이려는 Cathy의 요구에 중점을 두었다는 것이다.

조망

이 장에서는 조기중재에 있어 현행 프로그램들과 경향에 대해 자세히 살펴보았고, 조기 프로그램의 효과와 조기중재에 있어 현행 연방 정부와 주의 지원을 위해 앞장섰던 관련 연구들에 대해 기술하였다. 또한 이 장에서는 더 나은 프로그램의 개발과 평가를 위해서 가장 중요한 문제들에 대해 조사했다. 마지막으로 조기중재 과정의 여러 단계들을 Jason과 Cathy의 예를 통해 알아보았다.

11장에서는 선천적 정신지체인을 위한 (후천적 정신지체인과 마찬가지로) 행동적, 인지적 중재에서 종종 사용되고 있는 원리와 기술에 대해 논의할 것이다.

참고문헌

Ad Hoc Part H Work Group (1995). *Helping our nation's infants and toddlers with disabilities and their families: A briefing paper on Part H of the Individuals with Disabilities Education Act (IDEA),* 1986–1995. Preliminary report submitted to the Federal Interagency Coordinating Council.

Bailey, D. B., Jr., & Simeonsson, R. J. (1986). In L. Bickman & D. L. Weatherford (Eds.), *Evaluating early intervention programs for severely handicapped children and their families* (pp. 109–232). Austin, TX: Pro-Ed.

Baker, B., Landen, S., & Kashima, K. (1991). Effects of parent training on families of children with mental retardation: Increased burden or generalized benefit? *American Journal on Mental Retardation, 96*(2), 127–136.

Bakken, J., Miltenberger, R. G., & Schauss, S. (1993). Teaching parents with mental retardation: Knowledge versus skills. *American Journal on Mental Retardation, 97*(4), 405–417.

Bradley, R. H., Caldwell, B. M., Rock, S. L., Barnard, K. E., Gray, C., Hammond, M. A., Mitchell, S., Seigel, L., Ramey, C. T., Gottfried, A. W., & Johnson, D. L. (1989). Home environment and cognitive development in the first 3 years of life: A collaborative study involving six sites and three ethnic groups in North America. *Developmental Psychology, 25*(2), 217–235.

Bricker, D. D. (1986). An analysis of early intervention programs: Attendant issues and future directions. In R. J. Morris & B. Blatt (Eds.), *Special education: Research and trends* (pp. 28–65). New York: Pergamon.

Bricker, D., & Kaminski, R. (1986). Intervention programs for severely handicapped infants and children. In L. Bickman & D. L. Weatherford (Eds.), *Evaluating early intervention programs for severely handicapped children and their families* (pp. 51–78). Austin, TX: Pro-Ed.

Bricker, D., & Sheehan, R. (1981). Effectiveness of an early childhood intervention program as indexed by measures of child change. *Journal of the Division for Early Childhood, 4,* 11–27.

Bronfenbrenner, U. (1995). The bioecological model from a life course perspective: Reflections of a participant observer. In P. Moen, C. H. Edler, Jr., & K. Luscher (Eds.), *Examining lives in context: Perspectives on the ecology of human development* (1st ed., pp 599–618). Washington, DC: American Psychological Association.

Brown, W., Thurman, S. K., & Pearl, L. F. (Eds.). (1993). *Family-centered early intervention with infants and toddlers: Innovative cross-disciplinary approaches.* Baltimore, MD: Paul H. Brookes.

Campbell, F. A., Helms, R., Sparling, J. J., & Ramey, C. T. (1998). Early-childhood programs and success in school: The Abecedarian study. In W. S. Barnett & S. S. Boocock (Eds.), *Early care and education for children in poverty: Promises, programs, and long-term results.* Albany: State University of New York Press.

Casto, G., & Mastropieri, M. A. (1986). The efficacy of early intervention programs: A meta-analysis. *Exceptional Child, 52*(5), 417-424.

Casto, G., & White, K. R. (1985). The efficacy of early intervention programs with environmentally at-risk infants. *Journal of Children in Contemporary Society, 17*(1), 37-50.

Clarke, A., & Clarke, A. (1976). *Early experience: Myth and evidence.* New York: The Free Press.

Collins, R. C. (1993). Head Start: Steps toward a two-generation program strategy. *Young Children, 48*(2), 25-73.

Crocker, A. C. (1992). Data collection for the evaluation of mental retardation prevention activities: The fateful forty-three. *Mental Retardation, 30*(6), 303-317.

DeBerry, K. M., Scarr, S., & Weinberg, R. (1996). Family racial socialization and ecological competence: Longitudinal assessments of African-American transracial adoptees. *Child Development, 9,* 133-150.

Dokecki, P. R. (1986). The impact of evaluation research on policymaking. In L. Bickman & D. L. Weatherford (Eds.), *Evaluating early intervention programs for severely handicapped children and their families* (pp. 311-334). Austin, TX: Pro-Ed.

Dunst, C. J. (1986). Overview of the efficacy of early intervention programs. In L. Bickman & D. L. Weatherford (Eds.), *Evaluating early intervention programs for severely handicapped children and their families* (pp. 79-148). Austin, TX: Pro-Ed.

Dunst, C. J., Trivette, C. M., & Deal, A. (Eds.). (1994). *Supporting and strengthening families. Vol. 1: Methods, strategies and practices* (pp. 152-160). Cambridge, MA: Brookline Books.

Featherstone, H. (1980). *A difference in the family: Life with a disabled child.* New York: Basic Books.

Field, T., Dempsey, J., Hallock, N., & Shuman, H. (1978). The mother's assessment of the behavior of her infant. *Infant Behavior and Development, 1,* 156-167.

Garwood, S. G., Fewell, R. R., & Neisworth, J. T. (1988). Public law 94-142: You can get there from here! *Topics in Early Childhood Special Education, 8*(1), 1-11.

Gindis, B. (1995). The social/cultural implication of disability: Vygotsky's paradigm for special education. *Educational Psychologist, 30,* 77-81.

Goodenough, F., & Maurer, K. (1961). The relative potency of the nursery school and the statistical laboratory in boosting the IQ. In J. Jenkins & D. Paterson (Eds.), *Studies in individual differences.* New York: Appleton-Century-Crofts. (Originally published in 1940.)

Grattan, M. P., DeVos, E., Levy, J., & McClintock, M. K. (1992). Asymmetric action in the human newborn: Sex differences in patterns of organization. *Child Development, 63,* 273-289.

Greenbaum, C. W., & Auerbach, J. G. (1998). The environment of the child with mental retardation: Risk, vulnerability, and resilience. In J. A. Burack & R. M. Hodapp (Eds.), *Handbook of mental retardation and development* (pp. 583-695). New York: Cambridge University Press.

Hamilton, M., Goodway, J., & Haubenstricker, J. (1999). Parent-assisted instruction in a motor skill program for at-risk preschool children. *Adapted Physical Activity Quarterly, 16*(4), 415-426.

Hanson, M. (1981). Down's syndrome children: Characteristics and intervention research. In M. Lewis & L. Rosenblum (Eds.), *The uncommon child.* New York: Plenum.

Keogh, B. K., Wilcoxen, A. G., & Bernheimer, L. (1986). Prevention services for at-risk children: Evidence for policy and practice. In D. C. Farran & J. D. McKinney (Eds.), *Risk in intellectual and psychosocial development* (pp. 287–311). Orlando, FL: Academic Press.

Kirk, S. A. (1958). *Early education of the mentally retarded: An experimental study.* Urbana, IL: University of Illinois Press.

Kirk, S. (1977). General and historical rationale for early education of the handicapped. In N. Ellis & L. Cross (Eds.), *Planning programs for early education of the handicapped.* New York: Walker & Co.

Klein, N., & Sheehan, R. (1987). Staff development: A key issue in meeting the needs of young handicapped children in day care settings. *Topics in Early Childhood Special Education, 7*(1), 13–27.

Kroth, R. (1989). School-based parent involvement programs. In M. J. Fine (Ed.), *The second handbook on parent education* (pp. 119–143). San Diego: Academic Press.

Lazar, I., & Darlington, R. B. (1982). *Monographs of the Society for Research in Child Development, 47* (2–Sup–3), 1–151.

Lee, V. E., Brooks-Gunn, J., & Schnur, E. (1988). Does Head Start work? A 1-year follow-up comparison of disadvantaged children attending Head Start, no preschool, and other preschool programs. *Developmental Psychology, 24*(2), 210–222.

Lee, V. E., Brooks-Gunn, J., Schnur, E., & Liaw, F. R. (1990). Are Head Start effects sustained? A longitudinal follow-up comparison of disadvantaged children attending Head Start, no preschool, and other preschool programs. *Child Development, 61*(2), 495–507.

Lewis, J. (1999). Research into the concept of resilience as a basis for the curriculum for children with EBD. *Emotional & Behavioral Difficulties, 4*(2), 11–22.

Luster, T., & Dubow, E. (1992). Home environment and maternal intelligence as predictors of verbal intelligence: A comparison of preschool and school-age children. *Merrill-Palmer Quarterly, 38*, 151–175.

McKey, R. H., Condelli, L., Ganson, H., Barrett, B., McConkey, C., & Plantz, M. (1985, June). *The impact of Head Start on children, families, and communities.* (Final Report of the Head Start Evaluation, Synthesis, and Utilization Project). Washington, DC: CSR, Inc.

McLoyd, V. C. (1998). Children in poverty: Development, public policy, and practice. In I. Sigel & A. Renninger (Eds.), *Handbook of child psychology. Vol. 4: Child psychology in practice* (5th ed., pp. 135–208). New York: Wiley.

Noonan, M. J., & McCormick, L. (1993). *Early intervention in natural environment: Methods and procedures.* Pacific Grove, CA: Brooks/Cole.

Nye, B. A. (1989). Effective parent education and involvement models and programs: Contemporary strategies for school implementation. In M. J. Fine (Ed.), *The second handbook on parent education* (pp. 325–345). San Diego: Academic Press.

Ogbu, J. U. (1997). Understanding the school performance of urban blacks: Some essential background knowledge. In H. J. Walbert & O. Reyes (Eds.), *Children and youth: Interdisciplinary perspectives* (pp. 190–222). Thousand Oaks, CA: Sage.

Polit, D. F., Quint, J. C., & Riccio, J. A. (1988). *The challenge of service to teenage mothers: Lessons from Project Redirection.* New York: Manpower Demonstration Research Corp.

Powers, M. D., & Bruey, C. T. (1988). Treating the family system. In M. D. Powers (Ed.), *Expanding systems of service delivery for persons with developmental disabilities* (pp. 17–41). Baltimore, MD: Paul H. Brookes.

Ramey, C., & Baker-Ward, L. (1982). Psychosocial retardation and the early experience paradigm. In D. Bricker (Ed.), *Intervention with at-risk and handicapped infants.* Baltimore, MD: University Park Press.

Ramey, C. T., Bryant, D. M., Sparling, J. J., & Wasik, B. H. (1985). Project CARE: A comparison of two early intervention strategies to prevent retarded development. *Topics in Early Childhood Special Education, 5*(2), 12–25.

Ramey, C. T., Bryant, D. M., Wasik, B. H., Sparling, J. J., Fendt, K. H., & LaVange, L. M. (1992). Infant health and development program for low birth weight, premature infants: Program elements, family participation, and child intelligence. *Pediatrics, 3*, 454–465.

Ramey, C. T., MacPhee, D., & Yeates, K. O. (1982). Preventing developmental retardation: A general systems model. In L. A. Bond & J. M. Joffee (Eds.), *Facilitating infant and early childhood development.* Hanover, NH: University Press of New England.

Ramey, C. T., Mulvihill, B. A., & Ramey, S. L. (1996). Prevention: Social and educational factors and early intervention. In J. W. Jacobson & J. A. Mulick (Eds.), *Manual of diagnosis and professional practice in mental retardation* (pp. 215–227). Washington, DC: American Psychological Association.

Ramey, C. T., & Ramey, S. L. (1998). Prevention of intellectual disabilities: Early interventions to improve cognitive development. *Preventive Medicine: An International Devoted to Practice & Theory, 27*(2), 224–232.

Rein, M., & White, S. H. (1977). Can policy research help policy? *Public Interest, 49*, 119–136.

Rescorla, L. A., & Zigler, E. (1981). The Yale Child Welfare Research Program: Implications for social policy. *Educational Evaluation and Policy Analysis, 3*, 5–14.

Rojahn, J., Aman, M. G., Marshburn, E., Moeschberger, M. L., King, E. H., Logsdon, D. A., & Schroeder, S. R. (1993). Biological and environmental risk for poor developmental outcome of young children. *American Journal on Mental Retardation, 97*(6), 702–708.

Ruopp, R., Travers, J., Glantz, G., & Coelen, C. (1979). *Children at the center: Summary findings and policy implications of the National Day Care study.* Cambridge, MA: Abt Associates.

Sameroff, A. J., Bartko, W. T., Baldwin, A., Baldwin, C., & Seifer, R. (1998). Family and social influences on the development of child competence. In. M. Lewis & C. Feiring (Eds.), *Families, risk, and competence* (pp. 161–185). Mahwah, NJ: Lawrence Erlbaum.

Schweinhart, L. J., Berrueta-Clement, J. R., Barnett, W. S., Epstein, A. S., & Weikart, D. P. (1985). The effects of the Perry Preschool Program on youths through age 19: A summary. *Topics in Early Childhood Special Education, 5*(2), 26–35.

Schweinhart, L. J., & Weikart, D. P. (1986). What do we know so far? A review of the Head Start synthesis project. *Young Children, 41*(2), 49–55.

Seligman, M. (1999). Childhood disability and the family. In V. L. Schwean & D. H. Saklofske (Eds.), *Handbook of psychosocial characteristics of exceptional children* (pp. 111–131). New York: Kluwer Academic/Plenum.

Shearer, D., & Shearer, M. (1976). The Portage Project: A model for early childhood intervention. In T. Tjossem (Ed.), *Intervention strategies for high-risk infants and young children.* Baltimore, MD: University Park Press.

Skeels, H. M. (1966). Adult status of children with contrasting early life experiences: A follow-up study. *Monographs of the Society for Research in Child Development, 31*(3), 1–56.

Skeels, H. M., & Dye, H. B. (1939). A study of the effects of differential stimulation on mentally retarded children. *Convention Proceedings of the American Association on Mental Deficiency, 44*, 114–136.

Smith, S., Blank, S., & Collins, R. (1992). *Pathways to self-sufficiency for two generations: Designing welfare-to-work programs that strengthen families and benefit children.* New York: Foundation for Child Development.

Sparling, J., & Lewis, I. (1979). *Learning games for the first three years: A guide to parent/child play.* New York: Walker & Co.

Specht, F. (1989). Prevention and intervention from the perspective of child psychiatry. In M. Brambring, F. Losel, & H. Skowronek (Eds.), *Children at risk: Assessment, longitudinal research, and intervention* (pp. 405–415). New York: Berlin.

Stiles, J. (1998). The effects of early focal brain injury on lateralization of cognitive function. *Current*

Directions in Psychological Science, *7*, 21–26.

Stiles, J., Bates, E. A., Talk, D., Trauner, D., & Reilly, J. (1999). Linguistic, cognitive and affective development in children with pre- and perinatal focal brain injury: A ten-year overview from the San Diego Longitudinal Project. In C. Rovee-Collier (Ed.), *Advances in infancy research* (Vol. 13). Norwood, NJ: Ablex.

Strain, P. S., & Smith, B. J. (1986). A counter-interpretation of early intervention effects: A response to Casto and Mastropieri. *Exceptional Children*, *53*(3), 260–265.

Turnbull, A. P., & Summers, J. A. (1987). From parent involvement to family support: Evolution to revolution. In S. M. Peuschel (Ed.), *New perspectives on Down syndrome*. Baltimore, MD: Paul H. Brookes.

U.S. Department of Education. (1998). *National evaluation of the Even Start Family Literacy Program*. Washington, DC: Author.

U.S. Department of Health and Human Services. (1999). *Head Start fact sheet*. Washington, DC: Author.

Ward, S. (1999). An investigation into the effectiveness of an early intervention method for delayed language development in young children. *International Journal of Language & Communication Disorders*, *34*(3), 243–264.

Wasik, B. H., Ramey, C. T., Bryant, D. M., & Sparling, J. J. (1990) A longitudinal study of two early intervention strategies: Project CARE. *Child Development*, *61*(6), 1682–1696.

White, K. R., Taylor, M. J., & Moss, V. D. (1992). Does research support claims about the benefits of involving parents in early intervention programs? *Review of Educational Research*, *62*(1), 91–125.

Zigler, E. (1994). Reshaping early childhood intervention to be a more effective weapon against poverty. *American Journal of Community Psychology*, *22*(1), 37–47.

CHAPTER 11

행동적, 인지적 중재

10장에서는 조기중재 프로그램의 내용과 그 효과에 대해 알아보았다. 이 장에서는 조기중재 프로그램뿐만 아니라 아동과 성인을 대상으로 하는 중재 프로그램에서 일반적으로 사용하고 있는 행동적, 인지적 중재 전략에 대해 자세히 살펴보고자 한다. 행동적, 인지적 전략은 사회기술, 의사소통, 일상생활 기술, 작업기술, 책임감, 자기조절 등에 효과적이었으며, 많은 연구에서 그 효과에 대한 여러 가지 사례를 보여 주고 있다. 행동중재 전략은 분노, 자해, 불복종 등과 같은 문제행동을 감소시키는 데 사용되어 왔다. 행동적, 인지적 중재의 원리는 배우고 생각하며 행동으로 표현하는 데 꼭 필요한 것이기 때문에 모든 종류의 문제행동과 학습문제의 중재에 있어서 필수적이다. 행동중재 전략에 관한 지식은 정신지체인과 관련된 누구에게나 필수적인 기법이다. 이 장은 이러한 전략들이 어떻게 적용되는지 충분한 정보를 제공하게 될 것이다.

대부분의 사람들이 스스로 터득하고 일상적으로 배우게 되는 기술들이라 할지라도 정신지체인에게는 특별한 지도가 필요하다. 또한 정신지체 아동은 다른 정상적인 발달 단계의 아동들보다 때로는 더 공격적이며, 주의, 불안, 미성숙과 관련된 문제들을 자주 나타낸다(Dudley, Ahlgrim-Delzell, & Calhoun, 1999). 불행하게도 이런 행동들은 성인기까지 지속된다. 또한 상동 행동—흔들거나, 만지작거리거나 또는 다른 반복적인 행동—은 중도 장애를 지닌 사람들의 60% 정도에게서 나타나게 된다(Rojahn, 1986). 그리고 자해행동을 많이 하며, 때로는 심각한 약물치료나 감금을 해야 하는 경우도 있다. 다행히 행동적, 인지적 중재는 이러한 모든 문제를 해결하는 데 도움을 줄 수 있을 것이다.

일반적으로 모든 학습은 강화와 모방을 통해서 이루어지며, 좀 더 일반적으로는 일련의 사례를 통해서 어떤 행동을 학습하거나 정보를 습득하기도 하고, 정서적인 기쁨이나 어떤 다른 형태의 만족(**내면적**), 혹은 구체적(**외형적**)인 보상(예: 돈) 또는 원했던 물건들을 얻게 됨으로써 행동을 학습하게 된다. 이러한 가설들이 모든 학습의 기초가 되기 때문에 정신지체를 다루는 전문가들이 강화와 모델링의 원리를 이해하고 적용하는 것은 필수적인 일이다(2장 참조). 이것을 위해 이 장에서는 정신지체 관련 전문가들이 행동적, 인지적 중재 원리를 적용하는 방법을 중점적으로 다룰 것이다.

토론 과제

강화나 벌, 모방 등의 방법으로 학습되는 사례를 생각해 보라. 그리고 강화나 모델링의 요소가 잘 결합된 것이나 완전히 배제된 예를 찾아보라.

응용행동분석의 기본 원리

행동 원리들이 개인이 새로운 행동을 배우거나 문제행동을 대체하는 데 사용될 때 특정 행동 계획을 설계하는 것은 필수적이다. 이처럼 실제 상황에서 사용되는 방법을 **응용행동분석**(applied behavior analysis)이라고 한다.

행동 프로그램을 개발하기 위한 첫 번째 단계는 일반적인 목표를 설정하기 위한 개념적인 계획을 세우는 것이다. 예를 들어 계획은 아동이 일상생활 기술을 향상시켜 좀 더 독립적으로 생활할 수 있도록 설계해서 그의 보호자들이 개인 신변처리를 도와주어야 하는 일을 경감시켜 줄 수 있도록 되어야 하며, 그렇게 함으로써 정상적인 발달을 기대해 볼 수 있을 것이다.

개념적인 계획이 수립되면 특정 목적을 설정해야 한다. 일상적인 생활 사례를 예로 든다면, 양치질은 아동의 학습목표 중 하나로 선정되고, 이때 요구되는 행동목표들은 측정 가능한 용어로 기술되어야 한다. 이것은 아동이 무엇을 해야 하고, 어떻게, 어디서 할 것인가를 정하기 위해 분명하고 측정할 수 있는 준거가 명확히 밝혀져야 한다는 것을 의미한다.

관찰 자료의 수집

아동이 새로운 기술을 성공적으로 학습하기 위해서는 그가 지니고 있는 능력과 전반적인 행동 등에 대해서 잘 알고 있어야 하며, 이를 위해서는 관찰 정보를 수집하는 것이 필수적이다. 사실 응용행동분석의 모든 과정은 처음부터 끝까지(프로그램 개발에서부터 시행과 추수지도까지) 정보 수집에 달려 있다(5장에서 논의한 바와 같이 자료 수집은 기능적 사정의 기본이 된다). 행동분석은 일반적으로 **일화**(anecdotal)와 같은 정보를 수집하는 것에서부터 시작한다. 일화와 같은 정보가 유용하게 쓰이기 위해서는 고도로 구조화 되어야 하고, 행동이 일어난 정확한 시각, 일어난 장소, 누가 있었는지, 무엇이 행동의 발생을 자극했는지, 그리고 무엇이 뒤따라 일어났는지에 대한 자세한 부분들이 포함되어야 한다. 또한 그 행동이 어떻게 보였는지, 그리고 행동의 강도, 심각성 등이 묘사되어야 한다(Alberto & Troutman, 1995). 일화 기록은 때로 행동과 관련된 선행 사상이나 후속 결과, 환경 사상(환경 사상에 대한 내용은 이 장의 뒷부분에서 설명함) 등을 명확히 하는 데 사용되기도 한다.

그림 11.1의 일화 기록은 Paula 자신이나 동료 및 그녀가 함께 살고 있는 집단의 팀원들

2000년 8월 17일

오후 2시 20분: Paula와 나는 우리가 산 야채를 계산하기 위해 계산대 줄에 서 있었다. 내가 계산원을 보고 있을 때 Paula가 내 팔을 잡고 나를 꼬집기 시작했다. "그만해." 나는 뒤돌아보며 날카롭게 말했다. Paula는 나를 비웃더니 달아나버렸다. 나는 몹시 화가 났지만 차로 걸어갈 때까지 Paula에게 아무 말도 하지 않았다. 그러고 나서 "네가 그렇게 나를 꼬집는 것 때문에 내가 미치겠어. 넌 그렇게 생각하지 않니?"라고 물었다. Paula는 "응." 하면서 고개를 끄덕였다. 우리가 집에 돌아와서 내가 야채를 정리하는 동안 Paula는 TV를 보러 갔다. 나는 저녁시간까지 Paula를 내버려두었고 그 때쯤엔 나도 진정이 되었다. 그래서 Paula에 대해 더 이상 화가 나지 않았기 때문에 Paula에게 다시 말을 걸 수 있을 것 같았다. 나는 Paula에게서 다시는 꼬집지 않겠다는 약속을 받았다.

그림 11.1 공동생활 가정 보호자가 기록한 Paula에 대한 일화 보고서

을 자주 꼬집는 젊은 여성에 관한 것이다. Paula가 계속 꼬집게 되는 환경과 무엇이 그 행동을 강화하는지에 대해 각각의 사건에 관한 일화 기록이 제시될 수 있다.

토론 과제

그림 11.1의 일화 기록에 근거해서 어떤 상황에서 Paula가 꼬집는 행동을 하게 되는지, 그리고 무엇이 그녀의 행동을 강화하는지 추측해 보라.

일화와 관련된 증거자료를 수집하는 일은 선행 사상을 이해하고 특정 행동과 관련된 강화물을 이해하는 데 필요한 첫 번째 단계이다. 관련된 변인이 확인된다면 설정한 가정이 적절한지 확인하기 위해 행동의 빈도에 대해 좀 더 공식적인 자료를 기록한다.

중재가 시작되기 전에 행동의 빈도를 결정하기 위해서 기초선 자료도 수집해야 하고, 치료기간 동안 행동에 관한 자료도 수집해야 한다. 그리고 이 자료는 중재 효과를 알아보기 위해 기초선 자료와 비교해 보아야 한다.

행동은 **빈도**(특정 기간 동안 발생 수), **지속 시간**(행동이 지속되는 기간), **잠복기간**(행동이 시작되기 전까지의 기간)에 따라 기록해야 한다. 자료는 자기보고 목록, 면접, 행동 체크리스트를 통해서도 수집할 수 있다. 이 방법에 대한 자세한 논의는 5장에 기술되어 있다.

적절한 강화물 탐색

강화물(reinforcer)은 요인은 행동이 재발할 가능성을 증가시키는 행동의 결과라는 것을 상기해야 한다. 분명히 강화 원리 적용시 성공 여부는 특정 개인을 보상할 수 있는 후속 결과, 즉 강화물을 결정하는 데 달려 있다. 왜냐하면 어떤 사람을 강화하는 반응이 다른 사람에게는 벌이 될 수 있기 때문이다. 어떤 자폐성 장애아동들은 다른 아동들에게는 강화가 되는 관심과 칭찬을 벌로 해석하기도 한다(Schreiman, 1988). 어떤 일을 하도록 조장하거나 행동을 변화시키기 위해서는 개인이 무엇을 좋아하는지 찾아내는 것이 매우 중요하다. 거의 대부분의 사람들에게 보상이 되는 강화물이라고 하더라도 어떤 특정한 강화물은 어떤 개인에게는 특별한 것일 수도 있기 때문에 개개인에 대한 특성을 파악하는 것이 필수적이다.

자료 수집과 분석은 잠재되어 있는 강화물을 확인하는 중요한 도구가 된다. 이와 같은 자료들은 개인이나 보호자와의 면담 또는 행동 관찰을 통해서 얻을 수 있다. 일반적으로 어떤 사람이 어떤 행동을 선호하게 되면 그 행동이 그 사람에게 있어서 강화물이 된다는 것을 나타내는 암시가 된다. 선호하는 행동을 덜 일어나거나 거의 일어나지 않는 행동을 강화하는 데 이용할 수 있다. 예를 들어 많은 시간을 음악을 듣는 데 보내는 아동은 낯선 환경에서 그런 기회를 얻는 것으로 강화받을 수 있다. 또는 몇 년 동안 휴가를 갖지 못한 사람에게 무료 여행의 기회가 갑자기 주어졌을 때처럼, 일반적으로 원하지만 자주 일어나지 않을 것 같은 사건은 특히 효과적인 강화물이 될 수 있다(Kazdin, 1994).

다단계 과제의 강화

과제 분석

새로운 행동이 특별히 복잡하거나 여러 단계로 이루어져 있다면, **과제 분석**(task analysis)은 강화체계를 수립하기 위한 기본적이고 단계적인 정보를 제공한다. 과제 분석은 복잡한 행동을 전체 과제를 해결하는 과정에서 각 단계별로 강화받을 수 있도록 분리하여 단순한 단위 행동으로 나누는 것이다. 그림 11.2는 일상생활 기술에 대한 과제 분석의 사례를 제시한 것이다.

과제 분석은 수학을 포함한 학습기술뿐만 아니라 직업 관련 과제나 여가활동과 같은 지역사회 생활기술을 가르치는 데 쓰인다.

이 과제는 운동문제를 가진 5세 아동을 위해 구상되었기 때문에 칫솔과 치약은 뚜껑이 열린 채로 세면대 중앙에 놓여 있어야 한다. 세면대 옆에는 사용할 수 있는 한 컵의 물을 준비해 두어야 한다.

1. 오른손으로 치약을 집어라.
2. 왼손으로 칫솔을 집어라.
3. 솔 위에 치약을 조금만 짜라.
4. 치약을 중앙에 돌려놓아라.
5. 칫솔을 오른손으로 옮겨라.
6. 윗니를 먼저 닦아라. 오른쪽에서 시작해서 위아래로 칫솔을 움직이며 모든 부분을 따라 왼쪽으로 이동해라.
7. 입에서 칫솔을 꺼내고 세면대에 거품을 뱉어라.
8. 아랫니를 오른쪽에서 왼쪽으로 움직이며 닦아라.
9. 칫솔을 꺼내고 거품을 뱉어라.
10. 칫솔을 중앙에 돌려놓아라.
11. 컵을 오른손으로 집어라.
12. 컵에 있는 물을 조금 입 안에 넣어라.
13. 입 안을 헹궈내고 뱉어라.

그림 11.2 양치질을 위한 과제 분석

촉진

과제 분석이 끝나면 촉진을 통해서 바람직한 행동이 실제로 일어나도록 도움을 줄 수 있다. 촉진은 신체적인 것(과제를 완수하기 위해 신체적으로 안내를 받을 때)일 수도 있고, 언어적인 것(규칙, 교수, 암시)일 수도 있고, 시각적인 것(그림, 낱말 카드, 몸동작)일 수도 있다. 또한 한 가지 과제(혹은 과제의 한 단계)를 바람직한 행동을 보여 주기 위해 만들 수 있다.

촉진의 사용에 있어서 중요한 몇 가지 원칙은 다음과 같다. 첫째, 촉진은 학습자가 촉진 없이는 그 단계를 수행할 수 없을 때에만 사용되도록 간단히 준비한다. 둘째, 촉진의 유형은 행동을 가능하게 하는 정도의 최소한의 개입이어야 한다. 예를 들어 한 사람이 참치 샌드위치 만드는 법을 배우고 있는데 참치 캔을 여는 방법을 몰라서 잠시 혼란스러워 멈추게 되었을 때, 말로 하는 암시나 지시가 꼭 필요하지 않다면 캔 따개를 가리키는 것만으로도 충분히 상기시킬 수 있다. 그렇다면 언어적인 암시나 지시는 필요하지 않다. 왜냐하면 신체적 안내는 최고의 개입단계이고, 이것은 다른 촉진 요인이 효과적이지 않을 때 사용해야 하기 때문이다. **그림 11.3**은 최소 개입단계에서 최고 개입단계까지의 촉진을 분류해서 보여 주고 있다.

최소한의 개입

몸짓 – 예: 가리키기
구두 암시
구두 교수
시각적인 도움(단서카드나 다음 단계와 관련된 사람의 그림)
과제나 단계의 모델링
신체적 안내

최대한의 개입

그림 11.3 촉진의 체계

용암(fading)이나 촉진의 점진적인 제거는 외부로부터의 도움 없이 바람직한 행동을 수행하는 것을 격려한다. 한 가지 방법은 한 번에 한 가지씩, 그리고 최대 개입단계에서 시작해서 최소 개입단계까지 점차적으로 촉진을 제거하는 것이다. 신체적 안내를 받는 경우에도 이런 원칙을 똑같이 적용할 수 있다. 그리하여 신체적 개입을 줄여 학습자로 하여금 실제로 점점 더 자신의 행동에 대해 책임감을 갖도록 한다. 결국 조력자는 학습자가 신체적인 도움 없이 과제를 수행할 수 있도록 학습자에게 신체적인 접촉을 하지 않고 단지 학습자의 손 위에서 동작을 행해 보이는 것으로도 충분하게 된다. 이런 방법을 사용하는 절차를 **점진적 안내**(graduated guidance)라고 한다.

또 다른 방법은 학습자가 자신의 행동에 책임을 다 할 수 있는 기회를 많이 제공하기 위해 일정 시간 동안 촉진을 지연시키는 것이다. 결국 학습자가 자극의 기초적인 체계만으로도 자신의 과제를 잘 수행하게 되면, 가장 최소한의 개입으로도 충분한지 알아보기 위해 시도할 수 있다.

형성

조작적 조건화의 원리는 행동이 발생한 직후에 강화를 하는 것에 기초하고 있다. 이것은 "기회가 왔을 때 기회를 잡아라."라는 의미로, 보호자가 아동이 적절한 행동을 하고 있는 순간을 잘 관찰하고 있다가 긍정적인 강화물을 제공하는 것을 뜻한다. 정신지체인들은 대부분 중요한 행동을 자발적으로 할 수 없기 때문에 직접적인 지시가 필요하다. 형성은 설명이나 모방만으로는 동기 유발이 되지 않거나 익힐 수 없는 복잡한 행동을 가르치기 위한 수단이

적절한 행동은 성공적인 지역사회 통합에 도움을 줄 수 있다.

© Robert Finken/Jeroboam

된다. 형성을 통해 개인은 목표행동에 점차 가까워지는 행동에 강화를 받게 된다. 예를 들어 목표행동이 식탁을 차리는 것이라면 학습자는 처음에는 단순히 필요한 접시나 기구를 탁자로 나르는 것만으로도 강화를 받는다. 다음에는 이것들을 제자리에 정리하는 것, 각 세트를 한곳에 모아 두는 것, 그리고 이에 필요한 과제를 이와 같은 방식으로 성취할 때까지 이 과정을 반복한다.

형성은 간단한 개념이지만 실제적으로는 몇 가지 중요한 결정이 요구되며, 이것은 확실한 정답이 없다. 첫째, 마지막 목표행동이 명확하게 진술되어야 하고 합리적인 출발 지점을 선택하는 것이 필수적이다. 둘째, 목표로 접근해 가는 단계들은 과제 분석에 근거하여 윤곽을 잡고 묘사해야 한다. 만약 이런 단계들의 간격이 너무 크다면 학습자는 실패할 가능성이 있다. 반면에, 단계들의 간격이 너무 작다면 시간 낭비가 될 것이고 지루하게 되어 학습자를 오히려 모욕하게 된다. 결국 각각의 단계들은 너무 오래 머무르지 않거나, 너무 빨리 지나치지 않는 것이 중요하다. 이런 결정들이 행동 형성 단계가 시작되기 이전에 결정되지 않기 때문에 반응 형태에 따라 상당한 조정이 필요하게 된다.

연쇄

과제 분석이 이루어지면 연쇄의 단계들을 제공하여 학습자가 다루기 쉬운 단위로 나누어 수행하게 된다. 처음에는 각 단계마다 개별적으로 강화된다. 그 이후부터는 첫 번째 두 단계의 실행이 모두 이루어진 이후에 강화가 주어지게 된다. 그리고 첫 단계에서 세 번째 단계까지. … 이러한 단계로 실행되어 최종적으로는 전체의 과제가 모두 실행된 이후에 강화가 주어진다. 이처럼 첫 단계에서 시작하여 다음의 단계로 이어지는 것을 **전진형 연쇄**(forward chaining)라 부른다.

후진형 연쇄(backward chaining)는 진행 방향이 거꾸로 되돌아간다. 각 단계들은 마지막 단계에서 처음으로 거꾸로 진행된다. **그림 11.4**는 후진형 연쇄를 설명하고 있다.

비록 형성과 연쇄의 차이가 처음 단계에서는 미묘하게 보일지라도 분명한 차이가 있으며,

후진형 연쇄로 양치질을 가르치기 위해서, **그림 11.2**에 있는 과제 분석은 다음과 같이 거꾸로 이루어진다.

1. 1단계에서 12단계를 통틀어 특정 개인이 혼자서 실행을 했든 최대로 도움을 받아서 실행을 했든, 13단계(헹구고 뱉는)는 스스로의 힘으로 실행해야 한다.
2. 다음에 실행자가 12단계와 13단계 모두를 스스로의 힘으로 실행하는 동안 강화를 받는다.
3. 과정을 배우는 동안 학습자는 최초의 단계에 다음 단계가 추가되어서 전체 과제를 혼자의 힘으로 성취할 때까지 강화를 받기 전에 다음 단계를 실행하기 위해 질문을 받게 된다.

그림 11.4 양치질을 배우는 후진형 연쇄

형성(shaping): 목표행동에 점점 가까워지는 것들이 강화를 받는다. 초기에 강화된 행동은 목표행동에 도달하도록 이끌지만 그 자체가 목표행동은 아니다.

연쇄(chaining): 모든 단계는 목표 과제의 일부분이다. 단계들은 함께 연결되어 있어 강화를 받기 위해서는 점점 더 많은 단계들은 성취해야만 한다.

그림 11.5 형성과 연쇄 절차의 차이

그림 11.5에 이러한 차이점들을 비교해서 제시하고 있다.

토큰 경제

토큰 경제는 바람직하고 적절한 행동들을 지도하도록 고안된 방법이다. 기본적으로는 집단에서 이용되지만 때로는 개인에게 이용되기도 한다. 또한 이것은 다양한 환경에서 주목할 만한 효과를 거두어 왔다(Glynn, 1990; Van Hasselt, Hersen, Egan, McKelvey, & Sisson, 1989). 어떤 강화 체제를 이용하든지 중재 계획에서 당사자가 특별히 선호하는 강화물과 특별한 행동 패턴들을 반드시 조사해야 한다.

토큰 경제에서 개인은 음식, 상품, 활동이나 특권과 같은 현실적인 강화물과 교환할 수 있는 토큰(이차적인 강화물)을 얻는다. 표 11.1과 표 11.2에 Paula(앞서 제시한 사례)와 두 명의 젊은 여성들이 생활하고 있는 공동생활 가정에서 사용하고 있는 토큰 경제의 내용을 제시하고 있다.

토큰 체제는 장점과 단점을 모두 지니고 있다. 토큰은 강화물로서의 역할을 하기 때문에

표 11.1 Paula의 공동생활 가정 토큰 경제

포인트를 얻을 수 있는 경우	획득 점수	포인트를 잃는 경우	사건당 잃는 점수
자신의 방 정돈하기	하루에 300점	가정부나 직원에게 소리치기	50점
매일의 일과	하루에 500점	크게 트림하기	25점
계절에 적절한 옷 입기	하루에 250점	자신이나 타인 꼬집기	300점
25분간 활발하게 운동하기	하루에 300점	물건 던지기	150~1,000점
식사하기 전에 손 씻기	하루에 50점	아침에 침대에서 나오길 거부하기	300점

표 11.2 강화물

얻게 되는 강화물	포인트 비용
저지방 아이스크림	100
저지방 과자	25~300
외식	2,000
볼링	2,000
영화	500

아이스크림과 과자는 1일 1회, 외식과 볼링은 주당 1회로 제한함.

(물론 보상받는 강화물에 따라 다르지만) 일반적으로 행동의 효과적인 변화를 도모할 수 있다(Alberto & Troutman, 1995). 토큰이 효과적인 한 가지 이유는 활동이 이루어진 곳이 어디든, 요구되는 물건이 무엇이든 간에 실행된 즉시 제공될 수 있다는 것이다. 이것은 토큰이 값비싼 물건이거나, 행동자가 오랫동안 충분히 '큰' 강화로 여기는 것이라면 더욱 특별한 강화물이 된다. 또한 토큰은 점을 찍는 것과 같은 방법으로 편리하게 관리할 수 있다. 그리고 활동 중에 자주 이용을 해도 진행이 중지되지 않을 수 있다—다시 말해 직접적인 보상이 더 혼란을 줄 수 있음에 비해 토큰은 더 간단하게 이용할 수 있다. 특히 이것은 직장과 학교에서 자신의 과업을 수행하는 데 효율적으로 활용될 수 있다. 토큰은 매우 다양한 강화물로 대체될 수도 있기 때문에 개인차를 고려하여 감독해야 한다는 점에 주의해야 한다.

때때로 토큰을 도난당하거나 토큰을 위조하는 일이 발생할 수 있지만, 토큰은 개인을 위해 특별히 만들어질 수 있으며, 다른 곳에서 쉽게 만들거나 얻을 수 있는 것은 안 된다(Kazdin, 1994). 또한 때로 토큰을 모아 놓기도 하는데, 토큰을 많이 모으면 이것은 오랜 기간 동안 부적절한 행동을 하기 위한 기회를 '구매'하는 것이고, 그 기간 동안 내내 저축된 토큰들로 보상을 받을 수 있는 상태가 유지되기 때문이다. 이것을 포기시키기 위해 일정 기간 안에 토큰을 교환할 것을 요구할 수 있고, 획득한 토큰으로 물품을 얻도록 강요할 수도 있다.

토큰 체제의 중요한 결점은 실체적인 강화물이 가지고 있는 것과 같다. 즉, 사람들은 적절한 목표행동을 하는 이유를 토큰을 받기 위해서라고 생각할 수 있다는 것이다. 토큰 체제는 공동생활 가정과 같은 상황에서는 마치 일반사회에서 돈으로 교환하는 것처럼 지속적으로 이용될 수도 있다. 그렇지만 실제 목표는 대개 토큰의 도움 없이 적절한 행동을 하도록 도움을 주고자 하는 데 있다.

토큰 체제를 이용할 때 주의해야 할 점은 일반적인 상황에서 적절한 행동이 적절히 강화를 받지 못할 때만 필요하다는 것이다. 만일 적절한 행동이 자기통제라고 한다면, 사람들은 일상생활에서 일어나는 강화에 반응하는 것을 학습해야만 한다. 그것은 일상적인 상황에서 적절한 행동을 하도록 시키는 것처럼 중요하다.

사람들은 때때로 칭찬, 다른 사람으로부터의 긍정적인 감정 표현(미소, 박수, 하이파이브), 토큰과 같은 역할을 하는 포옹이나 악수와 같은 또 다른 다정한 표현들에 반응하는 것을 배운다. 이것을 익히게 되면 토큰은 점점 그 중요성이 감소한다. 만약 일상적인 상황에서 이와 같은 강화물이 제공되지 않으면 문제행동은 분명히 다시 발생할 것이다. 강화의 불확실성 때문에 개인이 적절한 행동을 한 것에 대해 그들 스스로 긍정적으로 여기도록 하며, 오랜 기간 동안 유지하도록 하는 것은 중요한 일이다. 그러므로 자기관리를 위하여 인지적-행동적 기법을 익히는 것은 매우 효과적일 수 있다.

계약

개인이 목표행동을 이해하고, 협조적이고 자발적으로 행동을 계획할 때 그 효과는 매우 높게 나타난다(Salend & Ehrlich, 1983). 중재의 목표와 미래의 가능성에 대해 이해시키는 좋은 방법은 계약서를 작성하고 포함된 내용에 동의하도록 하는 것이다. 비록 계약서가 유치해 보일 수 있지만 일부 정신지체인들에게는 계약 과정을 분명하게 나타내도록 하기 위해서 그림을 그리거나 색칠을 하는 방법을 사용하기도 한다.

계약서에는 바람직한 행동과 그에 대한 강화, 그 행동을 해야 하는 상황에 대한 정확한 정보가 명확히 기술되어 있어야 한다. 그러나 계약서를 작성하기 전에 목표행동은 학습자가 실행하기 용이한 것임을 확실히 해야 한다.

기타 문제행동 중재 기법

문제행동을 효과적으로 다루려면 지금까지 설명한 여러 가지 전략들과 함께 또 다른 지식들이 필요하다. 문제행동을 변화시키는 것은 학습의 특별한 예이다. 왜냐하면 개개인은 학습된 행동을 그만두고 새로운 행동을 습득하거나 다른 행동으로 바꾸어야 하는 것이기 때문이다. 이것을 모두 다루는 것은 사정과 처치 단계에서 더욱 복잡한 문제가 될 것이다.

행동 계획을 세우기 전에 행동의 원인을 이해하는 것이 반드시 필요하다는 것을 기억해야 한다. 이것은 문제행동에 존재하는 한 가지 혹은 그 이상의 선행 사상(원인)과 결과를 발견해야 함을 의미하는 것이다. 다시 말해 우리는 문제행동의 원인과 결과를 알아야 한다는 것이다. 앞서 논의한 바와 같이 행동을 변화시키기 위한 근본적인 과제는 문제행동을 일으키는 강화물을 제거하고 적절한 행동을 했을 때 강화물을 제공하도록 하는 것이다.

소거

소거는 문제행동을 제거하기 위한 주요한 원리이다. 2장에서 학습한 바와 같이, 강화하는 결과가 억제될 때 특정 행동은 결국 소멸된다. 만약 한 아동이 부모의 관심을 끌기 위해 부적절한 행동을 했을 때 그 행동에 관심을 보이지 않는다면, 그 아동은 결국 그 행동을 포기하게 될 것이다. 즉, 그 부적절한 행동은 소거될 것이다.

그러나 소거 과정은 세 가지 중요한 단점을 가지고 있다. 첫째, 문제행동이 완전히 사라지기 전에 분명히 증가하게 된다. 앞의 관심을 예로 든다면, 그 아동은 자신이 알고 있던 전략이 더 이상 소용없을 것임을 알고 관심을 끌기 위해서 틀림없이 더 심하게 필사적으로 문제행동을 할 것이다. 문제행동은 단계적으로 강해짐에 따라 위험하고 파괴적인(심각한 자해와 같은) 성향을 띠게 될 것이다. 그리고 그것은 절대로 무시할 수 없는 일이 되기도 한다.

둘째, 비록 원래의 문제행동을 포기하더라도, 아동은 자신이 원하는 것을 얻기 위해 다른 전략을 시도할 것이다. 새로운 전략은 적어도 원래의 문제행동만큼 문제가 될 것이다. 강화물이 그 사람이 가지고 있는 의도나 본능적인 욕구(관심과 같이)일 때 특히 그렇다. 그래서 소거는 본래의 행동을 강화물을 얻을 수 있는 새로운 행동으로 대체하는 방법과 함께 적용되어야 한다.

토론 과제

문제행동이 무시되어서 악화된 예를 생각해 보고 설명하라.

셋째, 소거는 시간이 오래 걸리는데, 그 기간 동안에 중요한 것은 문제행동에 절대로 강화를 주어서는 안 된다는 것이다. 즉, 아동의 관심을 유발하기 위한 문제행동은 그것이 계속되는 동안에는 완벽하게 무시되어야 한다. 소거를 위한 시간은 그 아동이 간헐적으로 강화를 받았을 때 더 오래 걸릴 수도 있다. 즉, 작은 '실수' 하나로 인해 처음으로 되돌아 갈 수도 있다. 여러 가지 일상생활과 학습 상황에서 나쁜 행동을 오랜 기간 동안 시종일관 무시하는 것은 거의 불가능하다. 특히 그 아동은 부모나 교사의 관심이 덜할 때, 즉 아침에 교통위반 딱지를 뗐다거나, 머리가 아프거나, 두 손 가득 식료품 가방이나 책을 들고 있는 상황에서 가장 당황스러운 방법으로 분명히 문제행동을 일으킬 것이기 때문이다.

차별 강화 전략

문제행동 지도에 소거만을 단독으로 사용하기보다 원래의 행동을 제거하거나 감소시키기 위해서는 언제나 새로운 행동을 동시에 강화해야 한다. 다음의 차별 강화 전략은 문제행동을 제거하는 데 필요한 또 다른 대안이 될 것이다.

다른 행동 차별 강화

다른 행동 차별 강화(differential reinforcement of other behaviors, DRO)는 문제행동이 일정 기간 동안 발생하지 않을 때 강화가 주어지는 것을 말한다. 예를 들어 만약 아동의 자해 비율이 높다면, 그가 5분 동안 자해를 하지 않을 때마다 강화를 받게 될 것이다. 아동이 자해를 함으로써 얻었던 것을 더 이상 얻을 수 없고, 그가 자해를 하지 않을 때만 강화가 주어지게 된다는 것을 알게 되면 강화를 받을 수 있는 시간은 점차적으로 증가할 것이다. 물론 최종 목표는 자해의 완전한 중단이 될 것이다.

그러나 DRO를 사용할 때 주의해야 할 것이 있다. 가령, 정신지체인은 적절한 행동을 많이 할 수가 없다. 그래서 자해나 다른 문제행동들이 제거되었을 때 아무것도 할 수 없게 될 수도 있다. 그들은 권태로움이나 강화에 지쳐서 자해행동을 다시 할 수도 있다. 그러므로 문제행동을 제거한 후에는 간단한 강화를 통해서 새로운 행동을 가르치는 것이 필요하다. 그리고 선택한 강화물은 익숙한 문제행동을 포기할 수 있을 정도로 매력적인 것이어야 한다.

대체행동 차별 강화와 상반행동 차별 강화

대체행동 차별 강화(differential reinforcement of alternative behaviors, DRA)나 **상반행동 차별 강화**(differential reinforcement of incompatible behaviors, DRI)는 개인이 문제행동을 포기하도록 하는 것뿐만 아니라, 그에 대응하는 새로운 행동(대체행동)을 배우도록 하는 것이다. DRA에서는 만일 아동이 이전에 관심을 끌기 위해 자해를 했었다면, 원래 행동과 같은 기능의 새로운 행동을 하도록 지도해서 새로운 행동—노래를 부르거나 과제를 함께하자는 약속—을 할 수 있을 뿐만 아니라 관심(강화)도 함께 받게 된다. 또 이런 새로운 행동이 과거의 문제행동들과 동시에 행할 수 없도록 하는 경우에는 이 전략을 상반행동 차별 강화(DRI)라고 부른다. 예를 들어 아동이 손으로 과제를 하고 있을 때는 그의 머리를 칠 수 없기 때문에 그의 손에 의한 과제의 강화는 상반행동 차별 강화가 되는 것이다.

저빈도 행동 차별 강화

사람들이 문제가 되는 행동을 하는 경우는 때로 너무 자주 일어나거나 너무 빨리 일어난다.

예를 들어 교사들은 학생들이 수업 중에 이야기하기를 원하지만 다른 경우에는 그것을 허락하지 않는다. 정신지체 학생들은 올바른 순서대로 해야 하는 경우(예: 옷 입기)에 속도가 문제가 되는 경우도 있다. **저빈도 행동 차별 강화**(differential reinforcement of lower rates of behavior, DRL)는 개인에게 문제행동의 빈도를 줄이거나 속도를 줄이기 위해 특별한 강화 일정을 사용하는 것이다.

DRL을 통해서 학습자들의 특정 시간 내 발생하는 문제행동의 시간을 줄이거나 행동 자체를 줄이도록 한다(Alberto & Troutman, 1995). 정한 목표 빈도가 달성될 경우 강화물이 주어진다. 예를 들어 아동들은 아무것도 아닌 상황에서 바보같이 웃는 것을 좋아해서 그것에 푹 빠지기도 하는데, 어른들은 때로 이러한 행동을 기꺼이 받아들이기도 하지만, 그 행동이 너무 길거나 너무 자주 일어나면 수용하기 어려워진다. 옛날부터 부모나 교사들은 아동들의 쓸데없이 바보스럽게 행동하는 문제행동을 감소시키려고 노력하였다. 이러한 경우 특정 기간 동안 문제행동의 빈도가 줄어든다면 그 아동은 '특별한 대우'를 받게 될 것이라는 이야기를 듣게 된다. 이러한 문제행동에 한 번 강화를 하게 되면, 아동들은 이러한 행동이 어른

Ricky의 울화 줄이기 돕기

Ricky는 Jason의 네 살 위의 형이다. Ricky는 세 살 때부터 울화를 보이기 시작했다. 최초의 반응은 소파 아래에서 장난감을 꺼낼 수 없었을 때 일어났다. Ricky의 울화는 거세져서 Jason이 즉각적인 관심을 요구하거나(대부분의 경우 발작을 보일 때) Ricky가 과제와 직면했을 때 종종 나타났다. 이러한 울화는 비명을 지르거나 머리를 마루에 찧거나 숨을 참는 행동을 동반한다.

예상하겠지만, Cathy는 그 상태가 오래 지속되는 것을 원하지 않았다. 그래서 울화의 징후가 나타나면 Ricky를 안아서 편안하게 해 주었다. 이 관심은 울화에 강화를 준 것이다. 결과적으로 울화는 더 빈번해졌다. Cathy는 Ricky 팀의 전문가에게 조언을 구했다.

Cathy와 심리학자는 목표에 도달하기 위해서 DRI와 소거를 병행하기로 하였다. 발작 상황에서 Ricky는 Jason이 발작 상태일 때 Ricky가 담요와 베개를 가져다주는 도움을 준다면 특별한 대접을 받을 것이라는 이야기를 들었다. Ricky가 요청에 응했을 때 Jason은 편안한 상태가 되었고, Cathy는 Ricky에게 집중했다. 어떤 울부짖음이나 야단법석에도 응하지 않았다. 도움을 준 이후에 Ricky는 Cathy에게 특별한 대접을 받았다.

과제 상황에서 울화를 터트리는 것으로 상황을 모면하려는 Ricky의 시도 또한 무시되었다. 그리고 지도된 순종은 과제를 성취하게 하곤 했다. 그리고 나서 Ricky의 성취는 일반적으로 좋아하는 음식이나 음료수를 칭찬과 함께 제공받음으로써 강화 받았다.

두 가지 상황에서 Ricky의 울화는 극적으로 감소하였다. 그는 5~6개월 동안 울화를 보이지 않았다.

표 11.3 차별 강화 전략 비교

전략	강화
DRO	특정 시간 동안 목표행동이 나타나지 않는 경우
DRA	목표행동과 다른 행동들을 하는 경우
DRI	목표행동과 상반되는 행동들을 하는 경우
DRL	일정한 빈도로 목표행동을 하는 경우에만

의 관심을 끄는 게임이나 활동이라고 간주할 수도 있다. 그 때문에 적절한 행동에 관심을 보여야 한다.

DRL 일정은 행동의 빈도를 단숨에 줄이도록 하기보다 점진적으로 줄일 수 있도록 구성되어야 한다. 앞의 문제행동을 예를 들어 기초선을 분석할 때 평균 2시간 동안 스무 가지 상황에서 그와 같은 문제행동을 나타내었다면, 최종 목표는 같은 기간 동안 두 가지로 줄이는 것이다. 그러나 처음 목표는 같은 기간 동안 열 가지로 줄이는 것이고, 그 이후에는 다섯 가지, 그리고 결국에는 두 가지로 줄이는 것이다. 또한 일관되게 유지해야 하는 것은 행동을 줄이기 위해 강화를 받는 동안 아동들이 문제행동을 하는 것만큼 즐거워해야 한다는 것이다.

차별 강화 전략들은 미묘한 차이가 있기 때문에 처음에는 혼란스러울 수 있다. 이러한 혼란을 최소화하고 전략들이 가지고 있는 차이를 보여 주기 위해 표 11.3에 DRO, DRA, DRI, DRL의 특징에 대해 제시하였다.

강화의 효과에 영향을 미치는 변인

우리는 그동안 행동 처치에 대한 관심을 **A 선행 사상** → **B 행동** → **C 결과**의 형태를 취하는 '자극-반응' 현상에 더 집중하였다. 그러나 행동은 행동과 특별한 강화의 효과에 영향을 미치는 직접적인 선행 사상의 영향보다 더 복잡한 맥락과 변인에 의해서 발생한다.

Haring과 Kennedy(1990)는 행동의 맥락이 강화와 벌의 효과를 변경시킬 수 있다는 것을 발견했다. 중도 장애를 가진 참가자는 고립이 비효과적인 상황에서 DRO 강화를 사용하여 문제행동을 경감시켜 왔다. 그러나 놀이 상황의 경우 DRO 강화보다는 고립이 문제행동을 변화시켰다. 분명 이들이 과제를 받게 되면 DRO는 끈기(인내)가 필요하지만 고립은 도피를 허락함으로써 문제행동을 간단히 강화시킨다. 그러나 놀이 상황에서는 행동 그 자체가 분명히 DRO보다 보상적이다. 반면에 고립을 통한 행동의 제재는 효과적인 처벌이 되었다. 그러므로 행동중재 계획시 환경적 요인을 반드시 고려해야 한다. 특별한 중재 계획은 어떤 경우에는 효과적이지만 그렇지 않은 경우도 있기 때문에 전체적인 맥락을 분석함으로써 중재 프로그램의 문제를 발견할 수 있게 된다.

또 다른 예로 행동은 과제 그 자체의 특성에 의해서 영향을 받을 수도 있다. Dunlap과 Plienis(1991)는 발달장애인들은 요구가 많지 않고 감독이 없을 때 과제를 더 잘 수행할 수 있다는 사실을 발견했다. 아동이 문항을 고르고 모아 둘 때에도 골라야 할 문항이 70~100개일 때보다 20개일 때 좀 더 성공적으로 수행하였다. 과제에 대한 요구를 수정하는 것은 과제를 성공하는데 도움을 줄 수 있다. 아동들에게 요구가 쉬운 과제에서 출발하여 점진적으로 어려워지도록 하는 것은 높은 기대로 시작하는 것보다 최종적으로 성공적인 수행을 하도록 하는 데 도움을 줄 수 있다. 그러므로 과제의 특성을 분석하는 것은 매우 중요하다. 그리고 과제에 대한 요구를 조절하는 것은 효과적인 강화물을 선택하는 것만큼이나 중요할 수 있다.

환경 사상

종종 **환경 사상**(setting events)이라고 불리는 다른 변인은 행동에 유사한 영향을 미칠 것이며, 강화의 영향이 적합하고, 그렇지 않은 이유를 설명할 수 있다. 환경 사상은 강화의 효과를 대체할 수 있고, 행동을 변화시킬 수 있다(Horner, Vaughn, Day, & Ard, 1996). 환경 사상은 기아, 질병, 피로와 같은 생리적인 상황일 수도 있고, 좋아하는 사람들의 유무, 혼란스러운 소음, 혹은 극심한 온도 변화와 같은 주위 환경일 수도 있다(Kantor, 1959). 연구에 의하면 이러한 생리적 상태와 환경적 변인은 발달장애인의 행동통제 능력과 학습 능력 모두에 영향을 줄 수 있다고 한다(Guess et al., 1993).

또한 환경 사상은 이전의 자극-반응 관련 일화가 포함될 수도 있다(Bijou & Baer, 1961). 그림 11.6은 행동의 구성요소와 이러한 환경 사상 간의 관계를 보여 준다.

환경 사상을 보다 명확히 설명하기 위해서 중도 장애아동인 Dianne이 점심시간에 스스로 식사하는 것을 학습한 교실 상황을 보면 알 수 있다. 대체로 밥그릇과 특별한 숟가락이 그녀 앞에 놓여 있을 때(선행 사상) 스스로 먹기 시작하고 끝까지 잘 먹는다(행동). 식사가 다 끝나면 그녀는 주의의 관심과 칭찬을 받고, 15분 동안 좋아하는 활동을 할 수 있게 된다(결과의 강화).

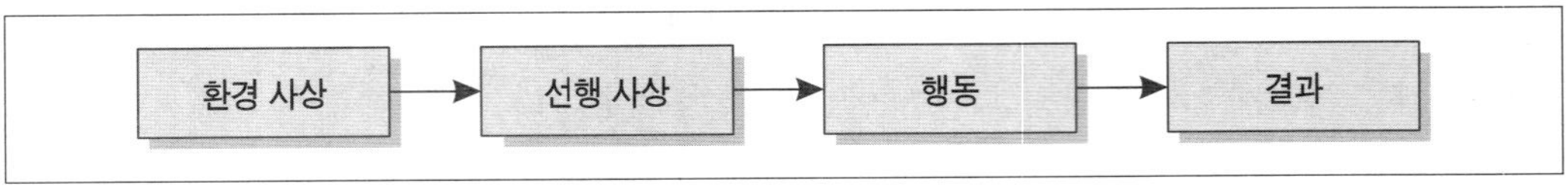

그림 11.6 환경 사상과 행동 구성요소의 관계

그러나 때로 밥그릇과 숟가락이 그녀 앞에 놓여 있을 때에도 Dianne은 소리를 지르고 울기 시작한다. 자세히 조사해 본 결과 그녀는 대개 감기가 걸렸거나 전날 밤에 잠을 설친 경우에 잘 운다는 사실이 밝혀졌다. 이 두 가지 모두 환경 사상인데, 왜냐하면 병과 수면 부족은 그녀가 스스로 먹을 때 받게 되는 관습적인 강화물(칭찬과 관심)의 효과를 줄이기 때문이다.

문제행동의 변화는 때때로 환경 사상을 완전히 제거하거나 환경 사상이 발생할 때 좀 더 적은 요구를 제시해서 피하게 될 수도 있다. 그러므로 행동의 자극을 통제하는 것을 이해하기 위해서는 환경 사상을 인식하는 것이 필요하다.

많은 문제행동들은 다양한 변인에 의해 영향을 받고 또 유지된다. 예를 들어 **이식증**(pica: 먹지 못하는 물건을 먹는 강박적인 섭식장애)과 **반추**(rumination: 반복적으로 구토하고 음식을 다시 삼키는 행위)는 종종 선행 사상과 결과보다 환경과 심리적 영향에 의해 유지된다(Gardner & Graeber, 1993). 복잡한 행동 변인 때문에 여러 전문 분야에 걸친 다학문적 접근법이 필요하다. 그러므로 성공적으로 문제행동 중재 계획을 세우기 위해서는 의학 전문가, 행동 전문가 및 교사와 기타 참가자들의 공동 작업이 필요하다.

맥락과 환경 사상은 (1) 행동의 복잡한 속성과 (2) 새로운 행동을 가르치고 문제행동을 다루기 위한 전략의 필요성에 대해 잘 설명해 준다. 또한 맥락과 환경 사상은 체계적인 관점의 효과에 대한 설명도 가능하게 해 준다. 행동을 단순한 자극-반응 상황의 수준으로 이해하기보다 행동이 발생하는 상황의 다양성과 그 상황들 간의 영향에 대해 인식하게 되면 성공적인 중재가 보다 더 가능해질 것이다.

벌

벌이란 어떤 행동의 재발을 감소시키는 행동의 어떤 결과로 정의될 수 있다. 벌의 사용에 대해서는 여전히 논쟁의 여지가 있지만, 사람들은 문제행동에 대해 벌을 경험하게 되면, 특히 바람직한 행동을 동시에 강화하게 될 때보다 더 적절한 반응을 보인다는 것에 어느 정도 동의하고 있다(Kazdin, 1994). 여기에서는 일반적으로 사용하는 몇 가지 벌의 기술과 효과적으로 적용할 수 있는 방법에 대해 논의하고자 한다.

반응 대가(response-cost)는 부적절한 행동을 했을 때 강화를 잃게 함으로써 문제행동을 감소시키는 일종의 벌로서의 역할을 한다. 앞서 제시했던 토큰 경제의 예에서 문제행동에 대해 토큰을 철회한 것이 그 예이다.

비록 반응 대가 전략이 벌과 관련된 여러 가지 바람직하지 못한 면과 상관없이 효과가 있다고 하더라도 (다음에 제시할 과잉교정에서와 같이) 몇 가지 주의해야 할 점이 있다. 즉, 적절한 행동에 대한 강화가 문제행동의 후속 결과에 의해서 감소하거나 혹은 과소평가 될 때 바람직한 행동에 대한 동기가 줄어들 수 있음에 주의해야 한다. 예를 들어 토큰을 잃어서 받게 되는 상처나 당황스러움과 두려움은 아동이 강화를 얻을 수 있는 과제를 시도하는 데 있어서 용기를 내지 못하게 할 수도 있다. 그렇기 때문에 강화만으로는 효과가 없을 때 벌을 사용하지만 항상 강화를 강조하는 것이 더욱 효과적이다. 강화를 강조하는 것은 문제행동에 대한 대가를 합리적이고 당연하게 만드는 중요한 일이 된다. 반응 대가를 사용할 때에는 사람들이 이해받는 것, 적절한 행동을 수행할 수 있도록 하는 것, 분명하게 부적절한 행동과 강화 철회 간의 연결 관계가 늘 명확하게 드러나도록 해야 한다. **그림 11.7**에 반응 대가 과정의 결정에 필요한 체크리스트를 제시하였다.

고립(time-out)은 문제행동을 줄이기 위해 자주 사용되는 또 다른 방법이다. 이것은 환경이 강화물로서의 역할을 하며 환경에서 제외되는 것이 벌로서 역할을 할 것이라고 가정한다. 고립은 종종 학교나 공동생활 가정, 작업장 등에서 정신지체인들에게 사용된다. 고립은 짧은 시간 동안 개인을 격리시키는 것을 의미한다. 지정된 의자에 앉게 하거나 집에서 자신

1. 차별 강화 전략과 같은 보다 긍정적인 과정이 고려되었는가?
2. 학생은 현재 강화물의 공동연합관리를 하고 있거나 접근하고 있는가?
3. 적절한 행동의 규칙과 규칙 위반에 대한 결과(벌금, 부담)가 분명하게 설명되고 이해되고 있는가?
4. 각각의 순간적인 나쁜 품행, 부정행위에 대해 벌금의 비율이 고려되었는가?
5. 강화물이 만회, 회복될 수 있는가?
6. 적절한 행동이 반응 대가의 사용과 관련하여 강화될 수 있는가?

그림 11.7 반응 대가 전략을 설정할 때 고려할 점

출처: P. A. Alberto & A. C. Troutman (1995), *Applied behavior analysis for teachers*. Englewood Cliffs, NJ: Merrill.

의 방으로 가게 할 수도 있다.

고립은 만약 개인이 제외된 환경이 강화물이 된다면 효과적일 수 있다. 그러나 개인이 실제로 벌로 여기는 어떤 요구나 상황에서 자유롭게 해 줄 때는 실패하게 된다. 또한 어떤 사람에게는 벌로서 여겨지지만 다른 이에게는 강화가 될 수 있기 때문에, 강화와 마찬가지로 벌로서의 고립은 매우 개인적인 것으로 인식해야 한다.

또한 고립은 벌보다는 자기관리전략으로 활용될 수 있다. 아동이 정서적으로 스트레스를 받을 때 언어적, 물리적 공격행동 대신 스스로 고립 지역으로 갈 수도 있다.

과잉교정(overcorrection)은 다양한 상황에서 효과적으로 사용됨과 동시에 교육적인 가치를 가진 벌의 일종이다(Foxx & Bechtel, 1983). 과잉교정은 문제행동 이후 이에 대한 대가로 적절한 행동을 반복 연습하도록 하는 것이다. 예를 들어 아동이 문을 쾅하고 세게 닫았을 경우 조용히 여러 차례 문을 열고 닫기를 요구받게 된다. 과잉교정은 가능한 한 언어적 지시로 수행되어야 하나, 때로는 물리적인 방법을 사용하여 활동을 하도록 요구할 수도 있다.

과잉교정 활동은 항상 부적절한 행동과 관련이 있어야 한다(Foxx & Bechtel, 1982). 이것은 문제행동에 따른 **원상복구**(restitution)의 형태를 취할 수도 있다. 예를 들어 화가 난 일시적인 기분에서 물건을 던진 아동은 단지 던진 물건을 집는 것이 아니라 방 전체를 정리하도록 한다. 또 과잉교정은 **긍정적인 연습**(positive practice)의 형태로 취해질 수도 있다. 예를 들어 문을 세게 닫았을 경우, 적절한 행동을 하도록 훈련받기 때문에 수정과 긍정적인 연습 과정 모두 교육적인 효과를 갖게 된다.

과잉교정은 항상 강화와 함께 사용되어야 한다. 일반적으로 과잉교정은 칭찬 또는 실제적인 강화와 함께 적용된다. 그 과정은 교정이나 연습활동이 단기간 동안 취해질 때 가장 효과적이다(Carey & Bucher, 1986).

과잉교정은 분명히 부정적인 측면도 가지고 있다. 아동이 과잉교정의 활동을 거부할 수도 있다. 또는 물리적인 힘에 대한 반항으로 공격적인 반응을 할 수도 있다. 그리고 심지어는 참여자 모두를 더 불쾌한 상황으로 이끌 수도 있다. 그렇지만 만일 과잉교정이 긍정적이고 우호적인 태도로 접근하고 적당한 강화물과 결합되어 비교적 단기간 동안 이루어진다면 가능성은 충분하다. 그리고 학습자가 과잉교정 절차에 대한 이해와 협조가 이루어진다면 과잉교정은 행동 처치의 또 다른 형태로서 효과적인 과정이 될 것이다. 이처럼 여러 가지 결점에도 불구하고 과잉교정 절차는 심지어 심각한 지체를 가진 사람에게도 효과적이다(Linscheid, Iwata, & Foxx, 1996).

드물지만, 보다 더 혐오스러운 형태의 처벌이 전문가에 의해 가장 심각한 문제행동을 저지하기 위해서 사용된다. 여기에는 억압, 물이나 레몬주스 뿌리기, 그리고 전기충격 등이 포함된다. 처벌의 사용은 심사숙고해야 하는 부정적인 측면이 있다. 그리고 이것들은 혐오감의 수준을 점점 더 증가시키게 된다. 이러한 측면의 효과와 그들의 윤리적 면에 대한 고찰은 이 절에서 추후에 논의할 것이다.

인간 행위의 복합성에 관해서 자세하게 분석하고 행동수정 프로그램이 행동 유지에 영향을 미치는 요인에 대해 명백한 이해를 바탕으로 계획된다면, 벌은 더 이상 필요하지 않을 것이다. 비록 벌이 가끔은 효과가 있다고 할지라도 몇 가지 주요 효과에 대해서는 벌의 사용에 대해 부정적이다. 특히 신체적 체벌의 경우에는 공격성과 원한을 불러일으켜서 이것이 실제 모델로서의 역할을 하게 되어 문제를 공격적인 방법으로 해결하는 것을 가르치게 된다(Strassberg, Dodge, Pettit, & Bates, 1994). 벌은 스스로 적절한 대안 행동을 할 수 있도록 가르치지 못한다는 점에 주목해야 한다. 그것은 학생이 두려워하고 위축되는 원인이 될 수 있으며, 처벌자를 피하는 일이 발생할 수 있다. 비록 이 측면의 위험은 처벌의 강도와 빈도가 증가할 때 더 심각하게 될 수 있지만, 그렇지 않은 어떤 경우에도 마찬가지이다. 그러므로 가능하면 행동수정 프로그램은 주로 강화나 과제요구 수정, 환경 사상 관리를 바탕으로 이루어져야 하며, 가급적 벌의 사용을 피해야 한다.

혐오자극의 거부와 대안

행동 처치 분야에서 가장 큰 논쟁거리는 혐오자극 사용에 관한 것일 것이다(Repp & Sing, 1990). 논쟁은 벌에 관한 일반적 문제 외에도 결과가 대상자에게 고통이 된다거나, 특히 유해한 결과인 경우와 같이 윤리적인 문제에 관한 것이다.

우선 혐오자극의 사용은 인간 중심 처치의 이념에 반한다. 예를 들어 우리 사회에는 고통스러운 폭력으로부터 일반 시민의 권리를 보호하는 법이 존재하며, 그 사람 자신을 위해서 폭력을 사용한다고 하더라도 여전히 법적으로는 문제가 될 수 있다. 아동들의 경우 아동 학대에 관한 법률은 특별한 힘의 사용을 금지한다. 그리고 또 다른 법률에서는 죄수들에게 전기충격의 사용을 금지한다. 왜냐하면 앞선 예처럼 쇼크와 같은 혐오자극의 처치는 혐오자극의 이유를 이해하지 못하거나 어떤 권위에 대해 불평을 할 수 없는 사람들에게는 부적절한 것이기 때문이다.

그러나 혐오적인 처치는, 예를 들어 일반적으로 심각한 자해의 위험이 있는 개인에게는 그 즉시, 매우 짧은 순간에 사용되기도 한다. 이러한 사람들은 보통 그들 자신이 자신의 삶을 위험스럽게 할 정도로 상처를 입힌다. 그래서 필요한 억제제 또는 약물로 그러한 행동을 막아야 한다. 이러한 순간에 부모와 전문가 모두는 단기 혐오치료가–만일 그것이 어떤 개인의 유의미한 삶에의 참여 기회가 될 수 있다면–자해와 약물 남용의 삶보다 더 낫다고 생각할 수 있다. 혐오치료가 약물을 남용하는 것보다 물리적으로 덜 손상을 입힌다는 것은 보다 더 자명하다(Konarski, 1990).

Foxx, Zukotynski 및 Williams(1994)는 물어뜯고 할퀴고, 머리를 찧는 자해를 하는 Joe의 사건을 기록했다. Joe의 자해는 의학적 처치가 필요할 정도로 상처가 깊었다. 더 위험한 것은 Joe가 다른 사람에게 공격적으로 행동하며, 공격의 강도가 매우 심해서 영구적인 상처를 입힐 수 있는 정도라는 것이었다. 시각장애와 함께 정신지체를 갖고 있음에도 불구하도 Joe의 물리적인 힘과 공격성은 치료보조원을 배치해야 할 정도였으며, 그와 함께 생활하는 누군가를 심각한 위험에 처하게 했다.

Joe의 이러한 문제해결을 위한 연구소나 집단 상담을 통한 모든 의학적이고 행동적인 처치가 실패했다. 기초선 분석 결과 요구가 낮은 상황에서도 Joe는 하루에 18번 이상 그 자신과 타인 또는 주위 환경을 공격하였다. 공격적인 행동에 대해 1초간 전기충격 프로그램을 시행한 이후 Joe의 위험한 행동은 하루에 1회 이하로 줄어들었고 공격성의 심각성은 더 완화되었다. 이때 중요한 것은 Joe에게 공격의 기능적인 측면에 대응할 정도의 학습에 대한 강화 효과가 있는 사회적, 독립적 생활기술과 같은 새로운 행동을 지도해야 한다는 것이다. Joe의 공격성이 감소함으로써 Joe는 워크숍, 수영, 체육 수업, 승마, 하이킹, 언어치료나 음악 치료와 같은 사회활동에 참여할 수 있게 되었다(Foxx, Zukotynski, & Williams, 1994).

그렇지만 여전히 전문가들은 앞서 언급한 차별 강화 전략과 같은 비혐오적인 기법을 이용해서 자해를 포기하도록 지도할 것을 주장하며, 또 그렇게 하고 있다(Meyer & Evans, 1989; Smith, 1990). 확실히 혐오적인 처치는 최후의 수단으로 사용되어야 하며, 먼저 비혐오적 처치가 행해져야 한다. 만일 이와 같은 일이 어렵고 혐오적인 처치가 자해보다 덜 유해하다면 이 방법이 사용될 수밖에 없는 것이다(Butterfield, 1990). 처치의 효과가 혐오적인 절차의 사용에 대한 유일한 논의거리가 될 수는 없다. 즉, 무엇보다도 처치의 잠재적인 측면은 항상 고려되어야 한다. 그리고 가장 무해하고 효과적인 방법이 최종적으로 선택되어야 한다(Horner, 1990; Konarski, 1990).

안타깝게도 심각한 자해행동을 지닌 사람들에게는 대안 프로그램이 비록 잘 설계되고 시행된다고 하더라도 효과가 거의 없기 때문에 전기충격이 그들에게 유일한 방법이 될 것이다. 게다가 더 불행한 것은 전기충격이 항상 효과적인 것은 아니라는 점이다. 왜냐하면 어떤 이들은 쇼크에 익숙해지기도 하기 때문이다. 그리고 SIB는 처음 상태로 다시 돌아오게 된다. 또 어떤 사람들은 전기충격으로 문제행동이 줄어들 수는 있지만 완전히 제거되지는 않는다. 이와 같은 경우 전기충격에 의한 벌은 비록 매일 빈도가 낮아진다 할지라도 수년 이상 계속될 수도 있다.

정신지체를 둘러싼 많은 다른 윤리적 주장들이 있기 때문에 혐오치료의 방법에 대한 쉬운 해결방법은 없다. 벌의 사용에 대한 결정은 효과성, 대안 처치, 처치의 기간, 처치의 강도 등을 고려해야 한다.

온화한 교수

행동 절차에 대한 거부는 대부분 그 과정에서 벌이 배제될 수 없다는 점이며, 그렇기 때문에 일부 연구자들은 행동적 관점 그 자체를 반대한다. 온화한 교수(gentle teaching)는 행동을 수정하는 것보다 관계 형성이 더 중요함을 강조한다(McGee, 1993; McGee & Menolascino, 1991). 온화한 교수는 무조건적인 수용과 관용, 개인 존중의 실제를 통하여 상호 의존감과 동료감을 형성하고자 한다.

온화한 교수의 기본 개념은 모든 사람들은 동료감과 소속감을 소망하기 때문에 관계가 형성됨에 따라 친밀감과 인정의 가치에 대해 학습하게 된다는 것이다. 결과적으로 그들은 다른 사람들에 대한 존중과 배려를 습득한다. 온화한 교수에서는 보상이나 억압, 신체적인 구속 등과 같은 벌을 사용하지 않는다. 그 의도는 맹종하는 것이 아니라(특히 초기에는), 단지 인정과 수용을 표현하면서 사람들과 '함께' 있다는 것을 경험하게 하는 것이다. 그리고 그러한 방법은 많은 인내와 이해가 요구된다.

온화한 교수는 철학적 접근법이며, 아직까지는 그것의 효능을 입증할 만한 보고가 거의 없다. 그것의 기본적인 명제는 인간의 모든 행동과 동기가 보상과 벌에 대한 반응이라는 전제에 따라 상호작용에 기초한다는 것은 비인간적이라는 것이다(McGee, 1993). 그 대신 이 교수의 목표는 상호 존중감을 가지고 관계를 형성함으로써 (환자 혹은 학생을 포함해서) 다른 사람과 친밀해지도록 하는 것이다.

얼핏 보면 온화한 교수의 효과에 대한 증거는 일화적 증언에 의존하는 반면, 행동적 원리들의 성공은 폭넓게 증명된 것 같다. 그러나 이 두 가지 방법이 서로 배타적인 것은 아니다.

함께하는 즐거움이 문제행동을 유발할 수도 있다.

행동 처치는 상호 간의 인정이나 친밀한 감정 없이 엄격하고 서로 거리감을 느끼는 상태로 수행될 때 성공하기 어렵다. 친밀감과 동일시는 모방에 강한 영향을 미친다는 다년간의 조사 연구가 있듯이(Bandura, 1977), 행동중재 접근법에서 특히 중요하다. 개인과 그 담당자와의 관계는 결과에 영향을 주는 결정적인 요소이기 때문에 행동 변화 기법은 관계 형성이 매우 중요하다고 할 수 있다. 결과적으로 내담자(또는 학생)와의 친밀감이나 긍정적인 관계의 발전이 치료자나 교사, 혹은 다른 어떤 서비스 제공자에게 가장 우선시되어야 한다.

Joyce

온화한 교수의 긍정적 결과

Joyce의 IEP 팀의 중요한 목표는 그녀 스스로 비전을 찾고 자신의 미래를 준비할 수 있도록 도와주는 것이었다(5장 참조). 그 중요성에 대해 모두가 동의한 부분은 그녀가 하고 싶고 되고자 하는 것을 상상할 수 있어야 한다는 것이었다. 그리고 그녀가 꿈꾸고 있는 미래의 이상을 현실로 구현할 수 있도록 시도해 보는 것이 무엇보다 중요하다는 데 모두가 공감하고 있었다. Joyce는 주변 동료들의 영향을 너무나 쉽게 받기 때문에, 그녀에게 본보기가 될 수 있고 그녀의 자아존중감을 제고시킬 수 있는 사람들과 함께 참여하도록 하는 것이 더 중요한 일이었다.

Joyce가 9학년이 되었을 때, 여전히 자료실 교사의 도움을 받아야 하긴 했지만, 특수학급에서 고등학교의 일반학급으로 통합되었다. 그녀는 8학년 때 Joyce의 또래교사 역할을 했던 일반학급 학생인 Lisa의 권유로 행진대의 댄스 팀에 지원해서 들어가게 되었다. 그 결과 새로운 친구들을 사귀게 되었고, 운동 경기에서는 댄스 팀이 확실히 눈에 띄고 중요한 역할을 하게 되기 때문에 Joyce 자신에 대한 이미지 개선에도 도움이 되었다.

Joyce의 가정경제학 교사인 Clary 여사는 Joyce에게 특별한 관심을 보였고, 그녀의 재봉 실력에 주목했다. 그러나 Joyce는 자의식이 강했고 Clary 여사의 관심도 부담스러워 했는데, 이것은 그녀가 가족 이외의 다른 어른들에게 보이는 일관된 반응이었다.

Clary 여사는 그동안 온화한 교수에 대해 알고 있었기 때문에 그녀가 Joyce와 좋은 관계를 형성하게 된다면 충분히 Joyce를 직업 관련 활동에 참여할 수 있도록 지도할 수 있으리라 믿고 있었다. Clary 여사는 Joyce가 부끄러워하거나 거부하는 것을 피하기 위해서 그녀가 속해 있는 집단과 함께 활동하는 것부터 시작했다. Clary 여사는 먼저 이 학생들을 따뜻하고 예의를 갖춰서 대하고 농담도 하면서 점차적으로 친해질 수 있도록 하였다. 결국 Joyce는 Clary 여사와 조금씩 친해져서 마음을 열기 시작하였고 자연스럽게 대화도 하게 되었다.

시간이 지남에 따라서 Joyce와 Clary 여사는 친분을 쌓고 신뢰감을 갖게 되어, Clary 여사는 Joyce에게 복잡한 패턴의 재봉 작업을 시도해 볼 수 있도록 지도할 수 있었다. 그리고 Joyce는 멋지게 성공하였다. 이 성공으로 인해서 Joyce는 더 많은 자신감을 갖게 되었고, 자신의 작품이 학교에 전시되어 다른 학생들의 부러움과 칭찬을 듣게 되었다.

그 후에 Clary 여사는 Joyce를 수예점을 운영하는 사람에게 소개해 주어 시간제로 일할 수 있도록 해 주었다. 얼마 후 그 상점 사장은 Joyce를 그 상점의 공식적인 모임에 함께할 수 있도록 해 주었다. Joyce는 재봉 작업 단계를 말로 표현하는 데 약간 어려움이 있긴 하지만 이것은 별 문제가 되지 않았다. 왜냐하면 가게에 오는 손님들에게 재봉방법을 직접 보여 줌으로써 도움을 줄 수 있었기 때문이다.

인지적 기법

혼자서 살고, 자기 자신의 신체적 욕구를 돌보고, 필수품을 위해 재원을 모으기 위해서는 자신이 직면하는 일상적인 상황에 대한 정확한 판단을 할 수 있어야 한다. 또한 그것은 성공에 이르는 결정을 하는 데 필수적이다. 효과적인 판단과 결정은 유용한 인지 전략의 소유와 적용을 필요로 한다.

이러한 인지 전략들은 정신지체인에게는 가장 큰 도전이 될 수도 있다. 행동기법은 종종 중도 지적 장애인에게도 복잡한 기술을 가르치는 데 좋은 결과를 보여 주었다. 그러나 대개는 이런 기술들이 그들이 학습하고 있는 그 문제나 맥락에서만 유용하게 적용될 뿐 정신지체인은 그 기술을 그가 기존에 배웠던 상황이 아닌 다른 상황에 적용(**일반화**)하는 데 어려움이 많고, 심지어는 비슷한 상황에서조차도 어려움을 겪게 된다(Langone, 1990).

그러나 최근 인지 분야 연구에서는 문제해결과 결정적 사고는 어떤 이에게 특별한 상황이 될 수 있으며, 인지적 기술과 전략의 적용은 문제 상황의 맥락과 관련된 경험에 크게 의존하게 된다는 것을 주장했다(Alibali, 1999). 게다가 경험은 다른 일반인들과 마찬가지로 정신지체인들의 지식과 전략을 발전시킨다. 장애인들의 경험이 제한되고 억압될수록 일반화는 더욱 어렵다. 반대로 정신지체인들의 교육과 훈련의 결정적 요소는 그들의 기능이 계속 활용될 수 있는 지역사회에서 다양한 경험을 할 수 있는 기회이다.

그러므로 장애인의 삶 속에서 그들을 지도하는 많은 사람들의 특별한 과제는 장애인이 그들의 삶을 통제할 수 있도록 하는 기술들을 가능한 한 많이 습득하게 도와주는 것이다. 이 능력을 **자기결정**(self-determination; Wehmeyer, Palmer, Agran, Michaug, & Martin, 2000) 혹은 **자기조절**(self-regulation; Whitman, 1990)이라고 한다.

선택 결정

자기조절 능력을 습득하는 데 있어서 중요한 요소는 선택 및 결정을 할 수 있는 기회를 갖는 것이다(Whitman, 1990). 정신지체인들도 그들이 하는 방식 내에서 그들이 처한 상황을 조직화할 수 있다면 최소한 그들의 삶의 일부는 통제할 수 있다는 증거가 있음에도 불구하고, 정신지체인들에게는 대개 결정을 할 기회가 주어지지 않는다. 예를 들어 언어장애와 중도 정신지체를 가진 장애인들도 여러 유형들 중에서 자신이 좋아하는 물건을 선택하는 방법을 배울 수 있다. 선택의 기회는 자신의 삶을 조절하는 감각을 증진시키는 데 도움이 된다. 많은 사람들을 대상으로 한 연구에서 그와 같은 선택의 기회는 육체적 건강을 증진시키고 스트레스를 감소시키는 데 결정적이라는 것을 밝히고 있다(Krause, Jay, & Liang, 1991). 게다가 선택과 의사결정의 기회는 대부분의 장애인에게서 발견되는 의존성을 감소시키는 데 도움이 된다(Bybee & Zigler, 1999).

자기관리

자기관리(self-management)는 자신과 자신의 삶을 통제할 수 있도록 가르치는 데 유용한 기법이다. 자기관리는 스스로 강화와 벌 및 행동을 통제하는 자극 등의 행동기법을 사용하는 것을 익히게 한다. 그림 11.8에서는 자기관리를 가르치는 데 중요한 요소들을 열거하고 있다.

자기관리에서는 모델이 되는 사람의 행동을 보면서 적합한 행동과 그렇지 않은 행동 모두를 확인하고 분류하는 것을 학습한다. 예를 들어 Roy가 입을 다물고 밥을 먹도록 하고자 한다면 교사는 두 가지 행동(소리내며 씹기와 조용히 씹기) 모두를 보여 주어야 하며, Roy는 '조용히 먹기'와 '소리내어 먹기' 각 경우의 행동에 대해 분별하게 될 것이다. Roy가 정확하게 분별하게 된다면 앞으로 그 스스로 그와 같은 행동들을 확인하고 분별할 수 있게 될 것이다.

다음에는 Roy에게 자신이 먹는 행동을 점검하도록 하는데, 조용히 식사를 하게 되면 음식을 계속 먹을 수 있도록 자기 자신에게 보상할 것이다. 그러나 그가 소리 내어 먹었다면 그는 음식을 더 이상 먹지 못하게 할 것이다. 처음에 Roy는 그 스스로에게 강화물을 줄 것인지에 대해 도움(촉진)을 받게 되지만, 과정이 진행되어 감에 따라 도움은 점차 사라질 것이다. 훈련기간 동안, 교사는 스스로 통제하고 강화를 줄 수 있는 것이 그렇지 못한 경우에 비해 얼마나 효과적인지에 대해 강조하게 된다. 이와 같은 방법으로 좋은 감정의 표현과 구체적 강화물을 짝지어 연결하는 것은 Roy가 스스로의 행동에 대해 적절한 감정 표현을 하는 것을 내면화하고 구체적 강화물에 대한 요구를 감소시키는 데 도움이 된다.

전형적으로 점검은 일정 기간 동안에만 지속되며, 점검기간이 끝났음을 알리는 시간 조절 장치가 있다. 또한 대개는 그 기간 동안 발생한 행동들을 기록하는 시스템도 있다. Roy에게

1. 개인은 목표행동의 적절하고 적절치 않은 경우를 확인하고 분류하는 것을 학습한다.
2. 개인은 그 스스로 목표행동의 적절하고 적절치 않은 경우에 처하는 때가 언제인지를 확인하고 분류하는 것을 배운다.
3. 개인은 적절하고 적절하지 않은 자신의 행동을 점검하는 것을 배운다.
4. 개인은 그 자신의 목표행동 경험에 대해 스스로 강화 또는 벌을 조절한다.
5. 자기통제에 대해서 느끼는 만족감을 북돋고 구제적인 강화물과 결합시킨다.
6. 자극과 구체적인 강화물을 가르치는 것이 점차 사라진다.

그림 11.8 자기관리 훈련의 요소

1. 목표행동의 조작적 정의:
   적절한 행동을 분류하고 표현 가능한 말로 분명하게 진술하기
2. 강화의 기능 확인:
   학습자는 강화를 선택한다.
   강화는 초기에 자주 사용된다.
   가능하면 자기강화로 이어져야 한다.
3. 자기점검 방법이나 장치 고안:
   가능하면 강요성이 없는 장치를 만든다.
   수첩이나 손목시계, 조용한 경보기 등을 포함한다.
4. 자기점검 시스템의 이용 교수:
   어떤 사람들은 먼저 목표행동 장면을 인식하는 것을 학습해야 한다.
   기록 장치를 사용하는 방법을 가르친다.
   모델링과 자극을 이용한다.
   목표행동과 성공적인 자기점검을 강화한다.
5. 자기점검 시스템의 이용 줄이기:
   강화와 자기점검 단서들을 없앤다.

그림 11.9 자기점검 절차

출처: Dunlap, L. K., Dunlap, G. & Koegel, L. K. (1991), Using self-monitoring to increase independence. *Teaching Exceptional Children*, *24*(3), 17-22.

자극과 구체적 강화물이 점차 사라졌지만, 구체적 강화물이 항상 기대되는 일부 환경에서는 외부 강화물이 자기관리 프로그램에 일부 포함될 것이다. **그림 11.9**에서는 자기점검 시스템을 형성하는 과정을 기술하고 있다.

심상 절차

안내된 심상(guided imagery) 기법은 사람들이 스스로의 행동을 조절해 나가는 법을 학습하는 데 도움이 되는 또 다른 기법이다. 이것은 개인이 스스로 올바른 행동과 그 행동을 했을 때의 기쁘고 긍정적인 결과를 기대하는 한 가지 방법이다. 전문가는 훈련 과정에서 그 사람에게 기대하는 장면을 묘사하고, 그 사람은 전문가에게 다시 그 장면을 말한다. 언어로 표현하는 능력이 부족한 사람은 언어적 표현 대신에 언어적 표현과 함께 그림을 이용할 수도 있다(Cautela & Kearney, 1993).

안내된 심상은 항상 학습자가 편안하고 수용적인 태도가 되어 있을 때 실행된다. 안내된

심상은 자기관리와 함께 강화물과 자기조절이 결합된 좋은 감정을 강조한다. 보상과 좋은 감정을 결합하는 것은 개인이 적절한 행동에 대한 강화의 내면화를 돕기 때문에 매우 중요하다. 스스로 적절히 행동을 한 것에 대해 좋은 느낌을 갖는다면 외부의 중재 없이 그의 행동을 조절해 나가기가 더 쉽다.

Susan

감정을 관리하는 데 심상화와 자기언어화(self-verbalization) 이용하기

Susan이 학급 친구들과 잘 지내고, 친구들도 그녀에게 친절하게 대하기는 하지만, 귀찮게 대하는 것에는 지나치게 예민하게 반응하곤 했다. 그녀는 쉽게 감정이 상했고, 심지어는 귀찮게 하거나 공격하는 친구들이 없을 때에도 그런 반응을 보이곤 했다. Susan은 감정이 상하면 위축되어 이야기도 하지 않고, 심지어 다른 친구들을 쳐다보지도 않았다. 그리고 그런 행동이 한 시간 이상 지속되었다.

Susan의 담당 교사이자 심리치료사인 Schaffer 박사는 Susan이 그녀의 감정을 잘 관리할 수 있도록 심상 기법을 개발하였다. 이 전략은 Susan의 행동이 학교 상황에서 나타나는 것이긴 하지만 학교를 떠나서 치료를 받을 수 있고, 학교 과제나 학교 관계자들과 함께하지 않아도 되는 것이었다. Susan은 자신에게 강화를 줄 수 있는 방법을 학습하게 되었다.

Schaffer 박사는 심상 전략 단계에서 Susan이 호흡을 깊게 하도록 하고, 가능한 충분히 긴장을 풀어 편안하게 하도록 했다. 그리고 눈을 감고 다음과 장면을 상상하도록 했다.

> Susan, 교실에 있는 의자에 앉아서 네가 가장 좋아하는 컴퓨터 게임인 TicTactics를 하고 있다고 상상해 봐. 친구 Bryan과 같이 하고 있어. Susan. … 이것을 상상할 수 있게 되면 손을 들어. (Susan이 손을 든다.)
>
> 너는 지금 너무 재미있고, 너무나 행복해. … 그런데 갑자기 Bryan이 네가 마음이 상할 수 있는 어떤 말을 하고 있어. 너는 너무 흥분이 되고 화가 났어. 그래서 Bryan과 같이 놀고 싶지도 않고, 말도 하기 싫고 쳐다보기도 싫었어. 그렇지만 넌 정말로 네 감정을 조절하고 싶고, 네가 하던 게임을 다시 재미있게 계속하고 싶었어. 그래서 Bryan에게 "난 지금 기분이 상해서 시간이 좀 필요해"라고 말해. 그런 다음 숨을 깊고 천천히 쉬고, 네 자신을 힘껏 안아 보는 상상을 하는 거야. 그리고 네 자신에게 이렇게 말하지. "누가 뭐라고 하든 상관없어. 난 정말 중요한 사람이고 너무 재미있는 사람이야. 난 아주 중요한 사람이야" 이제는 네가 정말 좋아하는 선데이 아이스크림을 먹는 상상을 해 봐. 그러면 곧 기분이 좋아질 거고, 네가 하던 게임을 계속할 준비가 될 거야. Bryan에게 "난 이

제 다시 게임할 준비가 되었어"라고 말해. 넌 네 감정을 조절할 수 있게 되었기 때문에 매우 기분이 좋아져서 다시 게임을 하는 거야. 자, 이제 네게 이 이야기를 들려줄 수 있을까?

Susan은 Schaffer 박사에게 이 이야기를 다시 들려준다. 그 이미지를 다시 상상하고 자신의 말로 반복하는 것은 매우 중요하다. Schaffer 박사는 Susan의 가정 도우미인 Jolene에게 이 과정을 써서 보여 주고 Susan과 이와 같은 방식으로 진행하도록 알려준다. Susan과 Jolene은 6개월 동안 매일 20분간 그 과정을 연습했다. Susan은 이제 자신의 감정이 상했을 때 이 방법을 사용해서 더 빨리 원상태로 돌아올 수 있게 되었다.

출처: J. Groden & J. R. Cautela (1984), Use of imagery procedures with students labeled "trainable retarded." *Psychological Reports, 54*, 595–605.

동기 특성의 중요성

우리는 일을 향한 노력이 열정적이고 끈기가 있을 때 동기화되었다고 말한다. 일반아동들에게 있어서 동기는 IQ만큼이나 정확하게 나타난다(Neisser et al., 1996). 장애아동도 비슷한 단계를 거치게 된다. 그들에게 동기는 성공의 중요한 열쇠이다(Haywood & Switzky, 1986). 일반적으로 정신지체인은 외부 요인에 의해 동기화되는 성향이 강하다. 즉, 그들은 외부 요인에 의해 강화된다. 그러나 정신지체인이나 일반인이나 외적 자극보다 내적 자극으로부터 동기화되는 것이 더 효과적이다(Switzky, 1994).

외부적 동기화에 익숙한 사람은 외적 강화에 더 잘 반응하기 때문에 학습에서의 성공은 반드시 구체적인 보상과 함께 시작되어야 한다. 동시에 외적 보상이 자신에 대한 만족감과 결합되면 내적 동기화를 발전시킬 수 있다.

조망

이 장에서는 학생들이 새로운 행동을 학습하고 기존의 행동을 수정하는 데 도움이 될 수 있는 몇 가지 기술들을 제시했다. 이런 기술들은 여러 장에 걸쳐 기술되어 있지만, 제시한 기본적인 원리는 인간관계와 학습의 모든 영역과 관련되어 있다. 게다가 우리가 사는 모든 범위 내에서의 시스템이 같은 원리에 의해 작동되며, 계획된 일, 선행 사상, 다양한 체제 변인의 결과에 대한 분석은 최소한 개별 내담자에 대한 기능적 분석만큼 중요하다(McClannahan & Krantz, 1993).

이 장에서 제시한 주제들이 서로 관련되어 있다는 것을 이해하는 것도 중요하다. 실제적으로 그것들은 서로 분리된 주제가 아니라, 정신지체인이나 그들이 접하는 모든 이들이 포함되어 있는 의식적이고 효과적인 중재에 관한 폭넓은 접근의 상호작용의 측면으로 인식되어야 한다. 결국 이런 기술들을 적용하는 것이 아동이나 성인 모두가 성공적인 사회 통합 내에서 수행할 수 있도록 완전한 역할을 한다는 것을 인식해야 한다.

12장에서는 정신지체인을 위한 형식적 교육 환경에 대해 생각하고, 이 장에서 익힌 인지-행동적 기법들이 그들의 교수-학습 계획을 개발하고 실행할 때 어떻게 반영되는지 고려한다. 그리고 이 내용이 진행됨에 따라 정신지체 아동에게 학교 사회에 적응하도록 도움을 주기 위한 행동적 기술들의 적용이 점차 확실해질 것이다.

참고문헌

Alberto, P. A., & Troutman, A. C. (1995). *Applied behavior analysis for teachers* (4th ed.). Columbus, OH: Merrill.

Alibali, M. W. (1999). How children change their minds: Strategy change can be gradual or abrupt. *Development Psychology, 35*, 127-145.

Bandura, A. (1977). *Social learning theory*. Englewood Cliffs, NJ: Prentice-Hall.

Bijou, S. W., & Baer, D. M. (1961). *Child development I: A systematic and empirical theory*. Englewood Cliffs, NJ: Prentice-Hall.

Butterfield, E. C. (1990). The compassion of distinguishing punishing behavioral treatment from aversive treatment. *American Journal on Mental Retardation, 95*(2), 137-141.

Bybee, J., & Zigler, E. (1999). Outerdirectedness in individuals with and without mental retardation: A review In E. Zigler & D. Bennett-Gates (Eds.), *Personality development in individuals with mental retardation* (pp. 165-205). New York: Cambridge University Press.

Carey, R., & Bucher, B. (1986). Positive practice overcorrection: Effects of reinforcing correct performance. *Behavior Modification, 10*, 73-92.

Cautela, J. R., & Kearney, A. J. (Eds.). (1993). *Covert conditioning casebook*. Pacific Grove, CA: Brooks/Cole.

Dudley, J. R., Ahlgrim-Delzell, L., & Calhoun, M. L. (1999). Diverse diagnostiè and behavioral patterns amongst people with a dual diagnosis. *Journal of Intellectual Disability Research, 43*(2), 70-79.

Dunlap, C., & Plienis, A. J. (1991). The influence of task size on the unsupervised task performance of students with developmental disabilities. *Education and Treatment of Children, 14*(2), 85-95.

Dunlap, L. K., Dunlap, G., & Koegel, L. K. (1991). Using self-monitoring to increase independence. *Teaching Exceptional Children, 24*(3), 17-22.

Foxx, R. M., & Bechtel, D. (1982). Overcorrection. In M. Hersen, R. Eisler, & P. Miller (Eds.), *Progress in behavior modification* (Vol. 13, pp. 227-288). New York: Academic Press.

________. (1983). Overcorrection: A review and analysis. In S. Axelrod & J. Apsche (Eds.), *The effects of punishment on human behavior* (pp. 133–220). New York: Academic Press.

Foxx, R. M., Zukotynski, G., & Williams, D. E. (1994). Measurement and evaluation of treatment outcomes with extremely dangerous behavior. In T. Thompson & D. B. Gray (Eds.), *Destructive behavior in developmental disabilities* (pp. 261–273). Thousand Oaks, CA: Sage.

Gardner, W. I., & Craeber, J. L. (1993). Severe behavioral disorders in persons with mental retardation: A multimodal behavioral diagnostic model. In R. N. Fletcher & A. Dosen (Eds.), *Mental health aspects of mental retardation: Progress in assessment and treatment* (pp. 45–69). New York: Lexington Books/Macmillan.

Glynn, S. M. (1990). Token economy approaches for psychiatric patients. *Behavior Modification, 14*, 383–407.

Groden, J., & Cautela, J. R. (1984). Use of imagery procedures with students labeled "trainable retarded." *Psychological Reports, 54*, 595–605.

Guess, D., Roberts, S., Siegel-Causey, E., Ault, M., Guy, B., & Thompson, B. (1993). Analysis of behavior state conditions and associated environmental variables among students with profound handicaps. *American Journal on Mental Retardation, 97*(6), 634–653.

Haring, T. G., & Kennedy, C. H. (1990). Contextual control of problem behavior in students with severe disabilities. *Journal of Applied Behavior Analysis, 23*(2), 235–243.

Haywood, H. C., & Switzky, H. N. (1986). Intrinsic motivation and behavioral effectiveness in retarded persons. In N. Ellis & N. Bray (Eds.), *International review of research in mental retardation* (Vol. 14, pp. 1–46). New York: Academic Press.

Horner, R. (1990). Ideology, technology, and typical community settings: Use of severe aversive stimuli. *American Journal on Mental Retardation, 95*, 166–168.

Horner, R. N., Vaughn, B. J., Day, H. M., & Ard, W. R., Jr. (1996). The relationship between setting events and problem behavior: Expanding our understanding of behavioral support. In L. K. Koegel, R. L. Koegel, & G. Dunlap (Eds.), *Positive behavioral support: Including people with difficult behavior in the community* (pp. 381–402). Baltimore, MD: Paul H. Brookes.

Kantor, J. R. (1959). *Interbehavioral psychology*. Granville, OH: Principia Press.

Kazdin, A. E. (1994). *Behavior modification*. Pacific Grove, CA: Brooks/Cole.

Konarski, E. A., Jr. (1990). Science as an ineffective white knight. *American Journal on Mental Retardation, 95*, 169–171.

Krause, N., Jay, G., & Liang, J. (1991). Financial strain and psychological well-being among the American and Japanese elderly. *Psychology and Aging, 6*, 170–181.

Langone, J. (1990). *Teaching students with mild and moderate learning problems*. Boston: Allyn & Bacon.

Linscheid, T. R., Iwata, B. A., & Foxx, R. M. (1996). Behavioral assessment. In J. W. Jacobson & J. A. Mulick (Eds.), *Manual of diagnosis and professional practice in mental retardation* (pp. 191–198). Washington, DC: American Psychological Association.

McClannahan, L. E., & Krantz, P. J. (1993). On systems analysis in autism intervention programs. *Journal of Applied Behavior Analysis, 26*(4), 589–596.

McGee, J. (1993). Gentle teaching for persons with mental retardation: The expression of a psychology of interdependence. In R. J. Fletcher & A. Dosen (Eds.), *Mental health aspects of mental retardation: Progress in assessment and treatment*. New York: Lexington Books.

McGee, J. J., & Menolascino, F. J. (1991). *Beyond gentle teaching: A nonaversive approach to helping those in need*. New York: Plenum.

Meyer, L. H., & Evans, I. M. (1989). *Nonaversive interventions for behavior problems: A manual for home and community*. Baltimore, MD: Paul H. Brookes.

Neisser, U., Boodoo, G., Bouchard, T. J., Jr., Boykin, A. W., Brody, N., Ceci, S. J., Halpern, D. F., Loehlin, J. C., Perloff, R., Steinberg, R. J., & Urbina, S. (1996). Intelligence: Knowns and unknowns. *American Psychologist, 51*, 77–101.

Repp, A. C., & Singh, N. N. (1990). *Perspectives on the use of nonaversive and aversive interventions for persons with developmental disabilities*. Sycamore, IL: Sycamore.

Rojahn, J. (1986). Self-injurious and stereotypical behavior of noninstitutionalized mentally retarded people: Prevalence and classification. *American Journal of Mental Deficiency, 91*, 268–276.

Salend, S. J., & Ehrlich, E. (1983). Involving students in behavior modification programs. *Mental Retardation, 21*(3), 95–100.

Schreibman, L. (1988). *Autism*. Newbury Park, CA: Sage.

Smith, M. D. (1990). *Autism and life in the community: Successful interventions for behavioral challenges*. Baltimore, MD: Paul H. Brookes.

Strassberg, Z., Dodge, K., Pettit, G. S., & Bates, J. E. (1994). Spanking in the home and children's subsequent aggression toward kindergarten peers. *Development and Psychopathology, 6*, 445–461.

Switzky, H. N. (1994). *Motivation and mental retardation: A reprise and future directions for research*. Presented at the Fourth International Conference on Mental Retardation, Arlington Heights, IL.

Van Hasselt, V., Hersen, M., Egan, B., McKelvey, J., & Sisson, L. (1989). Increasing social interaction in deaf-blind severely handicapped young adults. *Behavior Modification, 13*, 257–272.

Wehmeyer, M. L., Palmer, S. B., Agran, M., Mithaug, D. E., & Martin, J. E. (2000). Promoting causal agency: The self-determined learning model of instruction. *Exceptional Children, 66*(4), 439–453.

Whitman, T. L. (1990). Self-regulation and mental retardation. *American Journal on Mental Retardation, 94*(4), 347–362.

CHAPTER 12

교육의 쟁점

11장에서는 정신지체인들을 지도하기 위한 여러 가지 행동적, 인지적 기법들을 학습하였다. 이 장에서는 이러한 기법들이 장애학생들을 어떻게 다른 학생들과 같이 학습하고 그들의 또래들과 특별활동을 하는 데 이용되는지를 볼 것이다. 또한 이 장에서는 현대의 교육학자들이 제시하고 있는 모든 아동을 위한 교육의 목적을 달성하기 위해 이용하는 혁신적인 방안과 방법들을 제시한다. 특히 이 장에서는 정신지체 아동의 교육 배치 유형에 관해서 기술하고 이들을 가르치는 데 이용되는 몇 가지 교수방법도 소개한다. 그 외에 이 장에서는 특히 장애아동을 위해 형식적 학교교육과 성인 세상으로의 입문 사이의 통과를 촉진하는 중요성을 기술하고, 그런 중요한 전환의 성공을 보장하는 현행 방법을 기술한다.

현재 학교는 그들이 일부인 문화에 의해 부과된 심각한 도전에 직면해 있다. 현대 아동들은 빈곤과 주거문제, 약물중독, 소외감의 증가로 고통 받고 있으며, 이런 심각한 사회적, 문화적 문제는 학교가 학생들을 교육하고 학교를 졸업한 학생들이 생산적인 삶을 살 수 있도록 하는 것뿐만 아니라 그러한 문제들을 줄이고 도전할 수 있도록 하는 데에 영향을 미치게 된다. 그렇지만 이와 같은 사회적 요구에 직면해 있는 많은 학교들은 이전보다 더 광범위한 능력을 가진 아동들에게 효과적인 교육 경험을 제공하도록 요구받고 있다.

현대 학교들은 점점 늘어나고 있는 다양한 배경의 아동들을 교육하며, 지적 능력과 상관없이 모든 아동에게 합법적, 이상적으로 효과적인 교육을 제공하는 데 헌신해야 하기 때문에 그 어느 때보다도 주류 사회의 협조가 필요하게 되었다. 주 정부와 지방 정부의 협조뿐만 아니라 가족, 기업, 지역사회 지도자들의 협력도 필요하다. 현재 아동에게는 다양한 영향력이 미칠 수 있다는 인식에 따라 간학문적 협력이 효과적인 교육 실제에 꼭 필요하다. 교육의 쟁점은 특수교육자나 일반교육 교사만이 관심을 가져야 할 분야가 아니라 정신지체에 관심 있는 모든 이들에게 중요한 문제이다.

토론 과제

육아, 사회복지 또는 치료적 오락에 진로를 계획한 학생들이 어떻게 특별한 욕구를 지닌 학생들에게 이익이 되도록 교육 서비스와 교수방법에 관한 그들의 지식을 적용할 것인가?

학교 배치 유형

장애인교육법(PL 105-17, IDEA)은 모든 정신지체 아동에게 최소 제한적 환경(least restrictive environment, LRE)에서 무상의 공교육을 받을 수 있는 권리를 갖도록 한다. 그 결과 모든 공립학교는 정신지체 아동들에게 교육 기회를 제공하고 있다. 많은 교구학교(교회가 설립한 학교)에서도 특수교육 프로그램을 마련하고 있으며, 많은 사립학교(주간 또는 기숙제 모두) 또한 특별한 욕구를 가진 이들에게 교육을 제공하고 있다. 이러한 다른 유형이 존재하더라도 대다수의 정신지체 아동은 공립학교에 등록한다.

또한 공립학교 체제 내에는 학교 교육구마다 다르지만 다양한 대안들이 있다. 일반학교의 특수교육 프로그램 외에도 어떤 교육구는 장애학생만을 위해 분리된 학교를 가지고 있기도 하고, 어떤 교육구는 분리된 학교를 가지고 있으나 장애학생만을 위한 것은 아니라 교실에 일부 일반학생들을 통합하고 있다.

일반교육 체제 내에서 장애아동들은 어떤 경우는 완전히 분리된 교실에서 교육을 받지만, 보통은 중도 장애학생들도 일반학생과 같이 일부 교실이나 활동에 통합되어(적어도 하루 중의 일부) 특수교육을 받는다(Arnold & Serpas, 1993). 정신지체 아동들도 교육과 일반학생들과 같이 동일한 교실과 특별활동 환경에서 모든 교육 서비스를 받는 경우가 점차 늘어나고 있다. **그림 12.1**은 정신지체 아동을 교육하는 대안을 열거한 것이다.

통합: 철학적 이상

통합(inclusion)은 실제와 이상이라는 두 가지 측면이 있다. 실제에서 보면, 통합은 장애아동이 분리된 특수교육 교실에서 교육을 받기보다 일반교실에 포함(included)되어 있는 것을 의미한다. 이상적으로 통합은 정상화의 자연적인 결과이다.

일반학급 완전 통합
일반학급 부분 통합
일반학교의 분리된 특수교육 교실
분리학교
  주간 프로그램
  기숙제

그림 12.1 대안적 배치 유형

정상화란 평범한 삶에 완전히 참여하는 장애인의 권리라고 주장하는 원리임을 상기하라. 이 원리에 따라 통합은 모든 아동이 장애가 있음에도 불구하고 일반교실에서 같은 연령의 또래들과 함께 구성원의 자격을 얻을 권리가 있다는 믿음을 기초로 한다. 이러한 철학은 모든 아동의 욕구를 지원하기 위해 일반교육과 특수교육을 하나로 단일화하고자 하는 운동인 **일반교육 주도**(Regular Education Initiative, REI)를 이끌어냈다. REI는 처음에 교육부 특수교육과 차관보인 Madeleine Will의 제안에 대한 답으로 시작되었다(Will, 1986). 그녀는 일반교실 내에서 모든 아동의 욕구를 충족시키기 위해 일반교육과 특수교육 체제를 합병해야 한다고 제안했다. 이 계획에 따르면, 특수교육자들은 일반교육자들과 교수를 위해 팀이 되거나, 그들을 자문하거나, 그들에게 지원 서비스를 제공할 것이다. REI의 목적은 통합을 벗어나 있다. 왜냐하면 이들은 구체적으로 학교 내에서 제공하는 서비스 전달의 구조를 급진적으로 변경하는 데 목적을 두고 있기 때문이다(Lipsky & Gartner, 1990). 여전히 통합은 그런 변경에 주요한 기제를 제공하고 있다.

REI의 제안자들은 정신지체 아동이 일반학급에서 더 잘 지원을 받을 것이라는 신념에 대해 다양한 이유를 제시하고 있다. 하나의 중요한 요인은 비장애 또래들이 연령에 적절한 행동의 역할 모델로서 가질 수 있는 영향력이다. 2장에서 학습한 바와 같이 모델링은 학습의 기본적인 기제이다. 그래서 동일한 연령의 또래들과 보내는 학교의 시간은 깊이가 있는 학습 기회를 제공한다.

정신지체 아동의 경우 직장과 가정환경 모두에서 성공적인 통합의 가장 강력한 예언자는 (1) 부적응행동이 없고, (2) 훌륭한 사회적 기술을 갖춘 것이다. 이러한 변인은 IQ나 학업 기술보다도 더 중요하다(Haney, 1988). 만약 아동이 일반적인 지역사회 직장이나 여가 환경에서 환영을 받으려면 다른 사람들과 잘 어울릴 수 있는 기술을 습득할 수 있어야 한다. 이러한 이유로 정신지체 아동은 가능한 한 일반인들과 함께 다양한 지역사회 활동에 통합되어야 한다. 그러한 중요한 노력에 있어서 학교는 중요한 역할을 해야 한다. 결국 교육의 궁극적인 목적은 아동이 성인의 세계에서 성공적으로 기능을 할 수 있도록 하는 데 있다.

토론 과제

학교 이외의 다른 지역사회 환경이 장애학생을 위해 담당할 수 있는 것이 무엇인가?

정신지체 아동의 통합은 일반아동들에게도 이점을 제공할 수 있다. 우리가 지역사회의 일원으로서 정신지체인이 그들의 가족, 이웃 및 또래들과 함께 있을 권리가 있다고 생각한다면, 그러한 현실을 우리의 아동들에게 보여 주는 것이 중요하다. 어린 사람(그리고 아마 어떤 사람)의 경우 이례적으로 보이는 모습이나 행동을 두려워하는 것은 자연적인 것이다. 아동들이 매일의 활동을 장애를 지닌 다른 사람과 공유할 때, 그들은 신체적, 정신적 기능에서 차이를 기대하는 것을 학습하며, 더 적극적으로 수용하는 태도를 개발한다. 만약 이러한 과정 중에 아동들이 서로 간에 도움을 주고받는 것이 적절하고 바람직하다는 것을 배우게 된다면 이것 또한 통합으로 인한 부가적인 이익이라고 볼 수 있다.

특수교육에 대한 불만

21세기 이전에 정신지체 아동은 대부분 분리된 주거시설이나, 경도인 경우 같은 연령의 또래들과 함께 일반교실에서 교육을 받았다. 일반학교에 다니는 아동들도 대부분 다른 학생들의 수준에 따르지 못하면 중도 탈락을 했지만 종종 그들 자신의 수준에 따라 도움을 받았다. 1900년 이후 일부 공립학교 내에 '지진 학습자'를 위해 학교들이 특별한 서비스를 제공하지는 않았지만 일부 분리된 교실이 나타나기 시작했다. 1940~1950년대에 부모들과 특수아동의 옹호자들이 다수의 주간 분리학교를 설립했다(Brown et al., 1994). 특수학급(과 특수학교)들이 점점 더 일반화되면서 특별한 욕구를 지닌 아동들을 교육하기 위한 '최상의 장소'에 관한 논쟁이 이루어지기 시작했다.

분리된 특수교육이 효과가 없다고 믿는 사람들은 특수학급에서 배우는 정신지체 아동들이 일반교실에서 배우는 아동들보다 학업적으로나 적응에서나 좋지 않다는 연구를 언급하였다(Dunn, 1968). 특수교육을 받고 있는 학생들의 높은 중도 탈락률(56%)도 언급되었다. 또한 특수교육 체제는 비용이 많이 들고, 대부분 현상 유지하는 데 급급해서 더 이상 효과를 기대하기가 어렵다고 주장하였다(Stainback & Stainback, 1984).

> **토론 과제**
> 일반학급과 특수학급에 있는 정신지체 학생들의 성취와 적응을 비교한 연구들은 평균점수를 비교한다. 두 환경에서 대략 동일한 수의 아동들이 평균 이상과 평균 이하의 점수를 얻었다면 무엇을 알 수 있는가? 이러한 경우 이런 연구들이 개별 학생에 대해 '최상의 배치'에 관해 예언할 수 있는 것은 무엇인가? 설명해 보라.

비평가들은 정확한 사정과 명칭 붙임(4장 참조)에 관한 많은 문제점을 언급하며, 특수학급의 배치가 교사와 또래의 거부 결과로 커졌다고 주장한다(Lipsky & Gartner, 1987). 따라서 특수교육은 때때로 다른 학생들과 어울릴 수 없고, 일반 체제에 적합하지 않고, 오해와 편견 때문에 배제된 학생들의 피난처로 보여 왔다. 특수교육 교실이 소수인종 학생들로 불균형하게 채워진다는 통계가 이런 비판을 자극한다.

REI 옹호자들은 결함의 판별에 대한 강조(와 그런 결함에 기초한 배치)는 강점의 판별과 그런 강점에 기초한 교육 전략을 강조하는 것으로 변화되어야 한다고 믿는다. 이러한 관념은 Gardner의 아이디어와 그의 다중 지능에 대한 입장(2장 참조)과 일치한다.

반대로 분리된 특수교육의 옹호자들은 일부 아동, 특히 심각한 학습문제를 지닌 아동은 그들의 욕구에 적절한 활동이 있고 스태프의 일대일 관심이 제공되는 독립적인 환경에서 지원을 받는 것이 실질적으로 더 효과적이라고 주장한다. 게다가 심각한 행동문제를 지닌 학생은 매우 산만하여 다른 학생들의 학습 환경을 심하게 방해할 수 있다고 지적한다(Walker & Bullis, 1990). 또한 확장적인 의료적 지원이 필요한 아동은 흔히 일반학교에서 지원을 받을 수 없다(Russell & Forness, 1985).

주류화(mainstreaming)는 이러한 두 입장의 절충안으로 PL 94-142에 대한 초기 반응으로 나타났다. 이것은 장애학생이 흔히 학업을 포함하지 않는 활동에 하루의 일부를 비장애 또래들과 통합되는 것이다. 전형적인 주류화 환경은 휴식시간, 점심시간, 체육 교육, 예술 등을 포함한다. 그 외에 특별한 학생(주로 경도 장애)은 스스로 할 수 있는 분야에 최소한의 도움으로 어떤 교과에서 주류화되어 왔다.

IDEA의 최소 제한적 환경에 대한 규정은 통합(integration)과 정상화를 촉진하고자 하는 것이며, 이것은 분리된 학교보다 공립학교, 그리고 특수학급보다 일반학급 배치를 자극하였다. 그렇지만 IDEA는 일반학급 환경이 모든 학생들에 대해 최소 제한적 환경이라고 구체적으로 명시하지 않았다.

통합(inclusion)은 모든 아동들이 그들의 동일한 연령 또래들과 함께 교육 받을 권리를 지닌다는 확신(REI에 의해 가장 급진적으로 촉진된)에서 일차적으로 주류화와 철학적으로 차이가 있다. 따라서 통합의 철학은 모든 교과를 위해 아동들을 일반교육 환경에 배치하고, 서비스를 위해 아동을 교실 외부에 두기보다 아동을 위해 특수교육 서비스를 가져오는 것이다.

주류화, 통합, 최소 제한적 환경, 일반교육 주도는 미묘한 차이가 있지만 절대적으로 구별되지는 않는다. 예를 들어 많은 연구자들은 통합을 단순히 주류화보다는 더 현대의 용어라고 생각한다. 게다가 이상의 용어는 모두 대부분 미국에서 흔히 들을 수 있는 반면, **교육적 통합**(educational integration)은 주로 캐나다, 오스트레일리아, 영국 및 다른 유럽의 나라들에서 일

주류화(mainstreaming): 아동이 유지할 수 있는 환경에서 동일한 연령 또래들과 함께 장애아동을 교육하는 것
최소 제한적 환경(least restrictive environment): 장애학생이 그들의 비장애 또래들과 함께 최대한의 정도로 적절히 교육을 받아야 한다고 요구하는 IDEA의 규정
일반교육 주도(Regular Education Initiative, LEI): 모든 학생을 지원하기 위해 특수교육과 일반교육의 자원을 조합하는 운동
통합(inclusion): 일반교육 교실 내의 장애학생의 교육
교육적 통합(educational integration): 미국 이외의 나라에서 가장 흔히 이용되는 통합(inclusion)을 위한 용어

그림 12.2 용어설명

반적으로 사용되는 용어이다(Hardman, Drew, & Egan, 1996). 장애아동이 그들의 동일한 연령 또래들과 함께 교육을 받는 실제를 기술하는 데 이용되는 다양한 용어들은 **그림 12.2**에 요약되어 있다.

통합의 실제

실질적으로 통합의 기초가 되는 이상에 대해서는 논의의 여지가 없지만, 그 실질적인 실제에 있어서는 논쟁이 있으며 문제도 있다. 그 하나는 일반교육의 많은 교사들이 장애아동을 가르치기 위한 준비를 거의 또는 전혀 하지 않고 있으며(Freiberg, 1994), 대부분은 그들이 가르치게 될 때 이렇게 하도록 기대되지도 않았다. 일부 교사들은 특별한 욕구를 지닌 아동을 만났을 때 '능력이 없다'고 느꼈으며, 그들이 준비하지 않았다고 느꼈던 문제에 대해 좌절하거나 화를 냈다.

최소한 중요한 것은 아동들은 종종 그들의 특별한 욕구를 충족시킬 자원을 받지 못하고 일반교육 환경에 통합되었다는 점이다—일부는 '버려졌다고' 말한다. 한 예로 학습과 행동에 심각한 문제가 있는 학생이 특수교육자나 보조원의 도움 없이 일반교실에 통합되었을 때이다. 이러한 실제는 장애아동에게 드는 비용을 절감하려는 시도라고 강력한 비판을 받았다. 특수교육과 일반교육 대안 내에서 변화가 진전된 것과 같이 그것은 특별한 욕구를 지닌 아동들에게 서비스를 제공하기 위한 재원이 그런 아동들로부터 전용되지 않아야 하며, 장애아동들이 약속된 '정상'이라는 미명 아래 일반교육 체제에서 몸부림치도록 남겨지지 않아야 한다는 것이 본질적이다(Kauffman, 1990).

한 특수교육 교사의 분리학교에 대한 의견

Steve Goodman은 미시간 주 서부의 Ottawa 지역에서 특수교사로 근무하고 있으며 응용행동 관리에 관한 박사논문을 제출했다. 여기서 그는 심각한 장애를 가지고 있는 학생을 위한 중앙 집중적인 분리학교의 장점에 대해서 설명한다.

기관 중심 교육 프로그램의 장점 중 하나는 모든 교육이 한 건물에서 이루어진다는 것이다. 우리는 작업치료사, 물리치료사, 간호 직원 및 언어치료사가 모두 있다. 각각의 프로그램으로 이동하느라 시간을 허비하는 대신 그들은 학생들을 사귈 수 있는 기회가 생겼고 직원들은 서로 잘 아는 사이이다. 이것은 장점이며 좋은 의사교환에 이바지할 수 있다.

또 다른 좋은 점은 이 시설을 지을 때 이러한 학생들을 염두에 두었다는 것이다. 모든 방은 조리대를 포함하고 있으며, 문의 입구와 복도에 휠체어가 들어갈 수 있도록 설계되었다. 버스가 도착했을 때에는 휠체어 램프가 있고 놀이터의 모든 기구에 다 갈 수 있다.

우리에게는 의학적으로 허약하고 심각한 행동장애가 있는 학생들이 있다. 그 중 몇몇은 일반학교에 갔었으나 통합될 수는 없었다. 다른 사람들은 이 의견에 동의하지 않을 것으로 알지만 우리는 이러한 학생들을 위해 서비스를 제공한다. 만약 일반학교가 이러한 학생들을 돌보려면 간호 직원과 행동 전문가로 하여금 그들을 돌보게 해야 할 것이다—현재는 확실히 그렇게 하고 있지 않다.

우리는 기숙사 형식의 공동체에서 이곳으로 온 학생들의 디딤돌이 될 수 있다. 우리는 공동체에서 더 큰 사회로의 전환을 해 준다.

하지만 단점도 있다. 하나는 직원들이 학생들에게 사회에 통합할 수 있는 기술을 전달하지만, 학생들에게는 동갑내기 학생 모델도 필요하다. 또한 우리는 교외에 위치하고 있어서 농토로 둘러싸여 있는 곳에서 사회에 통합할 수 있는 지역사회 기술을 전달하는 데 어려움이 있다. 우리는 볼링과 롤러스케이트를 하기 위해 버스를 타고 견학도 간다. 그러나 문제는 너무 멀리 있다. 그래서 장단점 모두가 존재한다.

마지막으로, 소수의 매우 심각한 지적 장애나 행동장애아동(과 의학적으로 취약한)의 경우 일반교실은 이점을 제공하지 않을 뿐만 아니라 실제적으로 불리함을 줄 것이다. 이러한 아동의 경우 이용할 수 있는 더욱 분리된 유형이 남아 있는 것이 중요할 것이다.

토론 과제

어떻게 학교들이 기관 중심의 분리학교와 정규의 일반교육 학교 둘 다의 이점을 제공하도록 설계될 수 있을 것인가?

만약 효과적인 프로그램이 배치된다면 (자폐증을 포함한 중도 장애아동의 경우라도) 일반교실 환경에서 학업적, 사회적 기술이 모두 개선된다고 강조하는 연구 결과들이 있다

(Cafiero, 1998; Staub, 1998). 그러나 적절한 프로그램이 없다면 이러한 개선은 이루어지지 않는다—그리고 이런 경우 일반교실 통합은 실질적으로 해로운 것이 될 수 있다(Gottlieb, Alter, & Gottlieb, 1990).

성공적인 통합의 단계

만약 일반교육 환경이 장애아동을 조정하도록 설계된다면 대다수 장애아동의 경우 통합은 실행 가능한 기회가 될 수 있다. 교사들이 교단 앞에서 가르치고 학생들이 단지 수동적으로 필기만 하고, 너무 많은 수의 학생들이 등록하여 이미 너무 큰 교실은 어떤 학생—적어도 특별한 욕구를 가진 학생—의 학습에는 전혀 도움이 되지 않는다(Hocutt, Martin, & McKinney, 1990).

특수아동협의회(Council of Exceptional Children, CEC)의 정신지체 및 발달장애(MRDD)부에서는 통합을 위한 적절한 준비와 훈련의 필요에 관한 성명을 발표했다. 그 성명에 의하면

> 본 위원회의 입장은 발달장애학생을 효과적으로 통합하는 학교의 창조를 보장하는 데는 준비와 훈련이 핵심적이라는 것이다. 이러한 준비와 훈련은 발달장애학생들의 학업적, 사회적 기술에 국한된 것만이 아니라 교육 공동체의 모든 구성원들에게도 해당된다. 이런 준비와 훈련은 다른 학생, 부모, 행정 직원, 버스 기사, 전문적인 지원 스태프, 교사와 행정가를 포함해야 하며, 장애에 관한 지식, 적절한 태도의 자극, 법적·윤리적 쟁점, 진보된 협력 기술, 직접 교수와 서비스 전달을 위한 효과적인 실제, 전환, 교육성과의 평가를 포함해야 한다(Smith & Hiliton, 1997).

통합(어떤 다른 모험)과 더불어 문제는 불가피하게 일어날 것이고, 긍정적인 태도의 중요성을 과장하는 것은 가능하지 않다. 가끔 새로운 정보를 습득하거나, 새로운 기술을 학습하고, 새로운 서비스나 자료를 얻게 되면 문제가 해결되기 때문에 모든 문제는 단순히 잘 해결될 것이라고 믿을 수 없다. 그럼에도 불구하고 긍정적인 태도는 핵심적인 변인이다. 비록 그것만으로 충분하지 않으나 그것 없이는 단지 실패를 확실히 한다(Hanrahan, Goodman, & Rapagna, 1990). 이와 같이 어떠한 어려움이 있더라도 답을 찾으려고 하는 의지를 '문제해결 접근법'이라고 한다. 자발적인 태도 외에, 성공적인 통합은 교사와 학생의 준비, 특별한

지식과 기술, 자료 지원, 분리학교에서 일반학교로의 전환에 대한 적합한 점검과 평가에 달려 있다(Walker & Bullis, 1990).

교사와 학생의 태도

일반교육 교사의 양성에서 하나의 중요한 요인은 정상화의 개념과 일반교육 학생과 특수교육 학생 모두에 대한 통합의 이점에 대한 학습이다. 일반교사들이 장애학생의 학습을 돕는 진정한 관심을 개발할 때는 언제나 성공할 수 있지만, 그러한 의지 없이는 실패가 거의 확실하다. 그러므로 교사들이 특별한 학생에 대한 통합의 중요성을 이해하도록 돕기 위해 많은 학교들은 현직 연수와 다른 훈련 기회를 제공한다.

이와 마찬가지로 일반교실의 학생들이 통합의 목적을 이해하고, 특별한 욕구를 지닌 학생의 참여를 환영하고 자극하도록 하는 것이 중요하다. 일반학생들의 특별한 욕구를 지닌 학생에 대한 이해와 수용을 촉진하기 위해 학교는 흔히 장애 성인이 그들의 도전과 성공을 기술하고 역할 모델을 제공하는 특별한 회의를 계획한다. 또한 일반학생들이 학습 손상과 신체적 장애를 지닌 개인의 도전을 이해하고, 그들을 돕는 활동에 참가하는 기회(흔히 적응 장비를 시도하는 기회)를 얻는 감정이입 회기를 가질 것이다.

학생들이 다양한 욕구를 지닌 학생들을 환영하는 데서 얻는 가장 중요한 요소는 그런 목적을 성취하는 것에서 그들의 도움을 추구하는 것이다. 일단 아동들이 특별한 학생을 존중

다양성을 반영한 도서

학생들은 자신이 읽은 책에 의해 많은 영향을 받는다. 책은 세상을 설명하고, 세상이 어떠한 곳이고 어떻게 되어야 하는지에 대해서 학생들의 태도와 믿음에 영향을 준다. 책과 학교 포스터에 장애학생들에 대한 그림(정신지체를 포함)은 학교와 더 큰 사회 통합에 지대한 영향을 미친다. 아직까지는 아동이나 어른들의 문학, 대중 잡지 및 영화에서 실제보다 적게 또는 부정확하게 표현되지는 않았다.

수백 권의 아동도서를 검토해 본 Blaska와 Lynch(1998)는 오직 2%만이 장애인을 참조했으며 그 중에서도 아주 적게 정신지체에 대해 언급했다고 한다. 이처럼 낮은 비율은 인구 중에서 실제 있는 장애학생에 대한 비율을 왜곡하여 반영한 것이며, 과거부터 이어져 온 지배적인 태도인 '눈에서 멀어지면 마음에서도 멀어진다'를 반영한다. 그럼에도 불구하고 최근 장애아동을 존중하여 정확하게 그려낸 책들이 나오고 있다(Blaska & Lynch, 1998). 교사들은 아동도서가 모든 아동(장애가 있거나 없거나)에 관해 이야기할 것을 주장해야 하고, 정신지체 학생의 삶과 능력에 대해 정확하게 공감할 수 있는 도서를 찾아야 한다.

친구의 원: 이해력을 높이는 방식

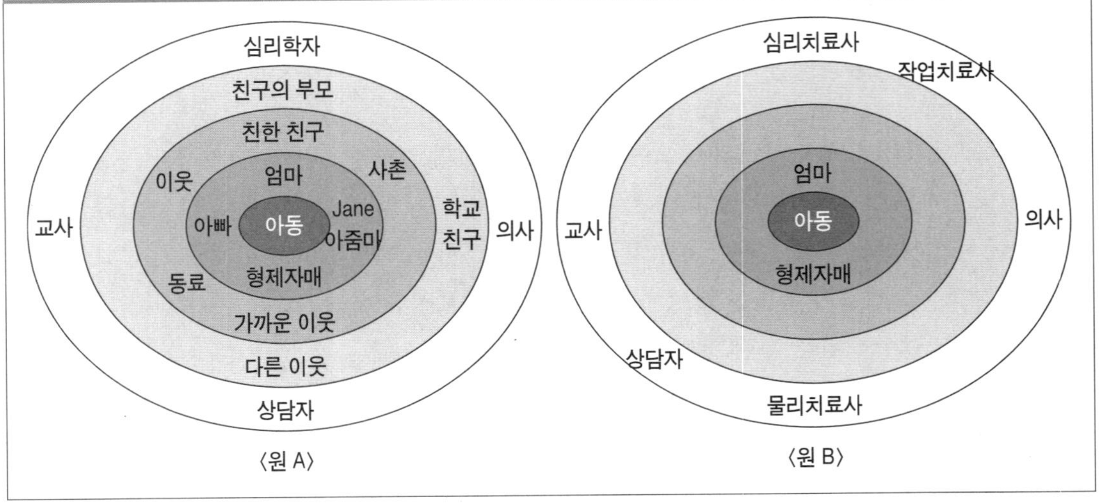

그림 12.3 친구의 원

친구의 원은 통합의 사회적 목적을 설명하는 기법이다. 위에 설명한 것처럼 학생들의 일반적인 유형의 관계를 원으로 설명했다. **그림 12.3**에서 〈원 A〉는 장애가 없는 일반 사람들의 유형을 보여 준다.

개인은 원 한 가운데 있으며, 그 다음 원은 가장 친한 사람을 말해 준다(또는 항상 그 개인의 편에 서는 사람). 세 번째 원은 개인의 삶에서 중요하게 생각되지만 두 번째 원만큼 중요하지는 않은 사람들이다. 네 번째는 친한 지인, 이웃 또는 동료이다. 가장 바깥쪽의 사람들은 돈을 지불해서 만나게 되는 교사나 의사들이다.

〈원 B〉는 장애를 가지고 있는 사람들의 그림으로서 그들의 삶에 있는 사람들은 가족 구성원과 많은 수의 돈을 지불하고 만나는 사람들뿐이다. 이 그림은 학생들에게 빈 원을 채워야 된다는 중요한 점을 알려준다.

학생들이 이 목적을 이루기 위해 아이디어를 내놓으면, 2~3명 정도의 또래 학생이 받아들이는 집단으로 뽑혀 새로 배치된 학생들이 편안하게 느끼고 상황을 배울 수 있도록 한다. 처음에는 학급반장을 선출하여 이 역할을 맡는 것이 중요한데, 그 이유는 다른 학생들은 이것을 보고 더 열심히 참여하기 때문이다. 이러한 친구의 원으로 인해 분리된 학급의 전환은 쉬워지고 성공적인 통합은 더욱 강화될 것이다.

하고 수용하는 중요성을 이해하게 되면, 그들에게 다음과 같은 질문을 해야 한다. "어떻게 하면 이 목적을 성취할 수 있을까? 너의 생각은 어떠니?" 통합의 계획에 학생을 포함하는 그들의 공동의 목적을 만들 것이며, 규정이 어른들에게 부과된 상황을 피하도록 도울 것이다. 학생이 통합을 그들 자신의 목적으로 채택할 때 그들은 그 모험을 더욱 따르기 쉽고, 그 성공에 참여하기 쉽게 된다.

지식과 기술

이해와 수용이 교사 양성의 핵심적인 첫 번째 구성요소라고 하더라도, 그 과정은 거기서 중단될 수 없다. 또한 교사는 특별한 학생들에게 가장 효과적인 교수적, 조직적 방법에 대한 지식도 필요로 한다. 또한 그들은 모든 학생들이 학습할 수 있는 통제가 잘 되고 예의 바른 교실을 창조하도록 그들을 도울 행동적, 인지적 기법(11장 참조)에 능숙하게 되는 것을 필요로 한다. 물론 이런 훈련은 학생이 형식적으로 판별된 장애를 가지고 있든, 그렇지 않든 간에 모든 교사들에게 이익이 된다.

특성과 수행 능력에 더욱 친숙해짐에 따라 그는 훌륭한 이점에 그의 기술을 적용하는 데 더욱 유능하게 될 것이고, 아마도 마찬가지로 더욱 수용적이 될 것이다.

특수교육 교사들이 대체로 일반교육을 가르치는 자격을 갖추고 있다고 하더라도 일반교육자를 위한 교사 교육은 불행하게도 특별한 욕구를 지닌 아동들과 일하도록 그들을 거의 준비시키지 않는다. 그러나 이런 대학생의 양성은 빈번하며, 그러므로 인간 존재의 정상적인 부분으로 장애를 인정하고, 지역사회 생활의 합법적인 참여자로서 장애인에 대한 인식을 촉진하는 지역사회 창조의 본질적인 측면이 된다. 장애인이 지역사회 생활에서 자신의 권리를 찾으면 교사뿐만 아니라 모든 전문가(의사, 치과 의사, 심리학자, 사회사업가 및 다른 사람들)들도 다양하고 통합된—선택되고 분리되기보다—인구를 지원하도록 양성되는 것을 필요로 한다.

> **토론 과제**
>
> 지역사회 통합이라는 목적과 더불어 왜 장애에 관한 교육이 모든 전문가들에게 중요한가? 전문가들이 장애와 관련된 것으로 전형적으로 생각되는 분야에서 일하지 않을지라도, 그들이 이런 정보를 이용하게 될 가능한 상황을 기술하라.

행동 자문의 이점

적절한 행동은 성공적인 지역사회 통합(교육 통합을 포함하여)을 위해 중요하기 때문에, 어떤 전문가들은 행동 관리가 현재 행해지고 있는 것보다 학교 프로그램의 더욱 통합된 부분이 되어야 한다고 믿는다. 공식적으로 명칭이 붙지 않은 많은 학생들의 경우에도 자기훈육과 자기결정은 주요한 문제이다. 많은 교사들은 행동 관리 기법에 노련하지만, 학생들이 심각하거나 고치기 어려운 문제행동을 나타내는 경우 행동 전문가의 협력으로 도움을 받을 수 있다(Kratochwill & Sheridan, 1990).

행동 자문은 일반적으로 아동들과 직접적으로 일하는 교사와 부모를 통해 내담자에게 간접적인 서비스를 제공한다. 자문가는 처치, 시행, 평가를 통해 피자문가를 안내하는 것뿐 아니라, 문제행동을 확인하고 분석하는 것을 지원한다. 자문가와 피자문가의 지속적인 협력은 성공을 보장하는 데 결정적이다. 왜냐하면 프로그램의 개정이 일반적으로 중재 과정 동안 요구되기 때문이다.

학생들이 가정과 학교라는 매우 큰 공동체 내에 존재하기 때문에 프로그램은 이런 광범위한 환경의 변화를 포함할 것이고, 학생들의 개인적 행동에 대해 단순히 초점을 맞출 수 없다. 게다가 목적은 흔히 부적절한 배치나 확대되는 행동문제와 같은 어려움을 예방하는 것을 지향해야 할 것이다.

일부 전문가들은 행동 자문의 이용 가능성을 증대하기 위해 학교 심리 서비스가 교실의 문제와 학생 적응 쟁점 자문에 대한 사정과 적격성에 대한 그들의 강조점을 변경해야 한다고 제안했다. 이런 협력적인 관계를 개발하는 기회는 팀 사정과 적격성 결정에 대한 현행 동향에 의해 촉진될 것이다. 따라서 학교 심리학자들은 모든 학생을 위해 행동 자문과 협력에 더 많은 시간을 보내고 있다.

정서적, 물리적 지원

교사들은 다양한 욕구를 지닌 학생들이 그들의 교육 목적을 충족시키도록 돕기 위해 정서적, 물리적 지원을 모두 필요로 한다. 이것은 그들이 신체적, 지적 보조와 마찬가지로 도전에 직면했을 때 지지를 요구한다는 것을 의미한다.

이런 맥락에서 학교의 교장은 성공적인 통합에서 핵심적인 역할을 담당한다. 처음에 교장은 교사와 학생에게 영향을 미치는 지지와 협력의 분위기를 창조하는 지위에 있다. 그래서 교사들이 문제와 어려움을 경험할 때, 교장은 그런 어려움을 극복해 나가도록 지원을 한다. 또 중요한 것은 교장이 교사들에게 핵심적인 물질적 지원을 제공하는 우선순위를 정할 수 있다는 점이다.

성공적인 통합을 위해 특수교육자들의 전문성은 매우 중요하다. 일반교육자들은 특수교육자들에게 교수방법을 고안하는 데서 도움을, 장애인에 관한 정보를, 그리고 그들이 상상할 수 있는 것에서 실제적인 도움의 원천을 요구한다(Stump & Wilson, 1996). 게다가 통합 노력이 진전되고 확대됨에 따라 일반교사와 특수교사는 모두 효과적인 교육에 요구되는 서비스를 제공하기 위해 다른 전문가들과 협력해야 할 것이다(Bauer & Shea, 1999).

또한 교육자들은 많은 학생들이 교실 안팎에서 지역사회 생활에 적응하도록 돕는 데 이용할 수 있는 효과적인 행동기법을 익혀야 한다(Kratochwill & Sheridan, 1990). 불행히도 교사들은 좀처럼 이런 중요한 영역에 적합한 지원을 하지 못하고 있다. 행동문제는 성공적인 통합을 위협하기 때문에 그 어떤 문제보다도 성공적인 통합의 그림에 핵심적인 조각을 대표하는 효과적인 중재(이러한 계획을 시행하는 데 도움이 되는)의 개발을 지원한다.

마지막으로 평가 연구는 가장 중요한 학업적 개선과 관련된 특성과 환경을 결정하고, 모든 학생들에게 최상으로 적합한 학교 분위기를 창조하는 데 가장 효과적인 방법을 확인하는 데 귀중한 역할을 할 것이다. 비록 장애아동이 그들의 또래들과 함께 있을 권리를 가지고 있어도—그리고 이런 통합이 장애아동과 비장애아동 모두에게 도움이 될 수 있어도—우리는 아동들의 정서적, 교육적 복지가 우리의 이상을 위해 희생되지 않도록 보장해야 한다(Smith & Bassett, 1990; Hocutt, Martin, & McKinney, 1990). 평가 연구는 기존의 교육환경에서 역할을 증대할지라도 체제의 수정과 변화의 통합된 부분이 되어야 한다.

다양한 인구의 욕구를 충족시키는 교수방법

학생들은 특수교육에서뿐만 아니라 모든 환경에서, 지적, 사회적, 행동적, 정서적 특성이 서로 다르며(Stainback, Stainback, & Forest, 1989), 일반학생들의 실패는 대부분 개인차에 대한 부적절한 고려에 의해 나타난다. 앞의 사례에서 Joyce Elger와 같이 공식적으로 명칭이 붙지 않았으나 개인적 도움에 대한 실질적인 욕구를 지닌 학생은 셀 수 없이 많다. 이런 욕구들이 무시될 때 학생은 보통 실패하거나 중도 탈락한다(Schumaker & Deshler, 1988). 각 아동에게 효과적인 교육은 공식적으로 인정된 아동들과 마찬가지로 위험에 있으나 명칭이 붙지 않은 학생들의 욕구를 충족시키는 방법을 찾는 것을 의미한다.

다음 절은 다양한 욕구와 능력을 지닌 학생들을 가르치는 효과적인 교수방법에 대해 논의한다. 이러한 방법들이 일반교실에서 장애아동에게 효과적이라고 밝혀져 왔지만, 이들은 바로 분리된 특수교육 환경에도 적용할 수 있다.

태아기 알코올 문제를 지닌 아동(Children with Fetal Alcohol Problems: FAS와 FAE)의 지도

태아 알코올 증후군(FAS)과 태아 알코올 효과(FAE)를 가진 아동은 독립적으로 기능적인 인간으로서의 성장과 발달에 있어 심각한 문제를 지닌다. 비록 FAE를 가진 이들이 심각한 지적, 신체적 장애를 덜 보이지만, 그들의 문제는 "FAS를 가진 아동보다 더 쉽게 좌절한다는 것이다. 아동들은 흔히 겉으로는 정상적으로 보이며, 더 많은 아동들이 그럴 것이라 기대되고, 특별한 서비스에도 덜 적합하다"(Kleinfeld & Wescott, 1993, p. 27).

그림 그리기와 노래 부르기 통합 수업은 FAS(와 FAE)를 가진 아동들을 도와주는 두 가지 방식이다. 아마도 이러한 아동들은 대부분 좋은 시각기술을 가지고 있기 때문에, 그들의 기억은 흔히 그들이 어떤 사실이나 개념에 대한 그림을 그릴 때(또는 어떤 다른 사람이 그림을 그리는 것을 볼 때) 향상될 수 있다. 이러한 좋은 결과는 아동이 책이나 잡지의 그림을 소극적으로 볼 때가 아니라, 실제 그리는 과정을 보거나 그릴 때만 일어나는 것으로 언급하는 것이 중요하다. 또한 음악 감상은 아동이 기억하는 데 도움을 줄 수 있으며, 주의를 집중하는 것도 도울 수 있다. 부드러운 배경 음악은 그들을 차분하게 만들 수 있다.

시각적인 혼잡을 없애는 것도 중요하다. 방은 잘 정리되어 아동이 어느 곳에서 어떤 활동을 할지 쉽게 알 수 있어야 한다. 같은 이유로, 활동지와 유인물은 시각적으로 간단해야 하고 하얀 면을 자유롭게 쓸 수 있도록 만들어야 한다. FAS를 가진 아동에게는 작업이 간단하고 분명하게 고안되어야 한다. 시험도 짧아야 하고, 시간이 정해지지 않아야 한다.

시각적 단서는 FAS를 가진 아동이 활동을 바꾸고 새로운 것에 적응하는 시도를 할 때 경험하는 문제를 도와줄 수 있다. 그림은 학교일과를 기억하게 하는 데 사용할 수 있고, 손인형도 활동을 바꾸는 신호로 사용될 수 있다. 앞으로 진행할 여러 가지 새로운 상황을 여러 번 설명해 주고, 그의 주의를 집중시키기 위해 눈 맞춤, 신체 접촉, 또는 이름 부르기를 해 주어야 한다. 가르친 내용들은 오디오로 녹음해 학생이 반복해서 들을 수 있다. 헤드폰의 사용은 FAS를 가진 아동을 위한 시끄러운 화면과 소란으로부터 다른 아동을 보호해 줄 수 있다.

FAS를 가진 아동은 자극에 의해 쉽게 압도될 수 있기 때문에, 그들이 쉴 수 있고 안정할 수 있는 조용하고 안전한 장소를 제공하는 것은 중요하다. 종종 그들은 모델링, 역할 놀이, 실습을 통해 충동적인 행동을 자제할 수 있도록 배울 수 있다. 여느 아동과 마찬가지로 그들의 제멋대로 하는 행동을 고치고, 좋은 행동을 보상하고, 벌을 피하는 것이 가장 좋은 방법이다.

출처: J. Kleinfeld & S. Wescott (1993), *Fantastic Antone Succeeds*. Anchorage: University of Alaska Press.

또래교수

또래교수(peer tutoring)는 동일한 연령이나 다른 연령의 학생들의 짝이 공통의 목적에 관해 함께하는 기법이다. 일부 학교는 함께 공부하도록 다른 교실(그리고 때로는 다른 학년)에 학생을 배치하는 프로그램을 가지지만, 보통 이것은 단일 교실 내에서 이루어진다. 또래교수는 가르치는 학생(tutors)이나 배우는 학생(tutees) 모두에게 여러 가지 이점을 준다. 첫째, 가르치는 학생은 자신이 그 자료의 내용을 좀 더 앞서서 숙달하기 때문에 혼란스러운 부분을 더 잘 정리하고 학습자가 이해할 수 있도록 하기 위해 더 잘 설명할 수 있다. 그 외에 학습자는 가르치는 학생의 관심을 즐기고 그런 관계에서 옹호와 새로운 친구를 얻을 것이다. 또한 또래교수는 학생에게 과외의 일대일 교수를 받는 수단을 제공한다. 마지막으로 많은 교생들이 관찰한 것처럼 개념은 결코 가르치려고 시도할 때처럼 그렇게 잘 이해되지 않는다. 그래서 또래교사는 가르치는 풍부한 경험을 통해 그들 자신이 전문성을 얻는다.

협동학습

협동학습(cooperative learning)에서 학생의 집단은 공통된 목표를 향해 함께 공부하며, 그들의 목적을 성취하기 위하여 협동과 공동의 책임이 전체 집단에 요구된다(Meese, 1994). 집단이 혼합된 능력의 학생들로 구성될 때 협동학습은 능력이 낮은 학생이 집단 내에서 정당하고 타당하며 중요한 기능을 가지는 상황과 마찬가지로 또래교수의 이점도 제공한다. 협동이 요구되기 때문에 갈등이 불가피하게 일어난다. 이것은 학생들에게 갈등 관리와 지도력과 같은 중요한 사회적 기술을 배우는 기회를 제공한다. 팀워크를 통하여 목적을 성취하는 능력은 대중 음식점에서부터 기업 경영에까지 고용 환경에 매우 중요하고 필요한 요소가 되며, 유능한 협력자가 되는 것은 모든 전문가에게뿐만 아니라 모든 학생에게도 매우 큰 이익이 된다.

연구에 의하면 지적 장애학생은 협동 방법으로 배우는 학생들을 강의와 개별 과제로 배우는 통제집단과 비교할 때 안팎 모두에서 그들의 또래들에 의해 더 잘 수용된다고 한다(Madden & Slavin, 1983). 협동학습이 정신지체 학생과 비정신지체 학생이 성취 점수를 향상시킨다는 매우 설득력 있는 증거들이 있다(Stevens, Madden, Slavin, & Farnish, 1987).

이러한 연구에 이용된 구체적인 협동 방법은 다양하지만 핵심적으로 (1) 모든 구성원의 협동과 성취를 요구하는 팀의 목적과 (2) 성취에 대한 개인의 사정이라는 두 가지 요소를 포함하고 있다. 개인의 사정은 성공적인 목적의 완성 외에 각각의 학생이 각 집단의 구성원들이 학습하고 기여하는 것을 보장하는 지식과 수행에 대해 개별검사를 받는 것을 의미한다. 흔히 이러한 점수는 이전의 수행과 집단 구성원의 다른 능력을 받아들이는 어떤 다른 방식에 기초한다.

마지막으로 팀 성취 분배 보상 모형(Student Teams Achievement Divisions, STAD)(Slavin, 1990), 팀 보조 개별 학습 모형(Team Assisted Individualization, TAI)(Slavin, Leavey, & Madden, 1986), 협력적 읽기·쓰기 통합 모형(Cooperative Integrated Reading and Composition, CIRC)(Madden, Slavin, & Stevens, 1986)을 포함하여 협동학습에 기초하여 고안된 효과적인 수업을 위한 많은 교육과정 체제들이 있다. 이러한 프로그램은 모두 다양한 욕구를 지닌 학생들의 교실에서 이용될 수 있다(Slavin, 1984; Slavin, Stevens, & Madden, 1988).

컴퓨터 보조 교수

최근 등장한 교실의 컴퓨터 교수는 업무, 산업 및 고등교육에서 널리 보급된 컴퓨터 이용과 일치한다. 취업을 해야 하는 젊은이들은 자신이 일하고자 계획하는 직장과 관계없이 컴퓨터의 조작에 익숙해야 한다. 그러나 컴퓨터는 장애인에게도 부가적인 이익을 제공한다. 즉, 그들에게 컴퓨터는 의사소통 수단과 학습의 기회를 제공한다(9장의 Susan의 이야기가 그 사례이다).

컴퓨터는 아동에게 새로운 개념을 학습하고 그들의 기술을 향상시키기 위한 재미있고 흥

컴퓨터는 학습에 흥미를 더해 주고, 사회적 상호작용의 기회를 제공할 수 있다.

© Elizabeth Crews

미로운 방법이 될 수 있다. 컴퓨터는 아동에게 자신의 학습 비율로 진보하도록 허락하는 한편, 집단 활동에 기제를 제공한다. 주의에 문제를 지닌 아동은 컴퓨터 활동에 초점을 더 잘 맞출 수 있을 것이다. 왜냐하면 이런 활동은 부분적으로 종종 빠르게 진행되고 다감각적이기 때문이다. 또한 컴퓨터는 교사들이 다른 아동들과 개별적으로 일할 수 있도록 허용하는 일종의 일대일 반응을 제공한다. 수백 개의 교육용 소프트웨어들이 모든 연령, 능력 수준 및 교과에 시각적으로 호소하는 다감각적 교수를 제공한다.

Susan

Susan의 팀: 또래교수, 협동학습, 컴퓨터 교수

우리가 마지막에 Susan을 봤을 때, 그녀는 친구들의 놀림에 대한 반응과 너무 쉽게 상처받는 경향성을 관리하는 것을 학습하고 있었다. Susan은 현재 그녀의 교사 Anderson이 수업계획에 협동학습 과제를 많이 포함하였기 때문에 새로운 기술을 연습할 기회를 가지고 있다.

가장 최근에 Susan은 같은 값의 분수를 증명하는 한 컴퓨터 발표를 위한 팀 과제에 참가하고 있다. 그녀의 집단의 다른 구성원인 April, Dan, Joe는 집단의 남녀 수를 같게 하기 위하여 선정되었다. 때문에 이러한 학생들은 수학 능력이 다양하였다. April과 Dan은 5학년의 수학을 이해하고 있어 그 수준보다 앞서 있고, Joe는 현재 5학년의 공부를 하고 있다. Susan은 2학년에서 처음 나오는 전형적인 개념들을 공부하고 있다.

그 팀의 최초 과제는 집단의 이름을 선정하고 계획된 역할에 맞게 사람을 배치하는 것이었다. 비록 팀의 일부 구성원들이 전에 함께 학습했더라도, 이러한 특별한 학생과 이전에 한 팀으로 함께 일하지는 않았다. 그래서 이러한 과제를 시작함으로써 그들은 서로에 대해서 알게 되고 팀의 정신을 형성하는 기회를 얻었다.

Susan의 팀은 (1) 그들이 그들의 프로그램으로 같은 값의 분수를 증명하는 효과, (2) 각 구성원들이 프로그램의 작업을 설명하고 시범을 보일 수 있는 명료도, (3) 과제에 대한 매달림 및 과제에 대한 서로의 이해의 점검, (4) 서로의 참여에 대한 격려와 친근하고 건설적인 태도로 불일치를 관리하는 것에 초점을 맞췄다. 게다가 팀의 각 구성원들은 집단 과제와 중요하게 관련된 개인에게 맡겨진 과제에 대하여 이익을 얻었다. April과 Dan은 실생활에 적용되는 같은 값의 분수 계산을 적용하는 그들의 능력을 검사받았다. Joe는 실생활과 같은 부분이 있는 절차적 계산을 검사받았다. 그리고 Susan은 구체물로 1/2과 2/4를 이해하는 것을 보여 주는 그녀의 능력에 대하여 검사받았다.

Susan의 팀은 컴퓨터 프로그램을 마치는 데 1주일이 걸렸다. 이 집단 구성원들은 그들에게 유용한 두 개의 컴퓨터를 가졌다(Susan도 포함하여). 그리고 Susan은 그녀의 컴퓨터에 있는 정보로 들어가는 역할을 맡았다(팀의 안내자로). 다른 세 명의 구성원들은 번갈아가며 Susan과 다른 컴퓨터와 함께 학습했다. 각 회기의 끝에 그들은 Anderson과 그들이 가지고 있던 문제를 해결하고 다음 회기의 전략을 짜는 것으로 그들의 학습을 복습했다.

과제에 힘쓰는 데 자극적인 소재에 대해 불일치가 일어났을 때, 팀은 갈등 관리기술을 연습하는 기회를 가졌다. Susan은 분수의 개념을 연습하는 데 패션을 사용하기를 원했고 Joe는 자동차 경주를 사용하기를 원했다. 반면에 April과 Dan은 소재는 쉽고 분명하게 똑같은 부분으로 나누어지는 어떤 것이 되어야 한다고 믿었다. 드디어 개념에 대한 학습을 위해서 원과 사각형을 사용하는 것으로 결정되었다. 그리고 나서 어떻게 간단한 같은 값의 분수가 패션과 자동차 제조 부분이라는 소재를 측정하는 데 사용될 수 있는지 보기로 했다.

Susan과 그녀의 동료들은 이러한 연습을 통하여 같은 값의 분수에 대하여 실제 연습을 했다. 그리고 새로운 컴퓨터 기술을 획득했고, 갈등 관리에 성공하는 경험을 했으며, 서로에 대한 친근한 관계를 발전시켰고, 즐거운 시간을 가졌다.

간학문적 실제

정신지체 아동이 분리된 특수교육 교실에서 교육을 받든, 일반교실에서 교육을 받든 언제든지 언어치료, 작업치료 및 심리학적 서비스와 다른 서비스를 위한 초학문적 협력은 실질적으로 이익을 제공하고, 현재 최상의 실제로 간주되고 있다. 1장에서 논의한 것처럼, 특별한 서비스들이 흔히 아동의 교육 환경에서 최상으로 시행될 수 있으며, 이것은 일상생활에 쉽게 일반화될 수 있는 이점이 있다. 또한 교실 내의 서비스 제공은 목적을 명료히 하며 중복과 갈등을 예방하는 행동을 하는 아동의 팀에서 전문가들의 상호작용과 토론의 기회를 제공한다. 그림 12.4는 이런 협력적인 서비스를 제공하는 데서 치료사와 교사들을 위한 목표의 일부를 보여 준다.

직접 교수법

직접 교수의 기법인 강화, 모델링, 과제 분석, 연쇄, 촉진, 점진적 안내 및 시각적 보조 등(11장 참조)은 최상의 교수방법의 핵심이다. 예를 들어 또래교수, 협동학습 및 컴퓨터 보조 교수가 모두 이러한 교수기술의 일부를 이용하는 방법을 알아보라.

다른 아동들과 달리 지적 장애학생은 전형적으로 시연을 자발적으로 이용하지 못하고, 그

치료사의 목표

1. 교실 내의 모든 학생의 욕구에 관해 교사에게 자문한다.
2. 교사들이 학생에게 기술을 가르치는 데 숙달될 때까지 시범을 제공한다.
3. 적절한 경우 최소한 직접적인 사정과 교수에 참여한다.
4. 프로그램 내에서 학생의 진보와 학생의 수행 결과로서 프로그램의 변경을 논의한다.

교사의 목표

1. 치료사에게 각 학생의 교수 목표(사회적 기술, 자기보호, 학업적 기술 등)에 대한 처방을 제공한다.
2. 기타 교육과정 영역에 치료사의 목표를 통합하기 위해 정보를 탐색한다.
3. 제안을 시행한다.
4. 학생의 성취를 기록한다.
5. 학생의 진전을 논의하고 프로그램을 개정하는 데 기록된 정보를 이용한다.

그림 12.4 치료자와 교사를 위한 목표

출처: J. Nietupski, G. Scheutz, & L. Ockwood (1980), The delivery of communication therapy services to severely handicapped students: A plan for change. *Journal of the Association for the Severely Handicapped (JASH)*, *5*(1), 13–23.

들은 전략과 기억술에 직접 교수를 필요로 한다(Torgesen, 1982). 또한 그들은 그들 자신의 목적 설정, 그들 자신의 수행 점검, 그들의 실수 확인과 같은 문제해결 전략에 더욱 명시적, 반복적인 교수를 요구한다.

안내된 심상 기법(guided imagery technique; 11장 참조)은 학생들에게 그들의 시간과 활동을 조직하는 데 도움을 줄 수 있다. 유사한 방법인 **그림 과제 분석**(picture task analysis)은 교수와 개념의 이해 및 기억 저장과 회상의 촉진에서 중도와 경도 장애아동 모두를 겨냥하여 이용될 수 있다(Roberson, Gravel, Valcante & Maurer, 1992). 그림 과제 분석에서 사진, 줄긋기 또는 다른 인물과 상징들은 과제 분석의 각 단계를 나타내는 데 이용될 수 있다. 교사는 학생과 함께 표상을 지적하고, 동반된 문장을 읽음에 의해 각 단계를 검토한다. 그 다음에 교사는 단계별로 시범을 보이는 반면, 학생은 각 그림을 따라한다. 교대로 역할을 바꿔 각 단계에서 교사의 촉진에 그림 과제 분석을 이용한다. 마지막으로, 학생은 교사의 존재가 종국적으로 사라질 때까지 스스로 단계를 수행하기 시작한다.

이러한 절차에서 즉각적인 피드백이 최고의 교수기법에서 실제인 것처럼 성공에 중요하다. 아동이 정확하게 반응했을 때 끄덕임과 미소, 바른 대답의 반복(예: "그래, 잘했어. 다음에 가위를 받는다") 또는 한 마디의 칭찬은 그들이 성공했음을 알게 해 준다. 잘못했을 때,

학생은 성공을 위해 조용히 직접적으로 안내를 받아야 한다. 이것은 문제의 재표현을 통해, 또는 촉진과 언어적 자극을 통해 이루어질 수 있다(Meese, 1994). 성공적인 교수기법과 강화와 피드백의 기술은 부모와 교사들 사이에 서로 공유되어야 하고, 학생의 팀 내의 구성원 사이에 협력 작업의 성공을 촉진하는 데 이용되어야 한다.

예술을 통한 교육

음악, 무용, 유화 및 그림은 학생들에게 정서뿐만 아니라 그들의 생각을 표현하는 수단을 제공한다. 이들은 정신지체 학생에 대해 다른 방식으로 이용할 수 없는 의사소통과 공유의 강력한 수단을 제공하며, 지적 장애학생의 교사에 대해 교수 자원의 보물을 제공한다. 일부 아동은 아이디어가 그림으로 묘사될 때, 그리고 언어적으로 설명될 때보다 그려질 때 더 잘 이해할 수 있다(예: FAS 학생; 8장 참조). 또한 학생들은 예술을 통해 자기결정을 실천하고 경험할 수 있다(Harris, 1993). 지적 능력이 있는 아동들도 모두 참가할 수 있으며, 학업적 제한이 있는 학생들도 예술 형태를 통해 빛을 볼 그들 자신의 특별한 기회를 발견할 것이다.

연극은 중도 장애아동에게 그들의 비장애 또래와 상호작용하는 강력한 기회를 제공하는 또 다른 예술의 형태이다. Miller, Rynders 및 Schleien(1993)은 정신지체 학생도 상상의 역할을 수행할 수 있으며, 위험 요소가 제거된 연극은 집단 활동의 수행을 포함한다는 것을 발견했다. 가상 놀이(make-believe)에 의해 아동은 그들의 공부를 하는 데서 자의식을 벗어나고, 실수를 하는 것을 두려워하지 않고, 가상의 역할에 '그들 스스로를 이입'시킬 수 있다. 특히 용기를 북돋아 주는 것은 일반학생과 특별한 학생 사이에 연극 회기에서 창조된 우정의 결속, 즉 뒤에 외부 세계로 옮겨진 친밀이었다.

역할 놀이(role-playing)는 새로운 개념을 증명하거나 정신지체 학생이 새로운 기술을 익히고 숙달하는 기회를 허락하는 빈번히 이용된 기법임을 기억하라. 성공적인 역할놀이(role playing)를 허락하는 학생의 동일한 능력은 모든 학생들이 학습하고 웃을 수 있으며, 통합된 지역사회 생활의 토대를 제공하는 관계를 구축할 수 있는 다른 연극과 가상 상황에 적용될 수 있다.

다중 접근법의 통합

가르치는 것은 고도로 발달된 교육학적 방법의 맥락 내에서 인지적, 정서적, 발달적, 행동적 원리에 대한 지식과 숙련된 관리를 요구하는 전문적인 능력이다. 가장 어려운 요소의 하나는 무엇을 언제 행하며, 어떤 기법을 누구에게 쓸 것인지를 아는 것이다. 이러한 지식과 전문성은 오직 실제적으로 효과적인 교사를 보고, 스스로 많은 전략을 시도하는 경험에서 나온다.

모든 상황과 학생에게 맞는 단 하나의 최상의 방법이나 기법은 없다. 많은 연구들은 읽기를 지도하는 통 글자(sight word)와 음운론적 방법이 모두 성공적임을 보여 준다. 어떤 학생은 다른 방법보다 한 방법에서 더 많이 이익을 얻고, 대부분은 두 가지 모두에서 최상의 이익을 얻는다. 그래서 학생들은 한 가지 이상의 방법에 노출되는 데 이익을 얻는다(Conners, 1992). 최상의 교사는 다중 접근법을 이용하며, 늘 새로운 아이디어를 생각하고, 학생의 성취와 관련하여 그들 자신의 노력의 결과를 일관적으로 평가한다.

전환

학생이 고등학교 생활에서 성인의 생활로 이동하는 것은 항상 도전적이며, 대부분의 학생들은 그 시기에 많은 보조를 요구한다. 일부의 경우 성인들이 대학을 선택하고 지원하는 데 도움을 주는 반면, 다른 이들에 대한 보조는 첫 번째 아파트를 빌리거나 직업을 찾는 데 요구된다. 장애학생의 경우 이러한 도움은 꼭 필요하다.

통계에 따르면 매년 고등학교를 졸업하는 50,000명 이상의 어린 장애성인들이 빈약한 고용 성과를 나타낸다(Rusch, Szymanski, & Chadsey-Rusch, 1992). 졸업 이전에 중도 탈락하는 더 많은 수를 고려하면 이런한 어린 성인들이 성인의 책임에 적응하도록 돕는 필요성은 틀림없이 분명하다. 다행히 전환 서비스가 이러한 젊은이들의 대부분에게 밝은 미래를 보장해 줄 수 있다는 증거가 있다(Rusch & Phelps, 1987).

전환 서비스는 PL 105-17(IDEA)에 의해 모든 학생들에게 제공되도록 규정되었다. 전환 계획에 충당되는 IEP의 부분을 **개별화 전환 계획**(individualized transition plan, ITP)이라고 한다. 그러나 성인의 세상에서 성공에 필요한 기술은 대부분 많은 연습과 경험을 요구하며, 발달 연령 전체를 통해 최상으로 학습된다(사회적 기술이 중요한 예가 될 것이다). 그러므로 아동의 미래에 관한 생각을 시작하기 위해 고등학교까지 기다리는 것은 적절하지 않다. 교육 경험은 아동들이 필연적으로 요구할 성인 기술을 지금 계획해야 한다. 그림 12.5는 전환 계획 단계를 나타낸다.

1단계. 팀과 함께 관련된 정보를 수집하고 공유한다.
2단계. 부모와 학생의 투입을 통합한다.
3단계. 학생들의 현재 환경과 활동을 연구하고 필요한 변화를 결정한다.
4단계. 학생이 새로운 기술, 능력 및 경험을 개발할 수 있는 미래의 기회를 구체화 한다.
5단계. 학생을 위해 팀의 비전을 실현할 수 있는 계획을 설계한다.

그림 12.5 전환 계획의 단계

기관 간 협력

전환은 서비스 전달 과정에서 기관 간의 협력에 대한 필요의 또 다른 사례를 제공한다. 학교 체제 내에서 교사, 상담가 및 특별한 치료사를 포함해서 다양한 전문가들이 개입할 것이다. 학생 자신과 그 부모도 팀의 중요한 구성원이다. 그 외에, 전환 계획은 학교 체제에 의해 조정되지만, IPT 팀에는 전문가와 다른 기관의 참여가 요구된다. 학교 외에 전환 계획에 개입하는 기관은 재활기관, 부모 및 옹호자 단체, Big Brother와 Big Sister 프로그램(직장 내 선배가 후배를 지원해 주는 프로그램), 지역사회 대학과 대학교, 직업과 직무 훈련 기관, 그리고 주거생활 제공자 등이다.

정보 공유는 기관 간 협력의 주요 기능이다. 학교는 고용을 탐색할 학생의 수와 이러한 학생이 필요로 할 서비스의 유형을 기관에 제공해야 하는 반면, 직무 훈련 기관은 지역사회에서 이용할 수 있는 직무의 수와 종류에 관한 정보를 제공해야 한다. 그 외에 학교와 잠재적 고용주와 직무기관들 간에 훌륭한 의사소통이 졸업하는 학생들에게 이용할 수 있는 기회를 촉진할 것이다. 마지막으로 학교와 지역사회 기관은 흔히 공동의 이익이 되는 직원과 자원을 공유하는 협정을 할 수 있으며(McDonnell, Ferguson, & Mathot-Buckner, 1992), 전환 프로그램의 성공에 대한 자료 수집과 평가를 협력적으로 조정할 수 있다(Bates, Bronkema, Ames, & Hess, 1992).

장애 위험 청소년과 명칭이 붙지 않은 청소년의 딜레마

정신지체와 학습장애처럼 명칭이 붙은 어린 아동들과 달리 많은 학생들은 학교에서 문제를 보이지만 IEP나 ITP에 대한 권리를 가지지 못한다. 이전의 정의에 의하면 이러한 학생들은 대부분 정신지체로 진단되었을 것이다. 이러한 학생들의 일부는 학습장애 범주로 분류되지만, 대부분은 전형적인 학습장애의 특성(기술의 불일치)에 적합하지 않기 때문에 학습장애로 분류되지 않는다. 여전히 그들은 지적—그리고 흔히 사회적응—문제를 가진다. 이러한 학생들은 성인생활에서 그들의 성공에 긍정적인 차이를 만들 수 있는 생활기술이나 직업 훈련을 받지 못한다.

더구나 경도 정신지체나 학습장애로 명칭이 붙은(그리고 일반교실에 통합된) 일부 학생들도 마찬가지로 그들이 필요로 하는 생활기술 훈련을 받는 데 실패한다. 이러한 학생들은 높은 중도 탈락률을 보이며, 고등학교를 떠난 이후 낮은 취업률을 나타낸다. 이러한 학생들의 경우 진로교육 교육과정을 포함한 전환 계획이 그 후의 성공과 실패 사이에 차이를 만들 것이라는 확실한 증거가 있다.

Joyce

일반교실에서 Joyce의 행운

Joyce는 결함으로 인해 여러 가지 어려움을 갖게 되는 전형적인 사례이다. Joyce는 서비스들이 그녀에게 맞지 않았기 때문에 성인으로서의 성공한 삶을 위한 충분한 지원을 받지 못했다. 그녀는 학습부진 학생이다. 그녀는 초등학교와 중학교 시절에 학습장애의 전형적인 기준에 해당되지는 않았지만 학습장애 교실에서 교육을 받았다. 그러나 대부분의 경우 그녀의 수준에 맞는 교육을 받지 못했다. 학습장애라고 분류된 것은 긍정적인 면과 부정적인 면이 모두 있지만, 한 가지 확실히 긍정적인 면은 그녀가 개별화 교육 프로그램을 받았다는 것이다.

현재 고등학교에서 Joyce는 여전히 기술을 습득하기 위해서 구체적인 생활 경험에 관한 지원과 지도를 필요로 하고, 이를 성취하기 위해서는 많은 연습이 필요하지만, 일반교실에 통합되어 있다. 다행히 Joyce는 IEP에 따라 교육을 받고 있으며, 교사 또한 그녀에게 관심을 가지고 있기 때문에 전환에 대한 안내를 받고 있다. 그러나 이러한 부분은 Joyce와 비슷한 많은 장애 청소년들이 경험하기 어려운 행운이라고 할 수 있다. 교사와 또래교사들의 지원을 통해서 Joyce는 그녀의 교실에 적응할 수 있었으며, 고등학교의 정규과목 이외의 활동에 참여할 수 있게 되었다. 그리고 그들은 그녀가 미래의 취업을 위해 직업 관련 경험을 할 수 있도록 지원하였다. 모든 청소년들은 반드시 이러한 지원이 필요하다.

자기결정

자기결정은 자신의 행동과 주거나 취업과 같은 중요한 선택에서부터 입고 먹는 것을 정해야 하는 사소한 매일매일의 선택까지 자신의 삶의 선택 결정에 대한 책임을 학습하는 것을 포함한다. 아직 그 어느 누구도 완전히 자기결정적이지 않다. 우리 모두 법, 가족, 여론, 그리고 사회경제적인 기회에 구속을 받고 있다. 그러나 자신의 삶을 통제하고 있다는 의식은 성인으로서 꼭 필요하며, 정신적으로나 신체적으로 영향을 받게 된다. 종종 전문가들(또는 다른 사람들)은 정신지체인은 자기결정력이 없다고 결론지어버리기도 할 것이다. 왜냐하면 정신지체인을 아주 비논리적이고 비이성적(정상적인 사람들도 일반적으로 이성이나 논리보다 다른 기준에서 일반적으로 결정을 내리기도 하지만)이라고 보기 때문이다. 사람들은 때로는 동전을 던지기도 하고, 빨대를 뽑거나, 다른 사람의 생각에 따르거나, '이것이 맞을 것 같다는 기분'으로 결정을 한다(Racino, 1992). 대개 우리는 우리 스스로 무엇을 선택해서 결정을 내릴 수 있는 권한을 가지고 있다. 그러므로 정신지체인들은 심사숙고해서 현명한 판단을 내리는 방법을 배우는 것이 중요하지만, 이 사실은 장애인은 다른 사람을 위해 좀 더 엄격한 기준에서 살아야 한다는 규준을 만들 수 있다고 생각하게 할 수 있다.

정신지체인은 **외부 지향성**(outerdirectedness)에 너무 많이 의존한다(6장 참조). 이것은 그들은 자기 스스로 문제를 해결할 수 있는 상황에서나 외부에서 주어진 단서가 전혀 적절치 않더라도 이에 의존하는 경향이 있다는 것을 말한다. 정신지체인의 이러한 경향은 과잉보호와 학생 스스로 결정을 내리고 실수를 통해서도 배울 수 있는 부분을 배제하거나 부모와 서비스 제공자의 자신감 결여 등과 연관이 있다. 정신지체인 자신의 지적인 능력에 따라 결정할 수 있도록 해야 하며, 시행착오를 통해서 성공과 실패를 모두 경험할 수 있도록 하는 것이 중요하다(Bybee & Zigler, 1999).

스스로 결정하는 이러한 기회는 유치원 때부터 철저히 가르쳐야 한다. 고등학교 때의 전환 계획은 학생 개인의 능력과 관심에 바탕을 두고 계획되어야 하며 최대한의 범위에서 학생들 자신의 미래의 목적도 그들 자신이 결정하도록 해야 한다.

진로교육

진로교육(career education)은 특수아동에게 본질적인 것으로 확인된 (1) 직업 안내와 준비,

(2) 개인적, 사회적 기술, (3) 일상생활 기술의 세 가지 주요 영역을 다루는 교육과정 계획을 구성하는 개념이다(Brolin, 1991). 지역사회 생활에서 실제 필요한 기술을 가르치는 것이 중요하기 때문에 기술을 선택할 때는 **지역사회를 참조해야 한다**(community-referenced). 이는 가정과 지역사회 서비스의 협력을 통해 학교가 개별 학생의 욕구에 맞는 목표를 설정하기 위해 노력해야 함을 의미한다. 세 가지 영역을 구성하는 기술들 사이에는 중복된 부분이 많

일상생활 기술

개인적 재정관리
돈 세는 것과 잔돈 계산하기
은행 이용하기

가족의 선택과 관리
적절한 주택 선택하기
가족 만들기

개인적 욕구·보호
옷 똑바로 입기
개인 안전 연습하기

양육과 결혼의 책임

식품의 구매·준비·소비
식품 구매
요리하기

의복 구매·관리
의복 구매
빨래, 세탁하기

책임 있는 시민정신 나타내기
오락시설 이용과 여가 참여하기

사회 참여
교통법규와 안전 확인하기
사회적응하기

개인적, 사회적 기술

자기지각 성취
관심과 능력 확인하기
감정 확인하기

자신감 획득
자신의 가치 표현하기
칭찬 주고받기

사회적인 책임 있는 행동 성취
타인의 권리와 재산 존중하기
공공장소에서 바르게 행동하기

대인관계 유지

적합한 의사결정

타인과 의사소통하기

직업 안내와 준비

직업의 기회 인식과 탐색

직업의 선택과 계획

적절한 작업 습관과 행동 나타내기
지도 따르고 규칙 지켜보기
만족감 느끼고 일하기

고용의 탐색·보장·유지
충분한 신체 및 수공기술 나타내기

그림 12.6 직업교육 교과과정에 포함된 생활기술

출처: D. E. Brolin (Ed.) (1991), *Life-centered career education: A competency based approach* (3rd ed.) Reston, VA: Council of Exceptional Children.

다. 그리고 이 세 가지 기술은 모두 **생활기술**(life skill)이라는 하나의 큰 범주에 포함된다. 이 기술들은 **그림 12.6**에 제시되어 있다.

직업 안내와 준비

직무 수행에 필요한 직업기술을 단순히 익히는 것뿐만 아니라 지역사회에서의 활동이 더 많기 때문에 학생들은 이와 연관된 분야, 즉 교통, 면담 및 작업 습관과 같은 영역을 훈련받을 필요가 있다. 직무 관련 교육에 포함된 기능은 너무 광범위해서 직업 훈련(vocational training)보다 진로교육으로 분류하는 것이 좀 더 정확하다.

특별한 직업 훈련 교육과정을 선택할 때에는 개별 학생의 관심과 능력에 따라야 한다. 학생들이 직업 경험이 없을 때는 그들에게 가장 적절한 직업의 종류가 무엇인지 알 수 없다. 훈련 과정에서는 먼저 여러 직업의 표본을 보여 주며, 선택을 해 보도록 함으로써 어떤 직업을 선호하는지 알 수 있다(McDonnell, Hardman, & Hightower, 1989). 학생들이 여러 가지 직업을 경험한 이후에는 직업 훈련에 더 집중할 수 있게 된다. IDEA의 서비스 대상 학생들은 21세 때까지 무상의 공교육을 받을 수 있는 권한이 있기 때문에 학생들은 전환 초기(대략 14~18세)에 직업과 관련된 기술을 배우고 직업을 경험해 볼 수 있다. 그러고 나서 특정 직업교육을 받는 데 최소 2년이나 3년을 보낸다.

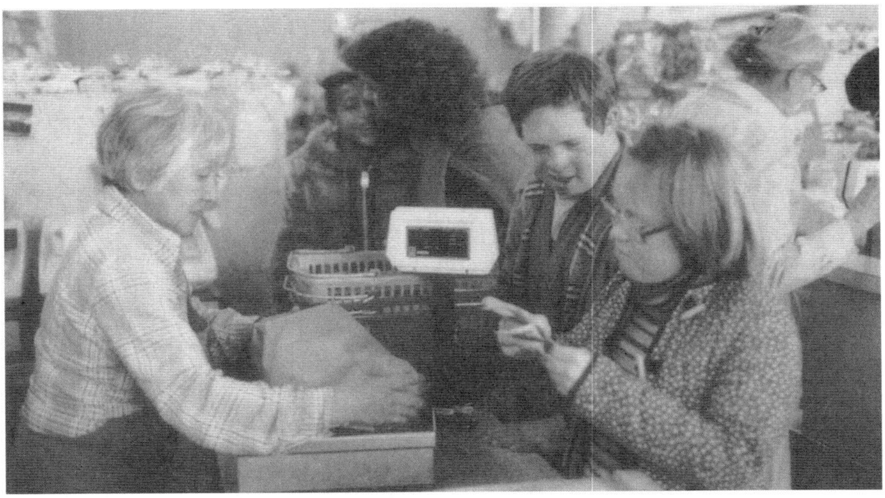

어린 정신지체인은 자신에 관해 많은 일을 할 수 있다.

© Elizabeth Crews

이 훈련기간 동안 직무 지도원으로부터 직업에 대한 지원을 받는다. 이 지도원은 현장 직업 훈련과 관리 감독, 그리고 행동적, 사회적 기술과 관련하여 학생들을 도와줌으로써 안정적으로 이런 일들을 계속 해 나가게 도와준다. 이런 특별한 지원은 학교로부터 작업 현장으로의 적응을 용이하게 해 준다. 직무 지도원이 계속 있는 것은 학생들이 동료들과 같이 통합되는 것을 방해할 수 있기 때문에(Udvari-Solner, Jorgensen, & Courchane, 1992), 학생들이 가능한 한 많이 자신에게 의지하도록 전환 기간을 거치면서 직무 지도원의 도움을 점차 줄여 나가야 한다.

사회적 기술

교실이나 직장, 가정 또는 여가활동 등 어디에서나 성공적인 사회 적응을 위해서는 사회적 기술이 매우 중요하다. 실제 정신지체인이 직업 현장에 머무는 정도는 적절한 사회적 기술에 의해 좌우된다. 그러나 역설적으로, 정신지체 아동이 좋은 사회적 기술을 배우기 위해서는 사회활동에 참여하지 않고서는 현실적으로 불가능하다. 그러므로 조기에 통합교육을 받은 학생과 사회적 기술 훈련을 받은 학생은 많은 도움이 된다.

특별히 고용주가 중요하게 생각하는 공통적인 사회적 기술은 학교생활에서나 가정생활에서도 마찬가지로 중요하다. 도움 요청하기, 지시 따르기, 비판에 적절히 대응하기, 일 시작하기 전에 필요한 정보 얻기, 그리고 다른 이들에게 도움을 주는 것 등이 그 예이다(Chadsey-Rusch & O'Reilly, 1992). 또한 인간관계를 잘 유지하는 법을 익히고 신체적 혹은 언어적인 공격에 반응하지 않는 것도 아주 중요하다. 중요한 사실은 정신지체인은 모욕에 대처하는 방법과 타인에 의한 침해, 그리고 불공평한 상황에 적절히 대처하는 방법을 익혀야 하며 우리 모두가 부딪힐 수 있는 상황에 적절히 대처할 수 있어야 한다는 것이다.

다른 교육과 같이 지도할 기술을 선택할 때에는 개인의 욕구를 바탕으로 해야 한다. 필요한 기술을 선택하면, 모델링과 역할 놀이를 통해서 기술을 지도하고 강화한다. 특정 기술에 대해서 학생에게 적절한 경우와 그렇지 못한 경우를 분명히 알도록 하는 것은 중요하다. 만약 Bob이 동료의 주의를 적절하게 끄는 방법에 대해 배우고 있다면, 그는 어떠한 행동이 적절하고 어떤 것이 그렇지 못한 것인지를 먼저 배워야 한다. 처음에는 교사가 먼저 시범을 보인 후에 학생이 스스로 역할 놀이를 통해서 익히도록 한다. 그가 무엇을 해야 하는지 이해한 후에는 새로운 기술을 연습하고 실제 상황에 적용해야 한다. 노력에 대한 강화는 성공을 위해 반드시 필요하다.

1. 활동을 시작하고 참가하기
2. 활동을 유지하고 이벤트 진행하기
3. 규칙과 법을 따르기
4. 남을 돕거나 칭찬하기
5. 다른 사람이 행동을 멈추게 영향 주기
6. 정보와 감정을 나누기
7. 좋아 하는 것을 표현하기
8. 난감한 상황에 대처하기
9. 화 다스리기
10. 문제해결하기

그림 12.7 모든 학생에게 중요한 사회적 기술

출처: R. S. Neal (1984), Teaching social routines to behaviorally disordered youth. In J. K. Grosenick, E. McGinnis, S. L. Huntze, and C. R. Smith (Eds.), *Social/affective interventions in behavioral disorders*. Des Moines: Iowa Department of Public Instruction.

시판되고 있는 여러 가지 사회적 기술 교육과정 패키지는 교사가 학생 개인의 욕구에 맞는 훈련 프로그램을 짜는 데 도움이 된다. 예를 들어 『Skill Streaming』(McGinnis & Goldstein, 1997)은 학교와 여가활동 상황에서의 대인관계 기술에 초점을 맞춘다.

사회적 기술 지도는 다양한 능력을 가진 학생들 간 공동의 작업을 할 수 있도록 또 다른 기회를 제공한다. 왜냐하면 모든 학생은 다른 사람들과 함께 지내는 연습이 필요하기 때문이다. 사회적 기술 훈련은 협동학습과 연결하여 모든 학생들이 **그림 12.7**에 나와 있는 대인관계 관리기술을 익힐 수 있도록 도움을 준다.

독립생활 기술

중도 장애인에게 학교 교육과정에서 일상생활 기술은 반드시 지도해야 한다. 장애학생이 일반학급에 완전 통합된 경우 점심을 먹는 것이나 외투를 입고 벗는 것과 같은 일상생활 기술을 연습할 수 있다. 그러므로 생활기술에 대한 연습은 항상 모든 장소에서 이루어져야 한다. 경도 장애인(또는 분류되지 않은 지적 문제를 가지고 있는 사람)도 일상생활 기술의 지도 여부에 따라 독립적인 성인생활의 성공과 실패가 좌우된다.

일상생활 기술 교육의 첫 단계는 대부분 작업치료를 통한 조기중재에서 시작되고 초등학교 과정으로 이어진다. 고등학교 수준에서 독립생활 기술은 진로교육 교육과정 내에서 중점적으로 다루게 된다.

지역사회 중심 교수

가능하면 일상생활 기술은 실제 현장에서 배워야 한다. 왜냐하면 정신지체 학생은 특정 상황에서 배운 기술을 다른 상황으로 일반화하는 데 문제가 있고, 실행을 해야 할 때는 직접 교수가 필요하기 때문이다. 직무 훈련과 더불어 고용 환경에서의 교육은 매우 중요하다. 마찬가지로 실제 지역사회 주변을 둘러보지도 않고 그 지역사회를 배우려 한다는 것은 어려운 일이다. 반드시 그렇지는 않지만, 많은 일상생활 기술은 필요로 하는 실제 상황에서 가장 잘 배울 수 있다. 빨래하기나 요리하기와 같은 일상생활 기술은 시설이나 장비가 다르므로 서로 다른 절차가 필요하다. 마찬가지로 쇼핑은 가게에서 연습이 필요하고, 잔돈 세기와 예산을 짜는 것은 실제 경험을 통해서 가장 잘 배울 수 있다.

지역사회 중심 교수는 일상생활 기술을 실제 상황에 가장 효과적으로 일반화할 수 있는 필수적인 교육과정이다. 또한 지역사회 중심 교수를 받은 학생은 적응행동에 더 많은 발전을 보인다(McDonnell, Hardman, & Hightower, 1993). 이러한 지역사회 중심 교수의 효과는 사회화, 의사소통, 개인 생활, 그리고 사회생활에서 더욱 뚜렷하게 나타난다. 그리고 이러한 효과는 중도 장애(그리고 많은 교육이 필요한 사람) 학생뿐 아니라 경도 장애학생에게도 적용된다.

실제 경험은 정신지체인의 교육에 있어서 매우 중요하기 때문에 지역사회 중심 교수는 효과적인 전환 계획의 필수적인 부분이다. 지역사회 교수는 역할 놀이, 비디오 학습이나 다른 인위적 상황을 포함한 경험을 통해 제공될 수 있다(Cuvo & Klatt, 1992). 그러나 지역사회 상황에서의 실제 연습을 대체할 만한 것은 없다.

토론 과제

지역사회 중심 교수에 지역사회의 사업체와 산업이 참가할 수 있는 방안은 무엇인가?

조망

이 장의 논의에 기초하여 현행 교육 체제의 재구조화는 여러 가지 중요한 요인을 고려해야 한다는 것이 분명하다. 새로운 학교 체제의 성공은 협력, 수용, 그리고 학생과 직원 간의 존경과 격려와 같은 비경쟁적인 환경에 의해 좌우된다. 이러한 환경에서 다양성은 학생이 다문화 세계에서 문제해결 방법을 배우는 데 장점으로 여겨질 수 있다. 학생들은 다문화 사회에서의 문제해결 능력을 배우고 갖추게 되며 자신의 한정적인 관점에서 벗어날 수 있게 될 것이다.

물론 이러한 학습은 학생들의 상호작용의 기회가 반드시 필요하기 때문에 분리된 교육은 최소화해야 한다. 동시에 모든 학생은 가능한 독립적이고 생산적으로 살 수 있도록 주거, 직업 및 사회적 기술을 배울 수 있는 선택의 자유가 있어야 한다. 모든 학생은 때때로 어렵고 힘든 성인사회에서 성공할 수 있는 사회적 경험과 생활기술 훈련을 모두 필요로 한다.

이러한 학교 환경을 위한 전제조건은 충분한 교직원의 능력, 교직원의 지원과 관리 가능한 학급 규모이다. 특수교육 전문가들은 팀 교육이나 상담 시에 쉽게 활용할 수 있어야 하며, 모든 교사들은 상담과 학급 지원 서비스를 포함하여 행동 전문가들과 지속적으로 협력해야 한다.

가족은 학생이 학교에 수용되고 참여하는 것을 용이하게 하기 위한 협력 접근법에 있어 필수적인 요소이다. 대부분의 정신지체인들의 가족은 늘 변화의 선두에 서서 장애아동의 수용과 서비스 지원을 촉진해 왔다. 그러나 또 다른 가족들은 학교 체제 내에서 부딪히는 여러 가지 사회적, 문화적 문제들로 인해 가족 간의 지원과 상호작용이 어려운 경우가 많았다. 13장에서는 이러한 가족의 삶, 적응, 그리고 건강과 전문가들이 가족과 함께 좋은 관계를 유지할 수 있는 방법 등을 다룬다.

참고문헌

Arnold, M., & Serpas, D. (1993). Training teachers to address the needs of students with severe mental retardation. *Education, 111*(4), 549–552.

Bates, P. E., Bronkema, J., Ames, T., & Hess, C. (1992). State-level interagency planning models. In F. R. Rusch, L. DeStefano, J. Chadsey-Rusch, L. A. Phelps, & E. Szymanski (Eds.), *Transition from school to adult life: Models, linkages, and policy* (pp. 115–130). Sycamore, IL: Sycamore Publishing.

Bauer, A. M., & Shea, T. M. (1999). *Inclusion 101: How to teach all learners*. Baltimore, MD: Paul H. Brookes.

Blaska, J. K., & Lynch, E. C. (1998). Is everyone included? Using children's literature to facilitate the understanding of disabilities. *Young Children, 53*(2), 36–38.

Brolin, D. E. (Ed.). (1991). *Life-centered career education: A competency based approach* (3rd ed.). Reston, VA: Council of Exceptional Children.

Brown, L., Nisbet, J., Ford, A., Sweet, M., Shiraga, B., York, J., & Freiberg, K. L. (Eds.). (1994). *Educating exceptional children* (7th ed.). Guilford, CT: Dushkin.

Bybee, J., & Zigler, E. (1999). Outerdirectedness in individuals with and without mental retardation: A review In E. Zigler & D. Bennett-Gates (Eds.), *Personality development in individuals with mental retardation* (pp. 165-205). New York: Cambridge University Press.

Cafiero, J. (1998). Communication power for individuals with autism. *Focus on Autism and Other Developmental Disorders, 13*(2), 113-121.

Chadsey-Rusch, J., & O'Reilly, M. (1992). Social integration in employment and postsecondary educational settings: Outcomes and process variables. In F. R. Rusch, L. DeStefano, J. Chadsey-Rusch, L. A. Phelps, & E. Szymanski (Eds.), *Transition from school to adult life: Models, linkages; and policy* (pp. 245-263). Sycamore, IL: Sycamore Publishing.

Conners, F. A. (1992). Reading instruction for students with moderate mental retardation: Review and analysis of research. *American Journal on Mental Retardation, 96*(6), 577-597.

Cuvo, A. J., & Klatt, K. P. (1992). Effects of community-based, videotape, and flash card instruction of community-referenced sight words on students with mental retardation. *Journal of Applied Behavior Analysis, 25*(2), 499-512.

Dunn, L. M. (1968). Special education for the mildly retarded. Is much of it justifiable? *Exceptional Children, 35*(1), 5-22.

Freiberg, K. L. (Ed.). (1994). *Educating exceptional children.* Guilford, CT: Dushkin.

Gottleib, J., Alter, M., & Gottlieb, B. W. (1990). Mainstreaming academically handicapped children in urban schools. In J. Lloyd, N. Singh, & A. Repp (Eds.), *The Regular Education Initiative: Alternative perspectives on concepts, issues, and models* (pp. 95-112). Sycamore, IL: Sycamore Publishing.

Haney, J. I. (1988). Toward successful community residential placements for individuals with mental retardation. In L. W. Heal, J. I. Haney, & A. R. Novak Amado (Eds.), *Integration of developmentally disabled individuals into the community* (2nd ed., pp. 125-168). Baltimore, MD: Paul H. Brookes.

Hanrahan, J., Goodman, W., & Rapagna, S. (1990). Preparing mentally retarded students for mainstreaming: Priorities of regular class and special school teachers. *American Journal on Mental Retardation, 94*(5), 470-474.

Hardman, M. L., Drew, C. J., & Fgan, M. W. (1996). *Human exceptionality: Society, school, and family.* Boston: Allyn & Bacon.

Harris, C. D. (1993). *Project PARTnership: A Model program for encouraging self-determination through access to the arts.* Washington, DC: VSA Educational Services.

Hocutt, A., Martin, E., & McKinney, J. D. (1990). Historical and legal context of mainstreaming. In J. Lloyd, N. Singh, & A. Repp (Eds.), *The Regular Education Initiative: Alternative perspectives on concepts, issues, and models* (pp. 17-28). Sycamore, IL: Sycamore Publishing.

Kauffman, J. M. (1990). Restructuring in sociopolitical context: Reservations about the effects of current reform proposals on students with disabilities. In J. Lloyd, N. Singh, & A. Repp (Eds.), *The Regular Education Initiative: Alternative perspectives on concepts; issues; and models* (pp. 57-66). Sycamore, IL: Sycamore Publishing.

Kleinfeld, J., & Wescott, S. (1993). *Fantastic Antone succeeds.* Anchorage: University of Alaska Press.

Kratochwill, T. R., & Sheridan, S. M. (1990). Advances in behavioral assessment. In T. B. Gutkin & C. R. Reynolds (Eds.), *The handbook of school psychology* (2nd ed., pp. 328-364). New York: John Wiley.

Lipsky, D. K., & Gartner, A. (1987). Capable of achievement and worthy of respect: Education for handicapped students as if they were full-fledged human beings. *Exceptional Children, 54*(1), 69-74.

________. (1990). Restructuring for quality. In J. Lloyd, N. Singh, & A. Repp (Eds.), *The Regular Education Initiative: Alternative perspectives on concepts, issues, and models* (pp. 43-56). Sycamore, IL: Sycamore Publishing.

Madden, N. A., & Slavin, R. E. (1983). Effects of cooperative learning on the social acceptance of mainstreamed academically handicapped students. *Journal of Special Education, 17*, 171–182.

Madden, N. A., Slavin, R. E., & Stevens, R. J. (1986). *Cooperative integrated reading and composition: Teacher's manual*. Baltimore, MD: Johns Hopkins University, Center for Research on Elementary and Middle Schools.

McDonnell, J., Ferguson, B., & Mathot-Buckner, C. (1992). Utah community employment placement project. In F. R. Rusch, L. DeStefano, J. Chadsey-Rusch, L. A. Phelps, & E. Szymanski (Eds.), *Transition from school to adult 4fe: Models; linkages; and policy* (pp. 33–50). Sycamore, IL: Sycamore Publishing.

McDonnell, J., Hardman, M., & Hightower, J. (1989). Employment preparation for high school students with severe handicaps. *Mental Retardation, 27*, 396–404.

________. Impact of community-based instruction on the development of adaptive behavior of secondary-level students with mental retardation. *American Journal of Mental Retardation, 97*, 575–584.

McGinnis, E., & Goldstein, A. P. (1997). *Skillstreaming the elementary school child: New strategies and perspectives for teaching prosocial skills*. Champaign, IL: Research Press.

Meese, R. L. (1994). *Teaching learners with mild disabilities: Integrating research & practice*. Belmont, CA: Wadsworth.

Miller, H., Rynders, J. E., & Schleien, S. J. (1993). Drama: A medium to enhance social interaction between students with and without mental retardation. *Mental Retardation, 31*(4), 228–233.

Neal, R. S. (1984). Teaching social routines to behaviorally disordered youth. In J. K. Grosenick, E. McGinnis, S. L. Huntze, and C. R. Smith (Eds.), *Social/affective interventions in behavioral disorders*. Des Moines: Iowa Department of Public Instruction.

Nietupski, J., Scheutz, G., & Ockwood, L. (1980). The delivery of communication therapy services to severely handicapped students: A plan for change. *Journal of the Association for the Severely Handicapped (JASH), 5*(1), 13–23.

Racino, J. A. (1992). Living in the community: Independence, support, and transition. In F. R. Rusch, L. DeStefano, J. Chadsey-Rusch, L. A. Phelps, & E. Szymanski (Eds.), *Transition from school to adult life: Models, linkages, and policy* (pp. 131–152). Sycamore, IL: Sycamore Publishing

Roberson, W. H., Gravel, J. S., Valcante, G. C., & Maurer, R. G. (1992). Using a picture task analysis to teach students with multiple disabilities. *Teaching Exceptional Children, 24*(4), 12–15.

Rusch, F. R., & Phelps, L. A. (1987). Secondary special education and transition from school to work: A national priority. *Exceptional Children, 53*, 487–492.

Rusch, F. R., Szymanski, E., & Chadsey-Rusch, J. (1992). The emerging field of transition services. In F. R. Rusch, L. Destefano, J. Chadsey-Rusch, L. A. Phelps, & E. Szymanski (Eds.), *Transition from School to adult life: Models, linkages, and policy* (pp. 5–16). Sycamore, IL: Sycamore Publishing.

Russell, A. T., & Forness, S. R. (1985). Behavioral disturbance in mentally retarded children in TMR and EMR classrooms. *American Journal of Mental Deficiency, 89*(4), 338–344.

Schumaker, J. B., & Deshler, D. D. (1988). Implementing the Regular Education Initiative in secondary schools: A different ball game. *Journal of Learning Disabilities, 21*(1), 36–42.

Slavin, R. E. (1984). Team assisted individualization: Cooperative learning and individualized instruction in the mainstreamed classroom. *Remedial and Special Education, 5*(6), 33–42.

Slavin, R. E. (1990). *Cooperative learning: Theory, research and practice*. Englewood Cliffs, NJ: Prentice-Hall.

Slavin, R. E., Leavey, M. B., & Madden, N. A. (1986). *Team accelerated instruction-Mathematics*. Watertown, MA: Mastery Education Corp.

Slavin, R. E., Stevens, R. J., & Madden, N. A. (1988). Accommodating student diversity in reading and writing instruction: A cooperative learning approach. *Remedial and Special Education, 9*(1), 60–66.

Smith, D. D., & Bassett, D. S. (1990). The REI debate: A time for systematic research agendas. In J. Lloyd, N. Singh, & A. Repp (Eds.), *The Regular Education Initiative: Alternative perspectives on concepts, issues, and models* (pp. 149–160). Sycamore, IL: Sycamore Publishing.

Smith, J. D., & Hilton, A. (1997). The preparation and training of the educational community for the inclusion of students with developmental disabilities: The MRDD position. *Education and Training in Mental Retardation and Developmental Disabilities, 32*(1), 3–10.

Stainback, W., & Stainback, S. (1984). A rationale for the merger of special and regular education. *Exceptional Children, 51*(2), 101–111.

Stainback, S., Stainback, W., & Forest, M. (1989). *Educating all students in the mainstream of regular education.* Baltimore, MD: Paul H. Brookes.

Staub, D. (1998). *Delicate threads: Friendships between children with and without special needs in inclusive settings.* Bethesda, MD: Woodbiné House.

Stevens, R. J., Madden, N. A., Slavin, R. E. & Famish, A. M. (1987). Cooperative integrated reading and composition: Two field experiments. *Reading Research Quarterly, 22*, 433–454.

Stump, C. S., & Wilson, C. (1996). Collaboration: Making it happen. *Intervention in School and Clinic, 31*(5), 310–312.

Torgeson, J. K. (1982). The learning disabled child as an inactive learner: Educational implications. *Topics in Learning and Learning Disabilities, 2*(1), 45–52.

Udvari-Solner, A., Jorgensen, J., & Courchane, G. (1992). Longitudinal vocational curriculum. In F. R. Rusch, L. Destefano, J. Chadsey-Rusch, L. A. Phelps, & E. Szymanski (Eds.), *Transition from School to adult life: Models, linkages, and policy* (pp. 285–320). Sycamore, IL: Sycamore Publishing.

Walker, H. M., & Bullis, M. (1990). Behavior disorders and the social context of regular class integration: A conceptual dilemma? In J. Lloyd, N. Singh, & A. Repp (Eds.), *The Regular Education Initiative: Alternative perspectives on concepts, issues, and models* (pp. 75–94). Sycamore, IL: Sycamore Publishing.

Will, M. C. (1986). Educating children with learning problems: A shared responsibility. *Exceptional Children, 52*, 411–416.

PART 4

지역사회 생활: 역할, 권리, 책임

CHAPTER 13

가 족

12장에 제시되었던 교육문제들로부터 알 수 있듯이 가족들과 학교 사이의 협력이 효과적인 학습과 통합을 증진시키는 데 중요하다는 것은 확실하다. 이 장에서는 아동의 장애에 대한 가족의 적응 및 교육 전문가나 다른 서비스 시설과 가족과의 관계에 대한 적응에 초점을 맞춘다. 또한 가족의 특성, 구성 및 다양성을 논하고 장애가 있는 가족과 아동에 대한 전문가들의 연구 결과를 중심으로 논의한다. 가장 중요한 것은 가족들의 개성과 가정생활의 다양성이다. 또한 13장의 전체적인 관점은 장애아동에 대한 효과적인 서비스의 공급이 반드시 전체 가족의 목적과 욕구에 관해 정보를 제공하고 이에 응해야 한다는 것을 강조한다. 따라서 이 장은 가족과 전문가들 사이의 성공적인 협력을 촉진할 수 있는 기법을 강조한다.

누가 가족인가?

부모와 자녀들로 구성된 이전의 전형적인 가족을 제외하고, 오늘날의 가족 구성은 매우 다양하며, 이제는 많은 가족들이 편부모 가정으로 구성되기도 한다(U.S. Bureau of the Census, 1998). 부모가 이혼한 가족인 경우에도, 이혼한 두 부모 모두 가족들과 떨어져 사는 동안에도 자녀들을 양육하는 데 중요한 역할을 하고자 한다. 또 어떤 경우에는 실제 보호하는 부모가 우선적 책임을 맡고 다른 부모는 양육의 책임을 적게 맡을 수도 있다. 복합가족(stepfamily)이 점차 일반화되고 있으며, 그들 스스로 독특한 역할을 조절하고 관계를 형성해 나가고 있다.

이혼 가정뿐만 아니라 결혼하지 않는 엄마들이 증가하고 있고, 대부분 이들은 아버지의 수입에 의존하지 않고 자녀들을 양육하고 있다(Coley, 1998). 또 어떤 가족은 아동의 삶에 결정적인 영향을 주는 확대가족 구성원들－흔히 할아버지나 숙모 및 숙부－과 함께 생활하기도 한다. 그리고 단일 부모(우리의 사례 이야기에 나오는 Cathy 같은)나 동성 부모가 아동(종종 장애아동도)을 입양하는 경우도 있다. 다양한 구성과 함께 가족들은 인종적으로나 민족적으로도 다르며, 문화적, 전통적, 종교적, 철학적 태도, 신념, 가족의 삶의 경험들도 다양하다.

이처럼 가족의 형태가 매우 다양하기 때문에 모든 가족들 혹은 대부분의 가족들의 적절한 단일한 형태의 반응, 문제 및 욕구를 반영해서 기술할 수 없다. 장애아동과 마찬가지로 가족들은 개별적으로 이해되어야 한다. 그렇다 할지라도, 전문가들은 가족들 대부분의 보편적인

대부분의 정신지체 아동의 가족들은 행복하고 만족한 시간을 함께 즐긴다.

© Elizabeth Crews

경험과 빈번하게 발생하는 문제들을 중심으로 연구할 수 있다. 그리고 그 가족에 대한 연구 결과는 가족들의 문제를 해결할 수 있는 가능성과 상관이 높을 때 도움이 된다는 것이다. 그러나 반드시 그러한 지식이 전형적인 지식이 아니라 가족 구성원들의 행동과 반응에 대한 전문가들의 선입견으로 재해석하지 않아야 한다는 점이다. 전문가들은 이미 자신들이 가지고 있는 편견에 의한 계획이나 가정을 배제하고 가족을 객관적으로 볼 수 있어야 한다.

적응

정신지체 아동의 가족들은 자녀가 어떤 문제나 장애를 가지고 있다는 것을 발견하는 순간 마치 땅이 꺼지는 것과 같은 정신적인 충격을 경험한다. 연구 결과에 의하면, 분명히 그 순간 정신적 충격은 피할 수 없겠지만, 그렇다 하더라도 부모가 자녀들의 장애를 받아들이는 태도는 가족의 초기 적응에 중대한 영향을 미친다고 한다.

최초 반응

신생아인 경우, 정신지체는 현재 나타난 장애만을 바탕으로 추측할 수밖에 없다. 이후 장애에 대한 부모의 책임은 대개 의사, 간호사, 혹은 다른 조기중재 전문가들에게로 옮겨 간다. 부모의 최초 반응은 그들이 말하는 태도와 바로 그 순간에 받게 되는 정보에 따라 영향을 받는다. 또한 장애의 유형과 정도뿐만 아니라 부모의 사회적 지위, 교육 및 사회적 격리 정도도 영향을 주는 중요한 요소들이다(Challela, 1981). 전문가들은 부모들이 그런 소식을 듣고 틀림없이 나타내게 되는 감정과 초기 실망의 정도를 이해해야 한다. **그림 13.1**은 부모들이 이야기한 정서적 반응의 예이다.

이미 1960년대 중반부터 연구자들은 가족들에게 가능한 한 조기에 정확하게 아동의 장애에 관한 확실한 정보를 주어야 한다고 지적했다(Carr, 1970; Drillien & Wilkinson, 1964; Raech, 1966). 물론 아동에 대한 정보를 제공할 때는 친절하고, 사려 깊고, 공감할 수 있도록 해야 한다. 그리고 가능하면 부모가 함께 있을 때 아동의 장애에 대해 말해 주어야 하며, 다른 부모들이 있는 병실이나 복도 또는 대기실에서보다는 개별적으로 이 소식을 전해야 한다. 아울러 이후의 상담과 향후 계획을 위한 사적인 장소를 마련해야 한다. 분명히 사생활 보호에 대한 부모의 권리가 있음에도 불구하고 많은 부모들은 이러한 기본적 사항들이 고려되지 않았으며, 결국 부모들은 깊고 지울 수 없는 불쾌한 감정을 갖게 된다(Tingey, 1988).

부모들에게는 현재 자녀가 가지고 있는 장애에 대해 알려줌으로써 최초 적응에 도움을 줄 수 있다. 아동의 '이름'을 부르고, 유사한 장애를 가진 아동에 관한 정보는 비슷한 장애를 갖

- "나는 내 미래가 완전히 파괴되어 버린 것처럼 그렇게 무기력하고 가슴이 무너지는 느낌을 지금까지 한 번도 느껴본 적이 없습니다."
- "나에겐 종신형이 주어졌습니다."
- "임신에 대한 나의 가장 큰 두려움이 현실이 되었습니다."
- "우리는 그 아이가 그동안의 생활과는 너무나 다른 두 가지를 갖게 되었다는 것을 알게 되었습니다. 하나는 우리의 꿈을 앗아갔다는 것이고, 다른 하나는 우리 셋 모두를 위해 우리가 계획해 온 것과는 매우 다르고 매우 고통스러운 것이라는 것이었습니다. 무엇이 세상에 때도 묻지 않은 이토록 순수한 아이가 이것을 감당하도록 했을까요? 나는 1주일 동안 일을 나갈 수 없었고, 가지 않았습니다. 나는 내 아이를 붙잡고 침대에 누워 있었을 뿐이었습니다."

그림 13.1 자녀의 장애에 대한 부모의 느낌과 반응

출처: J. Finnegan (1993), *Shattered dreams—Lonely choices*. Westport, CT: Bergin & Garvey.

고 있는 아동으로 말하기보다는 오히려 '[어떤 특별한 조건]을 갖고 있는 아동'이라는 표현을 사용하여 전달해야 한다(4장)(Tingey, 1988). 예를 들어 "Joe는 다운증후군 아동이다." 혹은 "약체 X 증후군 아동은 거의 언제나…"라는 표현은 하지 말아야 한다.

> **토론 과제**
> 이 어려운 시기에 아동의 참석과 아동의 이름을 부르는 것이 부모들에게 왜 도움이 되고 어떤 방법으로 도울 수 있는가?

부모들은 자기 자녀의 장애에 관한 이야기에 각기 개인적인 방식으로 반응한다. 어떤 사람은 울고, 다른 어떤 사람은 자신을 솔직하게 표현하지 않을 수도 있으며, 또 다른 사람들은 믿지 못하겠다는 반응을 보일 수도 있다. 부모들은 모두 상실감과 슬픔을 경험하지만, 이 느낌을 표현하는 방식은 서로 다를 수 있다. 전문가들은 부모들의 독특한 반응 형태에 주목해야 하고, 그들이 감정을 자신의 방식으로 조절할 수 있도록 해야 한다(Chisholm, Pappas, & Sharp, 1997).

한 가지 공통된 반응은 충격이다. 부모들은 처음에는 어리둥절해 하고, 혼란스러워하며, 한꺼번에 많은 양의 정보를 받아들일 여유가 없다. 그들의 시급한 요구는 현재 상황에서 기본적인 내용들을 이해하는 것이고, 자신들이 선택한 경우에 자신의 감정에 관해 이야기할 기회를 갖는 것이다. 그렇기 때문에 부모들에게 정보를 제공할 때에는 장황하고 기술적인 설명보다는 유용한 정보를 얻을 수 있도록 자료들을 주고, 도움이 되어 줄 수 있다는 것으로 안심시키는 것이 좋다.

유사한 장애를 갖고 있는 다른 부모들이 도움이 될 수 있다. 전문가들은 부모들에게 지원단체와 연결해 줄 수 있으며, 정보를 서로 교환하고 유경험자와 상담할 수 있도록 해 주며, 문제를 극복하고 개선할 수 있는 전략을 공유할 수 있는 기회를 마련해 줄 수 있다.

몇 주 혹은 몇 달 정도 후에는 많은 부모들이 전문가와의 상담이 유용하다는 것을 알게 된다. 상담가들은 부모들이 자신의 슬픔과 상실감을 극복할 수 있는 기회를 제공할 수 있고, 그 과정에 수개월이 걸리는 것이 당연하다는 것을 부모들이 이해하도록 도와줄 수 있다. 또한 상담가들은 부모들이 자녀의 능력에 초점을 두도록 하고, 스트레스를 조절하는 전략을 가르칠 수 있다. 그림 13.2는 부모의 상담 요구에 관한 중요한 논제들의 목록이다.

- 부모들은 자신의 자녀를 독자적인 한 사람으로 여겨 주길 원하며, 진단 명칭을 삭제해 줄 것을 요구한다.
- 부모들은 천국과 지옥을 경험한다. 그들은 '단 한 번이고 전부'인 이 상황을 받아들이지 않지만, 예전 문제와 새롭게 나타나는 관심사를 지속적으로 다룬다.
- 부모들은 가족의 요구보다 자녀의 요구가 우선되어야 한다는 것과 그 어떤 사람도 가족의 입장을 대변할 수 없다는 점을 이해할 수 있도록 도움이 필요하다.
- 부모들은 정보를 필요로 하지만 자녀의 예후에 대한 예측을 필요로 하지는 않는다. 왜냐하면 어떤 결과도 삶의 경험과 훈련에 의해서 변화될 수 있기 때문에 비장애 유아들조차도 정확히 예측할 수 없다.
- 부모들은 무엇보다도이해하기를 원한다. 그들은 그들 자신과 자신의 자녀를 위해 슬퍼하는 것을 원하지 않는다.

그림 13.2 부모 상담에서의 중요한 논제

출처: C. Tingey (1988), *Down syndrome: A resource handbook*. Boston: Little, Brown.

입양이나 가정 외 배치 결정

때때로 정신지체 아동의 부모들은 자신의 자녀를 스스로 키울 수 없다고 결정한다. 장애아동들을 입양하길 원하는 양부모들이 있기 때문에, 친부모들은 입양을 희망하는 부모가 자녀를 좋은 환경에서 키울 수 있다고 생각하면 입양이 이루어진다.

부모들은 여러 가지 이유로 입양을 선택한다. 그들은 자신들이 너무 늙어서 자녀를 성인으로 키울 수 없다고 생각하기도 하며, 또는 다른 형제들의 양육문제나 부모로서의 책무는 이미 자신들의 능력의 한계를 넘었다고 생각할 수도 있다. 그들은 장아 자녀를 양육하는 것에 대한 자신들의 무능함을 솔직히 인정하게 되고, 병이나 장기간의 스트레스로부터 상처를 입게 된다. 결국 그들은 자신들이 '헤쳐 나갈 수 없다'는 것을 인정하게 된다(Finnegan, 1993).

역설적이게도 얼마 전까지만 해도 부모에게 제공되는 유일한 선택사항은 시설에 자녀들을 보내는 것이었지만, 최근에는 대부분 가정에서 자녀를 키우도록 하고 있다. 아동들의 요구에 적절히 반응할 수 있을 것이라는 부모들의 믿음은 가족 구성들로부터 혹은 전문가들로부터 거부당하거나 비판을 받기도 한다. 그들이 자녀를 시설에 보내려고 할 때 느끼는 스트레스만큼 집에서 양육하고자 할 때도 스트레스를 느끼게 된다. 그렇지만 여전히 이러한 부모들은 그들 스스로 자신들이 장애 자녀를 양육할 수 있는지를 실제로 결정할 수 있는 유일

- 장애에 대한 최근 논문 읽기
- 유사한 장애를 갖고 있는 아동의 가족과 대화하기
- 유사한 장애를 갖고 있는 아동을 관찰하기
- 입양 계획을 고려하는 부모와 대화하기
- 입양하고 있는 부모와 대화하기
- 전문가와 대화하기

그림 13.3 입양 관련 결정을 위한 정보 출처

한 사람이다.

부모들이 자신의 자녀가 정신지체라는 것을 출생 전 검사를 통해 알게 될 때, 입양이 아닌 유산도 대안으로 생각하게 된다. 부모들은 자녀의 장애가 후천적이라는 것을 발견했을 때, 첫 몇 주 동안 가정에서 자녀를 키우거나 입양에 대한 선택을 하게 될 때 매우 혼란스러워한다. 이와 관련된 정보를 제공함으로써 부모들이 자신들에게 가장 좋은—그렇게 함으로써 자기 자녀를 위해서도 가장 좋은—결정을 스스로 할 수 있도록 지원해 주는 것은 매우 중요하다. **그림 13.3**에는 부모들의 정보 수집에 대한 제안들이 제시되어 있다.

비록 상담을 통해 부모들이 자신의 결정에 확신을 갖게 되고, 슬픔과 상실감을 극복할 수 있겠지만, 어떤 결정이라도 자신의 자녀를 입양시키는 것과 같은 결정은 부모의 가슴을 매우 아프게 한다. 결국 입양을 선택한 대부분의 가족들은 자신들이 자녀에게 해 줄 수 있는 것보다 양부모들이 자녀를 더 잘 돌봐줄 수 있다는 것을 확신하기 때문이다. 전문가들이 가족을 위해 어떤 결정을 해 줄 수는 없을지라도, 가족들이 최선의 결정을 할 수 있도록 지원을 해 줄 수는 있다.

가정 외 배치

30년 전보다 보편적이지 않지만, 일부 가정에서는 자신의 자녀를 외부 주거시설에 위탁하는 것을 선택한다. 몇몇 주거 환경은 아동에게 도움이 될 수도 있으며, 이에 대한 내용은 14장에서 좀 더 자세히 논의할 것이다. 입양과 같이 자녀를 가정이 아닌 외부 주거시설에 위탁하고자 하는 선택은 어려운 결정이라고 할 수 있으며, 이러한 양육자의 결정에는 많은 관련 요인이 영향을 미치게 된다. 그 중 한 가지는 아주 심각한 행동문제를 갖고 있는 경우, 특히 그들이 나이가 들어감에 따라 더 심각한 상황이 되면 외부 주거시설에 위탁하려는 경향이 있다(Bromley & Blacher, 1991; Rousey, Blacher, & Hannerman, 1990; Tausig, 1985). 그러나 가정에서 아동을 외부 시설에 위탁하게 되는 가장 중요한 원인은 양육자의 스트레스 때문이다. 그 외 개인적인 문제 중 핵심적인 외적 요인들은 재정이나 건강문제, 그리고 다른 자녀들의 양육 책임 등이라고 할 수 있다(Black, Molaison, & Small, 1990). 더구나 적절한 서비스가 스트레스를 완화시켜 주는 것처럼, 열악한 지원 서비스는 양육자의 스트레스를 더 강화한다. 따라서 효율적인 지원 체제는 가정에서 외부 시설 위탁 요구를 줄일 수 있다(Kobe, Rojahn, & Schroeder, 1991).

외부 시설 위탁에도 문화적 차이가 나타나는데, 아프리카계 미국인이나 라틴계 가족보다는 백인 부모들이 그렇게 하려는 경향이 많다(Blacher, Hanneman, & Rousey, 1992). 이러한 차이는 적어도 아프리카계 미국인들 간에는 자녀에 의한 스트레스의 심각성에 대한 인식의 차이와 엄마의 대처전략 사용 여부와 관련이 있다. 이러한 결과는 장애인 가족들의 적응에 있어서 개별 가족의 특성이 중요하다는 것을 다시 강조하는 것이다. 만일 전문가들이 정신지체인들에게 효과적인 서비스를 제공하고자 한다면, 장애아동 가족들의 역학관계를 이해하고 그에 따른 적절한 프로그램을 계획해야 한다.

조정: 스트레스 관리

기본적으로 대부분의 부모들은 가정에서 자녀를 양육하고자 하며, 어떤 아동에게나 마찬가지로 이것은 매우 바람직한 일이다. 사실 많은 연구들이 시설에서의 생활보다 가족들과의 생활이 사회적인 면이나 적응행동, 지적 능력에 더욱 효과적임을 증명해 왔다(Lakin & Bruininks, 1985).

일단 부모가 자신의 자녀가 장애라는 사실에 적응이 되고 자기 자녀를 양육하기로 결정하게 되면, 스트레스는 양육의 일상적인 실제로 변화하게 된다. 정신지체 자녀가 부모들에게 많은 만족과 기쁨을 준다고 할지라도, 스트레스는 불가피한 것이며, 주요 스트레스 요인은 정신지체 자체보다 건강과 행동문제와 관련되어 있다. 레트 증후군 딸을 키우고 있는 어느 부모의 말에 의하면, "우리가 다른 사람에게 장미 사이의 가시에 대해 말하지 않는다면 … 즉 우리가 부담스럽지 않다고 한다면 그건 거짓말일 겁니다. Stacie는 우리 삶의 빛이자 내 절망의 깊이예요"(Hunter, 1987, p. 537).

가족 스트레스는 정신지체 아동의 가족에게만 해당되는 것은 아니다. 모든 가족들은 나름대로 어느 정도의 스트레스를 경험하게 된다. 그렇지만 연구 결과에 의하면 정신지체 아동의 가족들은 대부분 다른 가족들이 갖지 않는 부가적인 스트레스를 경험한다고 한다 (Browne & Bramston, 1998; Dyson, 1993). 그러나 가족들이 그러한 스트레스에 대처하는 방법은 다양하며, 그 스트레스에 의해 부정적인 영향을 받는 정도도 다양하다. 어떤 가족들은 잘 적응하고 효과적으로 대처해서 가족으로서의 기능을 잘 하는 반면, 어떤 가족들은 황폐화되고 결국 가정이 파괴되기도 한다. 이러한 차이는 아동이 가지고 있는 독특한 특성, 즉 반응 정도나 기질, 반복적인 행동 유형, 부모의 스트레스를 증가시키는 요구에 따라 나타난다고 할 수 있다(Beckman, 1983). 또한 아동의 심각한 문제행동들과 복합적인 장애 상태들은 가족들의 정서적, 육체적 인내와 고통에 영향을 주는 중요한 요인들이다(Cameron & Orr, 1989). 몇몇 연구에서 유아기, 아동기 초기, 성인기보다는 아동기 중기가 더 스트레스를 가중하는 시기라고 지적하고 있다(Orr, Cameron, Dobson, & Day, 1993). 그러나 정신지체 아동이 나이가 들어감에 따라 가족의 스트레스도 함께 증가한다는 연구 결과도 많다 (Bristol & Schopler, 1984).

가족 스트레스 관리에 영향을 주는 강력한 요인의 하나는 가족관계의 질적인 부분이라고 할 수 있다(Dyson, 1993; Sarimski, 1997). 또한 가족들이 경제적으로나 사회적으로 일정한 지위에 있는 경우 더 잘 적응할 수 있다. 그들이 필요한 장비와 서비스(비형식적 지원체제와 함께)를 마련할 수 있는 재정적 여유가 있을 때, 가족들은 스트레스를 잘 관리할 수 있다.

아동의 특성, 좋은 가족관계, 경제적 지위가 가족의 스트레스 관리 정도에 영향을 줄 수 있지만, 가족들의 인식 또한 중요한 역할을 한다. 어떤 가족에게는 스트레스를 주는 사건이 또 다른 가족에게는 그렇지 않을 수도 있는데, 이러한 차이는 가족들이 같은 사건을 해석하는 방법의 차이라고 볼 수 있다(Dyson, 1991; Orr, Cameron, & Day, 1991). 예를 들어 강한 종교적 신앙을 갖고 있는 가족들은 자신의 고통을 의미 있게 만들어 장애를 수용할 수도 있다(Weisner, Beizer, & Stolze, 1991). 서비스의 개별성이 강조되기 때문에 가족의 주관적인 반응 또한 서비스 제공에 있어서 매우 중요한 의미를 가지고 있는 것이다. 가족들이 높은 수준의 스트레스를 경험하고 있다고 하더라도, 가족들 자신이 외부에 도움을 요구하지 않는 한 개입은 적절하지 않다. 그러므로 전문가들은 가족들의 의견을 수용하고, 그들과 함께 중재와 서비스에 대한 욕구를 확인하고 검토해야 한다(Orr, Cameron, & Day, 1991).

불행하게도 일부 부모들은 시간이 지나도 자기 자녀의 장애에 대한 실망감을 줄이지 못하고 해결하지도 못한다. 이런 경우 낮은 자아존중감과 빈번하고 **만성적 슬픔**(chronic sorrow), 스트레스와 같은 부모들의 고통은 오랫동안 지속될 수 있다(Mallow & Bechtel). 그렇지만

- 어머니가 자녀를 양육하기 위해 직장을 그만두고 가정에 머문다.
- 어머니가 장비와 서비스를 공급할 수 있도록 직장을 나간다.
- 부모들이 의료 지원을 위해 직장 일 이외의 다른 시간을 확보한다.
- 가족이 필요한 휠체어나 다른 특수 장비를 사용할 수 있는 큰 집으로 이사한다.
- 어린 아동에게 안전한 가족은 가정이다.
- 부모가 가사에 낮은 비중을 두고 자녀 돌보는 행위에 높은 비중을 둔다.
- 부모가 친척의 도움을 목록에 올리고 자녀의 보호에 도움을 받기 위해 가족을 확장한다.
- 부모가 자녀의 특별한 욕구를 수용하기 위해 자신들의 결혼관계에 대한 어떤 관점을 조절한다.
- 부모가 전문가의 도움을 찾을 수 있는 곳에 대해 가족들이나 친구들의 충고에 따라 행동한다.

그림 13.4 가능한 가족의 조정

출처: R. Gallimore, R. S. Weisner, L. P. Bernheimer, D. Guthrie, & K. Nihira (1993), Family responses to young children with developmental delays: Accommodation activity in ecological and cultural context. *American Journal on Mental Retardation*, *98*(2), 185–206.

많은 가족들이 잘 적응해 나가고 있으며, 정신지체라는 난제가 없는 사람들과 비슷한 삶을 영위해 나간다. 그러나 학교 입학이나 졸업과 같은 경우, 혹은 다른 아동들이 대학에 입학하거나 결혼을 할 때 고통은 어쩔 수 없이 주기적으로 느끼게 된다(Bristol, 1987; Eake, Burke, & Hainsworth, 1998).

아주 심각한 상황이라도 자신들이 예측할 수 있을 때에는 대개 더 쉽게 해결하고 스트레스를 덜 받는다. 예를 들어 어떤 아동이 심각한 행동문제를 갖고 있더라도, 가족들은 아동의 짜증과 혼란을 자극하는 상황을 예상할 수 있으면, 아동의 문제행동을 줄이거나 덜 심각하게 되도록 조절할 수 있다. 그러나 계속해서 급변하거나 악화되는 중복 건강장애인 경우와 같이 거의 예측할 수 없는 상황은 통제하기가 더욱 어렵게 된다.

그럼에도 불구하고 가족들은 점점 증가하는 치료와 행동문제에 적응해 나가며, 결국에는 다른 가족들과 좀 다른 수준의 가족 기능을 유지해 나간다. **그림 13.4**는 그러한 가족들의 적응 사례를 나타낸다.

실제로 많은 정신지체 아동의 가족들은 우리가 생각하는 단순한 적응이나 조정 이상의 삶을 살고 있다. 그들은 다른 가족들만큼 혹은 그 이상 서로 행복하고 만족한 생활을 경험하면서 자신의 자녀들과 가족의 삶을 즐긴다.

아버지의 독특한 반응

아버지와 어머니들은 모두가 그렇지는 않지만 정신지체 자녀들에게 다르게 반응한다. 일부 연구에서는 부모 모두 비슷한 수준의 스트레스를 느낀다고 하지만, 많은 연구들에서 아버지들보다 어머니들이 스트레스를 더 많이 받는다고 한다(Krauss, 1993; Rousey, Best, & Blacher, 1992).

어머니와 아버지의 정신지체에 대한 관점의 차이가 스트레스 적응에 영향을 준다. 예를 들어 아버지들은 자녀의 기질과 사회적 규준과의 차이 때문에 높은 수준의 불안을 느낄 수도 있다(Mallow & Bechtel, 1999). 그러나 어머니들은 양육에 대한 개인적 문제—어머니 자신의 건강, 역할의 한계, 배우자와의 관계—와 관련하여 더 많은 스트레스를 느낀다(Krauss, 1993). 더구나 아버지들은 정신지체 자녀를 정서적으로 수용하는 데 더 큰 어려움을 가질 수도 있다(Beckman, 1991). 이러한 결과에서 나타난 중요한 의미는 조기중재 프로그램들은 모자 관계에 초점을 두기 때문에 아버지를 포함하는 조기중재 프로그램을 강하게 요구하게 된다는 것이다.

또한 아버지의 스트레스 수준은 자신의 가족 환경에 의해 더 큰 영향을 받을 수 있다. 아버지들은 가족들이 잘 적응하고 가족 간에 응집력이 있다고 생각하면 스트레스를 덜 받지만, 어머니에게는 이런 요소들이 별로 중요해 보이지 않는다. 한편, 어머니들은 **사회적 지원**(social support)의 효과에 의해 더 영향을 받는 것으로 보이며, 강력한 지원 네트워크를 가지고 있으면 스트레스를 덜 받는다(Krauss, 1993). 그러나 부모들은 모두 자신들이 친구들이나 친지들의 지원을 받을 수 있다면 스트레스를 덜 받는다(Beckman, 1991).

정신지체 아동의 아버지들은 때때로 가족들의 문제를 회피하고 자신의 직장 일에 매달린다거나 혹은 다른 외부 일을 하기도 한다. 이런 경우에 어머니들은 불가피하게 더 많은 양육의 책임을 갖게 되는데, 자신들은 이미 역할의 한계를 경험하고 있기 때문에 늘어난 책임이 부부 간의 갈등을 야기할 수도 있다(Lamb & Meyer, 1991). 그럼에도 불구하고, 정신지체 아동의 아버지들은 대부분 자녀의 양육에 대해 많은 부분을 책임지고 있으며, 그러한 경우 어머니들은 스스로 만족하게 되고 스트레스를 덜 받는다고 한다(Rousey, Best, & Blacher, 1992).

형제

정신지체 아동의 형제들은 여느 형제들과 마찬가지로 자신의 형제자매들 사이에서 즐거움과 어려움을 모두 겪게 된다. 따라서 정신지체 아동의 형제들은 장애 형제와 같이 어울리면서 그들을 돌보는 방법을 알게 되고 만족감을 얻으며, 때로는 형제들이 이루는 성과에 함께 즐거워하기도 한다. 그리고 일반적으로 차이에 대한 인정과 애타심이 증가하며, 특히 도움이 필요한 모든 사람들에 대해서 동정심과 애정을 갖게 된다(Powell & Ogle, 1985). 이러한 긍정적인 결과는 오랫동안 계속되어 왔다(Boer & Dunn, 1992; Grossman, 1972).

동시에 아동들은 정신지체를 가진 형제에 대한 과도한 관심에 분노를 느끼기도 하고 형제를 어떻게 돌보고 어떻게 함께 살아가야 할 것 인가에 대해 걱정을 하기도 한다. 자신은 갖고 있지 않은 특별한 장애와 한계를 형제가 갖고 있다는 점에 대해 심지어는 부모들이 느끼는 것과 같은 죄책감도 느낄 수 있다(Powell & Ogle, 1985).

최근 정신지체 아동과 형제에 관한 보고서에서는 정신지체 아동을 부양하는 엄청난 책임을 자신이 떠안아야 한다는 부담감이 형제들에게 부정적인 영향을 미친다고 제안했다. 그 원인에는 그들이 너무 빨리 성숙해진다는 것과 또래의 아동들에 비해 훨씬 더 많은 집안일을 해야 한다는 것으로 짐작해 볼 수 있으며, 이러한 결과는 나아가 아동들 자신에게 주어진 사회화의 기회를 스스로 억압해버리는 결과를 낳았다고 한다(Farber, 1959). 그러나 더욱 최근의 보고서에서는 비록 정신지체 아동의 형제에게 더 많은 양육의 책임이 주어진다고 해서 반드시 그들이 또래 아동들보다 더 많은 집안일을 해야 하는 의무를 지는 건 아니라고 지적한다. 사실 부모들은 비장애 형제가 여유 시간에 장애 형제들을 돌보고 있다는 것을 알고 있기 때문에 이런 비장애 형제들에게 집안일을 더 시키는 것을 좋아하지 않는 것으로 보인다. 또 아동들이 성장함에 따라 이러한 부가적인 가사 부담은 더 이상 형제간의 우애에 부정적인 영향을 미치지 않게 되며, 비장애 형제들의 사회화에 영향을 주지 않는다(Stoneman et al., 1991). 비장애 형제들은 친구를 집으로 초대하기도 하고 다른 아동들처럼 자주 나가서 놀기도 한다.

장애아동을 대하는 부모의 태도에 대한 형제들의 지각은 그들의 행동과 적응에 강한 영향을 준다. 부모가 자녀의 장애를 정직하고 열린 마음으로 대하고 형제들에게 장애에 대한 정확한 정보를 제공하면 형제들의 장애에 대한 적응 능력과 이해력은 강화될 것이다. 그러나 부모가 장애에 대해 말하기를 꺼린다면 형제들 역시 질문을 하거나 관심을 갖지 않는다. 또는 부모님을 속상하게 하는 것이 두렵거나 부모님을 고통스럽게 하고 싶지 않아 장애 형제

형제들은 그들의 정신지체 형제나 자매들을 좋아하고 부끄러워하지 않는다.

에 대한 정보를 묻는 것 자체를 꺼리게 될지도 모른다. 정신지체 아동의 비장애 형제들에게 부모님을 보호해야 할 책임이 있는 것은 아니라 부모들이 장애 형제들을 돌보는 것에 도움이 필요하다는 것을 알게 해 줄 필요가 있다.

장애아동의 형제들에게는 장애의 본질과 원인 및 장애는 전염되지 않는다는 일반적인 정보가 필요할 것이다. 또한 그들은 자신의 형제나 자매가 나을 수 있는가에 대한 의문도 가질 수 있다. 표 13.1은 형제들에게 필요한 정보를 제공할 때 도움이 되고 장애아동의 형제들이 가질 수 있는 관심의 쟁점들이다. 또한 형제들은 자신에 대한 부모님의 기대에 대해서도 관심을 갖는다. 그들은 어떤 식으로 자신이 궁금한 점들과 부모님들의 생각에 대해서 물어야 할까, 자신들이 부모님께 무엇을 도와드릴 수 있을까에 대해 걱정한다. 더불어 그들은 자기 자신이 느끼는 감정들과 친구들과 친인척, 이웃들과 같이 자신이 속한 학교와 지역사회의 자신의 형제들과의 관계와 수용에 대해 부모들과 이야기하고 싶어 한다. 장애아동 형제들

표 13.1 정신지체 아동의 형제들의 관심의 쟁점

관심거리	주제(문제)
장애의 원인	▪ 왜 나의 자매가 정신지체를 갖게 되었을까? ▪ 미래의 형제나 자매도 또 이런 장애를 갖고 있을까? ▪ 이것은 누구의 잘못인가?
정신지체 아동의 감정	▪ 나의 형제가 고통스러울까? ▪ 그도 나와 같은 감정을 느끼는가? ▪ 그는 무엇을 생각하고 있는가? ▪ 그는 나를 알고 있을까? ▪ 그가 나와 부모님을 사랑할까? ▪ 왜 그는 이상한 행동을 하는 것일까?
예측	▪ 나의 자매가 치료될 수 있을까? ▪ 그녀가 현재보다 좋아질까? ▪ 그녀가 이것(장애)으로부터 빠져나올 수 있을까? ▪ 이 처치가 정말 도움이 될까?
필요로 하는 도움	▪ 그가 원하는 특별한 도움은 뭘까? ▪ 그를 돕는 전문가들은 누구일까? ▪ 그들이 그를 데리고 뭘 하는 걸까?
돕는 방법	▪ 내가 나의 언니와 뭘 해야 하나? ▪ 나는 그녀에게 무엇을 기대하는가? ▪ 내가 그녀의 학습을 도울 수 있을까? ▪ 내가 반드시 그녀를 보호해야 하는가?
사는 곳	▪ 왜 나의 형제가 집에서 살고 있는가? ▪ 왜 그는 집에서 살고 있지 않는가? ▪ 다른 장소가 그를 위해 낫지 않을까?
미래	▪ 나의 자매에게 미래에 어떤 일이 생길 것인가? ▪ 그녀가 항상 우리와 함께할 수 있을 것인가? ▪ 그녀가 학교에 갈까? ▪ 그녀가 결혼해서 가정을 꾸릴 수 있을까? ▪ 그녀가 혼자 살아갈 수 있을까? ▪ 내가 그녀를 책임져야 할 것인가?

출처: T. H. Powell & P. A. Ogle (1985), *Brothers and sisters: A special part of exceptional families*. Baltimore, MD: Paul H. Brookes. Adapted with permission.

- 적극적으로 들으려 해라.
- 자신의 시간을 가져라.
- 궁금한 점에 대해 질문하거나 정보를 얻으려 하면 예를 들어 주어라.
- 박식해져라.
- 진실하고 정직해져라.
- 발달 단계에 대해서 이해할 만한 답을 주어라.

그림 13.5 효과적인 의사소통을 위한 제안

출처: T. H. Powell & P. A. Ogle (1993), *Brothers and sisters: A special part of exceptional families.* Baltimore, MD: Paul H. Brookes.

과의 효과적인 대화를 위한 안내사항은 **그림 13.5**에 나와 있다.

전문가들은 정신지체 아동과 그의 부모들뿐만 아니라 가족 내의 다른 형제들에게도 반드시 특별한 관심을 기울여야 할 것이다. 또한 전문가들은 장애아동의 형제들이 느낄 수 있는 문제들을 미리 예상하고 이해해서 그들이 발전하고 적응할 수 있도록 지원할 수 있는 준비를 하는 것도 중요하다. 형제들이 장애 형제들과 함께하는 활동을 지도하는 공식적인 훈련과정을 통해서 공적인 상황뿐만 아니라 사적인 상황에서도 더욱 더 긍정적인 상호작용을 촉진하며, 형제들 간에도 긍정적인 상호작용을 더욱 촉진시킬 수 있다. 형제들은 문제행동을 조절하기 위한 강화와 촉진기술, 문제행동 식별, 과제 분석, 행동 연쇄 등의 다양한 전략들을 익힐 수 있으며, 이러한 기술과 다양한 전략 처리 능력을 통해서 효과적인 상호작용을 촉진할 수 있다. 그러나 장애아동의 형제들이 공식적인 훈련에 임할 때 다음과 같은 간단하지만 매우 중요한 네 가지 지침을 따라야 한다.

1. 정신지체 아동과 그의 형제 모두 자율적으로 참가한다.
2. 과제와 환경은 확실한 성공을 위해 필요하다.
3. 형제 모두 그들의 상호작용에 대한 보상을 받아야 한다.
4. 이 같은 훈련은 대체적으로 정신지체 아동과 그보다 나이 많은 손위 형제가 함께 학습할 때 가장 효과적이다(Powell & Ogle, 1985).

공식적인 중재 과정에서 형제간의 상호작용을 통해서든 평상시의 형제들의 놀이를 통해서든 만족스러운 형제간의 관계는 모든 부분에서 긍정적인 발달을 보여 준다. 우리가 살펴본 바와 같이 그러한 형제들은 책임감과 진심에서 우러나오는 애타주의 성향을 보이게 된다.

정신지체 아동에게는 사회적 상호작용이 발전될 것이며, 학습기회 또한 늘어날 것이다. 따라서 부모님과 전문가들이 협력하면 정신지체 아동과 비장애 형제 사이에서 긍정적인 관계를 돕는 중요한 역할을 할 수 있다.

가족 자신의 이야기

앞부분에서는 정신지체 아동이 긍정적이든 부정적이든 전체 가족에게 미치는 영향에 대해 언급했다. 장애아동들이 하나같이 동일한 장애를 갖고 동일한 증상을 보이지 않는 것처럼 가족도 여러 유형과 크기가 있다. 그들은 자신들만의 성격과 기질을 갖고 자신들만의 능력과 한계를 갖고 있다. 그들은 때로 공통된 과제를 나누기도 하지만, 구성원 각자의 독특한 경험이나 세계관을 갖기도 한다. 다음의 발췌된 글에서 부모들은 그들의 장애 자녀와 부모로서 가족과의 삶 속에서 느끼는 강한 스트레스와 큰 기쁨과 같은 그들의 어려움과 성공에 대해 말하고 있다. 첫 번째 발췌문은 John Greenfeld가 지은 그의 자폐증 아들과의 삶에 대한 일기를 엮은 『A Child Called Noah』에서 가져왔다. 이러한 이야기는 아버지가 경험한 좌절과 분노를 분명히 표현한다.

> Noah는 … 여전히 변화가 없다. Skinner가 말했듯 '사랑은 피드백이다.' Noah로부터 어떠한 반응도 보이지 않는다. 사실 그의 얼빠진 노래 소리는 때때로 내 신경을 거스른다. Noah의 문제를 어떻게 해야 할지도 나를 난처하게 만든다. 그러다가 갑자기 그를 없애 버리고 싶기도 하다. 내가 만일 내가 원하는 만큼 그를 사랑할 수 없다면?
>
> Noah는 새벽 3시에 일어났다. 그러고는 밤새도록 자기 셔츠를 실 가닥이 될 정도로 씹어댔다. 오늘 아침에는 모두를 꼬집어 대고 있다. 우리에게 뭔가 말을 하고 싶어 하는 것 같다고 짐작은 하지만 도대체 뭔데? 뭘까? 뭐? 난 언어로 표현할 수 있는 가장 고통스러운 말일 바로 그 말이 도대체 뭔지 모르겠다.

대부분의 부모들은 분명히 가끔 자녀에게 화를 내기도 하며, 자녀가 장애를 가졌건 말건 내버려 두기도 한다. 그런 분노와 방관이 있을 수 있는 일이라 하더라도 자신의 자녀에게 그런 감정을 갖는다는 것은 죄책감을 불러일으킬 수 있다. 전문가들은 이런 부모들의 감정을 아무 비판이나 판단 없이 마음을 비우고 들어 주는 것만으로도 부모들에게 도움을 줄 수 있다. Kathy Hunter는 정신지체와 장애가 심화되는 중증의 레트 증후군 딸을 키우면서 겪는 고통과 어려움에 대해 이야기하고 있다.

> 장미와 가시 … 우리가 부담이 없다고 하면 … 그것은 거짓말일 것이다. Stacie는 내 삶의 빛이자 내 절망의 깊이다. 나의 그녀에 대한 희망과 꿈이 사라져 버릴 때가 제일 고통스럽다. 아이가 내게서 점점 멀어지려 할 때 너무나 마음이 아프다. Stacie에게는 뭐든 풍족하게 해 주면서 다른 아이들에게는 그렇게 잘 해 주지 못하는 것도 어려움이다. 내 깊은 가슴 속의 말로는 나누지 못할 고독한 슬픔이 나를 너무나 고통스럽게 한다. Stacie가 커 가면서 내 사랑은 열 배쯤 더 크고 커지지만 또 그만큼 내가 해야 할 일도 많아진다. 이러한 것들이 바로 '장미와 가시'다. 만약 우리가 진심으로 누군가를 도우려 한다면 무조건적인 사랑뿐만 아니라 부담과 고통이 함께 따른다는 것도 알아야 한다 (Hunter, 1987).

정신지체 아동을 키운다는 것은 매우 도전적인 과제일 것이다. 뇌손상 아들을 둔 Ingrid Rimland는 그녀의 책에서 아들의 상태가 스트레스를 줄 때와 다른 이들이 거의 이해해 주지 않는 세상에서 살아가는 외로움과 좌절에 대해서 솔직하게 말하고 있다.

> 내가 얼마나 많이 다짐했던가!
> "… 훈련의 흔적이 아니다!
> … 당신이 그를 진정시킬 수 없나?
> … 그를 정신 차리게 할 방법은 없는가?"
>
> 누군가의 꿈속 혼돈의 세상이 조절될 수 있을까? 당신은 지붕에서 못질을 할 때 달려가서 싸우려 한 적이 있는가? Erwin은 몇 년 동안이나 때리고 발로 차고 소리 지르며 내 다리를 붙잡고 늘어지고 있다. 그는 신문을 씹어서 뱉고 테이블보를 갈가리 찢어버리고 화분들을 잎이며 뿌리며 닥치는 대로 통째로 먹어 치웠다. 그는 피가 날 때까지 자기 손가락이며 입술을 씹어대거나 손톱이 닳아 없어질 때까지 물어뜯는다(Rimland, 1984).

아마도 부모들이 반드시 이해해야 하지만, 한편으로 가장 이해하기 힘든 것들은 그들이 반드시 결정해야 하는 불확실한 상황에서의 결단과 선택과 같은 혼란스럽거나 모순된 감정이라 할 수 있을 것이다. 지체장애와 정신지체의 중복장애인 Jeremy의 어머니 Jean은 Jeremy가 자신의 인생을 어떻게 바꿔 놓았는지에 대한 물음에 이렇게 대답했다.

> 내 인생은 긍정적으로 변했다. 몇 년 전만 해도 나는 Jeremy와 같은 아이와 어떻게 얘기

하는지 몰랐다. 만약 누군가가 그들에게 말한 것을 그들이 이해한다면 나는 그저 놀라워했을 것이다. 그래서 나의 이와 같은 발전을 매우 긍정적으로 생각한다. 그리고 지금 나는 Early On(변호와 봉사를 제공하는 단체)에서 일하고 있다. 만약 Jeremy가 보통 아이였다면 난 여전히 이처럼 활동적이지 못했을 것이다. 이 점은 나에게도 굉장히 긍정적인 일이다. 또 나는 Lansing에서 어떤 정책을 만드는 일도 하고 있다. 이런 일들은 나 자신에게 가치를 부여해 준다. 그러나 한편으로는 때로 지나치게 활동적이라고 생각하기도 한다. 나는 지나치게 Jeremy의 요구에만 많은 시간을 집중하는 경향이 있다. 예를 들어 지금 나는 Jeremy의 전학문제에 너무 많은 시간과 노력을 들여서 Justin의 현장 학습에 참여하지 못하고 있다. Justin에게는 늘 이렇게 이야기한다. "음 … Justin, 너는 너 자신을 위해 말할 수 있잖니. 하지만 Jeremy는 아니야. 그래서 엄마는 Jeremy와 함께 가야 한단다." 난 그에게 설명하려 애쓰지만 그가 이해하는지 이해하지 못하는지는 알 수 없다. 만약 내가 Jeremy를 위해서 싸우지 않으면 아무도 Jeremy를 위해 뭔가 해 주지 않는다. "부모님께서 변화를 원하신다면 당신이 아이를 이끌어나가 변화시켜야 합니다." 이것이 내가 들었던 전문가가 거듭 반복한 말이다. 그 말을 듣고 나는 너무나 아팠다. 그리고 말해 주고 싶었다. "어, 그래요? 그럼 당신이 바꿔 보지 그래요? 당신이 그 과정을 함께 끌어 나가며 도와주죠? 왜?"(Wassenaar, 1994).

Jean이 밝혔듯이 정신지체를 가진 아동의 출생은 주변인들에게 무한한 발전과 배움의 기회를 가져다준다. Susan Goodship은 레트 증후군을 가진 아동의 엄마로서 부모들이 받아들여야 할 '접근'에 대한 중요한 보고서를 작성했다. 그 중에는 전문가에게 중요한 내용도 있다. "만약 부모가 자녀의 눈을 통해 세상을 보려 한다면 그들은 아이들의 작은 어려움뿐만이 아닌 다른 가족들은 놓치고 있는 삶의 새로운 관점을 발견할 수 있을 것이다"(Goodship, 1987).

Duglas Hunt는 그의 아들 Nigel의 책 서두에 정신지체나 특히 Nigel과 같은 다운증후군 장애아동을 둔 부모들을 위해 몇 가지 조언을 하였다.

나는 우리와 같은 어려움에 처해 있는 장애아동 부모들에게는 격려의 말을 많이 해 주어야 한다고 생각한다.

문제는 그 '말'이다. 비극이 아니라.

Nigel은 우리에게 말할 수 없는 즐거움을 안겨 줬다. 그는 사랑스럽고, 사려 깊으며, 너그럽고, 우리에게 많은 보상을 주었다. 또 여러 면에서 우리는 요즘 십대들의 부모들

> 이 겪는 문제보다 훨씬 수월하게 지내 왔다. 뿐만 아니라, 여러 방면에서 그는 자기 자신을 돌보는 데 있어서도 유능하다. 그리고 그는 17세에 그의 첫 번째 책을 읽기 시작했다(Hunt, 1967).

마지막으로 Robert Perske는 정신지체 아동을 둔 부모에게 몇 가지 제안을 하였다. 비록 그가 다운증후군 아동의 부모 관점에서 말하고 있다 하더라도 그의 충고는 모든 부모들과 전문가들에게 도움이 될 것이다.

> 아이가 '당신이 꿈꾸던 아이'가 절대 아니며 또 그렇게 될 수 없다는 사실을 받아들여라. 모든 부모들은 늦기 전에 이 점을 빨리 인정해야 한다. 중요한 점은 반드시 빨리 인정해야 한다는 것이다.
>
> 당신의 아이를 있는 그대로 사랑하라. 그들을 사랑하기 시작할 때 우리가 원하는 대로 변하기를 요구하는 것은 진정한 사랑이 아니다. 당신 아이의 장애를 일찍 발견할수록 더 많은 효과를 얻게 된다. 당신과 아이를 도와줄 전문가와 지원자를 빨리 찾으면 찾을수록 더욱 좋다. 조기 발견은 매우 중요하다.
>
> 지금 태어난 당신의 아이의 장애는 30년 전의 경우보다 차라리 나은 경우라는 사실에 안심하라. 요즘에는 당신이 지금 겪고 있는 문제들을 이미 경험한 자원봉사자들을 쉽게 구할 수 있다. 30년 전이었다면 당신은 아마도 아무 도움이 없는 집안에서 아이를 지키느냐 아니면 떠나보내야 하느냐의 끔찍한 선택의 기로에서 고통 받고 있었을 것이다(Perske & Perske, 1986).

정신지체 아동의 가족들은 매우 다양한 환경에 처해 있으며, 정신지체는 이와 같은 아주 광범위한 환경과 관련이 있다. 일반적으로 정신지체 그 자체는 가장 힘든 과제는 아니다. 무엇보다 큰 문제점은 주로 신체적, 행동적 특성과 관련되어 있다.

어떤 부모들은 이성적인 극기주의자가 되고 심지어 이 어려움들을 긍정적으로 대처해 나가기도 한다. 그렇지만 어떤 이들은 화를 내고 깊은 슬픔에 잠긴다. 또 어떤 부모들은 이와 같은 모든 경우에 해당되기도 하고 그 이상이 되기도 한다. 때로는 자녀의 한계를 긍정적으로 자연스럽게 받아들여야 한다는 것을 아주 심하게 거부한다. 사실 그들은 엄청난 분노와 고뇌를 가지고 있으며, 그들의 자녀를 위한 꾸준한 교육 프로그램과 단체활동 기회를 위해서 엄청난 에너지를 가지고 투쟁해야 한다. 부모가 장애를 처음 발견했을 때 자신의 자녀를 흔쾌히 받아들이겠다는 수용의 표현을 해 준다면 전문가와 다른 일반인 모두가 더 잘 장애를 수용할 수 있도록 돕는 일이 될 수 있다. 사실 우리는 모두 이와 같은 필수 불가결한 투쟁을 겪고 있지 않은가?―자신을 수용하는 것과 선천적인 자신의 가치 사이에서 한쪽에서는 변화시키고 보다 발전시키기 위해 애쓴다(종종 극복할 가능성이 없는 것에 대항해서도 말이다). 그리고 나머지 다른 쪽에서는?―그리고 이 투쟁은 그 자체만으로도 우리 자신의 발전을 자극하고 있지 않는가?

형식적, 비형식적 지원

가족들이 받게 되는 지원은 주로 진행 중인 문제 상황과 대처 능력 간의 차이에 따라 달라질 수 있다. 우리가 아는 바와 같이 지원은 학교나 다른 기관에서 훈련을 받은 전문가를 통해서 받게 되는 형식적 방법과 다른 가족이나 친구의 도움을 받는 것 같은 비형식적 방법으로 나눌 수 있다.

조부모, 친척, 이웃

조부모나 다른 친척들은 정신지체 아동과 그의 가족들을 위한 비형식적 사회적 지원에 중요한 정보를 제공할 수 있다. 가족 구성의 변화는 전통적인 조부모의 역할에 영향을 주어서 이따금씩 아동을 돌봐 주는 정도의 역할에서 하루 종일 아동을 돌봐 주는 쪽으로 조부모가 지원하는 범위가 넓어졌다. 한 연구에서는 특히 외할머니가 가족의 스트레스 감소에 도움을 줄 수 있다고 보고하고 있다.

아동의 장애를 이해하고 수용하게 되면, 대가족의 구성원들은 가장 효과적인 지원자가 될 수 있다(Lian & Aloia, 1994). 반면에 그들이 슬픔이나 분노, 장애에 대한 거부 등 부정적인 태도로 인해서 아동에게 거의 도움을 주지 않는다면 오히려 또 다른 가족 스트레스로 발전하게 될 것이다. 이와 같은 이유로 어떤 가족 서비스 지원단체는 대가족 구성원(친인척)들을 위한 교육과 지원 서비스를 제공하고 있다(Sonnek, 1986).

조부모와 다른 친척들은 장애 가족을 위한 자원봉사 프로그램에 참가하곤 하는데, 이들은 새로 장애를 선고받은 장애 손자를 둔 다른 조부모들에게 지원 서비스와 정보를 제공하기도 한다. 부모의 역할과 마찬가지로, 오늘날 정신지체 아동의 조부모나 다른 친인척들의 역할은 정해져 있는 것이 아니라 그들이 주어진 환경에서 어느 정도 활동적으로, 그리고 적극적으로 지원할지 결정하는 바에 달려 있다.

일시 위탁

일시 위탁은 정신지체 아동을 둔 가정을 위한 사회적 지원의 아주 중요한 부분이다. 이런 서비스는 가족에게 장애아동의 양육으로 인한 책임에서 최소한의 휴식를 제공할 수 있으며, 가족들이 휴가를 가거나 다른 가족들과 보다 많은 시간을 갖도록 (불가능하지 않다면) 기회를 주기 위해 필요한 것이다.

일시 위탁은 전문가의 도움을 받는 형식적 방법이든 친구나 친척들에게 도움을 받는 비형식적 방법이든 모두 효과적이다. 대체적으로 형식적인 위탁 서비스의 절반 이상은 가족의 집에서 이루어지고 있다(Slater, 1986). 위탁 서비스는 공동생활 가정이나 공립 또는 사립시설, 자원봉사단체와 지원단체, 부모 협력 단체, 위탁가정 등에서 이루어지고 있다.

우리는 앞에서 정신지체 아동의 가족들이 어떤 스트레스를 가지고 있는지, 휴식이 어떻게 그러한 스트레스를 줄일 수 있는지를 살펴보았다(Botuck & Winsberg, 1991). 가족들은 무엇보다 이런 일시 위탁이 그들에게 가장 필요한 서비스라고 주장한다(Abelson, 1999). 그러나 조사 결과 이와 같은 위탁 서비스를 통해서 도움을 받을 수 있음에도 불구하고 어떤 가족은 스스로 이 서비스를 이용하지 않는다(Marc & McDonald, 1988). 왜냐하면 어떤 가족은 봉사자나 전문가들이 그들의 사랑하는 자녀를 제대로 돌보지 않을 것을 염려하여 자녀가 가족과 떠나 홀로 지내는 것을 원치 않는다. 그들은 자신의 자녀가 사회나 또래로부터 항상 소외당하는 생활을 목격해 왔고, 자녀의 행동에 대한 우려가 많은 부모들에게는 아마도 아이들이 외부의 전문가에게서 적절한 도움을 받을 것이라는 믿음을 갖기가 힘들게 했을 것이다. 또 어떤 가족들은 항상 자신들의 자녀를 스스로 돌볼 수 없다는 것에 대한 죄책감을 갖기도 한다. 게다가 많은 위탁 프로그램들의 봉사자들이 자주 바뀌고 봉사자들을 충분히 유치하지 못하는 것도 문제라고 할 수 있다. 더구나 이 봉사자들은 또한 심각한 행동장애나 정신장애 문제를 다루기 위한 훈련을 지나치게 자주 받는다. **그림 13.6**에 일시 위탁 중에 고려해야 하는 문제점들을 열거하였다.

부모들은 위탁 서비스를 이용하기 전에 가장 먼저 위탁 서비스 제공자에게 모든 권한을 넘겨야 한다. 그리고 이것이 그들의 자녀들에게 긍정적인 경험이 될 것이라고 하는 믿음을 스스로 가져야 한다. 무엇보다도 그들은 자신들의 피로와 스트레스 정도를 반드시 인지하고 있어야 한다. 일반적으로 자신의 집에서 위탁 서비스를 받는 것이 더 편안하다고 느낄 수도 있지만, 어떤 경우에는 낯선 사람을 집으로 들여야 한다는 것이 오히려 스트레스를 가중시킬 수도 있다. 예를 들어 자녀가 심각한 행동장애가 있을 때 가족들에게는 그 위기의 시간

- 부모들은 자신의 자녀의 요구에 충족되게 응할 수 있는 사람을 찾기가 힘들다는 것을 경험한다.
- 많은 사람들은 일시 위탁 봉사자들의 책임감을 인정하려 하지 않는다.
- 부모들은 자녀의 장애 극복 발전에 큰 가치를 두고 위탁자를 믿고 신임한다.
- 부모들은 자녀를 위탁자에게 맡기고 떠나게 될 때 걱정을 한다.
- 가족들은 구성원들의 요구에 대한 균등한 지원을 요구한다.

그림 13.6 적절한 일시 위탁을 위한 고려사항

출처: C. L. Salisbury & J. Intagliata (1986), *Respite care: Support for persons with developmental disabilities and their families*. Baltimore, MD: Paul H. Brookes.

을 함께 집에서 조용히 보내는 것을 더 요구할 수도 있는 일이다. 또 가족들이 항상 외출 할 수 없는 경우도 있을 것이다.

보조금을 지원하는 제도는 가족들이 특정 지역사회 서비스를 이용하기보다는 그들이 원하는 위탁 서비스 제공자를 선택할 수 있는 기회를 준다. 가족들은 자신들의 요구에 맞는 서비스 환경을 마련할 수 있기 때문에 대부분 이러한 형태를 선호한다.

성인 장애인의 부모들이 자녀를 키울 당시에는 이용할 수 있었던 서비스가 거의 없었고 장애인에 대한 비난이 훨씬 강했기 때문인지, 성인 장애인 자녀를 둔 부모보다는 어린 장애아동의 부모들이 훨씬 더 자주 위탁 서비스를 요구한다. 이러한 부모들은 대부분 그동안 자신들의 자녀를 보호하기 위해 오랫동안 장애 자녀들을 외부에 공개하지 않았던 것이다. 그러나 유용한 서비스 단체가 제공하는 적절한 위탁 서비스 경험은 자녀 양육의 책임을 홀로 감당했던 연령이 높은 부모들에게는 자신의 여유를 찾을 수 있도록 지원해 줄 수 있다. 이 부모들은 그들이 세상을 떠났을 때 나이는 성인이지만 여전히 어린 아이에 머물러 있는 정신지체 자녀에게 일어날 일에 대해 걱정할 수도 있지만, 이러한 위탁 서비스를 통해서 이런 부모들의 걱정을 덜어 줄 수가 있다(Culter, 1986).

위탁 서비스는 때로 정신지체인이 가족과 함께 지낼 수 있도록 하는 데 결정적인 역할을 할 수 있다. 그리고 장애아동의 부모들은 전문가의 도움을 통해 서로 결합하기도 하고, 부모들 간의 협력을 발전시키고, 지역사회 외부에서도 서비스를 구하거나 가정 내 서비스를 이용하기도 한다. 그리고 만약 각 서비스들이 가정 이외의 장소를 피해 가족들이 함께 머무를 수 있도록 할 수 있다면 서비스는 비용 면에서도 효율적이고 그 가치를 평가할 수 없을 만큼 효과적일 것이다.

가족과 전문가의 협력

이 책 전체에서 협력의 중요성을 강조해 왔다. 그 중에서도 전문가들과 가족들 사이의 협력이 가장 중요하다. 가족과 전문가들이 정신지체 아동의 욕구에 대해 협력 관계를 형성할 때 정신지체 아동은 최상의 서비스를 받게 된다. 과거 전문가들은 스스로를 아동들과 가족을 위해 계획을 세우고, 무엇을 해야 하는지에 대한 정보를 제공하며, 그들의 문제를 해결해 주는 권위자로 여겨 왔다. 그러나 이런 전문가의 태도는 부모와 함께하는 협력자로서의 역할에 역행하는 것이다.

전문가들이 가족과 '함께'하기보다 가족을 '위해서' 서비스를 제공하려는 계획을 세울 경우 도움이 되기보다는 해가 될 수 있다. 이러한 서비스를 제공하는 것은 가족들에게 더 많은 스트레스를 줄 수 있고, 부적절한 프로그램으로 가족의 문제를 해결하는 데 좋은 결정을 내려야 하는 부모의 역할에 해가 될 수 있다.

전문가들의 권위적인 태도 때문에 부모와 전문가들의 관계가 종종 불편해질 때가 있다. 최악의 경우 부모들은 위협을 느끼거나 무시당한다고 느끼기까지 한다. 사실 부모들은 전문가들의 지시에 복종해야 하는 위치에 있는 것이 아니다. 오히려 그들 자신의 요구를 확인하고 언제 전문가들과 함께 일할 것인지 그 시기를 선택하며, 정책을 세워 서비스 프로그램을 구안하는 데 도움을 주고, 프로그램의 수정에 참여할 권리와 책임을 갖고 있다. 그렇게 함으로써 가족 스스로 최상의 서비스를 받을 수 있게 하는 것이다(Gartner, Lipsky, & Turnbull, 1991).

전문가들이 자연스럽게 '부모들은 그들의 문제해결에 적합하지 못하거나 가족 체제가 불건전하다'는 식의 가정을 하는 것은 반드시 피해야 한다. 아동들과 마찬가지로 가족에 대한 부정적인 기대는 가족의 기능을 방해하는 자성예언이 될 수 있다. 반대로 적당히 높은 기대감은 가족들의 문제해결에 큰 도움이 될 수 있다. 먼저 전문가 입장에서 협력에 대한 긍정적인 태도가 필요하다. 즉, 전문가들은 부모들을 그들의 상황에 잘 적응할 수 있는 능력을 지닌 유력한 동반자로 보아야 한다. 둘째, 협력을 통해서 이해와 기술을 개선하기 때문에 부모와 전문가 사이의 협력 관계는 점차적으로 발전하는 과정으로 보아야 한다(Fine, 1991).

가족 구성원 개개인의 역할과 조화를 포함한 가족 체제 및 조직을 바르게 이해할 때 좋은 협력이 이루어진다. 결국 가족 체제 및 조직을 생각하는 데 도움이 되는 것은 가치, 태도, 전통과 관습, 가족 내에서의 역할, 규칙, 의사결정의 주체와 방법, 감정 표현 방법, 대가족 내에서의 관계 형성 방법, 그리고 정신적, 종교적인 부분이다(Fine, 1991).

1. 문제 정의
2. 목표 선택
3. 전략 선택
4. 실행
5. 평가

그림 13.7 효과적인 문제해결 단계

출처: R. Krehbiel & R. L. Kroth (1991), Communicating with families of children with disabilities or chronic illness. In *Collaboration with parents of exceptional children*, Brandon, VT: Clinical Psychology Publishing.

모든 사람들의 감정과 인식에 관심을 갖고 확인할 필요가 있지만, 협력의 초점은 목표 설정, 자원 평가, 단계 확인, 목표 달성에 따른 시간 설정, 평가와 피드백의 기회 제공이라고 할 수 있다(Fine, 1991). **그림 13.7**은 전문가와 가족이 협력 과정을 설계할 때 참고해야 하는 단계를 나타낸다(Simeonsson, Bailey, Huntington, & Comfort, 1986).

의사소통

가족과 전문가는 서로에게 도움이 되는 효과적인 협력을 이루기 위해 서로 간에 의견을 존중하고 경청하는 적절한 의사소통을 이루어야 한다. 부적절한 청취 태도는 두 가지 주요한 특징이 있는데, 첫째는 지나치게 말을 많이 하는 것이고, 둘째는 말하는 사람의 의도를 이해하지 못하고 듣는 것이다(Krehbiel & Kroth, 1991). 바람직한 듣기 방법 중 한 가지 방법은 말하는 사람의 생각이나 감정을 자기 자신의 언어로 다시 말하는 것이다.

공감대를 형성하고 협력적인 분위기를 형성하는 근본적인 책임은 전문가들에게 달려 있다. 이런 공감대를 형성하려면 효과적인 의사소통과 더불어 상호 간 높은 신뢰감의 조성이 필요하다. 서로 간에 솔직하고 효과적인 협력 관계를 갖기 위해서는 충분한 시간과 인내심, 그리고 실제 수행 활동이 필요하다.

부모들의 경우 전문가들의 일정, 목표, 방법 등을 인식하고 있는 것이 매우 중요하다. 뿐만 아니라 가족들에게 정보를 제공하고 가족들을 격려하는 것은 협력에 결정적인 영향을 미치게 된다. 전문가들은 정보 제공을 전문가들이 해야 하는 일이라고 생각하겠지만, 가족들은 그들이 얼마나 많은 정보를 필요로 하는지, 그리고 얼마나 많은 시간을 내어야 하는지를 잘 알고 있다. 가족들의 요구에 귀를 기울이는 것은 매우 중요한 일이다.

가족의 역량 강화

장애아동 가족의 역량 강화는 효과적인 협력을 통해서 더 강화될 수 있다(Dunst, 1997). 일반적으로 전문가들은 가족이 요구하는 서비스와 아동 관련 문제해결 전략에 대한 정확한 방안을 제공하는 주체가 되어야 한다고 생각한다. 그러나 서비스 제공에 대해서 전문가들의 권위와 능력을 부모들이 맹신하는 경우 역효과를 낳을 수 있으며, 심지어 가족들이 타인에게 기대거나 문제를 해결하기 위해 스스로 자원을 찾지 못하는 것과 같은 문제를 나타낼 수 있다. 가족과 전문가 간의 협력이란 서로 간의 유용한 역할 제공과 자발적 협력을 의미한다(Clifford & Warner, 1987). 성공적인 협력은 각자의 역할을 협력 관계에 맞게 결정하며, 터놓고 의견을 공유할 수 있는 솔직함에서, 그리고 불가피하게 의견이 일치되지 않더라도 기꺼이 협력하려는 마음에서 이루어질 수 있다. 가족들에게 권한을 준다는 것은 가족들이 전문가들과 바람직한 관계를 형성하는 데 필요한 권리, 책임, 기술을 갖게 하는 것을 의미한다.

가족들의 역량 강화가 이루어지면 다른 사람들과 함께 효과적으로 일하고, 의견을 결정하며, 문제를 해결하는 데 필요한 기술을 갖게 되는 것이다. 또한 그들은 필요한 자료를 이용하고 조절할 수 있게 된다(Dunst & Paget, 1991). 가족들에게 권한을 준다는 생각은, 앞 단원에서 논의한 바와 같이, 전문가들은 가족들이 그들 자신의 삶을 효과적으로 다루기 위해 필요한 능력, 즉 자기결정 능력을 이미 갖추고 있거나 혹은 얻을 수 있다는 점을 인정해야 한다는 것이다. 정신지체 아동들과 마찬가지로 가족들도 긍정적이고 성공적인 경험을 통해서 그들에게 필요한 능력을 갖추게 된다. 진정한 협력을 통해서 갖게 되는 기대와 기회는 가족들이 스스로의 삶을 관리할 수 있는 감각을 증진시킬 수 있다. 끝으로 가족과의 협력적인 동반자 관계는 가족의 권리를 인정하는 것에 기초를 두어야 한다. 표 13.2는 성공적이고 역량 강화된 협력 관계의 몇 가지 특징을 보여 준다.

다문화 가족의 다양성

정신지체인들이 그들의 지역사회에서 완전한 통합을 이루어야 한다는 것이 이 책의 중요한 전제이다. 그러나 아동들은 여러 공동체 안에서 살고 있다. 우선 그들은 세계 공동체의 일원이며 국가 공동체, 마을 공동체, 이웃 공동체, 그리고 마지막으로 그들의 가정에 속해 있다.

표 13.2 역량 강화된 협력 관계의 특징

태도와 신념	도움이 되는 행동	반응과 결과
욕구 충족과 문제해결에 따른 가족의 책임 강조	▪ 적극적으로 반응하며 듣기	▪ 가족의 결정을 받아들이고 지지해 줌
가족의 능력에 대한 높은 기대	▪ 우려하는 점과 필요를 분명하게 할 수 있게 가족을 도와주기	▪ 가족의 부담감 최소화
가족의 능력 형성에 중점	▪ 가족이 생각하는 욕구에 맞는 도움 제공하기 ▪ 욕구 충족, 문제해결, 소원 성취에 필요한 능력을 습득하도록 격려하기 ▪ 욕구 충족을 위한 기제로서 협력 강조하기 ▪ 최종적인 결정의 전제는 가족과 함께 안락하게 지낼 수 있는 환경 제공하기	▪ 항상 비밀을 보장하고 허락이 있을 때만 정보를 공유함

이러한 공동체는 다른 공동체들과 공존한다. 그래서 어떤 아동이 특정 도시에 살고 있지만 동시에 라틴 아메리카계 일원이거나 아프리카계 미국 공동체, 혹은 폴란드계의 일원이라는 것이 실제 그들 가족의 특징이 된다.

미국에 거주하는 외국계의 인구가 3,000만 명을 넘는다는 것은 여러 공동체 속 다양한 문화의 범위가 어느 정도인지를 보여 준다. 1990년대에는 매년 25만 명 이상의 라틴 아메리카계 사람들이 이민을 왔다(U.S. Bureau of the Census, 1998). 이렇게 다양한 문화를 지닌 인구의 비율이 상당히 높기 때문에 전문가들은 다양한 문화 공동체에 속한 사람들과 함께 효과적으로 협력할 수 있어야 한다.

민족과 인종, 종교가 다른 가족들은 다양한 문화적 가치, 태도, 전통을 가지고 있다. 그리고 이러한 요인들은 서비스를 제공하는 전문가(교사, 보건 서비스 제공자, 사회봉사자, 심리학자)들에 대한 태도와 반응뿐만 아니라 장애인에 대한 반응에도 영향을 미친다. 가족들 간의 문화적 차이는 가족 구성원에게 기대되는 역할과 책임은 물론, 가족 구성 자체(조부모와 친구를 가족 구성원으로 포함될 수 있는)도 포함한다. 게다가 다른 문화적 배경을 가진 개개인들은 장애의 원인에 대한 인식도 분명히 다를 수 있다. 이런 생각들은 종교적, 정신적 신념들과 직접적인 관련이 있다.

토론 과제

취학 전 아동의 정신지체가 악령 때문이라고 믿는 부모에게 어떻게 접근할 것인가? 그 부모는 특수교육이나 다른 조기중재 서비스가 필요 없다고 믿는 대신, 아동을 민간 치료자의 종교 모임에 참석시키려 한다.

문화적 배경이 다른 사람들은 장애아동의 출생에 대하여 각기 다른 독특한 반응을 보이며, 정신지체 아동을 위한 지원에 대해서도 각기 다른 인식을 하게 된다. 이런 문화적 차이는 장애아동의 가족들이 장애아동을 위한 지원을 제공하는 방법에도 중요한 영향을 미친다. 즉, 그런 문화적 특징은 장애에 대한 지식과 수용 태도, 그리고 교육기관과 정신건강 관리기관과 전문가들에 대한 인식과 반응에 상당한 영향을 줄 것이다.

전문가들과 부모들 간에 태도, 믿음, 기대가 차이를 보일 경우 심각한 오해가 발생할 수 있다. 예를 들어 선생님이 편안하게 가족들에게 다가가 친근함을 표현하지만, 가족은 오히려 전문성이 부족한 행동으로 해석할 수 있다(Correa & Weismantel, 1991). 이와 같은 오해를 피하려면 전문가들은 함께 협력하는 가족들이 영향을 받고 있는 문화에 가능한 한 익숙해져야 할 책임과 의무가 있다.

가족과 전문가들이 한 팀으로서 효과적으로 함께 일하기 위해서는 상대방의 목표와 주요 관심에 대해 바르게 이해하는 것이 필요하다. 이것은 그들이 이전에 경험했던 것과 많이 다를 수 있으며, 문화적 일체감에 상당히 영향을 받을 수 있다. 전문가들의 궁극적 목적은 여러 분야의 팀에 가족 구성원을 참여시키고, 더 확대된 가족 문화 구조에서 효과적인 서비스를 제공하는 것이다. 서비스 제공자들은 가족의 문화적 배경을 이해할 필요가 있을 뿐 아니라 다문화 공동체로부터 자료를 모으고 활용할 수 있어야 한다(Cockrell, Placier, Cockrell, & Middleton, 1999).

문화와 민족, 인종의 차이는 종종 빈곤, 이민, 낯선 문화에의 적응과 같은 사회적 환경에 따라 다양하게 나타날 수 있다. 더구나 다른 문화적 배경을 지닌 많은 사람들은 그들의 이민과 관련된 문제에 대처해 나가고, 새로운 언어를 배우느라 여러 가지 어려움을 겪고 있다.

특정 문화의 방향이나 명칭이 가족과 문화 간에 중요한 차이가 있다는 사실도 다양한 문화를 이해하는 데에 영향을 준다. 예를 들어 라틴 아메리카계 사람들은 전쟁을 피해 경제적 향상을 추구하려는 것과 같은 여러 가지 이유 때문에 미국에 이민을 왔을 것이다. 이처럼 새로운 나라에서 시작하는 삶에 대한 가족의 기대와 같은 여러 가지 정서적, 실재적 의미 때문에 이민을 오게 되고, 그것은 이민 가정들이 부딪히는 여러 가지 문제에 영향을 준다.

이 밖에도 문화 자체는 계속 변화하는 것이기 때문에, 전문가들은 역동적인 문화감각을 갖추어야 하고, 문화적 전통에 대한 고정관념이나 지식에 의존해서는 안 된다. 서비스 제공자들은 개개인의 생활과 경험에서 개개인의 문화를 이해해야 하고, 특정인의 특별한 문화적 근원의 의미를 알고 있어야 한다.

전문가들이 가족들의 문화적 경향성을 이해하게 되면 유의해야 할 사항에 대한 단서를 얻을 수 있다. 그러나 가족과 함께 효과적으로 일할 수 있는 비결은 독특한 가족과 그 구성원들의 의견을 중시하고, 그들의 실제 모습을 잘 살펴야 하는 것이다. 잘 알려진 대로, 라틴 아메리카계의 대부 혹은 대모나 아시아의 나이 든 사람들은 다른 가족 구성원들의 태도나 행동에 중요한 영향을 주는 의사결정권자로서의 역할을 하게 되는데, 이것은 특정 민족의 가족 내에서 일어나는 역동성으로 전문가들이 주의를 기울일 필요가 있는 것이다. 그러나 이와 같은 일반적 지식이 문화적으로 유사한 모든 가족에게 이와 비슷한 역동성이 항상 발생한다는 가정을 이끌어낼 수는 없다.

토론 과제

학생이나 내담자의 문화적 특징을 이해해야 하는 것이 중요하다는 사실을 인식하고 있기 때문에, 당신은 문화적 특성에 대해 가능한 많은 것을 배우기를 원하고, 이것이 학생이나 내담자에게 어떤 영향을 미칠지 알고 싶을 것이다. 당신은 어떻게 실행할 것인가?

또 다른 중요한 문화적 차이에는 비언어적인 의사소통 양식을 포함할 수 있다. 이것은 다른 문화를 가진 집단이 서양 문화를 접할 때 일반적으로 더 자주 부딪히는 문제이다. 어떤 민족의 문화에서는 존경의 표현으로 눈 맞춤을 피할 수 있다. 하지만 또 다른 민족의 문화에서는 이와 같은 행동을 무관심 또는 진실하지 못한 것으로 생각할 수도 있다. 이와 같은 비언어적 형식의 차이에도 불구하고, 적극적으로 경청하는 태도는 좋은 의사소통 태도이다. 주의 깊은 관찰, 부모의 말에 귀 기울이는 것, 그리고 가족의 배경과 목표에 대해 열린 마음으로 효과적인 의사소통을 이룰 수 있다. 표 13.3은 문화적으로 다양한 상황에서 중재에 영향을 줄 수 있는 문화적 특징의 예이다.

만약 팀 중재로 전문가들이 부모들에게 성공적으로 개입하기를 원한다면, 우선 협력 관계에 기초가 될 일반적인 토대를 찾아야 한다. 전문가들은 가족의 정신적 신념을 알아야 함은 물론, 가정방문과 문화적 이벤트나 축제 참가, 이웃들과의 저녁식사에 참여함으로써 아동의 가족에 대해 알아야 한다. 어떠한 협력 노력을 하더라도 다문화적 팀에서의 성공은 전문가

표 13.3 효과적인 팀 기능에 대한 의미 있는 몇 가지 다양한 문화적 믿음

민족	문화적 신념 또는 특징	의미
멕시코계 미국인	정신적 치료	▪ 건강과 관련된 것, 특수교육, 정신건강 서비스가 가족의 치료에 대한 희망에 부차적인(차선) 것으로 이해하라. ▪ 치료자들은 가족을 위한 지원 시스템일 수 있다.
푸에르토리코인	친구	▪ 확대된 가족제도는 대부모, 또는 가까운 친구와 이웃이 포함될 수 있다. ▪ 의사결정 과정에서 가족이 아닌 구성원들의 개입을 존중한다. ▪ 부모를 위한 지원을 제공하는 특별한 가족의 하위 체계를 이용한다.
일본인	직면의 기피	▪ 모임에서 부모들은 전문가들의 조언에 언짢더라도 전문가에게 도전하지 않는다.
아메리카 인디언	운명의 수용	▪ 전문가에 의해(전문가 의견에 따라) 아동을 받아들이고 아동의 능력에 초점을 맞춘다.

출처: V. I. Correa & J. Weismantel (1991), Multicultural issues related to families with an exceptional child. In M. J. Fine (Ed.), *Collaboration with parents of exceptional children*. Brandon, VT: Clinical Psychology Publishing.

가 지닌 태도에 달려 있다. 서비스 제공자들은 방해물을 명확히 규정하여 문제해결에 접근해야 하고, 그런 방해물을 극복하기 위한 자원을 동원해야 한다. 이때 자원은 가족의 문화 공동체 그 자체에 있는 경우가 많다.

불행하게도 다양한 문화적 배경을 가진 부모들은 가끔 아동에게 제공되는 효과적인 중재를 위협으로 생각하여 참여를 꺼리기도 한다. 이것은 서비스 제공자의 목표와 가족들이 인식한 목표 사이에 갈등 혹은 오해가 있기 때문이다. 지원하고자 하는 가정에 나타나는 문화적 영향력을 이해하려고 한다면, 효과적인 부모 역할에 대한 자기 자신의 가치, 믿음, 생각들을 확실히 하고 난 후 진실된 존경심을 가지고 팀워크에 접근해야 한다. **그림 13.8**은 각 가족을 이해하는 데 중요한 영향을 미치는 몇 가지 언어적, 문화적 특징을 보여 준다.

정신지체 아동을 위한 효과적인 중재가 공동체 안에서 이루어지기 위해서는 학교 체제와 다른 서비스 기관들이 그 공동체의 한 부분이 되어야 한다. 모든 중재와 더불어 평가는 매우 중요하다. 평가를 통해 프로그램이 가족의 욕구에 제대로 부합되는지를 결정해 주고, 노력의 결과 부모의 참여와 관심이 증진되었는지를 결정해 주어야 한다. 가족 스스로 프로그램과 프로그램 평가를 재검토하는 것뿐만 아니라, 공동체의 개개인에게 직접 질문하는 것이

언어적, 문화적 특징

1. 집에서 이주한 나라의 언어를 얼마나 많이 사용합니까?
2. 부모의 언어 수준은 어느 정도입니까?
3. 가족의 종교 의식, 행사는 무엇입니까?
4. 가족과 집단은 얼마나 오랫동안 이주한 나라에 있었습니까?
5. 문화적 집단을 옮겼다면 그 이유는 무엇입니까?
6. 가족이 방문 목적으로 본국에 돌아간 적이 있습니까?
7. 가족이 난민이라면 전쟁을 피해 도망 왔습니까?
8. 특별한 학교 지역에 정착하려는 이유가 무엇입니까?
9. 가족 구성원들에게 할당된 역할은 무엇입니까?
10. 자녀가 이전에 학교를 다녔습니까?
11. 본국에서 자녀가 다녔던 학교는 어떠했습니까?
12. 가족들은 자녀에게 어떤 희망을 갖고 있습니까?
13. 학교에서 자녀의 행동에 영향을 주는 특별한 민족적 신념이나 관습은 무엇입니까?

아이에 대한 인식

1. 가족은 자녀에게 어떻게 대합니까?
2. 같은 문화권 사람들은 장애와 정신지체에 대해 어떤 의견을 갖고 있습니까?
3. 그 문화에서 의학적 치료는 무엇입니까?(예: 민간치료, 약)
4. 가족은 장애의 원인을 무엇이라고 생각합니까?

그림 13.8 중요한 가족 특성

출처: V. I. Correa & J. Weismantel (1991), Multicultural issues related to families with an exceptional child. In M. J. Fine (Ed.), *Collaboration with parents of exceptional children*. Brandon, VT: Clinical Psychology Publishing.

반드시 필요하다.

부모의 연령

정신지체 아동의 가족들에게 있어서 가족의 삶과 가족이 주는 영향력은 아동이 어른이 될 때까지 끝나지 않는다. 많은 고령의 부모들은 장애 자녀에 대한 부분적인 책임감을 가지고 있고, 어린 아이들도 그렇지만, 어른이 된 정신지체인을 위한 가족의 삶은 만족과 좌절의 긍정적인 경험과 부정적인 경험을 모두 하고 있다.

부모들은 점점 나이가 들어감에 따라 집에서 성인이 된 자녀(나이는 성인이지만 아이에 머물러 있는 자녀)를 돌보는 것이 훨씬 어려울 수 있다. 나이 든 부모의 경우 이러한 자녀들을 위한 주간 프로그램이나 고용기회 서비스 지원은 그들이 감당할 수 있는 정도가 중요한 선택의 기준이 될 수 있다. 상담, 봉사 집단, 휴식, 특별한 야외 주간 프로그램, 그리고 고용과 같은 전문적 서비스가 이러한 가족의 좌절을 극복하는 데 상당한 영향을 줄 것이다. 반면에 가족과 자녀 사이의 관계를 가깝게 할 수 있어야 생활에 더 큰 만족을 줄 수 있다. 그런데 이러한 관계는 문제행동이 있느냐 없느냐에 따라 크게 영향을 받을 것이다(Greenberg, Seltzer, & Greenley, 1993).

부모들은 나이가 들어감에 따라 자신이 죽은 후 자녀에게 일어날 일들에 대해 더 많은 걱정을 하게 된다. 그렇지만 많은 부모들은 죽음이나 중병과 같은 중대한 위기에 처할 때까지 자신의 계획을 세우지 않고 미루게 된다(Janicki, Otis, Puccio, Rettgi, & Jacobson, 1985). 그러므로 많은 가족들은 가족 상담뿐만 아니라 주거 프로그램, 보호, 재정 계획에 대해 많은 정보가 필요하다(Heller & Factor, 1993). 이런 정보들은 가족들이 장기간에 걸친 중요한 결정에 도움을 줄 것이다.

좀 더 나은 계획을 세우는 가족의 경우에는 대개 다른 가족 구성원(형제, 자매)들이 돌봐주는 것이 더 좋겠다고 생각한다. 정신지체 자녀의 주거에 관하여 이와 같은 선택을 하는 이유는 대부분 그들의 부적응행동 때문(적응하지 못할 것이라 생각)이라고 응답한다(Heller & Factor, 1993).

조망

정신지체 아동과 함께 살아가는 데 적응할 수 있는 정도는 Bronfenbrenner가 언급했듯이(2장 참조) 가족의 특성, 아동의 특성, 그리고 보다 큰 문화의 특성에 달려 있다. 어머니의 경우 그녀의 인내심과 일반적으로 아동을 다루는 능력, 그리고 다른 사람을 양육하고 돌보는 것을 통해 충족되는 욕구 정도나 다른 창조적인 노력을 통해 충족되는 욕구의 정도에 따라 다를 것이다. 아동들도 저마다의 개성과 능력을 지닌 것처럼 부모들도 강점과 약점을 모두 지니고 있다. 모든 사람들이 중도 장애아동을 양육할 수 있는 것은 아니며, 아동의 성장에 최상의 도움이 될 경험과 지원을 제공할 수 있는 것도 아니다. 아마도 모두가 해야 하는 것은 아닐 것이다.

이 장에서는 정신지체 아동과 그들의 가족, 전문가와 가족 간의 관계에 초점을 맞추었다. 오늘날 복잡해진 가족의 특성으로 가족 구조의 조망 아래 서비스 지원 계획의 중요성을 살펴보았다. 다음 장은 어른들의 생활문제를 다룰 것이고, 어디에 살 것인지에 대한 결정, 변화하는 가족관계(정신지체인들이 어른 역할을 하는 것 같은), 그리고 보수를 받을 수 있는 직장을 구하는 문제와 만족, 사회에 기여하는 방법들을 포함할 것이다. 앞으로 알게 되겠지만, 전문가들과의 효과적인 협력은 이 중요한 변화를 촉진시키는 데 결정적인 역할을 할 것이다.

참고문헌

Abelson, A. G. (1999). Respite care needs of parents of children with developmental disabilities. *Focus on Autism and Other Developmental Disabilities*, *14*(2), 96–100.

Beckman, P. (1983). Influence of selected child characteristics on stress in families of handicapped infants. *American Journal of Mental Deficiency*, *88*(2), 150–156.

________. (1991). Comparison of mothers and fathers perceptions of the effect of young children with and without disabilities. *American Journal on Mental Retardation*, *95*(5), 585–595.

Blacher, J. B., Hanneman, R. A., & Rousey, A. B. (1992). Out-of-home placement of children with severe handicaps: A comparison of approaches. *American Journal on Mental Retardation*, *96*(6), 607–616.

Black, M. M., Molaison, V. A., & Small, M. W. (1990). Families caring for a young adult with mental retardation: Service needs and urgency of community living requests. *American Journal on Mental Retardation*, *95*(1), 32–39.

Boer, F., & Dunn, J. (Eds.). (1992). *Children's sibling relationships: Developmental and clinical issues*. Hillsdale, NJ: Erlbaum.

Botuck, S., & Winsberg, B. G. (1991). Effects of respite on mothers of school-age and adult children with severe disabilities. *Mental Retardation*, *29*(1), 43–47.

Bristol, M. (1987). The home care of children with developmental disabilities: Empirical support for a model of successful family coping with stress. In S. Landesman, P. M. Vietze, & M. J. Begab (Eds.), *Living environments and mental retardation*. Washington, DC: American Association on Mental Deficiency.

Bristol, M., & Schopler, E. (1984). A developmental perspective on stress and coping in families of autistic children. In J. Blacher (Ed.), *Families of severely handicapped children*. New York: Academic Press.

Bromley, B. E., & Blacher, J. (1991). Parental reasons for out-of-home placement of children with severe handicaps. *Mental Retardation*, *29*(5), 275–280.

Browne, G., & Bramston, P. (1998). Parental stress in families of young people with an intellectual disability: The nurses role. *Australian Journal of Advanced Nursing*, *15*(3), 31–37.

Cameron, S. J., & Orr, R. R. (1989). Stress in families of school-aged children with delayed mental development. *Canadian Journal of Rehabilitation*, *2*, 137–144.

Carr, J. (1970). Mongolism: Telling the parents. *Developmental Medical Child Neurology*, *12*, 213–221.

Challela, M. S. (1981). Coping with a mentally retarded child. In A. Milunsky (Ed.), *Coping with crisis and handicap*. New York: Plenum Press.

Chisholm, C. A., Pappas, D. J., & Sharp, M. C. (1997). Communicating bad news. *Obstetrics and Gynecology*, *90*(4), 637–639.

Clifford, D., & Warner, R. (1987). *The partnership book* (3rd ed). Berkeley, CA: Nob Press.

Cockrell, K. S., Placier, P. L., Cockrell, D. H., & Middleton, J. N. (1999). Coming to terms with "diversity" and "multiculturalism" in teacher education: Learning about our students, changing our practice. *Teaching and Teacher Education*, *15*(4), 351–366.

Coley, R. L. (1998). Children's socialization experiences and functioning in single-mother households: The importance of fathers and other men. *Child Development, 69*(1), 219-230.

Correa, V. I., & Weismantel, J. (1991). Multicultural issues related to families with an exceptional child. In M. J. Fine (Ed.), *Collaboration with parents of exceptional children* (pp. 83-102). Brandon, VT: Clinical Psychology Publishing.

Curran, N. Q., & Bongiorno, H. H. (1986). Parents perspectives: Focus on need. In C. L. Salisbury & J. Intagliata (Ed.), *Respite Care: support for persons with developmental disabilities and their families* (pp. 89-98). Baltimore, MD: Paul H. Brookes

Cutler, B. C. (1986). The community-based respite residence: Finding a place in the system. In C. L. Salisbury & J. Intagliata (Ed.), *Respite care: Support for persons with developmental disabilities and their families* (pp. 167-194). Baltimore, MD: Paul H. Brookes

Drillien, C. M., & Wilkenson, E. M. (1964). Mongolism: When should parents be told? *British Medical Journal, 2*, 1306-1307.

Dunst, C. J. (1997). Conceptual and empirical foundations of family-centered practice. In R. J. Illback & C. T. Cobb (Eds.), *Integrated services for children and families: Opportunities for psychological practice* (pp. 75-91). Washington, DC: American Psychological Association.

Dunst, C. J., & Paget, K. D. (1991). Parent-professional partnerships and family empowerment. In M. J. Fine (Ed.), *Collaboration with parents of exceptional children* (pp. 25-44). Brandon, VT: Clinical Psychology Publishing.

Dyson, L. L. (1991). Families of young children with handicaps: Parental stress and family functioning. *American Journal on Mental Retardation, 95*(6), 623-629.

Dyson, L. L. (1993). Response to the presence of a child with disabilities: Parental stress and family functioning over time. *American Journal on Mental Retardation, 98*(2), 207-218.

Eakes, G. G., Burke, M. L., & Hainsworth, M. A. (1998). Middle-range theory of chronic sorrow. *Image—The Journal of Nursing Scholarship, 30*(2), 179-184.

Farber, B. (1959). Effects of a severely mentally retarded child on family integration. *Monographs of the Society for Research in Child Development, 24*(2), 1-112.

Fine, M. J. (1991). The handicapped child and the family: Implications for professionals. In M. J. Fine (Ed.), *Collaboration with parents of exceptional children*. Brandon, VT: Clinical Psychology Publishing.

Finnegan, J. (1993). *Shattered dreams—lonely choices: Birthparents of babies with disabilities talk about adoption*. Westport, CT: Greenwood.

Gallimore, R., Weisner, R. S., Bernheimer, L. P., Guthrie, D., & Nihira, K. (1993). Family responses to young children with developmental delays: Accommodation activity in ecological and cultural context. *American Journal on Mental Retardation, 98*(2), 185-206.

Gartner, A., Lipsky, D. K., & Turnbull, A. P. (1991). *Supporting families with a child with a disability: An international outlook*. Baltimore, MD: Paul H. Brookes.

Goodship, S. (1987). Stress in the family of the Rett's child. *Brain Development, 9*, 539-542.

Greenberg, J. S., Seltzer, M. M., & Creenley, J. R. (1993). Aging parents of adults with disabilities: The gratifications and frustrations of later-life caregiving. *The Gerontologist, 33*(4), 542-550.

Creenfeld, J. (1972). *A child called Noah: A family journey*. New York: Holt, Rinehart, & Winston.

Grossman, F. K. (1972). *Brothers and sisters of retarded children*. Syracuse, NY: Syracuse University Press.

Heller, T., & Factor, A. (1993). Aging family caregivers: Support resources and changes in burden and placement desire. *American Journal on Mental Retardation, 98*(3), 417-426.

Hunt, N. (1967). *The world of Nigel Hunt: The diary of a Mongoloid youth*. New York: Garret Publications.

Hunter, K. (1987). Rett syndrome: Parents view about specific symptoms. *Brain & Development, 9*(5), 535-537.

Janicki, M. P., Otis, M. R., Puccio, P S., Rettig, J. S., & Jacobson, J. W. (1985). Service needs among older developmentally disabled persons. In M. P. Janicki & H. M. Wisniewski (Eds.), *Aging and developmental disabilities: Issues and approaches* (pp. 289-304). Baltimore, MD: Paul H. Brookes.

Kobe, F. H., Rojahn, J., & Schroeder, S. R. (1991). Predictors of urgency of out-of-home placement needs. *Mental Retardation, 29*(6), 323-328.

Krauss, M. W. (1993). Child-related and parenting stress: Similarities and differences between mothers and fathers of children with disabilities. *American Journal on Mental Retardation, 97*(4), 393-404.

Krehbiel, R., & Kroth, R. L. (1991). Communicating with families of children with disabilities or chronic illness. In M. J. Fine (Ed.), *Collaboration with parents of exceptional children* (pp. 103-128). Brandon, VT: Clinical Psychology Publishing.

Lakin, K. C., & Bruininks, R. J. (1985). Contemporary services for handicapped children and youth. In R. H. Bruiinks & K. C. Lakin (Eds.), *Living and learning in the least restrictive environment* (pp. 3-22). Baltimore, MD: Paul H. Brookes.

Lamb, M. E., & Meyer, D. J. (1991). Fathers of children with special needs. In M. Seligman (Ed.), *The family with a handicapped child* (2nd ed., pp. 151-180). Boston: Allyn & Bacon.

Lian, M. J., & Aloia, G. (1994). Parental responses, roles, and responsibilities. In S. K. Alper, P. J. Schloss, & C. N. Schloss (Eds.), *Families of students with disabilities* (pp. 51-94). Boston: Allyn & Bacon.

Mallow, G. E., & Bechtel, G. A. (1999). Chronic sorrow: The experience of parents with children who are developmentally disabled. *Journal of Psychosocial Nursing and Mental Health Services, 37*(7), 31-35.

Marc, D., & MacDonald, J. (1988). Respite care—Who uses it? *Mental Retardation, 26*, 93-96.

Orr, R. R., Cameron, S. J., & Day, D. M. (1991). Coping with stress in families with children who have mental retardation: An evaluation of the double ABCX model. *American Journal on Mental Retardation, 95*(4), 444-450.

Orr, R. R., Cameron, S. J., Dobson, L. A., & Day, D. M. (1993). Age-related changes in stress experienced by families with a child who has developmental delays. *Mental Retardation, 31*(3), 171-176.

Perske, R., & Perske, M. (1986). *Hope for the families* (3rd ed.) Nashville: Abingdon Press.

Powell, T. H., & Ogle, P. A. (1985). *Brothers and sisters: A special part of exceptional families.* Baltimore, MD: Paul H. Brookes.

Raech, H. (1966). A parent discusses initial counseling. *Mental Retardation* (March-April), 25-26.

Rimland, I. (1984). *The furies and the flame.* Novato, CA: Arena Press.

Rousey, A., Best, S., & Blacher, J. (1992). Mothers' and fathers' perceptions of stress and coping with children who have severe disabilities. *American Journal on Mental Retardation, 97*(1), 99-109.

Rousey, A., Blacher, J. B., & Hanneman, R. A. (1990). Predictors of out-of-home placement of children with severe handicaps: A cross-sectional analysis. *American Journal on Mental Retardation, 94*(5), 522-531.

Salisbury, C. L., & Intagliata, J. (1986). *Respite care: Support for persons with developmental disabilities and their families.* Baltimore, MD: Paul H. Brookes.

Sarimski, K. (1997). Behavioural phenotypes and family stress in three mental retardation syndromes. *European Child and Adolescent Psychiatry, 6*(1), 26-31.

Simeonsson, R. J., Bailey, D. B., Huntington, G. S., & Comfort, M. (1986). Testing the concept of goodness of fit in early intervention. *Infant Mental Health Journal, 7*(1), 81-94.

Slater, M. (1986). Respite care: A national perspective. In C. L. Salisbury & J. Intagliata (Ed.), *Respite Care: support for persons with developmental disabilities and their families* (pp. 69-88). Baltimore, MD: Paul H. Brookes.

Sonnek, I. M. (1986). Grandparents and the extended family of handicapped children. In R. R. Fewell & P. F. Vadsey (Eds.), *Families of handicapped children: Needs and supports across the life span* (pp.

99–120). Austin, TX: Pro–ED.

Stoneman, Z., Brody, G. H., Davis, C. H., & Crapps, J. M. (1991). Ascribed role relations between children with mental retardation and their younger siblings. *American Journal on Mental Retardation, 95*(5), 537–550.

Tausig, M. (1985). Factors in family decision–making about placement for developmentally disabled individuals. *American Journal of Mental Deficiency, 89*, 352–361.

Tingey, C. (1988). *Down syndrome: A resource handbook.* Boston: Little, Brown.

U.S. Bureau of the Census. (1998). *Population estimates program.* Washington, DC: U.S. Government Printing Office.

Wassenaar, J. (1994). Personal communication.

Weisner, T., Beizer, L., & Stolze, L. (1991). Religion and families of children with developmental delays. *American Journal on Mental Retardation, 95*(6), 647–662.

CHAPTER 14

성인생활과 직업

13장이 정신지체인의 가족들에 초점을 둔 데 반해 이 장에서는 가족의 범위를 넘어 주거 선택과 지역사회 적응 요소에 대해 심도 있게 다루려 한다. 또한 정신지체인의 생산성과 만족도를 높일 수 있는 직업생활을 위한 직업 개발과 지원에 대해 초점을 맞추고자 한다.

주거 유형

최근까지 많은 정신지체인들은 국가의 재정을 지원받는 대형 시설에서 지내 왔다. 그러나 3장에서 살펴본 바와 같이 장애인을 사회의 장애인 시설에서 해방시키고자 하는 운동(탈시설화)과 함께 이러한 상황에는 많은 변화가 있었다. 그래서 지금은 정신지체인에게 주거 서비스를 제공하기 위해 인가받은 사설 시설들이 많이 설립되어 있다(Hill & Lakin, 1986). 일반적으로 주거의 선택은 큰 곳에서 작은 곳으로, 공공시설에서 개인이 운영하는 시설로, 지리적으로 거리가 먼 곳에서 지역사회로, 가정에 의존하는 형태에서 지역사회 중심 서비스를 제공하는 운영자에게 의존하는 형태로 옮겨 가고 있다. 그림 14.1은 다양한 주거생활 유형의 예를 보여 준다.

지역사회 통합과 탈시설화

13장에서 살펴보았듯이 대부분의 정신지체인은 가족과 함께 살고 있다. 미국에서 정신지체를 가진 약 7,800만의 사람들 중 단지 30만 명의 사람들만이 외부 위탁 주거 서비스를 받고 있다(Lakin, Braddock, & Smith, 1997). 주거 서비스에 대한 경향을 보면 정부에서 운영하

- 독립생활
- 지원받는 독립생활
- 가족
- 기숙제 학교
- 성인 양육
- 공동생활 가정(장애인이 공동으로 생활하는 가정)
- 철저한 소규모 양육 가정
- 중단기 요양시설
- 요양소
- 대형 개인시설
- 대형 공공시설

그림 14.1 주거생활 유형의 예

는 대규모 시설로부터 소규모의 지역사회 중심으로 변화하고 있는 것을 알 수 있다. 1980년에서 1993년까지 정부가 운영하는 대규모 시설(16명 이상 거주)에 거주했던 장애인의 45.5%가 줄었다(The Arc, 1995). 그럼에도 1996년 6월 현재 62,000명 이상의 사람들이 정부운영시설에 남아 있다. 이들은 비록 같은 조건의 건강 상태를 가진 많은 사람들이 작은 공동체에서 성공적으로 살아가고 있기는 하지만(Cunningham & Mueller, 1991) 중도 정신지체와 중복장애를 가진 사람들이다.

정신지체인의 잠재능력에 대한 인식의 변화와 그들도 지역사회에서 다른 사람과 일하고 살아갈 권리가 있다는 인식의 전환이 '대형 주거시설 반대 운동'에 직접적인 영향을 미쳤다. 또한 공공시설이 갖고 있는 문제로 인해 통합의 기본 원칙(3장 참조)인 '정상화로의 전환'이 지지를 받게 되었고, 장애인 자녀를 둔 부모들의 주장도 이러한 성과를 얻는데 중요한 영향을 미치고 있다.

그러나 이러한 '탈시설화' 운동이 계속해서 도전을 받아 온 것도 사실이다. 장애인 자녀를 공공시설에 맡긴 대다수의 부모들은 그들이 받고 있는 서비스에 만족하고 있으며, 정상화의 개념과 지역사회 중심 주거계획에 대해 반대하기도 한다(Spreat, Telles, Conroy, Feinstein, & Colombatto, 1987). 공공시설에 있는 장애인을 시설 밖에서 교육시키자는 데 반대하는 부모의 의견은 다음과 같이 정리될 수 있다.

1. 정상화의 개념에 동의하지 않는다.
2. 이미 공공시설에 장애인을 수용시키려는 (강력한 전문가의 조언을 바탕으로) 어려운 결정을 내렸기 때문에 탈시설화에 대한 수용이 어렵다.
3. 지역사회 중심 주거 서비스 제도의 질적인 면에 회의적이다.
4. 탈시설화 과정에서 쉽지 않은 노력이 필요함에 부정적이다.
5. 새로운 프로그램을 위한 안정적인 재정의 확보가 우려된다(Labit, Conroy, & Hess, 1990).

부모들은 몇 번의 가슴 아픈 경험을 한 이후 장애 자녀가 뚜렷하게 좋아지기는 어렵다는 사실을 알게 된다. 어떤 부모들은 그들의 자녀가 '정상'이 아니라는 사실을 받아들이고, 정상이 되고자 하는 노력이 더 많은 실망을 안겨 줄 것이라는 사실을 더욱 두려워한다. 처음에는 공공시설이 정확하고 합리적으로 운영될 것이라는 인식 때문이었지만, 지금은 탈시설화에 대한 불신과 적대감이 부모들을 공공시설에 더 의존하게 만들고 있다. 게다가 부모들은 대형 시설이 문을 닫고 다른 곳으로 자녀를 옮겨야 할 경우, 새로운 주거 유형을 결정하는 데 자신들이 당연히 아무런 역할도 할 수 없을 것이라고 생각하고 있다. 부모들은 공공시설에서 제공받던 안정감 대신에 자녀들이 계속적인 변화와 조절로 인하여 외상성 장애를 또 다시 겪게 될지도 모른다고 걱정을 하고 있다. 또한 많은 부모들은 자녀의 합병증에 대해 걱정하고 있는데, 지역사회 중심의 주거 서비스는 합병증을 적절하게 관리해 줄 수 없을 것이라 생각한다. 부모들은 자녀가 앞으로 받게 될 양육의 형태가 결정되었다고 가정하고, 자녀가 점차 향상되는 순간에도 자녀에 대한 불확실한 미래를 걱정하고 있다. 결국 부모들은 지역사회에서 생활하는 비용이 상당히 오랜 기간 동안 부담을 줄여 줄 것이라고 확신하지 못하고 있다(Latib, Conroy, & Hess, 1990).

그러나 탈시설화에 대한 부모들의 부정적인 견해는 자녀들이 잠시 동안 지역사회 중심 주거시설을 경험하게 되면서 변화되기 시작하였다. 그리고 부모들이 공동생활 가정을 실제로 방문하고 나서 전보다 더욱 긍정적으로 변화되었다(Grimes & Vitello, 1990: Spreat et al., 1987). 3~5년간의 연구에 따르면 지역사회 중심 주거지에 사는 동안 부모들은 그들의 자녀들이 더 행복해졌다고 믿으며, 본인들 또한 더 큰 만족감을 보고하고 있고, 서비스와 환경의 질이 공공시설보다 더 우수함을 믿게 되었지만, 부모들의 정상화에 대한 수용도는 조금 상승하였을 뿐이다(Larson & Lakin, 1991: Kraushaar & Elliott, 1995). 가족들은 서비스와 재정의 안정성, 우리가 흔히 생각하는 문제들의 논쟁에 대해 여전히 걱정하고 있다.

오늘날 대부분의 대형 공공시설은 정상화에 대응하여 변화하고 있다. 많은 공공시설은 소형 시설 체제(cottage 시스템)로 발전하고 있는데, 이 시스템은 개개인을 더 작고 더 관리하기 쉬운 집단으로 분리한다. 현재 공공시설은 지역사회 활동에 그들의 거주자들을 참여시키기 위해 더 많은 노력을 하고 있다. 그리고 지역사회에 장애인들을 위한 모든 시설과 인적 자원을 제공한다. 예를 들어 어떤 공공시설에서는 지역사회 가족들을 위해 일시양육 서비스를 제공하고, 지역사회의 공동생활 가정을 위해서 문제행동에 관한 상담을 하기도 한다.

대형 주거시설을 효과적으로 운영하기 위해서는 많은 구조와 조직이 필요하다. 이것은 정신지체인 시설이거나, 군대 병영, 부유한 가정의 자녀들이 다니는 사립학교들 모두 마찬가지일 것이다. 그러나 이들 중 어느 곳도 집과 다르기 때문에 우리들의 삶을 평생 맡기며 살아가기에 적당하다고 생각되는 곳은 없다(Robinson & Thompson, 1999)(**그림 14.2**에 가정과 유사한 환경 특징 목록이 있다). 오늘날 대부분의 공공시설들은 영구적인 주거시설로서 한계를 인정한다. 그래서 그들의 거주자들을 위해—심지어 거주자들이 심각한 장애를 가진 사람들일지라도—지역사회 중심의 주거시설을 세우기 위해 활동하고 있다.

- 화려하고 밝고 환하게, 지각할 수 있을 정도로 따뜻하고 다양하게
- 작고 스스로 모든 일을 할 수 있는 필요 시설 완비
- 1인용이나 2인용 침대
- 가족용 식사 시설
- 집과 비슷한 유형의 화장실, 수도꼭지, 샤워시설, 그밖의 다른 시설 설비들
- 디자인과 시설 설비의 다양성
- 일반가정과 같은 창문 크기나 형태, 위치
- 개인 사물을 놓아 둘 수 있는 공간
- 각각의 방은 문으로 분리되어 있어야 함
- 사생활이 보장되는 욕실과 샤워 시설
- 전등 스위치와 자동 온도조절장치의 접근성
- 계단, 전기 콘센트 같은 위험한 장소의 접근성

그림 14.2 가정과 같은 환경의 전형적인 특징

출처: W. Wolfensberger (1975), *The origin and nature of our institutional models*. Syracuse, NY: Human Policy Press.

토론 과제

'위험한' 시설에 대한 접근성은 가정과 같은 환경 요소의 목록 중 하나이다. 당신은 정신지체인들이 위험 요소로부터 보호받아야 된다고 생각하는가? 만약에 그렇다면 어떤 방법이 좋은가? 그렇지 않다면 이유는 무엇인가?

404쪽의 '지역사회 중심 주거시설의 실제'란 글은 심한 장애를 가지고 주립시설에 거주하고 있는 Donald를 소개하고 있다(그는 또한 저자의 사촌이기도 하다). 이 것은 그와 같은 고객이 지역사회 중심의 주거시설에서 부딪히는 문제에 대해 그의 사회복지사와 면담한 내용을 일부 발췌한 것이다.

사립 기숙제 학교

우리가 장애인 시설에 대해 생각할 경우에는 일반적으로 대형 국립시설을 떠올린다. 그러나 많은 사립 기숙제 학교에서도 아동들과 청소년들에게 교육 프로그램을 제공한다. 이 프로그램은 비용이 매우 비싸며, 일부는 국민 의료보장 제도를 이용한다 하더라도 1년에 76,000달러 이상 든다. 일반적으로 그곳은 다양한 주거 서비스를 제공한다. 즉, 쉽게 사용할 수 있는 장비, 다양한 여가를 즐길 수 있는 기회, 물리치료, 언어치료, 작업치료 등을 포함한

지역사회 중심 주거시설의 실제

36세의 Donald는 일리노이 주 Centralia 시의 Warren G. Murray 센터에 살고 있다. 그는 농아이고 자폐 성향이 있으며 행동에 문제가 있으나, 때때로 지역사회 활동에 참가하여 즐겁고 유익한 시간을 보낸다. 그에게 맞는 적당한 지원이 제공되면 그는 보다 자유로운 환경 안에서 살아갈 수 있다. Donald가 성공적으로 지역사회에 자리 잡으려면 계속적인 관리와 정기적인 청각치료, 엄격한 행동 계획에 기초한 주거가 필요하다. 이 발췌록에 따르면, 이 센터에서 복지사 간부로 일하는 Bill Hayes는 중도 지체장애인들이 지역사회 안에서 필요한 서비스를 찾는 어려움에 대해 말하고 있다.

여기에 있는 많은 고객들은 심각한 문제행동을 가지고 있다. 지역사회 중심 시설들이 가지고 있는 문제점은 아직 운영할 준비가 되지 않았다는 것이다. 이러한 고객들의 성공적인 통합은 행동문제들을 구조화하고 발달시키도록 요구하는 것이다. 그리고 전문가의 식견을 가진 직원이 그것을 실행시키기를 요구한다.

다른 고객들은 심장이 아주 약하거나 뼈가 약한(골다공증) 문제들을 가지고 있다. 그래서 누군가 그들을 지금 당장 다른 곳으로 옮기지 않는다면 그들의 뼈가 부러질 수도 있다. 또 어느 고객은 심각한 당뇨병을 앓고 있기도 하다. 우리 지역사회에는 의사나 간호사, 치과 의사들이 있다. 이 안에 있는 의사들은 공동생활 가정이나 가족 홈에 있는 사람들을 치료하는 것을 꺼린다. 우리는 때때로 치과 검진을 위해 지역사회에서 의사들을 데려오기도 한다. 왜냐하면 그것을 치료할 사람이 없기 때문이다. 지역사회에 있는 의사나 치과 의사들은 종종 너무 바쁘다고 말한다. 만약 지역사회 중심 통합이 성공적으로 이루어진다면 지역사회에 있는 전문가—의사, 심리치료사, 정신과 의사—들은 발달장애인들과 일할 준비가 되어야 할 것이다. 나는 17년 동안 여기에서 살았다. 여기에서 시설관리자로서 일하는 동안 나는 가족들이 아닌 지역사회와 협동하기를 원했다. 그러나 지역사회에는 장애인들을 돌보기 위해 훈련받은 더 많은 사람들이 필요했다. 그래서 우리는 지역사회에 들어갈 준비가 된 고객들과의 계약을 끝내고 그들을 위한 주거를 찾았으나 그들은 아직도 이곳에 있다. 왜냐하면 그들을 위한 서비스가 아직 이곳 외에는 준비되어 있지 않기 때문이다.

대학생들에게도 정신지체인과의 경험이 좋은 기회가 될 것이라고 생각한다. 그러면 누군가 그들의 사무실이나 직장으로 장애인이 찾아와도 전문가로서 그들을 어떻게 다룰 것인지 알 수 있으며, 두려워하지도 않을 것이기 때문이다.

내가 학생들에게 말하고 싶은 것 중 하나는 발달장애인들에게 서비스를 제공하는 기관에서 전문가로 근무하지 않는다면, 의사로서 그들은 장애인들을 치료해야 할지 말지를 선택해야 할 것이다. 만약 장애인을 치료하는 것을 피한다면 그들은 아직도 주립시설은 발달장애인을 위한 주거 서비스를 하기에 최적의 장소가 아니라고 느끼는 것이다. 그때 의사들은 문제해결을 하는 사람이 아니라 문제의 일부가 된다.

다. 이러한 프로그램 중에는 등록한 아동들에게 지역사회의 공동생활 가정을 제공하는 프로그램도 있다.

이런 프로그램의 이점은 다양한 전문가(행동치료사, 의사 등)들이 개인별 서비스를 제공한다는 사실이다. 전문가들은 장애 고객들을 독립된 성인으로 지역사회 안에서 살아가고 일할 수 있는 능력을 발달시키기 위해 서로 연계하고 있다. 오늘날 공공기관도 이와 같은 목적을 위해 노력하고 있다. 그러나 작은 사설 기관들은 직원들에게 더 많은 봉급, 혜택을 제공할 재원을 가지고 있다. 그래서 공공시설보다 더 많이 훈련받고 교육받은 직원을 채용하고 있으며, 1인당 담당하는 고객의 비율도 더 낮은 편이다. 또한 직원들은 고객들의 부모나 보호자를 만족시켰을 때 인센티브를 받는다. 게다가 이러한 시설들은 아동이나 청소년을 위한 시설이므로, 그들은 고객들에게 평생 관리인으로서 활동하지 않아도 된다.

지역사회 생활

그림 14.1에서 보는 바와 같이 지역사회 내에는 정신지체인을 위한 다양한 주거시설이 존재하며, 그 시설 모두 구성원의 일반적인 활동뿐만 아니라 주거생활과 관련된 목표를 가지고 있다. 아동들의 경우에는 가정생활과 학교생활 및 교우관계를 포함한다. 성인의 경우 그들의 가정생활, 직업, 여가활동을 포함한다. 개개인의 이런 활동에의 참여 여부에 영향을 미치는 것은 장애의 원인과 심각성이라 할 수 있으나, 참여를 불가능하게 하는 것은 IQ보다는 의학적인 문제와 그에 따른 문제행동이라 할 수 있다.

지역사회 내에 거주하고 있는 정신지체와 발달장애인들의 공동생활 가정은 최근에 대부분 6명 이하로 구성된다(Lakin, Braddock, & Smith, 1996). 지역사회 내 공동생활 가정에 거주하는 대부분의 성인들은 직업과 관련된 작업환경에서 활동하고 있다. 대부분 지역사회 내 직장이나 보호 작업장에 고용된다. 그 외 나머지 사람들은 직업 훈련이나 작업치료 프로그램에 참여한다. 또 공동생활 가정에 남은 사람들은 가사일과 식사 준비에 많은 부분 참여한다. 그리고 그들은 공동생활 가정과 지역사회의 외부에서 여가활동에 참가한다.

사실 공동생활 가정 거주자들의 일상적인 일과는 보통의 성인들과 다르지 않다. 그들은 정해진 시간에 일어나서 출근 준비와 의복, 아침 식사 등을 준비한다. 출근할 때 대중교통을 이용하거나 직장에서 제공하는 교통수단을 이용할 수도 있다. 퇴근 후 집에 돌아와서 저녁을 준비하고 TV를 보거나 외출을 하기도 한다. 그들이 보통 성인과 다른 점은 그들이 우정을 유지하는 정도나 실제로 일반인들과 상호작용하면서 갖게 되는 친분 관계의 범위 등이다. 지역사회에 사는 장애인들이 대형 시설에 사는 사람들보다 그들 자신의 삶의 문제들을 선택하는 연습을 더 많이 하지만, 실제로 선택의 기회는 너무 적다(Stancliffe, 1997; Stancliffe & Abery, 1997).

대형 시설에서 작은 지역사회 내 주거 형태로 이동한 사람들의 행동 변화를 연구한 결과에서는 변화된 행동 영역은 다양하지만, 적절한 행동이 증가됨을 보여 주었다(Larson & Lakin, 1989: Lynch, Kellow, & Willson, 1997). 어떤 거주자는 언어 학습이 이루어지기도 하였고, 또 다른 거주자는 사회적 기술이나 일상생활 기술, 혹은 직업 능력이 향상되었다. 때로는 이런 것들이 평생 유지되는 것은 아니다. 왜냐하면 이러한 향상은 집안일이나 식사 준비처럼 그동안 하지 못했던 행동을 해 봄으로써 얻어진 결과이기 때문이다. 그러나 이런 유사한 변화는 프로그램의 주요 목표가 보호에서 치료로 변화된 시설에 있는 집단에서도 나타난다. 지역사회에서의 주거 선택이 시설에서는 불가능하다고 생각되는 여가생활, 사회생활, 직업과 관련된 활동에 참여하게 하는 데에 문제가 없다 하더라도 기능의 유지와 계속적인 향상이 이루어지기 위해서는 새로운 능력을 개발하도록 지속적인 지도와 효과적인 훈련을 지원하는 것이 필요하다(Phillips, 1998).

지역사회 수용

아마도 지역사회 통합의 최대의 성공은 장애인이 지역사회의 일부로 받아들여지고 그들 스스로 그곳에 '속해 있음'을 느끼는 것일 것이다. 수용이란 동료애를 느끼고 지지를 해 주는 친구와 친근하게 인사할 수 있는 이웃을 가지고 있음을 의미한다. 그러나 지역사회 구성원들은 장애인 시설인 공동생활 가정을 받아들이는 것에 다양한 반응을 보인다. 공동생활 가정을 반대하는 비율은 변화가 있기는 하지만, 일부에서는 공동생활 가정 설립 자체를 방해할 정도로 강력하기도 하다(Lubin, Schwartz, Zigman, & Janicki, 1982).

지역 사람들이 이와 같은 주거시설(예: 공동생활 가정) 프로그램을 반대하는 두 가지 이유는 (1) 자신의 재산 가치에 미치는 영향과 (2) 건강과 안전의 위험에 대한 두려움 때문이다. 그렇지만 일반적으로 지역사회 구성원들의 재산 가치는 공동생활 가정의 설립으로 인해 하락하지 않는 것으로 나타났으며, 정신지체인이 다른 일반 시민들에 비해 안전에 위협적이지 않다는 것으로 보고되었다. 따라서 이웃의 두려움은 근거가 없는 것으로 밝혀졌다. 많은 사회학자들과 공동생활 가정 운영자들은 지역사회 주거시설의 설립을 통해 지역사회 구성원들을 공동생활 가정에 초대하고, 장애인들과 지역사회 구성원들과의 만남을 갖게 하는 교육적 접근을 지지하고 있다. 그러나 이러한 교육적 노력은 지지보다는 반대가 많다(Seltzer, 1984).

> **토론 과제**
> 공동생활 가정 지지자들은 해당 지역 주민과 사업가를 만나서 일을 수행하는 과정 중 반대와 같은 어려운 문제에 부딪히게 된다. 당신은 이와 같은 현상을 어떻게 설명할 수 있겠는가?

일단 주거시설이 설립되고 나면 반대 여론은 대부분 줄어들게 된다. 재미있는 사실은 이러한 주거시설에 호의적인 사람들은 실제로 장애인 주거시설에 이웃하고 있는 사람들이라는 것이다. 그러므로 말로 설득하는 것보다는 실제 경험해 보도록 하는 것이 더 도움이 되고, 가까이 하면 할수록 장애인들을 수용하는 것이 더 쉽게 된다. 공동생활 가정의 출현 빈도가 높아진다고 해도 여전히 전체적으로 그 비율은 낮다. 그리고 가장 큰 어려움은 사용할 주택이 부족하다는 것이다. 미국의 여러 도시에 빈 주택이 있음에도 불구하고 여전히 몇 백 명의 사람들이 입주를 기다리고 있다. 그리고 상당수의 가족들은 장애인 주거 서비스가 존재한다는 사실과 어디서, 어떻게 적용되고 있는지조차 아직 모르고 있는 경우가 많다.

지역사회 '시설화'

지역사회에서의 생활이 정신지체인들에게 더 많은 경험과 기회를 제공한다 할지라도—집과 같은 환경이 주는 이점과 지역사회 내에서의 다양한 활동을 포함하여—많은 학자들은 지역사회에서도 대형 시설들이 갖고 있는 요소들이 존재함을 경고하고 있다. 더욱 우려가 되는 부분은 열의와 참신성으로 질 높은 수준의 서비스를 제공하던 몇 개의 공동생활 가정이 이제는 정형화되고 비인간적인 서비스를 제공하고 있다는 사실이다(Landesman, 1998).

지역사회 주거 형태가 시설화되는 것에 반대하는 것은 다음의 몇 가지 이유에서이다. 첫째, 정해져 있는 이웃(친분)관계를 통한 단순한 생활은 외부에서의 실제적인 대인관계 형성에는 도움을 주지 못한다. 공동생활 가정에 사는 대부분의 장애인들은 공동생활 가정의 직원이나 가족 이외에는 인간관계를 맺지 못하고 있다(Lord & Pedlar, 1991). 그리고 직원들은 거주자들에게 정상적인 가정생활의 근본 구조인 외부와 연결되도록 하는 주요한 연결점이 된다. 이와 같은 연결 관계는 공동생활 가정 거주자들 대부분이 공동생활 가정에 함께 거주하는 다른 사람들과 친밀한 관계를 형성하지 못하기 때문에 더 강력해진다. 공동생활 가정에 사는 사람들 사이의 관계는 잦은 마찰과 긴장의 연속이다.

지역사회의 작은 시설에 살고 있는 사람들은 신체적, 환경적, 정서적으로 직원에게 전적으로 의존하게 된다. 따라서 직원의 빈번한 교체는 심각한 문제를 초래한다. 불행하게도 직원들의 교체 비율은 1~6명 정도 거주하는 소규모 사립시설에서 높게 나타난다(Mitchell & Braddock, 1994: Larson, 1997). 이와 같은 현상은 사립시설에 종사하는 직원들이 훈련받지 않았거나 혹은 준비가 덜 되었기 때문이 아니라, 낮은 연봉과 열악한 처우 때문이다. 실제로 공립시설과 사립시설 간의 연봉 격차가 두 배 정도 나는데, 1982년에서 1992년 사이에 더 악화되었다(Mitchell & Braddock, 1993; Larson, 1997).

지역사회 주거시설 거주자의 일상생활이 더 경직되고 융통성 없이 운영되고 있는 것으로 보고되었다. 예를 들어 우리 일상생활의 기본적인 요소인 선택에 대한 자유와 책임에 관한 사항이다. 대개 우리들은 기상과 취침시간을 정하고, 무엇을, 언제 먹을 것인지, 어떤 옷을 입을지를 결정한다. 우리는 좋아하는 여가활동을 정하고 참여할지를 결정한다. 그러나 일부 주거시설에서는 거주자들의 선택이 무시되기도 한다. 중도 장애인일지라도 기본적인 선택을 할 수 있는 능력을 가지고 있다(11장 참조). 그러나 이들에게는 선택할 기회가 잘 주어지지 않는다(McConkey, Morris & Purcell, 1999).

이러한 경직되고 융통성 없는 경향은 면허나 자격증 기준에서도 나타나며 더 강화되고 있다. 어떤 자격증의 자격 요건은 절대적으로 필수적이라고 할 수 있다. 그러나 문서나 서류를 지나치게 강조한 결과 고객의 성과물이 무시되거나 낮은 평가를 받게 되는 결과가 초래되기도 하였다(Holburn, 1992). 또 목표와 별로 상관없는 너무 많은 행정 규정들은 그 효과가 희박하거나 역효과를 내기도 한다. 이러한 부분은 직원들과의 비인간적인 관계, 직원들의 비자발성, 소극적인 개혁(무사안일) 등의 문제를 초래하게 된다(Holburn, 1990). 게다가 시설 운영자와 직원들이 행정 규정을 따르지 않을 경우 심각한 벌칙을 받기도 하기 때문에 순응적이거나 거짓된 보고를 유발하기도 하고 오히려 강화되기도 한다(Cullari, 1984).

전문가들은 비효율적인 행정 규정을 제시하면서 고객에게 효과적인 규정을 입증하기 위한 조사와 평가방법의 중요성을 강조한다. 예를 들어 단지 6명 있는 공동생활 가정에서 고객명단을 알파벳으로 정리하는 것이 반드시 필요한 일인가(Shea, 1992)? 그와 같은 규정이 늘어나고, 그로 인해 시간이 소비될 때, 고객의 복지는 무시되는 것이다.

고객의 요구에 빠르게 대처하는 사립시설들은 불필요한 절차보다는 고객들의 성과물에 초점을 둔다(Blunden, 1988). 어떤 시설은 모든 의사결정 단계에서 고객들과 매우 밀접한 관계를 맺으며 정책이나 개선점을 수용한다. 그 시설에서는 직원들이 고객들과 의사소통하고, 서로 간의 문제를 인식하고, 가능한 해결점을 찾도록 하는 기회를 준다. 어떤 시스템은 고객의 향상을 계획하고 성과를 함께 평가하는 데 있어서 제3자를 고용하여 지원을 받기도 한다. 이런 경우 제3자는 고객, 부모, 직원, 관련 전문가들까지 포함한다.

토론 과제

최근에 학자들은 주거 서비스를 제공하는 사람들에게 일의 절차보다 고객의 결과를 책임지도록 강조한다. 당신은 일의 절차와 고객의 결과에 대한 예를 들 수 있는가? 왜 결과가 더 중요한지 설명할 수 있는가?

정신지체 중단기 요양시설 및 가정과 지역사회 중심의 서비스 Waiver 프로그램

지역사회의 공공시설 수용의 문제에 있어서 시설의 인허가를 확대하는 문제는 주거 서비스를 받는 대부분의 사람들이 특별 인가를 받은 시설에만 지원되는 저소득층 의료보험제도에 의존하기 때문에 보다 더 중요하다. 이러한 시설들의 중요한 공급원이 정신지체 중단기 요양시설(Intermediate Care Facilities-MR, ICF/MR)이다.

다양한 ICF/MR 시설들이 인가를 받았다. 작게는 3~4명의 공동생활 가정에서부터 16명 이상의 큰 시설들이 운영되기도 한다. 일부 서비스는 감독이나 훈련이 필요 없는 경도 장애인들에게 제공되지만, 또 다른 시설에서는 중도 중복장애인들에게 서비스를 제공하기도 한다. 그러나 그들 대부분은 일반적으로 저소득층 의료보험제도의 혜택을 받고 있기 때문에 관련 규정을 준수하기 위해서는 부가적인 인센티브가 동반되는 것이다.

일부 장애인의 삶의 질과 지나친 규정에 대한 우려 때문에 1981년에 의회는 저소득층 의료보험제도에 의존하는 사람들을 위한 '가정과 지역사회 중심의 서비스(Home and Community-Based Services, HCBS) Waiver 프로그램'을 법률로 제정하였다. 특히 1992년 이후에는 보다 많은 HCBS 시설이 주류를 이루었는데, 이것은 많은 ICF/MR들이 새로운 시스템으로 이동하고 있기 때문이다. HCBS 프로그램은 보다 많은 정신지체인들이 보다 소규모의 덜 제한적인 지역사회 가정에서 살 기회를 제공한다(Anderson, Sandlin, Prouty & Lakin, 1996; Smith, Prouty & Lakin, 1996).

인허가 담당자들은 관료적이며 경직되게 일을 처리한다. 예를 들어 일부 주에서는 지금도 시설의 인가를 위해 제출 서류 중에 자기 평가서를 첨부하도록 요구하고 있다. 평가서에는 최소한 시설 운영자의 경영 목표를 기재하도록 하며, 가장 중요한 성과 지표 일부를 제출하도록 한다. 그러나 어떤 주에서는 이러한 시스템들이 전체적으로 수정되었다(Newton, Ard, Horner, & Towes, 1996). 예를 들어 오리건 주 장애인 지원 서비스국은 규정보다는 결과에 초점을 맞추는 프로그램을 개발하여 운영했다. 이 프로그램은 정신지체인의 독립성, 생산성, 삶의 통합 능력 등 삶의 방식을 점검하기 위해 직접적인 관찰뿐만 아니라 직원, 장애인과 그의 가족들과의 면담을 통해 이루어진다. 이런 새로운 규정은 정신지체인들이 그들의 삶에 있어서 가치 있는 목표를 향해 계속적으로 향상될 수 있도록 돕고 있다. 이러한 변화는 반드시 필요하다. 연구에 의하면 덜 규정화 되고 더 융통성 있는 주거 시스템이 경제적인 측면에서 비슷하거나 더 적은 비용으로 더 좋은 성과를 얻게 되는 것으로 나타났다(Conroy, 1996).

성공적인 지역사회 적응의 요인

적응의 정의

일단 정신지체인이 지역사회 환경에서 성공적으로 적응을 했는지를 평가하는 것이 중요한 문제가 된다. 그러나 그 적응의 성공 여부를 어떤 방법으로 평가할 수 있을까? 적응에 대한 초기의 연구들은 주로 개인들이 새로운 환경에 잘 적응하여 남아 있는지 혹은 그들이 원래 속했던 공공 수용시설로 복귀했는지에 초점을 두었다(Haney, 1988). 이러한 방법이 성공의 최소한의 수준을 밝히기는 했지만, 가족 환경에서 지역사회 환경으로 전환된 많은 정신지체인들의 실제 생활모습의 변화를 적절히 설명하지 못했을 뿐만 아니라, 지역사회로의 적응의 문제도 고려하지 못했다.

그동안 살펴본 바와 같이, 대부분의 정신지체인은 가족과 함께 생활하지만 나이가 들어감에 따라 가족을 떠나게 되며 독립적인 환경에서 동료가 보다 더 중요하게 된다. 정신지체인에게는 독립생활도 중요하지만 그에 못지않게 자신의 힘으로 일을 시작할 수 있는 것도 중요하다. 모든 지역사회의 거주자들에게는 자급자족의 달성 정도가 중요한 성공의 지표가 된다.

독립성 향상을 측정하는 하나의 방법은 5장에서 설명한 적응행동검사(Adaptive Behavior Scale, ABS)와 같은 적응행동지수 개선 연구를 통해서 측정할 수 있다. 최근에는 독립성에 대한 연구의 영역이 개방형 가족 면담 형식이나 행동에 대한 직접 관찰을 통해 자료를 구하는 경향으로 바뀌어 가고 있다.

최근 들어 적응의 문제를 다루는 대부분의 연구에서는 개인의 삶의 질에 더욱 초점을 맞추고 있다. 지역사회 적응과 삶의 질에 대한 연구에는 적어도 다음의 네 가지 부분이 포함되어야 하는데, 그것은 신체적, 물질적, 사회적, 인지적 웰빙(Blunden, 1988)이다. 신체적, 물질적 웰빙은 더 이상 설명이 필요 없을 것이다. 사회적 웰빙은 지역사회의 다른 구성원과 주변 환경에의 접근과 같은 측면을 포함한다. 예를 들어 가족, 친구 및 동료와의 관계, 기본 적응 능력, 타인으로부터의 존경 등과 같은 종합적인 문제들이 포함된다. 인지적 웰빙은 삶의 질에 관한 주관적인 평가를 포함한다. 최근의 연구들은 적응을 이해하기 위한 요인들의 관련성을 밝히고 있다(McGraw, Bruininks, Thurlow & Lewis, 1992).

적응의 성과

적응의 문제를 다루고 있는 초기의 연구들은 대부분 정신지체인의 개인적인 특징에 초점을 맞추고 그들의 부적응행동이 지역사회 적응을 가장 곤란하게 하는 주요 요인이라고 보았다(Intagliata & Willer, 1982). 그러나 지역사회 배치 유형이 거주자들의 적응 성과와 삶의 질을 결정하는 데 큰 영향을 준다. 예를 들어 일반 가정에서 자란 아동들은 이웃으로부터 인정을 받는 반면, 공동생활 가정에서 자란 아동들은 가족 구성원과의 관계나 일상생활의 기술이 더 나은 것으로 나타났다(Chen, Bruininks, Lakin, & Hayden, 1993). 게다가 비슷한 규모의 지역사회 주거시설이라 하더라도 그들의 역할에 실제 차이가 있다. 그리고 이러한 역할의 차이는 거주자들을 위한 서비스의 성과에 영향을 미친다(Meador, Osborn, Owens, Smith, & Taylor, 1991). 사실 환경 변인(프로그램의 형태, 독립성 정도, 훈련, 교육, 직원의 태도 등)들은 IQ 같은 개인적 특성보다 적응 결과에 훨씬 더 많은 영향을 준다(Hull & Thompson, 1980).

지역사회 통합에 관한 최근의 한 연구에서는 정신지체인 대부분이 지역사회 내에서 살고 있으며 지역사회의 활동에 빈번하게 참여하고 있다고 보고하고 있다. 이들 중 일부는 그 지역사회 내에서 지역사회 구성원들과 친밀한 관계를 유지하고 있으며, 공동생활 가정에서 살고 있는 사람들 역시 다른 거주자들과 그러한 관계를 다지고 있다. 그러나 여전히 우정을 형성하는 것의 어려움은 완전 통합을 이루기 위한 하나의 장벽이 될 수 있다. 게다가 어떠한 주거 형태든 정신지체인들이 스스로의 삶을 선택하거나 통제하는 데는 너무나 많은 한계가 있으며, 그 기회가 너무 적다.

- 독립적으로 살 수 있는 기술을 가르치는 것과 고객들이 선호하는 다른 새로운 방법들을 강조하라.
- 정신지체인 자신이 배우고자 하는 것을 말하도록 격려하라.
- 어떻게 선택하는지에 관한 방법을 정신지체인에게 가르쳐라.
- 예정된 활동과 여가시간 가운데서 선택할 기회를 주라.

그림 14.3 선택과 주거를 제공하는 방법

출처: D. J. Bannerman, J. B. Sheldon, J. A. Sherman, & A. E. Harchick (1990), Balancing the right to habilitation with the right to personal liberies: The rights of people with developmental disabilities to eat too many doughnuts and take a nap. *Journal of Applied Behavior Analysis*, *23*(1), 79–89.

분명히 장애인을 위한 **재활**(habilitation)의 목표가 정신지체인에게 '그들 자신 스스로 한다'는 것에 모든 자유를 주는 것으로 만족할 수 없다. 많은 정신지체인들은 특히 건강, 의약, 잠재적인 사회적 낙인을 포함하는 문제들에 대한 감독, 안내, 훈련이 반드시 필요하다. 그러나 서비스를 제공하는 사람들은 개별 장애인들을 위한 재활 계획 내에서 의사결정하는 것을 지도하고 독려해야 한다(Bannerman, Sheldon, Sherman, & Harchik, 1990; Wehmeyer, 1992). **그림 14.3**은 몇 가지 선택할 수 있는 훈련 프로그램의 예시이다.

많은 정신지체인들은 중요한 문제인 어디서 일을 해야 할지, 아니면 어디서 살아야 할지를 결정할 능력이 있다. 결국 이러한 결정을 내릴 때 질문을 할 수도 있고 필요한 정보도 스스로 찾을 수 있겠지만, 대개 그들이 이러한 기술들을 자발적으로 사용하기 전에 대안을 확인하고, 결론을 판단하고, 필요한 자원을 찾는 것을 분명히 학습해야 한다. 새로운 상황에 적응하기 위해서는 상당한 연습도 필요하다(Foxx, Faw, Taylor, Davis, & Fulia, 1993). 이처럼 선택 기술을 지도하는 방법으로는 모델링, 역할 놀이, 집단 토의, 연습, 자기관리 및 자기조절 절차 등이 있다(11장 참조).

보다 많은 의사결정 과정에 참여하기 위해서는 지역사회에 거주하는 정신지체인들이 그들의 친구를 사귈 수 있는 기회가 더 많아져야 하며, 또 친구를 사귀는 기술을 습득하는 것이 필요하다. 그러나 관계 형성에 중요한 원천은 자신들의 가족이며, 가족의 참여는 지역사회 시설에서의 개인의 생활과 높은 상관관계를 갖는다(자료에 의하면 대략적으로 81%의 가족이 적어도 한 달에 한 번꼴로 방문을 하는 것으로 알려져 있다). 그러나 그 가족들이 정신지체인들의 생활에 참여할 수 있는 기회는 지역사회 주거시설의 특성이나 시설이 제공하는 기회에 따라 좌우된다(Baker & Blacher, 1993). 몇몇 지역사회 주거시설들은 가족의 참여가 오히려 성인이 된 정신지체인들에 대한 부모의 '간섭'이라고 여겨 반대하기도 한다. 그러나 형제간의 방문은 공동생활 가정 관리자들의 스트레스를 줄여 주는 것으로 나타났으며, 또한 정신지체인들이 가족과 밀접한 유대감을 형성하고자 한다면 지역사회 시설관리자들은 생활에서 가족들이 편안하고 합법적인 부분을 담당할 수 있는 방법들을 찾아야 한다(Blacher & Baker, 1992; Stoneman & Crapps, 1990).

독립(혹은 지원)생활

모든 사람이 동의하는 바와 같이 정신지체인을 위한 궁극적인 목표는, 많은 정신지체인들이 그렇게 하고 있지만, 그들의 독립생활과 의사결정이라고 할 수 있다. 보다 많은 정신지체인이 이러한 목표를 달성할 수 있도록 하기 위해 독립생활 훈련 프로그램이 개발되어 왔다. 그동안 이루어진 많은 연구에 의하면 그러한 훈련은 독립적인 환경에서의 장기적인 적응과 관련이 있다. 그러나 더욱 중요한 사실은 이러한 훈련 프로그램의 성공은 단순히 기술 지도보다는 대인관계 형성 훈련과 지속적인 지원이라고 할 수 있으며(Lozano, 1993), 그들이 독립적으로 살아가는 데 보다 많은 영향을 미친다. 프로그램 담당 직원은 중요한 지원자가 될 수 있으며 후원자가 되어 정신지체인과 이웃, 지역사회 다른 구성원들이 관계를 형성해 나가는 데 도움을 주고 안내해 준다.

독립적으로 생활하는 많은 정신지체인들은 나이가 들면서 더욱 더 삶에 있어서 자신감을 얻게 되며, 또한 시행착오를 거치면서 성공과 실패를 경험하기도 한다. 다시 말해 정신지체인도 정상인처럼 독립적인 삶을 살아 보고자 할 때에는 실제적인 삶에서 독립성을 가장 잘 배울 수가 있다. 따라서 정신지체인의 능력을 확인시켜 주고 그들 스스로 살 수 있는 권리를 확보해 주는 프로그램들이 독립생활 능력의 개발을 용이하게 한다(Lozano, 1993).

장애 정도가 심할수록 생활에서 분명히 더욱 많은 도움과 지원을 필요로 한다. 성공의 가능성과 실패의 위험을 떠나 일단 시도해 보아야 한다는 중요한 원칙은 어떠한 학습 상황에서도 적용된다. 이러한 이유 때문에 점점 더 많은 사람들이 지체의 심각도에 상관없이 정신지체인 자신의 가정에서 지원하는 것을 옹호한다.

독립이라는 단어가 상대적인 용어라는 사실을 인식하는 것이 중요하다. 장애가 있든 없든 상관없이 실제 혼자서 살고 있거나 혼자 살기를 원하는 사람은 별로 많지 않다. 대신에 친밀한 관계나 동반자 관계, 조언 등을 목적으로 재정적, 물질적, 도덕적 혹은 정신적인 영역에서 누구나 친구나 가족에 의지하게 된다. 누가 실패를 경험하지 않겠는가? 한 번이든 그 이상이든 우리 모두는 끊임없이 실패를 경험한다. 성공 경험의 대부분은 적어도 한 번 혹은 여

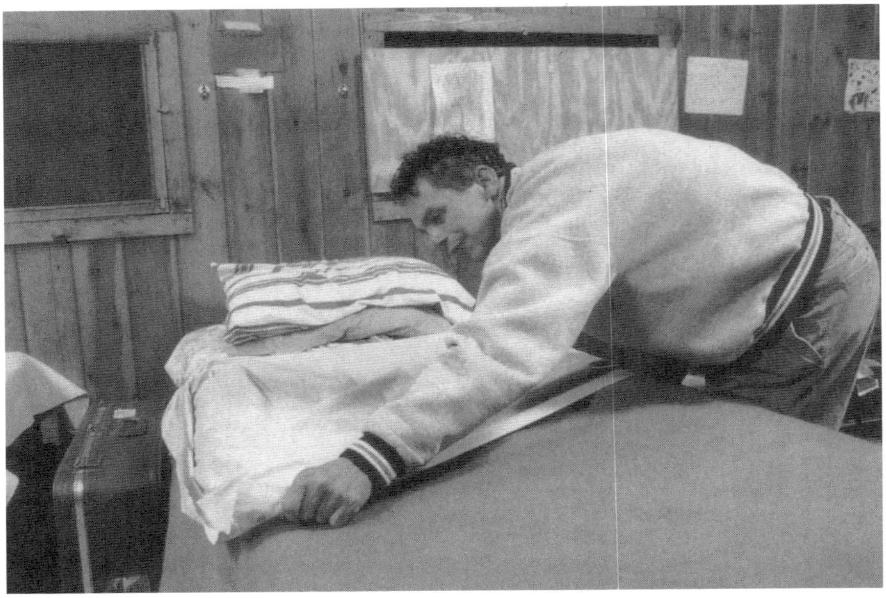

독립생활은 많은 정신지체인의 현실적인 문제이다.

© S. D. Young-Wolfe/PhotoEdit

러 번의 좌절된 경험에서 유래한다. 실패는 매우 보편적인 것이며 피할 수 없는 것이기 때문에 인내심을 키우는 것이 더욱 중요하다. 가장 성공적인 사람은 가장 인내심이 있는 사람일 것이다. 그러나 정신지체인은 독립적으로 사는 것이나 지역사회에서 산다는 것에 실패하였을 때 그들은 아직 준비가 되지 않았다고 판단되어 보다 제한적인 상황으로 돌아가게 된다 (Edgerton, 1988). 만일 정신지체인이 적응에 성공하도록 한다면 새로운 환경에 도전할 기회를 가져야 한다(비록 그것이 옷을 입는다거나 샌드위치를 만드는 등의 아주 간단한 일에서 시작된다고 할지라도). 정신지체인 자신, 가족, 서비스 제공자들 역시 실패를 감수해야 하며, 실패하였을 경우 그 실패의 경험을 이용하여 그들이 다시 자신감을 가지고 재도전할 수 있는 의지를 갖도록 해야 한다.

노동

사전적인 정의의 노동(work)은 무언가를 생산하고 달성하기 위한 신체적 혹은 정신적인 노력이나 활동을 말한다. 이러한 의도적 실행은 성인의 생활에 있어서 매우 중요하다. 우리는 노동을 통해 유용한 사람이 되고 우리 자신에 대한 존엄성을 확인하게 된다. Freud는 노동의 중요성을 강조하면서 건강한 발달의 원동력은 일하고 사랑하는 능력이라고 말했다. 비록 보다 넓은 의미에서 노동이 (아니면 적어도 그 한 부분으로서) 단지 월급을 받는 하나의 수단일 수도 있지만, 인간적인 발전의 중요한 요소임은 분명하다.

노동은 정상인과 마찬가지로 정신지체인에게도 동일한 역할을 한다. 노동은 정신지체인의 자아존중감을 높여 주고, 사회화의 기회를 제공하며, 지역사회 내에서 확고한 역할과 위치를 제공하고, 자립이나 독립의 척도를 가늠할 수 있는 노동의 대가인 임금을 준다. 실제로 연구에 의하면 중도 정신지체인에게도 임금을 받기 위한 노동은 인지 능력을 증가시킨다고 보고되고 있다(Gersten, Crowell, & Bellamy, 1986).

보호 작업장

1960년대 이전에는 일반적으로 정신지체인은 독립적인 노동 능력이 없다고 간주되었다. 그러나 1960년대에 들어와서 보호 작업장과 주간 보호지원 프로그램이 진행되면서부터 정신지체인도 일을 배우고 기술을 익힐 수 있는 기회가 생기게 되었다. 그러나 보호 작업장이 이들에게 고용의 기회를 제공한다 하더라도 여기에는 치명적인 단점이 있다. 여기에서는 정신지체 노동자들이 다른 일반 노동자들과 분리되어 있고, 지역사회에 통합할 기회를 가지지 못했다. 실제로 매우 적은 수의 사람들이 보호 작업장에서 지역사회 내의 직장으로 전환될 수 있었으며, 임금 역시 아주 낮은 액수였다. 작업장에서 요구하는 기술은 단순하고 반복적인 노동일 뿐만 아니라 다른 작업과 쉽게 호환도 잘 되지 않았다(Rusch, 1986). 보호 작업장이 현재도 운영되고 있고 대략 백만 명의 미국인들이 고용되어 있지만, 정신지체인들이 지역사회 직업 내 작업장으로 전환되는 것을 계속 강조하고 있다.

지역사회 고용

정신지체인이 일할 수 있는 기회는 증가하고 있다. 미국에서뿐만 아니라 국제적으로도 지역사회 중심의 노동기회 제공을 강조한다(Parmenter, 1993). 1970년대 초기의 연구들에 의하면 중도 정신지체인조차도 적절한 훈련과 지원을 받기만 한다면 복잡한 형태의 업무를 배우고 수행할 수 있는 능력이 있다고 주장했다. 게다가 재정적인 지원을 제공하는 연방정부나 주정부에서도 이들의 임금에 대한 불이익을 없애고 노동에 대한 정당한 인센티브를 제공하는 것을 강조하고 있다(Mayer, Laird, & Trach, 1992). 지역사회의 고용이 가져다주는 장점으로는 경쟁력 있는 임금, 사회 통합 및 사회화, 사회적 낙인의 감소, 직업 선택에 있어 다양성과 선택의 기회 제공을 들 수 있다.

정부 주관 프로그램에서는 이들의 고용시 불이익을 주는 사례는 감소시키고 있지만, 아직도 상당한 불이익이 남아 있어 정신지체인들의 경쟁고용에 방해가 되고 있다. 그러나 어떠한 형태의 장려책이든 억제책이든 간에 실제로 서로 모순이 될 수밖에 없다. 이들에게 있어서 노동은 장려책이 주어질 때(예를 들어 필수적인 건강상의 문제와 상관없이도 노동이 가능하다든지)에는 다른 기타 여러 가지 부가가치 외에도 보다 큰 매력을 갖게 된다. 또 다른 경우에 있어서 노동자가 일의 대가로 여러 가지 혜택을 누리기도 전에 그 일에 부적합하다고 판단하는 경우도 있다. 분명히 여기서 용어의 정의상 노동에 부적합하다고 판단하는 것은 노동의 기회를 박탈하는 것이다. 그러나 만일 노동에 있어 적합성의 문제보다 정신지체인들에게 효율적으로 노동을 가능하게 하는 데 초점을 맞춘다면 노동자는 더 생산적이 되고 더 많은 노동의 대가를 받을 수 있을 것이다(Walls, Dowler, & Fullmer, 1990).

이는 정신지체 고용자들이 대부분 아르바이트 정도의 노동이 가능한 반면, 독립적 성격이 강하고 고소득의 장시간을 요하는 노동은 어렵다는 점에서 중요한 의미를 갖는다. 게다가 그들이 할 수 있는 노동은 건강보험조차 거의 보장되지 않는다. 만약 이 사람들이 중요한 건강상의 문제와 관계없이 아르바이트를 할 수 있다면 국가의 예산에 의존하는 것을 줄일 수 있으면서도 동시에 사회에 공헌할 기회를 가지게 된다.

실제로 지역사회에서의 고용은 여러 가지 경제적인 장점이 있다. 여러 연구 결과 무엇보다도 노동자들은 보호 작업장 환경보다 지역사회 내 작업장에서 훨씬 더 높은 소득을 올린다고 한다(Schuster, 1990). 더 높은 수입을 올릴수록 국가의 예산에 의존하는 것이 줄어들게 되고, 경제적으로 스스로 자립할 수 있는 부분이 (비록 부분적이기는 하나) 많아지게 된다. 이는 세금을 납부하는 사람들에게도 이득이 된다. 물론 경쟁고용에서 노동자들은 역시 스스로 세금을 납부하는 납세자가 된다. 마지막으로 일반 사업체에서는 그 경영에 드는 경비가 사업주에게 있는 반면, 보호 작업장 시설에서는 경비가 주로 공적인 자금이 사용되게 된다.

고용주들에게도 정신지체인을 고용하는 것이 이득이 될 수 있다. 그 한 예로 정신지체인이 고용 현장에 적응하는 데 걸리는 첫 2년 동안 세금을 보조받을 수 있다(Conley & Noble, 1990). 게다가 훈련기간이 연장됨에 따라 고용된 정신지체인들의 임금을 정부에서 지원하는 프로그램도 있다. 또한 훈련기간에는 사업체가 아닌 서비스 제공처에서 파견된 **직무 지도원**(job coach)이 그들의 교육을 전담한다. 게다가 정신지체인들도 책임이 막중한 업무를 맡기도 하며, 오랫동안 재직하는 신뢰할 수 있는 근로자가 되기도 한다.

결론적으로 지역사회의 고용은 정신지체인에게 하나의 새로운 시야를 제공하는 것이며, 다른 일반인에게도 정신지체인 역시 성공적이고 생산적인 삶을 살 수 있다는 것을 보여 주는 기회를 제공한다. 이런 가능성이 확대될수록 정신지체인의 일상적인 노동과 생활이 가능할 수 있다는 점에 대한 일반인들의 기대 역시 커지게 된다. 또한 일반인들은 정신지체인이 가지고 있는 지적 능력의 차이를 자연스럽게 수용하게 되고 보다 많은 부분을 인정하게 되며, 나아가 그들이 사회에서 낙인이 찍히는 것을 줄일 수 있게 되는 것이다.

노동 현장에서 성공의 척도는 직업 유지, 임금 인상, 기타 복지사항이 얼마나 증가했느냐, 그리고 노동자의 일에 대한 만족도이다. 많은 정신지체인들은 경쟁 노동환경에서도 성공적으로 근무하고 있다. 그러나 그렇지 못하다면 경쟁고용 환경에서 정신지체인들이 실패하게 되는 원인은 부적합한 사회적 행동이다. 정신지체 노동자들이 실직하는 다른 원인으로는 느린 작업속도, 외적으로 나타나는 창의력 부족, 의사소통의 기술적인 문제, 호감을 주지 않는 외모, 자주 결근하는 건강상의 문제들이다(Lagomarcino & Rusch, 1988).

지역사회에서 성공적으로 고용이 이루어지는 두 가지 주요한 요인은 개인적인 자립 여부와 적응력이다. 고용주들이 원하는 노동자는 자신의 일을 스스로 완수할 수 있고, 노동 현장에서 변화에 적응해 나갈 수 있는 융통성을 가진 사람이다(Rusch, Martin, & White, 1985).

훈련과 지원

정신지체인의 성공적인 고용을 위해서는 훈련과 지원이 더욱 필요하며, 이를 위한 프로그램이 현재 활발하게 진행 중이다. 이러한 프로그램들은 대부분 훈련 과정을 세분화하여 정신지체인이 점진적으로 지역사회의 노동 현장에 투입되도록 하고 있다. **그림 14.4**는 이러한 단계의 한 모형이다.

프로그램이 대개 **그림 14.4**에 제시된 다섯 단계를 따르고 있지만, 최근 연구에서는 더 많은 단계를 제안한다. 일반인에게 있어 직업을 바꾸는 것은 자기 경력을 개발하는 데 매우 중요한 부분이다. 새로운 경험을 하게 되면 자신의 능력과 적성에 대해 더 많이 알게 되고 나아가 새로운 기회를 얻어 한 단계 발전된 경력을 갖게 된다. 그러나 정신지체인에게 있어서 그들이 업무상 실수를 하지 않는 이상 현재의 일에 계속 머무르게 되는 것이 당연한 것처럼 가정하는 경향이 있다(Pumpian, Fischer, Certo, & Smalley, 1997). 지원고용 모형은 정신지

1단계: 가능한 직업과 그 직업에 필요한 기술적인 측면을 확인하라.
2단계: 필요한 기술을 지도하도록 지역사회에 기반을 둔 훈련 장소를 만들어라.
3단계: 지역사회 환경 내에서 단기 훈련 프로그램을 제공하라.
4단계: 정신지체인들을 6개월 내에 목표로 한 직업에 배치하라.
5단계: 훈련과 지원의 강도를 줄이고 장기적으로 추적 관리하라.

그림 14.4 성공적인 지역사회 고용을 위한 단계

출처: J. L. Gifford, F. R. Rusch, J. E. Martin, & D. M. White (1984), Autonomy and adaptability in work behavior of retarded clients. In N. R. Ellis & N. W. Bray (Eds.), *International review of research in mental retardation*. New York: Academic Press.

체인이 평생 자연스러운 직업의 변화가 필요하다는 점을 인식해야 한다.

다음은 고용주들이 근로자에게 요구하는 몇 가지 자질을 열거한 것이다.

1. 지시사항을 따르고 필요할 때 도움을 요청하는 능력
2. 비판에 유연하게 대처할 수 있는 능력
3. 다른 동료들과 협조할 수 있는 태도
4. 다른 사람들과 격의 없이 인사하고 대화할 수 있는 의사소통 기술(Chadsey-Rusch, 1990)

11장에 제시된 많은 기술들—예를 들어 촉진, 자기관리, 심상화 전략—은 정신지체인들이 작업환경에서 성공하기 위한 사회적, 행동적 기술을 익히는 데 필수적인 요소들이다. 예를 들어 자기관리 훈련 기술은 훈련을 용이하게 하기 위해 외적 단서 및 스스로 만든 단서 모두를 사용해야 한다(Rusch, Martin, & White, 1985). 어떤 경우에는 직업 훈련을 받는 사람이 다른 근로자들이 휴식시간을 이용하려 할 때 외적 단서를 사용하여 이를 학습할 수 있고, 또는 다른 정상인 노동자들이 휴식 공간으로 들어가는 것을 보면서 자신도 휴식시간이라는 것을 알아차릴 수 있다. 내적인 신호로는 휴식시간을 알기 위해 소형 손목 신호기를 사용할 수 있다.

토론 과제

노동 현장에서 단서의 형태로 활용할 수 있는 다른 자극들이 있을 수 있는가?

1. 사회적 기술의 중요성 설명
2. 바람직한 행동의 많은 예들을 관찰할 수 있는 기회 제공
3. 역할 놀이를 통한 목표행동의 연습
4. 행동에 대한 정확하고 구체적인 피드백

그림 14.5 사회적 기술 훈련의 4요소

출처: F. R. Rusch (Ed.). (1990), *Supported employment: Models, methods, and issues*. Sycamore, IL: Sycamore.

정신지체인이 작업 현장에서 직면하게 되는 문제를 어떻게 해결해야 할지 모르는 경우가 발생할 수 있다. 예를 들어 사용자가 무거운 장비를 옮겨 줄 것을 요구할 때 어떻게 효과적으로 도움을 청할 것인가를 몰라서 단순히 화를 낸다거나, 다른 부적절한 행동으로 대응할 수도 있다. 행동관리 기법은 이러한 사회적 상황에서 어떻게 문제들을 해결해 나갈 것인가에 대한 기술을 가르친다. 역할 놀이 기법은 적절한 사회적 기술을 가르치는 데 유용하다(Shafer, Brooke, & Wehman, 1985). 정신지체인 근로자들이 만일 그들이 작업장에서 일어날 문제 상황을 미리 연습해 볼 수 있다면 훨씬 성공적으로 적응해 나갈 것이다. 그림 14.5는 사회적 기술을 가르치기 위해 설계된 프로그램의 필수 요소들을 기술하고 있다.

비록 실제와 유사하게 상황을 재연하는 것이 사회적이고 실제적인 기술을 가르치는 데 효과적이긴 하나(Shafer, Inge, & Hill, 1985) 실제로 지역사회 환경 내에서의 훈련이 현장 작업환경에 적응하는 데 보다 더 효과적이다. 왜냐하면 이는 새로운 상황에 대한 일반화가 필요하지 않기 때문이다. 지원고용 프로그램은 전통적으로 경쟁고용이 불가능하다고 여겨졌던 사람들에게 성공을 확신하도록 돕기 위해 현장에서 직업 훈련을 시행한다.

지원고용

지원고용 서비스는 재활시설이나 주나 군의 정신지체 또는 정신건강 기관, 주거시설 및 기타 기관에 의해 제공되며, 특별한 프로그램을 통해 학교와 직장에서 서비스가 제공되기도 한다. 어떤 시설에서 지원고용 서비스를 제공하느냐는 문제가 되지 않는다. 다시 말해 중요한 것은 개인적 욕구를 직업 훈련을 통해 발현시키는 것이지, 어떤 시설이 지원 서비스에 적합한가를 놓고 논란을 벌이는 것이 아니다.

개별 배치(individual placement), 집단 배치(clustered placement), **이동 작업 모형**(mobile crew model), **기업체 근무 모형**(entrepreneurial model) 등이 지역사회 지원고용 프로그램에

POINT

1972년에 켄터키 주 북부 3개의 부모 연합회가 NKAR(Northern Kentucky Association for the Retarded)을 결성했고 현재는 **Point**가 되었다. 정신지체 아들을 둔 Judy Gerding이 단체의 회장이다. 이 사설 비영리조직은 수백 개 지역의 개인들에게 교육, 직업, 그리고 지역사회의 주거 환경을 제공하고 있다. 이 단체는 레스토랑, 세탁소 및 용역업체 등의 작업 공간을 확보하여 정신지체인들이 지역사회에서 직업을 준비하도록 하고 있다. 오른쪽 사진의 두 여성은 켄터키 주 Corvington의 Point 레스토랑에서 일하고 있는 여성들이다. 이들은 이곳에서 훈련기간이 끝나고 나면 음식 업체에서 종사할 수 있는 기능을 습득하게 된다. 다음 면담 발췌에서 헌신적인 부모이자 이 단체의 회장인 Judy Gerding은 Point의 성공적인 직업교육 실태와 당면한 어려움에 대해 논의하였다.

이 사람들은 '일'의 가치를 경험하고 있다.

Lynda Crane

우리는 1982년 8월에 Point 레스토랑을 음식업체에 종사할 사람들을 위한 하나의 훈련장소로 열었다. 그것은 아주 성공적이었다. 우리는 그 분야에 175명을 배치했고, 한 번에 비록 3, 4명 정도밖에는 교육을 시키지 못하지만 그것으로 충분하다고 생각했다. 불행하게도 식품업체들은 우리가 보낸 사람들을 세금 명부에 올렸다. 왜냐하면 그들은 22시간 이상의 노동시간을 요구하지 않기 때문이다. 22시간 이상의 노동에 관해서는 수당을 지급해야 하기 때문이다. 그래서 정신지체인들은 세금 명부에서 빠지기 위해서 두 가지 직업을 갖기도 한다. 다른 한편으로, 22시간 정도는 정신지체인들에게 적당한 노동시간이다. 그래서 역시 장단점이 있게 마련이다.

레스토랑이 성공적으로 운영되자 우리는 1984년 Arc를 통해 청소를 담당하는 용역업체를 시작했다. 우리 회사원들은 오후 3시경에 만나 11시 혹은 자정까지 일을 한다. 우리는 상당히 좋은 조건으로 계약을 체결한다. 회사 중 세 군데는 매일 일을 하고, 그 중 하나는 12년이나 된 회사도 있다. 1주일에 두 번 아니면 한 번 정도 일을 하는 회사가 많다. 레스토랑과는 달리 이 회사에서는 몇몇 고용인들이 40시간의 노동을 하기도 한다. 그렇게 일을 할 수 있는 사람에게는 아주 좋은 조건인 셈이다. 최근에 우리는 두 번째 차량과 선박을 구입했다. 일의 수요가 그만큼 있는 것이다. 5년 전부터는 세탁 전문 회사를 설립해서 작은 호텔이나 육아시설, 세탁소에서 일을 할 수 있도록 교육하고 있다. 이것 역시 성공적이었다. 우리는 170만 파운드의 세탁물을 취급하고 더구나 고등학교 학생들을 위한 직업교육의 장까지 마련해 주고 있다. 이 세탁업체는 지역사회에서 아주 중요한 위치를 차지하고 신시내티 시 Omni and Crowne Plaza 호텔의 모든 세탁물을 맡아서 하고 있다.

포함된다(Rusch & Hughes, 1990). 개별 배치 모형은 정신지체인을 지역 연고의 소규모 사업장에 소개시켜 주고 훈련받는 동안 지원하는 것을 뜻하며, 이 모형은 차츰 지원을 줄여 나가게 된다. 이와 비교하여 다른 세 개의 모형은 모두 집단이란 점에 초점을 맞추고 있다. 집단 배치 모형은 같은 일을 하는 사람들이 모여서 일하는 사업장을 의미하며, 이동 작업 모형은 같은 일을 하는 여러 사람들이 제 각각의 지역에서 일하는 형태를 가리킨다. 이동 작업 모형의 사례는 420쪽의 글상자에 나와 있다.

기업체 근무 모형이란 기업(특히 제조업 등)에 정신지체인들을 조립공정에 취직시키는 것이다. 기업은 마케팅과 근무시설을 제공하고, 정신지체인 조합은 노동력을 제공한다. 이때 정신지체인은 통합 환경에서 일반인과 함께 일하는 경험을 쌓게 되며, 이 모형은 최근의 지원고용 형태의 주류라고 할 수 있다(Baumeister & Morris, 1992).

최근에 가장 관심을 끄는 모형은 개별 배치 모형이다. 왜냐하면 이 모형이야말로 지역사회 통합과 더불어 가장 현실성 있는 근로 기회를 체험하게 해 주기 때문이다. 여기서 거론한 모든 지원고용 모형들은 정신지체인이 실제로 사업장에서 일하는 것과 훈련된 기술의 적용을 목표로 하고 있으며, 이 모형은 고용주의 필요에 부합하는 서비스 제공, 그리고 정

적절한 훈련과 지원은 정신지체인의 성공적인 취업을 촉진한다.

Michael Newman/PhotoEdit

- 출퇴근 가능한 거리의 유급 근로 기회
- 고용주의 만족을 위해 일한다는 확실한 직업의식
- 작업장의 사회적, 물리적 환경에 적응된 동료들
- 지속적인 고용 지원
- 고용을 지속할 수 있도록 조직을 계속적으로 지원

그림 14.6 지원고용 서비스 프로그램의 기본적 성격

출처: J. S. Trach (1990), Supported employment program characteristics. In F. R. Rusch (Ed.), *Supported employment: Models, methods, and issues*. Sycamore: IL: Sycamore Publishing.

신지체인의 작업의 성공을 위한 행동 지침 및 기술의 사용, 직장의 발전을 위한 서비스 조직능력 계획을 명시하고 있다(Trach, 1990). **그림 14.6**에 지원고용 서비스의 목표가 명시되어 있다.

정신지체인이 일단 직장에 배치되면, 고용주와 근로자 간에 좋은 관계를 형성하는 데 초점이 맞춰져야 한다. 좋은 직장 환경 때문에 성공하는 사례가 많음에도 불구하고, 불행하게도 이 부분에 대해선 별로 주목하지 못하고 있다. 우리는 직업 선택은 개인이 자신의 가능성과 직업수행 능력을 고려하여 선택할 권리가 있다고 여기지만, 종종 정신지체인은 이에 대해 선택할 만한 능력이 없다고 간주한다. 그러나 이와는 반대로 지원고용 프로그램은 그 대상자, 즉 정신지체인이 가능한 주체가 되어 실행되어야 한다.

만일 정신지체인이 자신이 좋아하는 직업을 결정하였다면 자신이 좋아하는 직무와 싫어하는 직무를 표현하는 것에 익숙해져야 한다. 일단 자신이 좋아하는 일이 뚜렷해지면, 지역사회에서 그 일을 시도해 봄으로써 구직자는 자신이 선호한다고 예상했던 직업이 정말 자신이 좋아하는 직업이 맞는지를 알아내게 된다.

지원고용이란 자신이 좋아하는 직업을 찾는 것에서부터 고용 이후 점진적으로, 그리고 장기적으로 구직자를 지원해 주는 것까지 포함하는 다양한 진행 과정이다. 이 과정은 **표 14.1**에 기록되어 있다.

표 14.1은 미래의 고용주와 현 고용주들이 정신지체인이 직업에 있어서 더 나은 성공을 달성하는 데 필요한 작업환경 조성방법과 동기부여 방법에 대해 설명해 주고 있으며, 이 과정은 과제의 일부분을 제거하거나; 다른 동료들과 그 일을 함께 완성하거나, 과제의 수행방법을 바꾸거나, 혹은 그 과제가 수행될 수 있도록 제한하는 시간을 변화시키는 것을 뜻한다. 또한 이것은 과제 수행시 다루는 기구를 색깔로 구분해 줄 수도 있다. 정신지체인에게는 이

표 14.1 지원고용의 단계적 접근

단계	예
1. 공공지원의 경제적인 부분을 명확히 하기	직종 결정 전 장애로 인해 감수해야 하는 급료 손실을 최소화할 방법을 강구한다.
2. 가능 직종 결정하기	그 직종에서 가장 좋은 6개의 근무처를 작성한다.
3. 잠재 고용주를 만나서 누가 이 고용지원에 참여할 지를 확인하기	첫 대면은 메일로 이루어질 수 있으며, 그 다음은 전화로 접촉한다.
4. 지역사회 일자리 창출 사이트 구축하기	기초적인 수준의 일을 기술 습득을 위해 무보수로 도움을 받으며 보조직이나 시간제로 일해 본다.
5. 고용주와 근로자 알선하기	정신지체인이 좋아하는 직종과 기술, 능력을 대응해 알선한다.
6. 시범 근로해 보기	정신지체인은 선택한 한두 개의 작업장에서 차례로 하루에 몇 시간씩 몇 주간 동안 일해 본다.
7. 작업 수행 능력에 대해 자기 평가하기	정신지체인은 업무에 대해 자신이 생각한 자신의 능력이 고용주의 평가와 얼마만큼 일치하는지 알아본 후 직장을 결정한다.
8. 작업환경 조성하기	작업환경이 장애인에게 진입 장벽이 되지 않게 개선한다.

출처: J. E. Martin & D. E. Mithaug (1990), Consumer-directed placement. In F. R. Rusch (Ed.), *Supported employment: Models, methods, and issues*. Sycamore, IL: Sycamore.

런 단순한 배려가 직업에 있어서의 성공과 실패를 가르기도 한다.

간접 서비스

지원고용은 고용주와 근로자에게 직접적인 지원을 하는 것 외에 근로환경 개선과 같은 간접적이고 확장된 지원을 제공해서 정신지체인이 직장에서 성공할 수 있도록 돕는다. 이런 간접 지원고용은 직업 훈련과 상담, 신입사원에게 필요한 요소, 무엇이 일을 수행하는 데 도움이 되는지에 관한 논의 등을 담은 동료들과의 토론을 포함한다(Buckley, Mank, & Sandow, 1990). 정신지체인이 경쟁고용 환경에서 근무할 때 동료들은 가장 큰 지원자가 된다. 그리고 그들도 정신지체 동료에게 도움을 줌으로써 사내 통합에 기여할 수 있는 새로운 인간관계 기술을 배우게 된다. 그렇지만 비록 동료들이 가끔씩 지원과 훈련(단순한 제스처 또는 친구 사이에 하는 걱정 등)을 제공한다고 하더라도 일반 동료들의 체계적 교육이 실제로 정신지체 동료를 돕는 데 필요하다는 것이 연구 결과 밝혀졌다. 왜냐하면 일반인은 정신지체인이 어떻게 해야 무엇을 더 쉽게 배우는지, 혹은 정신지체인의 학습 피드백 과정을 잘 모르기 때문이다.

동료들의 이런 체계적 교육 여부와 관계없이 일반 동료들의 정신지체인에 대한 태도는 일의 성공과 실패를 가르게 된다. 정신지체인에게 일반 동료의 태도란 매우 중요하기 때문에 정신지체인의 고용을 돕는 자들은 작업장에서의 태도와 분위기를 파악하는 게 주된 업무가 된다. 이런 이유로 한 근로자의 작업 성취도는 그들 자신이나 고용인에 의해 결정되기도 하지만, 그들의 동료에 의해서도 판단될 수가 있다(Hughes, Rusch, & Curl, 1990). 이러한 정보는 그 작업장의 문제를 시정하는 데에 많은 도움을 준다.

토론 과제

한 패스트푸드점에서 일반 근로자가 자신의 정신지체인 동료가 일을 안 해서 화가 났으며, 어느 날 정신지체 동료가 청소를 하는데 식탁 밑에 음식 찌꺼기를 남겨 놓는 것을 보았다고 가정해 보자. 더군다나 그가 동료들에게 정신지체인을 동료로 받아들이지 않는다고 한다면, 이런 상황을 개선하기 위해 당신은 어떠한 일을 할 수 있겠는가?

지원고용 프로그램은 근로자, 고용주, 직장 동료의 요구에 집중해야 할 뿐만 아니라, 직장 경험에 도움을 줄 전문가의 중요성도 생각해야 한다. 재활 훈련 상담가(혹은 취업 전문가) 말고도 특수교육 교사, 심리학자, 물리치료사, 간호사, 지역 도우미, 직업 심리치료사들이 정신지체인이 사회에 적응하는 것을 돕고 있다. 그러나 각 교육과정의 역할, 기능 및 목표를 통합하는 것이 정신지체인 개인의 삶의 목표를 형성하는 데 가장 중요한 일임에도 불구하고, 각각의 훈련 담당 교사들이 서로에 대해 너무 모르고 있는 경우가 많다. 이것이야말로 "난 그냥 특수교육을 받고 싶은데, 왜 지원고용 서비스에 대해 알아야 해?"란 학생의 질문에 대한 해답이 된다. 각각의 지도자들은 자신의 직업 관련 역할에 대해 전체적인 맥락을 파악해야 하며, 더 이상 자신의 역할에만 시야를 고정해서는 안 된다. 다시 말해 우리의 교육과 훈련은 좀 더 넓은 시각에서 이루어져야 한다(Szymanski, Hanley-Maxwell, & Parker, 1990).

지원고용 분야는 점점 성장하고 있다. 많은 지원고용 프로그램이 그것을 수행할 전문가가 없어서 지연되고 있으며, 현재 나타나고 있는 인적자원의 부족은 수년 내로 증가될 수요를 보여 주고 있다. **그림 14.7**은 이러한 지원고용 프로그램을 수행할 전문가들이 어떠한 성

지원고용 서비스에 참여하는 대부분의 전문가들은 교육학, 심리학, 사회사업, 사회학, 재활상담과 같은 분야의 학위를 갖고 있다. 이 분야에 도전하고자 하는 사람은 다음과 같은 지식과 기술을 습득하고 있어야 한다.

- 행동분석과 경영기술
- 체계적 교육법
- 통계자료를 분석할 교육 소양
- 장애인을 위한 학습 프로그램 개발 능력
- 응급의료 수련
- 중복 장애를 가진 사람에 대한 의학적 접근
- 다른 전문가나 장애인 가족과 조화할 수 있는 협동심
- 장애인을 위한 직업 성장 경험
- 장애인을 위한 법적 지식

그림 14.7 지원고용 프로그램을 주도하는 전문가들이 받아야 하는 교육

출처: J. M. Everson (1991), Supported employment personnel: An assessment of their self-reported training needs, educational backgrounds, and previous employment experiences. *Journal of the Association for Persons with Severe Handicaps*, *16*, 140-145.

격을 가져야 하며 어떤 교육을 받아야 하는지를 정리해 놓았다.

지원고용 전문가는 주민 센터나 사회시설의 일원으로 가족과 고용주 또 다른 사회기관으로부터 지원을 요청하고 받아낼 수 있는 기술을 갖추고 있어야 한다. 그림 14.8은 지원고용 전문가에게 중요한 경쟁력이 무엇인지를 보여 준다.

1. 가능성 있는 직종에 대한 지식
2. 세금문제와 사회복지 절차에 대한 전문성
3. 체계적인 교육을 수행할 수 있는 기술
4. 행동체계를 지도할 기술적 전략
5. 기업 경영 환경에 대한 기본 지식
6. 뛰어난 대인 간 의사소통 기술
7. 주위 환경이나 장애인을 위한 기구에 대한 인식
8. 타 사회시설의 역할과 기능을 숙지할 능력

그림 14.8 지원고용 전문가의 경쟁력을 좌우하는 요인

출처: P. Wehman, P. Sale, & W. S. Parent (1992), *Supported employment: Strategies for integration of workers with disabilities*. Boston: Andover Medical Publishers.

지역사회의 태도

지역사회의 구성원들은 정신지체인의 장애 정도에 상관없이 그들의 취업을 긍정적으로 평가한다(Black & Meyer, 1992). 작업 현장에서도 장애인과 비장애인 서로 간의 상호작용은 아주 흔한 일이 되고 있다. 실제로 동료들은 정신지체인을 자발적으로 도와주기도 하고 옹호해 주기도 하며, 자연스럽게 장애인을 지원하는 역할을 하고 있다. 그러나 일반 동료들 간의 상호작용의 형태와 정신지체인과 일반인들과의 상호작용 형태는 여러 가지 측면에서 다르게 나타난다. 예를 들어 서로 간에 농담을 주고받는 일이 드물고, 서로에게 덜 간섭하며, 일반적으로 일반 동료가 먼저 상호작용을 시작하게 된다(Ferguson, McDonnel, & Drew, 1993). 이것은 장애 근로자들에게 일을 재미있고 즐길 만하게 만들어 주는 상호작용 요소가 결핍되어 있다는 것을 의미한다. 불행하게도 그들 서로 간에 동료애가 발달하기는 하지만, 이 친밀한 관계는 작업장 내에서만 이루어지는 것이 보통이다.

이러한 여러 가지 결과들은 지원고용 훈련과 교육 프로그램 개발에 있어서 매우 중요하다. 지원 프로그램은 성격상 장애 피고용인들은 많은 직업기술을 익힐 필요가 있다고 가정

대학생활

이 글을 읽고 있는 대부분의 사람들에게 고등학교 졸업은 곧바로 사회 진출을 의미하지 않고, 대학에 들어가는 것을 의미할 것이다. 대학은 후에 직장을 잡을 때 기초가 되는 지식을 완성하는 곳이며, 스스로 자립할 수 있는 능력을 제공하는 곳이다. 많은 대학들이 정신지체 학생들에게도 교육의 기회를 주고 있으며, 대부분의 대학들은 그럴 의무가 있다고 생각하고 있다. 어떤 대학들은 직장 경험을 쌓을 장소를 제공하기도 하는데, 학생들은 학교 식당 근무를 통해 레스토랑 사업에서 일하는 기술을 습득할 수 있으며, 기숙사나 교실을 관리하는 경험을 통해서 건물 유지 기술을 습득하기도 한다. 또 다른 대학들은 장애학생들에게 대학 시설이나 서비스를 익힐 기회를 제공하는데, 학생들은 그곳에서 친구들을 통해 학교와 사회에 적응하는 법을 배운다. 그리고 또 소수의 학교에서는 학부와 대학원의 학사 통합을 통해 장애학생들이 사회에 나가지 않고 계속 학업에 전념할 수 있는 기회를 주기도 한다. 또 어떤 대학은 그들을 위한 전문가들을 채용해 학생들이 편히 학교생활을 할 수 있도록 돕고 있으며, 상담 서비스와 교육훈련 서비스를 제공한다.

이렇게 일부 학교에서는 정신지체 학생의 사회 참여를 유도하고 있으나 대부분의 대학에서는 재정적 이유로 이런 장애인 프로그램의 유치를 우선시 하지 않는다. 따라서 장기 기획하에 정신지체 학생들에게 지원을 계속하고 있는 대학은 거의 없다고 볼 수도 있다. 그들을 위한 재정 지원이 승인되고, 지속적인 지지가 그런 계속적 승인을 뒷받침할 수 있을 것이다.

한다. 실제 직무에 필요한 기술을 익히는 것은 오히려 작은 문제일 뿐이다. 기억해야 할 것은 대부분의 실업의 원인은 근로자가 자신의 업무를 제대로 처리하지 못해 발생하기보다는 인간관계에서의 처신이 부적절할 때 주로 발생한다는 사실이다. 그러므로 사회적 기술과 친근한 동료관계를 발전시키는 것이 지원고용 훈련 프로그램의 핵심이 된다. 그러나 흥미로운 점은 직업 코치가 없을수록 동료 간에 더 많은 상호작용이 일어난다는 것이다. 그러므로 직업 코치는 정신지체인들이 가능한 빨리 직무와 사회적 기술을 배우도록 한 후에는 그들이 독립적으로 생활할 수 있도록 해 주어야 한다. 그러므로 그들이 스스로의 힘으로 자신의 동료들과의 관계를 성립, 발전시킬 수가 있다.

전환 훈련

비록 지원고용 프로그램이 정신지체 성인의 지역사회와 직장에서의 훈련과 정착에 초점을 맞추고 있지만, 그와 유사한 프로그램을 통해 전환기 청소년의 졸업과 직장생활 적응에 도움을 주고 있다. 전환 프로그램은 학생들이 성장하여 직장인으로서의 책임감을 수용하게 해 주며, 학생에게 성인기가 아닌 학교 재학 중에 직업인으로서의 성공에 도움을 주는 기술을 습득하게 한다. 실제 직장에서 직무 경험을 하는 것이 중요하다는 인식이 점점 확산됨에 따라 직업 준비에 있어서 강조점이 직업기술의 연마에서 경력 중심으로 바뀌고 있다. 경도 정신지체뿐만 아니라 중도 정신지체에게도 점점 더 많은 직장 경험 기회가 제공되고 있다.

만일 청소년기의 직업 준비가 성공적이었다면, 이후에는 전문가 단체와 지역사회 직업 훈련 프로그램 간의 연계가 중요하다. 학교와 기업, 직업재활 훈련소, 성인 취업 상담소, 병원, 사회단체, 가정 및 학생들의 협조가 모두 전환 프로그램을 계획하고 정착시키는 데 필요 요소가 된다(White & Bond, 1992). 모든 관련 기관들이 개별화 교육계획(IEP) 기간에 서로 협력하여 자신들의 역할에 합당한 노력을 기울이는 것이 필요하다.

이 전환 프로그램은 성인 대상의 지원고용 프로그램과 매우 유사하며, 다음과 같은 내용을 포함하고 있다.

- 학생의 직업 관련 기술과 선호도에 따른 직업 평가
- 직업기술의 준비
- 직무 지도원(직업 관련 과제의 훈련과 문제의 중재)
- 친구, 동료 및 상사로부터의 인턴생활에 대한 평가와 조언

▪ 시간 엄수와 과제 중심 행동	▪ 업무 완수
▪ 예절을 지키는 것	▪ 독립적으로 일하는 능력
▪ 지시사항을 따르는 것	▪ 휴식시간의 적절한 활용
▪ 동료, 직장상사와 적절히 상호작용하는 것	▪ 안전규칙 준수

그림 14.9 전환교육에서 강조되는 속성과 능력

출처: S. White & M. R. Bond (1992), *Transition services in large school districts: Practical solutions to complex problems.*

이와 같은 전환 프로그램의 경험은 직장생활과 사회생활 모두에 필요한 수업을 포함하고 있으며, 학생은 이런 수업을 통해 학교와 사회에서 신뢰를 획득하게 된다. 이러한 프로그램은 가끔씩 단기 **직무 표집**(job sampling)을 실시하며, 학생은 이 기회를 이용해 자신에게 가장 맞는 직업을 선택할 수 있게 한다.

직업에서의 성공은 직업에 필요한 기술이나 능력보다는 개인 고유의 성격과 행동양식에 의해 결정되기 때문에 전환 프로그램은 개인적 발달에 초점을 둔다. 그림 14.9는 일반적으로 강조되는 행동양식이다.

어릴 때부터 시행된 모든 교육은 아동이 성인이 되었을 때의 삶의 준비를 목표로 하며, 이것을 스스로 결정한다는 것은 미래의 성공을 위해 중요한 일이다(Wehmeyer, 1992). 고등학교 교육은 이처럼 스스로 결정을 내리는 능력을 배양하는 것이 중심이 되고 있으나, 이런 교육은 훨씬 이전부터 이루어졌어야 했다. 아동은 아주 어릴 때부터 결정을 내리는 연습을 하고 그 능력을 키워야 함에도 불구하고, 특수교육 교사나 부모들은 그것을 가르치는 데 소홀히 한 예가 얼마든지 있다. 사실 정신지체 학생이 자신의 기호를 표현하는 능력을 배양하는 것은 독립심을 키우는 교육보다 경시되어 온 것이 현실이다(Brown, Gothelf, & Guess, 1998). 자신의 인생에 대한 통제 능력의 부족은 무능감, 낮은 자기존중감과 동기 상실로 이어지는데, 자기존중감과 동기는 미래의 성공에 중요한 역할을 한다. 결과적으로 모든 교육 프로그램은 스스로 결정하고, 그것을 용기를 갖고 수행할 수 있도록 역할 놀이, 모델링, 교육, 체험 등을 통해 도와주어야 한다. 이 장에서 우리는 선택의 중요성에 대해 강조하였다. 교육에 있어서 선택 능력을 배양하는 것은 무엇보다도 중요하지만 너무 오랫동안 자주 간과해 왔다.

노인문제

1995년 현재 미국에서 발달장애를 가진 60세 이상 노인 인구가 173,000명이며, 2025년에는 지금의 두 배가 될 것으로 예상되기 때문에 이들의 문제를 무시할 수 없다. 노인들에게 필요한 서비스는 젊은이에게 필요한 서비스와 조금 다르다. 대부분의 사람들은 장애인들의 나이에 따른 변화가 매우 다양하고 개인적이라고 생각하나(Slomka & Berkey, 1997), 그렇다고 하더라도 이들의 나이에 따른 변화와 이런 변화에 따라 요구되는 새로운 환경을 제공하기 위한 국가의 지원도 변화되어야 함을 알아야 할 것이다.

우선 노인들과 같이 일하는 동료 또는 이들을 보살피는 전문가들이 노화의 전형적 특징을 먼저 숙지해야 하며, 노인을 보살피기 위한 특수교육을 받아야 한다. 그들은 미래계획의 수정, 구강 정기검진, 규칙적인 운동 등 일반적으로 나이의 변화에 따라 관심을 가져야 할 사항에도 민감해질 필요가 있다. 고혈압이나 식습관 조절에도 주의해야 하며, 노후 건강유지를 위한 운동, 효과적이면서 개개인에게 맞는 프로그램 개발 방법, 이러한 운동을 가르칠 만한 교사가 어디에 사는지도 숙지해야 한다.

만족스러운 사회생활은 노후생활의 만족과 행복을 위한 필수 요소일 뿐만 아니라, 건강을 지키는 길이 된다. 정신지체인이 늙어갈수록 지역사회에서는 더욱 양질의 사회적 지원을 해야 한다. 보통 소규모 지역시설(16인 이하의 정신지체인이 거주하는)에 거주하는 노인들은 대규모 시설에 거주하는 사람들보다 사회에 적응하기 쉽다(Anderson, 1993). 불행하게도, 덜 분리된 환경에 있으면 건강이나 정신이 호전될 가능성이 충분함에도 불구하고 많은 사람들이 대규모 양로원에 수용되고 있다. 더 많은 공동체형 주거시설의 등장과 현 시설의 능동적 대응이 이런 문제점을 바로 잡아야 한다.

앞에서 살펴본 바와 같이 정신지체인들은 취업에 따른 여러 가지 혜택을 누리고 있다. 직장이 주는 주된 보상으로는 개인이 사회에 공헌함으로써 오는 만족감과 소속감 및 동료애를 들 수 있다. 나이가 들면 정신지체 노인은 결국엔 은퇴를 해야 하는데, 그것은 그들에게 사회적, 개인적 역할에 대한 상실감을 맛보게 한다. 보통 일반인들은 은퇴를 친구나 가족에게 더 많은 시간을 쓸 기회나 일이 아닌 다른 목적을 추구할 기회로 여긴다. 하지만 정신지체인에게 은퇴란 고립과 목표 상실을 의미한다. 많은 수의 정신지체인들은 퇴직 후에도 가정이나 사회에서 계속 활동하고 있다. 따라서 비인기 직업의 선택, 나이 제한이 없는 직장에서 일할 수 있는 것, 시간제 직종으로의 이직 등이 보통 노동자들보다 이들에게 더 필요하다(Sutton, Sterns, & Park, 1993). 정신지체인들의 은퇴 후의 성공적 적응은 각 개인의 능력과 욕구, 필요에 근거해 계획되어야 한다.

안타깝게도 노인성 치매는 나이가 들수록 흔한 증세가 되며, Alzheimer 같은 치매는 정신지체를 갖고 있는 노인들에게서 더 자주 발견된다. 이런 **치매**(dementia) 발생의 증가는 주로 다운증후군 환자들에게서 발견되며, 40세 이상 다운증후군 환자들은 대부분 Alzheimer 환자와 같은 신경병리학 증상을 띠게 되는데, 다운증후군 환자 전부가 신경병리학적으론 Alzheimer 증상을 갖게 되나 나이가 많이 든다고 해서 모두가 치매로 발병하는 것은 아니다(Zigman, Schupf, Haveman, & Silverman, 1995).

기억감퇴와 연관된 치매는 물건을 어디에 두었는지 뭘 잊어버렸는지 같은 세세한 문제로부터 전문적 지식을 갖고 해야 할 일들의 과정을 잊는 것 등에 이르기까지 다양하다. 치매는 사소한 것부터 중요한 것들을 잊는 전형적 순서로 발병한다. Alzheimer나 다른 원인에서 치매가 온 환자들은 결국 자신들에게 소중한 것을 돌볼 힘을 잃어버리게 된다.

그러나 대부분의 정신지체 노인은 인생에 대한 흥미와 활동력을 잃지 않고 살아가고 있다. 그들은 자신들의 독특한 기호—좋고 싫음에 관한—를 표시하며, 젊었을 때처럼 자신이 쓸모 있고 행복하기를 바란다. 비록 노년기가 행동과 책임에 어느 정도의 조절과 변화를 요한다 할지라도, 그것이 곧 삶의 제한이나 생산적인 인생의 종말을 의미하는 것은 아니다.

조망

이 장에서 우리는 정신지체인에게 필요한 다양한 삶과 직업을 위한 많은 선택에 관해 학습하였다. 일과 생활의 성공적 적응 척도에 대한 논의가 계속되고 있고, 최근에 지역사회에서 정신지체인의 삶을 향상시키는 방법이 연구, 발표되었다. 우리가 이미 알고 있듯이 삶과 일에는 그 자체보다 더 소중한 개념이 포함되어 있다. 단순한 직업과 거주지가 아닌, 우정과 사회생활을 지지해 주는 곳으로서의 직장과 집의 개념과 가치 있고 만족스러운 여가생활에 대한 강조는 아무리 해도 지나치지 않는다. 15장에서는 정신지체인에게 이곳에서의 헌신적인 관계나 우정뿐만 아니라 여가생활 및 휴식에 관한 내용을 중점적으로 다룰 것이다.

참고문헌

Anderson, D. J. (1993). Social inclusion of older adults with mental retardation. In E. Sutton, A. R. Factor, B. A. Hawkins, T. Heller, & C. B. Seltzer (Eds.), *Older Adults with Developmental Disabilities* (pp. 79–93). Baltimore, MD: Paul H. Brookes.

Anderson, L., Sandlin, J., Prouty, B., & Lakin, K. C. (1996). Trends and milestones: States converting community ICFs/MR to HCBS waiver. *Mental Retardation, 34*(6), 402.

Arc, The. (1995). Personal communication.

Baker, B. L., & Blacher, J. B. (1993). Out-of-home placement for children with mental retardation: Dimensions of family involvement. *American Journal on Mental Retardation, 98*(3), 368-377.

Bannerman, D. J., Sheldon, J. B., Sherman, J. A., & Harchik, A. E. (1990). Balancing the right to habilitation with the right to personal liberties: The rights of people with developmental disabilities to eat too many doughnuts and take a nap. *Journal of Applied Behavior Analysis, 23*(1), 79-89.

Baumeister, M., & Morris, R. K. (1992). Rural delivery model for vocational education. *Teaching Exceptional Children*, Summer, 40-43.

Blacher, J., & Baker, B. L. (1992). Toward meaningful family involvement in out-of-home placement settings. *Mental Retardation, 30*(1), 35-43.

Black, J. W., & Meyer, L. H. (1992). But ... is it really work? Social validity of employment training for persons with very severe disabilities. *American Journal on Mental Retardation, 96*(5), 463-474.

Blunden, R. (1988). Programmatic features of quality services. In M. P. Janicki, M. W. Krauss, & M. M. Seltzer (Eds.), *Community residences for persons with developmental disabilities: Here to stay* (pp. 117-122). Baltimore, MD: Paul H. Brookes.

Brown, F., Gothelf, C. R., & Guess, D. (1998). Self-determination for individuals with the most severe disabilities: Moving beyond chimera. *Journal of the Association for Persons with Severe Handicaps, 23*(1), 17-26.

Buckley, J., Mank, D., & Sandow, D. (1990). Developing and implementing support strategies. In F. R. Rusch, (Ed.), *Supported employment: Models methods, and issues* (pp. 131-144). Sycamore, IL: Sycamore.

Chadsey-Rusch, J. (1990). Teaching social skills on the job. In F. R. Rusch (Ed.), *Supported employment: Models, methods, and issues* (pp. 161-180). Sycamore, IL: Sycamore.

Chen, T., Bruininks, K., Lakin, C., & Hayden, M. (1993). Personal competencies and community participation in small community residential programs: A multiple discriminant analysis. *American Journal on Mental Retardation, 98*(3), 390-399.

Conley, R. W. & Noble, J. H. (1990). Benefit-cost analysis of supported employment. In F. R. Rusch (Ed.), *Supported employment: Models, methods, and issues* (pp. 271-288). Sycamore, IL: Sycamore.

Conroy, J. W. (1996). The small ICF/MR program: Dimensions of quality and cost. *Mental Retardation, 34*(1), 13-26.

Cullari, S. (1984). Everybody is talking about the new institution. *Mental Retardation, 22*(1), 28-29.

Cunningham, P. J., & Mueller, C. D. (1991). Individuals with mental retardation in residential facilities: Findings from the 1987 National medical expenditure survey. *Mental Retardation, 96*(2), 109-117.

Edgerton, R. B. (1988). Perspectives on the prevention of mild mental retardation. In F. J. Menolascino & J. A. Stark (Eels.), *Preventive and curative intervention in mental retardation*. Baltimore, MD: Paul H. Brookes.

Everson, J. M. (1991). Supported employment personnel: An assessment of their self-reported training needs, educational backgrounds, and previous employment experiences. *Journal of the Association for Persons with Severe Handicaps, 16*, 140-145.

Ferguson, B., McDonnell, J., & Drew, C. (1993). Type and frequency of social interaction among workers with and without mental retardation. *American Journal on Mental Retardation, 97*(5), 530-540.

Foxx, R. M., Faw, G. D., Taylor, S., Davis, P. K., & Fulia, R. (1993). "Would I be able to ...?" Teaching clients to assess the availability of their community living life style preferences. *American Journal on Mental Retardation, 98*(2), 235-248.

Gersten, R., Crowell, F., & Bellamy, T. (1986). Spillover effects: Impact of vocational training on the lives of severely mentally retarded clients. *American Journal of Mental Deficiency, 90*(5), 501–506.

Crimes, S. K., & Vitello, S. J. (1990). Follow-up study of family attitudes toward deinstitutionalization: Three to seven years later. *Mental Retardation, 28*(4), 219–225.

Haney, J. I. (1988). Toward successful community residential placements for individuals with mental retardation. In L. W. Heal, J. I. Haney, & A. R. N. Amado (Eds.), *Integration of developmentally disabled individuals into the community* (2nd ed., pp. 125–168). Baltimore, MD: Paul H. Brookes.

Hill, B. K., & Lakin, K. C. (1986). Classification of residential facilities for individuals with mental retardation. *Mental Retardation, 24*(2), 107–115.

Holburn, C. S. (1990). Rules: The new institutions. *Mental Retardation, 28*(2), 89–94.

________. (1992). Rhetoric and realities in today's ICF/MR: Control out of control. *Mental Retardation, 30*(3), 133–141.

Hughes, C., Rusch, F. R., & Curl, R. (1990). Extending individual competence, developing natural support, and promoting social acceptance. In F. R. Rusch (Ed.), *Supported employment: Models, methods, and issues* (pp. 181–198). Sycamore, IL: Sycamore.

Hull, J. T., & Thompson, J. C. (1980). Predicting adaptive functioning of mentally retarded persons in community settings. *American Journal of Mental Deficiency, 85*(3), 253–261.

Intagliata, J., & Wilier, B. (1982). Reinstitutionalization of mentally retarded persons successfully placed in family-care and group homes. *American Journal of Mental Deficiency, 87*(1), 34–39.

Kauffman, D. W., & Krebs, S. J. (1993). *Assessing neighborhood attitudes toward group homes for the mentally handicapped as a function of proximity.* Paper presented at annual meeting of the Midwest Psychological Association, Chicago, IL.

Kraushaar, K., & Elliott, D. (1995). *State school closure: Fort Worth and Travis Employee Surveys 1993 and 1994, Parent/Family Surveys, 1993 and 1994 Results.* Abilene, TX: Southwest Institution for Developmental Disabilities.

Lagomarcino, T. R., & Rusch, F. R. (1988). Competitive employment: Overview and analysis of research focus. In V. VanHasselt, P. Strain, & M. Hersen (Eds.), *Handbook of developmental and physical disabilities.* New York: Pergamon Press.

Lakin, K. C., Braddock, D., & Smith, G. (1996). Trends and milestones: Majority of MR/DD residential service recipients now in homes of 6 or fewer residents. *Mental Retardation, 34*(3), 198.

Landesman, S. (1988). Preventing "institutionalization" in the community. In M. P. Janicki, M. W. Krauss, & M. M. Selzer (Eds.), *Community residences for persons with developmental disabilities: Here to stay* (pp. 105–116). Baltimore, MD: Paul H. Brookes.

Larson, S. A. (1997). A longitudinal study of turnover among newly hired residential direct support workers in small community homes serving people with developmental disabilities. *Dissertation Abstracts International Section A: Humanities & Social Science, 58*(6-A), 2086.

Larson, S. A., & Lakin, C. K. (1989). Deinstitutionalization of persons with mental retardation: Behavioral outcomes. *Journal of the Association for Persons with Severe Handicaps, 14*, 324–332.

________. (1991). Parent attitudes about residential placement before and after deinstitutionalization: A research synthesis. *Journal of the Association for Persons with Severe Handicaps, 16*, 25–38.

Latib, A., Conroy, J., & Hess, C. M. (1990). Family attitudes toward deinstitutionalization. In N. W. Bray (Ed.), *International review of research in mental retardation* (Vol. 16, pp. 67–93). New York: Academic Press.

Lord, J., & Pedlar, A. (1991). Life in the community: Four years after the closure of an institution. *Mental Retardation, 29*(4), 213–221.

Lozano, B. (1993). Independent living: Relation among training, skills, and success. *American Journal on*

Mental Retardation, 98(2), 249–262.

Lubin, R. A., Schwartz, A. A., Zigman, W. B., & Janicki, M. P. (1982). Community acceptance of residential programs for developmentally disabled persons. *Applied Research in Mental Retardation, 3*, 191–200.

Lynch, P., Kellow, J. T. & Willson, V. L. (1997). The impact of deinstitutionalization on the adaptive behavior of adults with mental retardation: A meta-analysis. *Education and Training in Mental Retardation and Developmental Disabilities, 32*(3), 255–261.

Martin, J. E., & Mithaug, D. E. (1990). Consumer-directed placement. In F. R. Rusch (Ed.), *Supported employment: Models, methods, and issues* (pp. 87–110). Sycamore, IL: Sycamore.

Mayer, J. A., Laird, W. H., & Trach, J. S. (1992). Income allowance policies of state Medicaid agencies as work incentives or disincentives for ICF/MR residents. *Mental Retardation, 30*(4), 215–219.

McAfee, J. K., & Sheeler, M. X. (1987). Accommodation of adults who are mental retarded in community colleges: A national study. *Education and Training in Mental Retardation*, December, 262–267.

McConkey, R., Morris, I., & Purcell, M. (1999). Communications between staff and adults with intellectual disabilities in naturally occurring settings. *Journal of Intellectual Disability Research, 43*(3), 194–205.

McCraw, K. S., Bruininks, R. H., Thurlow, M. L., & Lewis, D. R. (1992). Empirical analysis of multidimensional measures of community adjustment for young adults with mental retardation. *American Journal on Mental Retardation, 96*(5), 475–487.

Meador, D. M., Osborn, R. G., Owens, M. H., Smith, E. C., & Taylor, T. L. (1991). Evaluation of environmental support in group homes for persons with mental retardation. *Mental Retardation, 29*(3), 159–164.

Mitchell, D., & Braddock, D. (1993). Compensation and turnover of direct-care staff in developmental disabilities residential facilities in the United States: Wages and benefits. *Mental Retardation, 31*(6), 429–437.

________. (1994). Compensation and turnover of direct-care staff in developmental disabilities residential facilities in the United States: II Turnover. *Mental Retardation, 32*(1), 34–42.

Newton, J. S., Ard, W. R. Jr., Horner, R. H., & Towes, J. D. (1996). Focusing on values and lifestyle outcomes in an effort to improve, the quality of residential services in Oregon. *Mental Retardation, 34*(1), 1–12.

Parmenter, R. R. (1993). International perspective of vocational options for people with mental retardation: The promise and the reality. *Mental Retardation, 31*(6), 359–367.

Phillips, J. F. (1998). Applications and contributions of organizational behavior management in schools and day treatment settings. *Journal of Organizational Behavior Management, 18*(2–3), 103–129.

Pumpian, I., Fischer, D., Certo, N. J., & Smalley, K. A. (1997). Changing jobs: An essential part of career development. *Mental Retardation, 35*(1), 39–48.

Robinson, J. W., & Thompson, T. (1999). Stigma and architecture. In. E. Steinfeld & G. S. Danford (Eds.), *Enabling environments: Measuring the impact of environment on disability and rehabilitation* (pp. 251–270). New York: Kluwer Academic/Plenum.

Rusch, F. R. (1986). Introduction to competitive employment programs. In F. R. Rusch (Ed.), *Competitive employment issues and strategies* (pp. 3–6). Baltimore, MD: Paul H. Brookes.

Rusch, F. R., & Hughes, C. (1990). Historical overview of supported employment. In F. R. Rusch (Ed.), *Supported employment: Models, methods, and issues* (pp. 5–14). Sycamore, IL: Sycamore.

Rusch, F. R., Hughes, C., Johnson, J. R., & Minch, K. E. (1991). Descriptive analysis of interactions between co-workers and supported employees. *Mental Retardation, 29*(4), 207–212.

Rusch, F. R., Martin, J. E., & White, D. M. (1985). Competitive employment: Teaching mentally retarded employees to maintain their work behavior. *Education and Training of the Mentally Retarded* (Sept.), 182–189.

Schuster, J. W. (1990). Sheltered workshops: Financial and philosophical liabilities. *Mental Retardation, 28*(4), 233–239.

Seltzer, M. M. (1984). Correlates of community opposition to community residences for mental retarded persons. *American Journal of Mental Deficiency, 84*(1), 1–8.

Shafer, M. S., Brooke, V., & Wehman, P. (1985). Developing appropriate social-interpersonal skills in a mentally retarded worker. In P. Wehman & J. W. Hill (Eds.), *Competitive employment for persons with mental retardation from research to practice* (Vol. 1, pp. 358–375). Richmond: Virginia Commonwealth University Press.

Shafer, M. S., Inge, K., & Hill, J. W. (1985). The development of automated banking services for mentally retarded persons: A pilot study. *Competitive employment for persons with mental retardation from research to practice* (Vol. 1, pp. 376–397). Richmond: Virginia Commonwealth University Press.

Shea, J. R. (1992). From standards to compliance, to good services, to quality lives: Is this how it works? *Mental Retardation, 30*(3), 143–149.

Slomka, G. T., & Berkey, J. (1997). Aging and mental retardation. In P. D. Nussbaum (Ed.), *Handbook of neuropsychology and aging* (pp. 331–347). New York: Plenum.

Smith, G., Prouty, R., & Lakin, K. C. (1996). Trends and milestone: The HCB Waiver Program: The fading of Medicaids "institutional bias." *Mental Retardation, 34*(4), 262.

Spreat, S., Telles, J. L., Conroy, J. W., Feinstein, C., & Colombatto, J. J. (1987). Attitudes toward deinstitutionalization: National survey of families of institutionalized persons with mental retardation. *Mental Retardation, 25*(5), 267–274.

Stancliffe, R. J. (1997). Community living-unit size, staff presence, and residents choice-making. *Mental Retardation, 35*(1), 1–9.

________, & Abery, B. H. (1997). Longitudinal study of deinstitutionalization and the exercise of choice. *Mental Retardation, 35*(3), 159–169.

Stoneman, Z., & Crapps, J. M. (1990). Mentally retarded individuals in family care homes: Relationships with the family-of-origin. *American Journal on Mental Retardation, 94*(4), 420–430.

Sutton, E., Sterns, H. L., & Park, L. S. (1993). Realities of retirement and pine-retirement planning. In E. Sutton, A. R. Factor, B. A. Hawkins, T. Heller, & G. B. Seltzer (Eds.), *Older Adults with Developmental Disabilities* (pp. 95–106). Baltimore, MD: Paul H. Brookes.

Szymanski, E., Hanley-Maxwell, C., & Parker, R. M. (1990). Transdisciplinary service delivery. In F. R. Rusch (Ed.), *Supported employment: Models, methods, and issues* (pp. 199–214). Sycamore, IL: Sycamore.

Trach, J. (1990). Supported employment program characteristics. In F. R. Rusch (Ed.), *Supported employment: Models, methods, and issues* (pp. 65–82). Sycamore, IL: Sycamore.

Walls, R. T., Dowler, D. L., & Fullmer, S. L. (1990). Incentives and disincentives to supported employment. In F. R. Rusch (Ed.), *Supported employment: Models, methods, and issues* (pp. 251–270). Sycamore, IL: Sycamore.

Wehmeyer, M. L. (1992). Self-determination and the education of students with mental retardation. *Education and Training in Mental Retardation, 27*(4), 302–313.

White, S., & Bond, M. R. (1992) Transition services in large school districts: Practical solutions to complex problems. *Teaching Exceptional Children, 24*(4), 44–47.

Wolfensberger, W. (1975). *The origin and nature of our institutional models.* Syracuse, NY: Human Policy Press.

Zigman, W., Schupf, N., Haveman, M., & Silverman, W. (1995). *Epidemiology of Alzheimer Disease in mental retardation: Results and recommendations from an International conference.* Washington, DC: American Association on Mental Retardation.

CHAPTER 15

사회생활과 오락

그동안 우리가 살펴본 바와 같이 사회적 고립은 정신지체인에게 극복하기 어려운 실질적이며 지속적인 문제이다. 이 장에서는 정신지체인의 사회생활을 위한 노력과 기회를 조사하고, 그러한 기회를 강화할 수 있는 방법을 논의한다. 정신지체인들이 사는 장소, 그들과 함께 사는 사람들의 지능 수준, 그들 자신의 지체 정도, 그리고 그들의 성을 포함한 다양한 변인들은 정신지체인이 사회적 지원을 즐기는지에 영향을 미친다(Krauss, Seltzer, & Goodman, 1992; Williams & Asher, 1992). 예를 들어 소규모 시설에 거주하는 정신지체인은 가족과 함께 가정에 거주하는 이들보다 더 많은 친구들을 갖게 되지만, 가족들과 잘 만나지 못하는 경향이 있다. 또한 대규모 시설에서 생활하는 정신지체인은 다른 어떤 집단보다 외부의 사회적 지원을 덜 받는 경향이 있다. 남성들이나 중도 정신지체인은 친구나 가족의 사회적 지원을 전혀 받지 못하는 것은 아니지만, 환경에 관계없이 더욱 고립된다.

모든 정신지체인들은 사회적 활동과 친구들과의 관계망(network)을 필요로 한다. 그들은 직장이나 생활 배치 때문에 자신들을 수용해야 하는 사람들을 떠나 다른 사람들에 의해 인정되고 평가된다. 비록 이런 환경들이 모두 서로 간의 우정을 깊게 하는 기회를 제공하더라도, 그런 경우는 매우 드물다. 그들은 모두 자신이 인간으로서 인정받을 수 있는 소속감, 즉 단지 친구를 통해 가질 수 있는 소속감을 느끼기를 원한다.

어떻게 정신지체인이 자신을 수용하고, 감싸주고, 그리고 진정한 친구로서 관계를 맺는 사람들과의 만남을 어떻게 시작할 수 있을까? 한 가지 가능성은 서로의 형식적, 비형식적 활동을 통해서 스스로 다른 사람들을 도와주는 것을 통해서 할 수 있다는 것이다(Firth & Rapley, 1990). 일례로, 저자의 어머니는 주로 상류층 시민들이 거주하는 곳에서 사셨다. 그러나 그들 중에 다운증후군을 가진 젊은 부인이 있었다. 이 젊은 부인은 우호적이고 지속적인(그러나 지나친 참견은 아닌) 만남을 통해 곧 그들에게 인정을 받게 되었고, 친근한 만남을 빈번히 유지해서 많은 사람들과 사귀게 되었다. 또한 그녀는 공휴일에 카드를 만들어서 이웃에게 선물로 나누어 주며, 문을 열어 준다거나 짐을 함께 옮기는 것과 같은 작은 선행에 참여하여 인정을 받게 되었고, 그 지역사회의 귀중한 일원이 되었다. 그리고 소풍이나 파티에서도 친구들과 통합되었다.

그러나 정신지체인들은 흔히 그들 자신의 우정을 나누는 데 필요한 행동적, 사회적 기술을 스스로 개발하지 못할 뿐만 아니라, 일반적으로 지역사회 구성원들과 빈번히 접촉할 수 있는 생활환경에 있지도 않다. 이러한 경우 전문가들은 정신지체인이 사회적으로 성공할 수 있도록 도와주어야 한다.

우정 발달

확실히 우정은 서로 안면을 익히는 것에서부터 발달하지만, 우리는 어떻게 한 사람에서부터 다른 사람으로까지 그런 관계를 형성하는지를 알지 못한다. 다시 말해 우리는 우정을 어떻게 정의할 수 있을까? 하나의 유용한 정의는 '우정'이 '선택, 호혜성, 신뢰 및 시간 영속성의 요소'를 포함한다는 것이다(Firth & Rapley, 1990, p. 58). 이 정의를 통해 우리는 중도 정신지체인도 우정을 발달시킬 수 있음을 분명히 알 수 있다. 사실 그동안의 연구 결과에 따르면 지능 수준과 한 사람이 맺게 되는 친교의 정도는 아무런 상관이 없다고 한다. 상호 의존의 본질, 특별한 우정에 대한 상호작용적 요소, 혹은 언어적 공헌의 복잡성 등에 분명히 차이가 있지만, 이런 특성의 변인들도 시간과 함께 깊어지는 호혜적이고, 즐겁고, 책임을 지는 관계를 배제하지는 못한다.

지역사회에서 성공적으로 우정을 개발하고 유지하기 위해서는 두 가지 요소를 필요로 한다. 하나는 필요한 행동, 태도 및 기술에 관한 개인적 개발이고, 다른 하나는 우정의 개발에

점차 정신지체인은 확정된 지역사회 활동에 참여한다.

© S. D. Young-Wolfe/PhotoEdit

필요한 기회와 활동을 찾아내는 것이다. 우정의 발달은 여가활동에 참가하기 위해 단순히 지역사회에 들어가는 것 이상을 포함한다. 오히려 그것은 직장에서, 가정에서, 혹은 오락실 등 어디에서나 발생하는 상호작용의 본질과 질에 달려 있다. 그러므로 정신지체 학생이나 내담자들과 다른 사람들 사이의 성공적 관계를 효과적으로 촉진하는 과제는 정신지체인과 일하는 사람들－생활의 모든 영역의 계획에 영향을 미치는－의 중요한 목표가 되어야 한다.

태도, 행동 및 기술

일반 사람들 중에서 소외된 사람들은 다른 사람들에 대해 더욱 부정적인 태도를 가지며 소극적으로 반응한다. 그들은 또한 낮은 자아존중심을 갖고 있으며, 교우관계가 원만한 사람들에 비해 자신의 감정을 다른 사람들에게 노출하는 것을 꺼린다(Ernst & Cacioppo, 1999). 연구 결과 다른 사람들과 우정을 잘 나누지 못하는 정신지체인들도 비록 그들이 다른 사람들에 대해 부정적인 태도를 보이지 않는다고 하더라도 유사한 특징을 나타낸다(Clegg & Standen, 1991). 반면, 한 명이라도 가까운 친구를 가진 사람들은 그들 자신에 대해 더욱 긍정적인 감정을 표현한다. 따라서 자기존중감에는 친구의 유무가 중요한 영향을 미치는 것으로 보인다.

일반적으로 정신지체인은 비정신지체인보다 더욱 부정적인 자아개념을 갖고 있는 것으로 보인다(Widaman, MacMillan, Hemsley, Little, & Balow, 1992). 그 외에 정신지체인들은 보통 그들의 가장 큰 문제는 개인적 관계라고 생각하며, 실질적으로 많은 비율이 사회적으로 만족하지 못한다고 보고되었다(Halpern, Close, & Nelson, 1986). 만약 자아개념과 자존감의 문제가 만족스럽지 못한 사회적 관계와 관련되어 있다면, 자아개념 향상 프로그램이 성공적인 관계를 도출할 수 있을까? 그 답은 다소 불분명하다. 일례로 정신지체인의 자아개념에 대한 연구는 대부분 모든 집단에서 정체성과 자아개념의 문제들이 빈번히 나타나는 시기인 사춘기에 초점을 맞춘다. 실제로 많은 정신지체 청소년들도 대부분의 청소년들의 중요 문제인 독립, 성적 욕구, 개인의 독특성 및 미래에 대한 걱정들과 같은 쟁점들로 고민한다(Zetlin & Turner, 1985). 사실 이러한 청소년들이 겪는 이해와 의사소통의 어려움이 성공적인 전환 경험의 기회, 증대된 의존 가능성에 대한 자각 및 빈번한 낙인과 결합되면 그들이 다른 십대들과 비교했을 때 정체성 발달에 차이를 나타내는 것은 놀랍지 않다. 그러나 놀라운 것은 이런 차이가 실제로는 미미하며, 전형적인 소년과 소녀들 사이에 존재하는 차이와 매우 유사하다는 것이다. 다시 말해 소녀들은 생활의 일부 영역, 예를 들어 그들의 생활이 의미 있게 보이는 방법이나 그 안정성에서 정체성의 문제를 나타내는 경향이 있는 데 반해, 소년들에 의해 나타나는 문제는 그보다 더 크며 발달장애 청소년과 유사하다(Levy-Shiff, Kedem, & Sevillia, 1990).

하나의 예외는 신체적 속성의 영역이다. 정신지체 젊은이들은 특히 자신의 외모나 다른 신체적인 능력에 대해서 낮은 자신감과 만족감을 나타낸다. 그러나 이 영역에서는 매우 다양한 반응을 보인다(어떤 사람은 실질적인 관심을 보이기도 하지만, 다른 사람들은 전혀 관심을 나타내지 않는 경우도 있다). 그러므로 외모가 다른 사람들과 확실히 차이가 나거나 운동과 협응능력에 문제를 지닌 청소년들은 이런 현실이 그들의 생활에 많은 어려움을 초래한다고 인식하기 쉽다. 요약하면, 정신지체인은 일반인보다—특히 사춘기에—더 낮은 자아존중감을 지니지만, 이러한 차이는 일반인들과 크게 차이가 나는 것은 아니며 그들이 가진 장애의 특성과 밀접하게 관련된다.

두 번째 문제는 정신지체 청소년들이 자신에 대해 더욱 좋은 감정을 갖도록 돕는 중재의 본질을 확인하는 것이다. 한 가지 아이디어는 만약 그들 자신이 정신지체이고 그에 따라 다른 사람들과 다르다고 인정한다면, 정신지체인들은 자신의 장애에 대해 심리적으로 스스로 '타협할지도' 모른다는 것이고, 그렇게 되면 그들 자신에 대하여 더 편하게 느끼게 될 것이다. 이런 생각은 그들에 대한 낙인의 사회적, 정치적 본질을 이해하고, 그들 자신의 집단 구성원 속에서 자존심을 개발하도록 하기 위해 여성과 소수자 집단에 의해 이용된 의식 증진의 방법과 같은 맥락이다. 예를 들어 Szivos와 Griffiths(1990)는 집단 치료 과정에 있는 한 젊은 성인 집단을 자신의 더욱 큰 수용에 대한 다양한 사고의 단계를 통해 이동한다고 보고했다. 이러한 단계는 먼저 자신의 장애에 대한 거부로 시작해서 다른 정신지체인들과의 연합에 관한 일반적인 진술로 이동하고, 그런 다음 정신지체와 관련된 낙인의 사회적 쟁점의 일부를 탐색하고, 마지막으로 자신의 장애에 대한 수용을 측정한다. 그러나 Szivos와 Griffiths는 이러한 청소년들은 자기수용의 단계에 있다고 하더라도, 예를 들어 여성 혹은 아프리카계 미국인들이 그렇듯이 자신의 장애를 이점이라 생각하기보다 보상이라고 받아들이기 쉽다. 실제로 젊은 여성의 경우에는 정서적으로 준비가 되어 있지 않으면 그녀가 장애를 가졌다고 믿는 것을 거부하는 것이 분명히 자기보호 기능을 한다.

자신의 한계를 받아들이고 수용하는 것이 많은 사람들에게 어려운 과정인 것은 분명하다. 자신을 보호하기 위한 방어기제들은 궁극적으로는 문제를 해결할 수 있는 능력을 제한하게 되며, 다른 문제들 역시 효과적으로 다루지 못하게 된다. 또한 그들은 정서적으로 상처받기 쉽거나 역할에 대한 기술이 부족할 때 방어기제를 사용한다. 사실, 정신지체라는 진단을 받아들이지 않은 사람이 받아들인 사람보다 더 많은 사람들과 친분을 갖는다는 사례가 있다(Clegg & Standon, 1991). 만약 이것이 실제 사례라면, 중재는 '수용'을 목표로 하는 치료에 초점을 두기보다는 우정을 촉진하고 유지하는 데 필요한 기술들을 훈련시키는 전략에 더 초점을 두어야 할 것이다. 일반적으로 제한의 수용, 자존감 및 친밀한 관계의 복잡성에 대해 완전히 이해하지 못하고 있으며, 효과적 중재와 그들의 함의도 마찬가지로 이해하지 못하고 있다.

대인관계와 우정의 발달에 관한 문제들은 아장아장 걷는 유아기부터 시작해 취학 전 아동기를 거쳐 연령이 높아짐에 따라 계속되어 일생 동안 정신지체인들의 문제로 지속된다. 그렇기 때문에 친교를 촉진하기 위한 프로그램은 전 연령에 걸쳐 제시되고 있다(Anderson, Lakin, Hill, & Chen, 1992). 취학 전 정신지체 아동은 다른 아동들과 상호작용을 하기보다 혼자서 놀기 혹은 그들 옆에서 조용히 지켜보기를 더 선호한다. 이러한 놀이 양식은 나이가 어린 아동들에게 흔히 나타나지만, 발달장애아동들은 다른 아동들이 또 다른 아동들과 놀이를 조정하기 시작하는 시기에도 계속 이런 형태의 행동을 한다. 이는 그들의 놀이 양식이 전형적으로 그들의 인지 발달에 비해 뒤떨어진다는 것을 제외하면, 처음에는 단순히 발달지체의 표현으로 여겨질 수 있다(Guralnick, 1986). 다시 말해 정신지체 아동들은 자신의 발달 비율에 따라 판단될지라도 사회적 관계에 특별한 문제를 지닌다.

정신지체 아동은 일반적으로 세 가지 주요한 이유로 또래 관계에서 문제를 나타낼 것이다. 첫째, 정신지체 아동은 흔히 표현 언어에 문제를 가지고 있으며, 그들의 연령에 기대되는 '대화를 하지 못한다는 것'이 협동적 사회 놀이를 더 어렵게 한다(Knopp, Baker, & Brown,1992). 둘째, 지적 지체를 가지는 정신지체 아동은 흔히 취학 전 상태로 지내거나, 주로 지체를 갖고 있는 다른 아동들과 함께하는 놀이 상황을 접하게 된다. 이러한 아동은 다른 정신지체 아동과의 상호작용에서 긍정적 반응을 얻기가 힘들고, 분리된 환경에서 그들이 모방해야 할 연령에 적절한 역할 모델들을 가지지 못한다. 셋째, 발달지체 아동의 부모나 교사들은 그것이 더욱 협력적일 때도 더욱 지시적이며, 자율적인 행동을 거의 강화하지 않는다(Guralnick, 1986).

토론 과제

만약 당신이 한 어린 장애아동이 전형적인 또래 아동과 상호작용할 수 있는 상황을 안다면, 각 아동이 이득을 얻을 방법을 기술할 수 있는가?

사회적 기술 교육

정신지체 아동들은 외부의 도움이 없다면 친구를 사귀는 데 필요한 사회적, 인지적 기술을 발달시키기 어렵다(Adams & Markham, 1991). 또래에게 인기 있는 아동은 전형적으로 우정을 촉진하는 몇 가지 특성을 지니고 있다. 그들은 다른 친구들과 함께 놀잇감을 공유하고, 놀이를 조직하고 구조화하며, 다른 친구들을 도와준다. 또 친구들에게 적절한 애정을 보이고 친구들의 제안에 긍정적으로 반응한다(Newcombe, Bukowski, & Pattee, 1993). 이러한 행동들은 다른 사람들에게서 긍정적 반응을 이끌어낼 뿐만 아니라, 놀이를 더욱 확장시키며, 그 결과 사회적 상호작용의 증진을 촉진한다. 그동안 정신지체 아동들이 사회적으로 바람직한 방식으로 행동하고, 다른 사람들과의 긍정적인 상호작용을 증대하도록 하는 훈련에 대한 많은 연구들이 진행되어 왔다(Meyer & Putnam, 1998). 이와 비슷하게, 사회적 문제해결을 위해 해결책을 도출하는 실제를 포함한 인지적 문제해결의 훈련은 정신지체 아동이 친구를 사귀는 데 도움을 준다고 알려져 있다(Healey & Masterpasqua, 1992). 예를 들어 한 아동에게 다른 친구와 놀잇감을 공유하고 자신의 차례를 기다려야 한다는 것을 알게 하는 최선의 방법은 역할 놀이를 해 보게 하는 것이다. 다른 기술들에 있어서도 끊임없이 훈련법과 교수법이 연구되고 있으나, 이러한 새로운 사회적, 인지적 행동은 실제적인 환경이나 상황에서 자연스럽게 일반화되지 않는다. 정신지체인들은(아동이건 성인이건 간에) 주어진 상황에서 무엇을 해야 할지 안다고 하더라도 실제적인 상황에서 여전히 적절한 행동을 하지 못한다(Soodak, 1990). 그러므로 그들은 일반적으로 실제 상황에서 적절한 행동을 하기 이전에 일상 상황에서 많은 연습을 요구한다.

그러나 실제 상황에서 훈련을 시작하게 되면 오히려 역효과를 초래할 수도 있다. 상점에서 점원들과 거래를 하게 하거나 낯선 이들과 만나게 하는 것을 훈련 초기에 시작하는 것은 좋지 않다. 학교나 가정에서 훈련을 시작하고, 역할 놀이를 통해 특정 상황에 대한 기초적인 기술을 갖춘 다음에 지역사회로 들어가 다양한 연습을 하는 것이 더 효과적일 수 있다(Schloss & Wood, 1990).

다양한 훈련과 연습은 정신지체 아동들이 사회적 기술을 발달시키는 데 필요하기 때문에 이러한 기술들은 조기에 지도해야 한다. 우정의 유지를 돕는 기술은 대부분 다른 아동들로부터 학습될 것이다(Brinker, 1985). 교사들과 직원들이 기회를 효과적으로 제공할 수만 있다면, 일반 또래 아동과 어울릴 수 있는 환경은 정신지체 아동들에게 제 나이에 맞는 적절한 놀이 형태를 경험할 수 있게 한다. 초기에는 어른들이 구조화된 기회와 지도를 하는 것이 필요하며, 이후에는 가능한 한 아동들 스스로 조절할 수 있게 지원하는 것이 중요하다(Meyer & Putnam, 1998).

일반아동들은 종종 정신지체 아동들과 어울리고 싶어 한다. 아마도 이는 타인을 도와주는 것을 선호하거나, 장애에 대한 편견을 만회하고자 하는 일종의 보상심리일 것이다. 그러나 이와는 무관하게 아동들은 자발적이고 적극적으로 어울리고 싶어 한다. 어린 아동들만이 정신지체 또래들과 친구가 되려고 하는 것은 아니다. 시간이 지남에 따라 저자의 학생들도 정신지체인들을 찾아내고 그들과 우정을 나누는 프로젝트에 참여하였다. 그들은 이전에 정신지체인들을 만나 본 경험도 없고, 정신지체에 대한 지식도 전혀 없으며, 첫 만남에서 겁을 먹거나 수줍음을 느끼곤 하였다. 학생들이 두세 번 정도 만남을 가진 후에는 대부분이 편안함을 느꼈다고 보고하였다. 새로 친구가 된 이들은 함께 여러 차례 즐거운 시간을 보냈고, 그러한 친교를 나눈 많은 이들의 우정이 몇 년간 계속 지속되었다.

몇몇 연구에서 중도 정신지체인들에게 비장애 또래와의 만남은 사회적 상호작용의 양적, 질적인 면을 개선시키는 데 있어 절대적으로 필요함을 증명하였다. 한 예로, Haring과 Breen(1992)은 정상 또래 집단과 정신지체 아동의 통합이 성공적으로 이루어진 고등학교 1학년 학생들을 조사했다. 또래들의 노력으로 정신지체 학생들이 다른 사람들과 친구가 되었음은 물론 우정에 있어서도 친구 관계에 대한 태도와 의리(친구끼리의 신용도)가 증진되었다. 이런 새로운 우정은 방과 후와 주말에 교외로까지 확장되었다. 이런 행동들은 주변의 어른들에 의해 형성된 것이 아니었다. 여기서 주목할 것은, 조사에 참여한 학생들은 만남 초기에 공식적으로 토의 과정이 있었으며, 만남이 진행되어 가면서 그들의 역할을 준비했었다는 것이다. 그들은 정신지체 학생들의 상호작용에 필요한 특정 기술과 통합활동 진행 중에도 정보를 계속 수집하도록 훈련되었다. 조사자들이 참석한 회의에서는 **그림 15.1**과 같은 항목들을 중심으로 논의되었다. 여기에는 성공적인 통합을 위해 학생들에게 주어야 할 정보의 종류와 또래 중재시 준비해야 할 계획들을 제시하였다.

학생들에 대한 지원과 중재의 효과는 일반아동들뿐만 아니라 장애아동들에게도 역시 성공적이었다. 한 예로서 Stewart, Van Houten 및 Van Houten(1992)은 정신지체 성인들을 돕는 주거 환경에서 정신지체 학생들을 훈련했던 중재가 모든 사람들과의 사회적 상호작용을 증가시켰다고 밝혔다. 또 이러한 효과는 중재의 목표가 아니었던 다른 거주자들과의 다른 상호작용도 증가시켰다.

우정의 발달에 있어서 가장 중요한 장애물 중 하나는 의사소통 능력의 결여이다. 대부분의 정신지체인들은 대화에 필요한 충분한 구어 능력이 부족하다. 심지어 구어 능력이 전혀

A. 무엇
  1. 이미 친구인 학생의 집단은 그들의 사회적 모임에 친구를 통합하라.
B. 왜
  1. 삶의 질을 위해
  2. 모델링을 통해 기술을 가르치려고
  3. 학교 통합을 위해
  4. 장애를 자각하도록
  5. 모임에서 새 구성원을 평가하려고
C. 왜 우리에게
  1. 공통 관심사이기에
  2. 공통 계층이기에
D. 누가
  1. 학생
  2. 4~5명의 비장애 또래
  3. 성인 촉진자
  4. 교실 교사
E. 어떻게
  1. 학생들과 동료의 일정을 계획하라.
  2. 함께 놀러나갈 시간을 배정하라.
  3. 정상적인 일상에 학생을 통합하라.
  4. 집단은 무엇을 어떻게 가르칠 것인지 결정하라.
  5. 자료를 수집한다.
F. 언제
  1. 매일 배정 받은 시간 동안에
  2. 그것을 하고 싶을 때 언제든지
  3. 주별로 점심시간에 한 번 집단미팅을 갖는 동안에
G. 책임
  1. 또래로부터
    a. 이것은 또래 각자에게 좋은 일이다.
    b. 이것은 집단에 좋은 일이다.
    c. 학생을 친구로 통합하라.
    d. 주마다 집단미팅에 참석하라.
    e. 마음을 열고 솔직해져라.
    f. 자료를 수집하라.
  2. 성인들로부터
    a. 또래 일상을 유지하라.
    b. 상호작용 일정을 개발하라.
    c. 모든 문서화된 정보를 제공하라.
    d. 또래 피드백에 민감하라.
    e. 필요한 만큼 기술을 가르쳐라.
    f. 또래의 제안을 이용하라.
    g. 또래의 평가에 반응하라.

그림 15.1 동료지지 집단의 구성원에게 제공되는 정보 개관

출처: T. G. Haring & C. G. Breen (1992), A peer-mediated social network intervention to enhance the social integration of persons with moderate and severe disabilities. *Journal of Applied Behavior Analysis, 25*(2), 319-333.

없는 경우도 있다. 언어기술이 부족한 사람들에게는 언어의 기능적 사용에 대한 훈련이 필요할 것이다. 이에 활용할 수 있는 기능적 분석과 계약의 적절한 이용을 포함하여 응용행동분석의 몇 가지 활용방법을 11장에서 논의했었다. 심각하게 낮은 사회적 기술을 지닌 사람들에게 문제행동을 줄여 적절한 주의집중을 할 수 있도록 하고, 어느 정도의 기본적 요구에 응하고, 선택을 하고, 우정을 유지할 수 있도록 구어의 사용을 지도할 수 있다(Durand & Carr, 1991). 기능적 의사소통 기술을 훈련시키는 것은 훈련기간이 끝난 후에도 훌륭한 사회적 기술을 유지하도록 촉진할 수 있고, 새로운 상황에서 그 기술들을 일반화하는 데 도움이 될 수 있다(Durand & Carr, 1992). 자기점검을 통해서 효과적인 사회적 기술의 일반화를 촉진시킬 수 있다(Schloss & Wood, 1990). 비록 사회적 기술의 효과적인 일반화에 대해 그동안 많은 논의가 있었으나, 사람들이 새로운 사회적 기술을 유지하고 적절한 훈련과 추적이 이루어졌을 때 다른 상황에 이것들을 적용할 수 있음이 밝혀졌다(Foxx & Faw, 1992).

기능적인 언어 사용에 문제가 있는 사람들을 위해 확대된 의사소통 전략은 상호작용의 능력과 동기에 도움을 줄 수 있다. 동기는 우정을 발달시키는 본질적 요소 중 하나이다. 의사소통의 성과가 미미하고 부진할 때에는 상호작용의 동기가 확실히 낮아진다. 언어기술 능력이 부족한 대다수의 사람들은 대화를 이끌고 촉진하기보다는 머리를 흔드는 것과 같은 몸짓으로만 의사소통하는 데 익숙해져 자극에 반응하는 정도의 행동만 취하게 된다. 정신지체인들이 그림판과 다른 상징장치를 포함하여 보완 체계를 성공적으로 이용할 수 있도록 훈련하여 사회적 요구에 적절히 반응할 수 있도록 새로운 체계에 대한 훈련이 이루어진다면, 대화를 모방하게 되고 그들의 대화의 범위도 점점 확대될 것이다(Dattilo & Camarata, 1991). 이때 동료 중재자들은 확장된 의사소통 체계를 정신지체인들이 사회에서 이용하도록 가르치고 안내해 주는 데 중요한 역할을 할 수 있다(Romski, Sevcik, & Wilkinson, 1994).

적절한 사회적 기술과 행동은 우정을 발전시키는 데 중요한 역할을 담당해 왔다. 정신지체인들도 이런 영역에서의 개선이 가능하다. 하지만 어떤 사회적 상황들은 정신지체인들이 적응하기 어려운 경우도 있다. 예를 들어 특히 대립적이고 비판적인 사회적 상황은 정신지체인에게는 적응하기가 어렵다는 것이다(Lali, Pinter-Lali, Mace, & Murphy, 1991). 그러나 이러한 경우는 우리 일반인들에게도 어려운 상황이라는 점에서 그들과 동일하다. 이런 도전적인 상황 속에서도 정신지체 아동들과 성인들은 성장하고 배우고 발전할 수 있다.

우정을 위한 오락과 여가 기회

높은 자아존중감과 우수한 사회적 기술을 가지고 있다 하더라도 사람들은 다른 사람들과 만나는 기회가 필요하며, 안정적이고 지속적으로 관계를 발전시킬 필요가 있다. 과거에 정신지체인들은 고립되어 있었고 주거 환경 밖에서 우정을 발전시키는 것이 불가능했다. 이러한 문제를 개선하기 위해서 정신지체인들을 그들의 이웃과 좀 더 넓은 지역사회 안에서 사회적으로 다양한 활동을 할 수 있는 기회를 마련하게 되었다. 이로 인해서 상황은 과거에 비해 많은 부분 개선되었다. 정신지체인 개개인이 이런 기회를 이용할 수 있는가 없는가는 주

특수아동협회의 정신지체 및 발달장애부는 정신지체와 다른 발달장애들을 가진 사람들이 지역사회의 활동에 참여하고, 독립적으로 생활하며, 직장 환경에서 성공적으로 기능을 수행하고, 실제로 사회에 통합되기 위한 잠재력을 가지고 있다는 걸 알게 되었다. 나아가 정신지체 및 발달장애부는 이 같은 개개인 사이에서는 높은 비만율과 평균 이하의 건강 수준, 관상동맥혈전 심장병을 일으키는 더 큰 위험이 있음을 깨달았다. 또 많은 이들이 종종 장기간 동안 많은 직업 관련 업무를 수행하기 위한 필수적인 신체적 능력에서 부족한 점을 적절하게 훈련받지 못함을 알게 되었다.

적절한 교육 기회, 건강과 안녕을 말해 주는 경험들이 정신지체 아동들과 어른들, 그리고 다른 발달장애인들을 위해 제공되어야 한다는 것이 정신지체 및 발달장애부의 입장이다. 특히 모든 개개인에게 아래에 진술하는 교육적 프로그램에 참여할 기회들이 제공되어야 한다.

- 적절한 영양 실습
- 개인 위생
- 건강한 생활양식 선택
- 신체적 적합성과 다른 오락 활동
- 알코올, 담배, 불법 약물의 사용과 관련된 위험
- 스트레스 감소
- 성적 책임과 안전

그림 15.2 MRDD 위원회의 입장 설명

로 그들의 가족과 교사, 서비스 요원들로부터 받는 지원에 달려 있다. **그림 15.2**는 1997년에 특수아동협의회(Council on Exceptional Children, CEC)의 정신지체 및 발달장애부에 의해 만장일치로 채택된 정신지체인들의 건강과 복지에 관한 입장의 일부 내용이다.

MRDD 위원회 입장의 중요한 목표는 여가시간을 잘 활용하는 기술과 능력, 오락 활동에 참여할 수 있는 기회의 확대이다. 한때 여가는 주로 실제적 치료에 있어서 가치가 없는 기분전환 활동으로 여겨졌으나, 지금은 여가와 오락 활동이 건강과 안녕을 위해 필수적인 것으로 여겨진다(Carter, Nezey, Wenzel & Foret, 1999; Larson & Suman). 여가기술 교육은 일반화되어야 하며, 여가와 오락에서 더 큰 독립을 도출해야 한다. 그리고 훈련, 교육, 오락 기회를 제공하는 많은 오락 서비스는 학교와 다른 지역사회 기관을 통해 정신지체 아동과 성인 모두에게 널리 이용될 수 있어야 한다. **그림 15.3**은 여가교육이 중요한 몇 가지 이유를 제시했다.

그림 15.3에 제시된 목표를 달성하기 위한 성공적인 프로그램들은 경험이 많은 전문가들에 의해서 계획되고 수행되어야 한다. 오락과 여가 발달을 위한 프로그램은 신체건강, 영양, 스트레스 정도와 정서적 적응, 흥미, 선호, 기술과 기대에 대한 평가가 우선되어야 한다. 이

- 놀이 참여와 증대된 여가기술은 다양한 다른 교육과정 영역의 기술수준의 증대와 관련이 있다.
- 놀이 기술의 증가는 부정적이고 부적절한 과잉행동에 감소와 관련이 있다.
- 여가시간의 건설적인 이용은 지역사회 환경에서 살아가는 유의한 장애를 지닌 사람들의 성공과 관계가 있다.
- 즐겁고 좋아하는 여가와 오락 활동의 목록을 갖는 것은 삶의 질과 가족과 친구들과의 긍정적인 관계의 개발과 유지에 본질적이다.

그림 15.3 여가 교육을 추구하는 이유

출처: S. J. Schleien, L. H. Meyer, L. A. Heyne, & B. B. Brandt (1995), *Lifelong leisure skills and lifestyles for persons with developmental disabilities* (pp. 4–5). Baltimore, MD: Paul H. Brookes.

것은 내과 의사, 영양학자, 심리학자, 교육자, 오락치료사, 작업치료사, 물리치료사와 또 다른 전문가들을 포함하는 간학문적 노력이 함께 이루어질 때 최고의 성과를 낼 수 있다(York & Rainforth, 1995). 그 후에 연령에 적합하고 현재의 관심과 능력에 잘 맞는 개별화 프로그램을 구성할 수 있다. 또한 이 프로그램은 개인의 생활양식, 또 다른 삶의 목표 및 교육목표에 부합해야 하고, 하루 동안의 자유롭고 정해져 있지 않은 여유 시간의 필요성을 반영하는 것이 중요하다.

오락치료사

오락치료사(recreational therapist, RT)는 신체적, 정신적 장애인들과 노인들에게 치료와 오락 서비스를 제공하는 훈련된 간학문적 팀의 구성원으로서 기능을 하는 전문가들이다. RT 전문가들은 미술, 음악, 드라마, 춤, 동물이 보조되는 치료, 스포츠, 게임, 내담자의 자신감을 높여 주고, 정신적, 신체적으로 건강하고, 움직이는 기술, 공동역할, 독립성, 사회적 기술을 높여 주기 위한 피크닉 등과 같은 다양한 기술들을 활용한다.

오락치료사들의 기능 중 약 80% 정도는 병원, 재활센터, 장기 치료시설 같은 건강 치료 환경에서 이루어진다. RT 전문가들은 대부분 지역사회에 기초한 프로그램이나 주간 보호 프로그램에 종사한다.

미국 노동부는 40%에 육박하는 프로젝트 성장률을 이룬 오락치료사들이 향후 몇 년 내 급속도의 성장을 가져온 30인의 전문가들 중 하나일 것이라고 말했다. 이런 성장의 주된 요인은 노인이나 어른의 주간 보호, 신체적, 정신적 재활치료 서비스와 정신지체를 통합한 장애인들을 위한 지역사회에 기초한 통합 프로그램의 장기적 수요가 증가되었기 때문이다.

출처: M. K. Fleming (1998), *Recreational therapy*. Cincinnati: College of Mount St. Joseph.

표 15.1 여가와 오락의 여섯 영역

활동	사례
▪ 학교와 특별활동 교육과정	▪ 책 보기, 스포츠에 참가하기, 선택 교과 듣기
▪ 가정, 이웃에서 가족과 친구들과 함께하는 활동	▪ 보드 게임, 야외 게임, 자전거 타기, 정원 가꾸기
▪ 신체적 적합성	▪ 에어로빅과 그밖의 일상적인 운동, 규칙적인 운동, 물건 들어올리기
▪ 지역사회에서 가족과 친구들과 함께하는 활동	▪ 식당, 쇼핑몰, 콘서트, 영화관에 가기
▪ 지역사회에서 혼자 하는 활동	▪ 도서관에 가기, 산책하기

출처: S. Schleien, L. Meyer, L. Heyne, & B. Brandt (1995), *Lifelong leisure skills and lifestyles for persons with developmental disabilities.*

건강과 안녕을 증진시키는 여가와 오락 활동들은 어린 시절부터 시작되어야 하고, 일생 동안 지속되어야 한다. 게다가 개인의 삶을 구성하는 모든 환경 안에서 이루어져야 한다. 여기에는 학교, 가정, 지역사회에서의 오락 활동뿐만 아니라 볼링, 영화, 외식, 수영장, 그리고 지역사회센터와 같은 지역사회에서 일어나는 모든 사회적 행사들도 포함한다. 표 15.1은 여가와 오락 활동이 이루어지는 여섯 가지 주요 영역을 목록화한 것이다.

정신지체인들의 완전한 참여를 위해서는 각종 설비와 필요한 장비, 전문적인 도움과 지원과 같은 수정과 보완이 필요하지만, 먼저 지역에서 실행되고 있는 지역사회 활동에 참여해야 한다. 그림 15.4는 그들의 여가활동 참여에 필요한 수정사항들을 제시한다.

중도 지체장애인들을 위한 적응 도구가 이들의 참여를 가능하게 할 수 있다. 이들은 특히 마이크로 스위치를 이용해서 가전제품(예: 라디오, CD 플레이어), 컴퓨터, 그밖의 여가 관련 장비들을 작동시킬 수 있다. 장애인들의 여가 프로그램에 대한 평가와 점검은 특히 적응 도구를 사용하는 경우 장기적인 성공을 위해서는 반드시 필요하다. 사용하는 장치가 작동하지 않고 기능이 변하여 필요성이 없어지면 새로운 것으로 교체해야 하기 때문이다 (Schleien, Meyer, Heyne & Brandt, 1995). 게다가 마이크로 스위치 또는 다른 보조 도구들은 장치를 직접 작동하는 것이 가능하게 되면 사용하지 않도록 해야 한다.

개인에 따라 참여 형태도 달라져야 한다. 심한 중도 장애인들이 참여하는 활동에는 그림 또는 물체를 지시하거나 표현이나 발성을 통하여 즐거움을 표현할 수 있도록 해야 할 것이다. 그들이 활동에 쉽게 참여할 수 있도록 바닥을 구르거나 가로질러 뛰어갈 수 있도록 하여

1. 개인의 욕구에 적합하게 환경 구성하기
   a. 배구 경기에서 네트 낮추기
   b. 운동장의 크기 줄이기
   c. 더욱 실제적인 경계 만들기(예: 깃발 이용하기)
2. 장비 수정, 개정하기
   a. 크고 밝은 색의 공 이용하기
   b. 투수보다 기계장치(batting tee) 이용하기
   c. 가볍고 큰 장비 이용하기
3. 놀이의 시간제한 줄이기
   a. 빈번한 휴식시간 이용하기
   b. 경기시간(period) 줄이기
4. 피드백과 강화기법 개발하기
   a. 특정의 개념을 강화하기 위한 목적의 버저나 종 누르기
   b. 팀워크 강화하기
5. 이동 대상과 이동성의 정도 수정하기
   a. 대상(예: 공)을 느리게 움직이기
   b. 팀에 참여하는 경기자의 수 줄이기
6. 성공의 형태 보장하기
   a. 배제 게임 피하기
   b. 팀 경쟁보다 자기 완성이나 협동 놀이 강조하기

그림 15.4 활동 수정 전략

출처: C. B. Eichstaedt & B. W. Lavay (1993). *Physical activity for individuals with mental retardation: Infancy through adulthood*. Champagne, IL: Human Kinetics Books.

참여할 수 있게 하거나 다른 사람들이 활동하는 동안 편안하게 지켜보는 것만으로도 참여하게 할 수 있다. **그림 15.5**에 기술된 몇 가지 평가 예시자료는 활동들의 움직임 요소를 위한 프로그램을 개발할 때 고려해야 하는 사항이다. 이것은 활동에 대한 이동성, 활동하는 동안의 위치, 그리고 신체적 참여 등을 포함한다.

교육을 통해 일반인들의 인식에 많은 개선이 이루어지긴 했으나, 정신지체인의 통합이 완전히 성공적으로 되기 위해서는 여전히 지역사회 참여자들의 준비가 필요하다(Rynders & Schleien, 1991). 모든 참여자들이 장애인에 대한 수용을 이해하고, 어떻게 행동하는 것이 지역사회 활동에서 재미와 함께 성공을 가져올 수 있는지에 대한 정보가 주어질 때 그들은 좀 더 쉽게 수용할 수 있을 것이다. 다행히 정신지체 아동이나 성인들이 지역사회에서 비장

1. 이 사람의 현행 운동 목록이 과제를 독립적으로 수행할 수 있게 하는가?
2. 이 사람이 지금이 아닌 현행 레퍼토리에서 요구하는 운동을 배울 수 있는가?
3. 이 과제가 다른 상위행동 실행에 필요한 운동을 가르치거나 강화할 수 있는 기회를 제공하는가?
4. 이 사람이 최종적으로는 기능 감소의 결과를 낳을 수 있는 바람직하지 않거나 해로운 운동 패턴들을 사용하지 않고 바람직한 결과를 성취하는 대체운동을 사용하는가?
5. 취급하는 기술이 요구되는 운동을 촉진하는 데 효과적인가?
6. 부목 사용이 이것과 다른 참여 제한이 없는 과제들의 수행을 향상시키는가?
7. 다른 변형이 참여를 향상시킬 것인가?

그림 15.5 운동능력을 평가할 때의 고려 사항

출처: J. York & B. Rainforth (1995), Enhancing leisure participation by individuals with significant intellectual and physical disabilities. In S. J. Schleien, L. H. Meyer, L. A. Heyne, & B. B. Brandt (Eds.), *Lifelong leisure skills and lifestyles for persons with developmental disabilities* (pp. 113-132). Baltimore, MD: Paul H. Brookes.

애인들과 함께 성공적으로 참여했던 프로그램의 예들이 많이 있다. 종종 이러한 경험들은 정신지체인들에게는 비장애인들과 서로 하나가 되는 경험과 비장애인들의 수용적인 태도를 촉진하며, 동시에 장애인들은 만족감과 기쁨을 얻게 되고 사회적 기술이 향상된다. 예를 들어 8~13세 아동을 대상으로 한 2주간의 통합 캠핑을 경험한 비장애아동은 중도 장애아동과 함께 활동하는 것을 선호하는 경향이 있었다. 그들의 우정 관계는 더 깊어졌고 통합 캠프 운영에 대한 캠프 운영자들의 자세도 적극적으로 개선되었다(Rynders, Schleien, & Mustonen, 1990).

앞서 이 장에서 살펴보았던 것처럼 정신지체인의 행동은 그들의 기술 수준이나 IQ, 또는 정신지체라는 낙인보다 비장애인들의 수용 태도에 더 큰 영향을 미치게 된다. 성인사회의 구성원들은 낯선 사람보다 정신지체가 있는 새로운 사람들과 친분 관계를 시작하는 것을 더 좋아하는 경향이 있다는 연구 결과가 있다(Sparrow, Shinkfield, & Karnilowicz, 1993). 하지만, 비장애인의 수용에 혼란을 주는 정신지체인의 문제행동을 조절할 때 더 효과가 있다는 사실은 지역사회 통합을 위한 효과적인 행동 훈련과 행동 관리의 중요성을 다시 한 번 인식하게 한다.

네트워크는 여가활동 프로그램과 서비스에 정신지체인들이 성공적으로 참여하는데 핵심적인 요소이다(Rynders & Staur, 1995). 프로그램 관리자들은 지역사회 기관들과 주민, 부모 및 정신지체인들과 관계를 맺어야 하고, 모든 지역사회 구성원들이 여가활동에 참여할 수 있는 기회를 위해 함께 협력해야 한다.

그러나 삶의 다른 영역에서보다도 이들이 좋아할 수 있는 여가활동 계획에 대한 안내가 더 필요할 것이다. 선호도는 활동을 결정할 때 반드시 고려되어야 하고, 활동 자체에 참가자들이 선택할 수 있는 기회가 충분해야 한다(Dattilo, 1991). 예를 들어 사람들이 미술 작품을 위해 자료를 선택하거나, 함께할 파트너나 좋아하는 자리를 선택하는 것과 같다. 중도 장애인들은 그들의 선호도를 안구 움직임, 얼굴 표정, 혹은 열망하거나 놀라는 소리 등으로 표현할 수 있을 것이다.

이와 같은 선호도는 지역사회 통합 자체에 중요한 영향을 줄 것이다. 정신지체인들은 지역사회에서 비장애인들과 동참하기를 항상 원하는 것이 아니며, 때로는 다른 정신지체인들과 활동하는 것을 더 좋아할 수도 있다는 보고가 있다. 한 연구에 의하면, 다운증후군 성인은 다른 다운증후군을 가진 성인과 볼링을 치는 것을 더 좋아한다고 한다(Neumayer, Smith, & Lundegren, 1993). 물론 이것이 그가 통합되었을 때 겪었던 비참했던 경험 때문일 수 있다. 그래서 전문가들은 그들이 지역사회 내의 다양한 영역에서 통합되어 친밀한 관계를 형성하도록 할 필요가 있다. 그러나 법의 보호가 미치지 않는 경우, 분리된 활동들은 정신지체인들이 자신의 즐거운 삶을 위해 여가생활에서 좋아하는 것을 선택하는 기쁨을 박탈할 수 있다.

토론 과제

20세인 Tom은 공동생활 가정에서 살면서 지방 식당에서 파트타임으로 테이블을 정리하는 일을 한다. 그는 신체적으로는 문제가 없음에도 불구하고 여가활동을 거의 하지 않는다. 그의 사회활동은 오직 그의 거주지 안에서 다른 사람들과 산책을 하는 것이다. 그리고 그는 그 이상의 활동에 참여하기를 원치 않는다. 당신은 그가 지역사회에 참가하고 신체적인 활동을 좀 더 했다면 그의 삶이 좀 더 낫지 않았을까 하는 생각을 하게 될 것이다. 이러한 경우 당신은 어떻게 할 것인가?

CEC의 정신지체 및 발달장애부(MRDD)의 입장에서 진술된 대로, 많은 정신지체인들은 (보통 사람들처럼) 만일 그들이 더 활동적이라면 건강과 체력적인 부분이 더 개선될 수 있을 것이며, 그들의 수명을 연장하는 부분에도 영향을 줄 수 있을 것이다. 연구에 의하면 신체 활동은 심장혈관기능, 업무수행 및 성인의 체중 조절을 개선할 뿐만 아니라 정신지체 아동들의 스포츠 활동 참여를 증가시켰다고 한다(Fernhall, 1993; Chanias, Reid, & Hoover, 1998). 이와 같은 프로그램들이 어떤 사람들에게는 활동을 수정한다거나 기술을 훈련할 필요가 있지만, 중도 장애인들에게는 단지 격려와 모델링, 강화가 필요할 뿐이다(King & Mace, 1990).

국제 특수 올림픽

국제 특수 올림픽(Special Olympics International, SOI)은 아마도 가장 널리 알려진 정신지체인들을 위한 특별한 오락 프로그램일 것이다. Eunice Kennedy Shriver에 의해서 1968년에 창시된 SOI는 미국에 있는 모든 50개 주의 지부와 100여 나라 이상에 프로그램을 가지고 있다. 국내 경기와 지역 경기는 매년 여름과 겨울에 열리고, 세계 경기는 2년마다 겨울과 여름 경기로 번갈아 가며 열린다(Special Olympics International, 1993).

비록 특수 올림픽 경기가 수많은 정신지체인들에게 건강한 활동을 제공하는 데 성공적이었고, 격리된 주제가 아닌 주의와 관심을 기울일 가치가 있는 세계적인 관점으로 끌어들였다 할지라도, SOI는 최근 논쟁거리가 되고 있다. 비평가들은 SOI가 오락의 차별적 접근을 상징하고 선수의 성취가 존엄성과 합법성이 결여된 채 비통하게 동정을 호소하는 문제로 묘사하는 것을 비판해 왔다(Biklen & Knoll, 1987).

그리하여 SOI는 세 가지 프로그램을 통하여 통합 참여를 위한 새로운 기회를 개발해 왔다.

1. 정신지체인과 비장애 선수(나이와 기술 수준을 맞추어서)들을 합쳐 함께 경쟁하는 통합된 스포츠
2. Partners Clubs, 고등학교와 대학생 자원봉사자들이 보조 코치로서 활동하고 오락과 여가생활 시 특수 올림픽 선수들과 함께 추가시간을 보낸다.
3. Sport Partnerships: 학교 프로그램을 통하여 특수 올림픽 선수들과 고등학교 선수들이 함께 참여한다(Eichstaedt & Lavay, 1993). 게다가 SOI는 운동근육 훈련 프로그램(MATP)을 중도 신체장애인과 정신지체인들을 위해 개발해 왔다(SOI,1992).

SOI에서 선수들은 적어도 참가 전에 8주 동안 훈련을 받고 코치들은 최종 시험까지 훈련에 참여한다. 그러나 선수들이 받는 훈련은 코치의 경험과 기술에 따라 다양하게 나타나고 그들의 훈련의 질 향상에 의해 선수들이 받는 신체적 이익을 최대화하기 위해 노력하고 있다.

선수들을 위한 SOI 경기의 성과와 대중의 태도에 대한 평가 연구는 희박하고 방법론적 도전을 제공하나 참가를 통한 선수들의 경험이 자아존중감과 자신감을 향상시켰다는 증거가 있다. 게다가 특수 올림픽에 대한 태도에 관한 한 연구에서는 부모와 전문가들 모두 특별히 선수들이 자아존중감을 얻게 되는 이익에 관해서 프로그램에 대단한 긍정적 관점을 가진다고 했다. 전문가들은 브모들이 차별에 대해 관심이 있는 것보다 더 관심이 있다. 반면 부모는 관리상의 문제에 대해 좀 더 걱정을 한다(Klein, Gilman, & Zigler, 1993). 매년 백만 명 이상의 참가자들에게 있어서 이것은 그것이 제공하는 프로그램의 다양함과 호소력으로 인해 명백히 인기 있는 프로그램으로 계속해서 성장하고 있다.

정신지체인은 다른 사람들과 동일한 친교의 욕구를 가진다.

성과 성교육

신체적 문제가 정신지체인들의 성적 발달에 영향을 주기는 하지만 가장 결정적인 요인은 사회적, 문화적 요인이다. 이런 신체적 문제에는 2차 성징의 지체가 나타나기도 하며, 중도 정신지체인 경우 발기부전과 불임의 높은 발생빈도를 보이기도 한다. 예를 들어 Prader-Willi 증후군의 남성과 여성 모두 2차 성징이 충분히 나타나지 않거나 불임이 되기도 한다(Rowe & Savage, 1987). 게다가 다운증후군을 가진 남성은 성관계의 능력을 가지고 있다 하더라도 대체로 임신을 시킬 수 없다. 반대로 다운증후군을 가진 여성은 임신을 하고 아이를 낳기도 한다. 그러나 정신지체인은 대부분 일반적인 신체적 성징이 발달하고 성적 느낌과 욕구를 가지고 있다. 또한 많은 사람들이 만족스런 성관계를 경험하기도 한다.

정신지체인의 성에 대한 태도

일반인들의 정신지체인의 성에 대한 태도는 두렵다거나 혐오스럽다고 생각하는 고정관념을 가지고 있다(Rowe & Savage, 1987). 일반적으로 정신지체인은 다른 사람들이 경험하는 느낌을 가질 수 없을 거라고 여겨졌다. 종종 그들은 성적 행위를 하지 않거나 자신을 조절할 수 없는 사람들로 여겨졌다. 때로 정신지체인들이 성적 노출증에 있거나 부적절한 성적 행동을 하는 것은 사실이다. 그러나 이것은 일반적인 것이 아니라 훈련이 부족하거나 만족스러운 성적 표현수단이 없기 때문이다. 그러나 더욱 좋지 않은 태도는 정신지체인들이 다른 사람들과 같은 방법으로 사랑과 애정을 표현할 필요가 없거나 그런 능력이 없다고 생각하는 것이다(Hingsburger, 1991).

정신지체인들의 성에 대한 사회적 분위기는 더 혼란스러워졌다. 그라서 정신지체 아동의 가족들이 성적 착취 가능성에 대해 걱정하게 되었다. 그 결과 부모들은 어리거나 성숙한 자녀들의 성적 관심에 대해 방어적이거나 전적으로 부정했다. 물론 많은 부모들이 성적인 논의에 긍정적이고 건설적으로 접근하기를 원하지만, 아동들의 성생활에 대해 편하게 이야기하는 부모는 거의 없다. 그러므로 전문가들이 이런 주제로 부모들에게 접근할 때는 조심해야 하며 사랑과 애정, 사회적 적응에 초점을 맞추어야지 단지 신체적인 세부사항에만 집중해서는 안 된다(Hingsburger, 1991; Huntley & Benner, 1993). 그림 15.6은 자녀(성숙한 자녀를 포함해서)의 성적 발달에 대해 부모들이 갖고 있는 몇 가지 관심과 부모들의 책임을 제시하였다.

정신지체 시설에 상주하는 직원은 일반적으로 그들의 내담자들이 성적인 영역에서 '정상적으로' 만족한 삶을 살 수 있도록 도와주지만, 일반적인 여론에 대해서도 항상 관심을 갖게 되며, 임신과 성적 학대에 대한 책임에 대해서도 걱정하게 된다. 또한 그들은 성적인 논의에 대해 어떻게 반응해야 하고 충고해야 하는지 알 수 없는 경우도 있다. 심지어 정신지체 분야에서 일하는 사람들 가운데에도 정신지체인들의 성 문제에 대해 잘못된 신념과 오해를 가진 이들이 많다. 표 15.2에는 일반화되어 있는 잘못된 신념 몇 가지가 나와 있는데, 이것들은 사실과는 차이가 있다.

정신지체 아동이 본질적으로 아동기에 머물러 있다는 생각은 정신지체 아동들의 성 문제에 대한 가족과 전문가들의 대응에 잘못된 영향을 준다. 표 15.2에서 볼 수 있듯이 발달은 모든 영역에 일치하는 것이 아니다. 지적 발달이 매우 늦다 하더라도 그것이 신체적 발달이 늦거나 신체적 욕구와 감정이 미성숙한 상태로 남아 있다는 것을 의미하는 것은 아니다. 정신지체 아동들을 성적으로 미성숙한 아이와 같다고 보는 견해가 가족과 전문가들이 정신지체 자녀나 내담자의 현실적인 문제를 숙고하기보다는 골치 아픈 문제를 회피하기 위한 방편이 될 수 있다는 것이다.

정신지체 아동의 부모는 다음과 같은 성적 문제에 관심을 가지고 있다.

1. 자녀의 성에 대해 어떻게 이야기할 것인가—언제 시작해야 하며, 무엇을 이야기하며, 그것을 어떻게 이해시킬 수 있을까?
2. 자녀가 성적인 감정을 다루고 이해할 수 있도록 도울 수 있는 방법
3. 자녀를 성적 학대를 당하지 않도록 보호하고 다른 사람들을 이용하지 못하도록 가르치는 것.
4. 자녀가 피임을 해야 하는지, 어떤 방법을 사용해야 하는지, 언제 불임(수술)을 하는 것이 적당한지, 누가 이런 결정을 해야 하는지 결단하는 것.
5. 동성애와 자위행위를 다루는 것.
6. 자녀가 판단하는 능력과 독립적이고 사회적인 책임 능력을 결정하는 것.
7. 자녀의 결혼과 출산에 대해 결정하는 것, 다른 선택에 대해 이야기하는 것.
8. 자녀의 장애가 그들의 신체적 발달과 성에 어떻게 영향을 주는지 이해하는 것.
9. 자녀가 긍정적인 자아존중감을 발달시키고, 외적인 모습에 만족하고, 그들의 성에 대해 편안한 마음을 갖도록 도와주는 것. 그들이 성적 권리를 갖고 있다는 느낌을 주고, 그들의 성적욕구를 어떻게 표현해야 할지 현명한 선택을 하도록 도와주는 것.
10. 자녀를 위한 사회적 기회를 어떻게 격려하고 제공할지를 결정하는 것.

그림 15.6 성적 문제에 대한 부모의 관심

출처: P. J. Wallis (1991), Issues in social-sexuality for handicapped persons, their families, and professionals. In M. J. Fine (Ed.), *Collaboration with parents of exceptional children*. Brandon, VT: Clinical Psychology Publishing.

불행하게도 이러한 견해는 실제로 회피하고자 하는 문제들을 증가시키게 된다. 먼저, 이러한 견해는 이들을 위한 성교육을 무의미하다거나 바람직하지 않은 것으로 왜곡할 수 있다. 왜 '순수한 아이'가 성에 대해 알아야 하는가? 그리고 그러한 문제가 논의된다면, 그들은 자연스럽게 알게 될 것이고 실행해 보기를 원하지 않을까? 그러나 적절한 성에 대한 무지는 이들의 성 문제의 취약점을 더 두드러지게 한다. 많은 정신지체인들은 그들의 문제해결과 추론 능력의 결함으로 인해 그들에 대한 불법착취에 대해 무방비 상태에 놓이게 된다. 사실 일반인들 사이에서도 성과 관련한 사고가 많지만, 통계적으로 정신지체인들은 일반인들에 비해 성적으로 이용될 가능성이 매우 높다(Muccigrosso, 1991). 이런 이유 하나만 보더라도 정신지체인들이 특정 환경에서 해야 할 행동과 해서는 안 되는 행동을 아는 것은 그들의 안전에 필수적이다. 성교육은 이런 중요한 정보를 제공하고 역할 놀이를 통해 훈련을 시키며, 문제 상황으로부터 자신을 보호하는 방법을 연습하도록 한다(Hazeltine & Miltenberger, 1990).

표 15.2 정신지체인의 성 문제에 대한 잘못된 신화와 사실

잘못된 신념	사실
▪ 그들은 성적 발달이 항상 지연된다.	▪ 지연되는 정도는 장애의 요인과 심각성에 좌우된다. 예를 들어 비유전적인 증후군을 가진 사람은 대부분 또래와 같은 속도로 성숙한다.
▪ 정신지체 아동들의 출산율은 더 높거나 혹은 더 낮다.	▪ 출산율은 장애의 심각성과 원인에 의해 좌우되며 그것은 나이와 성생활의 빈도, 부부의 상태, 사회경제적 상황에 의해 영향을 받는다.
▪ 정신지체인들은 보통 사람들과 같은 성적 욕구를 경험하지 못한다.	▪ 성적 필요성과 욕망은 일반적으로 같다.
▪ 정신지체 아동들은 성에 대해 책임을 지지 못한다.	▪ 대다수는 성적으로 활동적이고 매우 신뢰할 수 있다. 그러한 책임감을 갖게 하는 결정적인 요인은 훈련, 지적 결함에 대한 괴로움, 정서적, 심리적 요인을 포함한다.
▪ 빈번한 자위행위는 정신적, 신체적 해를 초래한다.	▪ 사회화됨에 따라 죄책감이 종종 나타난다. 방법에 따라 피부 염증이 일어나기도 한다. 그러나 심각한 문제는 없다.
▪ 정신지체 아동들은 과도하게 성행위를 하고 제어하지 못한다.	▪ 성적인 행동의 빈도는 또래 집단보다 낮다. 미흡한 교육 때문에 때때로 사회적 기술과 이해가 부족하다.
▪ 정신지체 아동들은 영원히 유치하고 순진하다.	▪ 성숙은 여러 가지 기반에서 생긴다—지적, 신체적, 성적, 사회적, 정서적, 심리적인 것 등. 의뢰인들은 한두 가지 영역에서 명백하게 지체가 될지라도 계속 성숙한다.
▪ 정신지체 아동들은 결혼할 수 없다.	▪ 고도의 교육을 받은 사람들은 결혼을 지속할 수 있다. 결혼의 실패는 일반적인 사람들과 같은 문제로부터 발생한다.
▪ 부모가 정신지체일 경우 자녀들은 부모에게 영향을 받는다.	▪ 전반적으로 이것은 사실이 아니다. 정신지체인들의 자녀 대부분은 정상 범위의 IQ를 가지고 있다.
▪ 정신지체 아동들은 아이를 키우지 못한다.	▪ 사회적인 지지 속에서 많은 사람들이 유능한 부모가 될 수 있음을 입증하였다.
▪ 피임을 위한 임시적인 도구의 효과적인 사용이 불가능하다.	▪ 교육과 감독을 받은 훈련된 내담자들은 약을 효과적으로 사용할 수 있다.
▪ 성교육은 더욱 자극하는 결과를 낳고 성적 행동이 다른 방법으로 일어날 수 있다.	▪ 성교육은 성적 행위를 자극하지 않는다. 오히려 적절한 표현과 사회적 책임을 증진시킨다.

출처: W. S. Rowe & S. Savage (1987), *Sexuality and the developmentally handicapped: A guidebook for health care professionals*. Lewiston, NY: Edwin Mellen Press.

토론 과제

당신은 내담자인 Becky와 그녀의 남자친구와의 성적인 접촉에 대해 알고 있고, 당신은 그녀를 돕기 위해 이와 관련된 정보를 제공해야 하고 조언을 해야 한다고 생각한다. 그러나 Becky의 부모는 성교육에 대해 거부감을 가지고 있고, 그녀가 이와 같은 성 문제에 대해서 벗어나기를 바라고 있다. 당신은 어떻게 해야 하는가?

순수에 대한 견해는 순진한 사람은 언제나 지켜봐야 하고 '보호'해야 한다는 믿음으로 이어진다. 그림 15.7은 정신지체인에 대한 과잉보호가 왜 그들을 성적인 착취에 취약하게 만드는지를 보여 준다.

성 문제에 대한 좋은 프로그램이 점점 늘어나고 있음에도 불구하고 성 문제를 방지하기 위한 교육과 상담은 정신지체인들에게 전혀 도움이 되지 않는다(Whitehouse & McCabe, 1997). 시청각 자료를 포함한 훌륭한 교육과정은 성 문제에 대한 피해자들의 후유증 치유에 도움을 줄 뿐만 아니라, 젊은 학생, 성인, 그리고 성적 학대를 피하고자 하는 가족들에게 유용하다(Muccigrosso, 1991).

과잉보호는 불법 착취에 대해 정신지체 아동을 취약하게 만드는 것 외에도 개인의 권리와 평범한 삶을 경험할 수 있는 기회를 심각하게 침해한다(Muccigrosso, 1991). 성교육은 정신지체 아동이 그들이 속해 있는 지역사회의 구성원으로서 자신의 역할을 충실히 하도록 훈련하는 데 중요한 역할을 하고, 그것이 성관계이든 아니든 그들이 친교와 인간관계를 더 안정적으로 발전시킬 수 있도록 한다.

게다가 성에 대해 논의를 해 보지도 않고, 성적인 감정, 열망, 탐색 과정이 발생하지 않을 것이라는 가정은 옳지 않다. 대부분의 영·유아들은—정신지체가 있든 없든—자신의 성기가 자극될 때 기분이 좋아지는 것을 발견한다. 그들은 어떤 일이 일어나고 있는지에 대한 논의

- 무지
- 과도한 맹종
- 모든 사람이 친구라는 비현실적 시각
- 제한된 사회적 기회
- 낮은 자아존중감
- 제한된 단호함과 거절 능력

그림 15.7 성에 관한 이야기가 극도로 제한된 환경의 삶에서 야기되는 부산물

에 개의치 않고 그들의 신체를 탐색하여 성적인 감정을 경험한다. 정신지체 아동에게서 나타나는 대부분의 부적절한 행동은 자기 제어를 못해서라기보다는 성에 대해 무지하기 때문이다. 많은 정신지체 아동들은 자신의 문제에 대한 해답을 찾지 못한다. 심지어 자신의 문제를 정확하게 설명하는 것이 어려울 것이고, 그들의 시도에 대한 부정적인 반응에 의해 쉽게 낙심하게 된다. 그러나 그들이 확실한 정보와 훈련을 받게 되면 적절한 행동으로 발전시킬 수 있다. 정신지체 아동은 예를 들어 자위행위를 할 때 사생활의 중요성을 배울 수 있고, 언제 다른 사람과 신체 접촉을 하는 것이 적절한지와 다양한 상황에서 허용될 수 있는 신체적 접촉의 종류에 대해 배울 수 있다.

토론 과제

성인으로서 서로를 사랑하는 Sue와 Bob이 당신의 내담자라고 가정하자. 그들은 그들의 모든 시간을 Sue의 방에서 함께 보내길 원하고 있다. 당신은 그들이 신체적으로 접촉하고 있음을 알고 있고(혹은 곧 있게 될 것이다), 당신은 임신에 대해 걱정하고 있다. 게다가 그들은 자주 결혼에 대해 얘기하고 있지만, 당신은 결혼이 비현실적이라고 확신한다. 당신은 어떻게 해야 할 것인가?

전문가들은 흔히 자신이 정신지체 내담자의 성적 권리와 표현과 관련해서 곤란한 상황에 처하게 된다. 결국 그들의 목표는 내담자들의 요구를 들어 주고 내담자들이 가능한 자신의 삶을 책임지도록 도와주는 것이다. 사실 불필요하게 내담자의 삶을 떠맡거나, 그것에 대한 책임을 지는 것은 비윤리적이라고 할 수 있다. 또 전문가들은 어떤 일이 잘못될 경우 자신이 책임을 져야 하는 상황에 처하게 된다. 예를 들어 내담자가 임신을 한다든지 질병에 걸리게 되면 전문가들은 그 사실에 대해 추궁을 받을 수도 있다. 그림 15.8은 전문가들이 다루어야 할 문제를 보여 주고 있다.

성적 논의에 있어서 내재되어 있는 위험은 다른 영역의 위험과 다르지 않다. 많은 신체활동(예: 수영, 승마)에도 위험은 내재해 있으며 완벽하게 피할 수도 없다. 또한 내담자들이 외부세계(회사나 상점)로 나가게 될 경우에도 위험이 존재한다. 그러나 대중교통을 이용하는 것은 사회로 복귀하는 계획에 있어서 공통된 목표이다. 인생의 여러 영역과 마찬가지로 성의 영역에 있어서 적절하고 효과적인 훈련은 일상적인 활동과 관련된 위험을 줄여준다. 표 15.3에서는 정신지체인들의 사생활과 적절한 행동 지도를 위한 몇 가지 제안을 제시한다.

- 주제가 당신의 개인적인 가치와 상반되고 불쾌함을 야기하는 경우에 어떻게 하면 전문가적인 태도를 갖추고, 전문가적 조언과 도움과 의견을 줄 수 있을까?
- 교육이나 상담 프로그램을 시작하기 전에 내담자나 학생의 지식을 어떻게 평가할 것인가?
- 내담자나 학생이 자신과 다른 사람들을 이해하고 책임 있는 결정을 할 수 있다는 것을 어떻게 단정할 수 있을까?—그것은 충분히 고지를 한 후에 얻은 동의인가?
- 어떻게 하면 부모들의 제한을 넘지 않고, 부모의 가치와 충돌하지 않고 정보를 제공할 수 있을까?
- 어떻게 해야 부모들이 자녀의 성 문제에 대해 좀 더 수용적이고 긍정적이 될 수 있을까?
- 학생이나 내담자의 행동이 장애가 아닌 성 오용의 결과일 때 어떻게 해야 할 것인가?
- 성적 욕구불만의 결과로서 과격한 행동을 보이는 내담자를 어떻게 다루어야 할 것인가?
- 뚜렷한 정책도 없이 어떻게 학생이나 내담자에 대한 교육과 상담을 적절하게 이끌어 가야 하는가?

그림 15.8 내담자의 성 문제에 대한 전문가의 쟁점

출처: P. J. Wallis (1991), Issues in social-sexuality for handicapped persons, their families, and professionals. In M. J. Fine (Ed.), *Collaboration with parents of exceptional children*. Brandon, VT: Clinical Psychology Publishing.

효과적인 성교육의 요소

성교육이 효과적으로 이루어지려면 관련된 모든 사람들, 즉 내담자, 부모, 전문가들이 심리적으로 안정적이어야 한다(Wallis, 1991). 그리고 정신지체인들이 성적 행동에 대해 적절한 행동을 하도록 효과적으로 돕기 위해서는 성적 행위에 대한 교육 프로그램을 성의 신체적인 부분에 대한 교육보다 더 많이 다루어야 한다. 이러한 교육은 보다 일반적으로 대인관계의 발전, 사회화의 기회를 찾는 것, 단호하게 거부 의사를 밝힐 수 있는 권리와 능력, 에이즈나 다른 성질환에 대한 정보에 초점을 맞추어야 한다(Huntley & Benner, 1993). 또한 프로그램은 단순히 총체적인 교육과정으로 구성하기보다는 개인의 특별한 욕구를 다룰 필요가 있다. 이러한 프로그램은 실용적이어야 하고 개별적인 평가에 근거해야 한다. 관련된 문제점들은 개인이 이미 성적인 상대를 갖고 있는가 하는 점, 그녀가 성적인 문제를 경험을 했는가 하는 점, 그녀가 가지고 있는 사회적 기술 수준, 개인적인 인지 추론 능력, 그리고 그녀 자신의 목표와 선택 등을 고려해야 한다.

표 15.3 사생활과 성생활 교수를 위한 제안

개념	활동
▪ 사생활을 만들어 주기	내담자나 학생이 침실이나 욕실에 있을 때 들어가기 전에 노크한다. 내담자가 벗고 있거나 성 부위를 드러내고 있을 때 눈을 돌리면서 화를 내기보다는 당황했다고 설명한다. 당신이 돌아서기 전에 덮어 감추거나 옷을 갖추어 입으라고 말한다. 만약 내담자가 개인적인 도움을 필요로 한다면 사적인 공간으로 가서 도움을 준다.
▪ 구체적으로 교육하기	내담자나 학생의 삶을 그와 함께 주의 깊게 살펴보고 그의 사적인 장소가 무엇인지 찾아본다. 사적으로 '할 것'과 사적으로 '말할 것'을 구분하도록 한다. 사적인 순간을 만들기 위해 속삭이는 것과 접근하는 것을 가르친다.
▪ 적절한 신체 접촉에 대해 교육하기	단지 '사적인 부분'을 접촉하는 것뿐 아니라, 당신이 어떤 종류의 신체 접촉이 불쾌한지 알려준다. 우연하고 격이 없는 접촉과 '좋은 느낌'의 접촉의 차이점을 가르친다.
▪ 사생활이 불결한 것이 아님을 알려주기	종종 정신지체 아동들은 사생활이나 신체의 개인적 부분을 '더럽다'거나 '나쁘다'고 여긴다. 내담자는 모양과 크기에 관계없이 신체가 훌륭하다는 것과 신체의 각 부분은 몸을 형성하고 건강한 생활을 하는 데 기여한다는 점을 알 필요가 있다.
▪ 혼자 있는 것이 처벌이 아님을 설명해 주기	방에 감금하거나 고립이 벌로서 사용되기 때문에 내담자들은 혼자만의 사적인 시간에 반감을 가진다. 즐거운 활동으로 사적인 시간을 보내도록 하는 것이 종종 필요하다.

출처: D. Hingsburger (1991), *I contact: Sexuality and people with developmental disabilities*. Mountville, PA: VIDA Publishing.

결혼과 육아

앞에서 제시한 바와 같이 특수교육 분야의 발전에도 불구하고, 미국의 여러 주에서는 여전히 정신지체인의 결혼을 법적으로 금지하고 있다. 정신지체인들의 결혼을 법적으로 금지한 것은 지능지수와 이혼율이 상관관계가 있다는 증거가 없음에도 불구하고, 이혼율을 낮추기 위해서 고안되었다고 한다. 게다가 이 법에서는 결혼 상대자를 보호하는 것을 목적으로 한다고 되어 있다. 그러나 통계에 의하면 모든 결혼가정의 3분의 2에 해당하는 가정에서 폭력이 일어났고, 이러한 결과는 정상적인 지능지수가 배우자를 더 안전하게 하는 것은 아니라는 것을 의미한다. 결국 정신지체인의 결혼을 금지한 법은 정신지체인의 출산과 정신지체가 유전되는 것을 막기 위한 것이라고 할 수 있다. 그러나 결혼을 금지하는 것이 임신을 막을 수 없으며, 정신지체 여성은 대부분 정상적인 지능지수의 자녀를 가지고 있다(7장 참조).

정신지체인의 결혼을 금지하는 것은 지적 장애를 가진 사람들이 사회로부터 인정받는 결혼을 하는 것을 더 어렵게 만들며, 결혼은 이들에게 적절한 선택이 아니라는 편견을 갖도록 한다. 그럼에도 불구하고 많은 정신지체인들이 결혼을 한다. 이러한 부부들은 생활을 하면서 자주 도움을 필요로 하지만, 그렇다고 해서 이러한 도움을 그들이 미혼이었을 때보다 더 필요로 하는 것은 아니다.

정신지체인의 결혼에 관해 효율적인 논의를 하는 것과 육아는 별개의 문제이다. 배우자들 간에 서로 도움을 주고 지지해 주는 것을 요구하는 것은 당연한 일이다. 그것과 달리 어린 아이들은 그들의 삶을 전적으로 부모에게 의존하기 때문에 이것은 생명에 관련된 요구를 해결해 주어야 하는 문제이다. 비록 이처럼 아이들이 그들의 삶에 있어서 여러 가지 어려운 도전으로 괴로움을 겪는다 하더라도, 정신지체인들은 (적어도 미국에서는) 다른 사람들과 마찬가지로 아이를 낳고 키우는 인간적이고 법적인 권리를 가지고 있다. 그러므로 부모가 되는 것에 대한 논쟁은 심각한 윤리적 대립과 혼란에 빠지게 된다.

정신지체인들의 변호인들, 특히 미국 정신지체시민협회(Association for Retarded Citizens of the United States, Arc)에서는 정신지체인들이 그들 스스로, 혹은 약간의 도움만으로도 아이를 키울 수 있다고 주장한다. 그러나 양육 훈련과 중재에 관련된 일을 하는 사람들은 많은 아동들이 심각한 위험에 있다고 설명한다(Feldman, 1998). 그렇다면 우리는 어떻게 아동들의 건강과 복지에 대해 책임을 지면서 동시에 지적 장애를 가진 사람들을 지원할 수 있을까?

정신지체 부모가 부모의 역할을 충분히 할 수 있을지에 대한 결정적으로 중요한 요소 중 하나는 그들의 사회경제적 지위이다. 말할 것도 없이 양육은 엄청난 노력과 여러 가지 요구를 수반한다. 그리고 그러한 요구들은 경제적 문제, 적절하지 못한 주거 환경, 교통수단 부족의 문제와 밀접한 관련을 갖게 된다. 예를 들어 시계를 볼 줄 모르는 정신지체 부모들은 다른 사람의 도움 없이 공적인 지원을 얻는 데 필요한 문서작업을 하거나 인터뷰를 요청하는 것이 불가능하다.

많은 정신지체 부모들은 어린 자녀를 양육하는 데 필요한 기술을 익힐 수 있을 것이다. 그러나 자녀들이 더 자랄수록 부모들은 자녀들을 훈련하고 통제하는 데 있어 여러 가지 도전적인 문제에 직면한다. 대부분의 정신지체 부모들은 독립적인 생활과 양육에 다른 가족이나 사회의 도움이 필요로 한다. 그러나 불행하게도 많은 정신지체 부모들은 이와 관련된 도움을 받지 못하고 있으며, 어떤 문제에 대해 사회복지부에 보고되었을 때에야 비로소 사회복지제도의 지원을 받는다. 복지 정책은 이미 미혼모들에게 있어서는 아무런 도움을 주지 못하고 있다. 이들은 특수교육을 받지 못했고, 자녀를 빼앗기는 것을 막기 위해 지원을 받거나 기술을 익힐 기회도 없이 자녀를 빼앗기고 있다. 어떤 경우에는 아동을 학대하거나 방치했다는 증거도 없이 부모가 정신지체라는 이유만으로 자녀들을 빼앗기기도 하였다(Marafino, 1990).

미국에서는 사회경제적 지위가 낮은 사람들에게 필요한 사회복지 지원이 그들의 욕구를 충족시키지 못하며, 입양(위탁 양육) 시스템은 효과적인 대안을 제공하지 못하고 있다. 부모가 사회복지제도의 범위에서 벗어나게 되면, 그들의 자녀는 불충분한 영양과 적절한 발육을 위한 자극의 결핍, 의학적 치료의 부재로 인해 고통을 받게 된다. 분명 이것은 심각한 문제이며 이런 경우에 아동이나 부모의 권리 모두 충분히 보호받지 못하게 된다.

조망

이 책에서 우리는 (1) 정신지체는 무엇인지, (2) 그 근본 원인과 영향은 무엇인지, (3) 그 도전을 언급하는 교육적, 행동적 방법은 무엇인지, (4) 더욱 독립적으로 만족스러운 생활을 하도록 돕기 위해 이용할 서비스는 무엇인지를 연구했다. 또한 우리는 정신지체인, 그들의 가족, 그들을 돕기 위해 일하는 전문가들이 직면한 문제와 도전을 조사했다. 마지막 장에서 우리는 옹호의 역할을 논의하고, 이 분야의 미래 발전 방향을 알아보고 성취해야 할 비전을 언급할 것이다.

참고문헌

Adams K., & Markham, R. (1991). Recognition of affective facial expressions by children and adolescents with and without mental retardation. *American Journal on Mental Retardation, 96*(1), 21-28.

Anderson, D. J., Lakin, K. C., Hill, B. K., & Chen, T. (1992). Social integration of older persons with mental retardation in residential facilities. *American Journal on Mental Retardation, 96*(5), 488-501.

Biklen, D., & Knoll, J. (1987). The disabled minority. In S. Taylor, D. Biklen, & J. Knoll (Eds.), *Community integration for people with severe disabilities* (pp. 3-24). New York: Teachers College Press.

Brinker, R. P. (1985). Interactions between severely mentally retarded students and other students in integrated and segregated public school settings. *American Journal of Mental Deficiency, 89*, 587-594.

Carter, M. J., Nezey, I. O., Wenzel, K., & Foret, C. M. (1999). Leisure education with care-giver support groups. *Activities, Adaptation & Aging, 24*(2), 67-81.

Chanias, A. K., Reid, G., & Hoover, M. L. (1998). Exercise effects on health-related physical fitness of individuals with an intellectual disability: A meta-analysis. *Adapted Physical Activity Quarterly, 15*(2), 119-140.

Clegg, J. A., & Standen, P. J. (1991). Friendship among adults who have developmental disabilities. *American Journal on Mental Retardation, 95*(6), 663-671.

Dattilo, J. (1991). Recreation and leisure: A review of the literature and recommendations for future directions. In L. S. Meyer, C. A. Peck, & L. Brown (Eds.), *Critical issues in the lives of people with severe disabilities* (pp. 171-193). Baltimore, MD: Paul H. Brookes.

Dattilo, J., & Camarata, S. (1991). Facilitating conversation through self-initiated augmentative communication treatment. *Journal of Applied Behavior Analysis, 24*(2), 369-378.

Durand, V. M., & Carr, E. G. (1991). Functional communication training to reduce challenging behavior: Maintenance and application in new settings. *Journal of Applied Behavior Analysis, 24*(2), 251-264.

________. (1992). An analysis of maintenance following functional communication training. *Journal of Applied Behavior Analysis, 25*(4), 777-794.

Eichstaedt, C. B., & Lavay, B. W. (1993). *Physical activity for individuals with mental retardation: Infancy through adulthood.* Champagne, IL: Human Kinetics Books.

Ernst, J. M., & Cacioppo, J. T. (1999). Lonely hearts: Psychological perspectives on loneliness. *Applied & Preventive Psychology, 8*(1), 1-22.

Feldman, M. A. (1998). Parents with intellectual disabilities: Implications and interventions. In J. R. Lutzker (Ed.), *Handbook of child abuse research and treatment* (pp. 401-420). New York: Plenum Press.

Fernhall, B. (1993). Physical fitness and exercise training of individuals with mental retardation. *Medicine & Science in Sports & Exercise, 25*(4), 442-450.

Firth, H., & Rapley, M. (1990). *From acquaintance to friendship: Issues for people with learning disabilities.* Worchester, UK: BIMH Publications.

Fleming, M. K. (1998), *Recreational therapy.* Cincinnati: College of Mount St. Joseph.

Foxx, R. M., & Faw, G. D. (1992). An eight-year follow-up of three social skills training studies. *Mental Retardation, 30*(2), 63-66.

Guralnick, M. J. (1986). The peer relations of young handicapped and nonhandicapped children. In P. S. Strain, M. J. Guralnick, & H. M. Walker (Eds.), *Childrens social behavior: Development, assessment, and modification.* Orlando, FL: Academic Press.

Halpern, A. S., Close, W. D., & Nelson, D. J. (1986). *On my own: The impact of semi-independent living programs for adults with mental retardation.* Baltimore, MD: Paul H. Brookes.

Haring, T. G., & Breen, C. G. (1992). A peer-mediated social network intervention to enhance the social integration of persons with moderate and severe disabilities. *Journal of Applied Behavior Analysis, 25*(2), 319-333.

Hazeltine, B., & Miltenberger, R. G. (1990). Teaching self-protection skills to persons with mental retardation. *American Journal on Mental Retardation, 95*(2), 188-197.

Healey, K. N., & Masterpasqua, F. (1992). Interpersonal cognitive problem-solving among children with mild mental retardation. *American Journal on Mental Retardation, 96*(4), 367-372.

Hingsburger, D. (1991). *I contact: Sexuality and people with developmental disabilities.* Mountville, PA: VIDA Publishing.

Huntley, C. F., & Benner, S. M. (1993). Reducing barriers to sex education for adults with mental retardation. *Mental Retardation, 31*(4), 215-220.

King, D., & Mace, F. C. (1990) Acquisition and maintenance of exercise skills under normalized conditions by adults with moderate and severe mental retardation. *Mental Retardation, 28*(5), 311-317.

Klein, T., Gilman, E., & Zigler E. (1993). Special Olympics: An evaluation by professionals and parents. *Mental Retardation, 31*(1), 15-23.

Knopp, C., Baker, B., & Brown, K. (1992). Social skills and their correlates: Preschoolers with developmental delays. *American Journal on Mental Retardation, 96*, 357-366.

Krauss, M. W., Seltzer, M. M., & Goodman, S. J. (1992). Social support networks of adults with mental retardation who live at home. *American Journal on Mental Retardation, 96*(4), 432-441.

Lali, J. S., Pinter-Lali, E., Mace, F. C., & Murphy, D. (1991). Training interactional behaviors of adults with developmental disabilities: A systematic replication and extension. *Journal of Applied Behavior Analysis, 24*(1), 167-174.

Larson, R. W., & Suman, V. (1999). How children and adolescents spend time across the world: Work, play, and developmental opportunities. *Psychological Bulletin, 125*(6), 701-736.

Levy-Shiff, R., Kedem, P., & Sevillia, Z. (1990). Ego identity in mentally retarded adolescents. *American Journal on Mental Retardation, 94*(5), 541-549.

Marafino, K. (1990). Parental rights of persons with mental retardation. In B. Whitman & P. Accardo (Eds.), *When a parent is mentally retarded.* Baltimore, MD: Paul H. Brookes.

Meyer, L. H., & Putnam, J. (1988). Social integration. In V. Van Hasselt, P. Strain, & M. Hersen (Eds.), *Handbook of developmental and physical disabilities* (pp. 107-133). New York: Pergamon Press.

Muccigrosso, L. (1991). Sexual abuse prevention strategies and programs for persons with developmental disabilities. *Sexuality and Disability, 9*(3), 261-271.

Newcombe, A. F., Bukowski, W. M., & Pattee, L. (1993). Children's peer relations: A meta-analytic review of popular, rejected, neglected, controversial, and average sociometric status. *Psychological Bulletin, 113*, 99-128.

Neumayer, R., Smith, R. W., & Lundegren, H. M. (1993). Leisure-related peer preference choices of individuals with Down syndrome. *Mental Retardation, 31*(6), 396-402.

Romski, M. A., Sevcik, R. A., & Wilkinson, K. M. (1994). Peer-directed communicative interactions of augmented language learners with mental retardation. *American Journal on Mental Retardation, 98*(4), 527-538.

Rowe, W. S., & Savage, S. (1987). *Sexuality and the developmentally handicapped: A guidebook for health care professionals.* Lewiston, NY: Edwin Mellen Press.

Rynders, J., & Schleien, S. (1991). *Together successfully: Creating recreational and educational programs that integrate people with and without disabilities.* Arlington, TX: The Arc-United States; National 4-H; and the Institute on Community Integration, University of Minnesota.

Rynders, J. E., Schleien, S. J., & Mustonen, T. (1990). Integrating children with severe disabilities for intensified outdoor education: Focus on feasibility. *Mental Retardation, 28*(1), 7-14.

Rynders, J. E., & Staur, N. A. (1995). Inclusionary community leisure services. In S. J. Schleien, L. H. Meyer, L. A. Heyne, & B. B. Brandt (Eds.), *Lifelong leisure skills and life-styles for persons with developmental disabilities* (pp. 147-160). Baltimore, MD: Paul H. Brookes.

Schleien, S. J., Meyer, L. H., Heyne, L. A., & Brandt, B. B. (1995). *Lifelong leisure skills and lifestyles for persons with developmental disabilities.* Baltimore, MD: Paul H. Brookes.

Schloss, P. J., & Wood, C. E. (1990). Effect of self-monitoring on maintenance and generalization of conversational skills of persons with mental retardation. *Mental Retardation, 28*(2), 105-113.

Soodak, L. (1990). Social behavior and knowledge of social "scripts" among mentally retarded adults. *American Journal on Mental Retardation, 94*(5), 515-521.

Sparrow, W. A., Shinkfield, A. J., & Karnilowicz, W. (1993). Constraints on the participation of individuals with mental retardation in mainstream recreation. *Mental Retardation, 31*(6), 403-411.

Special Olympics International. (1992). *Motor activities training program fact sheet.* Washington, DC: Author.

________. (1993). *Fact sheet.* Washington, DC: Author.

Stewart, G., Van Houten, R., & Van Houten, J. (1992). Increasing generalized social interactions in psychotic and mentally retarded residents through peer-mediated therapy. *Journal of Applied Behavior Analysis, 25*(2), 335-339.

Szivos, S. E., & Griffiths, E. (1990). Group processes involved in coming to terms with a mentally retarded identity. *Mental Retardation, 28*(6), 333-341.

Walls, P. J. (1991). Issues in social-sexuality for handicapped persons, their families, and professionals. M. J. Fine (Ed.), *Collaboration with parents of exceptional children.* Brandon, VT: Clinical Psychology Publishing.

Whitehouse, M. A., & McCabe, M. P. (1997). Sex education programs for people with intellectual disability: How effective are they? *Education and Training in Mental Retardation and Developmental Disabilities, 32*(3), 229-240.

Widaman, K. F., MacMillan, D. L., Hemsley, R. E., Little, T. D., & Balow, I. H. (1992). Differences in adolescents' self-concept as a function of academic level, ethnicity and gender. *American Journal on Mental Retardation, 96*(4), 387-404.

Williams, G. A., & Asher, S. R. (1992). Assessment of loneliness at school among children with mild mental retardation. *American Journal on Mental Retardation, 96*(4), 373-385.

York, J., & Rainforth, B. (1995). Enhancing leisure participation by individuals with significant intellectual and physical disabilities. In S. J. Schleien, L. H. Meyer, L. A. Heyne, & B. B. Brandt (Eds.), *Lifelong leisure skills and lifestyles for persons with developmental disabilities* (pp. 113-132). Baltimore, MD: Paul H. Brookes

Zetlin, A. G., & Turner, J. L. (1985). Transition from adolescence to adulthood: perspective of mentally retarded individuals and their families. *American Journal of Mental Deficiency, 89*, 570-579.

CHAPTER 16

전망, 진보, 지지

지역사회 통합은 지역사회의 결속을 새로이 하고, 가까운 가족이나 직업 환경을 떠나 관계를 확립하기 위한 우리 사회 전체의 과제라는 대규모 맥락 내에서 일어난다. 지역사회 통합의 성공을 위해서는 서로의 차이를 인정하고, 공동의 가치에 초점을 맞추고, 이해의 토대를 마련하고, 그에 따라 공통의 지역사회 목적에 도달하기 위한 담론에 들어가는 것이 필요하다.

합의에 도달하는 데 필요한 일종의 담론은 이런 담론의 참여자로서 우리가 흔히 부족한 기술의 수준과 개인적 성숙을 요구하다. 이때 요구되는 태도는 세상을 보는 우리 자신의 방식이 효과적인 변화의 과제에 대해 완전하거나 적합하지 않을 것임을 인정하고, 우리가 다른 사람의 관점에 대한 분명한 이해로부터 이익을 얻을 수 있음을 인정하며, 우리의 작업이 태도 변화의 결여로 방해받음을 인정하는 것을 포함한다(Edgar, 1994). 필요한 기술은 우리 자신의 가정에 대한 반성과 숙고, 정확히 추측하지 않고 경청하는 능력 및 변화에 대해 유연함과 개방적인 동시에 우리의 아이디어를 분명하고 설득력 있게 의사소통하는 능력을 포함한다. 우리의 담론이 생산적이 되기 위해 우리는 가족, 전문가 집단, 다른 옹호자, 그리고 특히 수요자의 참여를 보장해야 한다.

다양한 의견

옹호와 지원을 요구하는 가족들의 목소리는 정신지체 분야에서 변화와 진보에 중요한 자극제가 되어 왔다. 그동안 가족들이 행한 효과적인 옹호에 참여했던 노력의 내용들을 **그림 16.1**에 제시했다.

일부 가족 옹호자들은 그들의 요구가 수용되지 않을 경우 서비스 공급자에게로 직접 다가갔다. 14장의 Judi Gerding의 예에서 봤던 것과 같이 그들은 주거용 주택, 학교, 직업 훈련 프로그램을 찾아다녔다. 그동안 중요한 지원을 제공했던 사람들이 바로 가족들이며, 이제는 미국뿐만 아니라 전 세계적으로도 거의 모든 지역사회에 부모 지원단체가 존재한다.

그러나 여전히 부모와 전문가 간의 관계를 개선하고 진정한 의미의 협력 기회와 실제를 증가시키기 위해서 해야 할 일들이 많이 남아 있다. 전문가들과 부모 간에 진정한 의미의 협력 관계가 형성되면 자연스럽게 수요자의 요구에 부합하는 서비스가 공급될 것이다.

일반적으로 부모들은 그들의 자녀를 위한 지원 서비스에 대해 정보가 부족하다고 느끼며, 직접적인 서비스 전문가들도 어떤 권한을 갖고 있지 못하다고 느끼고 있다. 예를 들어 교사

가족들은 다음과 같은 역할을 한다.

- 로비스트로서의 역할
- 기관 서비스 점검
- 공청회에서 의견 개진
- 인권 세미나 참여
- 일반 대중의 태도 개선 노력
- 집단 거주자가 제안하는 이웃과 관계 개선 노력
- 시민 옹호 사무소 개설
- 자기주장단체 후원
- 혁신적인 훈련 프로그램 개설
- 유용한 내과 의사와 치과 의사, 피해야 할 전문가 명부 목록 개발
- 발달장애에 관한 책 집필
- 지역사회단체를 위한 강연
- 서로 도와줌으로써 현재 당면한 위기에서 벗어나기

그림 16.1 가족의 옹호 노력

출처: R. Perske & M. Perske (1986), *Hope for the families* (3rd ed), Nashville: Abingdon Press.

들이나 주거 서비스 제공자, 그리고 그 외 많은 사람들은 개별적인 의사결정이나 절차와 규정을 개선하거나 조절하기 위한 권한이 매우 미미하다. 그러나 최근에는 지역사회를 관리하고자 하는 요구가 한층 더 강화되어 지역사회 인사들이 국가나 지방 정부의 재정 지출에 관한 프로그램 개발의 상세한 영역까지도 더 많이 관여하게 되었다. 이것은 관료적, 정치적 복잡성이 지방 수준에서조차 상당하고, 의사소통, 헌신적인 참여 및 양보의 의지가 없이 영향을 미치는 입장에 있을지라도 현장에 있는 사람들에게 더 많은 영향을 줄 수 있다. 더구나, 실질적인 이득은 연방 법률과 개입에서 나왔고, 이러한 이득을 보장하기 위한 충분한 감독이 핵심이었다. 지방과 연방정부 간에 적절히 균형을 유지하는 것이 남겨진 과제이다.

자기주장

이 책(그리고 정신지체에 관한 대부분의 저서)에서 특징적인 것은 우리가 이해하고자 하는 그들의 주장에 관한 부분이 매우 적게 다루어지고 있다는 것이다. 그렇지만 정신지체인은 그들의 삶이나 그들이 받고 있는 지원에 대해 의견이 많을 뿐만 아니라, 실제로 그들은 전문

성에 대해서도 비전을 가져야 한다.

먼저, 그들은 '다름'이라는 것으로 인한 고통에 대해 의견이 있고, 지적 도전으로 기능에 대한 어려움에 관해서도 할 말이 있다. 다음 사례를 보면, 한 여성이 그녀의 여동생과 여동생의 남자친구와 함께 좋아하는 곳으로 가고 싶다고 말하는데, 여기서 자신의 차이에 대한 자의식이 드러난다. 이 인용구는 그녀의 어머니에 의해 기록되었다.

> Collette는 그녀의 여동생과 애인을 언급하며 "난 Melanie와 그 애인과 함께 가고 싶어." 라고 말했어요. 그리고 "만약에 그들이 싫어하지 않는다면."이라고 조심스럽게 덧붙였죠(Kaufman, 1986, p. 38).

또한 그녀는 다른 사람들은 도움이 필요하지 않은 상황에서 도움이 필요할 때 느끼는 혼란에 대해 이야기하기도 한다. 그것은 그녀 자신의 자아존중감에 대한 문제인 것이다.

> "저는 카드 한 장을 사고 싶어서 가게에 갔어요. 내가 가게에 들어가서 카드 한 장을 샀는데 엉뚱한 카드를 샀던 거예요. 그렇지만 전 그 점원에게 카드를 읽어 달라고 말하고 싶지 않았어요. 내가 하고 싶었거든요." 그리고 그녀는 그것을 사서는 집에 있는 남편(Edgar)에게 달려갔고, 그 내용이 무엇인지 알기 위해서 남편에게 읽어 달라고 했어요. 그런데 내용은 그녀의 감정을 표현하는 데에는 적당한 것이었지만, 남자가 여자에게 주는 카드였던 것이다. "전 바보같이 그런 카드를 살 수밖에 없어요." 그녀는 절망적인 목소리로 울음을 터뜨렸다(Kaufman, 1986, p. 39).

다시, 그녀는 자기 스스로 자신을 보호할 수 있기를 원하며, 자신의 문제를 해결해낼 수 있기를 원한다고 말했다. 그녀는 어머니에게 다음과 같이 말했다.

> "보세요, 이것이 바로 우리가 풀어 나가야 할 문제예요. 전 우리 일에 대해 어머니께 말씀드리고 싶진 않아요. 전 지금 아주 혼란스럽고, 이것이 옳은 일인지도 모르겠어요. 어떠한 것도 전혀 중요한 일이 아니라는 생각도 들어요. 우리는 정말 어렵고 힘든 과정을 겪고 있는 거예요"(Kaufman, 1986, p. 41).

또한 자기권리를 주장하는 사람(self-advocates)들은 전문가 기관에서 그들의 몫이라고 믿고 있는 역할에 대해 많은 주장을 한다. 자기주장연맹(Self-Advocates Becoming Empowered)의 대표인 Nancy Ward는 자기권리 주장자들이 보다 쉽게 접근할 수 있는 전문가 회의를 개최할 것을 제안했다.

> 그렇게만 되면 우리도 이해할 수가 있습니다. 매번 회의의 주제가 학문적인 연구 주제로 되어 있어서 우리는 회의의 내용을 이해할 수가 없고, 심지어 참석조차 할 수 없습니다. 그 회의에서 제안되는 내용들이 얼마나 어려울지 상상이 갑니다. 저는 회의의 주제와 내용들을 모두 이해할 수 있도록 되어야 한다고 생각합니다.
>
> 또 한 가지 제안은 회원의 회비에 관한 것입니다. 80~100달러의 회비는 우리에게는 부담스러운 금액입니다. 우리에게 식비를 지원해 주는 것처럼 미리 지원해 주는 것이 필요합니다. 우리도 다른 전문가들처럼 선금을 지원받고 있다고 생각해서는 안 됩니다.
>
> 한 가지 더 바라는 것은 장애인들은 앞으로 사회의 일원으로 통합되고 수용될 것이므로 이와 같은 것들이 자기권리 주장단체나 부모 단체들만의 요구가 되지 않기를 바랍니다. 그렇지만 그런 일들이 내 생애 내에 이루어질 것이라고 생각하지는 않습니다(Ward, 1996, pp. 121, 122).

자기권리 주장자들은 그들이 장애인 가운데서 담당해야 하는 역할에 대하여 분명한 비전을 가지고 있다. 뉴욕 시 자기권리주장 협회의 공교육과 단체지원의 책임자인 Harvey Pacht는 다음과 같이 주장한다.

> 가장 중요한 것은 자기권리 주장 운동이 장애인들도 다른 사람들과 같이 우리 시민이고 시민으로서의 권리를 가지고 있다는 인식을 할 수 있도록 도움을 줄 수 있어야 한다는 것이다. 또한 장애인이 자신의 권익을 주장할 수 있도록 힘을 실어 주어야 한다. 자기 자신과 다른 사람들의 권익을 주장할 능력이 없는 사람들을 위해서 그들을 잘 알고 그들의 감정이나 요구를 이해하고 있는 사람들이 대변해 주어야 한다. 다른 사람들의 권익을 주장하는 사람들은 정직해야 하고 신뢰할 수 있어야 한다.

그리고 그는 덧붙여서 전문가 단체에 다음과 같이 조언을 하고 있다(아마도 책을 집필하는 저자에게도 그런 것 같다).

> 정신지체학회(AAMR)와 같은 기관에서 해야 할 또 다른 일은 '정신지체'와 같은 용어를 사용하는 것을 중단하는 것이다. 많은 사람들이 용어를 잘못 사용해서 그것이 부정적인 표찰이 되기 때문이다. 현재 사용하고 있는 용어들은 너무나 많은 사람들에게 불쾌감을 주기 때문에 우리는 전문용어들을 교체하는 노력을 기울여야 한다(Pacht, 1996, p. 124).

- 학생들과 내담자들과 함께 자기권리 주장에 대한 정보를 공유하라.
- 참여하는 데 필요한 지원을 제공할 수 있도록 참여와 도움을 독려하라.
- 지역에 자기권리 주장단체를 설립하라.
- 임원의 참여를 독려하라.
- 학생들과 내담자들 각각의 주장에 귀 기울여라.
- 변화의 목소리에 주목하라.

그림 16.2 자기권리 주장단체와 협력하는 방법

출처: J. R. Dudley (1996).

지적 장애인들에 의해 구성된 자기권리 주장단체들은 이제 미국 전 지역뿐만 아니라 전 세계에 걸쳐 구성되어 있다. 이 자기권리 옹호자들은 이제 연방정부뿐만 아니라 주정부의 위원회에 참여하고 있으며, 집회도 개최하고 있다(The Arc, 1996). 더구나 그들의 주장은 주정부와 연방정부의 입법 과정에도 영향을 주게 된다. 부모단체의 전례에 비추어 보면 자기권리를 주장하는 것이나 그러한 단체가 점점 증가하게 될 것이며, 점점 더 그 영향력이 커질 것이다. **그림 16.2**는 자기권리 주장단체들과 관련하여 서비스 제공자를 위한 충고라고 할 수 있다.

진보와 과제

이 책의 중심 개념은 지역사회 통합이며, 비록 여전히 해야 할 일들이 많이 남아 있긴 하지만 이 분야에 많은 진전이 있었다. 약 10여 년 전만 해도 정신지체 아동은 시설에 수용되어 평생 그곳에서 생활해야 했다. 그들은 학습이 불가능하다고 보았기 때문에 그들을 교육시키려는 노력이 없었다. 그러나 이제는 중도 장애를 포함한 발달장애아동의 교육에 대해서 법적인 근거가 마련되어 있으며, 많은 정신지체 아동이 일반학급에서 또래들과 함께 교육을 받고 있다. 게다가 경우에 따라서는 중등 이후 교육과정까지도 가능하도록 되어 있다(Meers, 1992). 또한 많은 정신지체 성인들이 지역사회 내의 가정에서 생활하고 있으며, 지역사회 직장에서 일을 하고 있다는 것은 정신지체인들에게 이제 흔한 일이 되었다.

정신지체에 대한 생물학적 이해와 의학적 예방책에 대해 많은 진전이 있었다. 공학의 발달은 중도 지체장애인들의 삶을 더욱 풍요롭고 만족스럽게 하는 데 많은 도움을 주고 있다.

완전한 지역사회 통합이 실재가 되어야 한다면 자기주장이 핵심이다.

AP Photo/Terry Gilliam

뿐만 아니라 장애인들을 위한 프로그램과 지원의 양적인 증가에 필적할 정도의 교육과 사회적 서비스를 위한 재원이 크게 증가했다(Wolfensberger, 1991).

그러나 우리는 탈시설화보다 지역사회 통합이 아직은 어렵다는 것을 알고 있다. 단지 일반학급에 아동이 출석하는 것만으로 교사와 또래들에게 수용되고 있다거나 그 아동의 욕구에 가장 적합한 교육을 받고 있다고 말할 수는 없다. 그리고 많은 정신지체 성인들이 지역사회의 직장에서 일을 하고 있지만, 여전히 많은 정신지체인들은 가정을 갖고 있지 못하며, 실업 상태로 있고, 일을 한다 하더라도 그들의 강점과 능력과는 관계없는 일을 하고 있다. 불행하게도, 특별한 욕구를 지닌 많은 아동들이 교육 체제에서 배제되고 있으며, 적격한 것으로 평가를 받지 못하거나 가정을 갖고 있지 못하고, 빈번히 학교에 등록하지 않기 때문에 자주 이동하게 된다. 뿐만 아니라 수많은 성인들이 지원 서비스를 받지 못한 채 매일 매일을 지적 장애와 싸우고 있다. 이들은 쉽게 착취당하고, 기아에 허덕이거나, 가정이 없거나, 소외당하기 쉽다(Wolfensberger, 1992).

정신지체인들에게 교육과 또 다른 서비스를 제공해야 하는 사람들의 과제는 여러 가지 면에서 그들이 그동안 겪었던 것보다 더 심각할 수 있다. 광범위한 사회계층에서 서비스를 필요로 하는 사람의 수, 빈곤한 사람의 수, 그리고 정신적 손상을 초래할 수 있는 관련된 조건들이 증대하고 있다. 서비스 체제의 복잡성도 문제이며, 재정문제로 인하여 방향을 쉽게 바꾸기도 하고, 놀랄 만한 기관의 수는 정신지체인들과 관련해서 그동안 해결했던 것보다 더 많은 문제를 양산하게 되었다(Wolfensberger, 1992).

어떻게 하면 경험 없는 전문가들이 이러한 문제를 올바르게 해결할 수 있는가? 그리고 그들이 시도하지 못하는 어찌할지 모르고 희망이 없는 느낌을 갖는 것을 어떻게 방지할 수 있는가? 진실로 우리 중에서 아무도 이런 광범위하고 심각한 문제를 해결할 수 있는 사람은 아무도 없을 것이다. 우리는 오직 우리가 보았던 불공평에 대해서 말하고, 진보를 위해 자신이 기여하고, 지속적인 발전을 위해 함께 일할 뿐이다. 우리는 초기에 우리를 전문가로 다가가게 한 이상을 기억하며, 모든 상황에서 우리가 봉사하는 이들의 복지를 위해 안내할 수 있어야 한다. 우리는 자신의 지식의 한계와 우리의 능력이 진실을 알기 위한 것임을 받아들일 수 있으며, 우리는 새로운 아이디어와 다른 관점에 대해 개방적이어야 한다.

사실은 복합적이지 않더라도 종종 진실과 공존한다. 그리고 만약 우리가 능력이 있다면 이러한 것들을 위한 균형을 찾아야 하는 것이 필수적이다. 공존하는 진실의 몇몇 예는 정신지체에 관한 이론들을 포함한다. 예를 들어 정신지체는 사회적 구인이며 생물학적인 실체이다. 이 외에 이념이 연관되어 있다. 특수교육은 시민의 권리이고 특권이며 책임이다. 아직도 다른 것들은 실제적인 문제와 관련된다: 정신지체인들은 보호받아야 하고, 또한 그들은 독립적이 되어야 한다.

토론 과제

어떻게 모순된 생각이 종종 동시에 타당할 수 있는가? 예를 들어 어떻게 특수교육이 시민으로서의 권리이고 특권이고 책임인지 설명할 수 있는가?

만일 우리가 필수적인 지적 기술과 적절한 태도를 개발할 수 있다면, 그때 우리는 미래의 과제들을 더 잘 언급할 수 있을 것이다. 이러한 과제의 일부는 다음과 같다.

1. 우리는 어떻게 아동들을 그들의 교육 체제의 완전한 참여자로 통합하고 동시에 필요한 개별 지원에 접근하도록 보장할 수 있는가?
2. 우리는 어떻게 지역사회 거주자들이 이웃과 다른 지역사회 구성원들과 우정을 형성하

고, 이런 우정을 유지하는 것이 어려워질 때 도울 수 있는가?

3. 우리는 어떻게 단지 적격하다고 정의되는 기술과 능력을 평가하는 것뿐만 아니라 욕구와 서비스를 효과적으로 짝짓는 더 좋은 방법을 찾을 수 있는가?
4. 우리는 어떻게 서비스의 조정을 개선하고 그들의 중복을 피할 수 있는가?
5. 우리는 어떻게 개인이 수혜자로서 분명히 더 나아질 수 있도록 하기 위해 서비스를 받는 사람들의 욕구에 더 잘 반응할 수 있는가?
6. 우리는 어떻게 우리가 셀 수 없이 많은 지역사회의 '작은 시설'을 단순히 재생하지 않으리라 확신할 수 있는가?
7. 우리는 어떻게 서비스의 제공을 더욱 지역사회 공동체의 관리 아래 더 많이 두고, 그에 따라 소비자, 가족, 그리고 직접적인 서비스 전문가의 통제 내에 더 많이 둘 수 있는가?
8. 우리는 어떻게 적격한 집 없는 사람에 대해 더 나은 위기 중재를 제공하고 서비스 사각지대로 사람들이 배제되는 것을 막을 수 있는가?
9. 우리는 어떻게 지역사회 주거 공간의 수를 늘릴 수 있는가?

전문가 양성의 변화

서비스 제공에서 점차 정착되고 있는 간학문적 협력의 실제로서, 그리고 체제 측면에서 서비스를 제공해야 한다고 기대 받고 있는 전문가로서 대학과 대학교의 교육과정은 반드시 이러한 변화를 반영해야 한다. 더 이상 학생들은 자신들의 교육 분야의 내용을 이해하는 데만 만족하지 않아야 한다. 대신에 그들은 다른 관련된 분야에 친숙해지고, 어떻게 자신의 이론과 방법, 기술과 기대가 더 큰 네트워크에 적합하게 되는지 볼 수 있어야 한다.

더 나아가 만약 지역사회 통합이 현실화되면, 모든 시민, 사업가, 전문가들은 지적 차이의 실재를 이해하고, 지역사회의 반응과 융통성을 위한 요구를 직시해야 한다. 사업가, 관리자, 의사, 치과 의사 및 다른 모든 이들은 그들 고객의 강점과 능력의 다양성을 예상해야 하며, 그러한 기대를 충족시킬 수 있도록 교육받아야 할 것이다.

이러한 점에서 정신지체는 더 이상 특별한 분야로서가 아니라 인구 중에서(다양성의 요소로서 기대되는) 흔히 나타나는 특성으로서 접근해야 한다. 그러므로 이것은 모든 중등 이후 교육과정의 다문화적 요소에 포함되어야 한다.

추가적인 고려사항

우리가 정신지체인들을 위한 서비스의 질을 개선해야 한다면 학교와 기관, 그리고 그 분야의 역사를 고려해 볼 필요가 있다. 어떠한 분야에서 진보를 이루기 위해서는 반드시 과거의 실수로부터 배워야 하는데, 이것은 정신지체 분야에 있어서도 진리라 할 수 있다. 첫째, 문제가 있는 부분이 확인되면—예를 들어 "특수학급의 아동들이 우리가 기대하는 것처럼 수용되지 않고 있다." 혹은 "우리는 기관 중심의 조기중재 프로그램에 등록하고 참여하는 데 문제가 있다."—우리는 다음과 같은 문제를 포함하여 이런 특정 문제에 답을 해야 한다.

1. 우리나 다른 사람들이 이전에 이런 문제를 갖고 있었는가? 만약 그렇다면 언제 그랬는가?
2. 우리는 어떤 해결방법을 시도했으며 그 결과는 무엇인가?
3. 이것과 관련된 더 성공적인 다른 프로그램의 사례가 있는가?
4. 만약 그렇다면, 그들이 이용했던 전략들을 확인할 수 있는가?
5. 우리는 누구로부터 조언과 제안을 받을 수 있는가?

이러한 역사적 문제해결 접근법은 우리 프로그램의 지속적인 개선에 본질적이다.

둘째, 과거, 현재, 미래의 입장에 대한 우리의 관점은 국제적인 관점을 필요로 한다. 우리는 다른 나라 사람들과 함께 연구하고 토의하면서 이러한 관점을 가질 수 있을 것이다. 이런 목적을 위해 미국의 여러 단체—AAMR, Association for Persons with Severe Handicaps (TASH), President's Committee on Mental Retardation—는 미국 정신지체와 발달장애에 관한 국제협의회(United States International Council on Mental Retardation and Developmental Disabilities, MRDD)를 만들었다. 이 기관의 목적은 다음과 같다.

- 전 세계 모든 정신지체와 발달장애인의 복지 향상
- 인간과 법적 권리의 보편적인 쟁점에 대한 협력적 해결방안 모색
- 정신지체인의 권리와 기회에 관한 국제 활동 장려
- 관련된 국제 활동에 대한 미국의 지원 증대
- 미국의 국제기구 참여 보장(The Arc, 1998)

마지막으로 우리가 서비스 전달에서 직면한 어려움은 대부분 인간관계의 문제라고 이해할 수 있다. 우리의 당면 과제에 추가적인 재정 지원의 확보가 포함되고, 혹은 입법가, 관리자,

학생 혹은 내담자, 가족 혹은 시민들의 태도에서 좌절하더라도 대화하고 협력하는 우리의 기능이 능숙해지는 것은 우리를 더 책임감 있게 만들고 우리를 노력 끝에 성공하게 할 것이다.

태도와 지역사회 통합

정신지체인에 대한 낙인과 배제는 여러 가지 이유로 발생한다. 그 중 주요한 이유는 우리 중 많은 수가 '다르다'는 사실—특히 그것이 약함, 고통 혹은 의존임을 합의할 때—에 걱정과 두려움으로 반응한다는 것이다. 이런 경향은 지각된 개인이 멀리 있는 것으로 간주될 때 그렇게 된다. 보통 우리는 누군가를 개인적으로 알게 되면 그들의 강점과 속성을 인식하기 시작하거나, 적어도 그들을 위협적으로 보지는 않는다. 이러한 이유 때문에 통합을 옹호하는 사람들은 정신지체인에 대한 공적인 친밀감이 낙인을 줄일 것이라 믿는다. 그리고 여러 가지 증거들도 이런 관점을 지원한다. 그러나 친숙성이 수용과 존중을 보장하지는 않는다.

개인이 열등하다고 간주될 때, 비록 도움을 주려는 진지한(친절로 동기화된) 노력으로 가장되더라도 결국 낙인을 초래한다. 예를 들어 일부 지적 장애인은 특수교육을 회피하고 이를 불쾌하게 생각하고 있는데, 그 이유는 그들이 특별한 도움을 받는 것은 열등과 의존을 증명하고 인정하는 것이라 여기기 때문이다(Kozma & Illjes, 1993).

그러나 실제로 우리 중에서 그 누구도 독립적이지 않다. 우리는 모두 많은 부분에서 서로 의존한다. 우리의 생존은 다른 이들과의 협력과 그 존재에 의존하고, 자연 세계와의 상호작용에 의존한다. 우리가 서로의 상호 의존을 인식하고 이해하며, 우리의 공통 욕구를 인식하게 된다면 낙인은 줄어들 것이다.

지역사회 통합의 성공은 사회적 제약이 없고 지역사회 구성원 간에 협력과 상호 의존을 승인하고 존중하며 주고받는 사회적 분위기에 달려 있다. 지역사회 통합의 열쇠는 장애인의 인간 능력의 차이를 분명히 보도록 개인을 허락하는 수용적이고 개방적인 태도이다. 이러한 태도는 관용을 떠나 다양성을 존중하고 인정하는 것이다(Payne, Miller, Hazlett, & Mercer, 1984). 이런 분위기에서 지원을 필요로 하는 것은 자동적으로 자아존중감을 낮추거나 낙인을 갖지 않게 하며, 장애인의 진정한 기여를 허락하는 사회적 지위를 인정할 뿐만 아니라, 진정한 역할을 본질적으로 인정하는 것이다. 이러한 문화의 핵심은 지역사회의 한 구성원을 손상시키는 행동, 태도 및 조건이 우리 모두를 손상시키는 것이라는 데 대한 깊은 이해이다.

개인의 관계는 지역사회 통합의 비전에서 중심이다.

참고문헌

Arc, The. (1996). Personal communication.

________. (1998). *The United States International Council on Mental Retardation and Developmental Disabilities*. Web page: http://wwwthearc.org/council/council.html

Edgar, E. (1994). *A profession in denial: The consequences of ignoring the condition of mild mental retardation*. Paper presented at DMRDD-CEC conference, Evanston, IL.

Dudley, J. R. (1996). Seeking a closer partnership with the self-advocacy movement. *Mental Retardation*, *34*, 255-256.

Kaufman, S. (1986). Life history in progress. In L. L. Langness & H. G. Levine (Eds.), *Culture and retardation: Life histories of mildly mentally retarded persons in American society*. Boston: D. Reidel.

Kozma, T., & Illjes, S. (1993). Education and disability in Hungary. In S. J. Peters (Ed.), *Education and disability in cross-cultural perspective*. New York: Garland.

Meers, G. D. (1992). Getting ready for the next century: vocational preparation of students with disabilities. *Teaching Exceptional Children*, Summer, 36-39.

Pacht, H. (1996). My thoughts: Self-advocacy, professional organizations, and the public. *Mental Retardation*, *34*(2), 123-124.

Payne, J. S., Miller, A. K., Hazlett, R. L., & Mercer, C. D. (Eds.). (1984). *Rehabilitation techniques: Vocational adjustment for the handicapped*. New York: Human Sciences Press.

Perske, R., & Perske, M. (1986). *Hope for the families* (3rd ed.). Nashville: Abingdon Press.

Ward, N. (1996). Supporting in self-advocacy national organizations: Our role and yours. *Mental*

Retardation, *34*, 121–122.

Wolfensberger, W (1991). Reflections on a lifetime in human services and mental retardation. *Mental Retardation*, *29*(1), 1–15.

________. (1992). The growing threat to the lives of handicapped people in the context of modernistic values. *Disability & Society*, *9*(3), 395–413.

찾아보기

〈ㄱ〉

〈ㅈ〉

〈기타〉

◇ 역자 소개

정동영

부산교육대학 졸업
대구대학교 대학원 졸업(정신지체아교육전공, 문학박사)
(현) 한국교원대학교 교수

♣ 저서 및 논문

정신지체아동의 학습과 인지
특수교육의 재개념화와 그 특수성 해명
최소 제한적 환경의 개념 진전과 그 함의 재고 외 다수

김주영

단국대학교 졸업(사범대학 특수교육과)
단국대학교 대학원 졸업(특수교육전공, 교육학 석사 및 박사)
명혜학교 교사
국립특수교육원 교육연구사
한국재활복지대학 교육연구사
(현) 한국재활복지대학 교수

♣ 저서 및 논문

〈불교의 약사경에 나타난 장애인관 연구〉
〈장애인 고등교육 지원 제도와 방법에 관한 연구〉
〈특수학급 경영론〉 등 다수

김형일

대구대학교 졸업(특수교육 정신지체 전공)
단국대학교 대학원 졸업(특수교육 정신지체 전공, 교육학 석사 및 박사)
서울정진학교, 서울정문학교 교사
교육과학기술부 국립특수교육원 교육연구사
(현) 나사렛대학교 중등특수교육과 교수 및 학과장

♣ 저역서 및 논문

개별화교육교육계획이론과 실제
장애학생 전환과정 지원 방안 연구
사회적 상황에 다른 정신지체학생의 사회적 정보처리 능력 연구

김희규

서울교육대학교 졸업(초등교육 전공)
단국대학교 대학원 졸업(특수교육 학습장애 전공, 교육학 석사 및 박사)
(현) 나사렛대학교 특수교육과 교수

♣ 저역서 및 논문

통합교육의 이론과 실제
장애학생의 교육과정적 통합을 위한 교과별 수업적용 방법 구안

유장순

강남대학교 졸업(특수교육 정신지체 전공)
단국대학교대학원 졸업(특수교육 정신지체 전공 교육학 석사 및 박사)
서울소의초교, 서울한남초교, 서울경운학교 교사
(현) 나사렛대학교 중등특수교육과 교수

♣ 저서 및 논문

특수학급경영론(2005)
통합교육의 이론과 실제(2005)
통합교육을 위한 특수교사의 직전교육 방향 탐색(2007)
초등학교 통합학급에서 협력교수 실행에 관한 협력교사들의 인식 분석(2006) 등 다수

정동일

대구대학교 졸업(특수교육과, 지체부자유교육전공)
공주대학교대학원(특수교육과, 지체부자유교육, 교육학 석사 및 박사전공)
대전성세재활학교, 한국경진학교, 한국우진학교 교사
교육과학기술부 국립특수교육원 교육연구사
교육과학기술부 특수교육정책과 교육연구사
(현) 서울맹학교 교감
나사렛대학교 중등특수교육과 겸임교수

♣ 저서 및 논문

재택장애아동 교육 지원체제 구축 방안
특수교육 정책 추진 과정 및 실적 분석('03-'07년 특수교육 정책 중심으로)
특수교육교사 교사평가 기초연구

최혜승

부경대학교 졸업
University of Texas at Austin 졸업(정서·행동장애 전공, 교육학 석사 및 철학 박사)
(현) 전남대학교 사범대학 특수교육학부 교수

♣ 저서 및 논문

기능평가에 근거한 중재가 자폐아동의 문제행동에 미치는 효과(2005)

정신지체: 지역사회 통합을 위한 접근

인 쇄 일 2009년 1월 5일 초판 인쇄
발 행 일 2009년 1월 10일 초판 발행
저 자 Lynda Crane 지음
역 자 정동영·김주영·김형일·김희규·유장순·정동일·최혜승 옮김
발 행 인 구본하
발 행 처 도서출판 박학사
주 소 서울시 마포구 서교동 460-26 동아빌딩 2층
전 화 (02)3142-3764~5
팩 스 (02)3142-3766
E-mail pakhaksa@kornet.net
웹사이트 www.pakhaksa.co.kr
등록번호 제10-2230호

정가 22,000원 ISBN 978-89-91633-49-0